金剛頂瑜伽　發菩提心論　註解(講解)

- 금강정유가 발보심심론 주해 (강해) -

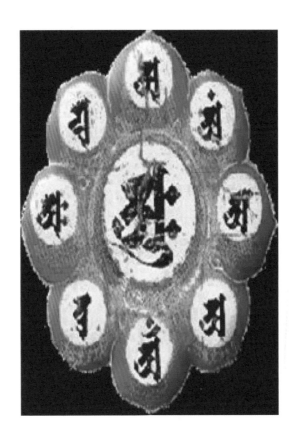

(天蓋九尊種子)

「若歸本卽是密嚴國土 能成一切事」
약 귀본 즉시 밀엄국토 　능 성 일체 사

「開八葉蓮池 雖無水船走 阿字八葉素光
개 팔엽 연지 　수 무 수 선 주 　아자 팔엽 소광

唯觀自心八葉阿字 頂上暗字以成大日」
유 관 자심 팔엽 아자 　정상 암자 이 성 대일

金剛頂瑜伽中發阿耨多羅三藐三菩提心論
(瑜伽總持教門說菩提心觀行修持義)

서 문

<『金剛頂瑜伽 發菩提心論』(『보리심론』)과의 인연>

밀교의 교리연구와 실천수행에 있어 『金剛頂瑜伽中發阿耨多羅三藐三菩提心論』(이하 『菩提心論: 보리심론』으로 표기함)의 중요성을 인지하여, 2003년 1학기 중앙승가대 대학원 개원과 함께 『菩提心論』을 불교학전공 석사과정의 필수과목으로 선정하고 강의를 시작하였다.

강의방법은 강의 첫 시간에 『보리심론』(대정장 32권 No 1665) 원문을 학번 순으로 페이지 분할한 후, 1~2주는 『보리심론』의 전체개요를 강의하고, 3주째부터는 원생들로 하여금 발표순에 따라 발표케 하고, 발표 후에는 발표자로 하여금 수강생들의 질의에 응답케 한 후, 질의와 응답을 종합하여 이를 내가 보충·설명해 주고, 15~16주엔 총 정리를 해주는 형식으로 수업을 진행하였다. 또한 종강 후에는 수강생들로 하여금 발표한 내용을 중심으로 16주간의 수업 전체의 내용을 Report로 종합해 제출하는 것으로 강의를 마무리 지었다.

** 겉표지<阿字觀>과 속표지<胎藏界 天蓋九尊種子> 설명: **

겉지: 「八葉白蓮一肘間 炳現阿字素光色 禪智俱入金剛縛 召入如來寂靜智」
　　　　팔엽 백련 일 주 간　병 현 아자 소 광 색　선지 구 입 금강박　소입 여래　적정 지

속지: 中臺八葉의 중앙: 五轉(發心·修行·成佛·涅槃·方便)具足의 Āḥ(大日如來)種子
중앙 上에서 시계방향의 순으로 A(寶幢佛→Aṃ(普賢)→Ā(開敷華王佛)→A(文殊)→Aṃ(阿彌陀佛)→Bo(觀音)→Aḥ(天鼓雷音佛)→Yu(彌勒) 八葉種子가 포진하고 있다

<밀교와의 인연>

동국대 대학원 석사과정 재학 중의 어느 날 당시 생활의 터전이던 종로 3가 봉익동 대각사(大覺寺)에서 함께 생활하던 지원스님 (후에 조계종 포교원장 역임함)으로부터 『顯密圓通成佛心要集(현밀원통성불심요집)』 (遼代 五台山 金河寺 沙門 道殿集)(대정장 NO 1955)이란 불서를 건네받고, 제목과 그 내용 또한 특이하여, 이것을 중심으로 『華嚴顯敎와 密敎의 兼修에 대한 考察』이라는 석사논문을 쓴 것이 밀교와의 첫 인연으로, 이후 밀교는 불교학자로서의 내 인생의 필연의 연구 테마가 되었다.

<일본유학에의 꿈>

동국대 대학원에서의 상기의 석사논문 제출을 계기로, 밀교에 관심을 가지게 되었고, 이에 학문을 계속하고 싶은 학구열에 밀교연구를 위해 밀교의 메카라고 할 일본유학의 꿈을 키우게 되었다.

당시 종단에는 유일하게도 일본파의 代父라 할 능가스님(후에 범어사 주지 역임)이 계시어, 일본에 유학을 가기 위해서는 이분의 도움이 절실했던 것으로, 이런 사실을 알고 계시던 은사 도광(導光)스님께서 나를 데리고 잠시 귀국하시어 머물고 계신 천호동 근처의 신도댁으로 찾아뵙고 부탁을 드렸으나 3~4개월이 지나도 감감 무소식이었다.

이 인연이 여의치 않음을 알고 이번엔 제 1기 일본 유학승으로 日蓮宗의 종립대학인 身延山대학에 재학중이던 원두스님(범어사 원노)께 부탁을 드렸으나 이 마저도 무산되고 말았다. 이도 저도 안 된다는 것을 알아차린 나는 이제는 내 힘으로 유학을 가야되겠다고 마음을 돌린 후, 교육부 (당시는 문교부)주체의 유학시험(일본어·국사·논술)에 도전하여 1번 만에 합격하는 쾌거를 이루었다.

<유학: 駒澤대학→筑波대학→ 大正大學으로의 전환>

마침 행운이 따라 재학중이던 동국대학이 일본 曹洞宗(조동종)의 종립대학인 東京 소재의 駒澤(구택=고마자와)대학과 자매결연을 맺게 되고, 이에 제1차 일본장학유학생을 선발한다는 공고가 났다. 구택대학에 대해 아무런 기초지식도 없이 그저 일본에 가서 공부를 하고 싶다는 단순한 생각으로 신청을 하였고 한 달 후 합격통지를 받았다. 이 선발시험에는 불교학 전공자 3명(승려 1인과 재가불자 2인)이 신청을 했는데, 심사결과 승려인 내가 뽑힌 것이다. 그런데 이걸 어쩌면 좋을지~

운 좋게도 선발은 되었는데 아주 난감한 일이 터지고 만 것이다.

구택대학에는 내가 공부하고자 하는 밀교학과가 없다는 것이다.

그도 그럴 것이 구택대학은 曹洞宗이란 禪宗이 세운 종립학교이고, 그러다 보니 당연히 밀교학전공의 연구실은 개설되어 있지 않았던 것이다.

그렇게 기리던 일본유학의 길이 열렸는데, 그것도 등록금 면제에다 기숙사 무료 제공까지 모든 혜택을 받는 장학생으로, 거기에다 귀국 후에는 동국대 교수 자리까지 보장받을 수 있다는데~

어찌하면 좋을까? 밀교전공을 할 수 없다는데~

이래저래 고민하고 있던 어느 날 은사스님으로부터 연락이 왔다.

내일 화엄사로 내려오라고~

화엄사에 내려가니 재일교포인 어느 불자님이 기다리고 계셨다.

나보다도 걱정이 태산 같던 은사스님께서 오래 전부터 이분에게 부탁을 드렸고, 신심이 돈독한 이분 또한 당시 제2의 동경대학이라 유명세를 타던 筑波(축파-쯔꾸바)大學의 어느 불교학전공 교수님께 부탁을 드려 이미 허락을 받았다며, 이 대학에서는 밀교학도 전공할 수 있다는 것이었다.

얼마나 기쁘고 감사한 일인지 정말 우리 스님은 못 말리는 분이시다.

마치 나를 낳아주신 친아버지처럼 언제나 나를 예뻐해 주시고 사랑해 주셨으니 말이다.

筑波大學으로 가기로 마음을 정하고 동국대에 가서 駒澤大學 장학생 포기각서를 썼다. 최근(어느 학회 저녁만찬장에서 본인으로부터 들음)에 안 일이지만 내 대신 구택대 장학생으로 선발되어 유학을 가 학위를 취득한 분은 華嚴學을 연구하신 권탄준 박사였다.

 인생이란 묘한 것 같다. 인생을 살다보면 생각지도 못한 복운, 아니 꿈에도 생각 못한 행운들이 일어나기도 하기에~ 허지만 지금 생각해 보면, 이러한 복운들은 그냥 맥없이 어느 날 불쑥 찾아오는 것이 아니라, 평소에 좋은 善業과 福業을 지어야 찾아오는 것임을 알게 되었다.
 나의 존경하는 은사스님 도광스님이 그런 분이시다.
언제 보아도 꾸밈이 없는~, 범어사 · 용주사 · 해인사 · 화엄사 주지를 역임하신 그렇게 큰 스님이시면서도 <인욕보살>이란 별호처럼,
언제나 소박하게 마치 갓 입산한 행자님처럼 순수하면서도 모든 이들에게 따뜻함을 보이시는 스님이시기에, 이런 행운들이 따라오고 그분의 은덕에 힘입어 제자들 또한 그 복을 누리게 되는 가 보다.
 유학이야기 하다 갑자기 무슨 이야기를 하는가하고 의아하겠지만,
그럴만한 사건이 또 터져 그것을 이야기 하기위해 서막을 알린 것이다.

筑波大學에 유학 갈 준비를 하며 마냥 즐겁기만 하던 어느 날 은사스님으로부터 연락이 왔다. 다음 날 서울 대각사(종로3가)에서 만나자고~
스님께서는 나를 보자마자 편지 한 장을 내 놓으시며 얼른 읽어보라고 재촉하신다.

내용을 보니 한 3년 전의 일로부터 사연은 시작된다.

 3년 전 어느 날 일본의 스님 3분에 재가 불자 5분 정도가 화엄사를 찾아오시어, 하루 밤만 머물다 갈 수 있도록 청을 드렸고, 은사스님께서는 우리는 비록 나라는 달라도 모두가 부처님 제자들이 아니겠느냐 하시며, 하루가 아니라 2~3일도 좋으니 마음껏 머물다 가시라고 답하셨는데,
일본 분들은 2일을 머물다 가시게 되었고, 떠나 기 앞서, 은사스님께 한 가지 청이 있다고 하셨다, 그 청이란 다름 아니라, 원래는 하루만 머물다 가려고 했는데 주지스님께서 워낙 자비가 많으시고 이부자리며 베개 등 모든 것을 꼼꼼히 거기다 극진히 대접을 해주시어 그만 스님께 반하게 되었노라 하시며, 한국에 이렇게 훌륭하신 스님이 계신지 몰랐다며, 감동을 받아 하루가 아닌 이틀을 머물다 가게 되었노라 하시며,
부탁드릴 청이란 주지스님께서 천거해주신다면 그 제자를 제가 공부 시키고 싶다며, 상좌 한 사람을 보내 주십사 하며~, 제가 일본에 돌아가 상좌를 맞이할 준비가 되면 그 때 다시 연락을 드리겠노라 약속드리고 화엄사를 떠났는데, 3년이 지나 이제 상좌를 공부시킬 준비가 되어 청을 다시 드리는 것이니, 상좌를 보내달라는 내용이었다.

그런데 3년이 지난 어제 이 편지가 왔노라 하시며, 종석이 네가 가라! 지금 생각해보니 그 때 일이 선~하다 하시며, 당시 일본 스님께서 청이 있다 하시고 떠나시며 명함을 주시고 가셨는데, 글쎄 명함을 보니 그 스님은 일본 <임제종 총무원장>이셨다는 것이다. 그때 얼마나 놀랐는지?
아! 이렇게 큰 스님께서 큰스님이란 我相은 어디다 버리시고 마치 객스님인양 조용히 왔다가는 떠나시면서 비로소 자기를 밝히시다니~,
거기다 청이라 길래 나에게 뭐 부탁이 있으신가 하고 잠시 대답을 못하

고 망설이고 있었는데, 정말이지 그 스님은 예사 분이 아닌 마치 보현보살 같은 큰 덕을 지닌 분이시다 하시며~ 종석이 너는 참 복이 많은 사람이다 하시며, 이어 그 큰스님 덕분에 그 후 나도 下心 공부를 더 하게 되었다~ 하시며, 3년 전 있었던 일본 큰스님과의 인연담을 들려주셨다.

 임제종 총무원장이셨던 그 분은 <福富雪底(후쿠도미 셋데이)>라는 廣德禪寺(광덕선사) 주지의 姓氏인 福富라는 姓氏와 雪底라는 法名(법명)을 지닌 분으로, 東京의 大正大學 梵語梵文學科(범어범문학과) 출신이셨다.

(참고로 일본인들의 특징 중의 하나가 세습제도인데, 사찰도 이 세습제의 전통을 이어받아, 사찰에 주지스님이 새로 부임해 오면, 본래의 자기의 姓氏는 버리고 그 사찰 초대 주지스님의 성씨를 세습 받게 된다.
그러니 福富라는 姓은 바로 廣德禪寺의 역대 住持스님의 姓인 셈이다)

大正大學(대정대학)은 정토종 천태종 진언종(풍산파/지산파),
이렇게 3개종 4종파가 설립한 종합불교대학으로, 학장(총장)도 4개 종파에서 2년씩 나누어 로테이션으로 취임한다.
 거기다 불교학 관계학 연구실도, 범어범문학과 · 불교학과 · 정토학과 · 천태학과 · 밀교학과: 풍산파(豊山派)와 지산파(智山派)등 총 6개의 연구실이 있는데, 각 연구실엔 주임교수가 책임자로 있고 조교와 부조교란 소임이 주임교수를 보좌하며 연구실을 관리한다.
 이렇듯 대정대학은 밀교전공자는 물론 정토학 천태학 등 전공이 무엇이든 간에 불교를 다양하게 공부 할 수 있는 최고의 조건을 지닌 종합불교대학이었다.

도일하기 전 이것저것 고민하다 드디어 앞서 거론한 바 있던 재일교포가 주선해주신 筑波大學을 포기하고 대정대학 입학으로 결정하였다.

　곧 밀교전공자인 나에게는 금상첨화격인 밀교종파 종립의 대학에, 거기다 일본 임제종 큰스님의 큰 덕과 우연 아닌 필연에 感化되어 대정대학 진언밀교학과 입학으로 낙점을 찍고, 생활의 터전이 될 거주지도 큰스님이 주석하고 계신 동경 (練馬區 櫻臺=내리마구 사쿠라 다이)의 광덕선사 (廣德禪寺)로 정하고, 드디어 1980년 4월 11일 조국(김포공항)을 떠나 일본유학길에 나셨다.

　나중에 알게 되었지만 나의 筑波大學 입학을 허락해주신 교수님은 般若·中觀思想의 대가이신 三枝充悳 교수님이셨다.

　대정대학 입학 후 15일쯤 지나 三枝(사이부사)교수님이 날 찾아오셨다. 그것도 동경 池袋(이께-브끄로)에 위치한 한국문화원에서의 한국유학생 환영 모임회 장소로~

　어떻게 알고 오셨는지~ 그것도 나를 보자마자 내 손을 꼭 붙잡고서는 筑波大學으로 가자는 것이다. 이미 대정대학에 입학했노라 답변을 드렸는데도 몇 번이나 계속 되풀이 하면서~

　당신의 제자로서 키워내고 싶었던 간절한 마음이 가슴 깊이 전해 져, 내내 '죄송하다'는 말만 되 뇌이면서 가슴 저리며 빈손으로 보내드렸던 그날 생각이 지금도 생생하게 다가온다. 이름도 모르고 다만 말씀으로만 전해 듣던 분이고, 알선에 나선 재일교포 불자님께는 이미 대정대학으로 정했노라고 말씀을 드렸었는데~ 송구스럽게도 이렇게 물어물어 찾아와 이렇듯 筑波大學으로 가자고 조르시니~ 내 마음은 괴롭고도 아팠다.

일본학자들의 제자 사랑(도제양성의 지극함)이 대단하다는 말은 이미 익히 들어 알고 있었지만, 이 정도로 지극한지는 그날 확실히 알게 되었다. 고마운 분들이 어찌 이분뿐이겠는가?

8년 8개월간의 일본유학시절 동안 오늘의 나를 있게 만들어주신 스승이자 보증인이신 福富雪低(후에 臨濟宗 宗正=館長이 되심)큰스님,

나를 밀교의 전계아사리로 키워주신 小野塚幾澄(후에 眞言宗 宗正=館首이 되심) 지도교수님, 모두 사람의 가슴을 뿌듯하고 뭉클하게 만드시는 그런 분들이셨다. 이미 모두 고인이 되셨지만 두고두고 고마움과 사랑을 느끼게 하시는 선지식들이시다>

成田(나리다)공항에 마중 나온 큰스님의 상좌스님을 따라 광덕선사 산문에 들어가자마자 거처할 방을 배정받고, 편지에서 뵈었던 덕 높으신 큰스님을 알현하였다. 코가 우뚝 서시고 근엄해 보이면서도 따뜻함을 느끼게 하는 스님이셨다.

알현 후 상좌를 따라 대중 방에 가니 생활을 함께할 4분의 대중스님들이 나를 맞이해 주었다. 큰스님과 대중스님들과 함께 저녁공양을 마치고 일본에서의 첫 밤을 맞이하였다.

다다미가 8장 깔리고 동남방은 모두가 유리창으로 되고, 한쪽에는 이부자리와 옷가지를 넣어둘 수 있는 오시이레(押入)가 있는 일본식 전통의 방인데, 나와 함께 9년간을 생활(룸메이트)한 駒澤大學 재학의 상좌승이 나를 기다리고 있었다.

다음 날, 아침 예불과 아침공양을 마치고 어제 나리다(成田) 공항에서 만나 광덕선사까지 나를 안내해준 상좌승과 함께 마침내 8년 8개월간의 나의 밀교공부의 터전이 된 大正大學에 가 입학수속을 마쳤다.

연구실과 지도교수 선정 등 모든 절차는 이미 큰스님께서 두루 알아보시고 정해 주신대로 진행되었다.

豊山派의 眞言研究室 소속에, 지도교수는 池袋 근교 山手線 目白驛 근처의 目白-不動明王으로 유명한 金乘院의 주지스님으로,
不空三藏과 弘法敎學의 大家인 小野塚 畿澄교수님이셨다.

참고로 일본의 밀교종파는 크게 豊山派(풍산파) 智山派(지산파) 高野山派(고야산파) 東寺派(동사파)등 4개종파로 나누어져 있다.
모두가 홍법대사 공해스님과 인연이 깊은 곳으로, 일반인에게는 홍법대사의 유해(舍利)가 모셔진 고야산 소재의 고야산파가 잘 알려져 있다.
종파별로 대학을 설립해 운영하고 있어 自宗의 승려들은 반드시 그 대학을 졸업해야 주지 자격을 얻을 수 있는 씨스템이다.

입학할 당시 대정대학의 학장은 豊山派의 차례로, 동경대에서 『불교에서의 心識說 연구』로 박사학위를 취득한 동경대 인도철학과 출신의 勝又俊敎스님이셨다. 唯識學과 밀교학의 대가로 상기 『~心識說연구』와 더불어 『밀교의 일본적 전개』 등의 명저를 남긴 유식교학과 밀교교학의 대학자이시다.

<大正大에서의 불교공부와 밀교전계아사리 자격 취득>
대학원 과목을 위시해 학부에 개설되어있던 교양과목 (인도사·인도철학·인도불교사·인도문학·실담·산스크리트어·팔리어·티벳트어·불교학개론 등)을 담당교수님의 허락을 받아 청강함은 물론, 동경 世田谷區(세타가야 區)에 위치한 駒澤大(고마자와 대학)까지 원정을 가,
平川 彰박사로부터는 『大乘起信論』을, 田上太秀박사님으로부터는 <菩提

心思想>에 대한 강의를 1년간 받으면서 불교학의 기초를 튼튼히 하였다.

 허지만 밀교전공의 일본승려들과는 달리 나에게는 넘을 수 없는 하나의 큰 장벽이 가로막고 있었다.
밀교전공자라면 반드시 體得해야 할 金·胎兩部(금·태양부)의 체험을 할 수 없었기 때문이다. 곧 밀교전공자(학부 4학년)라면 반드시 이수해야 하는 풍산파 本山 長谷寺에서의 여름방학 3달간의 密教實修가 외국인인 나에게는 자격이 없어, 金剛界(금강계)·胎藏界(태장계)·蘇悉地(소실지) 및 이들 三部(金·胎·蘇)를 근거로 행해지는 <Homa法=호마법> 등의 實修(실수)의 기회가 주어지지 않기 때문이었다.

 밀교는 교학(教相)도 중요하지만 이보다 더 중요한 것은 事相(사상=수행)이다. 왜냐하면 實修(실수=事相)에 밝지 못하면 아무리 밀교교학에 밝다 해도 事相, 곧 금태양부의 아사리를 비롯해 일반 신도들이나 재자승에게 밀교의 계(戒)인 삼마야(Samaya)戒를 전수시킬 수 있는 전계(傳戒) 아사리의 자격이 주어지지도 않을 뿐만 아니라, 또 금·태양부의 호마법(Homa)의 이론과 그에 근거한 실제수법에 대해 알지 못한다면, 교학이 아무런 쓸모가 없어져, 마치 한쪽 날개가 없어 날지 못하는 반신불수의 신세가 되기 때문이다.
 큰마음을 먹고 지도교수를 찾아가 부탁을 드렸지만, 자종의 승려가 아니면 자격이 않되 전혀 불가능하다는 대답뿐이셨다.
2번 3번 찾아가 부탁을 드려보았지만 절대 No였다.
그로부터 3년이 지난 박사과정 2년째 되는 어느 날이었다.
나는 마지막 지혜를 짜내 교수님을 설득할 묘안을 생각하며 지도교수를 찾아가 다시 부탁을 드렸다. 돌아오는 답변은 역시나 3년 전과 똑 같은

No였다.

나는 일본 밀교의 개조인 空海(弘法大師)스님과 밀교의 대가 불공삼장의 제자인 惠果(혜과)和尚과의 해후장면을 말씀드리며, 그 때 혜과화상께서 공해스님께 密教灌頂(傳授)을 전해주시지 않았다면, 오늘 날 일본에 밀교가 어떻게 전해졌겠으며, 교수님과 저와의 만남 또한 어떻게 이루어질 수 있었겠냐며~, 제발 부탁드리니 저에게도 한국에 밀교를 전할 수 있는 灌頂傳授(관정전수)의 덕을 베풀어달라고 간청을 드렸다.

참 고

空海가 당에서 가지고 온 양부 내지 삼부의 밀교전적과 금태양부만다라와 밀교수행에 필요한 密敎法具 등이 기록된 『請來目錄』과 공해가 저술한 『廣付法傳』·『性靈集』등에는 혜과(惠果)화상과 空海스님과의 해후장면 내지 空海가 받은 혜과화상으로부터의 관정(灌頂)전수의 과정이, 다음과 같이 전해지고 있다.[1]

---

[1] 「偶然奉遇靑龍寺東塔院和尙法諱惠果阿闍梨。其大德則大興善寺大廣智三藏之付法弟子也(중략)。空海與西明寺志明談勝法師等五六人。同往見和尙。和向乍見含笑。喜歡告曰。我先知汝來。相待久矣。今日相見大好大好。報命欲竭。無人付法。必須速辨香花入灌頂。速辨香花入灌頂壇。卽歸本院營辨供具。六月上旬入學法灌頂壇。是日臨大悲胎藏大曼陀羅。依法抛花。偶然着中台毘盧遮那如來身上。阿闍梨讚曰。不可思議不可思議。再三讚歎。卽沐五部灌頂。受三密加持。從此以後。受胎藏之梵字儀軌。學諸尊之瑜伽觀智。七月上旬更臨金剛界大曼茶羅。重受五部灌頂。亦抛花得毘盧遮那。和尙驚歎如前。八月上旬亦受傳法阿闍梨位之灌頂。是日設五百僧齋普供四衆。(중략)和尙告曰。眞言祕藏經疏隱密。不假圖畫不能相傳。則喚供奉丹靑李眞等十餘人。圖繪胎藏金剛界等大曼陀羅等一十鋪。僉集二十餘經生書寫金剛頂等最上乘密藏經。(중략)和尙告曰。眞言祕藏經疏隱密。不假圖畫不能相傳。則喚供奉丹靑李眞等十餘人。圖繪胎藏金剛界等大曼陀羅等一十鋪。僉集二十餘經生。書寫金剛頂等最上乘密藏經。(중략) 早歸鄕國以奉國家。流布天下增蒼生福。(중략) 和尙宛然立前告曰。我與汝久有契約。誓弘密藏。我生東國必爲弟子。委曲之言更不煩述。阿闍梨付囑受法之由大體如是」『御請來目錄』(대정장 55. 1065a~c)

「나는 네가 올 것을 알고 진작부터 너를 기다리고 있었다.

곧 내 목숨 다 된 줄 알면서도 법을 부촉(付囑)할 사람이 없어 지금껏 너 오기만을 기다리고 있었다. 자, 시간이 없다. 어서 속히 단(壇)을 차려 관정(灌頂)을 받도록 하자! 나의 法敎 모두 너에게 베풀(與)것이니~」

혜과화상이 얼마나 서둘러 공해스님에게 兩部의 밀법을 전했는지 이들 書物들의 내용을 보면,
(6월에는 胎藏界(태장계) 관정, 7월에는 金剛界(금강계) 관정, 8월에는 전법아사리(傳法阿闍梨)관정을 부촉하고 난 후, 극적일 정도로 그 해 12월 15일 惠果和尙(746~805)은 세상을 떠난다)

한참동안 물끄러미 나를 쳐다보시던 교수님께서는 아무런 말씀도 없으신 채 침묵만이 얼마간 흘러가고, 그날은 그렇게 지나가고 말았다.
 3개월이 지난 어느 날 교수님께서 나를 부르셨다.
종단에서 허가가 나왔노라고~ 얼마나 기뻤는지 난 교수님을 붙들고 감격에 잠겨 고마움의 표시로 삼배를 드리며 감사를 드렸다.

 그해 여름방학 나는 관서지방의 豊山派 本山인 奈良縣(나라현) 소재 長谷寺(하세대라)에서 3개월간의 호마법(增益·息災·調伏·敬愛·召請)을 實修하였다. 모두가 검정색의 일본 승복을 입었지만, 나만은 회색의 우리나라 고유의 승복과 자색의 가사를 수(垂)한 채,
그들과 함께 먹고 자고 실수하면서 잠자는 5시간을 제외한 하루종일 일본지도자의 호된 지도를 받아내면서~
 동경에 돌아온 지 얼마 후 관동지방의 豊山派 本山인 池袋(이께 부끄로)소재의 護國寺(호국사)에서 시행된 <金·胎 兩部와 蘇悉地>의 3部灌

頂을 받고, 거기다 귀국하기 한 달 전인 (1988년 7월) 드디어 東京 본산 護國寺에서 <금·태 양부 傳戒아사리>의 자격증을 획득하였다.

꿈인지 생시인지~ 불가능할 것 같았던 일들이 나에게 기적같이 일어나 현실이 된 것이다.

모든 것이 감사할 뿐이다. 은사 도광스님을 만나면서 시작된 행운들, 곧 일본의 큰스님인 임제종 종정 福富雪底스님의 슬하에서 8년 8개월간의 臨濟禪의 禪修行, 또 일본인 고유의 철두철미함에 인간적인 따뜻함을 겸비하신 小野塚幾澄 지도교수님과의 만남을 통해 슬슬 풀리기 시작한 밀교의 교학(敎相)과 실수(事相)와 관정(灌頂), 거기다 출가 및 재가자들에게 밀교를 전수(傳授)할 수 있는 밀교의 戒인 삼마야(samaya)戒를 비롯 전계아사리(傳戒阿闍梨)의 취득까지, 이 모든 만남들이 나를 理와 事를 겸비한 정통(正統) 진언밀승(眞言密僧)의 아사리(阿闍梨)로서, 인생의 절정에 이루게 한 필연으로 작용하였던 것이다.

거기다 교학과 실수의 理事를 겸한 密敎專攻에 『한국밀교사연구』로 문학박사 학위까지 얻어 귀국하게 되었으니~

모든 분들께 감사할 뿐이다. 은사스님이 살아계셨다면 얼마나 좋아하시고 기뻐하셨을까? 날 그렇게 예뻐해 주시고 사랑해 주셨던 분이셨는데~ 그분이 지금 내 곁에 계시다면 얼마나 좋을까? 그야말로 대박일 텐데~ 그립기만하다. 날 낳아주고 키워주신 친아버지처럼~

<奈良 長谷寺 大法堂>
이곳 <不動堂>에서 3개월간
金胎密敎의 修行실수를 하였다

<일본최초 사원(百濟系) 飛鳥寺>
長谷寺에서의 수행을 마치고
돌아오면서 감사참배를 드렸다

<大正大에서의 8년 8개월간의 발자취>

석(수)사과정(3년) ~ 박사과정(3년) ~ 종합불교연구소(2년 8개월)

총 (8년 8개월)이다.

발표논문: 佛身論の思想展開 『大乘莊嚴經論』を中心に (新羅佛敎硏究 창간호)

　　　　大日經の三句思想　方便爲究竟を中心に 『印佛硏』(33권-1호)

　　　　高麗密敎と元代敎との關係 『印佛硏』(35권-2호)

　　　　密敎思想の新羅的展開, 五大山信仰中心に 大正大學院硏究論集(10호)

　　　　『梵書總持集』から見た高麗密敎の性格 大正大綜合佛敎硏究年報 11호

　　　　釋門儀範から見た韓國佛敎儀禮の密敎的性向 『豊山學報』(32호)

수(석)사논문: 『成佛思想 硏究序說』(大正大)

박사학위논문: 『한국밀교사 연구』(大正大)

종합불교연구소(불교 중심테마 공동연구): 釋尊佛의 敎相과 事相(수행)

중앙승가대학 대학원 (석·박사)과정에서의 밀교과목 논강:

　석사과정에서는 『菩提心論』(대정장 32권 No 1665) 연구,

　박사과정에서는 『金剛頂瑜伽分別修證法門』(大正藏 18권 No 870) 연구주제로,

　　　　(大正藏 18권 No 871) 『金剛頂瑜伽中略述三十七尊心要』

　　　　(大正藏 18권 No 872) 『金剛頂瑜伽三十七尊出生義』

　　　　등을 상호비교하며 고찰하였다.

연구시절의 발자취를 뒤돌아보고, 또 밀교를 공부하는 후학들을 위해

석사과정의 강의테마였던 『菩提心論』 연구와

박사과정의 강의테마였던 『金剛頂瑜伽分別修證法門』 연구의

<강의계획서>를 첨부해 둔다.

학과	불교학과 (석사과정)	학수 번호	A-6	강좌명	밀교학 연습 『菩提心論』	담당 교수	종석스님 (인)

강의 목표	『大日經』과 『金剛頂經』이라는 兩部大經을 근간으로 해서 이루어진 사상이 密敎思想이다. 이 양부대경의 제교리와 실천법을 총괄 종합하여, 發菩提心이란 무엇이며, 또 外道와 顯敎(원시 · 부파 · 대승)와 密敎의 차이점은 무엇인지, 또 어떻게 하면 밀교의 특징인 卽身成佛(부모로부터 받은 이 몸으로 成佛함)을 성취할 수 있는 것인지 등 밀교의 제 교리(敎相)와 그 실천방법(事相)의 핵심을 설해 놓은 주석서가 『菩提心論』이다. 이번 학기에는 이 『菩提心論(金剛頂瑜伽中發阿耨多羅三藐三菩提心論)』을 통하여, 發菩提心 · 三句法門 · 自心實相의 三相(行願 · 勝義 · 三摩地), 諸法皆空 · 曼茶羅 · 月輪觀 · 十六大菩薩 위시 金剛界三十七尊 · 阿字觀 · 五相成身觀 등 밀교(양부대경)의 중요 敎相과 事相 등을 살펴볼 것이다.
강의 개요	제 1강~제 2강: 밀교전반에 걸친 교리를 강의하면서 密敎의 敎理와 修行法을 총망라하고 있는 『菩提心論』(大藏經 32. No: 1665)의 位相과 중요성을 이해시킨다. 제 3강~제 14강: 각 학인에게 할당 · 부여된 단락을, 발표 내지 질의 · 응답케 하고, 이를 총평하여 敎相.事相을 깊이 연구케 함. 제 15강~제 16강: 한 학기동안 발표된 것을 총 정리함과 동시, 특강을 통하여 밀교 전체의 이해를 도모할 것이다.
교재 및 참고 문헌 ·	『菩提心論』(新修大藏經 권 32) No: 1665 / (高麗大藏經 No: 1369) 『大日經』(新修大藏經 권 18) No: 848 『金剛頂經』(新修大藏經 권 18) No: 865(不空譯) / 882(施護譯) 『大日經疏』(新修大藏經 권 39) No: 1796 『國譯大藏經』(論部 권 5) 일본어 번역 『菩提心論』 『밀교학개론』(종석스님 저) (도서출판 운주사 간) 『밀교의 즉신성불 강의』(종석스님 저) (도서출판 하음 간) 『밀교의 철학』(金剛秀友 저) (원의범역 경서원 간) 전동혁(종석):「密敎의 修行」-『菩提心論』을 중심으로 - 淨土學硏究 제 11輯 (2008년)

성적	1.전체 출석상황: 20%
	  *. (단, 본인이 발표할 시간에 결석할 때는 理由不問 F 처리할 것임)
	2.연습발표에 필요한 자료의 준비 상황: 30%
	3.이해시키고 발표 내지 응답하는 능력: 30%
	4.Report 제출: 강의 전체부분을 정리하여 제출: 20%
	      단 한글 함초롱바탕 11P, 줄간격 160로, A4용지 15매 이상

학과	불교학과 (박사과정)	학수번호	A-10	강좌명	밀교학 특강 『金剛頂瑜伽分別修證法門』	담당교수	종석스님 (인)

강의 목표	『大日經』과 『金剛頂經』이라는 兩部大經을 근간으로 해서 이루어진 사상이 密教思想이며, 이 兩部大經 중 『大日經』은 胎藏界曼荼羅, 『金剛頂經』은 金剛界曼荼羅의 근간이 되는 경전이다. 이번 학기는 이 兩部大經 및 兩部曼荼羅가운데 특별히 『金剛頂經』을 소의로 탄생된 金剛界曼荼羅에 대해서 살펴보고자 한다. / 成身會.三昧耶會.微細會.供養會.四印會.一印會.理趣會.降三世羯磨會.降三世三昧耶會등 전체 九會로 구성된 金剛界曼荼羅의 중심은 成身會이다. 成身會는 금강계만다라의 근본이 된다는 뜻에서 根本會라고도 불러지며, 또 37존으로 구성되어 있으므로 成身會三十七尊曼荼羅라고도 한다. 곧 37이란 숫자는 대정장 No 871과 872 두 경전, 『金剛頂瑜伽中略述三十七尊心要』나 『金剛頂瑜伽三十七尊出生義』에서 보는 바와 같이, 成身會를 비롯한 금강계만다라(나머지 八會)의 中心聖衆이 모두 37尊으로 구성되어 있기에 붙여진 이름이다. / 따라서 금강계만다라를 이해하기 위해서는 37尊의 構成員이 누구이며, 또 이들은 어떠한 過程을 거쳐 出生하게 되었는지, 또 이들의 業務는 무엇이며, 또 九會는 상호 어떠한 關係를 가지며 維持되는지 등을 알아야 한다. / 이번 학기는 바로 이러한 것들을 알게하고 理解시키기 위해 大正藏 No 870의 『略述金剛頂瑜伽分別修證法門』을 중심으로, 이 경전과 깊은 關係를 가지고 있는 대정장 No 871과 872 經典, 곧 3經典(No 870~No872)을 相互比較해가면서, 이를 통해 금강계만다라에 대한 확실한 理解를 가지게 할 것이며, 아울러 여기서 파생되는 五佛과 五智 三昧 加持 (本)智法身 加持身 諸法皆空 三十七의 意味 三密妙行 五相成身觀 등 밀교의 중요 教相(教理)과 事相(修行道), 그리고 이와 더불어 이들 (밀교의 教相과 事相들)은 大乘의 꽃이라고 하는 法華經과 華嚴經과는 어떠한 關係속에서 收容되고 또 發展.展開되었는지도 함께 살펴볼 것이다.
강의 개요	제 1강~제 2강: 밀교전반에 걸친 교리를 강의하면서, 密教의 教理와 修行法을 총망라하고 있는 금강계만다라의 位相과 그 중요성을 이해시킨다. 제 3강~제 14강: 각 院生에게 할당.부여된 단락을 중심으로 발표 내지는 질의.응답케하여 깊이 고찰케 한다. 제 15강~제 16강: 한 학기동안 발표.질의 .응답된 것들을 총 정리함과 동시 特講을 통하여 금강계만다라를 비롯한 밀교 전체의 이해를 도모시킨다.
교재 및 참고 문헌	『略述金剛頂瑜伽分別修證法門』(대정장 18. No 870)/『國譯一切經』(밀교부 권 3) 『金剛頂瑜伽中略述三十七尊心要』(대정장 18. No 871)/『國譯一切經』(밀교부 권 4) 『金剛頂瑜伽三十七尊出生義』(대정장 18. No 872)/『國譯一切經』(밀교부 권 3) 『金剛頂經』(대정장 18. No: 865/882) 『略出念誦經』『國譯一切經』(밀교부 권 1) / 『眞實攝經』『國譯一切經』(밀교부 권 2) 종석스님 著: 밀교학개론 (운주사 간) / 밀교의 즉신성불강의 (하음사 간) 종석논문: 韓國密教についての一考察 - 釋門儀範と密教的性格/ 栂尾祥雲 著: 曼荼羅硏究上.下 /

성적 평가	1.전체 출석상황: 20%
	   *.(단, 본인이 발표할 시간에 결석할 때는 理由不問 F 처리할 것임)
	 2.연습발표에 필요한 자료의 준비 상황: 30%
	 3.이해시키고 발표 내지 응답하는 능력: 30%
	 4.Report 제출: 강의 전체부분을 정리하여 제출: 20%
	                 단 한글 함초롱바탕 11P, 줄간격 160로, A4용지 15매 이상

金剛頂瑜伽中發阿耨多羅三藐三菩提心論
(瑜伽總持教門說菩提心觀行修持義)

金剛頂瑜伽中發阿耨多羅三藐三菩提心論²⁾
(瑜伽總持敎門說菩提心觀行修持義)³⁾

序說
서설

---

2) 본고는 『金剛頂瑜伽中發阿耨多羅三藐三菩提心論』 (이하 『菩提心論』으로 표기함)에 대한 註解로서, 이의 註解(강해)를 위해 『高麗藏本 菩提心論(이하 高麗藏本으로 표기함), 곧 (高麗藏 No 1369, 大正藏 32권 NO 1665)을 底本(저본)으로 하였으며, 이를 일본의 『三十帖策子本 菩提心論』 (이하 三十帖策子本으로 표기함: 京都 仁和寺 소장본의 國寶로 空海가 직접 唐에서 請來해온 것으로, 唐 元和元年(806년)寫로 되어있다)과 대조하여, 그 상이점을 각주에 표기해 두었다. 곧 空海가 將來해온 『三十帖策子』 속의 『菩提心論』과의 出入과 異同을 적기하면서, 꼭 필요하다고 생각되는 부분은 訂定해 두었다.

한편 최근까지 『菩提心論』의 定本으로 일본 진언종에서 중시하며 사용해 오던 高野山大學 소장의 『十卷章』 (소위 『三十帖策子本』으로 空海가 장래해온 원본 그대로 수재되어있다고 전해지던 것으로, 여기에는 空海의 중요저작(6部)과 『菩提心論』을 合集한 총 10권의 書物이 수재되어 있었다)이 최근 再治本임이 밝혀져, 그동안 定本으로서 높은 가치를 받아오던 영광이 퇴색되었다. 참고로 高野山大學 소장의 『十卷章』 수재의 내용물을 보면, 『秘藏寶鑰』(3권)·『辨顯密二敎論』(2권)·『卽身成佛義』(1권)·『聲字實相義』(1권)·『吽字義』(1권)·『般若心經秘鍵』(1권)·『菩提心論』(1권)이 있다. 모두 합해 10권으로 이루어졌기에 <十卷章>이라 한 것이다.

3) 현존하는 최고본(唐朝의 憲宗 元和 元年=806년 필사본으로, 眞言宗 開山祖인 空海가 將來해온 것임)으로 인정받고 있는 京都 仁和寺 소장 소위 『三十帖策子本 菩提心論』에는 高麗大藏經, 곧 大正新修大藏經(高麗大藏經을 底本으로 삼음)에 수재되어있는 『菩提心論』(32. 572b)의 표기와 달리, 釋門을 <敎門>으로, 修行義를 <修持義>로 표기하고 있다. 교리와 이를 修持하여 실천하라는 의미로 보이나, 高麗藏本의 <釋門>과 <修行義>의 의미와 그다지 특별한 차이는 없어 보이나, 『續開元釋敎錄』과 『貞元釋敎目錄』 그리고 『三十帖冊字』 모두 瑜伽總持敎門說菩提心觀行修持義로 되어 있다. 이것이 옳다고 판단되어 본 註解(강해)에서도 <瑜伽總持敎門說菩提心觀行修持義>로 訂定하였다.

1. 『金剛頂瑜伽中發阿耨多羅三藐三菩提心論』이란?

密教란 卽身成佛, 곧 부모로부터 받은 이 몸으로 今生에서 成佛을 추구하는 불교이다.

『金剛頂瑜伽中發阿耨多羅三藐三菩提心論) (이하 『菩提心論』이라 표기함)은 『大日經』과 『金剛頂經』이라는 兩部大經을 근간으로 해서 이루어진 사상, 엄격히 말하면 논제인 <金剛頂瑜伽中 發阿耨多羅三藐三菩提心論>이 말해주듯, 양부대경 중에서도 특히 『金剛頂經』을 중심으로, (發)菩提心이란 무엇이며, 또 顯教(현교)와 密教의 차이점은 무엇인지, 또 어떻게 하면 밀교의 키워드인 卽身成佛(부모로부터 받은 이 몸으로 금생성불)을 성취할 수 있는 것인지 등 밀교의 제 교리(教相)와 즉신성불에 이르는 실천방법(事相=三摩地法)을 설해 놓은 주석서이자 수행지침서이다.

곧 논의 제목에서도 알 수 있듯, 이 논은 『金剛頂經』에 대한 일종의 주석서 같은 것으로서, <亦名瑜伽總持教門說菩提心觀行修持義>라는 논의 副題가 말해주듯이, 밀교수행자로 하여금 無上正等正覺을 성취케 하기 위해 菩提心에 대한 觀法(觀行)과 實踐修持法(실천수행법)의 핵심(總持)을 설한 教門(지침서)이다.

내용으로는 (發)菩提心의 의미와 그 중요성, 그리고 『大日經』의 핵심인 <三句法門>을 논의 핵심인 (行願·勝義·三摩地)菩提行과 관계 짓고, 이들을 自心實相(자심실상)의 三相이라고 새롭게 정의한 후,
이를 기본으로 外道(외도)와 二乘(이승), 그리고 顯教(원시~부파~대승)와 密教(밀교)의 차이점(淺深·優劣)을 논함과 동시, 뒤이어 본 논의 핵심이면서 밀교만이 지닌 독특한 수행법인 三摩地菩提心(삼마지보리행), 말하자면 三密瑜伽(삼밀유가)를 기본으로 하는 月輪觀(월륜관)·十六空觀·十六大菩薩修行觀(십육대보살수행관)·阿字觀(아자관)·五相成身觀(오상

성신관)등에 대한 구체적 수행법과 그 수승함의 설함을 통해, 밀교의 卽身成佛과 今生에서의 이의 실현을 주창하고 있다.

2. 밀교에서의 『菩提心論』의 위치, - 密敎家들의 평가 -

일본의 空海는 『辨顯密二敎論』과 『三昧耶戒序』에서

「『菩提心論』은 龍樹大聖(용수대성)이 지은 千部(천부)의 論 가운데 密敎肝心(밀교간심)의 論이다. 그 까닭은 顯密二敎(현밀이교)의 差別深淺(차별심천)과 成佛의 遲速(지속)과 勝劣(승열)을 모두 이 論이 설하고 있기 때문이다」[4]

「선남선녀로서 秘密佛乘(비밀불승)에 들어오려는 자는 마땅히 四種의 마음(四種心)을 일으켜야 한다.

四種心이란 白淨信心(백정신심)과 大悲(대비)의 行願心(행원심)과 大智(대지)의 勝義心(승의심)과 大定(대정)의 三摩地心(삼마지심)을 말한다」[5]

라 하고 있다. 곧 空海는 밀교의 수승함을 논한 논서이자, 일본진언종 탄생의 근간이 된 『辨顯密二敎論』[6]에서 『菩提心論』을 密敎肝心(밀교간심)의 논이라 극찬하면서, 그 이유로 이 논이 顯敎와 密敎의 차별성과 成佛의 遲速(지속)을 설하고 있기 때문이라 하고 있으며,

---

4) 「此論者龍樹大聖所造千部論中密敎肝心論也 是故顯密二敎差別淺心及成佛遲速勝劣皆書此中」『辨顯密二敎論』(대정장 77. 378b)
5) 「欲入善男善女中秘密佛乘者 當起四種心 四種心者白淨信心大悲行願心大智勝義心大定三摩地心也」『三昧耶戒序』(대정장 78. 5a)
6) 日本眞言宗의 開山祖 空海(774~835)는 진언종을 開山하기 앞서 밀교의 수승함을 알리기 위해 『辨顯密二敎論』을 저술하였다. 곧 그는 이 논서를 통하여 현교와 밀교를 비교하면서, 현교는 報身佛과 化身佛의 설법이기에 方便說(방편설)이며, 淺略說(천략설)로서 三劫成佛(삼겁성불)이란 긴 시간이 걸리는데 비해, 밀교는 法身佛의 自內證說法(자내증설법)이기에 진실설이며 深秘說(심비설)로서 卽身成佛의 가르침이라 하며, 밀교의 수승함을 주창하였다.

또한 밀교행자가 入門(입문)하기 전 반드시 받아 지녀야 할 三昧耶戒(삼매야계)의 지침서인 『三昧耶戒序』에서는 『菩提心論』의 중심이론인 行願心·勝義心·三摩地心을 白淨信心인 <自相의 三心>이라 지칭하면서, 이들 三心을 밀교행자가 지녀야 할 기본적 마음으로 정의 내리고 있다.

뿐만 아니라 그는 밀교의 대표적 특징인 즉신성불사상을 내세우기 위해 『即身成佛義(즉신성불의)』를 저술한 후, 그 곳에서 소위 <2經1論의 8句>, 말하자면 『大日經』·『金剛頂經』·『菩提心論』으로부터 각각 2句, 4句, 2句 등 총 8구절을 인용하면서, 그가 주창하는 即身成佛의 증명구로 사용하고 있으나, 그 가운데 바로 『菩提心論』(2句)이 끼어있는 것이다.

한편 고려조 顯宗과 高宗代에 주조된 初雕(초조) 및 再雕(재조)大藏經 속에 이 『菩提心論』이 모두 수록되어 있어, 이미 고려조부터 『菩提心論』에 대해 잘 알고 있었을 것이나, 웬일인지 한국에서는 이에 대한 주석이나 연구는 전혀 이루어지지 않았다.

한편 일본에서는 日本眞言宗을 세운 空海(弘法大師)가 806년 將來해 온 『三十帖策子本』속에는 물론 圓仁·圓珍·宗叡등 入唐僧의 將來目錄 속에 『菩提心論』이 들어있어,[7] 일찍(平安時代)부터 이에 대한 연구가 활발히 행해져 왔으나, 웬일인지 自國의 『三十帖策子本 菩提心論』보다 『高麗藏本 菩提心論』을 더 중시 해 왔다.

그 결과 그들(大正一切經刊行会)은 『大正新修大藏經』(이하 大正藏으로 표기함)의 제작 당시(1924~1934년), 空海 장래의 『三十帖策子本 菩提心

---

7) 圓仁 『入唐新求聖教目錄』(847年), 圓珍 『貞元遺錄(靑龍寺求法目錄)』(855년), 宗叡 『新書寫請來法門等目錄』(865年)

論』은 제쳐두고 그 대신 『高麗藏本 菩提心論』을 正藏으로 인식하고, 이를 저본으로 삼아 대정장 <論集部: 32권 No 1665>에 이를 삽입시켰던 것이다.

한편 해방 이후, 진각종 진언종 총지종 등 한국밀교종파들도 늦게나마 『菩提心論』의 중요성을 알고, 한결같이 이를 自宗의 소의경전(所依經典)으로 삼으며 중시해 오고 있다. 까닭인즉 이들 밀교종파의 宗祖로 추앙되고 있는 회당(悔堂) 손규상 대종사(1902~1963)가 일찍이 『菩提心論』의 중요성을 알고, 이를 한글로 번역하고 이의 홍보에 힘써왔기 때문이다.

도대체 『菩提心論』에 어떤 내용이 설해져 있길 레 日本密敎의 개산조인 空海스님을 비롯 우리나라의 밀교종파들이 똑같이 이토록 이 논서를 중시하고 있는 것일까?8)

이제 『菩提心論』이 설하고 있는 주요내용을 통하여 밀교가들이 왜 이토록 『菩提心論』을 중시하며 나가서는 필수적 지침서로서 까지 평가하고 있는지 그 이유를 살펴보도록 하자.

---

8) 空海스님 이후 일본 밀교계에서는 『菩提心論』을 眞言宗의 필수지침서로 지정하고 있다. 곧 空海는 真言宗의 学徒가 마땅히 배워야 할 經律論을 指定하여 朝廷에 奉進하였는데, 이를 살펴보면, 『真言宗所学経律論目録』 <弘仁十四年(823년)十月十日>과 승려의 도첩제도인 「三業度人」의 官符 <承和二年(八三五) 正月二十三日>條에, '釋摩訶術論 十卷, 金剛頂發菩提心論 一卷, 論二部十一 卷'이라 기재하여, 真言宗徒들에게 『菩提心論』을 『釋摩訶術論』과 함께 重要한 論으로 자리 매김 시키고, 또 「右二業の人は まさに、かねて 『三十七尊礼懺経』、『金剛頂発菩提心論』一巻、『釈摩訶衍論』一部十巻を学ぶべし。 まさに 十八道一尊の儀軌、及び 『六波羅蜜経』 一部十巻を学ぶべし」 라 하며, 真言宗을 本業으로 하는 三人에게 매년 『보리심론』을 수학케 하는 소위 <三學說>을 주창하였다. 우리나라의 밀교종파인 진각종·진언종·총지종에서도 『大日經』·『金剛頂經』과 더불어 『菩提心論』을 종도의 3대 필독서로 중시하고 있다.

2-1 卽身成佛의 실천행법인 <三摩地菩提心段>을 제시함으로서, 밀교교학과 실천행의 필독의 지침서로 자리매김함

『菩提心論』이 밀교가들의 필독의 지침서가 된 데에는,
 크게 3가지 이유가 있다.

2-1-1 <三摩地菩提行>段을 설정하여 大乘思想을 儀軌化 함
 첫 번째로 밀교의 가장 큰 특징은 대승의 핵심사상을 단지 理論으로서가
아니라, 이를 의궤화시켜, 일상에서 실천수행케 하였다는 점이다.
곧 양부밀교경전이라 일컬어지는 『大日經』과 『金剛頂經』은 바로 이러한
경전들로, 그들이 설하는 阿字觀 五字嚴身觀과 月輪觀과 五相成身觀 등은
바로 대승의 핵심사상인 空性과 波羅蜜을 儀軌化해 승화시킨 관법들로서,
찰나찰나마다 空性과 波羅蜜에 궤합케하는 妙門인 것이다.
밀교가 父母로부터 받은 이 몸으로 今生, 곧 卽身에 무상정등정각을 성취
할 수 있다고 주창하는 것은 바로 이 때문이다.

 여기서 잠시 大乘과 密敎의 차이, 곧 밀교의 특징을 간략히 살펴보면,
Know(견해)와 How(수행법)의 차이점이다.

 첫째는 Know(견해)의 차이이다.
곧 나와 너를 중생(如來藏)으로 보느냐 佛로 보느냐의 견해차이이다.
"중생의 눈에는 중생으로 보이고, 부처의 눈에는 부처로 보인다"는 속담
처럼, 大乘은 나를 중생(여래장)으로 보고, 밀교는 나=佛로 보는 것이다.

 둘째는 How(수행법)의 차이로 크게 2가지가 있다.

1)은 量을 중시하느냐 質을 중시하느냐의 차이이다. 대승은 成佛을 주창하면서도 三劫의 수행, 곧 量을 중시하는데 비해, 밀교는 卽身의 成佛, 곧 質을 중시하면서, 누구나 어디서나 쉽고 행할 수 있는 定石(액기스)법인 <三密瑜伽行法>을 개발하였다. 곧 수행(공부)에 있어 중요한 것은 時間보다 質이라며, 質의 중요성을 강조한 것이다.

　2)는 <Tri-asamkhya-kalpa: 3-아승지겁>에서의 <Kalpa>에 대한 해석의 차이이다.

곧 대승은 <Kalpa>를 시간개념인 劫(波)으로 해석하여 <三無數劫成佛>을 주창한데 비해, 밀교는 이를 妄執으로 해석하여 <三妄執>으로 본 것이다. 곧 중생의 病, 성불 못하는 이유를 煩惱障·所知障·根本無明, 곧 三妄執으로 본 것으로, 따라서 이것만 제거하면 언제든 成佛하여 佛이 된다고 보았다. 곧 今生에 제거하면 금생에, 來年에 제거하면 내년에 성불한다고 본 것이다. 곧 三妄執만 제거하면 <卽身에 成佛>하다고 주창한 것이다.

『菩提心論』의 정식 論名인 『金剛頂瑜伽中發阿耨多羅三藐三菩提心論』과 副題인 『瑜伽總持敎門說菩提心觀行修持義』, 그리고 논의 서두에 "밀교만이 卽身成佛을 주창하므로 三摩地菩提心을 설하고, 顯敎는 三劫成佛을 주창하므로 결하여 설하지 않는다"고 한 것은 바로 이것을 말하는 것이다. 또 『菩提心論』이 전체를 3단으로 나눈 후, 1과 2단에서는 대승과 밀교의 공통교리인 行願菩提心과 勝義菩提心을 설하고, 마지막 3단에는 <三摩地菩提行>段을 두어, 이곳에서 妙門인 밀교만의 三摩地行法, 곧 卽身成佛의 행법인 阿字觀 月輪觀 五相成身觀등을 설한 것도 바로 이러한 이유 때문인 것이다.

곧 『菩提心論』이 밀교행자들의 필독의 논서가 될 수 있었던 것도 이러한 밀교전통을 그대로 이어받아 성립된 논서가 『菩提心論』이기 때문이다.

2-1-2 『大日經』三句法門을 三種菩提心으로 회통시킴

두 번째는 『大日經』의 중심이론인 三句法門(菩提心爲因 大悲爲根 方便爲究竟)을 三種-보리심으로 회통시켰다는 점이다.

곧 『菩提心論』은 『大日經』이 설하는 菩提心의 설명, 곧 제 1句인 <菩提心爲因(보리심위인)>을 해석하면서, 밀교이전의 해석인 菩提心을 그저 단순히 菩提를 성취하겠다고 발하는 마음(發心)으로 보지 않고,

『大日經』이나 『大日經疏』의 해석처럼, <心=虛空=菩提卽是三種無二>[9] 곧 '본래의 나의 마음은 깨달음(菩提=佛) 바로 그것'이라 보고,

그것을 <勝義菩提心(승의보리심)>, 곧 <一切法無自性觀(일체법무자성관)>의 설명을 통해 서술하고 있으며,

제2句인 <大悲爲根(대비위근)>은 <行願菩提心(행원보리심)>, <佛心者大慈悲是>의 설명을 통해, 일체중생이 필경에는 모두 成佛하는 까닭에, 大悲門 안에서 그들을 安存(안존)케 하고 快樂(쾌락)케 해야 한다고 강조하고 있으며,

제3句인 <方便爲究竟(방편위구경)>은 <三摩地菩提心(삼마지보리심)>의 설명, 곧 勝義(승의)와 行願(행원), 이 2가지를 체득한 상태에서 阿字觀·月輪觀·五相成身觀이란 方便門(방편문)속에서, 菩提心을 체득해 나가며, 나아가 이를 大悲(行願)의 차원에서 모든 중생들에게 공유케 해야 한다고 강조하고 있다.

곧 마치 달이 그 빛을 일체중생에게 골고루 나누어주고, 또 16대보살이 중생의 願과 근기에 따라 역할을 분담·수행하며 이익·안락케 하듯이, 깨달음을 일체중생 모두에게 공유케 하기위해서는 阿字觀과 月輪觀등

---

9) 「如是秘密主 心虛空界菩提三種無二 此等悲爲根本 方便波羅蜜滿足 是故秘密主 我說諸法如是 令彼諸菩薩衆 菩提心淸淨知識其心」『大日經』(대정장 18. 1c),『大日經疏』(대정장 39. 589a)
한편 Tibet의 覺密(Buddhaguhya)은 『大日經廣釋』에서, 菩提心을 <能求-보리심>과 <所求-보리심>의 2로 나누어 설명하고 있다.

三摩地菩提心이란 方便을 통해, 얻어 낸 공덕을 모든 중생들에게 골고루 나누어 주어야 한다고 설하고 있기 때문이다.

말하자면 『菩提心論』이 『大日經』의 三句思想을 <三種菩提行>의 실천법으로 회통시키고 있다는 점이다.[10]

2-1-3 양부대경의 이론과 실천법을 하나로 묶음

세 번째 이유로는, 『大日經』이 설하는 阿字觀(아자관)과 『金剛頂經』이 설하는 白月觀(백월관)과 五相成身觀(오상성신관)등의 실천법들을 <三摩地菩提心(삼마지보리심)>이란 하나의 틀 안에 묶어놓고, 이들이 서로 다른 이질적인 수행법이 아닌 三密瑜伽(삼밀유가)라고 하는 밀교의 전통적 성불원리안에서 이루어지는 同一的 不二의 절대적 수행법임을 각인시켜 놓았다는 점이다.

곧 『보리심론』은 理와 智, 육신과 정신, 女性과 男性, 胎藏(태장)과 金剛(금강), 大日經과 金剛頂經등 양부경전이 설하는 원리를 하나로 묶음으로서, 이들을 理智不二(이지불이) 胎金不二(태금불이)의 절대적 中道法(중도법)으로 승화시키는 매개체 역할을 담당하였던 것이다.

다시 말하면 『菩提心論』은 三摩地菩提心을 설함으로서, 그 副題 <亦名瑜伽總持敎門說菩提心觀行修持義>가 말해주듯, 이 논서를 단지 교학적 이론서(敎門)로서만이 아닌 수행의 지침서(觀行·修持)로서 까지 승화시켜, 이 논서로 하여금 理事를 겸비한 밀교의 대표적 논서로 자리매김케 하였던 것으로, 『大日經』의 <三句思想>역시 단지 이론으로서가 아닌 실제의 修行法과 연결시켜 思想(理)과 修行(事)을 하나로 통합시킨 것이다.

---

10) 이것을 화살표로 나타내면 다음과 같다. 菩提心爲因 ↔ 勝義菩提心, 大悲爲根 ↔ 行願菩提心, 方便爲究竟 ↔ 三摩地菩提心

3. 논제의 의미와 성립년도 · 저자 · 역자에 대하여

3-1 논제(主題 및 副題)의 의미

논제 <金剛頂瑜伽中發阿耨多羅三藐三菩提心論>을 직역하면,
『金剛頂經』계통의 유가경전들이 설하는 發無上正等正覺心에 대한 논
(주석)이란 의미로, 이를 축약하면 『밀교(金剛頂瑜伽)의 (발)보리심론』이
라 직역할 수 있을 것이다.[11]

한편 앞서도 언급했듯이, 논은 副題(부제)를 "瑜伽總持教門說菩提心觀
行修持義"라 달고 있어,

이 논이 無上正等正覺을 얻게 하는 瑜伽摠持釋門(密教宗派)의 論書로,
내용은 <菩提心의 觀行과 修行에 대한 道義>임을 부연설명하고 있다.

한편 일본승 宥快(1345~1416)는 『菩提心論鈔』에서 本題인 <金剛頂瑜
伽中發阿耨多羅三藐菩提心論>은 大智勝義(대지승의)를 표현하고, 副題인
<瑜伽總持教門說菩提心觀行修持義>는 大悲行願(대비행원)을 표현한 것
이라 해석하고 있다.[12]

般若三藏은 『大乘理趣六波羅蜜多經』에서
「(經律論과 大乘, 그리고) 金剛手菩薩로 하여금 설하게 하신 甚深微妙

---

11) 空海스님은 『金剛頂經開題』에서, 「然除淺就深攝枝歸本有三十七金剛。就此
三十七又分能入金剛智所入金剛定能證金剛人。總有一百二十金剛名。是三十
七金剛金剛智慧之頂。金剛三摩地之尊。金剛人之王。此經能説如是三十七尊
三十七王三昧。故名金剛 頂。頂者頭頂表佛行之無上」(얕은 뜻을 버리고 깊
은 뜻을 찾으며, 枝末을 거두어 根本으로 돌아감에 三十七金剛이 있다. 이
三十七은 能入金剛智와 所入金剛定과 能證金剛人으로 나누어지니, 모두해서
120의 金剛의 명칭이 있다. 金剛三摩地尊이란 金剛人中의 王이란 뜻이다.
이 경은 三十七尊의 智慧와 三十七王의 三昧를 설한 것이기에, 그래서 金剛
頂이라 이름한 것이다. 頂이란 頭頂을 의미하는 것으로, 더 이상 위(上)가 없
는 佛의 行이란 뜻이다」『金剛頂經開題』(대정장 61. 2c)
12) 『眞言宗全書』권27. 2頁 (眞言宗全書刊行會, 昭和 8년=1933년)

(심심미묘)의 여러 總持門(총지문: Dhāraṇī mukha)을 修持케 하라!
이들 教門은 능히 有情의 生死煩惱와 長夜(장야)의 黑闇(흑암)을 제거하
고, 능히 그것도 속히 出離케하여 해탈과(解脫果)를 증득케 하는 것이기
에~」[13]

라 하여, 석존불의 一代教 속에 總持門인 밀교를 포함시키면서 밀교의
總持門이야말로 生死煩惱로부터 出離케하여 解脫果를 증득케 하는 가르
침이라며, 밀교를 대변하는 보살로 金剛薩陀(金剛手)를 내세우고 있다.

한편 總持(dhāraṇī)에 대해, 空海는 그의 저서 『梵字悉曇字母幷釋義』
에서 『大智度論』·『大乘莊嚴經論』 등의 설을 발췌 후, 이를 종합하여
다음과 같이 설명하고 있다.

「五種의 總持(dhāraṇī)가 있다.
聞持(문지)·法持(법지)·義持(의지)·根持(근지)·藏持(장지)가 그것이다.
제1의 <聞持>란 귀로 어느 한 자의 소리를 들을 때에 五乘의 教法과 현
교와 밀교의 차별을 알아, 누실하지 않는 것, 곧 들은 것은 절대 잊어버
리지 않는 것을 말하며,
제2의 <法持>란 念住하여 잊지 않고 그것을 五蘊중에서 흐르게 하는 것
을 말하며, 제3의 <義持>란 假와 實의 2가지 法이 모두 因緣所生의 空
임을 아는 것을 말하며, 제4의 <根持>란 오직 六緣念만 있을 뿐 나머지
경계는 없음을 말하며, 제5의 <藏持>란 제9 아말라식(Amala-vijñāna)
곧 佛性인 淸淨識(청정식)을 말하는 것이다」[14]

---

13) 「(復次慈氏我滅度後。令阿難陀受持所說素咀纜藏。其鄔波離受持所說毘奈耶
藏。迦多衍那受持所說阿毘達磨藏。曼殊室利菩薩。受持所說大乘般若波羅蜜
多)。其金剛手菩薩受持所說甚深微妙諸總持門。如是教門能除有情生死煩惱長
夜黑闇。速能出離證解脫果」『大乘理趣六波羅蜜多經』<般若>(대정장 8. 868c)

라 하며, 總持(dhāraṇī)를 5으로 세분하며, 일체가 모두 總持에 포섭되는 것이라 역설하고 있다.

3-2 引用經疏와 그것이 주는 의미
<small>인용 경소</small>

『보리심론』은 밀교의 수승함과 즉신성불의 이론과 이의 실천행인 삼마지보리행을 주창하기 위해, 8經(7經 1疏)의 경론을 그것도 무려 14回에 걸쳐 인용하고 있다. 곧

<勝義菩提心(승의보리심)>의 설명에서 4經 7回,
　『大日經』(2회)·『華嚴經』(2회)·『觀無量壽經』(1회)·『涅槃經』(2회)

<三摩地 菩提心(삼마지보리심)>의 설명에서 5經(4經1疏) 7回,
　『般若經』·『大日經疏』·『法華經』·『大日經』(3회)·『金剛頂經』 등이다.

　곧 『보리심론』이 활용하고 있는 引用經典으로는
『般若經』·『觀無量數經』·『涅槃經』(2회)·『華嚴經』(2회)·『大日經』(5회)
·『法華經』·『大日經疏』·『金剛頂經』등
총 8개(7經 1疏)의 經論(대승경전과 밀교경전)이 등장하고 있다.

한편 <勝義菩提心>에서의 7차례에 걸친 4개경전의 引用順序는
　『大日經』 → 『華嚴經』(2) → 『觀無量壽經』 → 『涅槃經』(2) → 『大日經』의 順으로 되어있다.

곧 法身說法(『大日經』) → 法身(無言說)說法(『華嚴經』) → 報身說法(『觀

---

14)『梵字悉曇字母并釋義』(대정장 84. 361b)

- 30 -

無量壽經』)→ 化身說法(『涅槃經』) → 法身說法(『大日經』)의 순으로 되어 있어, 우연인지 아니면 의도적으로 그랬는지는 몰라도 무언가 의도적 냄새가 강하게 느껴진다.

곧 密教經典인 『大日經』을 맨 앞과 맨 뒤에서 인용하면서 전체를 會通(회통)시키고, 顯教經典(현교경전)은 그 사이에 인용하고 있는데, 현교경전의 인용순서 또한 묘하게도 三身說의 전개과정, 곧 法身→報身→化身의 설법인 『華嚴經』 → 『觀無量壽經』 → 『涅槃經』의 순으로 인용되고 있다.

한편 이들 인용경전중 특히 중심이 되는 경전은 『華嚴經』(2회)과 『大日經』(5회)과 『金剛頂經』인데, 이 경전들 또한 4가지 공통점을 지니고 있다.[15]

---

15) 龍宮에서 전래되었다는 소위 '용궁전래설'에서 비롯된 말이다. 곧 법장(法藏)의 『화엄경전기(華嚴經傳記)』 제1권에 의하면, 용수보살이 용궁에 가서보니 上中下 3-本의 『화엄경』이 있었다. 상본(上本)은 삼천대천세계 미진수 게(偈)와 4천하 미진수 품(品)이고, 중본(中本)은 49만 8천 8백 게(偈)와 1200품이었다. 중본은 분량이 방대하여 가져오지 못하고, 하본(下本) 10만 게(偈) 48품만 가져와서 유통시켰다. 「龍樹菩薩往龍宮. 見此華嚴大不思議解脫經. 有三本 上本 有十三千大千世界微塵數偈四天下微塵數品. 中本 有四十九萬八千八百偈 一千二百品. 下本 有十萬偈 四十八品.其上中二本及普眼等. 並非凡力所持. 隱而不傳. 下本 見流天竺. 蓋由機悟不同. 所聞宜異故也是以. 文殊普賢 親承具教. 天親龍樹 僅睹遺筌」『華嚴經傳記』(대정장 51. 153a),
『金剛頂經』과 『大日經』의 南天竺塔 전래설은 『金剛頂經議決』에 전해진다. 「其大經本. 阿闍梨云經夾廣長如床. 厚四五尺有無量頌. 在南天竺界鐵塔之中 佛滅度後數百年間無人能開此塔. 以鐵扉鐵鎖而封閉之. (중략)時有大德先誦持大毘盧遮那眞言. 得毘盧遮那佛而現其身及現多身. 於虛空中說此法門及文字章句. 次第令寫訖卽滅. 卽今毘盧遮那念誦法要一卷. 是時此大德持誦成就願開此塔. 於七日中遶塔念誦. 以白芥子七粒打此塔門乃開. 塔內諸神一時踊怒不令得入 (중략) 便令出塔塔門還閉如故. 爾時書寫所記持法有百千頌. 此經名金剛頂經者菩薩大藏塔內廣本絕世所無. 塔內燈光明等至今不滅此經百千頌本此國未有」『金剛頂經議決』<不空撰> (대정장 39. 808a~b)

첫째는 이들 경전이 法爾常恒本(법이상항본)으로 되어있다는 점이며,

둘째는 모두가 바다 속의 龍宮(용궁)이나 南天竺의 鐵塔(철탑) 속에 秘藏(비장)되어 있었다는 점이며,

셋째는 主佛이 法身 毘盧遮那佛이라는 점이며,

넷째는 流布者(유포자)가 모두 龍樹菩薩(용수보살)이라는 점이다.

참고 1

- 『華嚴經』·『大日經』·『金剛頂經』의 說者 -

『華嚴經』의 說者는 비록 主佛이 법신 비로자나불이긴 하지만 정작 법신불은 無言說, 곧 직접 설하신 것이 아니라, 문수보살·보현보살·금강장보살 등의 제 보살이 법신불의 三昧속에 들어가 대신 법을 설한 非人格의 理法身인 毘盧遮那佛의 설법인데 반해,

『大日經』은 人格佛인 智法身 毘盧遮那法身佛이 직접 설하신 直說(직설)이며,

『金剛頂經』은 시방삼세의 一切如來로부터 灌頂(관정)을 받고 金剛界法身 毘盧遮那佛로 등극한 싣달타 태자, 곧 一切義成就菩薩(일체의성취보살)의 설법이다.

참고 2

<인용구>분석을 통해본 『菩提心論』 저자의 性向

- 金剛智三藏·善無畏三藏·一行和尙과 『菩提心論』의 관계 -

『보리심론』은 8經(7經 1疏)의 경론을 무려 14回에 걸쳐 인용하며, 논의 주창을 펴고 있다. 곧

　<勝義菩提心>의 설명에서,

4經 <大日經(2)·華嚴經(2)·觀無量壽經(1)·涅槃經(2)> 7回,
<三摩地 菩提心>의 설명에서,
5經 <般若經·大日經疏·法華經·大日經(3)·金剛頂經>7回가 그것이다.
말하자면, 『般若經』·『觀無量數經』·『涅槃經』·『華嚴經』·『大日經』·『法
華經』·『大日經疏』·『金剛頂經』등 총 8개의 經論(대승과 밀교경전)을
인용하고 있는 것이다.

잠시 인용된 이들 經疏들의 성향을 분석해보면,
『般若經』은 대승사상의 초석으로 一切法無自性空의 사상을 설하고 있으
며, 淨土經典인 『觀無量數經』은 업보중생을 극락세계로 往生시키려는 阿
彌陀佛의 간절한 本願(Pūrva-Praṇidhāna)思想을 설하고 있으며,
『涅槃經』은 涅槃四德과 一切衆生悉有佛性思想을 설한 경전이며,
『法華經』은 일체중생은 누구나 모두 성불할 수 있다는 開示悟入의 一佛
乘思想과 久遠實成의 釋迦本佛思想을 설한 경전이며,
『華嚴經』은 일체중생이 모두 佛性을 지닌 佛性花로서 두두물물의 각 존
재가 蓮華藏世界의 주인(世主妙嚴)이라는 사상을 설한 경전이며,
『大日經』과 『大日經疏』는 이들 大乘思想을 三句思想(菩提心爲因·大悲爲
根·方便爲究竟)과 阿字五轉과 三密瑜伽 내지 三妄執成佛思想으로 회통
시키며 卽身成佛 주창의 眞言密教의 길을 개척한 경전이며,
『金剛頂經』은 여기에 月輪觀과 五相成身觀이란 독특한 行法의 추가 설정
을 통해 밀교의 卽身成佛을 더욱 공고히 다진 경전이다.

『보리심론』은 이렇듯 대승과 밀교의 대표경전들인 상기의 8經(7經 1疏)
의 경론들을 그것도 무려 14回에 걸쳐 인용하면서, 이들의 教相(교리)과
事相(수행론)을 불교사상과 수행의 핵심인 三相-菩提心(行), 곧 行願·勝

義·三摩地와 연계시키면서, 이들 경전들을 밀교의 卽身成佛의 實際成就를 위한 橋頭堡(교두보)로 활용하고 있는 것이다.

 한편『보리심론』은 이들 8經(7經 1疏) 이외에도 비록 經名은 거명하지는 않았지만 이들 經으로부터 직접 인용하거나 내용을 발췌하여, 논의 중심주장을 펼친 경우가 제법 있다.

 이하『보리심론』의 내용분석을 통해 이러한 것들을 찾아내어, 그것의 제시를 통해『菩提心論』이 어떤 경전을 인용하며 이를 활용하고 있는지, 또 이들 경전은 누구에 의해 저술된 것인지를 보면서, 이러한 사실들을 근거로『菩提心論』의 性格 내지 著者의 性向을 살펴보고자 한다.

먼저 어떤 경전과 어떤 내용이 이러한 경우에 해당되는지 분석해보니,

1. 金剛智三藏譯의『金剛頂經瑜伽修習毘盧遮那三摩地法』
   (1) <阿字讚偈>
   (2) <阿裟頗那迦三摩地(Āsphānaka-samādhi)>
      「不見身心。住於寂滅無相平等。以爲究竟眞實之智」

2. 金剛智三藏譯의『念誦結護法普通諸部』
   (1) <阿字讚偈>

3. 金剛智三藏譯의『金剛頂瑜伽青頸大悲王觀自在念誦儀軌』
   (1) <阿裟頗那迦三摩地(Āsphānaka-samādhi)>
      「不見身心。住於寂滅無相平等。以爲究竟眞實之智」

4. 善無畏三藏譯의『三種悉地破地獄陀羅尼法』

(1) 阿字五轉의 第五 惡(長聲=𑖀)字의 해석

「第五惡字是具足方便善巧智圓滿義也」

5. 一行和尚 著述의『大日經義釋』

　(1) 阿字五轉의 第五 惡(長聲=𑖀)字의 해석

6. 기타, 慧警(善無畏三藏)의『無畏三藏禪要』

등이 이러한 경우로서, 이들은『보리심론』에 많은 영향을 주고 있다.

이하 이의 실제상황을 살펴보도록 하자.

1-(1)의 경우는,

3.4 阿字觀에서 살펴본 <阿字讚偈>가 金剛智三藏의 譯出經인

『金剛頂經瑜伽修習毘盧遮那三摩地法』으로부터의 직접인용이란 점이다.

　곧『菩提心論』에서 가장 중시되는 三摩地段 그것도 일찍부터 이 부분

은 해독되어서는 안 된다는 소위 <不讀段>논쟁의 핵심이 되었던 <一頌

四句>의 <阿字讚偈>가 金剛智三藏 역출의『金剛頂經瑜伽修習毘盧遮那

三摩地法』(이하『毘盧遮那三摩地法』이라 표기함)으로부터 직접 인용해

왔다는 점이다. 곧『보리심론』(32. 574b)의

「八葉白蓮一肘間 炳現阿字素光色 禪智俱入金剛縛 召入如來寂靜智」

의 讚偈가 그것으로,『毘盧遮那三摩地法』에는 다음과 같이 설해지고 있다.

「八葉白蓮一肘間 炳現阿字素光色 禪智俱入金剛縛 召入如來寂靜智 眞言

曰 唵 麼折囉 微舍惡(Oṃ vajrāveśa aḥ)」　　　　　(대정장 18. 328b)

2-(1)의 경우는

이 <阿字讚偈>가 金剛智三藏의 또 다른 역출경인 『念誦結護法普通諸部』에도 상기의 내용은 물론 다음의 「次結如來堅固拳 進力屈拄禪智背 由此妙印相應故 即得堅持諸佛智」문구가 추가 삽입되어 설해지고 있다는 점이다.16)

하지만 이 중요한 <阿字讚偈>가 왼 일인지 不空三藏의 저서나 역출경에는 전혀 보이지 않고 있다. 참 안타까운 일이다. 왜 없는 것일까?

1-(2)의 경우는,

阿裟頗那迦三摩地(Āsphānaka-samādhi)를 정의하는 단락에서의 설명 또한 이 『毘盧遮那三摩地法』으로 부터의 직접인용이란 점이다.

곧 『毘盧遮那三摩地法』(대정장 18. 328c)의
「不見身心。住於寂滅無相平等。以爲究竟眞實之智」이란 경구를
『보리심론』이 Āsphānaka-samādhi의 경지를 설명하면서,
「當知一切法空。已悟法本無生 心體自如 不見身心 住於寂滅平等究竟眞實之智」(32. 573b)

라며, 이를 그대로 인용하며 心의 空性(本無生)의 경지를 설명하는데 활용하고 있는 것이다.

3-(1)의 경우는 바로 위 1-(2)에서 지적한 「不見身心。住於寂滅無相平等。以爲究竟眞實之智」이란 경구가 金剛智三藏譯의

---

16) 「八葉白蓮一肘間 炳現阿字素光色 禪智俱入金剛縛 召入如來寂靜智 眞言曰, 唵 麼日囉 微舍惡(Oṃ vajrāveśa aḥ) 次結如來堅固拳 進力屈拄禪智背 由此妙印相應故 即得堅持諸佛智」『念誦結護法普通諸部』(대정장 18. 907c)

또 다른 역출경전인 『金剛頂瑜伽青頸大悲王觀自在念誦儀軌』에도 그대로 설시되고 있다는 점이다.[17]

말하자면 『菩提心論』에는 金剛智三藏譯出의 경전들이 여러 번 그것도 중요한 대목에서 인용되고 있는 것으로, 그만큼 金剛智三藏의 비중이 크다는 것이다.

4-(1)의 경우는

<阿字五轉>을 설명하면서, 특히 그 가운데의 마지막 다섯 번째의 <惡(長聲)字=(Āḥ)>의 설명을 善無畏三藏譯의 『三種悉地破地獄陀羅尼法』을 활용하고 있다는 점이다.

곧 『三種悉地破地獄陀羅尼法』의

「次卽入中惡(長聲)字是方便。卽知此心法界之體。本來常寂滅相。此是毘那本地之身。華臺之體」　　　　　　　　『大日經疏』(대정장 39. 788b)

가 그것으로, 『菩提心論』(32. 574a~b)에는

「總而言之 具足成就。第五惡字 是方便善巧智圓滿義也」

라 설해지고 있다.

한편 『三種悉地破地獄陀羅尼法』의 위의 내용이 『大日經疏』에 그대로 설해지고 있을 뿐만 아니라,[18]

다음의 5에서 논할 一行和尙의 저작인 『大日經義釋』<14권>에도 이와 유사한 내용이 설해지고 있음이 발견된다.

---

17) 『金剛頂瑜伽青頸大悲王觀自在念誦儀軌』(대정장 20. 493a)
18) 「次卽入中惡(長聲)字是方便。卽知此心法界之體。本來常寂滅相。
　　此是毘盧遮那本地之身。華臺之體」『大日經疏』(대정장 39. 788b)

5-(1)의 경우는 一行和尙 저술의 『大日經義釋』과 『菩提心論』의 관계이다.

곧 『菩提心論』은 阿字五轉의 마지막 噁(引=Āḥ)을 논하면서

「五惡字(引聲)是具足方便智義. 又將阿字配解法華經中開示悟入四字也。 開
字者開佛知見 卽雙開菩提涅槃 如初阿字 是菩提心義也。 示字者 示佛知
見 如第二阿字 是菩提行義也。 悟字者 悟佛知見 如第三暗字 是證菩提義
也。 入字者 入佛知見 如第四惡字 是般涅槃義也 總而言之 具足成就。 第
五惡字 是方便善巧智圓滿義也」   (32. 574a~b)

라 하여, 唐僧 一行의 저술인 『大日經義釋』<14권>의 설을 활용하여,
이를 요약한 것이다.

잠시 『大日經義釋』의 阿字五轉의 설명을 살펴보자.
좀 길지만 상호비교를 위해 생략 없이 그대로 인용해 볼 것이다.

「이를 통털어 이것의 취지를 살펴보니, 모두 四字門으로 섭할 수 있다.
소위 阿·阿(引聲)·暗·噁이 그것으로, 阿(A=𑖀)字門은 일체중생 본래
佛知見의 性 있으니, 여래께서 종종의 인연으로 그들을 위해 眼膜(안막)
을 淨除(정제)시켜 開明(개명)케 하였다. 그러므로 『法華經』 第一句에
'佛知見을 열어(開佛知見) 청정을 얻게 한 것'이라 말씀한 것이다.
 이것이 淨菩提心(정보리심)으로 이미 淨菩提心을 얻었노라. 응당히 널
리 法界藏(법계장) 가운데의 종종의 불가사의한 경계와 일체의 선지식을
두루 보여 온갖 일체의 濟度門(제도문)을 배우게 하였나니,
그래서 『法華經』 제2句에 '佛知見을 보인다(示佛知見)'고 한 것이다.
이는 阿字(長聲=Ā=𑖁)로서 大悲萬行의 뜻을 표한 것이다.
 이미 大悲萬行을 구족하였으니, 다음으로는 沙羅樹王(사라수왕)의 華開

敷智(화개부지)로서 大菩提를 이루었으므로, 『法華經』 제3句에 '佛知見을 깨치셨다(悟佛知見)'고 한 것이다. 곧 暗字(Aṃ=ᵃ)의 뜻이다.

 이미 成佛하였으니 곧 加持方便으로 普門(보문)으로부터 垂迹(수적)하여 중생을 인도하여 이익케 하였으니, 만일 중생이 常住(상주)를 요지하면 如來衆跡(여래중적)의 모든 것을 究盡(구진)하여 남은 것이 하나도 없으므로 般涅槃(반열반)에 들어가는 것이다. 그러므로 『法華經』 제4句에 '佛知見에 들어갔다(入佛知見)'고 한 것이니, 이것이 噁字門(Aḥ=ᵃ)이다.

 字輪은 여래의 方便智이다. 다음으로 제5의 噁字門(長聲=Āḥ=ᵃ)이 있으니, 만일 文을 가리켜 相을 弁(변)하려 한다면, 곧 歸命句(귀명구)中의 종종의 如來의 巧度門(교도문)이 그것으로, 이 五字로서 일체의 佛法을 통섭해도 모자람이 하나도 없는 것이다. 그러므로 이름하여 正等覺(정등각)이라 한 것이다」   『大日經義釋』(『續天台宗全書 密敎 1, 401~402)

위에서 살펴본 바와 같이, 『大日經義釋』과 『菩提心論』의 내용은 거의 동일한 것으로, 서로가 『法華經』의 <開示悟入>의 이론을 끌어들여 阿字五轉을 해석하고 있는 것이다.
이는 『大日經義釋』이 비록 一行和尙 개인의 저작이라고는 하지만, 善無畏三藏의 영향이 크게 작용하고 있음을 알게 해준다.
 唐의 一行和尙은 선무외삼장의 제자로 『大日經疏』의 集錄者이기 때문이다. 곧 선무외삼장으로부터 직접 강의를 듣고 이를 기록하여 만들어진 논이 『大日經疏』 <20권>이기에, 이러한 일이 생긴 것이라 사료된다.

6. 기타
이 밖에도 <白月觀>에서 『菩提心論』과 慧警의 『無畏三藏禪要』와의 관계도 연관이 있어 보인다.

곧 『無畏三藏禪要』에는

「卽此自性淸淨心。以三義故。猶如於月。一者自性淸淨義。離貪欲垢故。
二者淸凉義。離瞋熱惱故。三者光明義。離愚癡闇故」

『無畏三藏禪要』(대정장 18. 945b)

라 하여, 白月의 3가지 의미(淸淨·淸凉·光明)를 설하고 있고,
또 백월관의 관법을 설하면서,
「假想一圓明猶如滿月　去身四尺　當前對面而不高不下　量同一肘圓滿具足
其色明朗內外光潔 世無方比」　　　『無畏三藏禪要』(대정장 18. 945b)

라 하고 있는데,
이러한 내용들은 『菩提心論』이 설하는 다음의 내용(32. 573c), 곧
「由作此觀　照見本心　湛然淸淨　猶如滿月光遍虛空無所分別　亦名無覺了
亦名淨法界　亦名實相般若波羅蜜海」에서의　無覺了·淨法界·實相般若波
羅蜜海」와

또「八葉白蓮一肘間」에서의 <一肘間>과 그 설하는 내용이 비슷하기 때
문이다.
곧　無覺了(=淸淨)·淨法界(=淸凉)·實相般若波羅蜜海(=光明)으로　해석이
가능하다고 보기 때문이다.

　따라서 지금껏 논한 것들을 종합해보면,
『菩提心論』이 金剛界의 大家인 金剛智三藏과 胎藏界의 大家인 善無畏
三藏과도 상당 아니 밀접한 관계가 있어 보여, 『菩提心論』의 저자가 金
·胎兩部를 두루 섭렵한 자란 것을 알 수 있다.

그리고 이러한 것은 이미 앞서 고찰했던 8經(7經 1疏)의 인용경전들, 곧 『般若經』・『觀無量數經』・『涅槃經』・『華嚴經』・『大日經』・『法華經』・『大日經疏』・『金剛頂經』등의 면면을 통해서도 충분히 확인된 사실이었다.

3-3 成立年度에 대하여

『보리심론』의 著者와 譯者 그리고 성립년도에 대한 韓・中・日 史書들의 기록은 다음과 같다.

<中國史書>

794年, 『續開元釋敎錄』<圓照集> <卷上> (대정장 55. 753b~754a)

　　　　金剛頂瑜伽中發阿耨多羅三藐菩提心論 一卷

　　　　亦名瑜伽總持敎門說菩提心觀行修持義 七紙

　　　　特進試鴻臚卿大廣智不空三藏大興善寺沙門不空

　　　　『續開元釋敎錄』<卷下> (대정장 55. 768c, 773b)

　　　　金剛頂瑜伽中發阿耨多羅三藐菩提心論 一卷

　　　　 亦名瑜伽總持敎門說菩提心觀行修持義 七紙

　　　　肅宗代宗朝三藏大廣智不空譯

800년, 『貞元(釋敎目)錄』<圓照撰> 卷15 (대정장 55. 880c, 881a)

　　　　金剛頂瑜伽中發阿耨多羅三藐菩提心論 一卷

　　　　 亦名瑜伽總持敎門說菩提心觀行修持義

　　　　大唐特進試鴻臚卿加開府儀同三司封肅國公贈司空

　　　　諡大辯正大廣智不空三藏

『貞元(釋敎目)錄』卷22 (대정장 55. 943a)

金剛頂瑜伽中發阿耨多羅三藐菩提心論 一卷

瑜伽總持敎門說菩提心觀行修持義

大興善寺三藏沙門大廣智不空奉詔譯

『貞元(釋敎目)錄』卷27 (대정장 55. 1013c)

金剛瑜伽中發阿耨多羅三藐三菩提心論 一卷

代宗朝三藏沙門大廣智不空譯

新入貞元目錄

<日本史書>[19]

806年, 空海(弘法大師)『御請來目錄』(대정장 55. 1062a)

金剛頂瑜伽中發阿耨多羅三藐菩提心論 一卷 七紙

龍猛菩薩造　　　　　　　　大興善寺三藏沙門大廣智不空奉詔譯

847年, 圓仁(慈覺大師)『入唐新求聖敎目錄』(대정장 55. 1079a)

金剛頂瑜伽中發阿耨多羅三藐菩提心論 一卷

亦名瑜伽總持敎門說菩提心觀行修持義 不空

855年, 圓珍(智證大師)『靑龍寺求法目錄』 (대정장 55. 1096c)

金剛頂三藐菩提心論 一卷 三藏不空集

圓珍(智證大師)『智證大師請來目錄』 (대정장 55. 1104a)

金剛頂三藐菩提心論 一卷 不空集

---

19) 天台宗 僧 安然의 『諸眞言密敎部類總錄』 <2권> (대정장 No 2176)에 의한
   것으로, 安然은 이곳에서 『菩提心論』을 일본에 請來한 자로, 상기 3인(空海
   ·圓仁·圓珍)을 명기하고 있다. (대정장 56. 1116a)

<韓國史書(高麗藏)>

1246년　守其『高麗國新雕大藏經都校正別錄』天竺三藏不空譯 20)
(丙午歲)　金剛頂瑜伽中發阿耨多羅三藐三菩提心論 一卷

　　　　亦名瑜伽總持釋門說菩提心觀行修行義

　　　　開府儀同三司特進試鴻臚卿肅國公食邑三千戶賜紫贈司空謚大鑑正

　　　　號大廣智大興善寺三藏沙門不空奉詔譯

위에서 보는 바와 같이,『보리심론』이 中國史書에 등장하는 것은 貞元
10년인 794년에 성립된『續開元釋教錄』이 그 효시이다.
　곧『續開元釋教錄』<圓照集>에는

「逮于薨年。翻經如後。金剛頂勝初瑜伽經中略出大樂金剛薩埵念誦儀軌一
卷　十一紙 (중략) 金剛頂瑜伽降三世成就極深密門一卷　三紙　右十一部
經法共十一卷同第十四帙」　　　　　　　　　(대정장 55. 753b~754a)

라 하여,『金剛頂勝初瑜伽經中略出大樂金剛薩埵念誦儀軌』로부터『金剛
頂瑜伽降三世成就極深密門』까지 不空三藏이 역출한 경궤 37부 41권(제
11帙부터 제 14帙까지)을 열거하면서, 이중 제 13帙의 9번째에

「金剛頂瑜伽中發阿耨多羅三藐三菩提心論一卷,　亦名瑜伽總持教門說菩提
心觀行修持義 七紙　右九部經論法共十卷同第十三帙」(대정장 55. 754a)

---

20)『再雕大藏目錄』<3권> (高麗朝 高宗 35년 <1248>에는『高麗國大藏都監奉
　　勅雕造』)의 No 1299『瑜伽念珠經 (1卷) 天竺三藏不空譯에서 부터 시작된 不
　　空의 역출경이 No 1395에 이르러『金剛頂瑜伽中發阿耨多羅三藐三菩提心論』
　　一卷 同譯이라 하여『菩提心論』이 드디어 등장한다. 이하의 모든 경전은 ~경
　　전명 <同譯>이라 하여, 역자가 모두 <天竺三藏不空譯>임을 밝히고 있다.

이라 하며 『보리심론』을 불공삼장 역출의 논서로 기록하고 있다.

따라서 앞서 『續開元釋敎錄』에서 밝힌 「逮于薨年。翻經如後」이란 표기
                                      체 우 훙 년   번 경 여 후
대로, 『續開元釋敎錄』은 『보리심론』을 불공삼장의 몰년(薨年)인 774년에
번역(翻經)된 것으로 기록하고 있다.

『보리심론』에 대해 일본불교학계에서는 일찍부터 수많은 연구들이 이루
어져왔다.[21] 까닭은 밀교연구 특히 空海敎學을 연구하는데 있어 『보리심
론』은 필수불가결한 절대적 논서이기 때문이다.

---

21) 『大乘佛典成立史硏究』·『望月佛敎大辭典』등의 역작을 발표한 <望月信亨>
    박사는 不空의 撰集을 부정하면서, 작자는 불명하지만 不空門下의 누군가가
    不空의 諮問을 받아 찬술한 것이라 주창하고, 『密敎發達誌』의 명저를 남긴
    <大村西崖>博士는 不空의 門徒 누군가가 師僧인 不空의 설명을 듣고 기록한
    것이라 주창하고, 「고려장본 보리심에 대하여」란 논문의 논자인 <加藤宥雄>
    박사는 <大廣智아자리 云>에 초점을 맞추어 不空의 講說을 제자들이 기록해
    남긴 것이라 주창하고, 최근 눈에 띄게 空海의 敎學 연구에 몰두하고 있는
    <北尾隆心>씨는 『보리심론』에 인용되거나 또는 이론주창의 근거가 된 『無量
    壽經』·『金剛頂經』·『破地獄儀軌』등의 찬술연도를 활용하여, 『보리심론』의
    성립년도를 753년부터 795년 『續開元錄』 성립까지로 주창하고, 入出이 심한
    『보리심론』에 대해, 이의 正本은 무엇이었을까에 심혈을 기울여 온 <大柴淸
    圓>씨는 『보리심론』에 대해 <龍猛菩薩>의 撰述說을 부정은 하지 않으면서
    도, 내심은 不空三藏의 弟子中의 한사람의 저술로 보고 있다. 곧 大柴氏는
    高野山 開山에 얽혀있는 <飛行三鈷杵>의 전승이 용맹보살과 관계되어있는
    것으로 보고, 이러한 이유로 空海가 용맹찬술을 주창한 것이 아닐까? 주장하
    고 있다. 참고로 <飛行三鈷杵의 傳承>이란 공해가 入唐留學을 마치고 歸國
    하기 直前, 唐 明州의 어느 해변가에서 귀국 후 密敎의 根本道場의 建立地
    를 어디로 하면 좋을지, 지니고 있던 三鈷杵에게 가르쳐 달라고 기도하면서
    三鈷杵를 日本을 향해 던졌는데, 귀국 후 그것이 高野山의 樹木, 소위 <三
    鈷の松>에 걸려있는 것을 발견하고는, 그곳에 현재 高野山派의 本山인 金剛
    峰寺를 開設하였다는 전승을 말한다. 현재 이 三鈷杵(3鈷가운데 1鈷는 나무
    에 걸려 부러져, 현재는 二股의 杵로 되어있음)는 고야산 御影堂에 安置되어
    일반인들에게도 관람이 허용되고 있다.
    이들 학자들의 논문은 본 冊 뒤편에 수록된 <참고문헌>을 참고바람.

여기서는 필자의 생각과는 다르나, 이들 연구서 가운데 가장 논리적인 논문이라 사료되는 <金井淨圓>박사의 주창을 대표적 주장으로서 소개할까 한다.

박사는 불공삼장의 제자 潛眞(잠진)이 撰한 『菩提心義』와 우리의 중심 관심인 『菩提心論』과의 관계에 초점을 맞추어, 『菩提心論』이 불공삼장의 眞撰(진찬)이 아닌 假託(가탁)된 것이라 주창하고 있다.

곧 그는 불공삼장과의 인연이 깊어 불공의 역경작업에도 조력자로서 한 몫을 담당했던 潛眞이[22] 본인 저술의 『菩提心義』에 不空의 역출경인 『虛空藏經』과 『文殊舍利經』은 인용하면서도, 막상 같은 주제의 서물인 『菩提心論』은 인용은커녕 아무런 관계도 없는 양 무시하고 있기 때문이라며,[23] 그는 이렇듯 두 논의 상호관계가 전혀 없음을 근거로,

만일 『菩提心論』이 은사 불공삼장의 眞撰이었다면 절대로 이런 상황이 벌어질 수는 없었을 것이라며, 따라서 『菩提心義』는 『菩提心論』보다 먼저 성립된 것이라며 다음과 같이 주창하고 있다.

곧 『菩提心義』는 그가 인용한 不空譯 『虛空藏經』과 『文殊舍利經』의 2-경전들이 번역된 771년부터 그(潛眞)의 몰년인 788년 사이에 제작되었을 것이며, 따라서 『菩提心論』은 794년 성립된 『續開元釋敎錄』보다 앞서 제작된 것으로, 불공이 아닌 누군가에 의해 불공 사후에 제작된 것을 不空三藏에 가탁한 것이라 주창한다.[24]

---

22)「良賁潛眞慧靈(중략)道林等於内道場所翻譯福資」『不空三藏表制集』「請再譯仁王經制書」(대정장 55. 831c),「善寺翻經講論大德沙門潛眞述疏云此經凡有三譯一西晋大熙元年竺法護譯名文殊師利佛土嚴淨經兩卷亦名嚴淨佛土經文」『續開元錄』(대정장 55. 760a),「翻譯經大德潛眞等十人各賜錦綵三十疋充䞋成就妙法蓮花經王瑜伽觀智儀軌一卷二十五紙右通前仁王密嚴等經摠五部共十卷同第十帙」『續開元錄』上卷 (대정장 55. 751a)

23)「夏州靈覺寺僧 潛眞」『不空三藏表制集』「請大興善寺置大德四十九員制書」(대정장 55. 830b),「發菩提心義一卷 發菩提心戒一卷(幷三聚淨戒及十善法戒)共十三紙右並翻經大德潛眞。親奉三藏和上示以祕敎入曼茶羅。登灌頂壇。受成佛印。仰諸密要」『續開元錄』(대정장 55. 760a)

3-4 저자(著者)와 역자(譯者)에 대하여

3-4-1 著者, 龍猛(龍樹)菩薩造에 대하여

「菩提心論 龍猛菩薩造」   『御請來目錄』 (대정장 55. 1060)

「此論者 龍樹大聖所造 千部論中密敎肝心論也」

『辨顯密二敎論』 (대정장 77. 374)

『秘藏寶鑰』 제 3住心의 <嬰童無畏心> (대정장 77. 363b)과 제 5住心인 <拔業因種心> (대정장 77. 363b), 그리고 제 6住心의 <他緣大乘心> (대정장 77. 363b)과 제 7住心의 <覺心不生心> (대정장 77. 363b)과 제 10住心인 <秘密莊嚴心> (대정장 77. 363c)등에는 각각 『菩提心論』의 구절을 인용하기에 앞서, <龍猛菩提心論云> 또는 <龍猛菩薩菩提心論云>이라 강조하면서 『菩提心論』의 저자를 龍猛(龍樹)보살로 단정하고 있다.[25]

곧 空海는 위에서 본 것처럼, 自作의 저서에 『菩提心論』의 저자를 龍猛 (=龍樹菩薩)이라 확신하고 있는데, 도대체 이러한 확신은 어디서부터 온 것일까? 살펴보자.

온갖 因緣들로 맺어진 것이 人間事라며, 인연의 소중함을 강조하면서 密敎經典의 寫經(사경)을 勸하는 내용인 『勸緣疏(권연소)』에서, 공해는

---

24) 今井淨圓 「『菩提心論』의 成立年代について」 - 潛眞撰 『菩提心義』との比較 を中心として -『密敎學』23. 1987

25) 「祕密主。愚童凡夫類猶如羝羊。龍猛菩提心論云。謂凡夫執著名聞利養資生之 具。務以安身恣行三毒五欲。眞言行人誠可厭患誠可棄捨」(대정장 77. 364a), 「龍猛菩薩菩提心論云。諸外道等戀其身命或助以藥物得仙宮住壽。或復生天以 爲究竟。眞言行人應觀彼等。業力若盡未離三界煩惱尚存。宿殃未殄惡念旋 起。當彼之時沈淪苦海難可出離。當知。外道之法。亦同幻夢陽焰也」(대정장 77. 365c)

「빈도(貧道) 일찍이 大唐에 건너가 深法을 구하여 방문하니, 다행히도 大廣智三藏(不空)의 付法弟子인 靑龍寺 法諱인 惠果和尙과의 만남을 얻어, 이 秘密神通의 最上金剛乘經을 受學하게 되었다.

(惠果)和尙 말씀하시기를,

만일 自心을 알면 곧 佛心을 알게 되고, 佛心을 알면 곧 衆生心을 알게 되는 것으로, 三心의 平等을 아는 것을 곧 大覺이라 하는 것이다.

大覺을 얻고자 한다면 응당히 諸佛自證의 가르침을 배워야 하는 것으로, 自證의 法이란 소위 金剛頂十萬偈 및 大毘盧遮那十萬偈의 經이 그것이다. 이 경은 淸淨法身大毘盧遮那佛의 自眷屬인 法佛과 法界秘密의 心殿에 머물면서 항상 설법하셨던 自受法樂의 가르침이다.

곧 金剛頂經에서 설하신 것은 自受法樂의 理趣를 설하는 것으로, 應化佛의 설법과는 다른 것이다.

또 龍猛菩薩께서 (보리심론)에서 말씀하시길, "自證의 三摩地法은 諸敎 중에는 缺하여 설하지 않고, 오직 이 秘密經論中에만 설하는 것으로, 이 외의 顯敎의 경론에는 설하지 않고 있다".

法身如來로부터 나의 大廣智三藏에 이르기까지 師師傳受해서 지금에 이르러 6葉이 되었다. 佛法의 甚深 오직 이 가르침에만 있는 것으로, 菩提를 증득하려 한다면 이 法이 最妙한 까닭에, 응당히 受學해서 스스로 깨닫고, 남도 깨닫게 해야 한다」[26]

라 하며, 스승인 惠果和尙云云의 말을 빌리면서, 『菩提心論』이 용맹보살의 저작으로, 이 自受法樂의 밀교의 가르침은 龍猛菩薩로부터 시작하여 恩師인 不空三藏을 거쳐 본인(惠果和尙)에게까지 師師傳受해서 이어져 온 것임을 강조하고 있다.

---

26) 『性靈集』 <卷9> <勸緣奉寫> (『弘全』 권3. 528頁)

앞에서 보아왔듯이, 그가 지닌 교학적 지식으로 보아, 공해는 충분히 『菩提心論』이 용수의 저작이 될 수 없다는 것, 곧 용수의 생존연대 (150~250)와 『菩提心論』에 인용되어있는 경전들, 곧 大日經·金剛頂經·大日經疏 등 密敎經論들의 成立時期(600~750)와 본문에 설해진 교리 (三密瑜伽·五相成身觀·曼茶羅)로 보아, 『菩提心論』이 (150~250)년대에 활약한 龍樹菩薩의 저작이 아니란 것을 분명히 알고 있었을 텐데, 상기 '惠果和尙 운운'의 인용구의 내용을 보면, 마치 전혀 모르는 것처럼 하면서 오직 스승인 惠果의 傳言만을 의지하며, 『菩提心論』을 용맹보살의 제작으로 둔갑시키고 있는 것이다.

이 점 의아스럽지 않을 수 없는 것으로, 그래서 억지 춘향격으로 이유를 생각해본 것이 『보리심론』의 권위도 세우고, 나아가 '내가 이렇게 권위 있는 용수 저작의 논을 직접 將來해 왔노라'는 空海 스스로의 自慢 내지 권위를 내세우기 위한 방편이자 술책이 아니었나 하는 생각이 들지만, 만에 하나 이것이 사실이라면, 이러한 방편은 오히려 佛敎史에 대한 空海의 無知를 들어내는 것이 되어, 마치 혹 때려다 오히려 혹을 붙이는 결과를 초래하게 되는 것이다.

空海는 어떤 마음으로, 『菩提心論』을 龍猛菩薩造로 믿고 따랐던 것일까? 『菩提心論』은 과연 누구의 저작일까?
곧 『大日經』·『大日經疏』·『金剛頂經』같은 인용경전과 또 서술하고 있는 논의 내용으로 보아 용수보살이 아닌 것은 확실하나, 이렇듯 광범위하게 대승의 중요경전을 넘나들며 거기다 金胎兩部의 密敎經典을 두루 섭렵하고, 이렇듯 절실하게 즉신성불을 주창하고 있는 자, 대체 누구일까?
金剛智三藏? 善無畏三藏? 不空三藏? 아니면 이들 제자들 중 누군가가 ?

3-4-2 역자(譯者)에 대하여

開府儀同三司[27]特進試鴻臚卿肅國公[28]　食邑三千戶 賜紫贈司空[29]
개부의　동　삼사　　특진 시　홍려경　　숙국공　　　식읍　삼천 호　사 자 증 사공

諡大鑑正 號大廣智[30]　大興善寺 三藏 沙門 不空奉 詔譯
시 대감정　호 대광지　　대흥선사　삼장　사문　불공 봉　조 역

위에 제시한 내용은 『高麗藏本 菩提心論』의 서두 부분으로, 『菩提心論』
의 譯者가 누구인지를 밝히고 있는 부분이다.

『菩提心論』(고려장 No. 1369, 대정장 No. 1665)은 산스크리트본이나
티베트역등은 존재하지 않고, 오직 한역만이 전해지고 있어, 일찍부터
著者와 譯者 문제(龍樹菩薩著·不空三藏著·集)로 異說이 나무하였다.

이에 얽혀있는 문제들을 풀어내기 위해, 먼저 『菩提心論』의 譯者에 대해
언급하고 있는 史料(사료)들을 살펴보면 다음과 같다.

---

27) 三司란 文官인 三政丞(삼정승)에 해당되는 높은 벼슬이다.

28) 不空으로부터 遺書를 전달받은 代宗은 불공의 沒日(6월 15일)에 4일 앞선
774년 6월 11일 불공에게 '開府儀同三司'란 칭호를 부쳐 '홍로경숙국공(鴻臚
卿肅國公)'이란 벼슬을 封하고 이와 더불어 食邑 三千戶를 下賜한다.

29) 不空(705~774)은 死後 20일 뒤인 7월 5일 代宗으로부터 다시 '사공(司空)'
이란 벼슬과 '대감정<大鑑正>'이란 諡(시)와 '大廣智'란 號(호)를 받았다.
「和上諱不空。西域人也。氏族不聞於中夏故不書。玄宗燭知至道特見高仰。訖
肅宗代宗三朝皆爲灌頂國師。以玄言德祥開佑至尊。代宗初。以特進大鴻臚褒
表之。及示疾不起。又就臥內加開府儀同三司肅國公。皆牢讓不允。特賜法號
曰大廣智三藏。大曆九年(774년)夏六月癸未(6월15일)。滅度於京師大興善寺。
代宗爲之廢朝三日贈司空。追諡大辯正廣智三藏和尙」『不空三藏表制集』嚴郢撰
<大興善寺故大德大辯正廣智三藏和尙碑銘(幷序)> (대정장 52. 860a)

30) 위의 각주처럼, 『不空三藏表制集』에는 <大辯正> (대정장 52. 860a), 또 본
문처럼, 『高麗藏本 보리심론』에는 <大鑑正> 이라 되어 있다. 『高麗藏本 보
리심론』이 辯이 아닌 鑑으로 쓴 것은 잘못인가? 하여 불공의 대표적 역출경
인 『眞實攝經』(No 865)을 비롯한 타 경전들을 보니 대부분이 <大鑑正>이라
되어 있다. 분별(辯)하여 잘 살핀(鑑)다는 의미로 이렇게 함께 쓰인 것으로
사료된다. 『密敎大辭典』 권4. 1896頁 <不空>條 참조.

3-4-3 諸 版本에 대한 史料의 분석

① 『三十帖策子本 菩提心論』   (806년, 京都 仁和寺本)

   「大興善寺三藏沙門大廣智不空阿闍梨奉 詔譯」

② 『三千院本 菩提心論』   (宋版本)

   (智證大師 圓珍의 855년 請來本으로, 1324년 필사된 4번째 사본임)

   「大興善寺三藏沙門大廣智不空阿闍梨奉 詔集」

③ 『中尊寺本 菩提心論』   (宋版: 平安末期寫)

   「特進試鴻臚卿大興善寺三藏沙門大廣智不空阿闍梨奉 詔譯

④ 『金版 菩提心論』   (趙城金藏: 12世紀刊)

   「大興善寺三藏沙門大廣智不空阿闍梨奉 詔譯」

⑤ 『高麗藏本 菩提心論』 (高宗 33년<丙午歲=1246>, 高麗國大藏都監本)

   「開府儀同三司特進試鴻臚卿肅國公　食邑三千戶賜紫贈司空諡大鑑正號

   大廣智大興善寺三藏沙門不空奉 詔譯」

등 5개 版本의 사료들을 열거할 수 있을 것이다.[31]

여기서 특이한 것은 저자명에 대해서는 전혀 언급이 없고, 譯者를 모두 不空(삼장)으로 획일화 하고 있다는 것이다. 여기서 저자명의 언급 없이 다만 역자를 不空이라고 확언하고 있다는 것은 『菩提心論』이 <인도찬술>이라는 것을 이미 기정사실화 하고 있는 것으로, 인도찬술의 『菩提心論』을 漢語로 번역한 자가 不空이라고 단언하고 있는 것이 되는 것이다.

한편 위 5개 版本의 사료들 가운데 특이한 것은 ⑤의 『高麗藏本 菩提心論』이다. 이유는 위에서 보는 바와 같이, 유독 ⑤ 『高麗藏本 菩提心論』

---

31) 현재 일본에는 이들 판본 이외에도 수많은 판본들이 현존하고 있으나, 여기서는 중요하다고 판단되는 상기 5본의 판본을 중심으로 고찰하였다.

만이 유난하게도 역자(不空) 앞에 「食邑三千戶」같은 수식어를 집어넣고 있을 뿐만 아니라, 심지어 불공삼장 멸후 20일 뒤인 (774년 7월5일)에 하사받은 諡(大鑑正=大辯正)까지 넣고 있어,[32] 『菩提心論』이 不空三藏이 아닌 혹시 他者의 譯인가? 란 생각을 가지도록 疑心(의심)을 자초하고 있기 때문이다.

곧 嚴郢撰의 <大興善寺故大德大辯正廣智三藏和尙碑銘(幷序)>의 「代宗의 初에 <特進大鴻臚卿>이란 벼슬을 내려 그를 기렸다. 불공스님께서 病을 얻으시어 자리에서 일어나지 못하고 병석에 누워계시므로, 대종임금은 6월 11일 손수 병문안을 가시어 그곳에서 추가로 <開府儀同三司肅國公>이란 벼슬을 내리셨으나 불공스님께서 극구 사양하였다. 代宗임금은 이를 윤허하지 않으시고 특별히 <大廣智란 法號>를 하사하셨다. 불공스님께서 大曆 9년(774년) 6월 여름 癸未日(15일)에 서울인 장안 大興善寺에서 멸도하시니, 代宗임금은 그를 위해 三日씩이나 조정을 폐하고, <死後 20일 뒤인 774년 7월 5일>에 三藏에게 <司空>이란 벼슬과 추가로 <大辯正廣智三藏和尙>이란 시호를 내리셨다」[33]

위 碑文을 통해 알 수 있듯이, <司空>이란 벼슬과 <大辯正廣智三藏和尙>이란 諡號는 불공삼장의 멸(774년 6월 15일)후 20일 뒤인 (774년 7월 5일)에 代宗이 특별히 내리신 諡號이기에, 불공삼장 자신은 이를 몰랐고, 따라서 『高麗藏本 菩提心論』의 「贈司空諡大鑑正號大廣智」란 표기는 高麗藏本의 잘못된 표기, 곧 불공 멸(774년 7월 5일)후에 덧 부쳐진

---

32) 실제로 받은 諡는 大鑑正이 아닌 <大辯正>이었다.
33)「代宗初。以特進大鴻臚褒表之。及示疾不起。又就臥內加開府儀同三司肅國公。皆牢讓不允。特賜法號曰大廣智三藏。大曆九年夏六月癸未。滅度於京師大興善寺。代宗爲之廢朝三日贈司空。追諡大辯正廣智三藏和尙」嚴郢撰 <大興善寺故大德大辯正廣智三藏和尙碑銘(幷序)>『不空三藏表制集』(대정장 52. 860a)

표기로, 『高麗藏本 菩提心論』은 이로 인해 스스로 原本(型)이 아님을 자처한 꼴이 되고 만 것이다.

아마도 高麗藏의 편찬자 특히 校勘을 맡았던 守其가 『菩提心論』을 大藏目錄에 入錄하기에 앞서 『불공삼장표제집』과 불공삼장 역출의 여러 경전에서 본 표기들을 참조해, 이를 삽입시켜 수식한 것이 아닐까 사료된다.[34] <過不如不及>이란 말이 있듯이, 『高麗藏本 菩提心論』이 꼭 그 짝이 되고 만 격이다.

한편 앞서 살펴본 것처럼, 『高麗藏本菩提心論』을 비롯 他本에서의 이런 저런 문제들이 있다고 해서 『菩提心論』이 不空三藏의 저서나 譯書가 아니라고 단언할 수는 없다.
왜냐하면 『菩提心論』의 내용으로 볼 때, 불공삼장이 아니고서는 이렇듯 광범위하게 또 깊이 있게 顯密의 차별(敎判)이나 밀교의 장점들을 열거하면서, 여실하고도 확실하게 밀교의 수승함과 卽身成佛을 논증할 수 있는 자가 당시의 인물 중에는 보이지 않기 때문이다.

혹시 있다면 불공의 直弟子로 空海에게 金·胎兩部 密法을 전수한 惠果和尙(?~805) 정도일 것이나, 그 역시 스스로 '『菩提心論』 龍猛(龍樹) 菩薩造'라고 著者만 斷言하고 있을 뿐, 譯者가 누구인지는 그 어떤 것도 언급하지 않고 있기 때문이다.[35]

---

34) 『金剛頂一切如來眞實攝大乘現證大敎王經』·『金剛頂經瑜伽十八會指歸』·『略述金剛頂瑜伽分別聖位修證法門』·『金剛頂經金剛界大道場毘盧遮那如來自受用身內證智眷屬法身異名佛最上乘祕密三摩地禮懺文』·『大虛空藏菩薩念誦法 등도 『高麗藏本 菩提心論』과 똑같이, 「開府儀同三司特進試鴻臚卿肅國公食邑三千戶賜紫贈司空謚大鑑正號大廣智大興善寺三藏沙門不空奉詔譯」이란 칭호를 쓰고 있으나, 이들 경전들은 불공삼장의 生前에 번역된 경이라 『菩提心論』과는 경우가 다르다.

물론 龍樹菩薩說은 '惠果和尙의 傳言'이라 한 空海로부터 발단된 것이긴 하지만~,[36]

그렇다고 생뚱맞게 胎藏界密法의 大家인 善無畏三藏의 직제자인 一行和尙을 들 수도 없고, 거기다 『菩提心論』의 특장 중의 특장 인 <卽身成佛: 「唯眞言法中卽身成佛故 云云」 (대정장 32. 572c)>이란 말을 사용하고 있는 자는 밀교경전중 오직 不空三藏의 譯書에만 등장하는 것으로, 胎藏界의 大家 善無畏三藏은 말 할 것도 없이 불공삼장의 은사로 金剛界의 大家인 金剛智三藏의 譯書에서 조차 보이지 않기 때문이다.[37]

한편 공해(弘法大師)가 직접 쓴 다음의 사료들에는 不空三藏 제자 惠果가 空海에게 傳言한 그대로 <龍猛菩薩造>, <龍樹所造>로 되어있다.

「菩提心論 龍猛菩薩造」   『請來目錄』 (대정장 55. 1060)

「此論者 龍樹大聖所造 千部論中密敎肝心論也」

『辨顯密二敎論』 (대정장 77. 374)

---

35)「惠果和尙 말씀하시기를, (중략) 또 龍猛菩薩 말씀하시길, 自證의 三摩地法은 諸敎의 중에는 缺하여 설하지 않고, 오직 이 秘密經論中에만 설하는 것으로, 이외의 顯敎의 경론에는 설하지 않고 있다. 法身如來로부터 나의 大廣智三藏에 이르기까지 師師傳受해서 지금에 이르러 6葉이 되었다」『性靈集』 <卷9> <勸緣奉寫> (『弘全』 권3. 528頁)

36) 밀교경전을 書寫할 것을 권하는 <勸緣奉寫>는 空海가 어느 법문석상에서 직접 한 말이다. 『性靈集』 <卷9> <勸緣奉寫> (『弘全』 권3. 528頁)

37)「佛說此眞言已。 應時卽爲遍照如來。 頂戴金剛五佛寶冠。 重說卽身成佛大海印。 亦名三昧耶印。 若諸佛子欲得卽身成佛。 當修此觀。 能使凡夫父母所生身卽成佛身」『如意寶珠轉輪秘密現身成佛金輪呪王經』 <不空譯> (대정장 19. 333c),「若有衆生卽身成佛欲度有情。 結有情與諸佛平等一相妙智大印」『寶悉地成佛陀羅尼經』 <不空譯> (대정장 19. 337a), 종석스님 『불교교리발달사강의』 P 151, 3장 5절 제1「불공삼장의 불신관과 그 특색」하음출판사

따라서 앞에서 제시하고 설명한 여러 사료들과 당시의 상황을 종합해 『菩提心論』의 저자와 역자에 대해 결론을 내린다면,
다음과 같은 2가지 案(안)을 주창할 수 있을 것이다.
물론 한 가지 案을 주창하면 좋겠지만 도저히 fact를 알 수 없는 상황이라, 어쩔 수 없이 일단은 다음과 같은 2가지 안을 제시하는 것이다.

<제 1안>은
『菩提心論』은 인도찬술이 아닌 中國찬술, 그것도 不空三藏의 저술이라 주창하고 싶다.
  이유는 『續開元釋教錄』<圓照集> 『貞元(釋教目)錄』<圓照撰>등 앞의 3-3 <成立年度에 대하여>에서 살펴본 바와 같이, 中國의 史書들이 모두 著者는 언급하지 않고 다만 譯者만 그것도 不空三藏의 譯出論書로 취급하면서 印度撰述에 대한 否定的 태도, 곧 著者(撰者)에 대한 언급을 전혀 하지 않고 있기 때문이며,
  또한 『菩提心論』 서두에 <大廣智 阿闍梨云>이라 하여, 이 논이 大廣智 阿闍梨의 말씀, 곧 不空三藏의 말씀으로 되어있으며, 뿐만 아니라,
  『菩提心論』의 序文인 「大廣智阿闍梨云(부터) 唯眞言法中卽身成佛是故說三摩地 於諸教中闕而不言」에서 보는 바와 같이, 『菩提心論』의 중심내용인 卽身成佛思想은 不空三藏의 教相과 事相의 핵심으로, 不空三藏과는 절대로 떼려야 뗄 수 없는 깊은 관계를 가지고 있기 때문이다.

  따라서 『菩提心論』은 中國撰述로, 著者는 不空三藏, 그러니까 『續開元釋教錄』의 「逮于薨年。翻經如後」(대정장 55. 753b)의 기록처럼, 774년 6월경 곧 불공삼장의 몰년월 직전 불공이 脫稿한 것이라 보는 것이다.
곧 불공삼장이 병이 들어 임종 전에는 미처 발표하지 못하고 심지어 제

자들까지도 이런 저술사실을 모르고 있던 것으로, 그 결과 大藏經에도 入藏시킬 수 없는 절박한 상황이 되고, 따라서 결국 불공삼장 생전에는 이를 入藏시키지 못했다고 보는 것이다.

곧 不空 死後 이런 사실을 알게 된 惠果和尙(?~805)을 비롯한 불공삼장의 제자들이 이 일을 부랴부랴 급하게 마무리 짓고, 마침내 이것을 入藏시키게 된 것으로, 위에서 지적한바 대로 현존의 여러 판본『菩提心論』에 보이는 이러저러한 문제점들은 바로 이러한 일련의 과정에서 생긴 사건(해프닝)이라 결론내리고 싶은 것이다.

곧 앞서 지적한 바 있는 여러 문제들,

1) 불공의 제자 潛眞(718~788)著의 『菩提心義』에서의 『菩提心論』에 대한 無言及(『菩提心論』을 모르고 있었기에),

2) 『高麗藏本 菩提心論』의 경우처럼,

   불공사후 하사된 "<司空>·<大鑑正廣智三藏和尙>"등의 문구 삽입

3) 不空 直系弟子 惠果和尙의 "龍猛菩薩造 云"(空海의 傳言)의 언급,

4) 『三十帖策子本 菩提心論』서두의 <大00阿闍梨云>

5) 일본 入唐僧 3인이 將來한 『菩提心論』의 譯者名 '阿闍梨云'[38]

---

38) 不空三藏의 譯出經, 곧 불공삼장이 직접 번역한 경전들의 譯者名 앞의 수식어를 大正藏(18권~21권)을 통해 살펴 이를 분석해 보니, 대부분이 「開府儀同三司特進試鴻臚卿肅國公 食邑三千戶賜紫贈司空諡大鑑正號大廣智大興善寺三藏沙門不空奉詔譯」·「大唐大興善寺三藏沙門大廣智不空」·「特進試鴻臚卿大興寺三藏沙門大廣智不空奉詔譯」으로 되어있다. 곧 일본의 入唐僧 3인이 將來한 판본처럼, 『菩提心論』譯者名의 마지막 부분에 "阿闍梨"란 수식어를 붙이고 있지 않은 것이다. 따라서 "阿闍梨"를 덧붙인 日本史書들에 문제가 있고, 또 이 "阿闍梨"를 근거로 『菩提心論』이 불공의 死後에 제자들에 의해 제출되어 大藏經에 入藏되었다고 주장하는 大柴淸圓氏의 주장은 수긍은 하나 이의 근거로 제시한 "阿闍梨"는 근거로서 인정할 수는 없는 것이다. 곧 『高麗藏』과 中國史書에는 "阿闍梨"가 전혀 보이지 않기 때문이다. 『續開元釋教錄』<卷上>: 特進試鴻臚卿大廣智不空三藏大興善寺沙門不空, 『續開元釋教錄』<卷下>: 肅宗代宗朝三藏大廣智不空譯, 『貞元(釋教目)錄』: 大唐特進試鴻臚卿加開府儀同三司封肅國公贈司空諡大辯正大廣智不空三藏, 『高麗藏 菩

같은 등등의 문제점들은 바로 급작스런 병에 걸려 이를 알릴 수 없게 된 당시의 긴박한 상황에서 벌어진 해프닝들로서, 이를 늦게 알고 수습하면서 벌어진 제자들의 당황에서 비롯되어 파생된 결과물이라 결론짓고 싶다.

이런 주장을 뒷받침할 수 있는 증빙자료는

(1) 『續開元釋教錄』의 「逮于薨年。翻經如後」 (대정장 55. 753b)

(2) 『續開元釋教錄』<圓照集>과 『貞元新定釋教目錄』<圓照撰> 같은
   正史에 저자는 생략된 채 不空三藏譯으로만 등록되어있기 때문이다.
    곧 이들 正史에 저자명이 생략된 채 不空三藏譯으로 入藏되었다는
   것은 뒤에 거론할 入藏節次의 과정을 통해서 알 수 있듯, 사실인증을
   검증받았다는 것이므로, 不空이 譯했다는 결정적 단서가 되는 것이다.

(3) 『菩提心論』의 핵심사상인 <卽身成佛>이란 단어는 金剛智三藏이나
   善無畏三藏의 역출경에는 등장하지 않고 오직 不空三藏의 著(譯)述에
   만 보이기 때문이다.

(4) 앞서도 거론한 바와 같이, 『菩提心論』에 인용된 경전중,
   金剛智三藏譯의 『金剛頂略出經』과 善無畏三藏譯의 『大日經』은 (開元
   13年, 723년)에, 또 『大日經疏』는 善無畏三藏의 中國弟子인 唐僧 一
   行和尙(683~727)의 述記일 뿐만 아니라,
   『菩提心論』에 설해진 내용들 또한 善無畏三藏譯의 『三種悉地破地獄陀
   羅尼法』 그리고 一行和尙 述記의 『大日經疏』와 그의 著述인 『大日經
   義釋』, 그리고 善無畏三藏과 嵩岳(숭악)의 會善寺(회선사)大德의 대담
   집인 『無畏三藏禪要』등에 설해진 내용들과 관계가 깊어, 『菩提心論』
   이 印度撰述이 아닌 것은 분명하기 때문이다.

(5) 『菩提心論』 서두에 <大廣智 阿闍梨云>이라 하여, 이 논이 大廣智阿
   闍梨의 말씀, 곧 不空三藏의 말씀으로 되어있기 때문이다.

곧 「大廣智阿闍梨云(부터) 唯眞言法中卽身成佛是故說三摩地 於諸教中闕而不言」까지가 『菩提心論』의 序文 (開門에 들어가기 앞서의 도입부분)에 해당되는 것으로, 불공사후 제자들에 의해 불공의 말씀으로 策定되어 삽입된 것으로 사료된다.

곧 스승인 불공삼장이 이 논을 入藏시키지 못하고 갑자기 세상을 떠나자, 다급해진 제자들이 이를 大藏經에 入藏시키기 위한 논의결과,

이 논이 불공삼장의 찬술이란 점을 부각시키기 위한 방안으로, 서두에 <大廣智 阿闍梨云>을 삽입하자는 안이 책정되어, 이에 <大廣智 阿闍梨云>을 삽입시킨 것이라 사료되는 것이다.

(6) 『貞元(釋敎目)錄』 卷27 <新入貞元目錄>에

「金剛瑜伽中發阿耨多羅三藐三菩提心論 一卷,

代宗朝三藏沙門大廣智不空譯」　　　　　　　　　　(대정장 55. 1013c)

이라 하여, 『菩提心論』을 <僞經目錄>의 <의혹재상록(疑惑再詳錄)>이나 〈위망란진록(僞妄亂眞錄)〉에 포함시키지 않고, 正經으로 인정하여 <新入貞元目錄>에 포함시키고 있다는 점이다.[1]

곧, 중국의 正史, 곧 794年 간행된 『續開元釋敎錄』과 800년 간행의 『貞元錄』의 <新譯經>에 모두 編入(편입)되어있고, 또 譯者 또한 不空三藏譯으로 되어있기 때문이다.

---

1) 당(唐) 원조(圓照)가 794년 편찬한 『개원석교록(開元釋敎錄)』속의 권 17에는 <의혹재상록(疑惑再詳錄)>과 〈위망란진록(僞妄亂眞錄)〉이란 항목을 개설하여, 의혹이 가거나 眞僞가 의심되는 經論을 무려 408부 1,076권이나 수록하고 있다. 곧 <疑惑再詳錄> (대정장 55. 906a)에 14부 19권, <僞妄亂眞錄> (대정장 55. 906a)에 394부 1,057권이 그것이다. 중국에서의 역경은 국가적인 사업이기에, 반드시 시대별로 그 목록을 제작하여 그 연원을 분명히 밝히고 있다. 따라서 역경목록에 들어있지 않은 것은 위경(논)이라 보아도 좋은 것이다. 『開元釋敎錄』(794년 편찬)은 물론, 6년 뒤인 800년에 편찬된 『貞元錄』 <제5 補闕拾遺錄>에는 『菩提心論』을 不空譯이라 하여 正藏<新譯經>으로 編入(편입)시키고 있다.

♥ 이곳 (p.57)부터 ~ (p.88)까지의 미주(尾註)와 각주(脚註) 번호, 곧 1) ~ 19)는 편집 과정에서 생긴 오류(誤謬)로, 실제의 미주 및 각주 번호는 39) ~ 57)이 됩니다. (넓은 양해 바랍니다) ♥

곧 正史에 不空三藏譯으로 入藏(편입)되어있다는 사실 하나 만으로만 판단한다고 해도, 『菩提心論』은 不空三藏이 말년에 집필한 논서이자 역경한 것이 분명한 것으로, 앞서 설명한 것처럼 不空 死後 제자들의 주선에 의해 대장경에 入藏되어진 논서로 이해하고 싶은 것이다.

여기서 正史入藏(편입)의 사실이 어떤 의미를 가지는 것인지 알아보기 위해 잠시 중국에서의 불경의 大藏經 入藏과 編入에 관한 節次를 『貞元釋教錄』편찬의 예를 통해 살펴보면,

「보대(保大) 4년(946) 11월 1일 우가(右街) 보은선원(報恩禪院) 취경선대덕(取經禪大德) 臣 恒安(항안)이 표를 올립니다.

승록사(僧錄司)를 거쳐 상서도성(尙書都省)을 통해 進呈된 『大唐保大乙巳歲續新譯 貞元釋教錄』 1권은 어비(御批:표에 대한 임금의 대답)를 받들어 담당관에 내려지고, 이어 우가승록사(右街僧錄司)에 명령하여 아랫사람에게 지급하게 하여 『新譯貞元錄』을 藏經 안에 編入시켜, 그 수를 헤아리고 목록을 베껴 기록하여 시행하게 하셨다. 아울러 이에 관한 상세한 사유는 이미 자세히 상주하여 아뢴 일이다.

保大 4년 병오(946) 12월 15일 下勑」[2]

라 하여, 南唐의 元宗(保大 4년)임금 당시 이 『新譯貞元錄』안의 經藏들이 정식으로 入藏目錄에 編入하게 된 전후의 절차를 알려주고 있다.

위에서 살펴본 佛經의 入藏절차(과정)을 정리하면,

---

2)「大唐保大乙巳歲續貞元釋教録一卷 西都右街報恩禪院取經禪大德恒安集」
『續貞元釋教録』(대정장 No. 2158 恒安撰) (대정장 55. 1048a) 保大(943년 3월~958년 1월)는 남당(南唐) 원종(元宗) 이경(李璟)의 첫 번째 연호이다. 14년 9개월가량 사용하였다.

(1) 승려에 관한 모든 것을 관장하는 <僧錄司>라는 관청에서 入藏與否에
대한 資格審査를 거친다. 여기서 통과가 되면[3]

---

3) 참고로 高麗朝와 李朝時代에도 <僧錄司>란 관청이 있어 승려에 대한 제반업
무를 담당하였다. 고려조에 있어 승록사에 관한 가장 최초의 기록은 고려 태
조 21년(938) 3월의 일이다. 곧 ≪고려사≫에 "西天竺의 승려인 弘梵大師(喹
哩嘲日羅)가 왔을 때 왕이 兩街를 크게 갖추고 法駕로써 그를 맞이하였다"는
내용이 그것이다. (≪高麗史≫권 2, 世家 2, 태조 21년 3월).
    직제를 보면, 중국 당소의 직제를 본따 左右兩街都僧錄을 두고, 좌우 똑같이
都僧錄—僧錄—副僧錄—僧正의 직제를 두었다. 승록사의 기능에 관해서는
국가의 불교관련 행사 주선과 왕명을 수행하는 역할을 담당하였으며, 國師
·王師의 책봉서를 전하거나 하산을 배행하고, 그들이 입적한 뒤에는 喪事와
建碑의 임무도 맡아 처리하였다. 또 大藏經雕造같은 국가적 대업의 행사 때
에는 세속의 학자들과 함께 藏經都監의 구성원이 되어 印經 업무를 담당하
였으며, 사원 개창에도 참여하였다. 또 興王寺에 상주시킬 계행이 높은 승려
1천 명을 선발할 때 업무를 주관했으며, 중앙과 지방 각 사원의 승적을 관장
하는 임무를 수행하기도 했다. 곧 승록사에 행정적 기능이 있었음을 알 수
있다. 이렇게 볼 때 승록사는 불교교단과 국가의 행정적 협력기구로서 국가
의 불교행사 주선 및 불교정책 수행에 대한 보조역할을 담당하는 기능까지도
갖고 있었다고 볼 수 있다. 고려시대의 주된 승관조직인 승록사는 조선 세종
조 초기까지도 존속하였다. 그러나 억불정책을 추진하던 조선시대에는 국초
부터 그 폐지 건의가 잇따랐고, 결국 세종 6년(1424) 4월 예조에서 제시한
禪·敎 양종으로의 종파 폐합 등 불교정비 방안의 일환으로 그것이 혁파되기
에 이른다. 즉 서울의 興天寺를 禪宗都會所로, 興德寺를 敎宗都會所로 삼고,
行首를 뽑아 승정을 살피게 하는 동시에 승록사 소속의 노비를 양종도회소와
동·서부학당에 옮겨 소속시키고, 이 조치에 뒤이어 승록사는 자연히 폐지되
고 만다. 이를테면 승록사는 고려 불교제도의 성립과 더불어 확립 발전하였
고 조선 초의 억불정책과 함께 폐지된 제도였다고 할 수 있다.
고려시대 (1) 승관조직『신편 한국사』국사편찬위원회 2002.
    한편 참고로『고려대장경』의 조성사업을 총괄한 大藏都監의 직제에서의 僧
錄司와 관계된 기사를 살펴보면 다음과 같다. 곧 국왕이 최 정점에 위치한
조직체계로서, 직제는 別監—使—副使—錄事—判官—記事.記官의 형태로 구성되
어 있었으며, 현장의 전문인력으로는 경전의 교정, 필사자 및 경판의 각수
등이 배치되어 있었다. 곧 국왕은 대장도감의 설치·운영에 대한 주체로 역
할하면서, 別監과 그 이하의 직제 담당자를 임명하는 인사권도 행사하였다.
別監의 직제는 대장도감의 운영에 있어서 최고 책임자로, 당대의 고위관료인
宰臣들이 임명되었다. 한편 실무를 실제적으로 총괄한 使의 직제에는 3품 이
상의 중앙관료와 당대 상위 僧階의 高僧이나 僧錄司의 고위 僧官이 함께 임
명되었다. 使를 보좌하면서 행정과 실무를 집행하던 副使의 직제에는 조성사
업과 관련된 중앙관부의 4~5품의 관료와 僧錄司의 중견 僧官이나 중급 僧
階가 맡았다. 현장에서 실무를 수행한 錄事나 判官도 관련 관청의 하급관료
나 하위 僧官이 배치되었다. 記事·記官은 하급 승려와 중앙의 胥吏들이 배

(2) 상급관청인 <尙書都省>에 이를 올려 보고한다.[4]

(3) <尙書都省>은 이를 재차 審査하여 入藏의 可否를 결정한다.

　入藏可가 결정되면

(4) <尙書都省>은 이를 임금에게 進呈한다.

(5) 왕은 이에 대해 재차 御批(왕의 심사)를 하고, 그 결과를 <右街僧錄司>에 勅下하면, <僧錄司>는 이를 入藏시키고 보고한다.

『新譯貞元錄』은 이렇게 복잡·난해한 심사과정을 거쳐 편찬된 것이다. 따라서 『菩提心論』이 794年 간행된 『續開元釋敎錄』과 800년 간행의 『貞元錄』의 <新譯經>에 모두 編入(편입)되어있고, 그것도 不空三藏譯으로 되어있다는 것은, 위의 『新譯貞元錄』의 入藏編入의 過程에서 본 것처럼, 『菩提心論』 또한 이러한 과정을 모두 거쳐 入藏되었다는 것을 알려줄 뿐만 아니라, 비록 著가 아닌 譯이라 기술되어있다고는 해도 『菩提心論』이 不空三藏의 親著임을 아울러 立證해주는 것으로, 『菩提心論』이 不空三藏의 著임을 확인케 하는 第一의 단서가 되는 것이다.

곧 不空이 생전에 入藏시키지 못하고 갑자기 세상을 떠나자, 이에 제자들이 恩師 不空의 死後 이를 부랴부랴 入藏시키고 이를 세상에 내보인

치되어 해당 실무의 보조 역할을 하였다.

　이처럼 대장도감은 敎·俗 이원적인 형태로 역할을 분담하면서 협조체계를 유지하는 방식으로 운영되었다. 이로써 대장도감은 중앙정부와 불교계 전체로부터 정책적.행정적 지원과 인적.물적 자원의 지원을 체계적으로 이끌어내어 강화경판 조성사업의 효율성을 높일 수 있었던 것이다. 최영호 「13세기 중엽 高麗國大藏都監의 조직체계와 운영형태」『석당논총』43. 2009

4) 당나라의 중앙 관제는 한마디로 3성 6부(三省六部)의 제도였다. 3성이란 중서성(中書省)·문하성(門下省)·상서성(尙書省)으로, 이 가운데 중서성은 천자를 대신하여 정책을 입안하고 조칙을 기초하는 기관이고, 문하성은 내외백관이 주청하는 주초(奏抄)를 천자에게 전하고, 중서성에서 기초한 조칙을 신중히 심의하는 기관이며, 상서성은 행정관청으로서, 문하성을 통과한 정령(政令)을 시행하는 일을 담당하는 기관으로, 모든 문서 행정의 중추역할을 담당하는 상서도성(尙書都省)과 6部:吏部·戶部·禮部·兵部·刑部·工部)로 구성되었다.

것으로 고찰되는 것이다.

　곧『菩提心論』서두의 "大廣智阿闍梨云"이란 내용은 바로 이러한 일련의 사연을 말해주는 것으로, 이 대목은 불공의 제자들이 스승인 불공삼장, 곧『菩提心論』이 大廣智阿闍梨께서 말씀하신 것임을 강조하기 위해, 마치 인감도장을 찍어 분명케 하듯이, <大廣智阿闍梨 云>을 삽입시켜 넣은 것이라 사료된다.

<제 2안>은

『菩提心論』은 不空三藏이 제자들을 위해 평소 講論한 내용으로,
　불공사후 제자들이 곧 바로 이를 정리하여 <不空三藏>의 이름(不空 奉 詔譯)으로 入藏시킨 것이라 판단된다.

이런 주장을 뒷받침할 수 있는 증빙자료는
1)『菩提心論』서두의 <大廣智 阿闍梨云>이란 문구 때문이다.
　곧 평소 제자들에게 강론한 내용을 정리해놓은 것이『菩提心論』이기에, 사실 그대로『菩提心論』서두에「大廣智 阿闍梨云」이라 표기한 것이라 보는 것이다.
2) 앞의 3-2의 <引用句 분석을 통해본『菩提心論』著者의 성향>에서 밝힌 바 있듯이,
『菩提心論』의 주요대목, 특히『不讀段』의 핵심인 <阿字讚偈>를 비롯 <阿字五轉>등의 설명에 不空三藏의 역출경이 아닌 金剛智三藏과 善無畏三藏 역출의 경전들이 引用되고 있기 때문이다.
　곧 앞서도 밝혔듯이,「八葉白蓮一肘開 云云」의 <阿字讚偈>는 金剛智三藏 역출의『金剛頂經瑜伽修習毘盧遮那三摩地法』(No.0876)과『念誦結護法普通諸部』(No.0904)에 나오는 경구로, 不空三藏의 역서에는 등장

하지 않고, 다만 불공역의 『靑頸觀自在菩薩心陀羅尼經』(No. 1111)에 「次結八大蓮華印。即以二羽相叉。進力檀慧頭相拄。禪願智忍各相拄。八葉白蓮一肘開」(대정장 20. 491b)이라 하여, 「八葉白蓮一肘開」란 어구만 설해지고 있기 때문이다.[5]

곧 『菩提心論』이 不空의 저술이라면, 당연히 본인의 저술이나 역서중에서 발췌하여 논의 주장을 펴 나갔을 것이나 그렇지 않은 것으로 볼 때, 『菩提心論』은 불공의 저서나 역서가 아니라, 即身成佛을 주장하는 밀교의 수승함과 나아가 今生에 이를 성취케 하려는 염원으로 불공이 『大日經(疏)』『金剛頂經』등 善無畏三藏과 金剛智三藏譯의 밀교경전의 경설과 여기에 필요에 따라 『大日經義釋』(一行和尙著)까지도 참조·활용하여 이를 제자들에게 강의한 것이라 보는 것이다.

곧 金剛智三藏은 不空에게 무려 24년 동안 密法을 가르쳐준 恩師이고, 善無畏三藏 또한 당시 長安에 머물며 주로 胎藏界계통의 밀교경론 (『大日經』·『大日經疏』)을 역출 내지 교육시키고 있었기에, 따라서 불공이 직계 스승인 금강지삼장과 또 비록 직계는 아니지만 선무외삼장이 역출한 경전들을 두루 알고 또 깊이 접하고 있었기에, 이들을 활용하여 제자들에게 강론한 것이라 보는 것이다.[6]

3) 智證大師 圓珍의 855년 請來本인 『三千院本 菩提心論』에 「大興善寺三藏沙門大廣智不空阿闍梨奉詔 集」으로 되어있다는 점이다.

---

5) 『靑頸觀自在菩薩心陀羅尼經 <不空譯>』(No. 1111)은 『金剛頂瑜伽靑頸大悲王觀自在念誦儀軌』 <金剛智譯> (No. 1112)과 (No. 1113 A<指空譯>·B<不空譯>)등의 의궤서의 本經이다.

6) 不空은 大毘盧遮那成佛神變加持經略示七支念誦隨行法 <一卷> (대정장 No 856)과 大日經略攝念誦隨行法 <一卷> (대정장 No 857)등의 大日經系의 의궤서를 역출하는 등 金胎兩部를 두루 섭렵한 양부밀교의 대가였다.

곧 圓珍이 806년 공해가 청래해온 『三十帖策子本 菩提心論』의 <龍猛 著 不空譯>說을 의심하고, 이를 자신이 청래해 온 『菩提心論』에 <不空 集>으로 修訂했다는 것은 圓珍이 在唐 당시 『菩提心論』의 <龍猛著 不 空譯>說의 眞僞에 대한 唐佛敎界의 무언가의 낌새를 느끼고, 일본에 돌아와 <不空集>의 주장을 편 것, 곧 不空이 이러저러한 경서들을 모 아 정리해서 편찬한 것이 『菩提心論』이라 보았기에, 이를 不空譯이 아 닌 <不空集>으로 訂定해 표기한 것이라 사료되기 때문이다.

따라서 위의 증빙자료를 종합해 볼 때,
『菩提心論』은 <瑜伽總持敎門說菩提心觀行修持義>란 副題가 말해주듯, 밀교행자를 위한 교학(敎相)과 수행(事相)을 겸한 서책,
곧 불공삼장이 卽身成佛을 성취케 하는 교학과 수행이론들을 여기저기 의 밀교경논에서 발췌하여 정리한 후 이를 제자들에게 강의한 것으로, 不空 死後 제자들이 이를 정리하여 <不空三藏>의 이름, 곧 (不空 奉詔 譯/不空阿闍梨奉詔 集)으로 入藏시킨 것이라 판단된다.

3-4-4 「大廣智阿闍梨云」에 대하여

『三十帖冊子』「不空阿闍梨奉詔譯」「大()()阿闍梨云」[7]
『元藏』(『法寶標目』)「大廣智阿闍梨云」「大廣智說」
『高麗藏』(No 1369)「不空譯」「大廣智阿闍梨云」
『明藏』「龍樹(猛)菩薩造」「大阿闍梨云」

등의 史料가운데에서, 내용상으로 특기할 만 한 것을 살펴보면,
1) 『高麗藏』과 『元藏』에는

---

7) 仁和寺本(空海 장래의 唐 元和元年(806)寫經)의 『三十帖策子本 菩提心論』에 "大00阿闍梨云"으로 되어 있다. (京都 仁和寺 所藏 日本國 國寶)

<大廣智阿闍梨云>, <白月觀>으로 되어 있는데 반해,
『明藏』과『三十帖冊子本』을 비롯한『弘法大師의 著述』에는
<大()()阿闍梨云>, <日月觀> 등으로 되어있다는 점이며,

2)『菩提心論』이 <宋藏>에는 收錄되어 있지 않고,
<高麗藏(1次 1010~31年 / 2次 1059年 刊行)>과 <元藏(1239~1305年 刊行)>, 그리고 <明藏> (1372~1403年 刊行)에만 수록되어있다는 점이다.[8]

3) 한편 元藏의 製作時 校勘(교감)역을 맡았던 <克己>에 의해 이루어진 元藏의『法寶標目』에 <大廣智說>로 되어있고, 또『菩提心論』이 <元藏本>의 尸函에 수재되어있다는 기록을 남기고 있는 것으로 보아,『元(藏)本 菩提心論』역시 당연히 "大廣智阿闍梨云"으로 되어있을 것은 당연한 이치일 것이다.[9]

　　따라서『三十帖冊子本 菩提心論』의 「大()()阿闍梨云」의 ()()공백은 『元藏』과『高麗藏本 菩提心論』의 "大廣智阿闍梨 云"에 따라, 당연히 <廣智>, 곧「大廣智阿闍梨云」으로 해야 할 것이다.

---

8) 元藏은 思溪版・杭州版・磧砂版의 3개의 판본이 있다. 이들 중, 思溪版(資福寺版)은 그 효시로, 南宋의 圓覺寺版에 대한 追・補刻으로, (1239~ ?) 사이에 주조된 것으로, 총 5,740권이 수록되어있다. 杭州版(普寧寺版)은 思溪版의 重刻으로, 1277년~1290년간에 주조되었다. 磧砂版(延聖寺版)은 1231~1305년간에 이루어진 私版으로, 1287년 追刻되었다고 전해지며, 권수는 6,000권이다. 元藏 주조 당시 校勘역을 맡았던 <克己>에 의해 편찬된『法寶標目』참조, 박상국 「고려대장경의 위치」『新編 韓國史』國史編纂委員會 刊.
9) 현재 元(藏)本은 유실되어 그 상세함은 알 수 없으나, 다행히도 校勘(교감)역을 담당했던 克己가 작성한『法寶標目』이 남아있고, 또 그『法寶標目』에 <元藏本>의 尸函에『菩提心論』이 수재되어있다는 기록을 남기고 있다. 정말 천만다행이다.

3-4-5 저자와 역자에 대한 결론

 위에서 고찰한 이러저러한 점들을 고려하고 감안해 보면서,
著者와 譯者에 대해 앞서 제시한 2개의 주장가운데 굳이 하나만을 선택
하라 한다면, 여전히 제 1안에 대한 미련은 남아있지만, <제 2案>을 주
창해야 할 것 같다, 곧

1)『菩提心論』의 저자(著者)는 大廣智阿闍梨인 不空三藏이 여러 경론에
   서 集錄한 후, 이를 평소 제자들에게 講論한 것이며, 따라서
2)『菩提心論』의 역자(譯者)문제는 자연적으로 위에서 주창한 불공삼장
   의 集錄과 講論說에 따라, 아무런 의미가 없어지게 되는 것으로,
   印度가 아닌 中國에서의, 그것도 불공삼장의 集錄이 되는 것이다.

3-4-6 提言:『高麗藏本菩提心論』과『三十帖策子本菩提心論』의 존중

 여기서 이의 주장과 더불어 한 가지 더 부연해두고 싶은 것은,
오래전부터 저자문제로 진통을 겪고 있는 현실속에서, 著者는 물론 그
내용상에 있어서도, 가능하다면『三十帖策子』와 더불어 현존의『高麗
藏本 菩提心論』, 곧 비록 전래의 루트가 다르고, 또 저자명의 서술부분
에 있어 약간의 과잉문제가 있긴 하지만 (이는 불공사후 제자들의 附記
임), 일찍이 <大正新修大藏經(大正藏)>의 제작 당시부터 이의 소중함을
알고 自國(日本), 그것도 空海 請來의『三十帖策子本 菩提心論』을 제쳐
두고,『高麗藏本 菩提心論』을 공이『菩提心論』의 正本으로 인정하여,
이를 原型으로 삼아 <大正藏>의 제작에 착수했던 역사적 사실을 인정하
고, 또 僧錄司-尙書都省의 엄격한 심사과정과 임금의 裁可까지 얻어 一
切大藏經의 目錄에 入藏된 사실을 기록한 794年 간행의『續開元釋教
錄』과 800년 간행의『貞元錄』의 설을 존중해주었으면 하는 생각이다.

곧 『高麗藏本 菩提心論』과 『續開元釋教錄』과 『貞元錄』의 내용 그대로, 저자와 역자 모두 <不空著> <不空譯>으로 하고, 내용 또한 <大阿闍梨云>, <日月觀>이 아닌, <大廣智阿闍梨云>과 <白月觀>으로 하되,

단 副題 만큼은 『續開元釋教錄』과 현존 사료 중 가장 오래된 사료일 뿐 아니라 그 가치 또한 중요하여, 『菩提心論』 연구에 있어 없어서는 아니 되는 空海 將來의 『三十帖策子本菩提心論』의 손을 들어주어,

<瑜伽總持教門說菩提心觀行修持義>로 하는 것이 타당한 해결책이 아닐까 판단되는 것이다.

註解 (강해): 지대방 주제: 못 다한 이야기(菩提心論)

<참 고 1>

한편 史料에 따라, 특히 空海의 저작에는 "龍樹(龍猛)보살 운운"이라 하여, 『菩提心論』을 龍樹(勇猛)보살의 저서로 단정하고 있는데, 이러한 空海의 주장은 비록 師僧인 惠果和尙으로부터의 口傳이라고는 하지만,

어떤 면에서는 空海가 <보리심론>의 권위를 높이고, 나아가 이렇게 권위 높은 논서를 본인이 장래 해 왔음을 自慢(자만)하기 위해, 밀교부법 제2祖이자 『金剛頂經』의 남천축 철탑과도 인연이 있는 龍樹(龍猛)보살에 이것을 假託(가탁)시켜 <龍樹菩薩 造>로 한 것이 아닐까 추찰된다.

다만 여기서 문제 제기하고 싶은 것은 『辨顯密二教論』·『十住心論』·『卽身成佛義』등의 명저를 저술할 만큼 불교에 대한 교학수준이 높은 空海가 『大日經』·『金剛頂經』 등을 인용하고 있고, 또 이들 경전들이 서술하고 있는 내용들을 설하고 있는 『菩提心論』을 면밀하고도 세밀하게 살펴보았을 것은 당연한 것이고, 거기다 심지어 <보리심론>의 핵심인 <三摩地段>의 全文을 自書인 『辨顯密二教論』·『十住心論』·『卽身成佛義』에 인용하면서까지 자기주장을 관철시키기 위한 증빙논서로 삼으면

서, 왜? 어째서? 『大日經』·『金剛頂經』의 저술연대나 그 속에 설해진 밀교교리들은 150~250년대에 활약한 龍樹(猛)菩薩과는 전혀 상관이 없는 아니 전혀 가당치도 않는 것임에도 불구하고, 용수보살을 저자로 보았을까 하는 점이다.

만일 앞에서 언급한 것처럼 권위를 높이기 위해 일부러 그랬다면 인간적인 면에서 용서할 수 있을지 몰라도, 그렇지 않고 만일 모르고 그랬다면 커다란 의혹덩어리가 또 하나 생기는 것으로, 혹시 空海가 佛敎敎理的인 면에서는 박식했을지 몰라도 佛敎史的인 면에서는 無知하지 않았나 하는 의구심마저 들게 하는 것으로, 자칫하다가는 혹 떼려다 오히려 혹을 붙이는 꼴이 될 수 있는 새로운 상황이 벌어지게 되는 것이다.

<참 고 2>

한편 『菩提心論』의 高麗傳來(고려전래) 및 木版大藏經의 雕造에 대해서는

『新彫大藏校正目錄(신조대장교정목록)』의

「丙午歲 高麗國 大藏都監 奉勅雕造」의 내용을 비롯해

『高麗藏本 菩提心論』(K 1369) 말미의

「金剛頂瑜伽中發阿耨多羅三藐三菩提心論 一卷 丙午歲(高宗 33년) 高麗國 大藏都監 奉勅雕造」　　　　　　　　　(고려장 37. 286b)
　　　　　대장도감　봉칙　　조조

라는 내용을 통해 볼 때, 『菩提心論』이 高宗代(재위:1009~1031)의 再雕本에 수록되어 있었고, 또 고종 33년(1246년 丙午年)에 雕造된 사실도 확인할 수 있으나, 이것만 가지고는 초조본과 재조본이 동일한 것인지 아니면 교정이나 보완을 했는지 등의 상세한 내용은 알 수 없다.

이에 이의 상황을 좀 더 확실하게 알기위해,

再雕本 雕造 당시 大藏都監의 校勘(교감)역을 맡았던 <守其: 開泰寺 僧統>에 의해 편찬된 『新彫大藏校正目錄(신조대장교정목록)』의 내용과 또 『菩提心論』과 함께 <孰函>에 편입되어있는 『佛說本襬經』을 살펴보니,

먼저 『新彫大藏校正目錄(신조대장교정목록)』에는

「再雕本은 宋本과 丹本(거란본)을 비롯해 高麗藏古刊本을 참조하면서 取捨校合했다」[10]

는 『菩提心論』 雕造에 대한 前後의 상황이 상세하게 기록되어 있으며,

또 『菩提心論』과 함께 <孰函>에 편입되어있는 『佛說本襬經』을 살펴보니, 『佛說本襬經』에 대해서는 初雕本과 再雕本 사이의 出入(이 경이 初雕本에는 <竟函>에 失譯으로 편입되어있었으나 이것이 잘못된 것임을 알아 再雕大藏經에서는 이를 修訂하여 <熟函>에 『佛說本襬經』 不空譯으로 편입시킨다)는 내용을 상세히 언급하고 있으면서도, 『菩提心論』에 대해서는 아무런 언급을 하지 않고 있음이 확인되었다.[11]

이러한 무언급은 初雕本과 再雕本 사이에 그 어떤 出入이나 校訂이 없었다는 것, 곧 두개의 本이 완전하게 동일한 내용이었음을 시사해 주는 것으로, 따라서 이러한 내용들을 종합적으로 분석해 볼 때,

---

10) 「推國大集經(國宋二藏皆六十卷　丹藏三十卷　開元錄云三十卷)」이라 하여, 『大集經』이 宋本과 丹本(거란본)을 비롯해 高麗藏古刊本(初雕本)을 참조하면서 取捨校合했음을 알려주고 있다. 『高麗國新雕大藏校正別錄』 卷1 卷第一 俊.

11) 「此國國宋本中有佛說木襬經不空譯者今撿與前竟國木襬子經失譯人名今附東晉錄者始終無異詳其文體即是漢晉之譯其在竟國者然矣按續開元釋教錄有佛說木襬經不空譯者則今此孰國理必有之此應宋藏失真不空譯本而得竟國中經無譯人号者錯認為此不空之譯耳故今除却此國中者後賢若見佛說木襬經與彼竟國之經異者請須編此孰國中焉」「孰國 佛說木襬經 不空譯」『高麗國新雕大藏校正別錄』 卷30

顯宗代의 初彫本의『菩提心論』은 高宗代의 再雕本『菩提心論』과 동일한 내용(상호출입이 전혀 없는)이었을 것으로 판단되는 것이다.[12]

한편 참고로 현존하는『菩提心論』의 주석서(註釋書)로는, 대정신수대장경 권 70에 수록되어있는『菩提心論鈔』<宥快>・『秘釋』<覺鑁>・『私鈔』<濟讚>・『口決』<榮書> 이외에도 일본승려에 의해 저술된 것만 해도 무려 30여 부가 있다.[13]

<참 고 3>
日本 天台宗僧 圓珍(813~891)은 (855년) 唐에서 장래해 온『貞元遺錄(靑龍寺求法目錄)』에서
「金剛頂三䫉三菩提心論 <一권> (三藏不空集)」(대정장 55. 1096c),
또『些些疑問』에서
「本書は 龍猛菩薩の 書いたものではなく 不空の 編輯したものである」

라 하며,『菩提心論』의 龍樹菩薩 저술설을 부정하고 <불공삼장의 集>이라 주장하고 있다.

한편 台密의 大成者라 할 安然(841~未詳)은 이러한 圓珍의 주장에 대해『胎藏金剛菩提心義略問答抄』<5권> (대정장 75. 451c)에서,
「不空 編集說은 신빙성이 없으므로, 그(圓珍)의 설을 채용할 수 없다」

라 하며 반박하고 있다.

---

12) 加藤宥雄「高麗藏本菩提心論について」『密教研究』78. 1941
13)『密教大辭典』권5. 2052頁 <金剛頂瑜伽中發阿耨多羅三䫉三菩提心論(菩提心論)>條 참조,『佛書解說大辭典』제 9~10권 424頁 <菩提心論>~428頁 <菩提心論論義抄> 참조

현재 일본의 東密系(일본진언종)와 台密系(일본천태종:山門派)는 空海의 『請來目錄』과 『辨顯密二敎』의 「龍樹所造 不空三藏 奉詔額」이란 내용을 좇아, 龍樹의 著作說을 주장하고, 같은 台密係라도 (寺門派)는 『貞元遺錄』의 설을 좇아 不空集錄說을 주장하고 있다.

4. 顯敎 보리심(론)과의 비교

현교에도 菩提心에 관한 저서들이 있다.

『入菩提行論(入菩薩行)』 (天息災 譯, 대정장 NO 1662)과 『菩提心離相論』 (용수보살 著, 대정장 No 1661)등이 그것이나, 대표적인 것은 『入菩提行論(入菩薩行)』이다.[14]

---

14) 잠시 내용을 살펴보면, 「보리심은 모든 보살의 총지행문(摠持行門)으로서, 이와 같이 관상(觀想)하고 이와 같이 발생시키는 것이다. 내가 지금 보리심을 찬탄하는 이유는 모든 중생들에게 윤회의 고통을 그치게 하기 위함이다. 곧 구제 받지(得度) 못한 자를 모두 구제하고, 해탈하지 못한 자들을 해탈케 하고, 편안함을 얻지 못한 자들에게 편안함을 얻게 하고, 열반을 얻지 못한 자들에게 열반을 얻게 하고자 함이다. 또 뛰어난 원력을 원만케 하기 위함이며, 자기 모습(自相)의 올바른 바탕(正體)의 인(因)을 세우기 위함이며, 제일의(第一義)인 진실관(眞實觀)에 들기 위함이다. 보리심은 본무생(本無生)이 자기 모습(自相)이니, 이런 까닭에 나는 지금 보리심을 일체의 성품을 여읜 것이라고 말하는 것이다. [문] 그렇다면 모든 성품을 어떻게 여의었다는 말인가? [답] 온(蘊).처(處).계(界)는 온갖 취하고 버리는 법을 여의어 아(我)가 없으며 평등하다. 자심(自心)이란 본래 생하지 않으니, 자성(自性)이 공하기 때문이다. 이런 이치에서 지혜로운 자라면 응당 보리심의 자성도 허깨비 같다는 사실을 관찰해야 한다. 만일 보리심을 이렇게 관한다면 곧 如來를 보는 것이다. 그러므로 보리심은 어떠한 상(相)도 없고 또한 생(生)함도 없다. 말로서 표현할 수는 없지만(非語言道) 능히 찬탄할 만한 것이다. 또 보리심이란 허공과 같다. 마음과 허공은 다 같이 모습이 없다. 보리심이란 갖가지 견해의 상(相)을 떠난 무분별지(無分別智)가 진실하게 구르는(轉) 것이다. 지혜로운 자들은 보리심을 일으키니, 그들이 얻는 복덕은 한량없고 끝이 없다. 보리심이라는 보배는 청정하여 물듦이 없으며, 가장 크고 뛰어나며 가장 높고 으뜸가는 것이다. 그래서 능히 파괴할 수도 파괴되지도 않아서 진실로 견고하며, 번뇌 등 모든 마(魔)를 파괴하고 갖가지 보살의 보현행원(普賢行願)을 가득 채운다. 따라서 보리심이란 일체 법이 돌아갈 곳(所歸趣)인 것이다」 『入菩提行論(入菩薩行)』=『菩提行經』(대정장 No 1662)

곧 이 논서는 나=衆生의 입장에서 十善戒·三學·止觀을 통한 一切智의 획득을 목표를 주창하는 논서로, 인도의 불교학자 산티데바(寂天= Śāntideva)(7~8세기경)의 저술로 전해지고 있으나, 10세기에 宋나라의 천식재(天息災)가 번역한 한역본 (대정장 No 1662)에는 <용수보살(龍樹 菩薩集頌)>로 되어 있어, 저자문제로 학계의 관심을 끌었던 논서이다.

산스크리트 원전: <Bodhisattvacaryānirdeśa(sūtra)>은 후기 대승불교 문학의 걸작으로 꼽힐 정도로 티베트인들에 의해 애송되고 있는 것으로, 현존하는 주석서만도 무려 8종이나 된다.

티베트본 제목은 『입보살행(入菩薩行)』으로 되어있고, 한역본은 『보리행 경(菩提行經)』 <4권> (대정장 No 1662)으로 되어있다.[15]
잠시 내용을 살펴보면 중심내용은 菩提行(보리행), 곧 대승의 깨달음을 구하는 이들에게 주는 교훈으로, 六波羅蜜이 기본이념이다.

산스크리트 원전은 10장 917송(頌)으로 구성되어 있는데,
전체 10장 중 序論격인 제1장은 보리심을 찬탄하는 내용이며,
제2장은 보시(布施) 바라밀, 제3~5장은 지계(持戒) 바라밀, 제6~9장은 각각 인욕(忍辱)·정진(精進)·선정(禪定)·지혜 바라밀이 중심내용이며, 流通分인 제10장은 불보살을 찬양하는 내용인데 후대에 첨가된 것이다.

5. <(발)보리심>의 의미,

- 顯教와 密教의 견해 차이 -
현교   밀교

일반적으로 菩提心하면 떠올리는 것이 菩提를 향한 구도심, 곧 無上正 等正覺을 성취하겠다는 發心(발심)을 말하는 것이나, 밀교의 입장에서는

---

15) 한역본에는 제2장의 내용이 축소되어 있고, 제3~4장은 빠져 있다. 『菩提 行經』(『佛光大辭典』) 慈怡法師編

이러한 정의는 顯教的(현교적)·淺略的(천략적) 의미의 菩提心 해석이라 하여 이러한 해석을 부정한다.

곧 밀교의 입장에서는 菩提心을 菩提인 心, 곧 '마음이 곧 菩提이다'란 의미로 정의한다. 상징철학을 중시하는 것이 밀교의 특성이므로, 밀교에서는 보통 위에서 정의한 <나(心)=菩提=佛>이란 의미로서, 菩提心을 나타내는 상징언어인 A=狐를 사용하여, 나=菩提=佛=覺=狐로 표현한다.

다시 정리하면, 현교는 어디까지나 그 기본을 <나=중생>이라는 입장에서, 중생인 내가 발심을 헤서 成佛하겠다는 생각을 내는 것을 菩提心이라 보고 있는 것인데 반해,

밀교는 기본입장을 <나=佛>이라 보고, 본래 佛인 내가 본래의 佛로 되돌아가는 것, 그것을 菩提心이라 보는 것으로,

밀교에서는 무엇보다도 나=佛이란 자각이 우선이자 중요한 것으로, 이러한 자각을 통해 본래의 자기인 佛로 되돌아가는 것이 바로 菩提心이라 정의하고 있다.[16]

---

16) 불교학자들, 아니 일부의 밀교학자들이 『大日經』 三句法門中의 제1句인 <菩提心爲因>을 해석하면서, 이를 『大日經』의 주석서인 Tibet本 『廣釋菩提心論』, 곧 <buddha guhuya>의 주장을 좇아, <能求菩提心>이니 <所求菩提心>이니 하며, 보리심을 2-가지로 분류한 후, 能求-보리심은 소위 성불하겠다는 發心으로, 所求-보리심은 목표인 菩提(成佛)로 해석하기도 하나, 이는 밀교행자로서는 바람직한 해석법이 아니다. 그 이유는 발상 자체가 어디까지나 현교적이거나 淺略的인 발상으로, 현교인들 또한 성불하겠다고 하는 구도심인 발심을 菩提心이라 보기 때문에, 이들이 보는 성불하겠다는 구도심(발심)과 能求-보리심은 같은 의미가 되기 때문이다. 밀교는 그 출발점을 현교인들의 해석처럼 나=중생이 아니라, 나=佛=菩提로 보는 것으로, 본래 佛인 내가 본래의 佛임을 아는 것 바로 그것을 菩提心이라 하는 것으로, 이러한 특징을 지니고 있기에 현교가 아닌 밀교가 되는 것이다. 따라서 『大日經』 三句의 <菩提心爲因>의 菩提心은 能求니 所求니 나누어서는 안 되고, 『大日經』의 '菩提爲如實知自心'의 의미처럼, 그냥 단순하게 菩提(佛)인 내 마음, 곧 <菩提=(自)心=佛=A=狐=나>임을 아는 것이라 해석해야 할 것이다.

6. 밀교종파의 開宗에 있어 『보리심론』은 필수

密教家 가운데 역사상 『보리심론』을 가장 잘 활용하고 또 그것을 통해 得을 가장 많이 본 사람은 空海(홍법대사)이다.

까닭인 즉, 그는 아래에서 설명한 것처럼, 자신이 주창하는 <卽身成佛>과 <밀교의 수승함>을 주창하기위해 저술한 『卽身成佛義』와 『辯顯密二教論』등의 속에서, 자신의 주장을 證憑(증빙)하기위해 사용한 소위 <2經1論>이라 일컬어지는 引用經論: 『大日經』·『金剛頂經』·『보리심론』中 그 1論에 해당하는 것이 다름 아닌 『보리심론』이며, 뿐만 아니라 自撰의 21개의 著書중,

1. 辯顯密二教論, 2. 十住心論, 3. 秘藏寶鑰, 4. 卽身成佛義, 5. 摩訶般若波羅蜜多經開題, 6. 三昧耶戒序, 7. 平城天皇灌頂文

등 총 7개의 著書에서 그것도 무려 17개소에서 『菩提心論』을 인용하며 자신의 교학체계를 수립하였기 때문이다.

한편 한국불교계에서 일찍이 밀교와 『보리심론』의 수승함에 눈을 뜬 사람은 회당(悔堂) 손규상이다.

「心一當千萬 質白畵丹靑」
(한 마음은 천만을 당적하고, 흰 바탕에 단청을 그린다)

란 悟道頌과 함께 密教에 눈을 뜬 그는 밀교의 卽身成佛을 그의 교학과 수행의 목표로 삼고 1947년 <眞覺宗>이란 밀교종파를 창종하였다.

곧 그는 <옴마니반메훔(六字心印)>을 정전심인(正傳心印)이라 보고, 이 六字心印을 信行의 본존(本尊)으로 받드는 소위 육자관행(六字觀行)

을 통한 즉신성불(卽身成佛)과 현세정화(現世淨化)와 심인불교(心印佛敎)라 주장함과 동시, 이러한 敎相과 事相이야말로 금생에 깨달음을 얻을 수 있는 참된 종교라는 케치프레이즈를 내걸고, 1947년 <大韓佛敎 眞覺宗>을 개창하였다.

그는 이러한 宗旨의 구현을 위해, 『大日經』·『金剛頂經』·『大乘莊嚴寶王經』·『菩提心論』, 소위 <三經一論>을 宗學으로 삼았는데, 그 <三經一論> 가운데 一論이 다름 아닌 『菩提心論』이다. 『菩提心論』을 한글로 번역한 것도 그가 최초이다.[17]

본 서론에서는 참고로 이들 중 日本의 眞言宗의 開宗者인 空海(弘法大師)를 택하여, 그가 卽身成佛과 밀교의 殊勝함을 증빙하기위해 어떤 저술을 내놓았으며, 또 이들 저서 속에서 그는 『보리심론』의 어느 敎相과 事相을 활용하며, 卽身成佛과 밀교의 殊勝함을 증빙하였는지, 여기서는 그의 저술 속에서 그가 활용한 인용문만을 살펴보고, 敎相과 事相에 대한 상세는 본론으로 넘겨 그곳에서 자세히 밝힐 것이다.

공해의 저서와 그곳에서 인용하고 있는 『보리심론』의 내용을 살펴보면,

『辯顯密二敎論』(현교와 밀교의 교판을 논함)
「諸佛菩薩 昔在因地 發是心已 勝義 行願 三摩地爲戒 乃至成佛 無時暫忘。唯眞言法中 卽身成佛故 是故說三摩地於諸敎中 闕而不言」

(『弘全』 권1. 491頁) / (대정장 32. 572c)

---

17) 한국에서 개창된 밀교종파, 眞覺宗·眞言宗·總指宗에 대한 상세한 것은 본 註解(강해)에서는 생략하였다. 이들 종파에 대한 상세는 인터넷에서 <대한불교(공통) 진각종·진언종·총지종>의 검색을 통해 알 수 있다. 참조바람.

(諸佛菩薩이 그 옛날 因地에서 菩提心을 發해 마친 후에 勝義菩提行과 行願菩提行과 三摩地菩提行을 戒로 삼고 成佛하실 때까지 잠시도 잊지 않으셨던 것처럼……,

오직 眞言法중에서만 即身成佛하는 연고로 三摩地法을 설하고, 다른 敎에서는 빠뜨려 설하지 않는 것이다)

『即身成佛義』(즉신성불을 주창하며 밀교의 수승함을 논함)

「唯眞言法中 即身成佛故 是故說三摩地於諸敎中 闕而不言」

(『弘全』권1. 507頁), (대정장 32. 572c)

(오직 眞言法중에서만 即身成佛하는 연고로 三摩地法을 설하고, 다른 敎에서는 빠뜨려 설하지 않는다)

「若人求佛慧 通達菩提心 父母所生身 速證大覺位」

(『弘全』권1. 507頁), (대정장 32. 572c)

(만일 사람이 부처님의 지혜를 구하여 보리심을 통달하면, 부모로부터 받은 이 몸으로 속히 대각위를 증득한다)

7. 即身成佛의 증빙을 위해 空海가 인용한 『보리심론』
즉신성불

空海는 自撰의 21개의 著書중, 총 7개의 著書에서 그것도 무려 17개소에서 『菩提心論』을 인용하며 자신의 교학체계를 수립하였다.

1. 辯顯密二敎論 (1개소), 2. 十住心論 (2개소),

3. 秘藏寶鑰 (7개소), 4. 即身成佛義 (2개소),

5. 摩訶般若波羅蜜多經開題 (1개소),

6. 三昧耶戒序 (2개소),

7. 平城天皇灌頂文 (2개소)>

등이 그것이다.

그만큼 空海教學에 큰 영향을 미친 것이 『菩提心論』이다.

이하 『菩提心論』이 공해의 교학체계에 얼마나 어떻게 영향을 미쳤는지,

위에 표기한 7書 17개소에 인용된 인용구를 하나하나 살펴보자.

1. 辯顯密二教論 1개소

(1) (弘全 권1. 491頁) / (대정장 32. 572c)

「諸佛菩薩 昔在因地 發是心已 勝義 行願 三摩地爲戒 乃至成佛 無時暫忘。唯眞言法中 卽身成佛故 是故說三摩地於諸教中 闕而不言」

2. 十住心論 2개소

(1) (弘全 권1. 289頁) / (대정장 32. 573a)

「又二乘之人。聲聞執四諦法 緣覺執十二因緣 知四大五陰畢竟磨滅 深起厭離 破衆生執 勤修本法 剋證其果 趣本涅槃 以爲究竟。眞言行者 當觀二乘之人 雖破人執猶有法執 但淨意識不知其他 久久成果位 以灰身滅智趣其涅槃 如太虛空湛然常寂。有定性者 難可發生 要待劫限等滿 方乃發生。若不定性者 無論劫限 遇緣便迴心向大。從化城起爲以超三界。謂宿信佛故 乃蒙諸佛菩薩而以方便 遂發大心 乃從初十信 下遍歷諸位 經三無數劫難行苦行 然得成佛。既知聲聞緣覺 智慧狹劣 亦不可樂」

(2) (弘全 권1. 336頁) / (대정장 32. 573a)

「又有衆生 發大乘心 行菩薩行 於諸法門 無不遍修 復經三阿僧祇劫修六度萬行 皆悉具足 然證佛果。久遠而成 斯由所習法敎 致有次第」

3. 秘藏寶鑰 7개소

(1) (弘全 권1. 423頁) / (대정장 32. 573a)

「謂凡夫執著名聞利養資生之具　務以安身　恣行三毒五欲。眞言行人誠可厭患誠可棄捨」

(2) (弘全 권1. 430頁) / (대정장 32. 573a)

「又諸外道等　戀其身命　或助以藥物　得仙宮住壽　或復生天以爲究竟。眞言行人　應觀彼等　業力若盡　未離三界煩惱尙　存　宿殃未殄　惡念旋起　當後之時　沈淪苦海　難可出離。當知外道之法　亦同幻夢陽焰也」

(3) (弘全 권1. 448頁) / (대정장 32. 573a)

「又二乘之人。聲聞執四諦法　緣覺執十二因緣　知四大五陰畢竟磨滅　深起厭離　破衆生執　勤修本法　剋證其果　趣本涅槃　以爲究竟。眞言行者　當觀二乘之人　雖破人執猶有法執　但淨意識不知其他　久久成果位　以灰身滅智趣其涅槃　如太虛空湛然常寂。有定性者　難可發生　要待劫限等滿　方乃發生。若不定性者　無論劫限　遇緣便迴心向大。從化城起爲以超三界。謂宿信佛故　乃蒙諸佛菩薩而以方便　遂發大心　乃從初十信　下遍歷諸位　經三無數劫難行苦行　然得成佛。既知聲聞緣覺　智慧狹劣　亦不可樂」

(4) (弘全 권1. 452頁) / (대정장 32. 573a)

「又有衆生　發大乘心　行菩薩行　於諸法門　無不遍修　復經三阿僧祇劫修六度萬行　皆悉具足　然證佛果。久遠而成　斯由所習法教致有次第」

(5) (弘全 권1. 455頁) / (대정장 32. 573b)

「當知一切法空。已悟法本無生　心體自如　不見身心　住於寂滅平等究竟眞

- 77 -

實之智 令無退失。妄心若起 知而勿隨。妄若息時 心源空寂」

(6) (弘全 권1. 464頁) / (대정장 32. 573b)

「夫迷途之法 從妄想生 乃至展轉 成無量無邊煩惱 輪迴六趣。若覺悟已
妄想止除 種種法滅 故無自性。復次諸佛慈悲 從眞起用 救攝衆生 應病與
藥 施諸法門 隨其煩惱對治迷津 遇筏達於彼岸 法亦應捨 無自性故。如大
毘盧遮那成佛經云 諸法無相 謂虛空相。作是觀已 名勝義菩提心。當知一
切法空。已悟法本無生 心體自如 不見身心 住於寂滅平等究竟眞實之智
令無退失。妄心若起 知而勿隨。妄若息時 心源空寂 萬德斯具 妙用無
窮。所以十方諸佛 以勝義行願爲戒。但具此心者 能轉法輪 自他俱利」

(7) (弘全 1. 466~471) /(대정장 32. 573c~574c): 제3三摩地段 全文引用

「第三言 三摩地者眞言行人如是觀已 云何能證無上菩提 當知法爾應住普
賢大菩提心. 一切衆生本有薩埵 爲貪瞋癡煩惱之所縛故 諸佛大悲 以善巧
智 說此甚深祕密瑜伽 令修行者 於內心中 觀白月輪。由作此觀 照見本心
湛然清淨 猶如滿 月光遍虛空無所分別 亦名無覺了 亦名淨法界 亦名實相
般若波羅蜜海 能含種種無量珍寶 三摩地猶如滿月潔白分明。何者爲一切
有情 悉含普賢之心。我見自心 形如月輪 何故以月輪爲喻 爲滿月圓明體
則與菩提心相類。凡月輪有一十六分喻 瑜伽中金剛薩埵至金剛拳有十六大
菩薩者。於三十七尊中 五方佛位 各表一智也。東方阿閦佛 因成大圓鏡智
亦名金剛智也。南方寶生佛 由成平等性智 亦名灌頂智也。西方阿彌陀佛
由成妙觀察智亦名蓮華智 亦名轉法輪智也。北方不空成就佛 由成成所作
智 亦名羯磨智也。中方毘盧遮那佛 由成法界智爲本。已上四佛智出生四
波羅蜜菩薩焉。四菩薩 卽金寶法業也。三世一切諸聖賢 生成養育之母。
於是印成法界體性中 流出四佛也。四方如來 各攝四菩薩。東方阿閦佛攝

四菩薩 金剛薩埵 金剛王 金剛愛 金剛喜 爲四菩薩也。南方寶生佛攝四菩

薩 金剛寶 金剛光 金剛幢 金剛笑 爲四菩薩也。西方阿彌陀佛攝四菩薩

金剛法 金剛利 金剛因 金剛語 爲四菩薩也。北方不空成就佛攝四菩薩 金

剛業 金剛護 金剛牙 金剛拳 爲 四菩薩也。四方佛各四菩薩 爲十六大菩

薩也。於三十七尊中 除五佛四波羅蜜及後四攝八供養 但取十六大菩薩爲

四方佛所攝也。又摩訶般若經中 內空至無性自性空 亦有十六義。切有情

於心質中 有一分淨性 衆行皆備。其體極微妙 皎然明白乃至輪迴六趣 亦

不變易 如月十六分之一。凡月其一分明相 若當合宿之際 但爲日光 奪其

明性 所以不現 後起月初 日日漸加 至十五日圓滿無礙。以觀行者 初以阿

字發起本心中分明 卽漸令潔白分明 證無生智。夫阿字者 一切法本不生義

准毘盧遮那經疏釋 阿字具有五義。一者阿字(短聲)是菩提心。二阿字(引聲)

是菩提行。三暗字(長聲)是證菩提義。四惡字(短聲)是般涅槃義。五惡字(引

聲)是具足方便智義。又將阿字配解法華經中開示悟入四字也。開字者開佛

知見 卽雙開菩提涅槃 如初阿字 是菩提心義也。示字者 示佛知見 如第二

阿字 是菩提行義也。悟字者 悟佛知見 如第三暗字 是證菩提義也。入字

者 入佛知見 如第四惡字 是般涅槃義也。總而言之 具足成就。第五惡字

是方便善巧智圓滿義也。卽讚阿字是菩提心義。頌曰

　八葉白蓮一肘間　炳現阿字素光色

　禪智俱入金剛縛　召入如來寂靜智

夫會阿字者。揩定決定觀之。當觀圓明淨識。若纔見者。則名見眞勝義

諦。若常見者。則入菩薩初地。若轉漸增長。則廓周法界。量等虛空。卷

舒自在。當具一切智。凡修習瑜伽觀行人 當須具修三密行 證悟五相成身

義也。所言三密者 一身密者 如結契印召請聖衆是也。二語密者 如密誦眞

言令文句了了分明 無謬誤也。三意密者 如住瑜伽相應白淨月圓滿觀菩提

心也。次明五相成身者 一是通達心 二是菩提心 三是金剛心 四是金剛身

五是證無上菩提獲金剛堅固身也。然此五相具備方成本尊身也　其圓明則普賢身也　亦是普賢心也　與十方諸佛同之。亦乃三世修行證有前後　及達悟也(已)無去來今。凡人心如合蓮華　佛心如滿月。此觀若成　十方國土　若淨若穢　六道含識　三乘行位　及三世國土成壞　衆生業差別　菩薩因地行相　三世諸佛　悉於中現證本尊身　滿足普賢一切行願故。大毘盧遮那經云　如是眞實心　故佛所宣說。問前言二乘之人　有法執故　不得成佛　今復令修菩提心三摩地者　云何差別。答二乘之人　有法執故　久久證理　沈空滯寂　限以劫數。然發大心　又乘散善門中　經無數劫　是故足可厭離　不可依止。今眞言行人破人法二執　雖能正見眞實之智　或爲無始間隔　未能證於如來一切智智故。欲求妙道　修持次第　從凡入佛位者。卽此三摩地者　能達諸佛自性　悟諸佛法身　證法界體性智　成大毘盧遮那佛　自性身　受用身　變化身　等流身。爲行人　未證故　理宜修之。故大毘盧遮那經云　悉地從心生。如金剛頂瑜伽經說　一切義成就菩薩　初坐金剛座　取證無上道　遂蒙諸佛授　此心地　然能證果。凡今之人　若心決定　如教修行　不起于座　三摩地現前　應是成就本尊之身。故大毘盧遮那經云供養次第法云　若無勢力廣增益　住法但觀菩提心　佛說此中具萬行　漸足淨白純淨法也。此菩提心　能包藏一切諸佛功德法故　若修證出現　則爲一切導師。若歸本則是密嚴國土　不起于座能成一切佛事。

讚菩提心曰

　若人求佛慧　通達菩提心

　父母所生身　速證大覺位」

4. 卽身成佛義 2개소

(1) (弘全 권1. 507頁) / (대정장 32. 572c)

「唯眞言法中　卽身成佛故　是故說三摩地於諸教中　闕而不言」

(2) (弘全 권1. 507頁) / (대정장 32. 572c)

「若人求佛慧　通達菩提心　父母所生身　速證大覺位」

5. 金剛般若波羅密經開題 1개소

(1) (弘全 권1. 841頁) / (대정장 32. 574a)

「內空至無性自性空」

6. 三昧耶戒序 2개소

(1) (弘全 권2. 136頁) / (대장장 32. 572c)

「凡人欲求善之與惡。皆先標其心　而後成其志。所以求菩提者　發菩提心
修菩提行」

(2) (弘全 권2. 137頁) / (대정장 32. 572c)

「諸佛菩薩　昔在因地　發是心已　勝義　行願　三摩地爲戒　乃至成佛　無時暫忘」

7. 平城天皇灌頂文 2개소

(1) (弘全 권2. 169頁) / (대정장 32. 572c)

「凡人欲求善之與惡。皆先標其心　而後成其志」

(2) (弘全 권2. 170頁) / (대정장 32. 572c)

「諸佛菩薩　昔在因地　發是心已　勝義　行願　三摩地爲戒　乃至成佛　無時暫忘」

8. 引用經疏와 그것이 주는 의미
인용　경소

『보리심론』은 밀교의 수승함과 즉신성불의 이론과 이의 실천행인 삼마지

보리행을 주창하기 위해, 8經(7經 1疏)의 경론을 그것도 무려 14回에 걸쳐 인용하고 있다. 곧

<勝義菩提心(승의보리심)>의 설명에서 4經 7回,
『大日經』(2회)·『華嚴經』(2회)·『觀無量壽經』(1회)·『涅槃經』(2회)

<三摩地 菩提心(삼마지보리심)>의 설명에서 5經(4經1疏) 7回,
『般若經』·『大日經疏』·『法華經』·『大日經』(3회)·『金剛頂經』
곧 『보리심론』이 활용하고 있는 引用經典으로는
『般若經』·『觀無量數經』·『涅槃經』(2회)·『華嚴經』(2회)·『大日經』(5회)·『法華經』·『大日經疏』·『金剛頂經』 등
총 8개(7經 1疏)의 經論(대승경전과 밀교경전)이 등장하고 있다.

한편 <勝義菩提心>에서의 7차례에 걸친 4개경전의 引用順序는
『大日經』 → 『華嚴經』(2) → 『觀無量壽經』 → 『涅槃經』(2) → 『大日經』의 順으로 되어있다.
곧 法身說法(『大日經』) → 法身(無言說)說法(『華嚴經』) → 報身說法(『觀無量壽經』) → 化身說法(『涅槃經』) → 法身說法(『大日經』)의 순으로 되어, 우연인지 아니면 의도적으로 그랬는지는 몰라도 무언가 의도적 냄새가 강하게 느껴진다.

곧 密教經典인 『大日經』을 맨 앞과 맨 뒤에서 인용하면서 전체를 會通(회통)시키고, 顯教經典(현교경전)은 그 사이에 인용하고 있는데, 현교경전의 인용순서 또한 묘하게도 三身說의 전개과정, 곧 法身→報身→化身의 순서인 『華嚴經』 → 『觀無量壽經』 → 『涅槃經』의 순으로 인용되고 있다.

한편 이들 인용경전중 특히 중심이 되는 경전은 『華嚴經』(2회)과 『大日經』(5회)과 『金剛頂經』인데, 이 경전들 또한 4가지 공통점을 지니고 있다.[18]

첫째는 이들 경전이 法爾常恒本(법이상항본)으로 되어있다는 점이며,
둘째는 모두가 바다 속의 龍宮(용궁)이나 南天竺의 鐵塔(철탑) 속에
　　　秘藏(비장)되어 있었다는 점이며,
셋째는 主佛이 法身 毗盧遮那佛이라는 점이며,
넷째는 流布者(유포자)가 모두 龍樹菩薩(용수보살)이라는 점이다.

참 고

『華嚴經』은 비록 主佛이 법신 비로자나불이긴 하지만 정작 법신불은 無言說, 곧 직접 설하신 것이 아니라, 문수보살·보현보살·금강장보살 등의 제 보살이 법신불의 三昧속에 들어가 대신 법을 설하고 있는 非人格

---

18) 『화엄경』이 龍宮에서 전래되었다는 소위 '용궁전래설'에서 비롯된 말이다. 곧 법장(法藏)의 『화엄경전기(華嚴經傳記)』 제1권에 의하면, 용수보살이 용궁에 가서보니 上中下 3-本의 『화엄경』이 있었다. 상본(上本)은 삼천대천세계 미진수 게(偈)와 4천하 미진수 품(品)이고, 중본(中本)은 49만 8천 8백 게(偈)와 1200품이었다. 중본은 분량이 방대하여 가져오지 못하고, 下本 10만게(偈) 48품만 가져와서 유통시켰다. 「龍樹菩薩往龍宮. 見此華嚴大不思議解脫經. 有三本 上本 有十三千大千世界微塵數偈四天下微塵數品. 中本 有四十九萬八千八百偈 一千二百品. 下本 有十萬偈 四十八品.其上中二本及普眼等. 並非凡力所持. 隱而不傳. 下本 見流天竺. 蓋由機悟不同. 所聞宜異故也是以. 文殊普賢 親承具敎. 天親龍樹 僅睹遺筌』『華嚴經傳記』(大正藏 51.153a) 『金剛頂經』과 『大日經』의 南天竺 鐵塔龍宮傳來說은 『金剛頂經議決』에 전해진다. 「其大經本. 阿闍梨云經夾廣長如床. 厚四五尺有無量頌. 在南天竺界鐵塔之中佛滅度後數百年間無人能開此塔. 以鐵扉鐵鎖而封閉之. 其中天竺國佛法漸衰. 時有大德先誦持大毘盧遮那眞言. 得毘盧遮那佛而現其身及現多身. 於虛空中說此法門及文字章句. 次第令寫訖卽滅. 卽今毘盧遮那念誦法要一卷. 是時此大德持誦成就願開此塔. 於七日中遶塔念誦. 以白芥子七粒打此塔門乃開. 塔內諸神一時踊怒不令得入. (중략) 此經名金剛頂經者菩薩大藏塔內廣本絶世所無. 塔內燈光明等至今不滅此經百千頌本此國未有」『金剛頂經議決』 (대정장 39. 808a~b)

의 理法身인 毘盧遮那佛인데 반해,

『大日經』은 人格佛인 智法身 毘盧遮那法身佛이 직접 설하신 直說(직설)이며,

『金剛頂經』은 시방삼세의 一切如來로부터 灌頂(관정)을 받고 金剛界法身 毘盧遮那佛로 등극한 싯달타 태자, 곧 一切義成就菩薩(일체의성취보살)의 설법이다.

9. 설해진 觀法과 그것이 지니는 특징
관법

『菩提心論』에서 주창하는 觀法은 4가지이다. 곧

<勝義菩提心>에서는 一切法無自性觀(일체법무자성관)을 제시하고 있고,

<三摩地菩提心>에서는 白月觀(백월관)과 阿字觀(아자관)과 五相成身觀(오상성신관)의 3가지 관을 제시하고 있다.

곧 勝義·行願·三摩地의 3가지 菩提心行法 가운데,

<勝義菩提心>에서는 『菩提心論』이 설한 4가지 觀法가운데 첫 번째 관법이자, 모든 관법의 근본인 <一切法無自性觀>에 대해 설명을 하고 있는데, 이는 諸法의 法性인 空性을 밝힌 理法, 곧 法性觀이라 할 수 있는 것으로, 三摩地菩提心에서 제시한 事法인 月輪觀·阿字觀·五相成身觀의 근본(體)이 되며,

<行願菩提心>에서는 비록 제시된 관법은 없지만, 앞의 <勝義菩提心>이나 뒤의 <三摩地菩提心>을 연계시켜주는 중요한 橋頭堡(교두보)로서의 역할을 담당하고 있는 것이다. 그래서 『菩提心論』도 三相-菩提心(行)가운데 이를 가장 먼저 위치시키고 있는 것으로, 그 이유는 <三摩地菩提心>에서 설한 모든 관법의 궁극적 목적은 중생을 利樂·安樂·成佛케하기 위한 것으로, <行願菩提心>이 바로 그 역할을 해주기 때문이다.

<三摩地菩提心>에서 제시한 <3가지 觀法: 月輪觀·阿字觀·五相成身觀>은 法性觀인 <一切法無自性觀>과 중생의 이락과 안락 그리고 即身成佛이란 궁극적 목적을 구체화·현실화시키기 위한 用으로서의 事法으로, 대승과는 다른 밀교만의 독특한 妙門의 行法이다.

한편 三摩地菩提心에서 설한 3가지 觀法(月輪觀·阿字觀·五相成身觀)을 자세히 분석해 보면, <月輪觀>이 그 중심에 있음을 알 수 있다.

곧 阿字觀이나 五相成身觀은 모두가 月輪觀을 중심으로 하여 응용된 관법이라 볼 수 있기 때문이다.
그 이유는 <阿字觀>이 理의 세계를 설한 胎藏界의 觀法인데 반해,
<五相成身觀>은 事의 세계를 설한 金剛界의 觀法이며,
<月輪觀>은 이 두 개의 관법을 총괄시켜 理와 事, 胎藏界와 金剛界, 定과 慧를 竝合(병합)하여 (理事 / 胎金 / 定慧)不二의 경지로 승화시키고 있기 때문이다.

한편 이와 같이 不二의 경지에서 제창된 것이 <月輪觀>이긴 하지만, 본래 달이라는 사물(事)을 통해 그 속에 담겨있는 法의 本性(理)을 보는 것이기에,
<月輪觀>은 事를 통해 理를 밝히고 있는 것이며,
<阿字觀>은 阿字本不生이란 法의 性(理)을 통해 삼라만상의 法相(事)의 세계를 표현하고 있는 것이기에, 당연히 理法이 되는 것이며,
<五相成身觀>은 理(아자관)와 事(월륜관), 또 事와 事의 관계를 만법의 法界緣起, 곧 六大緣起로 회통시킨 관법이라고 볼 수 있기 때문이다.
곧 관점을 어디다 두느냐에 따라 여러 가지 해석법이 가능한 것이다.

<일러두기>

본 강의록 전체의 체제(體制)는

서문(序文)·서설(序分)·일러두기·목차·본론(正宗分)·跋文(발문)·참고
문헌·부록·발표저서 및 논문·追伸(추신)의 10단으로 구성되어 있다.

서문(序文)은

밀교와의 만남의 과정, 밀교연구를 위한 일본유학의 꿈과 대학선정과정
에서의 여러 인연들, 일본의 밀교종파 현황(現況)과 9년간에 걸친 大正
大學에서의 밀교연구와 학위취득과정, 풍산파(豊山派) 관서본산(關西本
山) 나라현(奈良縣) 장곡사(長谷寺)에서의 금·태양부(金·胎兩部)의 호마
(Homa) 실수(實修)와 관동본산(關東本山) 東京 호국사(護國寺)에서의 金
·胎兩部 관정(灌頂)과 <전교(傳教)아사리> 취득과정, 귀국 후 중앙승가
대학교(中央僧伽大學校)에서의 30여 년간의 밀교강의와 연구 등등,
밀교와의 만남부터 귀국 후 정년이 지나고도 무려 10여년이나 강단에
서서 강의를 지속하고 있는 사연 등에 대한 내용들이다.

서설(序說), 곧 서분(序分)은

본론(정종분)에 들어가기 앞서, 『보리심론』이란 어떤 성격을 지닌 논서인
지, 곧 밀교에서의 『菩提心論』의 위치와 密教家들의 평가, 또 일찍이 문
제 제기된 것들, 곧 『菩提心論』의 저자와 역자의 문제(龍樹?·不空?·제
자?), 또 내용의 문제(大<廣智>阿闍梨云 / 白<日>月觀) 등 각 판본과 사
료에 따른 字句의 入出과 異同문제, 또 논의 主題인 菩提心의 이해 내
지 成佛理論에 대한 현밀(顯密)의 비교, 『보리심론』의 교학적 위치, 引用
經疏와 그것이 주는 의미, 설해진 觀法과 그것이 지니는 특징 등등,
『菩提心論』이 지니고 있는 문제점들과 특징들을 살펴보고,

이에 대한 해결책 내지 <보리심론>이 설파하려는 의도와 주창하고 있는 이론의 근원을 살펴봄과 동시, 이것이 어떻게 활용되어 밀교종파(日本, 眞言宗/韓國, 眞覺宗 등)를 탄생케 하였는지 살펴보았다.

본 주해(註解)·강해(講解)의 서술에 대한 전체개요는 다음과 같다.

1. 본론(正宗分)은 다음 순서에 의해 집필하였다.

   본문(本文) → 직역(直譯) → 의역(意譯) → 주해(註解)·강해(講解)

2. 본문은 바탕색으로 연한 회색을 깔아 한눈에 볼 수 있도록 하였으며, 읽기 쉽도록, 본문 전체에 걸쳐, 한문과 한글을 병기(倂記)해 두었다.

<본문실례>

一者 行願 二者 勝義 三者 三摩地 初行願者 謂修習之人常懷如是心
일자 행원 이자 승의 삼자 삼마지 초 행원 자 위 수습 지인 상회 여시 심

我當利益安樂無餘有情界 觀十方含識猶如己身   (대정장 32. 572c)
아 당 이익 안락 무여 유정 계 관 시방 함 식 유 여 기 신

3. 본문 바로 밑에 직역(直譯)을 두었다. 한문 한 자 한 자의 본래 의미를 살리기 위해, 원문의 내용을 조금도 가감 없이 그대로 직역하였다.

4. 본문의 이해를 돕기 위해 직역(直譯) 바로 뒤에 의역(意譯)을 두었다. 어디까지나 이해를 돕기 위한 것이기에, 필요에 따라 어구(語句)를 가감(加減)하였다.

5. 상세한 각주(脚注)를 달아, 연구하는데 도움이 되도록 하였다.

6. 의역(意譯) 바로 뒤에 주해(註解)·강해(講解)를 두었다.

　주해(註解)는 본문에 대한 주석으로서, 그 출처 내지는 의미를 쉽게 풀어 밝힌 것이며,

　강해(講解)는 본문이 설하고 있는 의미를 보다 확실하고도 깊이 이해할 수 있도록 본문의 내용과 관계되는 교리(敎理)나 경전의 일화(逸話) 내지는 昨今의 시사(時事)를 넣어, 지혜와 선방편의 불교적 삶을 살게 하기 위한 강설의 성격으로, 필요에 따라 <참고>와 <도표>를 제시하면서, 본문의 이해와 연구에 도움이 되도록 하였다.

7. 각주 표기법에서,

　(高麗藏本)=(三十帖策子本)이라 표기한 것은,

좌변은 『高麗藏本 菩提心論』을, 우변은 『三十帖策子本 菩提心論』을 의미한다. 예로서 散(高麗藏本)=敎(三十帖策子本)의 의미는, (高麗藏本)에는 散이라 되어있고, (三十帖策子本)에는 敎로 되어 있다는 의미이다.

　때에 따라 다른 문헌을 통해 정정(訂定)해 넣은 경우도 있으나, 이 경우는 脚註에서 따로 설명해 두었다.

　본 <『보리심론』 주해(註解)·강해(講解)>에서는

『高麗藏本 菩提心論』을 저본(底本)으로 해서 편찬한 大正新修大藏經(大正藏) 收載(대정장 32권, No 1665)의 『菩提心論』을 저본으로 삼되,

이를 仁和寺 소장의 『三十帖策子本 菩提心論』과 대조(對照)하여 서로의 出入과 異同을 살펴보았다. 그리고 필요에 따라 <三千院本>과 <觀心寺本>등의 다른 판본을 참고하면서, 原型文이라 판단되는 것으로 訂定(校訂)하고, 이를 각주(脚註)에 표기해 두었다.[19]

---

19)<三千院本>이란 일본 天台宗僧 智證大師(圓珍)의 請來本 (唐 大中 9년: 835년)의 제4轉寫本(1324년)을 말하며, <觀心寺本>이란 中尊寺의 平安朝 末期

♥ p 57부터 ~ 이곳 (p.88)까지의 미주(尾註)와 각주(脚註) 번호, 곧 1) ~ 19)는 편집 과정에서 생긴 오류(誤謬)로, 실제의 미주 및 각주 번호는 39) ~ 57)이 됩니다. (넓은 양해 바랍니다) ♥

8. 본문과 각주에서 「」 표시는 인용구를, 『』 표시는 인용구(「」)에 대한 출처나 근거문헌을 의미한다.

9. 본문과 각주에서, 예: (대정장 1. 212a · 212b · 212c)표시는 <대정신수대장경> 1권 212 Page, 상단(a) 중단(b) 하단(c)을 의미한다.

10. 跋文(발문)은 탈고 후 전체를 죽 훑어 보면서 느낀 소감이다

11. <참고문헌(단행본 · 논문)>은 『보리심론』과 직접 관계되는 것과, 직접 관계는 없지만 주제인 <보리심>과 관계있는 문헌들을 따로 구별하여 발췌해두었다.

12. <부록>은 『보리심론』이 설하고 있는 여러 교리나 주장에 대한 구체적 자료들로서, 이해하기 쉽도록 참고와 도표를 모아둔 것이다.
 곧 <본문>에서는 원할한 흐름을 위해 내용의 핵심을 위주로 서술하였고, <부록>에는 본문에서 생략해 둔 것들 중, 『보리심론』의 내용이나 교리를 이해하는데 도움이 된다고 판단되는 것들을 첨부해두었다.

13. 저서 및 발표논문
그간 저술한 저서와 발표한 중요논문들을 발췌해두었다.

14. 追伸(추신)
살아온 77년간을 회고해보며 잊지 못할 귀한 인연들에 대한 감사함과 미안함 그리고 참회의 마음을 담아두었다.

의 寫經인 <宋版大藏經>을 말한다.

金剛頂瑜伽中發阿耨多羅三藐三菩提心論

(瑜伽總持敎門說菩提心觀行修持義)

目次
목차

開章
개장

「若有上根上智之人　當發如是心　我今志求阿耨多羅三藐三菩提」
약 유 상 근 상 지 지 인　당 발 여 시 심　아 금 지 구　아뇩다라　삼막삼보리

1.1　밀교수행자의 자격: 上根上智者
상근 상지 자

1.1.1 上根上智者란?

「若有上根上智之人　不樂外道二乘法　有大度量勇銳無或者　宜修佛乘」
약 유 상 근 상 지 지 인　불 요 외 도 이 승 법　유 대 도 량 용 예 무 혹 자　의 수 불 승

註解 · 講解

<上根上智者만이 무상정등정각을 성취할 수 있다>

1.1.2 밀교수행자: 무상정등정각만을 구하는 上根上智者(佛乘)

「我今志求阿耨多羅三藐三菩提 不求餘果」
아금지구 아뇩다라 삼막삼보리 불구여과

註解・講解

<신라 밀교승 혜초(慧超)스님 같은 분이 上根上智者>

「願成瑜伽中諸菩薩身者 亦名發菩提心 諸尊皆同大毘盧遮那佛身」
원성유가 중제 보살 신자 역명 발보리심 제존 개동 대비로차나불 신

註解・講解

<보살이 되고자 발원하는 자=發菩提心者>

「誓心決定故 魔宮震動」十方諸佛皆悉證知」
서심 결정 고 마궁 진동 시방 제불 개 실 증지

註解・講解

<發心 뒤에는 반드시 장애가 생긴다>

「常在人天 受勝快樂 所生之處 憶持不忘」
상 재 인천 수 승 쾌락 소 생 지 처 억지 불 망

註解・講解

<윤회에서 벗어날 수행은 인간계에서만 닦을 수 있다>

　　　「唯眞言法中卽身成佛故 是故說三摩地。於諸敎中 闕而不言」
　　　　유 진언 법중 즉신성불　고　시고 설 삼마지　어 제교 중 궐 이 불 언

註解·講解

<三摩地法>

開門 ------------------------------29
　개문

　- (勝義·行願·三摩地) 3行相, 밀교의 특징 三摩地法 -
　　승의　행원　삼마지　　　　　　　　　　　　삼마지 법

3.1 발보리심의　三가지　行相

　　　「旣發如是心已 須知菩提心之行相。其行相者 三門分別」
　　　　기 발 여시 심 이 수지 보리 심지 행상　기 행상 자 삼 문 분별

　　　「諸佛菩薩 昔在因地 發是心已 勝義行願三摩地爲戒
　　　　제불 보살 석 재 인지 발 시 심 이 승의　행원　삼마지 위 계

　　　乃至成佛無時暫忘」
　　　　내지 성불 무시 잠 망

3.1.2 卽身成佛은 三摩地法을 설하는 밀교에서만이 가능하다
즉신성불　　　　삼마지 법

「唯眞言法中卽身成佛 是故說三摩地 於諸教中 闕而不言」
유 진언 법 중　즉신성불　　시고 설 삼마지　어 제교 중　궐 이 불언

註解・講解

<卽身成佛의 원리>

1. 行願菩提行

1.1 行願이란

「行願者。我當利益安樂無餘有情界 觀十方含識猶如己身」
행원 자　아 당 이익 안락 무 여 유정 계　관 시방 함 식 유 여 기 신

註解・講解

<보현행원(普賢行願)과 그 의미>

<불교는 원행(願行)의 종교이지, 구걸의 종교가 아니다>

註解·講解

<일체중생은 누구나 불성(여래장)을 지닌 보살>

<佛乘(밀교)의 가르침으로, 중생에게 如來智를 증득케 하라!>

<六道輪廻의 근원은 근본번뇌인 無明妄想(나=중생)에서 기인한다>

<승만(勝鬘: śrīmālādevī)부인의 사자후>

註解·講解

<대비심으로 중생을 존경하며, 성불의 길로 인도하라>

<선교방편(善巧方便: upāya-kauśalya)>

<眞言行者는 方便을 究竟으로 삼아 중생을 성불케 한다>

<왕사성 비극의 주인공, 아사세-왕자와 제바달다>

<범부의 삶>

<外道와 二乘人의 삶 = 幻夢·陽焰(아지랑이)같은 삶>
　　　외도　　이승　인　　　　　환몽　　양염

<『大日經(疏)』(住心品)의 諸乘의 비판과 心의 轉昇,

　　(世間三住心 中心), 이에 대한 『菩提心論』의 견해> ----------89

　참 고: <생노병사로부터 해탈하는 것이 수행목적>

　　　- 灰身滅智의 추구 -
　　　　회신멸지

　　「聲聞執四諦法 緣覺執十二因緣 成果位已灰身滅智 趣其涅槃」
　　　성문 집 사제 법　연각 집십이 인연　성 과위 이 회신 멸 지 취 기 열반

註解·講解

<二乘人(聲聞乘과 緣覺乘)의 무지무명(無知無明)>
　　　　　성문승　　　연각승

<성문은 四聖諦에, 연각은 12緣起에 局執(국집)한다>
　　　　　사성제　　　　　　　연기

<小乘(Hīna-yāna)과 大乘(Mahā-yāna)의 차이>
　소승　　　　　　대승

<관자재보살(觀自在菩薩)과 사리불(舍利弗)존자>

<唯識思想의 출현> (제7Manas識·제8Ālaya識 개념의 등장)
　유식　사상

<五性各別說과 種子이론>
　오성 각별 설　　종자

2.1.4 不定姓人의 삶 -------------------------------124
부정성   인

「不定性者 無論劫限 遇緣便廻心向大」
부정성 자 무 론 겁 한 우 연 편 회 심 향 대

註解・講解

<不定性人과 廻心向大>
회 심 향 대

2.1.5 大乘菩薩의 삶: 久遠而成(佛) = 三劫成佛 ----------128
대승   구원이성   삼겁 성불

「經三阿僧祇劫修六度萬行皆悉具足 然證佛果 久遠而成」
경 삼 아승지겁 수 육도 만행 개 실 구족 연 증 불과 구원 이 성

註解・講解

<菩薩乘과 3-無數劫 成佛>
보살 승   무수 겁 성불

「修瑜伽勝上法。能從凡入佛位者 亦超十地菩薩境界」
수 유가 승상법 능종 범입 불위 자 역초 십지 보살 경계

註解・講解

<三密瑜伽行者인 眞言行者는

　凡으로부터 곧 바로 佛位에 들어가는 最勝上의 瑜伽行者이다>

「云何無自性 前以相說。今以旨陳」
운하 무자성 전 이 상설 금 이 지진

－ 밀교행자가 알아두어야 할 諸法實相(本旨) －
제법 실상

「深知一切法無自性。若覺悟已 妄想止除 種種法滅 故無自性」
심 지 일체 법 무자성 약 각오이 망상 지제 종종 법멸 고 무자성

註解・講解

<色卽是空 空卽是色>
색즉시공 공즉시색

<12緣起와 無明>
　　　연기　　　무명

<망심(妄心) 일어나면 알아차리되, 절대 따르지 마라!>

註解・講解

<반야(體)와 波羅蜜(用)의 관계>

<眞空妙有의 이치>
　진공　묘유

<勝義・行願 2덕목을 갖춘 자만이 중생을 利樂케 할 수 있다>
　승의　　행원　　　　　　　　　　　　　　　이락

註解・講解

<대승불교와 이타(大悲心)>

<信解行地와 불도수행>
　신해행지

3.2.2 四佛(四智) / 十六大菩薩 -------------------------279
사불   사지

「於是印成法界體性中流出四佛也 四方佛各四菩薩爲十六大菩薩也」
어 시 인 성 법계 체성 중 유출 사불 야   사방 불 각 사보살 위 십 육 대 보살 야

註解 · 講解

3.2.3 四-波羅蜜菩薩-修行 ------------------------292

「四佛智出生四波羅蜜菩薩 三世一切諸賢聖 生成養育之母」
사불 지 출생 사바라밀 보살   삼세 일체 제 현성 생성 양육 지 모

註解 · 講解

<4波羅蜜菩薩은 三世一切의 賢聖들을 生成養育하는 어머니>

「摩訶般若經中 內空至無性自性空 亦有十六義」

註解・講解

<『般若經』의 十六空 / 『大智度論』의 十八空>

<자성(自性: sva-bhāva)이란 무엇? 존재하는 것일까?>

　　　　<16月과 16空, 나=금강살타>

「一切有情於心質中有一分淨性 如月十六分之一」
　일체　유정　어 심 질 중 유 일분　정성　여 월 십 육 분 지 일

註解・講解

<16月과 16空, 나=금강살타>

「四方佛各四菩薩爲十六大菩薩也」

註解・講解

<16月과 16大菩薩, 금강계만다라-수행>

－ 16空義와 16대보살과 16分月의 관계 －

「月其一分明相後起月初 日日漸加 至十五日圓滿無礙」
  월 기 일분 명상 후기 월초 일 일 점가 지십오일 원만 무애

註解・講解

참고: 『보리심론』의 특징 －

 <勝義菩提心과 行願菩提行을 三摩地菩提行으로 會通시킴>

3.4.1 阿字觀 (三句와 五轉)
           삼구   오전

      「阿字者 一切法本不生義」
       아자 자 일체법 본불생 의

註解・講解

<阿字(A=𑖀)>란?

<阿字(A=𑖀)本不生: Ādyanutpāda>
        본불생

<阿字觀法>

<『大日經』 三句法門에서의 方便爲究竟>
          삼구 법문   방편 위 구경

3.5.1.3 意密 ---384
의밀

「意密者 如住瑜伽 相應白淨月圓 觀菩提心」
의밀 자 여주 유가 상응 백정월 원 관 보리심

註解·講解

<加持와 啐啄同時> -------------------------------------386
가지   줄탁 동시

<聲字卽是實相> ---389
성자 즉시 실상

<善波와 惡波>

3.5.1.4 <(身·口·意)三密의 종합적 의미> --------------392

「修習瑜伽觀行人 當須具修三密行 證悟五相成身觀」
수 습 유가 관행 인 당 수 구 수 삼밀 행 증오 오상 성신 관

註解·講解

<三密瑜伽行法의 형성과정>

<三密加持速疾現>
삼밀 가지 속질현

3.5.2 五相成身觀 (金剛平等智印의 三昧耶) --------------400
오상 성신 관 금강 평등 지인 삼매야

3.5.2.1 五相成身이란?

「此五相具備 方成本尊身也」
차 오상 구 비 방성 본존 신 야

3.5.2.2 五相의 體는 普賢薩陀(金剛薩埵) ---------------438
　　　　　　　　　　　　　　　　　금강살타

　　　「圓明卽普賢身 亦是普賢心 與十方諸佛同之」
　　　　　원명 즉 보현신　　역시　보현심　여 시방 제불 동 지

註解・講解

<普賢菩薩(화엄경)에서 金剛薩埵(밀교경전)로>
　보현　보살　　　　　　　　금강살타

<중생의 업과 그에 따른 인생행로의 차별>

3.5.2.3 人心은 合蓮華, 佛心은 滿月 ------------------443

　　　　「人心如合蓮華 佛心如滿月」
　　　　　인심　여 합연화　불심　여 만월

註解・講解

<人心=合蓮華(未敷蓮華)>
　인심　합연화　미부　연화

<佛心=白月>
　불심　백월

<阿字本不生과 發心>
　아자본불생　　발심

<쓰리랑카 佛齒寺, 원숭이들의 白月觀 수행>
　　　　불치사　　　　　　　　백월관

<법장비구와 超世間의 願>
　　　　　　초 세간　원

4. 문답

4.1 問答決疑를 통한 二乘·大乘·眞言乘의 비교
　　　문답 결의　　　　　　이승　대승　진언 승

　　　　- 一切法無自性空의 再-확증 -

　　「二乘之人有法執故 不得成佛 三摩地者 云何差別」
　　　이승 지 인유 법집 고 부 득 성불　삼마지자　운하 차별

4.2.1 二乘人

　　「有法執 久久證理」
　　　유 법집　구구 증리

4.2.2 大乘人

　　「經無數劫不可依止」
　　　경 무수겁 불가 의지

4.2.3 三摩地者(밀교행자)는 法界體性智와 法身을 證悟한다 -456

　　「此三摩地者 能達諸佛自性 悟諸佛法身 證法界體性智」
　　　차 삼마지 자 능 달 제불 자성 오 제불 법신 증　법계체성지

註解・講解

　　　　『大日經』의 敎證

　　　「悉地從心生」
　　　　실지　종　심　생

　　　　『金剛頂經』의 敎證

　　　「一切義成就菩薩初坐金剛座 證無上道」
　　　　일제의성취　　보살　초　좌　금강좌　증　무상도

註解・講解

<悉地(Siddhi=成佛)는 本具의 마음으로부터 生한다>
　실지　　　　　　　　　　본구

<내 마음이 부처인 줄 알면, 그 마음이 곧 부처>

<『菩提心論』의 『大日經』 三句法門 해석>
　　　　　　　　　　　　삼구　법문

<양무제의 탑사불사와 달마대사의 무공덕 법문>

註解 · 講解

<淨菩提心은 成佛의 眞因이자 正法을 세우는 種子>
　정보리심　성불　진인　　정법　　　　종자

<信解行證의 종교가 불교이지만, 현교와 밀교는 그 질이 다르다>
　신해행증

註解 · 講解

<初發心時 便成正覺>
　초발심 시　변성정각

<自燈明 法燈明 不放逸精進 : 최후의 설법>
　자등명　법등명　불 방일 정진

<第五地, 난승지(難勝地)>

<三日修心千載寶 百年貪物一朝塵>
　삼일 수심 천재 보　백년 탐물 일조 진

<無明苦母 般若佛母>
　무명 고모　반야 불모

註解·講解

<本有菩提心에 통달하면 父母所生의 몸으로 大覺位를 증득한다>
　본유　보리심　　　　　　　　부모 소생　　　　　　대각위

참 고 1:　阿字五轉과 五相成身觀과의 관계

참 고 2:　金·胎兩部 曼茶羅上에서의 四種法身

　　　　　　　<중생의 自心實相>

참 고 3:　十六大菩薩의 眞言과 種字

참 고 4:　금강계만다라의 오불론(五佛論)

　　　- 수인(手印), 좌우수(左右手) 위치와 형태, 그 역동성과 상징성 -

開章
개장

1장 發菩提心(발심)
발 보리심

「若有上根上智之人 當發如是心 我今志求阿耨多羅三藐三菩提」
약유상근상지지인 당발 여시심 아금지구 아뇩다라 삼막삼보리

大廣智阿闍梨云[58]
대 광지 아사리 운

「若有上根上智之人 不樂外道二乘法 有大度量勇銳無惑者
약유상근상지지인 불요외도 이승법 유대도량용예무혹자

宜修佛乘。 當發如是心 我今志求阿耨多羅三藐三菩提
의 수 불승 당발 여시심 아금지구 아뇩다라 삼막삼보리

不求餘果。 誓心決定故 魔宮震動。
불구여과 서심 결정 고 마궁 진동

十方諸佛皆悉證知。 常在人天 受勝快樂 所生之處 憶持不忘。
시방 제불개 실 증지 상재 인천 수승쾌락 소생지처 억지불망

(대정장 32. 572 b-c)

---

58)大廣智阿闍梨(高麗藏本)=大()()阿闍梨(三十帖策子本), 본 (菩提心論 註解·講解)』는 『高麗藏本 菩提心論』을 저본(底本)으로 하여, 弘法大師 空海 將來의 京都 仁和寺 所藏本인 日本國寶, 곧 唐 憲宗 元和 元年(806년)의 筆寫本인 『三十帖策子本 菩提心論』과 대조하며 서로의 出入과 異同을 비교하였다.
참고로 2018年 1月 19일~1月 28日) 10일간, 「仁和寺と御室派のみほとけ」特別展이 日本東京国立博物館에서 열렸다. 이 特別展에는 『高麗藏本 菩提心論』과 더불어 현존하는 최고본으로 인정받는 상기 『三十帖策子本 菩提心論』도 일반대중들에게 공개되었다. 본 註解에서 저본으로 사용한 『三十帖策子本 菩提心論』은 바로 이 特別展에 나온 것이다.

직역(直譯)

대광지아사리(大廣智阿闍梨) 이르시되,

「만약 상근상지(上根上智)의 사람 있어, 외도와 이승(外道·二乘)의 법을 즐기지 않고 큰 도량(大 度量)과 용예(勇銳)하여 의혹(惑)이 없는 자는, 마땅히 불승(佛乘)을 닦고. 곧 바로 이와 같은 마음을 발해야한다!

'내 이제 아뇩다라삼먁삼보리(阿耨多羅三藐三菩提)만을 지구(志求)하고 여과(餘果)는 구(求)하지 않겠노라고'~

서심(誓心) 결정한 연고(緣故)로 마궁진동(魔宮震動)하니,

시방(十方)의 모든 부처 다 증지(證知)하시느니라.

항상 인천(人天)에서 승쾌락(勝快樂)을 받고, 소생처(所生處)마다 생각하여 잊지 않느니라.

의역(意譯)

大廣智阿闍梨[59] 이르시되,[60]

---

[59] 不空三藏을 말한다. 불공은 永泰元年인 765년 11월 1일 『仁王經』과 『密嚴經』을 번역한 공로로, 代宗임금(726~779)으로부터 <大廣智>란 法號를 하사받고 <特進試鴻臚卿>에 除授(제수)되었다. 「敕不空三藏蓮宮釋種香界道師。性表眞如。學精祕藏。承紺園之妙旨開示四依。譯金口之微言津梁六趣。身持梵匣遠涉流沙。傳燈益明。甘露溥潤。散慈雲於火宅。揚慧日於幽塗。頃者躬問勝因。弘示方便永決疑網。滋予知牙。雖出塵之心齊謝於名位。而褒崇之典式旌於賢哲。俾應嘉命用協朝章。可特進試鴻臚卿。仍賜號大廣智不空三藏。永泰元年 十一月一日」<拜不空三藏特進試鴻臚卿兼賜號 制書一首> 『不空三藏表制集』(대정장 52. 832c).
　　<三十帖冊子 菩提心本(仁和寺 소장 806년 寫經의 空海 請來本)>의 <大00阿闍梨云>과 <高麗藏本 菩提心論>의 <大廣智阿闍梨>문제는, 序說 3-4-4 <「大廣智阿闍梨云」에 대하여>에서, 분명하고도 상세하게 밝혀 두었다.
　　眞紫弘宗은 古來로부터 문제가 된 본문의 첫 구절, 곧 <三十帖冊子本 菩提心論>의 <大00阿闍梨云>의 大阿闍梨를 놓고, 그냥 <明本 보리심론>을 좇아 <大阿闍梨>라 보고, 그 大阿闍梨를 누구누구 따지지 않고 속 편하게 진언밀교의 제2부촉자인 <金剛薩埵>로 보고 있다. 眞紫弘宗「菩提心論(강독)」『(月

「만일 上根上智의 사람61) 있어 外道와 二乘法을 즐기지 않고, 큰 度量(도량: 무상정등정각에 도전하는 자)과 勇銳(용예: 智悲勇의 三德)을 갖춘 자로서, 大忿心(대분심)을 지니고 (佛乘에 대해) 의혹이 없는 자는 마땅히 佛乘(불승=진언승)62)만을 닦겠노라고, 다음 같이 발심해야 한다.63)

'나 지금 무상정등정각만을 求하고 나머지 果는 求하지 않겠노라고~, 마음에 결정하고 서원하므로 인해64) 魔宮(마궁)이 진동하는 것이니,

---

刊)『講座密敎』1號. P 134, 平河出版社, 1976.

60) 「大廣智阿闍梨云부터 唯眞言法中卽身成佛是故說三摩地 於諸敎中 闕而不言」까지가 『菩提心論』의 序文, 곧 문을 열기(開門) 앞서의 도입부분에 해당된다. 불공사후 제자들에 의해 스승 불공삼장의 말씀임을 강조할 수 있는 어구로 策定되어 삽입된 것으로 사료된다.

61) <上根上智>란 일반적으로 37菩提分法에서의 五根(信根・精進根・念根・定根・慧根)이 수승한 자를 가리키나, 이를 좀 더 세분해서 해석한다면, 上根은 五根中 信根이 수승한 자로서 믿기 어려운 법을 믿는 자, 上智는 慧根이 수승한 자로서 勝慧로서 들어가기 어려운 문에 들어가는 자를 가리킨다.
「五根者。一信根。二精進根。三念根。四定根。五慧根」『瑜伽師地論』(대정장 30. 440a) / 「涅槃云。十二因緣下智觀故。得聲聞菩提。中智觀故得緣覺菩提。上智觀故得菩薩菩提。上上智觀故得佛菩提」『華嚴經疏』(대정장 35. 802b). 空海는 그의 著『大日經開題』에서
「上上決定之信解 空空無著之心智。誰能信難信之法 入難入之門。若有善男善女纔入此門。則三大僧祇超一念之阿字。無量福 智具三密之金剛。八萬塵勞變爲醍醐」(대정장 58. 6a)라 하여, <上根者>는 '上上의 결정적 信解로 難信의 法을 믿는 자'라 하고, 또 <上智者>를 일러 '공공의 無着心의 지혜로 難入의 門에 들어가는 자'라 하고 있다. 또 뒤이어 「若有上根上智能信能修。則頓超十地頓入佛地」라 하여, '上根上智야말로 곧 바로 十地를 넘어 佛智에 頓入하게된다'라 하고 있다.『大日經開題』(대정장 58. 10b)

62) 大乘에 權-대승(唯識・三論)과 實-대승(天台・華嚴)이 있는 것처럼, 佛乘에도 理佛乘과 行佛乘이 있다. <理佛乘>이란 깨달음에 머물러 있을 뿐 行이 없는 자를 말하며, <行佛乘>이란 깨달은 법을 일상생활 속에서 실천하는 자를 말한다. 말하자면 일상에서 密敎의 三密瑜伽修行을 행하는 자가 行佛乘(者)이다. 行佛乘者는 자신 속에 內在되어 있는 佛乘을 法身의 佛乘과 三密瑜伽함으로서, 無明과 貪嗔痴 三毒煩惱를 제거하고, 法身과의 三密瑜伽를 통해 卽身成佛을 이루게 되는 것이다.

63) 勇銳(용예)란 勇健菩提心을 말하는 것으로, 오로지 무상정등정각만을 구하겠다는 마음으로 정진하는 용맹심, 소위 『대일경소』가 말하는 '一向志求一切智智의 보리심', 달리 말하면 '菩提心勢力(보리심세력)'을 말한다.

64) 『摩訶般若波羅蜜經』<鳩摩羅什>에는 「是菩薩大誓莊嚴是菩薩發趣大乘。是

시방제불은 이 마궁진동을 통해 삼밀유가수행자가 발심·서원했음을 證知(증지)하시는 것이다.[65]

(다행히도 행자는 발심서원의 공덕으로) 六道中 人과 天에 태어나 수승한 쾌락을 받고 있지만[66], 앞으로 六道가운데 어느 곳에 태어나더라도, (오늘 발심한 무상정등정각만을 얻겠다는 보리심만은) 절대 잊지 말고 항상 간직해야 할 것이다.[67]

1. 發菩提心

1.1 밀교수행자의 자격: 上根上智者

1.1.1 上根上智者란?

「若有上根上智之人 不樂外道二乘法 有大度量勇銳無或者 宜修佛乘」

菩薩乘於大乘。以是故。是菩薩名摩訶薩 (中略) 菩薩摩訶薩大誓莊嚴。不齊限衆生。我當度若干人不度餘人。不言我令若干人至阿耨多羅三藐三菩提。餘人不至。是菩薩摩訶薩普爲一切衆生故大誓莊嚴」(대정장 8. 244c~245a)라 하여, (보살마하살: bodhisattva mahāsattva)이란 大誓願을 세워 오직 대승만을 趣해 이를 장엄하는 자'라 정의하면서, 때문에 '보살마하살은 소수의 몇 사람만을 이끌고 무상정등정각을 구하는 것이 아니라, 모든 일체중생을 무상정등정각 시키는 까닭에 <大誓莊嚴>이라 하는 것이다)라 하고 있다.

65) 「魔宮震動十方諸佛皆悉證知」에서, 魔宮(마궁)이란 외부의 六境魔(육경마)가 아니라, 수행자 자신의 五蘊魔(색수상행식)와 六根魔(안이비설신의)를 가리킨다. 『一字頂輪王經』에는 「普遍諸世界 六種而振動 一切魔宮殿 悉皆大振動」 (대정장 19. 221b), 또 『大智度論』에는 「說是品時。三千大千世界地六種振動 (중략)有爾所等希有事。取要言之。地動皆由說諸法實相。所謂般若波羅蜜」 (대정장 25. 442a~b)이라 하여, 諸法實相인 般若波羅蜜을 설할 때는 삼천대천세계는 물론 魔宮도 놀라 땅이 六種(東·西·南·北·中央·邊)으로 진동한다고 설하고 있다.

66) 六道中 人道와 天道에 태어나는 자만이 누리는 수승한 쾌락을 의미한다. 「示以正法令深信樂歸佛法僧。得生人天獲諸快樂」『大乘理趣六波羅蜜多經』 <般若譯> (대정장 8. 867a)

67) 發心이란 人間界에서만이 할 수 있는 것이기에 최고의 기쁨으로 간직해야 한다면서, 發心의 소중함을 강조하고 있다.

밀교수행자는 五根(오근)과 慧가 수승한 上上智者이자 二乘法(이승법)이 아닌 佛乘(불승)만을 닦는 자로서, 반드시 無上正等正覺(무상정등정각)만을 성취하겠다는 大度量(대도량)과 물러남이 없는 용맹과 예리함을 지닌 上根上智者이어야 한다고 역설하고 있다.

주해(註解)·강해(講解)
<上根上智者만이 무상정등정각을 성취할 수 있다>
「上根上智之人」
 상근 상지 지 인

上根上智者란 五根이 수승한 자를 말한다.

五根이란 (信根·精進根·念根·定根·慧根)을 말하는 것으로, 三十七菩提分法(37보리분법)에서 10개(五根+五力)나 차지할 만큼 아주 중요한 덕목이다.[68]

五根을 중시하는 이유는, 五根이 수승해야 수행도중 어려움이 닥치더라

---

68) 五根이란 信·精進·念·定·慧의 다섯 가지 덕목을 가리키는 것으로, 깨달음인 菩提에 도달하기 위해 반드시 닦아야 할 37種의 덕목, 곧 37覺分·三十七道品·37道法·37修道法이라고도 불리우는 三十七菩提分法 가운데의 중요 덕목이다. 곧 7개의 항목(四念處·四正斷(勤)·四神足·五根·五力·七覺支·八正道)으로 구성되어 있는 三十七菩提分法을 가만히 들여다보면, 五根(pañca-indriya)과 五力(pañca-bala)이 나란히 붙어있는데, 여기서 五力이란 五根의 덕목이 육성되어 나타나는 파워(力)를 가리키는 것으로, 사실상 五根과 五力은 동일 개념을 나타내고 있는 것으로 보아도 좋을 것이다.
 그 만큼 五根(力)의 덕목은 37개의 덕목으로 이루어진 三十七菩提分法에서 10개나 차지할 만큼 아주 중요한 덕목이다. 곧 五根(pañca-Indriya)의 뿌리가 잘 육성되어 건강한 신체로서의 五力이 만들어지면, 그때는 그 어떤 어려운 난관도 무난히 이겨낼 수 있다는 의미로서, 그래서 옛 부터 이 오근(信·精進·念·定·慧)을 일러 三十七菩提分法의 근간이라고 하였으며, 『보리심론』역시 五根者야말로 「흔들리지 않고 굳건(勇銳)하게 정진(大念心)하여 무상정등정각을 성취할 수 있다고 한 것이다」

도 흔들리지 않고 굳건(勇銳)하게 대분심(大忿心)으로 정진(용맹정진)할 수 있고, 마침내 무상정등정각(Anuttara-saṃyak-saṃbodhi)을 성취할 수 있기 때문이다.

『보리심론』은 즉신성불을 추구하는 밀교행자, 곧 上根上知者의 조건으로

1) 外道와 二乘을 求하지 않는 자,

2) 大度量을 지닌 자, 3) 勇銳한 자.

4) 卽身成佛에 대해 의혹을 가지지 않는 자라고 강하게 못을 박고 있다.

1.1.2 밀교수행자: 무상정등정각만을 求하는 上根上智者(佛乘)

「我今志求阿耨多羅三藐三菩提 不求餘果」
아 금 지 구   아뇩다라   삼막삼보리   불 구 여 과

『菩提心論』은 밀교수행자의 자격을 上根上智者(三密瑜伽修行者)로서, 도량이 크고 智悲用의 3德을 갖춘 자로, 外道와 二乘法을 즐기지 않고 큰 度量(大悲心)과 勇銳함(智悲勇의 三德)을 갖추고,[69] 大忿心을 일으켜 '나는 마땅히 佛乘만을 닦아, 무상정등정각만을 求하고 나머지 果(聲聞果 緣覺果 菩薩果)는 求하지 않겠다'고, 誓願한 자야 된다고 논의 서두부터 못을 박고 있다.

註解 · 講解

<신라 밀교승 혜초(慧超)스님 같은 분이 上根上智者>

『왕오천축국전(往五天竺國傳)』(3권) (『대정장』 NO, 2089)이란 불후의 명저를 남겨, 그 이름을 세상에 널리 떨친 신라 밀교승 혜초?(703-780)

---

69)「若諸天世間 眞言法教道 如是勤勇者 爲利衆生故」『大日經』 (대정장 18. 9c)

는70) 이 외에도 『大乘瑜伽金剛性海曼殊室利千臂鉢大敎王經』(『대정장』 NO, 1177A: 이하 『千鉢經』이라 표기함)이란 밀교경전의 서문(序文)을 썼다. 곧 그는 금강계밀법을 중국에 전한 金剛智三藏(671~741)과 중국밀교를 완성시키며 수많은 밀교경전을 번역 입장시킨 不空三藏(705~774)을 양 스승으로 섬긴 신라의 밀교승이었다.

혜초가 五-천축을 주유하고(723년-727년) 안서(安西)지방에 도착한 것은 727(개원 15)년이며, 그로부터 3년 후인 730년(개원 18년, 혜초 27세)에는 金剛界密法의 大家 金剛智三藏과 만나 그의 제자가 되어, 금강지삼장으로부터 밀교수업을 받는다. 혜초는 獅子國(사자국=쓰리랑카)에서 얻은 애장(愛藏)의 『천발경(千鉢經)』을 금강지삼장에게 내보이며 지수(指授)를 청원(請願)한다. 허락을 받은 혜초는 금강지삼장으로부터 무려 8년간이나 指授(가르침)를 받고 드디어 740년(개원 28년) 4월 15일, 개원성상황인 현종(開元聖上皇:玄宗)으로부터 『천발경』의 역출허가를 얻어 그 해 5월 5일 長安의 천복사(薦福寺) 내도장(內道場)에서 금강지삼장과 더불어 번역을 시작하여, 같은 해 12월 15일 번역을 완료한다.

---

70) 혜초(703-780년 이후?)는 16살인 719년 불교를 공부하기 위해 중국에 건너가 4년 후인 723년 20살의 나이로 광주에서 배를 타고 인도로 건너가, 석존불의 팔대성지를 순례한 후, 간다라-페르시아-중앙아시아-파미르고원-실크로드-쿠차-돈황으로 이어지는 무려 2만km에 달하는 4년간의 긴 순례를 마치고, 727년 11월 당나라 龜玆(구차) 安西都護府(안서도호부)에 도착했다. 『왕오천축국전』은 당시 중국과 인도와의 여로(旅路) 및 교역로를 아는 데 중요한 자료이다. 혜초 이전에 서역을 방문했던 승려들은 海路만을 사용하거나 육로만을 이용했던 데 반해, 혜초는 갈 때는 해로로, 돌아올 땐 육로를 이용하여 당시의 여행로를 두루 담고 있기 때문이다. 또한 이 여행기는 8세기의 인도, 중앙아시아의 정치·종교·풍속·견문 등을 기록한 유일한 史書라는 점에서도 가치가 크며, 불교적 측면에선 불교의 8대 성지를 모두 기록하였다는 점에서 큰 의의를 가진다. 혜초에 관한 상세한 것은, 정수일 역주. 『혜초의 왕오천축국전』 학고재 2004. 『往五天竺國傳』 고려대학교 한국사연구소 2014.

그러나 안타깝게도 다음 해인 741년(개원 29) 8월 금강지삼장은 그만 불귀의 객이 되고 말았고, 이로 인해 『천발경』의 공인역출은 수포로 돌아가게 된다. 혼자 남게 된 혜초는 『천발경』역출의 한을 풀고 보다 높은 밀교법력 수행을 닦기 위해 773년(大曆 8년) 10월 금강지삼장의 수제자이자 사형인 不空三藏의 애제자가 되어, 『천발경』역출의 꿈을 키우며 밀법수업에 정진한다. 하지만, 그 이듬해인 774년 사형이자 사승인 불공삼장 마저 죽음을 맞자, 그마저 꿈을 이루지 못하게 된다.[71]

혜초는 불공삼장의 6대 제자(六哲) 가운데, 당나라 승 함광(含光) 다음으로 '新羅僧 慧超'라는 이름을 띠며 당당하게도, 금·태양부밀교의 전승자로서 인정받아 含光보다 앞서서, 불공삼장의 제2인자로서 유촉을 받는다.[72]

---

71) 『千鉢曼殊室利經』 1부 10권도 대흥교삼장 金剛智가 개원 28년(740) 長安의 천복사(薦福寺)에서 번역한 것이다. 그 경의 첫머리 서문에 분명하게 기록되어 있다 (중략) 궁궐 아래 승원사(昇元寺) 서장원(西藏院)에서 먼저 수록하여 얻게 된 『千鉢曼殊室利經』 1부 10권은 『정원석교록』에 나오는 금강지(金剛智) 삼장(三藏)이 번역한 경인데도, 『貞元目錄』에는 빠져 실리지 않았다. 그 사유를 자세히 찾아 본부(本部) 속에 수록해서, 그 수를 헤아려 편입하기를 요청하였다. (중략) 대당 보대(保大) 2년(944) 겨울에 황공하게도 천은(天恩)을 입어 궁궐 아래에 있는 승원사(昇元寺)에서 『정원록』에 수록된 경문(經文)을 베끼고 기록하여, 이를 목록에 편입하고 經藏에 入藏시켜 유행하게 하였다. 그 후 승원사 西藏院에서, 다시 千臂千鉢曼殊室利經 경본(經本)을 보게 되었다. 결국 이를 貞元藏에 편입시켜, 금강지 삼장이 앞서 번역한 경문의 본부(本部)經에 수록하고, 목록에 의거하여 시행하여 나라에 복이 되기를 청하였다 『續貞元釋敎錄』 (대정장 55. 1049c), <恒安 편찬>의 『大唐保大乙巳歲續貞元釋敎錄』에서 발췌한 내용이다. 이를 통해 혜초스님의 평생의 꿈이었던 『千鉢曼殊室利經』의 入藏이 드디어 保大 2년(944년)에 실현된 것을 알 수 있다.

72) 은사인 금강지삼장 사후, 사형이었던 불공을 스승으로 섬긴 혜초는 師僧이 된 불공삼장으로부터 애제자인 6哲중 2번째로 인정받는다. 「吾當代灌頂三十餘年 入壇授法弟子頗多 五部琢磨成立八箇 淪亡相次 唯有六人 其誰得之 則有金閣含光 . 新羅慧超 . 靑龍慧果 . 崇福慧朗 . 保壽元皎 . 覺超 後學有疑 汝等開示 法燈不絶 以報吾恩」 『不空三藏表題集』 「三藏和上遺書」 (『大正藏』 52. pp. 844a-b). 혜초와 密敎三藏들(금강지삼장 · 불공삼장)과 代宗임금과의 관계에 대한 상세한 것은 『密敎大辭典』 권2 704頁 「金剛智」條, 『密敎大辭典』 권4 1896頁 「不空」條, 권1 152頁 「慧超」條 참고, 전동혁(종석) 「순밀사

불공 사후 함광에 대한 기록이 그리 많지 않은 것을 볼 때, 실질적으로 중국 밀교의 법맥은 금강지→불공→혜초와 혜과(唐僧)로 내려왔다고 보인다. 『천발경』은 잡부밀교에서 순밀교로 발전해 가는 중간에 만들어진 과도기의 경전으로 밀교경전의 성립사(成立史)를 아는데 대단히 가치 있는 경전으로 평가받고 있다.[73]

한편 혜초에게는 『천발경』외에 「하옥녀담 기우표(賀玉女潭 祈雨表)」라는 또 하나의 유작이 남아 있는데,

이 유작은 심한 가뭄으로 애를 태우고 있던 대종(代宗)임금이 不空三藏에게 기우제를 드려 비를 내리게 해달라고 부탁하자, 이를 불공이 본인 대신 신라승 혜초를 임금에게 천거하였고, 천거를 받은 혜초가 <옥녀담>이란 호수 가에 나가 기우제를 드리게 되는 내용으로,

기우제의 결과 엄청난 비가 쏟아져 그 기쁨을 표현함과 동시 감사와 노고의 答書까지 주시며 칭찬을 아끼지 않았던 代宗임금에게 성은과 감사를 드리는 보고 형식의 글(表)이다.[74]

보고문 형식의 위의 내용이 불공삼장이 국사로 있던 현종(玄宗) 숙종(肅宗) 대종(代宗)의 3분 임금에게 올린 『불공삼장표제집(不空三藏表制集)』에 그대로 실려 있다는 것은[75] 혜초가 불공삼장의 수제자(首弟子) 육철

상의 신라전래와 입당밀교승들의 사상」 『논문집』 5輯 중앙승가대학교 1996.

[73] 『천발경(千鉢經)』의 내용분석에 관한 상세한 것은, 상기 「순밀사상의 신라전래와 입당밀교승들의 사상」 『논문집』 5輯 중앙승가대학교 1996.

[74] 「賀玉女潭祈雨表」 『不空三藏表制集』 卷5.「山川靈應不昧禱祈 初建壇場溪聲乍吼 及投舍利雨足如絲 (中略)大曆九年(774)二月五日內道場沙門慧超上表, 寶應元聖文武皇帝(代宗) 答曰 而知澤荏霈甫及旬晦 師久榮虔潔 勤淸道場有年 可期 顧增歡慶也」(대정장 52. 855a~b).

[75] 불공삼장은 현종(玄宗)·숙종(肅宗)·대종(代宗) 3임금의 國師를 맡았던 名僧이다. 『不空三藏表制集』은 국사로 있으면서 3임금과 주고받았던 上疏 내지는 답신을 모아 놓은 것으로, 불공삼장의 일대기와 활약상을 아는 최고의

(六哲)가운데 한 사람이었다는 사실과 더불어, 당시 혜초의 활약상 내지 그의 법력이 얼마나 대단했는지를 확인시켜주는 값진 유작이라 할 수 있다.

배우기 위해 자기보다 어린 사제(師弟) 不空에게 머리를 숙이며 그를 스승으로 섬긴 열정, 그 뿐인가 수많은 공적을 쌓아 역사에 이름을 남긴 혜초스님, 그것도 남의 나라인 당나라에서~ 혜초스님이야말로 大度量과 勇銳함을 지닌 <上根上智者>가 아니고 무엇이겠는가?

1.1.3 발보리심(發菩提心)이란?

「願成瑜伽中諸菩薩身者 亦名發菩提心 諸尊皆同大毘盧遮那佛身」
원 성 유가 중 제 보살 신 자 역 명 발보리심 제존 개 동 대비로차나불 신

若願成瑜伽中諸菩薩身者 亦名發菩提心。 76)
약 원 성 유가 중제 보살 신 자 역 명 발보리심

何者謂此77) 諸尊皆同大毘盧遮那佛身。 (대정장 32. 572c)
하 자 위 차 제 존 개 동 대비로차나불신

직역(直譯)

만약 유가중(瑜伽中)에 보살의 몸(諸菩薩身)을 이루고자 원하는 자,

또한 발보리심(發菩提心)이라 이름 하느니라.

어찌하여 그런가? 이르되, 이 제존(諸尊)들이, 모두 대비로자나불신(大毘盧遮那佛身)과 같으므로~

사료이다.

76) 瑜伽(高麗藏本)=踰伽(三十帖策子本)
77) 謂此(高麗藏本)=爲次(三十帖策子本)

의역(意譯)

瑜伽中(유가중)에서 (37존) 보살의 몸을 이루고자 발원하는 (수행자가
있다면), 그를 일러[78) 發菩提心(者)라 칭하는 것이다.
왜냐하면(何者) 그 尊들(보살신들)은 한결같이 모두 大毘盧遮那佛身
(대비로자나불신)과 동등하기 때문이다.[79)

註解·講解

<보살이 되고자 발원하는 자=發菩提心者>

「願成瑜伽中諸菩薩身者 亦名發菩提心 諸尊皆同大毘盧遮那佛身」
원 성 유가 중제 보살 신 자 역 명 발 보리심   제존 개 동 대비로자나불   신

대승불교를 일러 보살불교라 한다. 대승불교도는 스스로를 <보살>이라
칭하면서, 위로는 보리(成佛)을 구하고, 아래로는 중생을 제도하여 성불
에 이르는 소위 <上求菩提 下化衆生>의 신행자이기 때문이다.

『보리심론』은 '보살이 되고자 하는 자는 누구나 발보리심자다'라 선언하
고 있다. 그리고 그 이유를 다음과 같이 설명한다.
 發菩提心者는 그 모두가 法身毘盧遮那佛이기에~,
밀교의 모든 교리나 수행은 만다라속에 들어있다. 만다라를 輪圓具足(윤

---

78) 三密瑜伽修行者를 가리킴.
79) 曼茶羅上의 모든 佛菩薩들을 의미한다. 곧 태장계만다라의 제존과 금강계
   만다라의 三十七尊들은 모두가 法身毘盧遮那佛의 化現(加持身)으로 毘盧遮
   那佛과 同格인 一身同體이기 때문이다. 「如上金剛界大曼茶羅三十七尊。並是
   法佛現證菩提內眷屬。毘盧遮那互體」『金剛頂經金剛界大道場毘盧遮那如來自
   受用身內證智眷屬法身異名佛最上乘祕密三摩地禮懺文』(대정장 18. 336c),
   「自受用佛。從心流出無量菩薩。皆同一性。謂金剛性(중략)必須三十七三摩地
   智。以成佛果。梵本入楞伽偈頌品云。自性及受用。變化幷等流。佛德三十六。
   皆同自性身。幷法界身。總成三十七也」『金剛頂瑜伽分別聖位修證法門』(대정
   장 18. 288a~291a)

원구족)이라 하는 것도 바로 이런 이유 때문이다.

밀교는 만다라속 한분 한분의 불보살님과의 Yoga(瑜伽)를 통해, 서로 입아아입(入我我入)하고 상즉상입(相卽相入)하여 그들과 내가 하나가 되는 것, 곧 내가 불보살이 되기 때문이다. 그래서 『菩提心論』은 보살이 되겠다고 발원하는 자를 일러 <발보리심자>라 부름과 동시, 그를 다시 <법신비로차나불>과 동등한 자라 칭하고 있는 것이다.

1.2 발심(發心) 뒤에는 장애가 뒤 따른다

「誓心決定故 魔宮震動 十方諸佛皆悉證知」
서 심 결정 고 마 궁 진동 시방 제불 개 실 증지

「나 지금 무상정등정각만을 求하고 나머지 果는 求하지 않겠노라' 마음에 서원하니, 이로 인해 마궁(魔宮)이 진동하는 것이니, 이는 시방제불이 모두 이 사실을 증지(證知)하고 있다는 징표이다」

註解 · 講解
<發心 뒤에는 반드시 장애가 생긴다>

「誓心決定故 魔宮振動」
서심 결정 고 마궁 진동

'衆生本來佛(중생본래불)'임을 비로소 깨달아, 무상정등정각만을 구하겠다고 發心修行(발심수행)하니, 오랜 劫 동안 익혀온 五蘊魔(오온마)와 六根魔(육근마)들이 가만히 있지 못하고 난리를 치고 진동하는 것을 말한다.
말하자면 發心이 오히려 고요한 호수에 돌을 던진 격이 된 셈이다.
마치 한약을 복용하고 나면 아픈 곳을 건드려 놓아 평소 느끼지 못했던 부위까지 아파오는 것처럼~

시방제불은 이 魔宮震動을 통해 수행자가 비로소 발심하였음을 아신다

(증명하고 계신다)는 뜻이다.

發心 뒤에는 이와 같이 여러 가지 장애물이 생긴다는 것을 간접적으로

시사하고 있다.

1.3 윤회에서 벗어날 因은 인간계에서만이 가능하다

「常在人天 受勝快樂 所生之處 憶持不忘」
상 재 인천 수 승 쾌락 소 생 지 처 억지 불 망

發心이란 人間界에서만이 할 수 있는 것이기에, 오늘의 이 발심

을 최고의 기쁨으로 삼고 잊지 말아야 한다고 강조하고 있다.

註解 · 講解

<윤회에서 벗어날 수행은 인간계에서만 닦을 수 있다>

「所生之處 憶持不忘」
소생 지 처 억지 불망

「無上甚深微妙法 百千萬劫難遭遇 我今聞見得受持 願解如來眞實義」
무상 심심 미묘 법 백천 만겁 난 조우 아 금 문견 득 수지 원해 여래 진실의

부처님 말씀은 더 이상 위도 없고 깊이도 가장 깊은 최고의 말씀이기에,

따라서 천만겁이 지나도 만나기 어려운 것이라고 역설하고 있다.

<開經偈>라고 해서, 경전을 독송하기 전 반드시 지송하는 게송으로,

불법만남의 귀중함을 알고, 경전의 수지와 해독을 간절히 원하고 있다.

『보리심론』은 六道輪廻世界 (육도윤회세계=지옥·아귀·축생·아수라·인

·천)가운데 윤회에서 벗어날 業因(업인)을 지을 수 있는 곳은 오직 인간

세계뿐임을 강조하면서, 그러니 어서 발심하라고 다그치고 있는 것이다.

곧 육도윤회 세계, 곧 善業(선업)을 지은 과보로 즐거움만을 받고 사는 <天上道>, 악업의 과보로 투쟁만을 일삼는 <阿修羅道>, 어리석음으로 가득 찬 <畜生道>, 탐욕으로 가득한 <餓鬼道>, 고통으로 가득 찬 세계인 <地獄道> 등과 비교하면서,

우리가 살고 있는 <인간세계>에서 세운 오늘의 이 發心이 얼마나 큰 기쁨이고 귀한 것인지를 강조하고 있다.

말하자면 六道 가운데 人間界를 제외한 그 어느 곳에서도 생을 뒤바꿀 만한 새로운 인연은 짓지 못하고, 오직 인간계에서만이 지은 업으로서만 이 새로운 果報(과보)를 받을 수 있다는 것을 강조하고 있는 것이다.
말하자면 六道中 오직 人間世界에서만이 業을 지을 수 있을 뿐, 나머지 五道는 인간계에서 지은 業의 결과로 가게 되고, 또 그곳에서는 소비만 할 뿐 선업은 짓지 못한다는 사실을 알려주고 강조하면서, 그러니 지금 人間界에 태어난 것을 감사함과 동시, 거기다 오늘 發心한 것에 대해 기뻐하고 소중히 하라고 당부하고 있는 것이다.

곧 天上世界의 衆生들은 즐거움 때문에 修行할 마음이 일어나지 않으며, 修羅世界는 투쟁하느라고, 畜生과 餓鬼와 地獄界는 고통을 받느라 수행할 마음을 낼 수 없지만. 人間界는 苦와 樂이 함께 병존하고, 또 왜? 어떻게 하면? 苦와 樂이 일어나고 苦가 없어지고 樂을 받을 수 있는지 잘 알 수 있는 곳이기에, 一生동안 윤회에서 벗어날 수 있는 因을 얼마든지 닦을 수 있다는 것을 명심시키며 강조하고 있는 것이다.

'人生難得이요 佛法難逢이다'란 말씀이 있다.
인생 난득   불법 난봉

(인간으로 태어나는 것은 바다 속의 눈먼 거북이가 구멍 뚫린 판자에 머리를 내미는 것과 같이 어려운 것이며,
거기다 인간계에 태어나 부처님 법 만나기는 마치 하늘에서 바늘을 떨어뜨려 땅에 있는 겨자씨를 맞히는 것과 같이 더욱 어려운 것이다)

곧 오직 人間世界만이 六道輪廻(육도윤회)로부터 벗어날 수 있는 근본처가 되는 것임을 알아, 열심히 정진·수행하여 今生에 成佛할 것을 강조하고 있다. 『보리심론』이 「所生之處 憶持不忘」라 한 것은 이 때문이다.

2. 發菩提心者의 마음가짐
- 세간성취의 비유를 통해 發心을 강조함 -

如人貪名官者 發求名官心 修理名官行。
여 인 탐 명 관 자 발 구 명 관 심 수 리 명 관 행

若貪財寶者 發求財寶心 作經營財物行。
약 탐 재 보 자 발 구 재 보 심 작 경 영 재 물 행

凡人欲求善之與惡 80) 皆先標其心 而後成其志。
범 인 욕 구 선 지 여 악   개 선 표 기 심 이 후 성 기 지

所以求菩提者 發菩提心 修菩提行。   (대정장 32. 572c)
소 이 구 보 리 자 발 보 리 심 수 보 리 행

---

80) 欲求善之與惡(高麗藏本)=欲爲善與惡(三十帖策子本)

직역(直譯)

만약 사람이 명관(名官)을 탐하는 자는 명관을 구(求)하는 마음을 발(發)하여 명관을 다스리는 행(行)을 닦아야 하고,

만약 재보(財寶)를 탐하는 자는 재보를 구하는 마음을 발(發)하여 재물(財物)을 경영하는 행을 지어야 하듯이,

무릇 사람이 선과 악을 구하고자 함에는 모두 먼저 그 마음을 표(標)하고, 그러한 뒤에 그 뜻을 이루는지라.

이런 고로 보리(菩提)를 구(求)하는 자는 보리심(菩提心)을 발하고 보리행(菩提行)을 닦을 것이니라.

의역(意譯)

마치 이름을 날리는 名官(명관)이 되고자 하는 자는 (먼저) 명관이 되겠다고 하는 마음을 발하고, 그리고 나서 명관에 합당(理)한 行을 닦아야하고, 또 財寶(재보)를 구하려는 자는 (먼저) 재보를 구하겠다는 마음을 낸 후, 그리고 나서 재물을 경영할 수 있는 行(능력)을 지어야(함양해야)하듯이, 무릇 사람이 善이거나 惡을 求하고자 할 때는 먼저 그 (선이나 악한) 마음을 나타낸 후에라야 그 뜻을 이룰 수가 있는 것이다.

이런 까닭(所以)에 菩提를 求하려는 자는 (먼저) 菩提心을 발하고[81], 그 다음 菩提行[82]을 닦아야 되는 것이다.

---

81) 發無上正等正覺心을 말함

82) 菩提行이란 無上正等正覺者가 되기 위해 닦아야 되는 修行法(事相)인 三摩地行으로, 阿字觀·五相成身觀·月輪觀등의 密教行法을 말한다.

2.1 발심과 수행의 중요성을 세간사의 성취에 비유

「求菩提者 發菩提心 修菩提行」
구 보리 자 발 보리심 수 보리행

出世間事(출세간사)를 世間事에 빗대어 설명하고 있다.
곧 세간사를 성취하려면 무엇보다 먼저 ~을 성취하겠다는 願(원)을 세우는 것이 중요하고,

 그런 후 그 원이 이루어질 수 있도록 그 원에 합당한 행(자격증을 따거나 기술을 익혀야)을 연마해야하듯이,

무상정등정각을 이루고자 하는 행자는 일상생활 속에서 보살의 資糧(자량)인 반야바라밀수행과 三密瑜伽修行(삼밀유가수행)을 닦아야 한다는 말씀이다.

2.1.1 목적 성취를 위해선, 발원(발심)이 필수

 이름을 날리는 名官(명관)이 되고자 하는 자는 (먼저) 명관이 되겠다고 하는 마음을 발하고, 또 財寶(재보)를 구하려는 자는 (먼저) 부자가 되겠다는 마음을 낸 후, 그런 후 명관이나 재물을 경영할 수 있는 行(능력)을 지어야(함양해야) 하듯이, 사람이 무엇을 이루고자 할 때는 무엇보다 먼저 ~을 이루겠다는 목표를 세우는 것, 곧 發願(발원)이 필수조건임을 강조하고 있다.

註解 · 講解

<發願已 歸命禮三寶>
발원이 귀명례 삼보

천수경의 마지막 뒤 부분, <如來十大發願文> 바로 뒤에 나오는 경구가 <發四弘誓願>이고, 그 다음이 마지막 부분인 <發願已 歸命禮三寶>, 곧 南無常住十方佛 南無常住十方法 南無常住十方僧이다.

곧 '願我永離三惡道 願我速斷貪瞋癡 운운 願我分身遍塵刹 願我廣度諸衆生'으로 끝나는 역대 부처님들이 세운 10가지 발원이 다름 아닌 <如來十大發願文>인데, 이 발원이 끝나자마자 이어지는 語句가 <發四弘誓願>이고, 천수경의 마지막 부분이 <發願已歸命禮三寶>이다.

말하자면 <如來十大發願文> · <發四弘誓願>과 같이, 발원과 서원이 연이어 이어지고, 이 2번의 발원(서원)을 마치고, 마지막으로 삼보께 귀명하는 것으로 천수경은 끝나는 것이다.
 곧 발원으로 시작해서 발원으로 끝맺음을 하는 것이 천수경이라 말할 수 있을 만큼, 천수경에서 발원은 아주 중요한 몫을 차지한다.

十波羅蜜가운데, 제8바라밀은 願-바라밀이고, 이어서 나오는 제9바라밀은 力-波羅蜜이다. 원력(願力)보살이란 말이 있다. 무슨 일이든지 원력을 세워 열심히 정진하는 수행자를 이르는 말인데, 그 연원은 제8바라밀과 제9바라밀에서 연유한 것이다. 곧 願-바라밀과 力-바라밀이 합해서 만들어진 말이 願力-바라밀로서, 願이 있으면 원하는 만큼 힘(力)이 생겨, 그 어떤 난관이 닥치더라도 이겨내어 결국은 성취시킨다는 의미로서, 원을 세우는 것이 그 만큼 중요하다는 것을 강조한 말이다.

2.1.2 발원(발심)뒤에는 반드시 행(실천)이 뒤 따라야

「先標其心 而後成其志」
선 표 기심 　 이후 성 기지

명관이 되겠다, 또는 재물을 얻어 큰 회사를 경영해야 되겠다는 발원을 마쳤으면, 곧 바로 명관에 합당(理)한 行을 닦아야하고, 재물을 경영할 수 있는 行(능력)을 지어야(함양해야)하듯이, 불도 수행 또한 발심과 수행이 중요하다는 것을 세간성취 방법의 비유를 통해 강조하고 있다.

註解 · 講解

<行하지 않거나, 이루지 못한 것은 無明(痴)이며 중생의 병이다>

「先標其心 而後成其志」
선 표 기심 　 이후 성 기지

영웅 나폴레옹의 말이다.

「行動의 씨앗을 뿌리면 習慣(습관)의 열매가 열리고, 習慣의 씨앗을 뿌리면 性格의 열매가 열리고, 性格의 씨앗을 뿌리면 運命의 열매가 열린다」

영국 시인이자 극작가 겸 비평가인 <John Dryden>은
「처음에는 우리가 습관(習慣)을 만들지만, 그 다음에는 습관이 우리를 만든다」

또 미국 메이저리그의 유명 野球선수인 <제임스 클리어(James Clear)는
『ATOMIC HABITS (아주 작은 습관의 힘)』이란 책에서

「習慣은 복리로 작용한다」

「습관은 時間(一萬時間의 法則)이 아니라 반복(反復)횟수를 통해 만들어
진다」

돈이 복리로 불어나듯, 작은 습관(Atomic Habits)이라도 반복되면,
그 결과는 곱절로 불어나 인생을 반전시킨다는 의미이다.

위의 인용구들은 결국

行動(=種子・씨) → 習慣 → 人格形成 → 運命(열매:幸・不幸)을 만들
어 낸다는 것을 강조하고 있는 말이다.

『大鑑淸規』<淸拙>에는
「게으름은 衆生의 病이며, 부지런함은 중생을 고치는 藥이다. 중생의 병
을 고칠 수 있는 것은 오직 智者만이 할 수 있다, 어리석고 게으른 자는
절대로 聖賢이 될 수 없고 道業 또한 이룰 수 없는 것이다」[83]

라 하며 실천(부지런함)의 중요성을 역설하고 있다.

안다고(知) 하는 것은 行하여 이루는 것(成)을 말한다.
行하지 않거나, 이루지 못한 것은, 아는 것이 아닌 어리석음, 곧 無明
(痴)이다. 작은 행동이라도 취하라, 그리고 열심히 정진하여 성취시켜라!
行하지 않거나, 이루지 못한 것은, 아는 것이 아닌 어리석음, 곧 無明

---

83)「懈怠乃常人之情。唯智者能以治之。怠者衆生之病。勤者衆生之藥。凡愚怠則
不能爲聖賢。修行怠則不能成道業」『大鑑淸規』<淸拙正澄撰> (대정장 81.
624a)

(痴)이니까~

『보리심론』이 「先標其心 而後成其志」이라 한 것은 이 때문이다.

<佛法大海 信爲能入 智爲能度>
불법 대해 신 위 능 입 지 위 능 도

『대지도론』에 나오는 말씀이다.

 큰 바다와 같이 깊고 무한한 세계를 설하고 있는 것이 佛法인데,
이 불법에 들어가려면 무엇보다 먼저 믿음<信> 없이는 들어갈 수 없고,
또 苦海를 무사히 건너 피안에 도달하려면 반야지혜(智) 없이는 건너갈
수 없다는 말씀으로, 불도수행에 있어 믿음(信)과 지혜(智)가 얼마나 중
요한 것인지를 강조하고 있다.

어떻게 해서 이 말씀이 나오게 된 것인지 전후의 이야기를 보자.
「[문] 모든 佛經에는 어찌하여 첫머리에 <如是>라고 말하는가?

[답]「불법이란 큰 바다는 믿음(信)으로만 들어갈 수 있고, 지혜(智)로만
건널 수 있는 것이다. (佛法大海 信爲能入 智爲能度)
 <如是>라 함은 믿음이니, 마음속의 믿음이 청정해야 佛法에 들어갈 수
있는 것으로, 믿음이 없다면 불법에 들어갈 수 없기 때문이다.
 또 경에서 '믿음(信)을 손(手)과 같다' 하였는데,
마치 손이 있는 사람은 寶貝山(보배산)에 들어가 마음대로 보물을 취할
수 있는 것처럼, 믿음이 있는 자도 이와 같아서,
 믿음이 있어야 불법의 無漏(무루)의 근(根)·력(力)·각도(覺道)·선정
(禪定)이라는 보배산에 들어가 보배를 마음대로 취할 수 있는 것이다.

믿음이 없는 이는 마치 손이 없는 것과 같아서, 보배산에 들어가도 아무것도 취할 수 없는 것처럼, 믿음 없이는 불법이란 보배산에 들어가도 아무것도 얻을 수 없는 것이다.

어떤 사람이 믿음이 있으면 이 사람은 나의 큰 법의 바다에 들어와서 사문의 과위를 얻어 헛되지 않으리라. 머리 깎고 물든 가사를 입었지만 만약에 믿음이 없다면 이런 사람은 나의 법의 바다 속으로 들어올 수가 없느니라. 마치 죽은 나무가 꽃이나 열매를 맺지 못하듯이, 사문의 과위를 얻지 못하리니, 비록 머리를 깎고 물든 옷을 입고 갖가지 경전을 읽고 갖가지 진리를 묻거나 대답할 수는 있어도, 믿음이 없다면 불법 가운데에서는 전혀 아무것도 얻을 수 없는 무소득인 것이다」[84]

위의 『大智度論』의 말씀과 더불어 믿음(信)의 중요성에 대해, 기억해야 할 말씀이 『화엄경』 <제12 현수보살품>에 나오는 다음 구절이다.

「信爲道元功德母　長養一切諸善法　斷除疑網出愛流　開示涅槃無上道」
　신 위 도 원 공 덕 모　장양 일체 제 선법　단제 의망 출 애류　개시 열반 무상도

(80권, 대정장 10. 72b)

(佛道가운데 으뜸이 되는 것이 믿음<信>이다.

왜냐하면 믿음은 공덕을 낳아주는 어머니이며, 일체의 善根(선근)을 증장·장양시켜주며, 일체의 의혹덩어리를 제거해 없애며, 애착으로부터 완전히 벗어나게 하여, 마침내는 열반과 무상정등정각을 성취케 해주기에~)

---

84)「問曰。諸佛經何以故初稱如是語。答曰。佛法大海信爲能入。智爲能度。如是義者卽是信。若人心中有信淸淨。是人能入佛法。若無信是人不能入佛法 (중략) 如人有手入寶山中自在取寶。有信亦如是。復次經中說信如手。入佛法無漏根力覺道禪定寶山中。自在所取。無信如無手。無手人入寶山中。則不能有所取。無信亦如是。入佛法寶山。都無所得。佛言。若人有信。是人能入我大法海中。能得沙門果不空。剃頭染袈裟。若無信是人不能入我法海中。如枯樹不生華實。不得沙門果。雖剃頭染衣讀種種經能難能答。於佛法中空無所得」
『대지도론』(대정장 25. 63a)

불교는 信解行證(신해행증)의 가르침이다. 이중 제일 먼저 꼽는 것이 믿음(信)이란 덕목이다. 믿음은 아무리 강조해도 지나치지 않는 것임을 위의 경구들은 역설하고 있는 것이다.

<승가(僧伽)와 大海>
「佛法大海 信爲能入」

佛法과 大海, 대체 이 둘은 서로 어떤 관계가 있기에 서로 비유의 대상이 된 것일까?

석존불은 어느 날 대중들에게 大海(바다)의 비유를 들면서,
승가란 8-가지 특색을 가진 이상적 집단임을 강조하셨다.

① 「바다는 해안에서 멀어질수록 그 깊이가 점점 깊어지듯이,
   수행자들 또한 승가에 입문한 시간이 길어질수록 계정혜(戒定慧) 삼학(三學)이 점점 깊어지기에,

② 바닷물이 절대로 둑을 넘어오지 않듯이, 수행자들 또한 계율이란 승가의 둑을 절대로 破해서는 안되기에,

③ 바다가 죽은 사체를 해안가로 끌어올리듯, 승가 또한 계율을 파한 수행자에게는 반듯이 죄를 묻기에.

④ 바닷물은 어디에서 흘러 왔던지 상관없이 일단 바다에 들어오면 모두 바닷물이라 부르듯이, 승가 또한 일단 승가의 일원이 되면 그 누구라도 출가 전의 모든 것(사회적 지위·돈·명예 등)은 버려지고 평등한 사문석자(沙門釋者)가 되기에,

⑤ 모든 바닷물의 맛이 한 맛(짠 맛)인 것처럼, 승가의 구성원들 또한 동일한 맛(一味), 곧 동일한 衣食住의 생활과 삼업행(三業行)을 닦

는 해탈미(解脫味)를 갖고 있기에,

⑥ 바다는 많은 물이 흘러 들어와도 그 물의 양에 증감(增減)이 없듯이, 승가의 수행자들 또한 양 극단에 치우치는 일이 없이 중도행(中道行)을 지키기에,

⑦ 바다가 모든 재보(財寶)를 저장해 놓은 보물창고이듯, 승가 또한 불법승 삼보(三寶)라는 보물을 간직한 보물창고이기에,

⑧ 바다에는 큰 고기(大魚)들이 살고 있듯이, 승가 또한 선지식(善知識)이란 대어(大魚)들이 살고 있기에,

빠하라다-아수라여! 부처님의 법과 율에는 이렇게 여덟 가지 경이롭고 놀랄만한 것들이 있나니, 그래서 비구들은 이 법과 율을 지키며 기뻐하는 것이다」[85]

2.1.3 發心(A=흥)卽到
발심   즉 도

「發如是心 我今地久 阿耨多羅三藐三菩提 不求餘果」
발 여시 심 아 금 지구   아뇩다라   삼막삼보리   불 구 여 과

<發心卽到>와 <三句五轉>, 곧 「菩提心(A)爲因 大悲(Ā)爲根 方便(Aṃ→Aḥ→Āḥ)爲究竟」에서 보듯이,
무엇보다 먼저 發心(阿=A=흥)이 필수이고, 이후 부처로서의 여러 修行(長阿=Ā=흥)을 닦아야만 菩提(暗=Aṃ=흥)와 涅槃(惡=Aḥ=흥)을 이루게 되고, 여기다 여러 方便(長惡=Āḥ=흥)을 통달해야만 중생을 제도할 수 있는 것이다.

---

85) 빠하라다-아수라 經(Pahārāda sutta, A8:19)

註解・講解

<發心卽到>

「發如是心 我今地久 阿耨多羅三藐三菩提 不求餘果」
발 여시 심 아 금 지구 아뇩다라 삼막삼보리 불 구 여 과

발심의 중요성을 이야기 할 때 쓰는 말에 <發心卽到>라는 말이 있다.
<시작이 반>이라는 말도 여기에서 비롯되었다.

잠시 金剛界曼荼羅 三十六尊의 출현과정을 살펴보면,
먼저 法身毘盧遮那佛이 <四方佛>과 <十六大菩薩>을 출생시키면, 四方佛
사방 불
은 그 보답으로 <四波羅蜜菩薩>을 출생시켜 毘盧遮那佛께 공양드리며,
사 바라밀 보살 비로자나불
공양을 받은 法身佛이 다시 <內四供養菩薩>을 출생시켜 사방불에게 공
내 사 공양 보살
양하면, 공양을 받은 사방불은 또 다시 <外四供養菩薩>을 출생시켜 법신
외 사 공양 보살
불께 공양을 드리고, 법신불은 그 답례로 다시 <四攝菩薩>을 출생시켜 사
사섭 보살
방불께 공양을 드리는 것이다.

금강계만다라 37존은 이렇게 상호 공양을 통해서 출현하게 된 것이다.
다시 말해 發心하여 예배·공양·이락중생을 통한 보살수행을 하는 자는
法身毘盧遮那佛을 비롯한 金剛界三十七尊菩薩과 三密加持되어 그들 성
삼밀 가지
중들과 同體가 되는 것이기에, 이를 <發心卽道>라 말한 것이다.
동체 발심 즉 도

2.1.4 無上正等正覺의 성취는 三摩地法으로만 가능함
무상정등정각   삼마지   법

「唯眞言法中卽身成佛故 是故說三摩地。 於諸敎中 闕而不言」
유 진언 법 중 즉신성불 고 시고 설 삼마지 어 제 교 중 궐 이 불 언

무상정등정각을 이루고자 하는 행자는 일상생활 속에서 보살의 資
糧(자량)인 반야바라밀수행을 닦고, 그리고 뒤이어 밀교의 수행법인
三摩地法을 더 닦아야만 가능한 것임을 역설하고 있다.

註解・講解
<三摩地法>
「唯眞言法中卽身成佛故 是故說三摩地。 於諸敎中 闕而不言」
유 진언 법 중 즉신성불 고 시고 설 삼마지 어 제 교 중 궐 이 불 언

삼매야(삼마야:samaya)란 본래는 일시(一時)・집회(集會)・교의(敎義)를
나타내는 말이나, 밀교에서는 이러한 의미로서 보다는 본서(本誓)・평등
(平等)의 의미로 사용하여, 如來께서 중생을 이락(利樂)하게 하고 성불에
이르게 하기 위해 대비심을 내어 묘방편(妙方便)을 시설한 본서(本誓),
곧 중생이 본래 여래와 동등・평등하다는 의미로 사용하고 있다.
밀교경궤에 자주 등장하는 三昧耶-印・三昧耶-戒・三昧耶-形이란 단어
들은 바로 여기에서 파생된 말이다.

 三摩地(samādhi)란 무상정등정각을 얻기 위해 정진하는 최종단계의 행
법으로서, 행자의 신구의 삼밀(三密)이 본래 여래의 삼밀과 동등하다는 확
신에 근거하여, 一切如來와의 加持를 통하여 행자의 삼밀을 여래의 삼밀
로 변화시킨다는 <三密瑜伽行法>을 지칭하는 말로 사용되고 있다.

또 밀교의 가르침을 총칭하는 말, 또는 밀교행자만이 지니고 있다고 하는 三摩地(菩提心)를 이르는 말로 사용하기도 한다.

『보리심론』(대정장 32. 572c)에는
「제불보살(諸佛菩薩)이 그 옛날 인지(因地)에서 마음을 發해 마친 후, 승의(勝義)菩提心과 행원(行願)菩提心과 삼마지(三摩地)菩提心, 이 세 가지 보리심을 戒로 삼고 성불하실 때까지 잠시도 잊지 않으셨던 것처럼, 오직 진언법(眞言法)중에서만 즉신성불(卽身成佛)을 주장하는 연고로 三摩地法을 설하고, (三劫成佛을 주장하는) 다른 敎에서는 이를 빠뜨려 설하지 않는 것이다」

라 하여, 먼저 勝義·行願·三摩地 등의 三相(삼상)보리심의 중요성을 강조한 후, 이중 마지막의 三摩地菩提心(阿字觀·五相成身觀·月輪觀 등의 三密加持瑜伽行法)은 三劫成佛을 부르짖는 현교에서는 설하지 않고, 오직 즉신성불을 주장하는 밀교에서만 시설한 행법, 말하자면 밀교만이 지니는 특성이라고 설하면서, 이 行法 때문에 밀교가 즉신성불이 가능한 것임을 피력하고 있다.

또『보리심론』(대정장 32. 573c)은
「三摩地者인 진언행인은 무엇이 능히 무상보리(無上菩提)를 증득하게 하는 것인지 확실하게 요지해야 한다. 곧 (진언행인은) 마땅히 알아야 한다. 삼마지란 보현대보리심(普賢大菩提心)에 안주하는 것임을 …. (중략) 곧 일체중생이 본래 금강살타임에도 불구하고, 탐진치 등의 삼독번뇌에 속박되어있어 그것을 알지 못하므로, 대비자이신 諸佛께서 秘密瑜伽觀法인 自心에 보름달을 觀하는 월륜관(白月觀)을 제시하신 것이다」

라 하여, <삼밀유가행>을 수승한 법, 또 이러한 三摩地를 수행하는 자를 일러 진언행인이라 정의한 후, 그 이유를 이 삼밀유가행이야 말로 중생을 佛로 등극케 하는 법, 말 바꾸면 無上菩提를 증득케 하는 관법이기 때문이라 밝힌 후, 삼마지란 보현대보리심(普賢大菩提心)에 安住하는 것, 곧 一切衆生은 본래 금강살타[86]라는 확신을 가지는 것이라 설명하면서, 普賢大菩提心에 안주하는 행법으로 白月輪의 관법을 제시하고 있다.

또 『보리심론』(대정장 32. 574c)은

「이 三摩地는 능히 제불자성(諸佛自性)에 통달하고 제불법신(諸佛法身)을 증오(證悟)케 하는 것으로, 법계체성지를 증득하여 자성신·수용신·변화신·등류신 등 (사종법신)과 대비로차나불을 이루게 하는 것이다. 수행자가 아직 이를 증득하지 못했다면 이치를 잘 알고, 모름지기 닦아야 한다」

고 하여, 밀교의 삼마지법인 삼밀유가행법이 제불자성을 통달케 하고, 제불법신을 깨닫게 하는 수승한 수행법으로,[87]이를 통해 法性인 법계체성지가 증득되어,[88]마침내 法身인 대비로차나불의 사종법신(四種法身)에 등극하는 것이라 역설하고 있다.

---

86) 금강살타란 金剛界曼茶羅 成身會의 37尊 가운데 16大菩薩의 首長이며, 金剛界만다라의 東方 阿閦佛의 四親近菩薩의 上首菩薩이자 理趣會의 中臺主尊이며, 胎藏界만다라에서는 金剛手院의 主尊이기도 하다. 말하자면 金胎兩部 經典에 등장하는 一切修行者의 理想的 모델로서, 法身 비로차나불의 功能을 중생들에게 보여주는 분이다. 金剛薩埵에 대한 상세는 각주 329) 338)참조.

87) 本來부터 自身에 具足되어 있는 圓明한 性品의 터득을 말한다. 곧 胎藏界의 理法身의 德이자 阿字本不生의 理인 理具成佛의 체득을 말하는 것으로. 三密加持修行을 통해 現身에 이를 체득하여 佛身을 成就하는 것을 말한다.

88) 理法身과 智法身의 德 모두를 터득했음을 말하고 있다. 곧 四智의 總體智인 一切智智, 곧 法界體性智의 體得을 말하고 있다.

開門
개문

3. (發)菩提心의 三-行相(ākāra)
발 보리심 삼 행상

- (勝義·行願·三摩地) 3行相, 밀교의 특징 三摩地法 -
삼마지 법

既發如是心已 須知菩提心之行相。其行相者 三門分別。
기 발 여시 심 이 수 지 보리 심 지 행상 기 행상 자 삼 문 분별

諸佛菩薩 昔在因地 發是心已 勝義行願三摩地爲戒
제불 보살 석 재 인지 발 시 심 이 승의 행원 삼마지 위계

乃至成佛無時暫忘。89) 唯眞言法中卽身成佛
내 지 성불 무 시 잠 망 유 진언 법 중 즉신성불

是故說三摩地。於諸敎中 闕而不言」90) (대정장 32. 572c)
시 고 설 삼마지 어 제 교 중 궐 이 불 언

직역(直譯)

이미 이와 같은 마음을 발하고 나면, 모름지기 보리심의 행상(行相)을 알아야 하느니라.

그 행상(行相)이라 함은 3가지-문(三門)으로 분별(分別)하나니,

모든 불보살이 아주 오래전(往昔)에 인지(因地)에서 이미 이 마음을 발하고, 승의(勝義)·행원(行願)·삼마지(三摩地)를 계(戒)로 삼아,

이에서 성불(成佛)에 이르기까지 잠시라도 잊은 적이 없었느니라.

오직 진언법(眞言法) 중에서만 즉신성불(卽身成佛)하는 연고로 이 삼마지(三摩地)를 說하고, 모든 교(敎)중에는 궐(闕)하여 말하지 않느니라」91)

---

89) 乃至(高麗藏本)=至未(三十帖策子本)

90) 唯(高麗藏本)=惟(三十帖策子本), 是故(高麗藏本)=故是(三十帖策子本), 三摩地(高麗藏本)=三摩地法(三十帖策子本), 不言(高麗藏本)=不書(三十帖策子本),

91) 맨 처음의 「大廣智阿闍梨云부터 唯眞言法中卽身成佛是故說三摩地 於諸敎

의역(意譯)

이미 이와 같은 菩提心의 마음을 發해 마쳤으면,

(다음에는) 반드시 菩提心의 行相(행상=佛乘行=事相)에 대해 잘 알아
야 하는 것으로, 行相(ākāra)은 다음과 같이 三門으로 나누인다.

諸佛菩薩이 그 옛날 因地(인지)92)에서 菩提心(마음)을 發해 마친 후에
勝義菩提行과 行願菩提行과 三摩地(samādhi)菩提行의 (3가지 菩提行)
을 戒로 삼고93) 成佛하실 때까지 잠시도 잊지 않으셨던 것처럼,

오직 眞言法중에서만 卽身成佛94)을 (주장)하는 연고로 三摩地法(阿字
觀·月輪觀·五相成身觀등의 密敎行法)을 설하고. 다른 敎(현교)에서는
(三劫成佛을 주장하므로), (三摩地法)은 빠뜨려 설하지 않는 것이다.

中 關而不言」까지가 『菩提心論』의 序文, 곧 開門에 들어가기 앞서의 도입부
분에 해당된다. 불공사후 제자들이 논의 끝에 『菩提心論』이 불공의 말씀이
자 저서임을 강조하기 위해 이 구를 策定하여 삽입한 것으로 사료된다.

92) 因地란 藥王(약왕)菩薩이 成熟長(성숙장)長者로 있을 때나, 아미타불이 法
藏(법장)比丘로 있을 때, 또 석가모니불이 善慧童子(선혜동자)로 있었을 때와
같이, 성불을 이루기 전인 수행자 시절을 말한다. 이 三相의 菩提心(行)이란
수행자시절 닦았던 수행덕목을 말하는 것으로, 이 수행법이야말로 시방삼세
부처님을 出現케 한 원동력으로서의 戒이며, 중생을 成佛로 이끈 규범이었음
을 알리고 있다.

93) 三相菩提心은 勝義·行願·三摩地의 菩提心을 말하는데, 이 3가지 보리심
을 <一佛二菩薩>에 대응시키기도 한다. 곧 勝義菩提心은 文殊菩薩에, 行願
菩提心은 普賢菩薩에, 三摩地菩提心은 法身毘盧遮那佛에 대응시켜, 각각 (문
수보살·보현보살·법신불)의 三摩地法이라고도한다. 『十住心論』(대정장 77.
346b~357a)

94) 부모로부터 받은 이 몸에 즉해서, 곧 今生에 성불할 수 있다는 이론으로,
卽身成佛이란 단어 자체는 논으로는 『菩提心論』이 그 효시이다. 물론 불공
삼장 역출의 『如意寶珠轉輪秘密現身成佛金輪呪王經』(대정장 19. 333c)과
『寶悉地成佛陀羅尼經』(대정장 19. 337a)에도 등장한다.
참고로 상기 2-저술 모두 불공삼장의 저술이나, 兩部大經인 『대일경』과
『금강정경』에는 卽身成佛이란 말은 직접 보이지 않고, 단지 理趣(이취)로서
만 뜻을 밝히고 있다. 곧 金剛智·善無畏 兩三藏의 저술에는 卽身成佛이란
말은 보이지 않는 것이다.

3.1 발보리심의 三가지 行相

「旣發如是心已 須知菩提心之行相。 其行相者 三門分別」
기 발 여시 심 이 수 지 보리 심 지 행상 기 행상 자 삼 문 분별

3.1.1 勝義·行願·三摩地

「諸佛菩薩 昔在因地 發是心已 勝義行願三摩地爲戒
제불 보살 석재인지 발시심이 승의 행원 삼마지 위 계

乃至成佛無時暫忘」
내지 성불 무시 잠 망

수행자인 싣달타(Siddhi-ārtha)께서 행하신 수행법이 다름 아
닌 3가지 행상(勝義·行願·三摩地)임을 밝히고 있다.

「그 옛날 因地에서 菩提心(마음)을 發해 마친 후에 勝義菩提行
과 行願菩提行과 三摩地(samādhi)菩提行의 (3가지 菩提行)을 戒
로 삼고 成佛하실 때까지 잠시도 잊지 않으셨던 것처럼~」

3.1.2 卽身成佛은 三摩地法을 설하는 밀교에서만이 가능하다
즉신성불 삼마지 법

「唯眞言法中卽身成佛 是故說三摩地 於諸敎中 闕而不言」
유 진언 법 중 즉신성불 시고 설 삼마지 어 제교 중 궐 이 불언

오직 眞言法중에서만 卽身成佛을 (주장)하는 연고로 三摩地法(阿
字觀·月輪觀·五相成身觀등의 密敎行法)을 설하고. 다른 敎(현
교)에서는 (三劫成佛을 주장하므로), (三摩地法)은 빠뜨려 설하지
않는 것이다.

<三摩地法>이란 일반적으로 samādhi(三昧)를 가리키나,

밀교 특히 『보리심론』에서는 밀교의 三密瑜伽行을 통한 여러 가지 관법들, 예를 들면 阿字觀·月輪觀·蓮華觀·五相成身觀·五字嚴身觀·Oṃ字觀 등등의 중에서,

특히 月輪觀·阿字觀·五相成身觀이란 3가지 관법을 제시하고 있다.

<三摩地法>이란 『菩提心論』이 설명한 바와 같이, 身에는 手印(Mudrā)을, 口에는 眞言(Dhāraṇī)을, 意로는 作佛(나=佛)을 짓는 것을 말하는 것으로, 이러한 <三密瑜伽行法>은 즉신성불을 주창하는 밀교에서만 주장하는 唯一(유일)하고도 독특한 <三摩地行法>으로, 현교에서는 이 行法을 알지 못했기에 缺(결)하여 설하지 않았고, 그래서 성불을 부르짖기는 해도 금생(今生)성불이 아닌 三劫成佛(삼겁성불)을 주창하고 있는 것이라 지적하고 있다.

註解·講解

<卽身成佛의 원리>

卽身成佛의 원리에 3가지가 있으니, (理具·加持·顯得)成佛이 그것이다.[95]
　　　　　　　　　　　　　　　　　　 이구　　 가지　 현득

---

95) 「卽身成佛有三種問。其三種何答。一理具卽身成佛。二加持卽身成佛。三顯得卽身成佛　問。如何云理具卽身成佛。餘亦爾答。唐大阿闍梨卽身成佛頌云。六大無礙常瑜伽等依此頌立三種　問。此頌相配三種卽身成佛云何　答。依頌初四句立加持卽身成佛。依次三句立理具卽身成佛。依終句立顯得卽身成佛。問。今立卽身成佛意6如何答。於立卽身成佛有多意問。其意何　答。頌曰　六大無礙常瑜伽　四種曼荼各不離三密加持速疾顯　重重帝網名卽身法然具足薩般若　心數心王過刹塵各具五智無際智　圓鏡力故實覺知故立卽身成佛也」 『異本卽身義』 (대정장 77. 395c)

<理具成佛>이란 사람은 태어날 때(本來)부터 누구나 佛性을 지니고 있다는 性具理論(성구이론)을 말하는 것이며,

<加持成佛>이란 三密加持修行(삼밀가지수행)을 하면 理具의 佛性이 개발되어 加持를 입고 成佛할 수 있다는 이론이며,

<顯得成佛>이란 앞의 2가지 원리에 입각해 일상에서 阿字觀_{아자관} · 白月觀_{백월관} · 蓮華觀_{연화관} · 五相成身觀_{오상 성신 관} · 五字嚴身觀_{오자 엄신관} 등의 <三摩地修行>_{삼마지 수행}을 행하면 누구든지 실제로 今生에서 成佛을 이룬다고 하는 것으로,

밀교에서는 이 3가지 원리를 통해 卽身成佛(즉신성불)을 주창하는 것이다.

本章
본장

本門
본문

一者行願。 二者勝義。 三者三摩地。　　　(대정장 32. 572c)
일 자 행 원　　이 자 승 의　　삼 자 삼마지

직역(直譯)

첫째는 행원(行願), 둘째는 승의(勝義), 셋째는 삼마지(三摩地)이니라.

의역(意譯)

(3가지 菩提行이란)

첫째 行願菩提行, **둘째** 勝義菩提行, **셋째** 三摩地菩提行**이다.**96)

---

96) 본 주해(강해)에서는 3가지 菩提心이 아닌 3가지 <菩提行>으로 해석하였다.
지금까지는 대부분의 논자들이 승의·행원·삼마지를 3가지 보리심으로 해석
하여 (승의·행원·삼마지)菩提心으로 서술하고 있으나, 『菩提心論』이 「既發
如是心已 須知菩提心之行相 其行相者 三門分別」이라 하여, 이들을 직접 <行
相>으로 표현하고 있는 것이라든지, 또 무언가를 성취하기위해서는 무엇보다
먼저 ~하겠다, ~를 이루겠다는 목적성취를 위한 발원의 중요성을 강조한 후,
뒤이어 곧바로 그 발원 후에는 발원이 이루어질 수 있도록 발원에 합당한 行
動(수행)이 이루어져야한다며, 3-行相(승의·행원·삼마지)을 설하고 있는 것
을 볼 때, 이들 3덕목을 마음인 心보다는 수행의 차원에서 <(修)行相>으로
해석하여 (승의보리행·행원보리행·삼마지보리행)으로 해석하는 것이 보다
바람직하다고 보기 때문이다.

1장 <行願菩提行>段
행원　　보리행

1. 行願菩提行

1.1 行願이란

「行願者。我當利益安樂無餘有情界 觀十方含識猶如己身」
행원 자　아 당 이익 안락 무 여 유정 계　관 시방 함 식유 여 기 신

初行願者 謂修習之人常懷如是心 97)
초 행원 자 위 수습 지인 상 회 여시 심

「我當利益安樂無餘有情界 觀十方含識猶如己身」
아 당 이익 안락 무 여 유정 계 관 시방 함 식유 여 기신

(대정장 32. 572c)

직역(直譯)

첫째 행원(行願)이라 함은, 이르되 수습(修習)하는 사람이 항상 이와 같은 마음을 품을지니라.

「내 마땅히 남김없이(無餘) 유정계(有情界)를 이익(利益)케 하고 안락(安樂)케 하며, 시방의 함식(含識)보기를 오히려 내 몸과 같이 할지라고~」

의역(意譯)

첫 번째의 行願(菩提行)98)이라 함은 修習하는 사람이 항상 다음과 같이,

---

97) 謂(高麗藏本)=爲(三十帖策子本)
98) 十波羅蜜 가운데 제 8波羅蜜인 願波羅蜜과 五大誓願 (衆生無邊誓願度:東方
・阿閦佛 ／ 福智無邊誓願集:南方・寶生佛 ／ 法門無邊誓願學:西方・阿彌陀佛
／ 如來無邊誓願事:北方・不空成就佛 ／ 無上菩提誓願成:中央・大日如來)을
가리킨다고 보면 좋을 것이다.「若欲持誦。至道場先雙膝着地。禮毘盧遮那佛

「나는 마땅히 모든 有情界(유정계)를 하나도 남김없이 利益(이익)케 하고[99] 安樂(안락)케 하며[100], 시방의 含識(중생) 보기를 내 몸과 같이 할 것이다」[101]고, 마음을 품는 것을 말한다.

註解・講解

<行願-보리행: 보현보살과 행원>
   행원

「行願者。 我當利益安樂無餘有情界 觀十方含識猶如己身」
 행원 자 아 당 이익 안락 무 여 유정 계 관 시방 함 식 유 여 기 신

行願하면 떠오르는 것이 화엄경의 슈퍼스타 普賢菩薩(보현보살)이다.

그러나 보현보살의 이름은 소위 <원시-화엄경>이라 일컬어지는 『兜沙經(도사경)』이나 『本業經(본업경)』등에는 등장하지 않는다.

따라서 이들 경전이 성립할 무렵까지는 아직 그의 존재가 잘 알려지지

及八大菩薩。 發露懺悔發五大願。 一衆生無邊誓願度。 二福智無邊誓願集。 三法門無邊誓願學。 四如來無邊誓願事。 五無上菩提(佛道)誓願成」 『佛頂尊勝陀羅尼念誦儀軌』 (대정장 19. 365a). 『無畏三藏禪要』<慧警>(대정장 18. 943a)

99) 一切有情들에게 여래장을 지니고 있음을 알리고, 그것을 勸發(권발)시켜 그들 모두를 無上菩提에 安住시키는 것을 이익이라 정의하고 있다. 「夫修行菩薩道。 證成無上菩提者。 利益安樂一切有情以爲妙道」『五秘密儀軌』<不空譯> (대정장 20. 535b)

100) '一切衆生은 누구든 필경성불한다'는 것을 알리면서, 때문에 '그들을 업신여기거나 깔보지 않고 항상 大悲門 속에서 도와주고 구제해 주면서 마침내 성불케 하는 것이 安樂(안락)이다'라 정의하고 있다. 「復次須菩提。 菩薩摩訶薩於一切衆生中。 應生利益安樂心。 云何名利益安樂心。 救濟一切衆生。 不捨一切衆生。 是事亦不念有是心。 是名菩薩摩訶薩於一切衆生中生利益安樂心」『摩訶般若波羅蜜經』 (대정장 8. 243c)

101) 중생구제가 곧 자기구제임을 아는 同體大悲(思想)를 말한다. 다시 말해 마음에 菩提心을 발하는 것을 萬行을 갖추었다고 하고, 마음에 正等覺을 이루는 것을 大涅槃이라 하고, 이것을 만 중생에게 베푸는 것을 方便이라고 설하고 있기 때문이다. 『대일경소』 (대정장 39. 579b), 「第七哀愍無量衆生界執金剛者。 此哀愍亦名救度。 謂已住平等法性。 自然於一切衆生。 發同體悲愍之心」『대일경소』 (대정장 39. 581b)

않았던 것임을 알 수 있다.

곧 보현보살은 『大本(60권)화엄경』의 편찬자가 창작한 인물로, 이후에 등장한 인물로 추정된다.[102]

고찰결과 보현보살에서의 普賢(samanta-bhadra)이란 이름은 본래 佛德(불덕)을 찬양하는 찬탄사였을 것으로 추찰되는 것으로, 언제부터인지 확실하지는 않지만, 이것이 점차 실존의 보살로 승화되어, 普賢菩薩이란 이름을 띄고 역사에 출현하게 된 것으로 보인다.

실존보살로서 승화되어 출현하게 된 구도의 완성자, 보현보살은 처음 등장하는 경전에 어떻게 묘사되고 있을까?

『화엄경』<如來出現品>에는 다음과 같이 묘사되고 있다.

「佛子 普賢이여! 너는 일찍이 무량백천억 나유타 동안 부처님 처소에서 부처님께 供養을 올리며 받들면서, 보살의 최상의 妙行(묘행)을 성취하였다. 또한 모든 三昧門(삼매문)의 自在(자재)를 얻었기에, 일체부처님의 비밀처에 들어가, 모든 佛法을 알아 온갖 의혹을 끊었으며, 일체여래의 神力(신력)으로 加持(가지)되었기에, 중생들의 근기를 알아 그 즐거움에 따라 眞實解脫法(진실해탈법)을 설하며, 부처님의 佛智(불지)에 수순하며 불법을 연설하여 피안에 도달한 것이다. 이처럼 너 보현은 무량겁동안 쌓아온 德을 지니고 있는 것이다」[103]

---

102) 『大本-화엄경』이란 『60권 화엄경』을 말한다. 『法華經』에는 <보현보살권발품>이란 품이 있어, 일찍부터 보현보살이란 자가 존재하고 있었던 것처럼 보이나, 고찰의 결과 『대본-화엄경』으로부터의 인용인물로 고찰되었다. 한편 『無量壽經』의 제 22願인 <一生補處의 願>에도 <普賢行>이란 말이 등장하나, 이 또한 『初期無量壽經』에는 없는 것으로 고찰되어, 이 또한 후대의 부가로서, 화엄경으로부터의 영향으로 보고 있다. 藤田宏達 『原始淨土思想의 研究』(岩波書店. 1970)

103) 「佛子。汝已曾於無量百千億那由他佛所。承事供養。成就菩薩最上妙行。於三昧門皆得自在。入一切佛祕密之處。知諸佛法。斷衆疑惑。爲諸如來神力所

위 내용을 볼 때, 보현보살은 오래전인 불자시절부터 시방제불께 공양드리며, 온갖 菩薩行을 성취하고, 거기다 三昧自在(삼매자재)의 경지까지 얻어, 부처님과의 加持를 통해 佛과 교감하면서, 온갖 중생의 근기에 따라 불법을 가르치는 반야지(般若智)와 대비행(大悲行)이 출중한 大-願力者(대원력자)였음을 알 수 있다. 普賢이란 그의 이름과 行願이란 그의 삶의 軌跡(궤적)에 대해, 경전은 어떻게 설명하고 있는지 살펴보자.

<보현행원(普賢行願)과 그 의미>

普賢(samanta-bhadra) / 行願(caryā-praṇidhāna)

　　普: 德이 法界에 편만함
　　賢: 行爲(用)가 일체 처소에서 지선(至善)임
　　普: 신구의(身口意)가 無量함, 곧 (一切處에서)
　　　　身口意의 행이 현(賢)이며, 지선(至善)임,

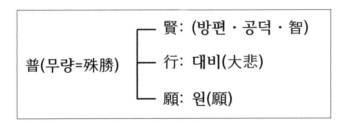

보현행원(samanta-bhadra-caryā-praṇidhāna)이란 구체적으로 다음과 같은 <10가지 廣大行願(광대행원)>을 가리킨다.
　㉮ 예경제불행(禮敬諸佛行)　㉯ 칭찬여래행(稱讚如來行)
　㉰ 광수공양행(廣修供養行)　㉱ 참회업장행(懺悔業障行)

加。知衆生根。隨其所樂。爲說眞實解脫之法。隨順佛智。演說佛法。到於彼岸。有如是等無量功德」<여래출현품> (대정장 9. 262c)

㉒ 수희공덕행(隨喜功德行)　　㉓ 청전법륜행(請轉法輪行)

㉑ 청불주세행(請佛住世行)　　㉔ 상수불학행(常隨佛學行)

㉕ 항순중생행(恒順衆生行)　　㉖ 보개회향행(普皆廻向行)

10가지 행원들이 모두 마음을 촉촉하게 적셔주는 금비(金雨)와 같은 말씀이지만, 본 강의에서는 10가지 행원중,

㉑ 광수공양행(廣修供養行)과 ㉕ 항순중생행(恒順衆生行) 2-덕목을 골라, 이들이 어떤 行願인지 살펴볼 것이다!

<광수공양행(廣修供養行)>

「선남자여! 모든 공양 가운데 법(法)공양이 으뜸이니라.

법공양이란 부처님 말씀대로 수행하는 공양이며, 중생들을 이롭게 하는 공양이며, 중생들을 거두어 주는 공양이며, 중생들의 고통을 대신하는 공양이며, 부지런히 선근을 닦는 공양이며, 보살의 업을 포기하지 않는 공양이며, 보리심을 여의지 않는 공양이다.

이렇게 하는 까닭은 부처님은 법을 존중하기 때문이며, 부처님 말씀대로 수행함이 성불의 지름길이기 때문이다.

선남자여! 만일 보살이 이와 같이 <법공양>을 행한다면, 이것이 곧 부처님께 공양함을 성취하는 것으로, 이처럼 수행하는 것을 일러 <진실한 공양>이라 하는 것이다.

이 법공양은 넓고 크고 가장 훌륭한 공양이기에, 허공계가 다하고, 중생계가 다하고, 중생의 업이 다하고, 중생의 번뇌가 다해도 나의 공양행은 끝나지 않는 것이며, 念念이 다하도록 잠시도 쉬지 않고 계속 공양드려도, 나의 身口意는 절대로 지치거나 싫증냄이 없는 것이다」[104]

---

104) 『40 화엄경』 <반야삼장> (대정장 10. 844c~845a)

<항순중생행(恒順衆生行)>

「선남자여, 중생의 뜻을 항상 따른다는 것은,

온 법계, 허공계, 시방 세계의 중생들이 여러 가지 차별이 있지만,

나는 모두 그들에게 수순하여 가지가지로 섬기고 가지가지로 공양하기를, 부모같이 공경하고, 스승과 아라한과 부처님처럼 받들어서, 병든 이에게는 의사가 되고, 길 잃은 이에게는 바른 길을 보여주고, 캄캄한 밤에는 빛이 되어주며, 가난한 이에게는 보배를 얻게 하면서, 일체 중생을 평등하게 이롭게 함을 말하는 것이다.

왜냐하면 보살이 중생에 수순하는 것은 곧 부처님께 순종하여 공양드리는 것이 되고, 중생들을 존중하여 섬기는 것은 곧 부처님을 존중하여 받드는 것이 되며, 중생들을 기쁘게 하는 것은 곧 부처님을 기쁘게 하는 것이 되기 때문으로, 그 까닭은 부처님은 자비하신 마음을 바탕으로 삼으시기 때문이다. 곧 일체 중생을 뿌리로 삼고, 부처님과 보살들을 꽃과 열매로 삼아, 자비의 물로 중생들을 이롭게 하면 모든 불보살님들과 같은 지혜의 꽃과 열매가 이루어져, 마침내는 아뇩다라삼먁삼보리를 성취하기 때문이다.

곧 보리는 중생에게 달렸으니, 그러므로 중생이 없다면 그 누구라도 끝내 무상정등정각을 이룰 수 없는 것이다」[105]

10가지 행원 모두가 마지막 구절엔

「虛空界盡 衆生界盡 ~ 身語意業 無有疲厭」으로 끝을 맺고 있다.
　허공계　진　중생계　진　　　신어의　업　무유　피염

---

105)『40 화엄경(Gaṇḍa-vyūha)』 <반야삼장> (대정장 10. 845c~846a)

(허공계가 다하고 중생계가 다하도록 이러한 중생들을 위한 나의 신구의
의 보살행은 피곤하거나 싫어함이 없이 계속되는 것이다)

　얼마나 광대한 행원인가? 보현보살님의 행원은 아무리 생각하고 또 음
미하며 생각해 보아도 그 끝을 알 수가 없다.
　그래서 普賢行願을 설하고 있는 『40권 화엄경』을 달리 <불가사의 해탈
경(Gaṇḍa-vyūha)>이라 불렀는가 보다.
10가지를 다하면 좋겠지만, 여기서는 <광수공양행원>과 <항순중생행원>
만을 중점적으로 살펴보았다.

　밀교의 슈퍼스타는
　<普賢金剛(보현금강)>이라고도 불리우는 <金剛薩埵>보살이다.
　　　　　　　　　　　　　　　　　　　　　금강살타

화엄경의 보현보살이 밀교에 들어와 <金剛薩埵>란 이름으로 승화되었기
에, <金剛薩埵>를 <普賢金剛>이라고도 부르는 것이다.106)
　『菩提心論』은 <行願菩提心>을 설명하면서,

「시방의 衆生을 모두 내 몸이라 생각하면서, 그들에게 利益(이익)을 주
고 安樂(안락)케 하는 것이 <行願菩提心>이다」라 정의하고 있다.

중생에게 利益을 주고 그들을 安樂하게 한다는 것은 구체적으로 무엇을
말하는 것일까? 또 왜 이것을 일러 行願菩提心이라 하는 것일까?

<불교는 원행(願行)의 종교이지, 구걸의 종교가 아니다>
「修習之人 常懷如是心 我當利益安樂無餘有情界 觀十方含識猶如己身」
　수습 지인　상 회 여시 심　아 당 이익　안락 무 여　유정 계　관 시방 함 식 유 여 기 신
_____
106) 金剛薩埵에 대한 상세한 설명은 각주 329) 338) 345)를 참조바람

대부분의 종교인들이 교회나 성당이나 사찰에 가서 하는 행위는, 하나님 천주님 부처님! 이번에 저의 가정에 이런저런 일이 생겼는데, 당신께서 잘 마무리되도록 ~해 주세요, 부자되게 건강하게 행복한 가정 이루도록 ~해 주세요 하는 것이 일반적이고도 다반사(茶飯事)적인 신앙행위이다.

　얼마 전 국민의당의 대통령출마자를 뽑는 선거방송에서, 현재는 대통령이 되신 당시 윤석열 후보께서 손바닥에 임금(王)자를 써가지고 나와, 한동안 아니 지금까지도 그 연장선상에서 구설수에 시달리는 사건을 모두 기억할 것이다. 누가 써주었는지 또 누구의 지시를 받고 그렇게 했는지는 모르겠지만, 무속인이 했다는 등 ~법사가 시켰다는 등 여러 떠도는 이야기가 있어, 그냥 Happening차원에서 웃고 넘기기는 했지만~,

여기서 깊이 생각하고 반성해 볼 필요가 있다.
~해 달라! ~해 주세요! 하는 <종교행위>와 이 <王字사건>이 무엇이 다른지~
　바람직한 종교, 차원이 높은 종교란 본래 구걸하는 종교,
곧 <Give me, Please>하는 종교가 아니란 생각이 들기 때문이다.
아니 생각이 드는 것이 아니라, 단적으로 아닌 것으로, 어서 **빨리** 이런 구걸에서 벗어나야 되는 것이다.

　석존불께서 설하신 불교란 종교는 ~해 달라, ~해 주세요라는 구걸(求乞)의 종교가 아니라, 오히려 내가 그를 위해 ~하겠다. ~해 주겠다는 <I will give you>의 종교, 곧 發願과 實行(行願)의 종교인 것이다.
　『菩提心論』은
「시방의 衆生을 모두 내 몸이라 생각하면서, 그들에게 利益(이익)을 주고 安樂(안락)케 하는 것이 <行願菩提心>이다」라 정의하고 있다.

이것이 불교의 본연의 모습이기에, 그렇게 강조하는 것이다.

『보리심론』은 이후 마지막 끝까지 줄곧 바람직한 불교의 모습, 참 불자인 보살이 나아가야할 보살행도의 길을 보이기 위해, 외도(外道)들 소위 범부들과 天上樂을 추구하는 天乘들을 비롯해, 불교에 갓 입문한 성문·연각 등, 자기 이외는 나 몰라라 하며 오직 자기만의 성취를 위해 수행하는 소위 小乘人들과, 利他卽是自利라는 大乘정신에 입각해 열심히 정진하긴 하지만, <나=중생>이란 생각(無明)과 그로 인한 오랜 숙업(宿業)에서 벗어나지 못해 三劫이란 오랜 시간동안 닦아야 비로소 根本無明에서 벗어나 성불할 수 있음을 믿는 大乘菩薩들을 비판하며, 수행(修行)은 시간이 중요한 것이 아니라 질(質)이 중요하다면서, 나는 중생이 아닌 <나=佛>이라는 생각의 전환과 그것을 바탕으로 이루어진 수행의 질이 중요하다면서, 이제 곧 뒤에서 설명할 <삼마지보리심>을 수행으로 내세우며, 금생성불인 卽身成佛을 주창하고 있는 것이다.

『보리심론』이 주창하려는 핵심은 바로 이것으로서, 우리들이 알고 또 그 앎을 근간으로 행해지고 있는 신앙과 그것으로부터 기인하는 신앙행위를 비판하면서, 바람직한 종교란 무엇이며? 또 어떻게 신앙행위를 해야 하는지를 간절하고도 구구절절하게 설하고 주창하고 있다.

로마 바티칸-시티에 있는 베드로 광장안의 <씨스티나 성당>의 <바실리카 돔>은 그 높이가 무려 135미터나 되는 건축물이다.

미켈란제로의 작품인 이 바실리카돔은 교황의 권위와 권력과 위엄을 뽐내기 위해 교황 <율리우스 2세>가 구상한 건축물로, 이의 완성은 그 다음의 교황인 메디치家 출신인 <바오로 3세>라 전해지고 있다.

잘 알다시피 그는 이 건축물을 완성시키기 위해 아담과 이브가 지은 원

죄(原罪: Original-Sin)로부터 벗어날 수 있다는 소위 <면죄부(免罪符)>라는 부적을 팔았고, 그 결과 <마틴루터>를 주축으로 하는 개혁논자들에 의해 비판을 받으며 종교개혁의 시발점이 되었다.

'오직 자신의 신앙과 성경을 통해서만 구원을 받을 수 있다'는 것이 루터의 주장이었다.

<코로나 펜데믹>으로 종교의 양상이 달라져가고 있다는 보도가 있다.

교회나 성당이나 사찰에 대한 인식, 목사나 신부나 스님들에 대한 인식이나 생각들이 많이 달라졌고, 그 결과 신앙인들도 많이 줄어들었다고 전해진다. 어떤 면에서는 바람직한 현상이라는 생각이 든다.

만일 이참에 이들 종교를 믿는 잘못된 신앙관, <Help me, Give me>만을 부르짖는 일반 신앙인들, 그리고 이것을 부추기는 성직자들의 종교관이 달라지는 계기가 될 수만 있다면~

1.2 중생을 利益(이익)되게 하라

- 일체중생은 모두가 불성(如來藏)을 지닌 보살 -

「利益者 謂勸發一切有情 悉令安住無上菩提」
　이익　자　위　권　발　일체　유정　실　령　안주　무상　보리

所言利益者 謂勸發一切有情 悉令安住無上菩提 107)
소　언　이익　자　위　권　발　일체　유정　실　령　안주　무상　보리

終不以二乘之法而令得度。
종　불　이　이승　지　법　이　령　득도

眞言行人知 一切有情皆含如來藏性 皆堪安住無上菩提 108)
진언　행인　지　일체　유정　개　함　여래장　성　개　감　안주　무상　보리

107) 謂(高麗藏本)=爲(三十帖策子本),
108) 堪(高麗藏本)=堪任(三十帖策子本)

是故 不以二乘之法而令得度。
시고 불이 이승 지법이령 득도

故 華嚴經云 「無一衆生而不具有如來智慧。 109)
고 화엄경 운 무일 중생 이불구 유 여래 지혜

但以妄想顚倒執著而不證得。
단 이 망상 전도 집착 이불 증득

若離妄想 一切智自然智無碍智卽得現前」 (대정장 32. 572c)
약 이 망상 일체지 자연지 무애지 즉 득 현전

직역(直譯)

말 한 바 이익(利益)이라 함은,

이르되 일체 유정(有情)을 권발(勸發)시켜 모두 무상보리(無上菩提)에 안주(安住)케 하고, 끝내 이승(二乘) 법으로써 득도(得度)시키지 않는 것이니라. 진언행인(眞言行人)은 마땅히 알지니,

일체 유정은 모두 여래장(如來藏)의 성(性)을 함장(含藏)하여, 모두 무상보리에 안주(安住)함에 견디어(堪) 내니, 이런 고로 이승(二乘) 법으로써 득도(得度)시키지 않는 것이니라.

그러므로 화엄경(華嚴經)에 이르되,

「한 중생이라도 여래지혜(如來智慧)를 갖추(具)치 않음이 없으나.

다만 망상전도(妄想顚倒)의 집착(執着)으로 증득(證得)하지 못하나니, 만약 망상을 여의면 일체지(一切智), 자연지(自然智), 무애지(無碍智)가 곧 바로 현전(現前)함을 얻는다」 하셨느니라.

---

109) 如來智慧(高麗藏本)=眞如智慧(三十帖策子本), 『80화엄경』에는 高麗藏本처럼 如來智慧로 되어있다. 고려장본이 정확한 것임을 알 수 있다. 「復次佛子。如來智慧。無處不至。何以故。無一衆生。而不具有如來智慧。但以妄想顚倒執着。而不證得。若離妄想。一切智自然智無礙智。則得現前」『80화엄경』 (대정장 10. 272c).

의역(意譯)

利益이라 함은 一切有情으로 하여금 (佛心을 일으키도록) 勸發(권발)시켜 그들 모두를 無上菩提에 安住시키되, 끝내 二乘의 法으로는 得度(득도)시키지 않는 것을 말한다.

(二乘은 一切衆生悉有如來藏을 설하지 않아 진실이 아니므로)[110], 眞言行人은 마땅히 알아야 한다. 一切有情은 누구나 如來藏性(여래장성)을 갖추고 있어,[111] 모두 無上菩提에 安住할 수 있는 충분한 자질(堪任:극복성)을 지니고 있음을~.

그런 까닭에 '二乘의 法으로는 득도시키지 말라 한 것이다.

그러므로 『華嚴經』에는[112] 「한 중생도 如來智慧를 갖추지 않은 자가 없건마는 다만 妄想(망상)[113]으로 顚倒(전도)[114]하고 執着(집

---

110) 「諸佛出於世 唯此一事實 餘二則非眞 終不以小乘 濟度於衆生 佛自住大乘 如其所得法 定慧力莊嚴 以此度衆生 自證無上道 大乘平等法 若以小乘化 乃至於一人 我則墮慳貪 此事爲不可」『法華經』<方便品> (대정장 9. 8a)

111) 「世尊 如來法身不離煩惱名如來藏」『승만경』(대정장 12. 221c), 『如來藏經』·『勝鬘經』·『寶性論』·『華嚴經』등 소위 여래장계통의 경전들은 모두 一切衆生이 如來藏 (sarvasattva as tathāgata-garbhaḥ)임을 설하며, 그러므로 누구든지 성불할 수 있다고 주창하면서, 이를 9가지 譬喩를 들어 입증하고 있다. 곧 <如來藏의 三義>를 「地中伏藏」의 비유를 비롯 9가지 비유를 통해 상세히 설명하고 있다. 『如來藏經』을 예로 들면 다음과 같다. 『如來藏經』(대정장 16. 457b~460b),
9가지 비유중 첫 번째 비유법문의 내용을 보면, 「시든 연꽃 송이송이 마다 가부좌를 한 (32)相(80)好 莊嚴하신 부처님이 化現하여 大光明을 놓으시니, 뭇 중생들이 기이하게 생각하며 공경하지 않음이 없도다」 (대정장 16. 457b)

112) 「佛子 如來智慧具足在於衆生身中 但愚癡衆生顚倒 不知不見不生信心。如來智慧在其身內與佛無異」『60화엄경』(대정장9. 624a), 「佛子。如來智慧亦復如是。無量無礙。普能利益一切衆生。具足在於衆生身中。但諸凡愚。妄想執着。不知不覺。不得利益」『80화엄경』(대정장 10. 272c)

113) 無明을 말함

114) 二障中 法執(法有病)인 所知障(jñaya-āvaraṇa)을 말한다. 곧 貪瞋痴 三毒과 결속하기 때문에 무엇이 진실인지 알지 못할 뿐만 아니라 나가서는 眞如로 나아가는데도 큰 장애를 일으키는 것이기에, 理障 또는 根本無明이라고도 부른다. 곧 法有病으로서 正解을 방해하는 것(礙正知見)이기에, 이것으로 인해 正知見을 얻지 못하는 것이다. 이것을 끊고 法空을 터득하여 正知見을 얻으면, 이것을 일컬어 菩提를 얻었다고 하는 것이다.

착)115)해서 증득하지 못하는 것이니, 만일 妄想을 여의면 一切智116)
自然智117) 無碍智118)를 즉시 現前하게 될 것이다」고 말씀하신 것이
다.119)

註解・講解
<일체중생은 모두가 불성(여래장)을 지닌 보살>
「利益者 謂勸發一切有情 悉令安住無上菩提」
이익 자 위 권 발 일체 유정 실 령 안주 무상 보리

「한 중생도 如來智慧를 갖추지 않은 자가 없건마는, 다만 妄想(망상)으
로 顚倒(전도)하고 집착(執着)해서 증득(證得)하지 못하나니,
만약 망상을 여의면 일체지(一切智), 자연지(自然智), 무애지(無礙智)가
곧 바로 현전(現前)함을 얻는다」

---

115) 二障中 我執(아집=我有病)인 煩惱障(kleśa-āvaraṇa)을 말한다. 事障(사장)
또는 枝末無明(지말무명)이라고도 한다. 我有病(아유병)으로 인해 續諸生死
(輪轉生死)하게 된다. 이것을 끊어 我空(아공)을 얻는 것을 일컬어 涅槃(열반)
을 얻었다고 하는 것이다.
116) 一切智란 말 그대로 一切를 아는 지혜를 말한다. 不空譯『仁王般若經』에는
「滿足無漏界 常淨解脫身 寂滅不思議 名爲一切智」(대정장 8. 843a)라 하여,
언제나 常樂我淨한 解脫身으로 寂滅하고 不可思議하므로 一切智(sarvajñāna)
라 한다고 정의하고 있다. 말하자면 일체번뇌를 끊으면 나타나는 맨 처음의 지
혜인 始覺智(事智), 곧 無漏世界를 만족시키는 智이다.
117) 法性의 本體에서 자연히 흘러나오는 本覺智(理智), 곧 일체중생에 本來具足
되어있는 法界體性智로부터 나오는 自然智를 일컫는다.
118) (法・義・辭・樂說)無碍의 4-無碍智를 말한다. 곧 理智(體)인 本覺과 事智
(用)인 始覺이 하나가 된 경지를 말한다. 곧 서로 떼려야 뗄 수 없을 뿐만
아니라, 상호 걸림이 없는 지혜(無碍智)이므로, 이를 달리 '始本覺不二一味和
合智'라 한다. 栂尾祥雲『現代語の十卷章と解說』高野山出版社.
119) 玄奘譯『大般若波羅蜜多經』에는 「大德當知。如是菩薩行深般若波羅蜜多方
便善巧坐菩提座。十方各如殑伽沙界所有諸佛。異口同音讚言。善哉善哉。大
士。乃能通達自然智。無礙智。平等智。無師智。大悲莊嚴」(대정장 7. 945a)
라 하여, 보살이 반야바라밀이란 방편선교를 행하면, 능히 자연지 무애지 평
등지 무사지를 통달하여 大悲로 장엄케 된다고 설하고 있다.

앞서 『菩提心論』이 인용한 『화엄경』의 말씀이다.

일체중생은 누구나 여래의 지혜인 불성(佛性/如來藏:tathāgata-garbha) 을 갖추고 있다는 소위 여래장사상(如來藏思想)의 설을 설하고 있는 것으로, 각주 110)에서 밝힌 바 있다.

不空三藏의 역출경인 『大方廣如來藏經』의 말씀을 음미해보자!

「선남자여! 여래가 여래안(如來眼)으로 일체유정의 欲(욕)과 瞋(진)과 痴 (치)와 貪(탐)과 무명번뇌 등 피부의 구석구석을 보니, 이들 慾과 瞋과 痴 와 탐과 무명번뇌 속에 如來藏性이 있구나」[120]

얼마나 의미 깊은 말씀인가! 탐진치 三毒-번뇌 그 하나하나에, 아니 온갖 번뇌로 찌들어있을 우리들 몸 구석구석에 如來藏性(佛性)이 들어있다니~

<佛乘(밀교)의 가르침으로, 중생에게 如來智를 증득케 하라>

『華嚴經』 <如來出現品> 에 나오는 말씀으로, 如來智慧를 얻었을 때 생 기는 10가지 이익 가운데, 마지막 10번째 이익에 대한 설명이다. 곧

「저 중생을 가르쳐서 聖道(성도)를 닦고 익혀 一切妄想(일체망상)과 집착 을 여의게 하고 무량한 如來智慧를 증득케 하여, 利益(이익)케 하고 安 樂(안락)하게 할 것이다.

 불자여! 이것이 중생을 利益케하고 安樂하게 하는 부처님의 마음인 것 이다」[121]

---

120)「善男子。如來以如來眼。見一切有情欲瞋癡貪無明煩惱乃至皮膚邊際。彼欲 瞋癡無明煩惱藏中有如來藏性」『大方廣如來藏經』<不空譯>(대정장 16. 463a)

『大般若經』은 一切智 自然智 無碍智등 무량한 如來智慧의 출현에 대하여, 반야바라밀을 성취하면 자연적으로 통달하는 지혜가 바로 이들 지혜라 설하고 있다.[122]

<六道輪廻의 근원은 근본번뇌인 無明妄想(나=중생)에서 기인한다>
육도 윤회   무명   망상

밀교에서는 根本無明(근본무명)이 <나=중생>이라고 보는 데서부터 시작하는 것이라고 진단한다. 곧 스스로를 佛이 아닌 중생이라 보는 것을 無明이라 정의하면서, 이것으로 부터 모든 번뇌와 업과 윤회의 길이 시작된다고 보는 것이다.

『대일경소』의 말씀을 들어보자.

「衆生의 自心實相(자심실상)은 菩提(보리)이다. 이와 같은 자심의 實相(실상)을 알지 못하는 것을 無明(무명)이라 한다.

곧 이 無明에 顚倒(전도)해서 相을 取하는 까닭에 愛憎(애증)과 貪嗔(탐진)등의 온갖 煩惱(번뇌)가 일어나게 되는 것이며, 이러한 煩惱를 因으로 해서 온갖 종종의 業을 일으키며, 그 결과에 따라 종종의 人生行路(인생행로)와 來世의 길이 생기는 것이며, 그에 따라 苦와 樂을 받게 되는 것이다. 그러므로 마땅히 알라! 自心의 實相을 아는 것 이외에 별도로 다른 법이 없는 것임을」　　　　　　　　　　『大日經疏』 (大正藏 39. 588a)

---

121)「我當教以聖道。令其永離妄想執着。自於身中。得見如來廣大智慧。與佛無異。即教彼衆生。修習聖道。令離妄想。離妄想已。證得如來無量智慧。利益安樂一切衆生。佛子。是爲如來心第十相」『華嚴經』 <如來出現品> (대정장 10. 272c~273a)

122)「大德當知。如是菩薩行深般若波羅蜜多方便善巧坐菩提座。十方各如殑伽沙界所有諸佛。異口同音讚言。善哉善哉。大士。乃能通達自然智。無礙智。平等智。無師智。大悲莊嚴。大德當知。如是菩薩行深般若波羅蜜多方便善巧。能作如是種種示現」『大般若經』 <玄奘譯> (대정장 7. 945c~946a)

<승만(勝鬘: śrīmālādevī)부인의 사자후>

『승만경』의 본래 이름은 <승만사자후 일승대방편방광경(勝鬘獅子吼 一乘大方便方廣經)>이란 이름을 지닌 여래장계 경전, 그것도 <여래장 三部經>중의 하나이다.[123]

동진(東晋)시대 중(中)인도의 삼장법사 담무참(曇無讖)에 의해 처음 한역된 경으로, <승만경>의 가장 중요한 장(章)과 내용은 승만부인이 세운 10가지 서원을 설하고 있는 제 2장 <십대수장(十大受章)>이다.

승만부인은 인도 코살라국(kosala國)의 파사익왕(波斯匿王)의 딸로, 어머니는 말리(末利)부인이다.

그녀는 아유타국(阿踰陀國) 우칭왕(友稱王)에게 시집을 가 왕비가 된 후, 남편 우칭왕을 비롯 아유타국을 불교국으로 만들 정도로 信心이 돈독한 여성 불자였다.

부모의 권유로 승가에 귀의한 이후, 그녀는 자신의 이름(승만)을 띈, 아니 비록 부처님과의 문답내용이지만,

(승만 사자후)란 본인의 이름을 건 경전, 그것도 사자후(獅子吼)란 수식어가 붙여질 만큼 최상위급으로 승화될 정도로, 信心이 돈독하고, 수행 또한 그 누구도 따라올 수 없을 만큼 올바르게 믿고 행한 여성불자였다.

얼마나 그녀의 신행이 돈독했으면 부처님께서는 2만 아승지겁 후에 보광여래(普光如來)가 될 것이라는 수기(授記)까지 주셨겠는가?

성불수기를 받은 여성은 8만대장경 속에서 승만왕비가 최초로서,

---

123) <여래장삼부경>이란 여래장사상을 설하는 경전중 핵심이 되는 3개 경전을 말하는 것으로, 『如來藏經』·『不增不減經』·『勝鬘經』을 지칭한다.

신라에도 그녀의 이름을 딴 승만공주가 있었다.

얼마나 유명했으면 신라에까지 그 이름이 알려졌을까?

 그녀는 10가지 서원과 3-가지 대서원을 세웠다.

여기서는 3가지 대서원을 살펴보도록 하겠다.

(1) 한량없는 중생을 안온케 하면서, 어느 생에서든 올바른 가르침의 지
   혜(正法)를 얻겠습니다.

(2) 올바른 가르침의 지혜를 얻은 후에는, 온 중생을 위해 절대로 싫증내
   지 않고 법을 설하겠습니다.

(3) 올바른 가르침을 받아들인 다음에는, 이 가르침을
   수호하기 위해 저의 재물은 물론 육신과 생명까지도 백성들에게 布施
   (보시)하겠습니다.

한 나라의 國母자리는 그냥 앉아만 있다고 되는 것이 아니다. 국모란 온
백성의 어머니라는 의미이다. 승만은 불법을 통해, 백성들의 이익과 안
온을 위해 살다간 모범의 대승보살이자 국모였다. 바람직한 종교는 백성
을 위한 백성을 위해 행해져야 되는 종교여야 한다.

 대승불교는 백성, 곧 중생을 위한 종교였기에, 1000년이란 긴 세월을
유지해온 소승불교를 제치고 당당하게 군림할 수 있었던 것이다.

1.3 중생을 安樂(안락)하게 하라

 - 一切衆生의 畢竟成佛(필경 성불)을 확신하고,

   성불할 때까지 大悲門 속에서 도와주고 구제하라! -
       대비 문

「安樂者 謂行人卽知一切衆生畢竟成佛 故不敢輕慢」
 안락 자 위 행인 즉 지 일체 중생 필경 성불 고 불 감 경만

所言安樂者 謂行人卽知一切衆生畢竟成佛 故不敢輕慢。
소 언 안락 자 위 행인 즉지 일체 중생 필경 성불 고 불감 경만

又於大悲門中 尤宜拯救。衆生所求皆與而給付之 124)
우 어 대비 문중 우 의 증구 중생 소구 개 여 이 급부 지

乃至身命而不吝惜。其命安存125) 使令悅樂。
내지 신명 이 불 인석 기 명 안존 사 령 열락

旣親近已 信任師言。因其相親 亦可敎導。126)
기 친근 이 신임 사언 인 기 상친 역 가 교도

衆生愚朦 不可强度。127) 眞言行者 方便引進。
중생 우몽 불가 강도 진언 행자 방편 인진

(대정장 32. 573c-a)

직역(直譯)

말한바 안락(安樂)이라 함은, 이르되 행자(行者) 이미 일체중생은 필경성불(畢竟成佛)함을 아는 고로, 감(敢)히 경만(輕慢)하지 않고, 도리어 대비문(大悲門) 안에서 더욱 마땅히 극구(極救)하고, 중생의 구하는 바에 따라 모두 이것을 줄지어다.

또한 신명(身命)을 아끼지 말고, 그 목숨을 안존(安存)케 하며 즐겁게 할지어다.

이미 친근(親近)하고 나면 스승의 말을 신인(信認)하게 되나니,

서로 친하므로 인해서 또한 교도(敎導)해야 할지니라.

중생이 우몽(愚朦)하므로 억지로 제도(濟度)하지 못하나니,

진언행자(眞言行者)는 方便으로써 인도하여 나아가게 할 것이다.

---

124) 衆生所求皆與而(高麗藏本)=隨衆生與而(三十帖策子本)
125) 其命(高麗藏本)=令其(三十帖策子本)
126) 敎導(高麗藏本)=敎道(三十帖策子本)
127) 愚朦(高麗藏本)=愚矇(三十帖策子本)

의역(意譯)

安樂128)이라 함은 (眞言)行人은 일체중생이 필경 성불한다는 것을 알기 때문에, 감히 업신여기거나 깔보지 아니하고129) (오히려) 大悲門 속에서 더욱 마땅히 도와주고 구제해 주는 것 (尤宜拯救=우의증구)을 일컫는다. 곧 중생의 구하는 바에 따라 그것을 주되 마침내 목숨을 내놓게 되더라도 인색하거나 아까와(吝惜)하지 말고 (오히려) 그로 하여금 安存케 하고 悅樂(열락)하게 해야 한다.130)

이미 親近(친근)하고 나면 스승의 말을 신임하게 되는 것이니,131)

---

128) 『法華經』에는 「佛告文殊師利 若菩薩摩訶薩 於後惡世 欲說是經 當安住四法(중략)文殊師利。如來滅後。於末法中欲說是經。應住安樂行」 『法華經』 (대정장 9. 37a~39c)이라 하여, 법화경을 잘 설하고 이해시키기 위한 수행 방법으로 4가지 安樂行을 밝히고 있다. 네 가지 안락행이란 (身·口·意·誓願)의 4가지 안락행을 말하는 것으로, 身-안락행이란 몸을 바르게 하는 것 (正身)을 말하고, 口-안락행은 말을 바르게 하는 것을 가리키고(正語行), 意-안락행이란 생각을 바르게 하는 것이며(正義行), 誓願-안락행이란 일체중생이 제도되기를 서원(誓願)하는 大悲行이라 설하고 있다. 顯敎의 四攝行(布施·愛語·利行·同事)과 密敎의 四攝菩薩: 金剛(鉤·索·鎖·鈴)의 行 또한 중생의 안락을 위한 安樂行이다.

129) 『법화경』<常不輕菩薩品>에는 「我深敬汝等不敢輕慢。所以者何。汝等皆行菩薩道當得作佛」(대정장 9. 50c)이라 하며, 일체중생이 모두 성불하므로 그 누구도 깔보지 않고 오직 당신은 부처님이라 하며 그들을 존경하는 상불경보살도 있고, 『화엄경』<普賢行願品>에는 「善男子 言 禮敬諸佛者 所有盡法界 虛空界 十方三世 一切佛刹極微塵數 諸佛世尊 皆有一切世界 極微塵數佛 一一佛所 皆有菩薩 海會圍遶」(대정장 10. 844b)라 하며, 그 누구든 부처님처럼 존경하고 있는 보현보살도 있고, 또 『理趣釋』에는 심지어 「恐怖一切如來者。一切外道諸天。悉具如來藏。是未來佛。令捨邪歸正故。名恐怖一切如來」 『理趣釋』<不空譯> (대정장 19. 615a)라 하여, '모든 外道와 天衆들도 모두 如來藏을 지니고 있어 미래의 佛이므로 그들로 하여금 邪된 것을 버리게 하고 正法에 귀의케 하는 <공포일체여래>도 계신다.

130) 布施란 베푸는 것이다. 일반적으로 布施를 설명할 때는 財施·法施·無畏施의 3가지 布施로 설명한다. 財施란 이름 그대로 재물을 베푸는 것 이며, 法施란 진리를 모르는 자에게 진리를 가르쳐 無知에서 벗어나 광명을 찾게 하는 것이며, 無畏施란 공포와 두려움에 떨고 있는 자에게 法施와 慈悲心을 베풀어 그를 安存케하고 悅樂케 하는 것이다.

131) 四攝法中 愛語攝이 여기에 속한다고 할 수 있다. 부처님께서는 질문의 좋고 나쁨을 가리지 않고 다 들으신 후에는 언제나 '善哉善哉'라 대답하셨다. 이 말씀으로 인하여 질문자는 모든 두려움과 의혹을 떨쳐 버리게 되고 나아

이렇게 서로의 親함을 因으로 삼아 教導(교도)해 나가야한다.[132]

중생이 우치몽매(愚朦)하여 억지로는 제도할 수 없는 것이니 그러므로 眞言行者는 方便(방편)으로[133] 이끌고 나아가야 하는 것이다.

註解 · 講解

<대비심으로 중생을 존경하며, 성불의 길로 인도하라!>

「安樂者 謂行人卽知一切衆生畢竟成佛 故不敢輕慢」
안락 자 위 행인 즉 지 일체 중생 필경 성불 고 불 감 경만

일체중생은 그 누구라도 필경에는 成佛한다는 확신 속에서 그들을 내 몸과 같다고 생각하며 업신여기지 않고 존경하면서 서로 북돋아주며 이끌고 가 마침내 성불을 얻게 하는 것, 그것이 중생을 安樂하게 하는 것이라 정의하고 있다.

경의 이름은 거론하지는 않았지만, 마치 『法華經』의 <常不輕-보살>을 예로 든 것 같은 느낌이 드는 구절이다.

「한 보살이 있었으니, 그 이름이 상불경(常不輕)이다.
사부대중이 모두 법에 걸려 계합하고 집착하니, 상불경-보살이 그곳에 가서 말하기를, 저는 당신들을 가벼이 보지 않습니다. 왜냐하면 당신들은 반드시 성불하기 때문입니다. 사람들이 그 말을 듣고 그를 업신여기며 헐뜯어 꾸짖었으나, 상불경보살은 그것을 모두 인욕하였다.

가서는 부처님의 말씀을 경청할 수 있는 親近과 平安의 자세를 얻게 되는 것이다. 그러므로 '善哉善哉'는 愛語攝의 根源이라 할 수 있는 것이다.

132) 四攝法中 利行攝이 여기에 속한다고 할 수 있다. 布施와 愛語로 마음이 열린 중생에게 비로소 부처님의 慈悲行을 보여주는 것 그것이 이행섭이다.

133) 四攝法中 同事攝이 여기에 속한다고 할 수 있다.

상불경보살이 명을 다해 임종할 때에, 법화경을 듣게 되었는데 육근이 곧 청정해 졌느니라」134)

<常不輕-보살>에 대한 법화경의 말씀이다. 곧 그 어떤 박해와 피해를 받더라도 결코 그것을 두려워하거나 싫어하지 않고, 끊임없이 불법을 홍포했다는 이야기로서, 그와 같은 삶을 <절복역화(折伏逆化)>의 삶이라 부른다. 곧 난관이 오히려 신심을 깊게 하여, 끝내는 成佛에 이르게 한다는 말이다.

『摩訶般若波羅蜜經』<鳩摩羅什譯>에는
「菩薩摩訶薩於一切衆生中。應生利益安樂心。云何名利益安樂心。救濟一切衆生。不捨一切衆生。是事亦不念有是心。是名菩薩摩訶薩」135)

(보살마하살은 일체중생에게 이익과 안락을 주는 것으로, 한중생도 버리지 않고, 아니 버린다는 생각조차도 가지지 않고, 모든 중생을 두루 다 구제하는 자를 일러 보살마하살이라 하는 것이다)

라 정의하고 있으며, 또 不空譯『五秘密念誦儀軌』에는
「菩薩道를 수행하여 無上菩提를 증득하기를 원하는 자는 일체유정을 利益케 하고 安樂케 해야 되는 것으로, 이를 妙道라 이름하는 것이다」136)

『화엄경』에는
「보살은 일체 세간(世間)에 들어가 일체 중생을 모두 덮어(覆) 법계(法界)

---

134) 『법화경』 제 20 <상불경보살품> (대정장 9. 51b)
135) (대정장 8. 243c)
136)「夫修行菩薩道。證成無上菩提者。利益安樂一切有情以爲妙道」(대정장 20. 535b)

를 구경(究竟)케 하므로, 그래서 그가 지니고 있는 大悲門은 무량한 것이라 하는 것이다」137)

라 하며, 이익과 안락행을 일체중생에게 행하여 법계를 구경케 하는 大悲者, 그가 바로 대승의 <보살마하살>이라 강조하고 있다.

<선교방편(善巧方便: upāya-kauśalya)>

「거짓말도 방편」이란 말이 있다. 그만큼 세상에 살려면 방편이 중요한 것으로, 필요에 따라서는 거짓말도 좋은 방법이 될 수도 있다는 뜻으로 사용되고 있다.
一理가 있는 말이다. 오죽하면 부처님도 방편을 사용했겠는가?
우리가 알고 있는 것처럼, 석존불께서는 80세를 일기로 열반에 드셨다. 그런데 갑자기 나타나서는 나는 죽지 않았다 그건 너희들을 위해, 곧 너희들을 고통에서 건져 성불로 인도하기 위해, 방편으로 (거짓말을) 한 것이야! 내 수명은 무량하고 영원해~ 라 말씀하고 있는 것이다.
『法華經』<여래수량품>에 나오는 말씀이다.

살아가는데 있어 방편은 아주 중요하고 필요하다. 때에 따라서는 요긴하게 또 무리 없이 지혜 있게 삶을 살게 하는 비결일 수 도 있기 때문이다. 하지만 방편도 方便 나름이다. 方便에는 2-가지 종류가 있다.
하나는 惡(악)方便이고, 또 하나는 善(선)方便이다.

---

137)「菩薩大願門無有量。 究竟十方法界故。 菩薩大慈門無有量。 普覆一切衆生故」
   (대정장 10. 344a)

<惡方便>은 지혜 없이 함부로 그때그때 자기 편리대로 사용하는 것으로, 당장의 위기는 모면할 수는 있지만, 그것이 남에게 해를 끼친다거나 또 나중에 알려졌을 때 본인이나 상대방에게 고통을 주거나 피해를 주게 된다.

<선방편>은 지혜를 동반한 방편으로, 너도 좋고 나도 좋고 모두에게 기쁨과 이익을 주는 방편을 말한다. 위에서 부처님께서 말씀하신 「나는 열반에 들은 것이 아니다. 그것은 너희들 중생들을 고통에서 건지고 성불로 인도하기 위해, 방편으로 그렇게 열반에 들었다!」고 한 말씀처럼~

여기서 기억해야 할 중요한 것이 있다. 惡方便과 善方便의 구별법이다. 大乘佛敎人, 곧 보살의 필수 생활덕목은 十바라밀이다.
그 중 7번째의 바라밀이 다름 아닌 방편바라밀(方便; upāya-Pāraṃitā)로, 바로 그 앞은 6-번째의 바라밀인 般若바라밀(prajñā-Pāraṃitā이다.

해답은 方便을 쓰되, 6번째인 一切法無自性空(일체법무자성공)의 터득인 般若-바라밀과 상응한 상태에서, 알고 내느냐 알지 못하고 내느냐에 따라 죽은(死) 방편인 惡-方便이 되기도, 생명을 불어넣는 活命의 善-方便이 되기도 하는 것이다.
활명수처럼 사람을 살리는 방편을 일러 善巧方便(upāya-kauśalya)이라 하는 것으로, 불교 특히 밀교는 이것을 활용하여 사람을 살리고 세상을 바꿔나가는 것이다.

<眞言行者는 方便을 究竟으로 삼아 중생을 성불케 한다>
진언 행자   방편   구경

「眞言行者 方便引進」
진언 행자   방편 인 진

「중생이 우치몽매(愚矇)하여 억지로는 제도할 수 없는 것이니, 그러므로 眞言行者는 方便으로 이끌고 나아가야 하는 것이다」

는 『보리심론』의 말씀이 인상적이다.

현교에 四攝(사섭)이 있듯이,

밀교에도 四攝(金剛鉤 · 金剛鎖 · 金剛鎖 · 金剛鈴)보살이 있다.
　　　　　　　金剛鉤　　　金剛鎖　　　金剛鎖　　　金剛鈴

이들을 활용하여 중생을 安樂의 세계로 인도하는 것이다. 곧 여러 가지 선방편을 활용하여 중생을 불러 모아서(鉤), 法界宮(법계궁)인 毘盧遮那宮으로 끌어들인 다음(索), 다시는 윤회의 세계로 나가지 못하도록 자물쇠를 잠거 놓고(鎖), 安樂의 法門을 들려주어(鈴) 성불케 하는 것이다. 이것이 밀교의 方便法(방편법)이다.

『大日經』의「菩提心爲因 大悲爲根根 方便爲究竟」의 三句法門 가운데,
　　　　　　　　菩提心　爲因　大悲　爲根　　方便　爲　究竟　　　三句　法門

마지막 第三句 '方便爲究竟'이나 『보리심론』의「眞言行者 方便引進」이
　　　　　　　　　　　　　　　　　　　　　　　眞言　行者　方便　引　進

란 말씀은 바로 이러한 것을 의미하는 것으로, 어떡하든지 중생을 구제하기 위해 부처님께서 쓰시는 대자대비의 선방편(用)이다.

<왕사성 비극의 주인공, 아사세-왕자와 제바달다>

제바달다는 석존불의 사촌인 아난존자의 형으로,[138] 석존불 못지않게 키도 크고 힘도 좋아, 어렸을 적에는 많은 사람들로부터 선망의 대상이 되기

---

138) 설일체유부의 율장인 『十誦律』은 석가족의 가계(家系)를 다음과 같이 설명하고 있다. 아버지 정반(淨飯) - 싣달타와 난타를 낳음. / 둘째 삼촌 백반(白飯) / 셋째 삼촌 곡반(斛飯) / 막내 삼촌 감로반(甘露飯) - 제바달다와 아난을 낳음

도 하였던 大君(대군)이었다.

성불하신 싣달타 태자, 곧 석존불은 성불 후 어디를 가더라도 항상 제바달다와 동행할 정도로 제바달다를 예뻐했지만, 성장하면서부터 제바달다는 나도 잘생기고 무엇이든지 석존만 못지않은데, 왜 사람들은 나는 챙겨주지 않고 석존불만 위해주는가? 하며 석존불을 시기질투하다 마침내는 온갖 수단을 써 석존을 죽이려고까지 한다.

<왕사성의 비극>이라 일컬어지는 비극이 바로 이것으로, 비극의 발단은 마가다국의 <빔비사라왕>의 늦둥이 외아들인 <아사세왕자>와의 만남으로부터 시작된다.

곧 아버지를 죽이고 빨리 왕이 되고 싶었던 아사세왕자와, 석존불을 죽이고 불교교단의 지도자가 되고자 했던 제바달다의 탐욕이 음모와 계략과 악행으로 이어지고, 그 결과 아사세왕자는 아버지 빔비사라왕을 죽여 왕이 되었지만, 제바달다는 교단에서 추방당한 후에도 질투와 탐욕을 버리지 못하고, 석존불을 죽이려고 손톱에 독을 묻혀 몰래 부처님의 침상에 숨어들어, 외출하신 부처님을 기다리다 그만 잠이 들어, 결국 손톱에 묻힌 그 독 때문에 죽음을 당하게 된다.[139]

승가의 율장(律藏)에는 4바라이죄(淫・殺・盜・妄)란 것을 설하고 있다. 바라이란 pārājikā, 곧 대중들과 함께 살지 못하는 (不共住罪)를 말하는 것으로, 음행을 하거나, 살인을 하거나, 도둑질을 하거나, 깨우치지 못했으면서도 깨달았다고 거짓말 하는 4가지 무거운 죄를 말하는 것으로, 이런 행위는 승단의 불화합을 야기하므로, 不共住罪인 바라이에 넣었다.

---

139) <아사세와 제바달다의 음모>와 <아사세왕의 참회와 승가귀의>이야기, 곧 <왕사성의 비극>에 대한 것은 『관무량수경』(대정장 12. 340)과 『장아함경』(대정장 1. 109b~c), 『pāli律』<경분별>(남전장 1. 287~294항), 『장부』<사문과경>(남전장 6. 126항 이하) 등에 상세히 나온다.

제바달다는 부처님을 죽이려고 그것도 여러 번 시도했으니 살인죄가 적용되고, 거기다 승가를 어지럽히며 승단의 화합을 파괴했으므로 파승가(破僧伽)죄에 해당되는 것이다.

이렇게 도저히 용서받지 못할 <제바달다>였지만, 부처님은 그를 선지식이라 칭하면서, 그 이유를 제바달다 덕분에 발심하게 되었고, 정진수행하여 성불할 수 있노라고 말씀하고 있다.

왜 부처님을 일러 <大慈大悲者>라 하는지, 아울러 제바달다를 善知識이라 칭하며, 그에게 수기를 주고 성불을 약속하며, 누구나 성불할 수 있다는 일불승(一佛乘: Ekabuddhayāna)사상을 현실화 · 실제화시켜 一佛乘(성불)의 약속을 지킨 『법화경』을 왜 많은 불자들이 흠모하고 숭앙하는지, 그 이유를 알고도 남음이 있다.

2장 <勝義菩提行>段
승의   보리행

2. 勝義菩提行 (一切法無自性空의 체득)
승의   보리행   일체 법 무자성 공

2.1 勝義菩提行 (相說: 相의 입장에서 諸乘을 비교함)
승의   보리행

二勝義者 觀一切法無自性。140)   (대정장 32. 573a)
이 승의 자 관 일체 법 무자성

직역(直譯)

둘째 승의(勝義)라 함은 일체의 법은 자성(自性)이 없다고 관(觀)하는
것이다.

의역(意譯)

두 번째 勝義(菩提行)이란 一切法의 無自性을 보는 것이다.

2.1.1 相說이란?

「又深知一切法無自性。云何無自性　前以相說今以旨陳　夫迷途之法
從妄想生　乃至展轉　成無量無邊煩惱　輪迴六趣。若覺悟已　妄想
止除　種種法滅　故無自性」   (573b)

勝義菩提行이란　『菩提心論』의 상기의 설명처럼(573b),
우주의 진리이자 만법의 체성(體性)인 一切法無自性을 설명한 단

---

140) 一切法(高麗藏本)=一切法切(三十帖策子本)

락으로, 제 1장에서 설명한 <行願菩提行>과 뒤에 나오는 제 3장에서 설명할 <三摩地菩提行>의 근간이 되는 것으로, 불교의 모든 교리나 실천수행은 모두가 이것을 바탕으로 이루어지는 것이다.

『보리심론』은 이의 중요성을 알고 상세히 설명하기위해 일부러 상설(相說)과 지진(旨陳)의 2부분으로 나누어 설명하고 있다. 곧

「又深知一切法無自性。云何無自性 前以相說今以旨陳」

(대정장 32. 573b)

이라 하여, 相說(前以相說)과 旨陳(今以旨陳)의 2가지 설명을 통해, 一切法無自性空을 설명하는 것으로, 지금은 相說로서의 설명이다.

<相說>이란 <보리심론> (대정장 32. 573a)의
「二勝義者 觀一切法無自性. 云何無自性」으로부터 (573b)의
「亦超十地菩薩境界」까지를 가리키는 것으로,

이 부분은 소위 世間道(世間三住心)라 일컬어지는 불교 이외의 外道와 天乘을 비롯하여, 초기불교로부터 대승에 이르는 불교경전의 주창들, 곧 出世間道인 聲聞·緣覺의 小乘을 비롯 唯識·華嚴에 이르기까지의 대승경전들의 중심교리를 法相의 입장에서(相說) 설명함과 동시,
나가서는 이들의 교리들이 가지는 맹점들과 단점들을 만법의 체

성인 <一切法無自性空>에 근거하여, 비판하며 상호 우열을 가리고 있는 부분을 말한다.

한편 <旨陳>이란 (573b)의
「無自性 前以相說今以旨陳」

「又深知一切法無自性。云何無自性 前以相說今以旨陳。夫迷途之法 從妄想生 乃至展轉 成無量無邊煩惱 輪迴六趣。若覺悟已 妄想止除 種種法滅 故無自性」

을 가리키는 것으로, 이 부분은 旨, 곧 法相(相)으로서가 아닌 만법의 근본자리인 法性(旨)의 입장에서 一切法의 無自性空을 설명한 부분이다.

이제 본문으로 돌아가기에 앞서, 잠시 우주의 체성인 <無自性空>이란 무엇인지 여러 경전을 통해서 그 핵심을 먼저 살펴본 후, 이어 논이 주창하는 相說을 구체적으로 살펴볼 것이다.

註解 · 講解
<眞諦와 俗諦 / 法性宗과 法相宗 그리고 中道(宗)>
「諸佛依二諦 爲衆生說法 若人不能知 分別於二諦 卽於深佛法 不知眞實義」
제불 의 이제 위 중생 설법 약인 불능지 분별 어 이제 즉 어 심 불법 부지 진실의

「모든 부처님은 이제(二諦)에 의거하여 법을 설하시니, 첫째는 세속제(世俗諦)요, 둘째는 제일의제(第一義諦=眞諦)이다.

- 63 -

만약 이 두 가지 진리(二諦)를 분별하지 못한다면, 부처님의 진실한 뜻을 알지 못할 것이다. 곧 속제에 의거하지 않고는 제일의제를 얻을 수 없고, 제일의제를 얻지 못하면 열반을 얻을 수 없는 것이다」[141]

용수보살의 저작인 『中論:madhyamaka-kārikā』의 말씀이다.
시방제불은 중생들을 위해 진속이제(眞俗二諦)로서 진리를 설하신다 하면서, 진제(眞諦)와 속제(俗諦)의 중요성을 강조하고 있다.
진제와 속제가 무엇인지 살펴보자.

 진제(眞諦=Pāramārtha-satya)란 승의제(勝義諦) 또는 제1의제(第一義諦)라고도 불리며,
 속제(俗諦=Saṃvṛti-satya)는 세속제(世俗諦) 또는 세제(世諦)라고도 불린다. 여기서 제(諦=satya)란 우주의 진리를 뜻한다.
곧 불교에서는 諸法의 實相(우주의 진리)을 파악하고 설명하기 위해 법성(法性)과 법상(法相)이란 두 가지 측면을 시설(施設)해 놓고 있다.

     - 眞諦(pāraṃ-ārtha-satya)-진여문(眞如門)-법성(法性)=無=진실(眞實)=실(實)

二諦
  空
  中道

     - 俗諦(saṃvṛty-satya)------생멸문(生滅門)-법상(法相)=有=방편(方便)=권(權)

---

141)「諸佛依二諦 爲衆生說法 一以世俗諦 二第一義諦. 若人不能知 分別於二諦
    則於深佛法 不知眞實義. (중략) 若不依俗諦 不得第一義 不得第一義 則不得
    涅槃」『中論』 제24 <觀四諦品> (대정장 30. 32c~33a)

이들의 관계를 알기 쉽도록 설명하면 위의 도표와 같다.

소위 (진제와 속제)라고 하는 것이 그것인데,

二諦 가운데 진제(眞諦)는 법성(法性)을, 속제(俗諦)는 법상(法相)을 가리킨다.

위에서 인용한 『中論』의 말씀처럼, 불교를 잘 이해하기 위해서는 위의 도표에서 보인 것처럼, 이제(二諦), 곧 法性(眞諦)과 法相(俗諦)에 대해 정확히 알고 있어야 한다.

까닭인즉 불교에서는 小乘 · 大乘이니, 또는 법성종(法性宗) · 법상종(法相宗)이니, 또 여래장(如來藏) · 유식(唯識)이니 하여, 상호 주장하는 교리나 소의경전(所依經典)이 전혀 다르기 때문이다.

왜 그런 것일까? 똑 같은 부처님 말씀인데 왜 서로 다른 입장을 취하며 또 심지어는 상대방을 이단이라 몰아 부치며 비방 하는 것일까?

이러한 것들을 이해하기 위해서는 그 경전이나 종파가 性(眞諦)의 입장에 서 있는지, 아니면 相(俗諦)의 입장에 서 있는지 잘 알아 두지 않으면 아니 된다. 다시 말해 팔만대장경의 내용이나 종파의 주장이 서로 다른 이유는 경전의 입장이나 종파의 입장이 서로 다르기 때문이다.

우리가 불교를 어렵다고 생각하고 또 잘 이해하지 못하는 이유 중의 하나도 바로 이러한 이유 때문이다.

불교를 이해하는데 있어 중요한 몫을 차지하는 대승의 사상과 이념, 말하자면 여래장사상(如來藏思想)과 유식사상(唯識思想) 그리고 중도사상(中道思想)의 기본 입장은 무엇이며, 이들은 서로 어떻게 다른지 앞에서 살펴본 二諦(性과 相)와 관계 지어 설명하면 다음과 같다.

如來藏思想=眞諦의 立場, 곧 性의 입장에서 제법을 파악하고 설명하고
　　　　　　있기에 法性宗이라 부른다.

唯識思想=俗諦의 立場, 곧 相의 입장에서 제법을 파악하고 설명하고
　　　　　　있기에 法相宗이라 부른다.

中道思想=中道(madhyamaka-pratipad)의 立場, 곧 性과 相의 2가지
　　　　　　입장에서 제법을 파악하고 설명하기에 中道宗이라 부른다.

<勝義菩提心과 空性>
승의　보리심　　공성

「勝義者 觀一切法無自性」
승의 자 관 일체 법 무자성

勝義(pāramārtha)란 제일의제(第一義諦), 곧 일체법의 본성인 無自性
(空)을 말한다.[142] 석존부처님의 말씀의 핵심은

一切法無自性空(sarva dharma niḥsva-bhāva śūnya)이다.

곧 불교의 목숨인 命題(명제)는 空性(śūnyatā)으로서, 시대와 사상을 불
문하고 불교의 모든 교리는 이 空性으로부터 시작되어, 공성으로 끝을
맺는 것이다.

「因緣所生法 我說卽是空 亦爲是假名 亦是中道義」
인연 소생 법 아 설 즉시 공 역 위 시 가명　역시 중도 의

　　　　　　　　　　　　『中論』<24품-18송> (대정장 30. 33b)

---

142) 『大日經疏』는 「波字門一切諸法第一義諦不可得故者。梵云波羅麼他。翻爲
　　第一義。或云勝義」『大日經疏』(대정장 39. 654a)라 하여, <pāramārtha>를
　　<勝義諦> 또는 <第一義諦>라 한다고 설명하면서, 「波字(pa= 　=一切法第一
　　義)를 여기에 대입시키고 있다.

- 66 -

(인연으로 생긴 것을 일러 <空>이라한다. 또 가명<假名>이라고도 한다. 이런 것을 일러 중도<中道>라 하는 것이다)

「諸法皆是因緣生 因緣生故無自性 無自性故無去來 無去來故故無所得
 제법 개시 인연 생　인연생 고 무자성　무자성 고 무 거래　무거래 고 무 소득

 無所得故畢竟空 畢竟空故是名般若波羅蜜」
 무소득 고 필경공　필경공 고 시명 반야　바라밀

『大智度論』 (대정장 25. 631c, 490c)

(세상의 모든 것은 모두 인연으로 이루어져 있다. 그러기에 자성<自性>이 없다고 하는 것이며, 자성이 없는 것이기에 거래<去來>도 없고, 거래(오고 감)가 없기에 소득<所得>도 없는 것이며, 소득이 없기에 필경공<畢竟空>이라 하는 것으로, 필경공 이것을 일러 반야바라밀이라 하는 것이다)

「如來知是一相一味之法 所謂 解脫相 離相 滅相 究竟涅槃 常寂滅相 終
 여래 지 시 일상 일미 지법 소위　해탈 상 리상 멸상 구경 열반 상 적멸 상 종

 歸於空」　　　　　　　　　『法華經』<藥草喩品> (대정장 9. 19c)
 귀 어 공

(여래는 알고 계신다. 一相이며 一味法인 제법실상을, 곧 일체법은 해탈 상<解脫相>이며 離相이며 滅相이며 열반이며 寂滅相으로, 궁극에는 모두 空으로 돌아가는 것임을 ~)

「眞性甚深極微妙 不守自性隨緣成」　　　『華嚴經』 요약송, 義湘 <법성게>
 진성 심심 극 미묘 불 수 자성 수 연성

(우주의 진성은 심히 깊고 극히 미묘해서 자성<自性>이 없는 것으로, 언제나 인연<因緣>을 좇아 일어나는 것이다)

「性同虛空卽同於心。性同於心卽同菩提。如是祕密主。心虛空菩提三種無二」
성 동 허공 즉 동 어심 성 동 어심 즉 동 보리   여시 비밀주   심 허공 보리 삼종 무이

『大日經』(대정장 18. 1c)

말하자면 불교의 시작(알파=α)과 끝(오메가=Ω)은 空性으로 시작하여 空
性으로 끝을 맺을 만큼, 空性은 불교의 목숨(명제)인 것이다.

『보리심론』은 이 空性을 <勝義(승의)보리심>이라 정의하고 있다.

<반야(般若)와 상응하는 삶>

「여래의 색신은 무변제(無辨際)하고, 위력 또한 무한하며 그분의 수명 또
한 무한하시다. 때문에 그분의 말씀은 모두가 전법륜(轉法輪)이 되고, 일
찰나에 일체법을 모두 요지하시는 것이다. 그 까닭은 일찰나(一刹那)에
반야(般若)와 相應하기 때문에~」[143]

『異部宗輪論(이부종륜론)』의 말씀이다.

반야(般若)와 상응하기에 이러한 위신력을 지니고 계시다는 대목이 가슴
에 찡하며 저려온다. 大乘, 아니 초기불교부터 밀교에 이르기까지 부처
님 말씀의 핵심은 모두가 <一切法無自性空>인 반야이다.

초기경전인 『아함경』을 위시해 8만대장경 모두가 공(空)이란 기반위에서
설해지고 있기 때문이다.

  곧 무상(無常)이니 무아(無我)니 하는 이런 어구들은 모두가 空을 의미
하는 것이고, 또 해탈·열반·보리(菩提)란 것도 모두가 우주 법성인
<일체법무자성공>을 체득해 얻어진 결과를 말하기 때문이다.

---

143)「如來色身實無邊際　如來威力亦無邊際　諸佛壽量亦無邊際　諸如來語皆轉法
　　輪　一刹羅心了知一切法　何以故一刹羅心相應般若故」『異部宗輪論』(대정장
　　49. 15b~c)

우리가 매일 지송하는 『반야심경』속의

「보리살타(보살)와 삼세제불은 모두가 반야바라밀을 의지하고(依 般若波羅蜜多) 살기에, 걸림도 없고 공포도 전도몽상도 없는 것으로, 구경에는 열반과 무상정등정각을 얻으신 것이다」[144]

라는 경구는, 불교의 핵심이 바로 이 반야(般若)와 상응하는 삶을 사는 것이란 것을 알려주는 명구중의 명구이다.

일상에서의 매사에 반야와 상응하는 삶을 살도록 정진케 하고, 또 매사마다 나의 행동거지가 반야와 상응하는지 아닌지 체크하는 습관을 가지게 해주기 때문이다.

매일 매일 반야와 상응하는 삶, 이것이야말로 불자의 사명이자 성불의 비결이다.

<天秤(천칭=Balance=저울) / 천칭자리 / 우주중심축, 空=0=中道>

서초동 대법원 청사 중앙 현관에는 오른손엔 저울을 높이 들고,
왼손엔 법전을 든 '정의의 여신상'이 조각되어있다.

그리스의 수많은 신들 가운데는 正義(정의)를 관장하는 女神 테미스(Themis=Justice)가 있다,

법과 정의를 관장하는 그녀는 눈을 감은 채 저울을 들고 있는데,

한 손에는 천칭(저울)을, 다른 손에는 칼을 들고서, 우리 인간들에게 법과 공정과 정의를 세워주고 있다.

 눈을 가린 것은 주관을 버리고, 불편부당하지 않게 재판하라는 의미다.

칼은 엄정한 법의 집행을, 저울은 공정하라는 의미이다.

---

144)「菩提薩陀依般若波羅蜜多故 心無罣碍 無罣碍故 無有恐怖 遠離顚倒夢想究竟涅槃 三世諸佛依般若波羅蜜多故 得阿褥多羅三藐三菩提」『般若心經』

정의의 여신 테미스가 들고 있는 저울은 <천칭자리 별>을 형상화한 것이다.

<이집트의 <死者의 書>

<死者의 書>에는 죽은 자(Ka)가 심판을 받는 일련의 과정이 자세히 그려져 있어, 일찍부터 관심의 대상이 되어왔다.

그림의 내용을 살펴보면, 한 사람의 죽은 자(死者=Ka)가 저울이 있는 곳으로 안내를 받아 가고 있는 모습, 뒤이어 한쪽 접시에는 死者 본인의 심장(心臟)이, 반대쪽 접시에는 정의와 공정과 진리를 상징하는 여신 <마트>의 깃털이 담겨 있는 저울(Balance)을 재고 있는 자칼의 모습을 한 <아누비스>의 모습과, 이를 기록하고 있는 새 주둥이 모습을 한 기록관 <토트>의 모습, 死者와 기록물을 재판관에게 데려가는 매의 모습을 한 <호루스>의 모습, 마지막으로 초록색의 얼굴을 한 재판관 <오시리스>의 모습, 이의 결과를 지켜보며 결과에 따라 死者를 삼켜버리려고 대기 중인 괴물 <암무트>등이 표현되고 있다.

<최후의 심판(Last Judgement)>

천사 <미카엘>이 저울을 들고 서 있고, 오른쪽 접시 위에는 善한 영혼이 합장을 한 채 무릎을 꿇고 있고, 왼쪽 접시 위엔 惡한 영혼이 몸이 뒤집혀진 상태로 머리카락은 악마에 붙잡힌 채 바둥거리는 모습을 하고, 또 한쪽에는 천사 미카엘로부터 창으로 찌름을 당하고 있는 악한 영혼들의 모습들이 그려져 있다.

르네상스의 화가인 <한스맴링: Hans Memling)>이 그린 중세시대 기독교의 死者의 심판, 곧 천국과 지옥에의 갈림길의 모습을 풍자한 작품이다. 위에서 살펴 본 <死者의 書>나 <최후의 심판>에서 볼 수 있듯이,

천칭(저울)은 예로부터 영혼의 무게를 재고, 선악을 판별하는 도구로 사용되어왔다. 이 천칭을 통해 사후의 운명을 결정하고, 현세에서의 정의를 실현하고자 한 것이다.

오늘날엔 이 천칭이 지니고 있던 본래의미는 퇴락했지만, 정의와 법의 상징으로서의 의미는 여전히 활용되고 있다.

저울의 한쪽 접시에는 끊임없이 온갖 사건이 올라오고, 또 한편 접시에는 이에 대한 형벌이 집행되고 있기 때문이다.

무게를 재는 일은 신중과 공정이 깃들어 있어야 한다.

<요하네스 베르메르>의 작품중에 <저울을 들고 있는 여인>이란 그림이 있다. 그런데 이상하게도 이 여인은 저울을 달고 있기는 해도 접시는 아무 것도 담긴 것이 없는 텅 빈 접시이다. 이유는 중심축이 정확한지의 여부를 재기위해 일부러 비워 놓은 것이라고 한다. 법의 잣대인 중심축(공정)이 얼마나 중요한 것인지 암시 강조하며 풍자하고 있는 것이다.

근래 우리사회에서 벌어지고 있는 일들을 지켜보고 있노라면, 과연 정의의 여신상이 추구하는 정의와 공정의 가치가 살아 있는지 의구심이 들 때가 많다.

<조국의 사태>만 해도 그렇다!

법률학자, 그것도 잠시이긴 하지만 법의 수호자라 할 법무부장관까지 지낸 조국씨의 사태, 아직도 법의 정의에 대한 공방전이 진행중이다.

언제나 끝나려는지 또 어떻게 판결될지~ 답답하고 암담하기만 하다.

우리나라 대법원 앞의 <정의의 여신상>은 서양의 정의의 여신상과 달리 눈을 뜨고 있는 모습이다. 까닭은 불편부당하지 말고 저울과 법전, 그리고 사실관계를 정확하고 똑똑히 보라는 의미로 그렇게 조각했다고 한다. 그런데도 법리와 사실관계가 무색할 정도로, 조국의 법을 대하는 사법부의 태도나 사법부의 판결에 불복종 하며 '대법원 판결도 절대적인 것이 아니다'며 항변하는 조국씨(반성은커녕 오히려 <Dike(테미스의 딸)의 눈물>이란 책속에서, 대한민국의 법을 피가 묻은 칼을 무지막지하게 휘두르는 망나니에 비유하고 있다)의 모습을 보면, 도대체 국가법이 어쩌다 이런 지경에까지 이르게 되었나? 싶은 걱정에 앞서, 도덕 불감증 내지 정의에 대한 우리사회 우리 교육의 인식의 삐뚤어짐을 탄식하게 된다.

혹시 서양의 정의의 여신상과 달리 우리의 정의의 여신상이 눈을 뜨고 있어 그런 것은 아닐까? 아니 불편부당을 보기위해서가 아니라 누가 내 편이고 누가 저편인지 보기 위해서 일부러 눈을 뜨게 한 것은 아닐까? 라는 생각이 들 정도다. 지금부터라도 서양의 그것처럼 정의의 여신상에 눈가리개를 하면 고쳐질 수 있을까?
서양의 正義의 여신은 오른쪽엔 칼, 왼쪽엔 저울을 들고, 동양(이집트)의 정의의 여신은 왼쪽에는 死者의 심장을, 오른 족엔 正義의 추(새털)를 들고 있다. 비록 동서양이 전하고 있는 모습이 다르긴 해도 그것이 상징하는 의미는 같은 것이다. 저울은 정의의 기준을 상징하고, 칼은 정의를 실현시키기 위한 힘을 의미한다.

<불교의 중심축은 '一切法無自性空'이란 천칭(저울)>
0 (空)이란 숫자는 인도人이 창안해 낸 <신의 한수>이다.
2차원이든 3차원의 세계이든 모든 좌표축은 0을 중심점으로 해서 +와 -로 이루어진 무한의 세계를 표현하고 있기 때문이다.
온갖 것을 기억하고 계산하고 생각하며 이젠 知情意로 함축되는 인간의 마음에까지도 도전장을 내밀며 끝없이 새로운 것을 창출해 내는 <슈퍼컴퓨터> 또한 0과 1이라는 二進法의 원리로 이루어져 있다.

 앞에서 본 천칭(저울)이 정의와 처벌의 기준을 상징하듯, 불교의 정의와 선악의 판단기준은 0(空), 곧 중도(中道)로, 초기불교로부터 대승을 거쳐 밀교에 이르기까지의 모든 불교교학과 실천의 기준점은 空인 것이다.
곧 般若空에 상응한 삶을 살면 열반락을 얻지만, 空에서 벗어난 삶을 살면 고통으로 점철된 삶을 살게 되는 것임을 공의 철학은 알려주고 있는 것이다.

<空의 계절. 放下着의 계절, 保任의 계절, 12월>
<small>방하착   보림</small>

 자연을 보자! 自然이란 本來의 모습, 꾸미거나 손대지 않은, 있는 그대로의 모습, 진리 그 자체라는 말이다.
 모두 버리지 않았나? 여름 내내 화려했던 그 모습을~
가을 내내 그 풍성했던 자기의 모습을~
왜 버렸을까? 그것이 자연이고, 버릴 줄 알아야 또 다시 태어나서 멋진 꽃을 피울 수 있고 더 많은 열매를 맺을 수 있기 때문이다.
 우리는 12월을 일러 비움(空)의 계절이라 부른다.
비울 줄 알아야 비로소 많이 채울 수 있다는 것을 알고 있는 듯,
모든 것을 버리는 달이 한겨울의 12월이기 때문이다.
 그러나, 우리들은 어떤가? 채울 줄만 알았지, 비우는 것, 비움이 주는 맛, 비움의 기술을 모른다. 그저 오로지 채우고 배가 불러도 또 채울 뿐이다. 마지막 숨을 들이마시는 그 순간까지도~

제법 오래전의 일이지만 한때 극장가를 누빈 최고의 영화로 <아바타>라

는 영화가 있었다.

즐거리: 욕심 때문에, 우주의 <판도라 위성>과 함께 相生(상생)하지 못하고 지구만 잘 살려는 욕심 때문에 모두가 죽고 패망한다는 이야기이다.

최근 제 2탄 <물의 길>이 나왔다.

주제는 '정신주의와 자본주의, 제국주의, 식민주의, 인권 유린, 자연 결핍 장애'에 대한 주제를 담은 경종성의 영화이다.

지구인들은 죽어가는 지구를 버리고 판도라로의 완전 이주를 위해 판도라를 침략하고, 한편 나비족은 부족과 가족을 지키기 위해 단합하며 결사항전의 태세로 지구인들과 싸워 마침내 부족을 지켜낸다는 줄거리이다.

<아이티>지진사태, <지구 온난화>, <코펜하겐에서 열린 탄산가스 배출 축소를 위한 지구환경회의>, <러시아의 우쿠라이나 침공> <미국과 중국 간의 힘겨루기> <남북간의 끝없는 갈등>등 나라간의 이해부족과 욕심으로 점점 불안해져만 가는 국제정세, 아무런 해결책도 내놓지 못하고 심지어 해체운운에 봉착하고 있는 UN(국제연합), 모두가 매스컴의 화두이자 <아바타>가 주제로 삼는 테마들로서 警鐘(경종)의 의미가 크다.

『金剛經』의 핵심은 無所住(무소주)이다. <應無所住而生其心>

모든 것에서 住하지 말라는 것이다. 住한다는 것은 집착을 말한다.

住(執着)하면 病들고 썩고, 결과로 고통과 폐망이 오는 것이다.

<돈·명예·사랑·권력·生命 等等> 모든 것이 그렇다.

『般若心經』의 핵심 역시 <五蘊皆空(오온개공)>이다.

그것이 진리이고, 이 사실을 모르거나, 또 알고도 삶 속에서 지키지 않기 때문에, 고통이 오고 절망이 오고 온갖 질병이 온다는 것을 가르쳐

주기 위함이다. 衆生의 病을 진단하고, 그 원인을 가르쳐 주고 있는 것이다. 이것만 알고 또 지키기만 하면, 우리가 願하는 모든 것, 곧 고통도 절망도 질병도 없어지고, 대신 그 자리에는 기쁨·희망·극락·성불이 온다는 가르침이다.

12月은 한 해를 장식하는 마지막 달이다. 회향의 달이다. 따라서 멋지게 마무리해야 한다. 有終(유종)의 美를 거두어야 한다. 그러기 위해서는 自己自身을 되돌아보아야 한다.

되돌아본다는 것은 보살의 삶인 般若에 입각한 삶을 살았는지 살지 못했는지 살펴보라는 의미이다. 보살이란 佛 지망생이다. 보살이란 반야의 用인 眞善美(진선미) 三德을 갖춘 사회와 가정의 우등생을 말한다.

<上求菩提 下化衆生>하는 자가 보살이다. 菩薩이라는 미명하에 今年 한 해를 어떻게 지냈는지 되돌아보아야 한다. 下化衆生은 차치하더라도 上求菩提를 위해 얼마나 열심히 정진했는지 살펴보아야 한다.

<제행무상의 중국적 이해, 역학(易學)>
정초(正初)가 되면 점술원(占術院)이니 역학원(易學院)이니 하여 북새통을 이룰 만큼 문전성시를 이룬다.

원래 점술이나 역학(易學)은 한 시도 쉼이 없이 끊임없이 변해간다는 이론인 역(易)에 그 原理를 두고 있는 것으로,
이는 불교의 명제인 「諸行無常法印과 諸法無我法印」, 달리 말하면 우주의 진리인 <일체법무자성공>을 중국적 사유로 표현해 낸 학문(學)이다.

易學에서 易은 다음과 같은 三易(簡易·變易·不易)의 원리에 근거를 둔다고 한다. 三易이 무엇인지 잠시 살펴보자.

간역(簡易): 끊임없이 변하는 현상을 말한다.

변역(変易): 끊임없이 변하는 이러한 簡易의 현상은 음과 양,
　　　　　 곧 양(陽)과 음(陰)의 변화 때문이다.

불역(不易): 이와 같이 음과 양의 변화에 의해 일어나는 변하는 현상은
　　　　　 언제 어디서나 절대 변하지 않는 것으로, 그래서 易(學)이라
　　　　　 한다는 것이다.

　바둑이란 놀이는 易學의 원리를 응용해 중국인들이 창안해 낸 놀이문화이다. 말하자면 바둑이란 놀이를 통해서 시시각각 변하는 삼라만상의 진리인 空性을 체득케 하기 위해서이다.

　바둑의 원리가 이렇게 고귀하고 심오한 것이기에, 바둑을 통해 그 어떤 것에도 욕심내거나 집착하지 않고 여유를 가지고 유유자적(悠悠自適)하게 살아가야 함을 배워야 함에도 불구하고, 일부 몰지각한 사람들은 내기다 뭐다 하며 오히려 바둑을 통해 인생을 망치곤 하는 경우가 종종 있다.

　학창시절 서울공대 출신의 정00라는 사람이 쓴 『수학1의 완성』이란 명저가 있었다. 당시엔 그 책이 너무 유명하여 수학하면 그 누구라도 모두 이 책으로 수학공부를 했고, 거기다 그 분이 원장으로 있는 00학원에 가서 직접 강의를 듣기도 하였다. 대학졸업후 그것도 한참 지난 어느 날 그분이 바둑도박으로 감옥에 들어갔다는 신문보도를 보게 되었다.

얼마나 놀랐는지 그렇게 돈을 많이 벌었고 그토록 유명세를 탔던 00학원 원장이란 자가, 무엇이 부족해서 諸行無常을 터득시키기 위해 일부러 놀이문화로 만든 神仙工夫(신선공부)인 바둑을 1억원 따먹기 도박으로 변질시켜 놓다니~ 정말 기가 찬 일이다. 바둑만 보면 그 사람이 자꾸 떠오른다. 좋아하는 바둑인데~

<死亡과 涅槃의 차이점>
사망   열반

死亡(사망)이란 집착을 버리지 못하고 떠난 사람, 자유롭지 못하고 억매이다 가버린 사람, 곧 해탈하지 못한 사람, 고통 속에서 세상을 떠난 사람에게 사용하는 말이다.

涅槃(열반)이란 집착을 완전히 버리고 간 분, 自由人이 된 분, 안락을 느끼면서 간 분에게 드리는 존칭어, 극찬의 말이다.

가족을 비롯해 가까운 친척이나 친구가 세상을 하직했을 때 사찰에서 행하는 49재 薦度齋(천도재)에 참석할 때가 종종 있을 것이다.

천도재란 영가를 극락왕생케 하는 불교의 신성한 의식으로, 생전에 영가가 지은 여러 업장들을 참회시키고 부처님의 말씀, 특히 인연법과 업(業)의 重함을 설하여, 당사자인 영가를 비롯해 그곳에 모인 분들까지도 천도시키는, 소위 回光返照(회광반조)시켜 남은 인생을 올바르게 살도록 인도하는 귀중한 시간이다.

불교는 이러한 천도의식을 통해, 영가 당사자나 영가를 추모하기 위해 그곳에 모인 모든 분들에게,

첫째 이 세상의 동력인은 하나님도 부처님도 아닌 일거수일투족의 행동거지인 業 바로 그것이라는 것을 알게 하고,

둘째 업의 결과물인 식(識)이야말로 윤회의 주체라는 것을 알게 하고,

셋째 모든 것은 無常(무상)하고 실체가 없는 無自性空임을 알게 하여,

넷째 이것을 일거수일투족의 일상생활속에서 실천토록 인도하는 것이다,

곧 집착에서 벗어나도록 無常함을 戒(계)로 삼게 하여, 그 무엇에도 집착하지 않고 살도록 하는 소위 『금강경』의 핵심인 <應無所住而生其心(응무소주이생기심)>의 삶을 살게 하는 것이다.

佛家가 주창하는 空의 삶이란 마치 연꽃처럼, 應物(응물)하여 즐기되, 물들지 않는 것 (不染=불염)을 말한다.

불도수행을 잘 한다는 것, 성불지망생인 보살이란 바로 이러한 삶을 사는 자를 말하는 것이다.

이런 자에게는 절대로 고통이란 찾아오지 않는 것이다.

苦痛(고통)은 물드는데서, 執着하는 마음에서, 貪하는 마음에서, 所有하려는 마음에서, 知足할 줄 모르고 만족하지 못하는 데서, 감사할지 모르고 불만을 품는데서 부터 오는 것이다.

<역대 대통령> 등등, 우리사회에서 일어나는 큰 사건들은 모두가 돈·명예·권력·애욕에 물들고 탐하는 마음에서 비롯된 것이다.

부처님 최후의 말씀에 <自燈明 法燈明(자등명 법등명)>이란 말씀,
또 일반적으로 쓰는 <見性成佛(견성성불)>이란 말씀의 진정한 의미,
곧 우리가 목표로 하는 成佛(성불)·解脫(해탈)·菩提(보리)·無上正等正覺(무상정등정각), 이러한 것들은 <諸行無常 諸法無我(제행무상 제법무아)> 라는 우주의 진리인 法性(법성=無自性空)을 깨달아, 그것을 일상의 삶속에서 등불과 戒로 삼고, 이를 실천할 때 이루어진다는 말씀이다.

곧 『無常戒(무상계)』에서 말씀하신
「夫無常戒者는 入涅槃之要門이며, 越苦海之慈航이라,
부 무상계 자 입 열반 지 요문 월 고해 지 자항

是故로 一切諸佛이 因此戒故로 而入涅槃하셨고, 一切衆生도 因此戒故로
시고 일체 제불 인 차 계 고 이입 열반 일체 중생 인 차 계 고

而度苦海하였느니라」
이 도 고해

(무상계는 열반으로 들어가게 해주는 중요 문이며, 사바의 고해에서 벗어나는 자비의 배이다. 곧 일체 모든 부처님들도 이 무상계를 통하여 열반에 드셨고, 모든 중생들도 이 무상계로 인하여 고해를 건너간 것이다)

란 뜻에 따라, 일거수일투족의 일상생활 속에서 무상함(空性)을 계율로 삼고, 이를 실천하며 사는 것, 이것이야말로 고통에서 벗어나는 지름길이며, 영원한 행복을 찾는 길이며, 또한 우리의 목표인 成佛을 이루는 첩경임을 말씀하신 것이다. 우리 모두 死亡이 아닌 涅槃이 되도록 열심히 수행·정진해야 할 것이다!

<空의 실천가, 방(龐)거사>

중국 형주(邢州) 일대에서 큰 부자로 소문난 방(龐)거사는 어느 날 부인과 딸을 불러놓고,

집문서, 땅문서는 물론 집에 있는 돈과 온갖 보물들을 저 악양(岳陽)의 동정호(洞庭湖)에 버리겠오! 아무도 우리 재산을 건지지 못하도록~

그러자 총명한 딸, 영조(靈照)가 물었다. 아버지! 왜 가난한 사람들에게 나누어 주지 않고 버리려 하십니까?

재산이 탐욕을 부른단다. 그러니 재산이 원수가 아니겠느냐?

진정한 보시(布施)는 탐욕이 생기지 않게 하는 것이란다.

재산을 주는 것이 탐욕을 주는 것이 옵니까? 아버지!

그렇단다. 나도 처음에는 가난한 사람들에게 나누어 줄까 하고 망설였다만, 나에게 원수가 된 재산을 도저히 남에게 떠넘길 수는 없다는 결론을 얻었단다.

그러니 그렇게 알거라! 내일 아침 해 뜨기 전에 모두 버릴 터이니~

네, 아버지! 뜻대로 하십시오!

영조야! 대부분의 세상 사람들은 돈을 좋아한다만,

나는 古謠(고요=선정)를 즐긴단다. 왜 그런지 아느냐?

<돈>은 사람의 마음을 어지럽히지만,

<선정>은 본래의 내 모습을 드러나게 하기 때문이란다. 내 딸 영조야!

진정한 布施(보시, 유산)란 탐욕을 없게 하는 것(滅貪=멸탐)>이며,

진정한 持戒(지계)란 성(瞋心)을 내지 않는 것(滅瞋=멸진)>이며,

진정한 禪定(선정)이란 <어리석음(痴)을 없애는 것(滅痴=멸치)>이란다~

2.1.2 凡夫와 外道의 삶 (名聞利樣과 天上樂의 추구)
   범부   외도   명문 이양   천상 락

「凡夫執着名聞利養資生之具 務以安身 恣行三毒五欲」
 범부 집착 명문 이양 자생 지구 무이 안신 자행 삼독 오욕

云何無自性 謂凡夫執著名聞利養資生之具 務以安身
윤하 무자성 위 범부 집착 명문 이양 자생 지구 무이 안신

恣行三毒五欲。眞言行人 誠可厭患 誠可棄捨。
자행 삼독 오욕 진언 행인 성가염환 성가 기사

又 諸外道等戀其身命。或助以藥物得仙宮住壽
우 제 외도 등 연기 신명 혹 조 이 약물 득 선궁 주 수

或復生天以爲究竟。眞言行人應觀 彼等業力若盡 未離三界
혹 부 생천 이 위 구경 진언 행인 응관 피 등 업력 약진 미이 삼계

煩惱尚存 宿殃未殄 惡念旋起。當後之時 145) 沈淪苦海 難可
번뇌 상존 숙 앙 미진 악념 선기 당 후 지시   침륜 고해 난 가

---

145) 後(高麗藏本)=彼(三十帖策子本)

- 80 -

出離。當知外道之法亦同幻夢陽焰也。　　（대정장 32. 573a）
출리　당지　외도　지법역　동환　몽양염　야

직역(直譯)

무엇이 무자성인가?

이르되 범부는 명문(名聞)과 이양(利養)과 자생구(資生具)에 집착(執着)하여, 몸이 편안하기에만 힘을 써서, 하고 싶은 대로 삼독(三毒)오욕(五欲)을 행하느니라.

眞言行人은 진실로 싫어하고 근심할 것이며, 진실로 버릴 것이다.

또 모든 외도(外道) 등(等)은 그 신명(身命)을 연모(戀)하여, 혹은 약물(藥物)로써 도우고, 선궁(仙宮)에 주수(住壽)를 얻고, 혹은 또 천상(天上)에 태어나는 것을 구경(究竟)으로 삼느니라.

진언행인은 응당히 관(觀)해야 한다.

저들의 업력(業力) 만약 다했다 하더라도, 아직 삼계(三界)를 여읠 수 없고, 번뇌 오히려 남아 있어, 숙앙(宿殃) 아직 멸하지 않고, 악한 생각 돌아서 일어나나니, 뒤를 당하여 고해(苦海)에 빠져 벗어나기 어렵다는 것을, 마땅히 알지어다. 외도의 법은 환몽·양염(幻夢·陽焰) 같은 것임을~

의역(意譯)

무엇을 무자성이라 하는가? 凡夫는 名聞과 利養과 資生146)을 갖추는 데에만 執着하여, 하는 일마다 安身을 위주로 하면서 방자하게 三毒과 五慾147)을 行한다.

---

146) 먹고 사는 것에 집착하는 것을 말한다.
147) (色聲香味觸)의 다섯 가지 욕(五慾)을 말한다. 『大智度論』 第二十八(卷 十七) (대정장 25. 180b~183c)

眞言行人은 정말로 (凡夫의 이러한 것들을) 厭患(싫어하고 증오)하고 棄捨(기사)해야 한다.

또한 모든 外道등은 그 身命을 연모하면서, 때로는 그것을 위해 藥物을 사용하면서[148] 仙宮에서의 住壽를 얻거나[149] 또는 하늘에 태어나는 生天을 究竟으로 삼는다.[150].

---

148) 白金 黃金 乾坤 神丹 練丹 등을 服餌(복이)하거나, 善美를 섭취해 三神이 산다는 실재하지도 않는 전설 속의 蓬萊山(봉래산)에 올라가 長壽를 누리려고 하는 外道들을 가리킨다.

부처님 당시에도 인간의 자유의지를 말살하고 도덕과 善의 무용을 불러 당시의 사람들로 하여금 쾌락과 허무주의에 빠지게 한 소위 <六邪外道(육사외도)>들이 있었다. 외도(外道)란 말은 바로 이러한 의미에서 나온 말로서, 석가모니 부처님은 이러한 시대에 출현하여 사람들의 무지(無知)를 깸과 동시 나가서는 쾌락과 허무주의에 빠져 있는 사회를 올바로 이끌어 가셨다.

대표적인 외도들은 唯物論者·四要素說 주장·쾌락주의인 아지타(Ajita), 懷疑論者. 不可知論者인 산자야(Sāñjaya), 結合因說을 주장·決定論者·邪命外道라 불리운 고살라(Gosāla), 도덕부정론자·쾌락주의자인 카샤파 (Kāśyapa), 地·水·火·風(四大)·苦·樂·영혼 등 7요소를 주장한 파쿠다 (Pakuda), Jaina敎의 開山祖로서 二元論者·조건에 의한 否定主義者로 불리운 니간타(Nigantha) 등 이다.

149) 인간계를 벗어나 三界, 곧 欲界 6天, 色界 18天, 無色界 4天 등의 三界 28天에 태어나기를 바라며, 여러 가지 禪定을 닦는 外道들, 소위 無所有處定(무소유처정)의 대가 <알라라 카라마>와 非想非非想處定(비상비비상처정)>의 대가 <웃다카 라마풋다> 등의 外道들을 말한다.

150) 『楞嚴經』에는 「삿된 淫行에는 마음을 두지 않으나 처자권속의 情만은 아직 버리지 못한 行의 과보는 <四天王天>에, 자기 아내에게 마저 애욕이 없고 항상 깨끗한 곳에 머무는 行의 과보는 <忉利天>에, 慾의 경계를 보면 잠시 머물다 곧 바로 떠나는 行의 과보는 <閻魔天>에, 평소에는 고요한 곳에 머물지만 愛慾의 상대를 만나면 거절하지 못하고 휘말리는 行의 과보는 <兜率天>에, 욕심은 없으나 상대에 응해주는 과보는 <化樂天>에, 집착하는 마음 없이 세간일을 행하는 과보는 <他化自在天>에 태어난다」고 설하고 있다.

「阿難諸世間人不求常住。未能捨諸妻妾恩愛。於邪婬中心不流逸澄瑩生明。命終之後鄰於日月。如是一類名四天王天。於己妻房婬愛微薄。於淨居時不得全味。命終之後超日月明居人間頂。如是一類名忉利天。逢欲暫交去無思憶。於人間世動少靜多。命終之後於虛空中朗然安住。日月光明上照不及。是諸人等自有光明。如是一類名須焰摩天。一切時靜。有應觸來未能違戾。命終之後上昇精微。不接下界諸人天境。乃至劫壞三災不及。如是一類名兜率陀天。我無欲心應汝行事。於橫陳時味如嚼蠟。命終之後生越化地。如是一類名樂變化天。無世間心同世行事。於行事交了然超越。命終之後遍能出超化無化境。如是一類名他化自在天。阿難如是六天。形雖出動心跡尚交。自此已還名爲欲界」

眞言行人은 정말로 (外道들의) 이러한 것들을 잘 觀해야 한다.

(곧 外道의 法은) 業力(업력) 다했다 하더라도 아직 三界를 벗어나지 못하고, 번뇌 또한 아직 남아있으며, 宿業(숙)이 아직 殄(다)하지 않아 惡念(악념) 또 다시 일어나며, (또한) 후에 이르러서는 苦海에 깊이 빠져(沈淪)서 벗어나기 어렵다는 것을~, 정말 外道의 法은 幻夢(환몽)이며 陽焰(아지랑이)과 같다는 것을 알아야 한다.[151]

註解 · 講解

<범부의 삶>

「凡夫執着名聞利養資生之具 務以安身 恣行三毒五欲」
범부 집착 명문 이양 자생 지구 무이 안신 자행 삼독 오욕

『大智度論』 初品中 <禪波羅蜜(선바라밀)條>에는 여러 일화를 예로 들며, 五慾(색성향미촉)의 無常함을 구구절절이 설명하고 있다.

 곧 논은 다섯 가지 감각기관을 제어하지 못해 대상에 이끌리고 휘말리는 상태(오욕)를 신랄하게 꾸짖으며, 다음과 같이 설명하고 있다.

「아, 가엾어라. 중생들은 언제나 오욕에 시달리면서도 여전히 구하고 구하여 멈출 줄 모르는 구나.

오욕이란 것은 얻으면 얻을수록 더 심해지니, 마치 종기를 불로 뜨는 것

(대정장 19. 145c~146a)

151) 『大日經』에는 「愚童凡夫는 善業을 닦는다 하더라도 일시적(幻)이다. 진언행을 닦는 사람은 外道들의 즐거워하고 원하는 것을 잘 관찰하여 절대로 따라 하지 말아야 한다」라 하며, 소위 <十緣生句>라 하는 十喩 (幻·陽焰·꿈·그림자·건달바성·메아리·물에 비친 달·물거품·虛空華·旋花輪)를 설하며, 일체가 幻(空)의 세계임을 역설하고 있다. (대정장 18. 3c)

과 같은 것으로, 오욕은 아무런 이익이 없으니, 마치 개가 마른 **뼈**를 핥는 것과 같다.

오욕은 다툼을 키우니 새가 고깃덩이를 다투는 것과 같다.

오욕은 사람을 태우니 맞바람에 햇불을 들고 있는 것과 같다.

오욕은 사람을 해치니 독사를 밟은 것과 같다.

오욕은 진실하지 않으니 꿈에서 뭔가를 얻는 것과 다르지 않다.

오욕은 오래가지 않으니 잠시 빌린 것과 같다.

그러나 사람들은 그걸 알아차리지 못해 죽을 때까지 버리지 못하고 그로 인해 윤회전생하며 매우 괴롭게 살아간다.

오욕에 **빠져** 헤어나지 못하는 것은, 탐스런 과일을 따려고 나무에 올라갔다가 다 먹었으면서도 얼른 내려오지 않는 사람과 같다.

그 사람은 공교롭게도 나무꾼이 그 나무를 베어 쓰러뜨리면 덩달아 떨어져서 머리가 깨지고 크게 다치며 말할 수 없는 고통에 시달리다가 끝내 죽고 마니, 오욕에 **빠지는** 것도 이와 같은 것이다.

오욕은 얻을 때는 잠깐 즐겁지만 잃을 때는 몹시 괴로우니, 마치 꿀을 바른 칼날을 핥는 것과 같다. 곧 단맛에 **빠져** 혀가 다치는 줄 알지 못하기 때문이다. 오욕은 동물들에게도 있지만, 지혜로운 이는 그 위험을 알고서 욕망을 멀리 떠난다.

뒤이어 논은 눈, 귀, 코, 혀, 몸의 대상인 색, 소리, 냄새, 맛, 촉감 하나하나에 휘둘리고 이끌리다 낭패를 보는 일화를 소개하면서,
오욕에 **빠지지** 말 것을 당부하고 있다.

온갖 오욕(五慾)으로 맛보게 되는 즐거움 참으로 별 볼일 없으나,

시름과 고통의 혹독함은 참으로 많은 것이라,

몸과 목숨 잃게 되는 것이니, 마치 나방이 등불에 달려드는 것과 같다네.

마치 불로 금과 은을 불에 녹여 꿀(蜜)처럼 펄펄 끓게 되면 비록 모습이 맛있어 보일지라도, 몸에 닿으면 몸을 태우고, 입에 넣으면 입이 문드러지게 되어, 앗 뜨거워라 하며 버리게 되는 것과 같은 것이다.

만약 사람이 빼어나기가 이루 말할 수 없는 색경(色境)에 대해 훌륭하다 여기고, 맛 들여 물들고 붙들리게 되는 것도 이와 같은 것이다.

마치 금물로 목욕을 하면 몸을 태우게 되는 것처럼, 만약 오욕을 버리고자 하면 마땅히 금과 불을 함께 버려야만 하는 것이다.

마치 빔비사라왕(頻婆娑羅王: Bimbisāra)이 색욕(色慾) 때문에 적국에 홀로 들어가서 매음녀인 아범바라(阿梵婆羅Āmrapālī)의 방에 머물게 된 것과 같고, 우전왕(憂塡王: Udayana)이 색욕(色慾)에 물든 까닭에 오백 선인의 손과 발을 자르게 한 것과 같은 것이다.

미련하고 어리석은 사람은 소리(聲)의 모습이 무상하여 쉼 없이 변하며 간 곳 모르게 잃게 되는 것임을 이해하지 못하는 까닭에, 소리가 들리는 동안에는 망령되게 좋아하고 즐겁다는 생각을 일으키는 것으로,

마치 오백 선인이 산 속에 머물 적에 킨나라(甄陀羅: kiṃnara) 여인네가 설산의 연못 속에서 목욕을 하며 노래 부르는 소리를 듣고는 선정을 잃고 마음이 미친 듯이 제멋대로 날뛰게 되어, 견디어낼 수 없을 지경에 이르렀던 것과 같은 것이다.

꾸미고 가꾸는 애착에 묶이게 되어(結) 기꺼이 종노릇 하며 시키는 대로

따르는 버릇(使)에 의해 삼악도(三惡道)의 문이 열리게 되는 것이니,

비록 백년간을 계를 받아 지녔을지라도 능히 한순간에 무너지게 되는 것으로, 마치 몸매가 단정하고 향기로움이 이루 말할 수 없어 견줄 데가 없는 용녀를 보고, 마음이 크게 오욕에 물들고 붙들리게 되어 바라기를 "내가 마땅히 복을 지어 용이 사는 이곳을 빼앗아 이 궁전에서 살리라." 하는 것과 같은 것이다.

어떤 비구가 숲속에 있는 연꽃이 핀 연못 주위를 경행하다가, 연꽃의 향기를 맡고 마음속에 쾌락이 일어나고 마음속에 애착을 일으키는 것과 같은 것이다.

마땅히 스스로 깨달아야 하는 것이니, "내 오로지 훌륭한 맛에 탐착한 까닭에 숱한 고통을 겪게 되었고, 구리물을 입에 붓게 되었으며, 불에 달군 무쇠구슬을 삼키게 되었으니, 만약 먹는 것에 대해 즐기는 마음으로 굳게 붙들리게 되는 것임을 살펴보지 않으면, 더러운 구더기로 떨어지게 되는 것이라 생각해야 되는 것이다.

마치 어느 요구르트를 좋아하던 사미가 단월(檀越)이 승가에 공양 올린 요구르트까지 탐내고 애착하며 즐거워하며, 죽기 직전까지도 그 곁을 떠나지 못하던 사미가 목숨을 마친 뒤 요구르트가 남아있는 병속에서 환생한 것과 같은 것이다.

과일의 향기와 맛에 취해 마음이 오욕에 깊게 붙들리게 되고 드디어 독이 묻은 과일을 먹고 죽게 된 왕자와 같은 것이다.

맛에 붙들리게 되는 것이 이와 같나니, 몸을 잃게 되는 고통을 맛보게 되는 것이다.

색성향미(色聲香味)는 각기 나름의 일정한 부분만 맡고 있으나,
5섯 번째의 촉감(觸感)은 신식(身識)에 두루 걸쳐있어, 일어나는 곳이 넓

은 까닭에, 한번 촉욕(觸慾)에 물들게 되면 많은 집착이 생겨나게 되어, 여의기가 여간 어려운 것이 아니다」152)

<外道와 二乘人의 삶 = 幻夢·陽焰(아지랑이)같은 삶>

「外道之法亦同幻夢陽焰也」

『보리심론』은 「業力若盡 未離三界」라 하며, 外道들의 삶이 환몽(幻夢)과 같은 허망한 것으로, 업력이 다하면 또 다시 나락으로 떨어져 윤회전생 한다는 것을 강조하고 있다.

『阿毘達磨大毘婆沙論』은 이를 하늘을 나는 새(鳥)에 비유하면서, 땅을 박차고 하늘로 날아올랐던 새가 날개의 힘을 잃으면 다시 본래의 땅으로 떨어지듯이, 각자의 업력과 수행력에 의해 色界와 無色界에 태어 난다 하더라도, 그 業力이 다하면 다시 欲界로 떨어지는 것이라 하며, 外道들의 삶의 허망함을 비판하고 있다.153)

한편 『大日經』에는

「深修觀察十緣生句。當於眞言行通達作證。云何爲十。謂如幻·陽焰·夢·影·乾闥婆城·響·水月·浮泡·虛空華·旋火輪」154)

(十緣生句를 깊이 관찰하면 마땅히 眞言行을 통달 작증하게 된다.

---

152) 『대지도론』 (대정장 25. 181b~183c)
153) 「欲界是一切有情退所歸處。謂諸有情由業力修力。往色無色界。彼業若盡還墮欲界。譬如大地是諸飛鳥退所歸處。謂諸飛鳥由翅翮力飛騰虛空。翮力盡時還墮於地」『阿毘達磨大毘婆沙論』 (대정장 27. 784a)
154) 『大日經』 (대정장 18. 3c)

무엇이 10가지인가하면 幻·陽焰·夢·影·乾闥婆城·響·水月·浮泡·
虛空華·旋火輪이다)

소위 <十緣生句>의 비유를 들며, 사물의 空性을 여실히 관할 것을 강조
하면서, 진언행인은 <十緣生의 義>를 잘 알아야한다고 역설하고 있다.

이에 대해 『大日經疏』는
「經云。云何爲十。謂如幻陽焰夢影。乾闥婆城響。水月浮泡。虛空花旋火
輪 (중략) 毘盧遮那即以此十緣生句不思議法界。作無盡莊嚴藏。(중략)若
於一念心中。明見十緣生義。則上窮無盡法界。下極無盡衆生界。其中一
切心相。皆能了了覺知。以皆從緣起。即空即儗即中故。故曰如實遍知一
切心相」[155]

(경에 말씀하기를 무엇이 10가지, 곧 <十緣生句>인가? 곧
幻·陽焰·夢·影·乾闥婆城·響·水月·浮泡·虛空花·旋火輪이다.
비로자나불은 이 <十緣生句>를 통해 不思議法界를 無盡莊嚴하셨나니,
(중략) 만일 一念中에 이 <十緣生의 義>를 명확히 (明見)보게 되면, 위로
는 無盡의 法界를 궁구하고, 아래로는 無盡의 衆生界를 궁구해 마치어,
그 가운데에서 一切의 心相은 모두가 緣을 좇아 일어난다는 것을 각지
해 마치는 것이다. 곧 일체 모든 것이 即空即假即中임을 요달해 마치는
것을 일러 一切心相을 如實하게 두루 (遍知)했다고 하는 것이다)

한편 『楞嚴經』은 <十種의 仙人>에 대해 설한 후,
「阿難是等皆於人中鍊心不循正覺 別得生理壽千萬歲
아 난 시 등 개 어 인 중 련 심 불 순 정각　별 득 생 리 수 천만 세

---

155) 『大日經疏』 (대정장 39. 606c, 609b)

休止深山或大海島絶於人境 斯亦輪廻妄想流轉不修三昧」[156]
휴지 심산 혹 대해 도 절 어 인경 사 역 윤회 망상 유전 불 수 삼매

(아난아! 이런 부류들은 마음을 단련하되 正覺을 닦지 아니하고 따로 長
生하는 이치만을 얻었기에, 비록 천세만세를 누리며 깊은 산중이나 바다
가운데의 섬이나 인적이 끊어진 곳에 산다 하더라도, 이것 또한 윤회로
서 망상만을 굴리는 것으로, 결코 三昧는 닦지 못하는 것이다)라 설하면
서, 外道와 二乘人의 삶의 허망성을 역설하고 있다.

<『大日經(疏)』(住心品)의 諸乘의 비판과 心의 轉昇
  (世間三住心 中心), 이에 대한 『菩提心論』의 견해>

『大日經』<住心品>은 다음과 같은 5단계의 과정, 곧
1) 30종 外道段 2) 8心段 3) 60心段 4) 3劫段 5) 十地段[157]
을 통해, 外道를 비롯해 역사상 전개된 불교의 諸思想에 대해 비판을 가
함과 동시, 나가서는 <住心>이란 품의 이름이 시사하듯,
이를 卽身成佛을 향한 수행자가 지녀야 할 마음의 轉昇過程(전승과정)으
로 설명하고 있다.

이들 5단계에 대한 상세한 것은, 잠시 뒤의 <2·1·5>
<大日經(疏)의 三劫成佛說과 空海의 十住心說과의 對比>를 참조하고,
이곳에서는 본 강의의 주제인 『菩提心論』을 중심으로, <住心品>의 經說

---

156) 『楞嚴經』(대정장 19. 145c)
157) 經은 이들 5단의 뒤에 <六無畏段>과 <十緣生句段>을 설하고 있어, 언뜻
    보면 모두 7단계로 이루어진 것처럼 보이나, 이들 2단계는 앞의 5단계처럼
    독립된 것들이 아닌 앞의 1) <30종外道段> ~ 5) <十地段>까지의 5단계의 설
    을 요약해 놓은 것으로 보고, 전체를 5단계로 보는 것이 일반적이다.

을 『菩提心論』은 어떻게 바라보고 있으며, 또 이를 어떻게 활용하고 있는지 만을 살펴볼 것이다.

앞서의 <서설>에서 언급한 바와 같이, 『보리심론』은
8經(7經 1疏)의 경론으로부터 무려 14回에 걸쳐 이들을 인용하며 주장을 펴고 있다.

<勝義菩提心>의 설명에서,
4經7回 <大日經(2)·華嚴經(2)·觀無量壽經(1)·涅槃經(2)>
<三摩地 菩提心>의 설명에서,
5經7回 <般若經·大日經疏·法華經·大日經(3)·金剛頂經>가 그것이다.

말하자면, 『般若經』·『觀無量數經』·『涅槃經』·『華嚴經』·『大日經』·『法華經』·『大日經疏』·『金剛頂經』등 총 8개의 經論(대승과 밀교경전)을 등장시키고 있는 것으로, 『보리심론』은 이들 8經(7經 1疏)의 경론들을 직접 인용하는 것에 그치지 않고, 이들 경전 외에도 경명은 밝히고 있지는 않지만 간접적으로 경전의 내용을 발췌하여 논의 주장을 펼치고 있다.

특히 이들 중 『大日經』으로부터의 발췌가 두드러지게 나타나는데, 『보리심론』은 凡夫와 二乘·定姓人·否定性人·大乘 그리고 眞言密敎의 사상들을 상호 비교·분석하기위해, 『大日經』 그것도 특히 <住心品>의 설을 많이 활용하고 있다.

 이하 어떤 내용들이 발췌되었으며, 『菩提心論』은 이것을 어떻게 활용하고 있는지 살펴볼 것이다.

여기서는 世間三住心(제1 異生羝羊心→제2 愚童持齊心→제3 嬰童無畏心)을 위주로 보고, 나머지 제 四住心(唯蘊無我心)부터 제 十住心(秘密莊嚴心)까지는

2.1.5 大乘菩薩의 삶, <大日經(疏)의 三劫成佛說과 空海의 十住心說과의 對比>에서 상세히 살펴볼 것이다.158)

『大日經』에는

「비밀주여, 無始生死의 愚童凡夫(우동범부)는 我와 我有에 집착하여 무량의 我分을 분별한다. 만일 그가 我의 自性을 관한다면 我와 我所는 生하지않게되는 것이다. (중략) 비밀주여, 어리석은 범부(愚童凡夫)등은 마치 숫컷 양(羝羊=저양)과 같다」159)

「그렇지만 언젠가는 하나의 진리(一法)를 생각하기도 하니, 이른바 제

---

158) 일본의 弘法大師 空海(774-835)는 『大日經』<住心品>의 설, 곧 <30種 外道段>「祕密主。無始生死愚童凡夫。執着我名我有。分別無量我分。祕密主若彼不觀我之自性。則我我所生。計有時。地等變化。瑜伽我。建立淨 (중략) 祕密主如是等我分。自昔以來 分別相應。希求順理解脫(대정장 18. 2a~b),
  <八心段>「祕密主。愚童凡夫 類猶如羝羊。或時有一法想生。所謂持齋。彼思惟此少分。發起歡喜。數數修習。祕密主。是初種子善業發生。復以此爲因。於六齋日。施與父母男女親戚。是第二牙種 (중략) 祕密主。是名愚童異生。生死流轉無畏依。第八嬰童心」(대정장 18. 2b),
  <六十心段>「祕密主。復次殊勝行。隨彼所說中。殊勝住求解脫慧生。所謂常無常空。隨順如是說。祕密主。非彼知解空非空常斷。非有非無俱彼分別無分別。云何分別空。不知諸空。非彼能知涅槃。是故應了知空離於斷常」『大日經』(대정장 18. 2b~c)과 <3劫段> <十地段> 등의 경설을 응용하여, 인간의 마음을 10가지 단계, 곧 世間三住心(異生羝羊心→愚童持齊心→嬰童無畏心)→小乘(聲聞乘→緣覺乘)→權大乘(唯識乘→三論乘)→實大乘(天台乘→華嚴乘)→佛乘(密乘) 등으로 분류한 『秘藏寶鑰』이란 논을 만년인 830년에 저술하였다.
159) 「祕密主。愚童凡夫類猶如羝羊」『大日經』(대정장 18. 2b), 空海는 이를 활용하여 世間三住心 가운데 제1住心인 <異生羝羊心(이생저양심)>이라 명명한 후, 다음과 같이 부연 설명하고 있다. <異生羝羊心>「凡夫狂醉 不知吾非 但念淫食 如彼羝羊」(범부가 취해서 자기의 그릇됨을 모르고 마치 수양처럼 오직 色慾과 飮食에만 정신을 쏟는 마음)

(齊)를 지킴(持齋)이 그것이다. 사유하고 기쁜 마음을 내어 자주자주 닦아 익히니, 이것이 善業이 발생하는 <최초의 제 1의 初種子>이다.

다시 이것을 因으로 하여 육제일(六齋日)에 父母와 아들딸과 친척에게 施興(시여)하니, 이것이 종자가 싹트는 <제 2의 아종:牙種)>이다.

다시 친한 사이가 아닌 자들에게도 시여하니, 이것이 <제 3의 줄기생김 (皰種:포종)>이다.

또 그릇이 크고 덕 높은 자를 찾아 시여한다. 이것이 잎이 돋아나는 <제 4의 葉種:엽종)>이다.

또 기악인(伎樂人)등에게 즐거이 시여하며, 높은 어른들에게도 드리니, 이것이 꽃이 피어나는 <제 5의 (敷華:부화)>이다.

또 이것을 친애의 마음으로 공양하니, 이것이 열매가 맺는 <제 6의 (成果:성과)>이다」[160)]

라 하며, 施心(시심)이 싹이 터 열매가 맺기까지의 6단계의 과정을 상세히 설명하고 있다.

『보리심론』(573a)은 상기 『大日經』의 내용을 발췌해서,
위 본문에서 밝힌 다음의
「凡夫執著名聞利養資生之具 務以安身 恣行三毒五欲 (중략) 諸外道等 戀其身命 或助以藥物 得仙宮住壽 (중략) 當知外道之法 亦同幻夢陽焰也」

---

160) 『大日經』(대정장 18. 2b), 空海는 이를 世間三住心 가운데 제2住心인 <愚童持齋心>이라 명명한 후, 「由外因緣 忽思節食 施心崩動 如穀遇緣」(어떤 것이 계기가 되어, 밭에 뿌린 씨앗에 싹이 돋듯이, 나누어 먹을 줄 아는 마음이 비로소 싹틈) 이라 부연 설명하고 있다. 世間三住心에 대한 상세한 인용내용은 각주 159)과 160) 참조, <世間三住心>이란 어원은 공해가 『大日經』의 「祕密主。世間因果及業。若生若滅。繫屬他主。空三昧生。是名世間三昧道」(대정장 18. 9c)와 『大日經疏』(39. 649a)에서 따온 것이다.

구절을 통해, 이를 <外道의 특징>으로 활용하고 있다.

또 『大日經』의

「비밀주여. 다시 계율을 호지하여 천(天)에 태어나게 되니, 이것이 선업의 종자를 받아쓰는 <제 7의 (受用種子:수용종자)>이다.
또 天과 대천(大天)을 경건하게 정성껏 공양하면 온갖 소원을 두루 성취할 수 있다는 말을 듣고, 그대로 하는 것을 일러 어리석은 중생(愚童異生)[161]이 생사를 유전하면서 얻는 '두려움 없는 의지처'(無畏依)라 하는 것으로, 이것이 어린애 같은 마음인 <제 8의 (嬰童心:영동심)>이다」[162]

란 경구를 발췌하여, 『보리심론』(573a)은
「復生天以爲究竟」

(生天, 곧 하늘에 태어나는 것을 究竟으로 삼는다)라 설명하고 있다.

참 고: <생노병사로부터 解脫하는 것이 수행목적>

실달타태자는 출가후 당시 최고의 요가수행자로 알려진 <알라라 카라마: 無所有處定(무소유처정)의 대가>와 <웃다카라마풋다: 非想非非想處

---

161) 중생과 동의어로, 무명에 의거하여 여러 가지 행위를 행한(無明→行) 결과로, 각각 지옥·아귀·축생 등의 서로 다른 六道에 태어남으로 이생(異生: pṛthag-jana)이라고도 한다. 『秘藏寶鑰』에는 「凡夫作種種業感種種果。身相萬種而生。故名異生」(대정장 77. 363c) (凡夫란 종종의 業을 짓고 종종의 果를 받는다. 또한 몸이 만물을 따라 각각 다르게 나타나고 변화하기에 異生이라고 한다)이라 설명하고 있다.

162) 『大日經』(대정장 18. 2b), 空海는 이를 世間三住心 가운데 제3住心인 <嬰童無畏心(영동무외심)>이라 명명한 후, 「外道生天 暫得蘇息 如彼嬰兒 犢子隨母」(어린아이나 송아지가 엄마 품에 안기듯이, 天國에 태어날 수 있다는 사탕발림에 자신을 내던지는 마음)이라 부연 설명하고 있다.

定(비상비비상처정)>의 대가를 찾아가 그들과 함께 요가수행을 하시면서 그들과 서로 대화를 주고받았다. 어떤 대화인지 잠시 살펴보자!

「알라라 카라마여! 無所有處定을 닦는 목적은 무엇인가?
모든 괴로움을 떠나 五神通(오신통)을 얻고 사후에는 無所有處의 천상에 태어나기 위함이다. 생노병사를 벗어나 永生(영생)을 얻는다는 말인가? 영생은 얻지 못하지만 五百大劫동안 사는 것이다 · 선인이여! 내가 바라는 것은 오백대겁이 아니라 생노병사로부터 완전히 벗어나는 것이다.

웃다카라마풋다여! 非想非非想處定을 닦는 목적이 무엇인가?
非想非非想處定에 태어나 天上妙樂(천상묘락)을 누리기 위함이다.
영생을 얻는다는 말인가? 영생은 얻지 못하지만 八萬大劫은 살 수 있다. 선인이여! 내가 바라는 것은 팔만대겁이 아니라 생노병사로부터 완전히 해탈하는 것이다」[163]

2.1.3 定姓人中, 二乘(聲聞과 緣覺)人의 삶
정성인   이승   성문   연각

- 灰身滅智의 추구 -
회신멸지

「聲聞執四諦法 緣覺執十二因緣 成果位已灰身滅智 趣其涅槃」
성문 집 사제 법   연각 집 십이 인연   성 과위 이 회신 멸지   취 기 열반

又二乘之人 聲聞執四諦法 緣覺執十二因緣。
우 이승 지인 성문 집 사제 법 연각 집 십이 인연

知四大五陰畢竟磨滅 深起厭離 破衆生執 勤修本法 剋證其果
지 사대 오음 필경 마멸 심 기 염리 파 중생 집 근 수 본법 극 증 기 과

163) 『中部』 <聖句經> (남전장 9. 294, 415~435)

趣大涅槃 以爲究竟。 164)
취 대 열반 이 위 구경

眞言行者當觀 二乘之人 雖破人執 猶有法執。
진언 행자 당 관 이승 지 인 수 파 인집 유유 법집

但靜意識 不知其他。 165) 又成果位已灰身滅智166)
단 정 의식 부 지 기 타 우 성 과위 이 회신 멸지

趣其涅槃如大虛空湛然常寂。 167)
취 기 열반 여 대 허공 담연 상 적

有定性者 難可發生。要待劫限等滿 方乃發生。
유 정성 자 난 가 발생 요 대 겁 한 등 만 방 내 발생

(대정장 32. 573a)

직역(直譯)

또 이승인(二乘人), 성문(聲聞)은 사제법(四諦法)을 집(執)하고, 연각(緣覺)은 십이인연(十二因緣)을 집(執)하느니라.

사대(四大) 오음(五陰)이 필경마멸(畢竟磨滅)한다고 알고, 깊이 염리(厭離)를 일으켜서 중생집(衆生執)을 파(破)하고, 본법(本法)을 부지런히 닦아서, 그 과(果)를 다 증(證)하여 대열반(大涅槃)에 취(趣)함을 구경(究竟)으로 삼느니라.

진언행자여, 마땅히 관할지어다.
이승인(二乘人)은 인집(人執)을 파(破)했다 하여도, 아직 법집(法執)이 있고, 다만 의식(意識)만을 고요하고 맑게 하고, 기타(其他)는 알지 못하느니라. 또 과위(果位)를 이룸에, 회신멸지(灰身滅智)로써 열반(涅槃)

---

164)大涅槃(高麗藏本)=本涅槃(三十帖策子本), 以爲(高麗藏本)=已爲(三十帖策子本)
165)靜(高麗藏本)=淨(三十帖策子本),
166)又(高麗藏本)=久久(三十帖策子本), 已(高麗藏本)=以(三十帖策子本),
167)大(高麗藏本)=太(三十帖策子本),

을 취(趣)하는 것이, 마치 대허공(大虛空)의 담연상적(湛然常寂)함과 같도다.

유정성(有定性)자는 발생(發生)하기 어렵고, 반드시 겁수한정(劫數限定)이 찰 때를 기다려서, 바야흐로 발생(發生)하느니라.

의역(意譯)

또한 二乘人中 聲聞은 四諦法에 집착하고[168], 緣覺은 十二因緣에 집착한다. 곧 이들(二乘人들)은 四大와 五陰은 필경 磨滅(마멸)하는 것이라 알고, 심히 싫어하여 四大와 五陰에서 벗어나려는 마음을 내면서 衆生의 집착을 부수며 本法(四諦法과 十二緣起法)만을 부지런히 닦아 끝내 그 果를 얻어내어 根本涅槃(근본열반)으로 향함을 구경으로 삼는 것이다. 眞言行者는 정말 잘 관찰해야 한다.

二乘人(聲聞·緣覺)은 人執(인집)은 깨부수었다 하더라도 아직 法執(법집)은 남아 있으며[169] 오직 제6 意識(의식)만을 고요하고 맑게 할 뿐 그 위의 식인 (제7Manas識과 제8Ālaya識)은 알지 못하며,[170]

---

168) 성문이란 석존불로부터 八正道法門을 듣고 이를 수행하여 깨달음을 얻은 자를 말하는 것으로, 그래서 달리 八正道乘이라 하기도 한다.
　　聲聞에는 처음부터 끝까지 부처님 말씀을 듣고 수행하여 깨달음을 얻은 불제자로서의 <決定聲聞>, 我空에 집착하고 그 경지에 만족하여 교만심이 생겨 더 이상 대중과 함께 수행하지 아니하고 교단 밖으로 나가 수행한 <增上慢聲聞>, 대승에 뜻을 두었으나 중간에 大乘의 경지에서 물러나 성문의 공부를 닦는 <退菩提心聲聞>, 부처님이나 대승보살이 중생을 제도하기 위하여 일시적으로 성문의 모습을 취하는 <應化聲聞>등이 있다.
169) 大乘人들은 '煩惱卽菩提'라고 하여 菩提가 다름 아닌 煩惱로부터 求해진다는 것을 알고 있으나, 二乘人들은 四大五陰이 煩惱의 근본이라 하여 그것을 버리려고만 하였다. 그 결과 人執은 벗어났지만 오히려 四諦法과 十二緣起法만은 최고라고 하는 法執이 생겨 그것에 깊이 빠지는 허물이 생긴다는 설명이다.
170) 제6意識까지만 알고, 아직 제7Manas識과 제8Ālaya識)에 대해 모르고 있음을 지적하고 있다. 제7Manas識과 제8Ālaya識은 大乘中期의 唯識學派에 이르러 제시된 이론으로, 부파시대는 물론 대승 초기의 반야경에서도 아직 나타나지 않고 있다.

果位를 이룸에 灰身滅智(회신멸지)171)로서 열반을 삼는 것으로,
그것은 마치 大虛空(대허공)이 常寂(상적)함을 湛然(담연：즐기다)하는
것과 같은 것이다.

　定性人은 (菩提心을) 발생키 어렵다. 반듯이 定해진 劫이 가득차기를
(等滿) 기다려야 비로소 발생하기 때문이다.172)

註解・講解

<二乘人(聲聞乘과 緣覺乘)의 무지무명(無知無明)>

「有定性者 要待劫限等滿 方乃發生」
　유 정성 자 요대 겁 한 등 만 방 내 발생

『대일경』에는

「비밀주여, 그들(성문・연각승)은 공(空)을 알지 못하기에, 空이 끊어짐(斷)
도 아니고 항상함(常)도 아니며, 존재(有)도 아니고 비존재(無)도 아니라는
것을 알지 못하고, 분별과 무분별을 함께 갖춘 것도 알지 못하니, 어떻게
空을 분별할 수 있겠는가? 空을 알지 못하므로 능히 열반도 알 수가 없느
니라. 마땅히 空을 바르게 알아 斷見과 常見을 떠나야 한다」173)

라 하며, 空을 알지 못해 단견(斷見)과 상견(常見)에 치우쳐있는 二乘人
들의 무지무명을 지적하고 있다.

---

171) 灰身滅智(心)란 身과 心 모두 無(死)로 돌아가는 소위 無爲(世界)涅槃을
　　말한다, 중생들과 별리된 無爲世界에의 열반을 추구하므로 인해, 대승인들로
　　부터 공격의 대상이 되었다.
172) 聲聞種性이나 緣覺種性 그리고 菩薩種性人들처럼, 이미 결과가 定해진 자
　　를 가리켜 定性者라고 한다. 여기서는 3-定性者들중 佛性種子(불성종자)를
　　지니고 있어 성불이 약속되는 보살종성을 제외한 聲問・緣覺의 二乘人을 가
　　리킨다.
173)『대일경』(대정장 18. 2b~c)

『보리심론』은 『대일경』의 말씀을 발췌하여, 위에서 보인 것처럼,

「또한 二乘人中 聲聞은 四諦法에 집착하고, 緣覺은 十二因緣에 집착한다. (중략) 二乘人(聲聞·緣覺)은 人執을 깨부수었다 하더라도 아직 法執은 남아 있으며,

오직 意識만을 깨끗이 할 뿐 그 나머지(제7Manas識과 제8Ālaya識)는 알지 못하며 겨우겨우 果位를 이루어 灰身滅智로서 涅槃을 삼는 것으로, 그것은 마치 大虛空이 常寂함을 湛然(즐길, 맑을 담)하는 것과 같은 것이다」(573a)

라 하며, 이를 二乘人의 특징으로 활용하고 있다.[174]

定性者인 二乘人들은 오랜 습(習)이 남아있어 그 습이 완전히 없어질 때까지 기다려야 비로소 성불할 수 있음을 설명하고 있다.

앞서도 언급했듯이, 이들은 무위세계인 灰身滅智에 열반하는 것을 최후의 목적으로 삼기에, 이것의 허구성을 알아 어서 속히 그곳에서 벗어날 것을 일깨워주고 있다.

『楞伽經』에는

「譬如海中木 常隨波浪轉 聲聞心亦然 相風所漂激 雖滅起煩惱 猶被習氣縛 三昧酒所醉 住於無漏界 彼非究竟趣 亦復不退轉 以得三昧身 乃至劫不覺 譬如昏醉人 酒消然後悟 聲聞亦如是 覺後當成佛」[175]

---

174) 空海는 상기 『대일경』의 말씀을 응용하여, 그의 저서 『秘藏寶鑰』에서, 聲聞乘에 대해서는 제4 <唯蘊無我心(聲聞乘的 마음)>이라 명명한 후, 「唯解法有 我人皆遮 羊車三藏 悉攝次句」(마치 羊車<성문승> 鹿車<연각승> 牛車<보살승>의 비유에서처럼, 無我<我空>만 알았지 아직 法空은 알지 못하는 마음)이라 부연 설명하고 있으며, 緣覺乘에 대해서는 제5 拔業因種心(緣覺乘的 마음)이라 명명한 후, 「修身十二 拔無明種 業生已除 無言得果」 (12연기를 닦아 모든 꿈의 원인이 無明에서 비롯되었음을 알았지만, 아직 이타심이 부족하여 그것을 혼자서만 간직하고 사는 이기적 마음)이라 부연설명하고 있다.

이라 하여, 파도에 따라 이리저리 휩쓸려 다니는 바다 속의 나무를 비유로 들며, 聲聞도 이와 마찬가지로 오랜 習氣 때문에 파랑에 휩쓸려 다니게 되는 것으로, 설사 번뇌를 모두 없애 무루계(無漏界)에 머문다 해도 無漏(회신멸지)라고 하는 삼매주(三昧酒)를 먹고 흠뻑 취해 있는 것과 같은 것으로, 이 혼취(昏醉)에서 깨어난 후에야 성불할 수 있는 것이라며, 習氣의 무서움을 강조함과 동시 모든 것이 때가 되어 익어야 비로소 大乘으로 전향하게 되고(要待劫限等滿), 그리고 나서야 성불할 수 있는 것(方乃發生)이라며, 이들의 실상을 밝힘과 동시 어서 속히 마음을 돌려 대승으로 회심향대(回心向大)할 것을 촉구하고 있다.

<12緣起論의 성립 과정>

12연기는 중생세계의 실상을 적나라하게 파헤친 이론이다.

四聖諦를 환멸연기(還滅緣起: 극락세계로 가는 과정)가 강조된 연기이론이라 하고, 십이연기는 유전연기(流轉緣起: 중생세계가 벌어지는 과정)가 강조된 연기이론이라 하는 것도 바로 이러한 이유 때문이다.

十二緣起는 다음과 같은 12개의 항목 곧, 無明→行→識→名色→六入→觸→受→愛→取→有→生→老死의 순서로 이루어진 연기이론이다.[176]

---

175) 『大乘入楞伽經』<實叉難陀譯> (대정장 16. 607b)

176) 「보살은 또 이렇게 생각해야 한다. 삼계의 모든 것은 오직 한 마음<一心> 인 것이라고~, 여래께서 분별하여 말씀하시되, 12支가 모두 一心을 의지해서 세워진 것이니, 그 까닭은 행위<事>를 좇아 탐욕심이 일어나기에, 그 마음이 곧 識이며, 행위<事>를 行이라 하며, 行의 미혹함을 無明이라 하는 것이다. 또 이 無明과 더불어 일어난 것을 名色이라하며, 명색이 증장된 것을 六處(=六入=六根), 육처와 六境(육경)과 六識(육식) 이 3가지가 합해진 것을 觸이라 하며, 촉과 더불어 생긴 것을 受라 하며, 만족함이 없는 受를 愛라 하며, 애착으로 섭해서 버리지 않는 것이 取요, 이들 여러 가지가 함께 생긴 것을 有라 하며, 有가 일어난 것이 生이요, 生이 익어진 것이 老요, 老가 무너진 것을 死라 하는 것이다」『80화엄경』<십지품> (대정장 10. 194a)

다시 말해 十二緣起는 우리들이 현재 받고 있는 괴로움(苦)의 원인이 무명(無明), 곧 진리인 緣起(=空)에 어둡기 때문임을 밝힌 이론으로서, 이 이론은 처음부터 완벽하게 12항목으로 이루어진 것이 아니라, 처음에는 愛→ 取→ 有→ 生→老死로 이루어진 <五支緣起>, 곧 우리들이 현재 받고 있는 苦의 원인을 애(愛)와 탐(貪) 때문이라 밝힌 소위 갈애연기(渴愛緣起)라 칭하는 연기이론이었다.

그리고 이것이 점차 구체화되어 오지(五支)에 識·名色·觸·受의 4-항목이 첨가되어 구지(九支)가 되고, 또 여기에 육입(六入)이 부가되어 십지(十支)로, 마지막으로 여기에 無明과 行이 부가되어 오늘 날 보는 十二緣起로 정립된 것이다.

『중일아함경』(대정장 2. 797b~c)『잡아함경』(대정장 2. 83c)

참고로 <說一切有部>의 대표적 논서인 『俱舍論(구사론)』은 12연기를 중생세계의 삼요소인 혹업고(惑·業·苦)로 나누어, 12개의 항목중 (無明·愛·取)는 <緣>에 해당하는 惑에, (行·有)는 <因>에 해당하는 業에, (識·名色·六入·觸·受·生·老死)는 <결과>인 苦에 각각 배치시키고 있다.

<성문은 四聖諦에, 연각은 12緣起에 局執(국집)한다>
사성제　　　　　　　　　　　　　　연기
「聲聞執四諦法 緣覺執十二因緣」
성문 집 사제 법　연각 집 십 이 인연

四大와 五陰이 번뇌의 根本이라 생각하고 그것을 제거하는 수행을 하여 我有病(아유병)인 人執은 벗어났지만, 반면 四諦法과 十二緣起法이 최고라고 하는 法執(法有病)이 생겨, 그것을 깊이 局執(국집)하는 허물이 생긴다는 설명이다.

『大日經』은 이를 다음과 같이 설명하고 있다.
「세간의 세 가지 망집(3-妄執)을 뛰어넘어야 출세간의 마음이 생긴다. 곧 5온(五蘊)이 무아(無我)일 뿐임을 알아, 6근(根)과 6경(境)과 6식(識) 등에 머물러 지체하는 것을 벗어나고자 수행하며, 마침내는 업번뇌(業煩惱)의 줄기와 무명(無明)의 종자를 없앤다」177)

사성제(四聖諦)의 말씀을 듣고 수행하여 깨달음을 얻으려는 자를 일러 聲聞乘(Śrāvaka-Yāna)이라 한다.

四聖諦의 교리는 초기불교 경전인 『阿含經』으로부터 부파불교의 최고 걸작인 『俱舍論(구사론)』에 이르기까지 중시되어, 소위 <三轉十二行相(삼전십이행상)>을 거쳐 <四諦十六行相(사제십육행상)>이라는 교리로 발전되는 것은 물론, <번뇌이론>에 까지도, 곧 <有部>의 108번뇌이론을 비롯해 <瑜伽唯識>의 128번뇌이론으로 전개되는 과정에까지도 깊이 관여하는 등, 초기불교 이후 大乘唯識에 이르기까지 온갖 교리와 실천수행도에 지대한 영향을 미쳤다.

곧 四聖諦 가운데 <고성제>는 無常·苦·空·無我의 思想으로, <집성제>는 번뇌이론으로, <멸성제>는 열반과 轉識得智(전식득지)이론으로, <도성제>는 修行階位(수행계위)理論 등으로 발전·전개되면서, 불교교리와 실천수행도 발달에 큰 영향을 미치게 된다.

---

177) 『大日經』 (대정장 18. 3b)

한편 12인연법의 이치를 알고 수행하여 깨달음을 얻으려는 자를 일러 緣覺乘(Pratyeka-Buddha-Yāna)이라 한다.

緣覺(연각)에는 阿羅漢(Arhan:無學)果를 증득하기 전, 부처님 곁을 떠나 자신 홀로 아라한과에 오른 <獨覺(독각)>과, 부처님과는 관계없이 처음부터 산림 속에 머물면서 因果의 業識(업식)을 깨달으려는 緣覺(연각), 곧 <辟支佛(벽지불:Pratyeka-buddha)>로 나누인다.

성문승(聲聞乘)을 달리 <사성제승>이라 하고, 연각승(緣覺乘)은 <십이연기승>이라 하는 것은 바로 이러한 이유 때문이다.

<일체존재=五蘊(panca-skandha)은 皆空이다>

초기불교이래 불교에서는 一切法을 지칭할 때, 오온(五蘊)·십이처(十二處)·십팔계(十八界)라는 단위를 사용하여 왔다. 이들을 일체법(一切法)에 관한 삼과(三科)라 부르는 것도 이 때문이다.

특히 이 가운데 五蘊은 가장 선호하고 즐겨 사용해 온 것으로, 경전에 자주 등장하는 五蘊皆空·제행무상·제법무아·일체개고에서, 諸行이나 諸法이나 一切는 바로 이 五蘊, 곧 色蘊(rūpa)·受蘊(vedanā)·想蘊(saṃjñā)·行蘊(saṃskāra)·識蘊(vijñāna)을 가리키고 있는 것이다.

여기서 蘊(skandha)이란 집합덩어리란 뜻으로, 구체적으로는 여러 가지 인연들이 집합해서 생긴 일시적 집합체란 의미이다.

곧 일체의 모든 것들은 五蘊, 곧 다섯 가지 덩어리들이 집합해서 생긴 일시적 집합체들, 말하자면 인연차제에 따라 시시각각 변하는 무상한 존재들로서, 이를 달리 유위법(有爲法)이라 하고, 이와는 반대로 어떤 상황에서도 절대로 변하지 않는 존재를 무위법(無爲法)이라 부른다.

五蘊에 대해 경전은 어떻게 정의하고 있는지 살펴보자!

「존재란 무엇인가? 이른바 오온(五蘊)이다. 그것은 색수생행식(色受想行識)이다」 『잡아함경』(대정장 2. 18c)

「오온(五蘊)이란 무엇인가? 색수상행식(色受想行識)이다. 만일 사문이나 바라문이 내(我)가 있다고 한다면 그것은 五蘊에서 나(我)를 보는 것과 같은 것이다」 『잡아함경』(대정장 2. 11b)

「五蘊 그것은 무상하고 괴로운 것이며 나(我)도 내 것(我所)도 아니다. 때문에 나는 그것에 집착하지도 않고 따라서 받아들이지도 않는다」 (대정장 2. 15c∼16a), 『잡아함경』(대정장 2. 31c)

<小乘(Hīna-yāna)과 大乘(Mahā-yāna)의 차이>

「成果位已灰身滅智 趣其涅槃如大虛空湛然常寂」

소승불교는 은둔적인 승원(僧院)불교였다.
곧 그들은 아라한과(阿羅漢果)증득을 최종목적으로 하는 회신멸지(灰身滅智)의 불교였다. 灰身滅智란 이름 그대로 몸도 마음도 태워버린다는 의미로, 번뇌장을 끊고 有爲世界(유위세계)인 현실세계를 떠나 無爲世界(무위세계=열반)에 安住(안주)하려는, 곧 우리가 사는 사바(有爲)를 떠나 無爲로의 해탈을 추구하는 智-중심의 불교였다.
말하자면 解脫(涅槃)을 얻었으니 할 일은 다했다고 의시대면서. 오직 無爲世界에 태어남을 목적으로 하는 無餘涅槃(무여열반=阿羅漢果)추구의 가르침이 緣覺道(연각도)였던 것이다.

『大智度論』의 말씀을 들어보자.

「復有二種觀無常相。一者有餘二者無餘。如佛說一切人物滅盡唯有名在。是名有餘。若人物滅盡名亦滅。是名無餘」[178]

(2가지 종류의 無常이 있다. 하나는 有餘相(유여상)이며, 또 하나는 無餘相(무여상)이다. 곧 일체의 人과 物이 멸진되고 오직 이름(名)만 남기는 것을 有餘라 하고, 人과 物과 이름(名)까지도 멸진한 것을 일러 無餘라 하는 것이다)

이에 반해, 대승불교는 부주열반(不住涅槃), 곧 생사즉열반(生死卽涅槃)을 주장하는 불교로서, 사바를 떠나지 않고 중생과 함께 하려는 大悲-중심의 불교였다.

대승인들은 몸과 마음이 모두 재(灰)로 돌아간 허무의 세계인 灰身滅智(회신멸지)를 목표로 삼는 二乘에 대해 반기를 들고, 삶속에서의 해탈, 곧 우리가 살고 있는 有爲世界(유위세계)에서의 해탈을 부르짖었다.

『보리심론』은 이들 定姓人들이 추구하는 회신멸지가 마치 大虛空이 常寂(상적)함을 湛然(즐기다)하는 것과 같은 것이라며 비판하고 있다.

<금강경과 四相 (아상·인상·중생상·수자상)>

금강경에는 四相(아상·인상·중생상·수자상) 이야기가 나온다. 보살이 이 4가지 상(相=想)을 가지고 있으면, 참 보살이 아니라는 내용이다.

상이란 相 또는 想을 의미하는데, 인도 싼스크리트어로는 <Saṃjñā>이다. 곧 <Saṃ+jñā>인데, 여기서 Saṃ이란 이것저것 종합한다는 의미, jñā란 안다(知)란 의미이다. 따라서 이들을 합하면 종합지(綜合知)로서, 오온(五蘊:색수상행식) 가운데 상온(想蘊)이 이에 해당된다.

---

178) 『大智度論』 (대정장 25. 229b~c)

아는 것에는 綜合知 외에도 여러 가지 知가 있다. 나누어서 아는 분석지(分析知)도 있다. 이때는 접두사 Vi가 달라붙어 <Vi+jñā>가 된다.
'일체 모든 것은 식이 만들어 냈다'할 때의 識을 이르는 것으로, 이것저것 분별하고 사량하는 중생의 근거인 識을 가리킬 때 사용한다.
또 접두어 Pra가 달라붙는 <Pra+jñā>도 있다.
이 때는 육바라밀중 6번째의 바라밀인 반야바라밀의 의미로 사용된다.

또 아무 것도 달라붙지 않는 순수한 <jñā>도 있다.
이때는 十바라밀 가운데 마지막 10번째 바라밀인 智-바라밀을 가리키는 것으로, 법신불 비로자나불이 지니신 五智, 곧 거울과 같은 宇宙智인 법계체성지·대원경지·평등성지·묘관찰지·성소작지를 가리킨다.
불교수행자는 <Prajñā>나 <jñā>를 지향한다.

앞에서 나온 四相은 부처님 당시 인도에서 유행하던 여러 사상가들이 내 놓은 이론으로, 부처님께서는 이것들을 모두 사(邪)된 것이라 하여 배척하셨다.
먼저 아상(我相:Ātman)은 바라문교들이 윤회의 주체로 내 세웠던 것으로, 자기(我)의 실체를 인정하는 것이며,
인상(人相:Pudgala)은 인간이야말로 만물의 영장이라 주장하면서, 그 외의 것들을 무시·부정시하는 外道들의 주장으로, 교단내의 독자부(犢子部)와 정량부(正量部)도 이를 주창하기도 하였다.
중생상(衆生相: Sattva)은 스스로를 잡중생이라 낮추어보고, 노력하면서 더 높이 더 멀리 가려는 진취심이나 의지를 전혀 지니지 않는 것이며,
수자상(壽者相: jīva)은 제법의 무상함을 모르거나 망각한 채 현세에 집착하여 오래 살려고 몸에 좋다는 것들에 국집하며 사는 삶을 말한다.

이와 같은 삶의 방식은 당시 이름을 떨치며 혹세무민하던 <아지타>·<고살라>·<카샤파>·<니간타> 같은 육사외도(六-邪命外道)들이 주창하던 것들이다.[179)]

相이나 想인 <Saṃjñā>는 하나의 장벽이나 우물과 같은 것으로,
크게 斷見(者)과 常見(者)으로 나누어 볼 수 있다.
단견자(斷見者)란 善과 惡 未來 등 그 어떤 가치도 인정하지 않고 허무론에 빠진 자를 말하며,
상견자(常見者)란 존재의 영원성을 믿고 거기에 푹 빠져 헤어나지 못하는 자)를 말한다.

<우물안의 개구리>란 말이 바로 여기에 속하는 것으로, 이들은 자기만의 우물과 장벽 속에 갇혀, 다른 것을 보지 못하고, 여러 모양의 허상(虛想)을 만들어, 그 속에 갇혀 결국에는 헛된 삶을 살며 고통 받는 것이다.

우리나라는 종교의 나라라 할 정도로 대부분의 국민들이 각자의 종교를 가지고 있다. 각자의 종교를 가지고 있는 만큼 서로 상부상조하면서 서로 이해해주고 도와주며 그래서 살기 좋은 나라 행복한 나라가 되어야 할 터인데, 실상은 그렇지가 않다. 아니 오히려 종교로 인해 여러 갈등의 문제가 생기고 있는 것이다. 오른 쪽 뺨을 때리거든 왼쪽 뺨도 내주어라! 너의 이웃을 너의 몸같이 사랑하라! 利他慈悲 중생을 다 건지오리다! 라는 그들 종교들이 내세우는 근본이념들은 모두 어딘가에 팽개쳐버

---

179) 대표로 <고살라>의 예를 들어보자. 고살라는 6명의 外道中의 한 사람으로 <邪命外道>라고 불리는 결정론자였다. 곧 그는 12요소설(地·水·火·風·生·死·苦·樂·得·失·虛空·命)을 부르짖으며, 살아생전 아무리 극악의 惡한 행동을 한다 해도 840겁만 지나면 누구나 解脫을 얻는 것이니, 구애받지 말고 살아있을 때 마음대로 먹고 마시고 즐기며 살아라! 주장하였다.

리고는 <우물 안의 개구리들>이 되어, 斷見과 常見에 매몰되어 오직 자기종교만이 최고라 주창하며 자기들의 이익을 위해 남을 인정하기는커녕 오히려 마군이와 사탄으로 몰아 아수라장이 되어 서로 미워하고 싸우고 있는 것이다.

<必要惡>이라고도 할 수도 없고~, 정말이지 종교가 가지고 있는 맹점이자 아주 못된 惡性이라 할 수 있는 것으로, 이를 불교사상중의 하나인 唯識學的으로 말하면, 我有病인 번뇌장(煩惱障)과 法有病인 소지장(所知障)에 갇혀 사는 무리들인 것이다. 그래서 부처님께서는 '이러한 4가지 상(相)에 갇혀 살면 참-보살(종교인)이 아니다'고 말씀하신 것이다.

<관자재보살(觀自在菩薩)과 사리불(舍利弗)존자>
『반야심경』은 <일체법무자성공(一切法無自性空)>을 설한 대표적 대승경전이다.

곧 「오온개공(五蘊皆空)」이란 키-워드를 통해 일체법의 무자성공(無自性空)을 설파하고 있는 것이다.
五蘊(Pañca-skandha)이란 앞에서 자세히 설명하였듯이, 육신(물체)과 정신을 가진 일체존재들을 의미한다.

곧 물질이나 정신이나 할 것 없이 일체존재는 고정성이 없는 인연소생의 것임을 단적으로 표현한 말이 다름 아닌 「오온개공(五蘊皆空)」이다.

『반야심경』은 「오온개공」을 설한 후, 곧 바로 「도일체고액(度一切苦厄)」을 설하고 있다. 모든 것이 空한 것, 곧 중도(中道)임을 알게 되면, 그 순간 일체고통에서 벗어나 해탈을 얻게 된다는 말씀이다.
곧 일체고통으로부터의 해탈 그것은 다름 아닌 「일체법무자성공(一切法無自性空)」이라고 하는 자각과, 그 자각을 일상의 삶에서 실천하는 것, 곧 집착으로부터 벗어남에서 비롯되어 진다는 말씀이다.

 우리는 거의 한 순간도 예외 없이 그 무언가에 집착하며 살고 있다.
육신과 재물과 명예와 권력에 집착하고, 그리고는 그것으로 인해 구속당하
며 수없는 고통을 받으며 살고 있는 것이다.

『반야심경』에는 두 분의 주인공이 등장한다.
한 분은 관자재보살(觀自在菩薩)이고, 또 한 분은 사리불(舍利弗)존자이다.
사리불은 석존께서 아끼시던 지혜가 출중한 <지혜제일의 제자>이다.
그런데 그러한 분이 관자재보살에게 훈시를 받고 있는 것이다.
 일체가 空인데 有라고 집착하며 거기에 매달려 있기 때문이다.

사실 『반야심경』은 현재를 살고 있는 우리들을 야단치고 있는 것이다.
우리가 바로 사리불존자처럼 온갖 것에 매달리고 집착하며 살고 있기 때
문이다.
 관자재보살은 이름 그대로 어느 것에도 집착하거나 걸려 넘어지지 않고
무애자재(無碍自在)하게 사시는 분이다.

「청산은 나를 보고 말없이 살라 하고, 창공은 나를 보고 티 없이 살라
하네, 탐욕도 벗어 놓고 성냄도 벗어 놓고, 물같이 바람같이 살다가 가
라 하네」

라는 노래 가사처럼, 그렇게 사시는 분이다.

참 고: **<部派佛敎와 大乘佛敎의 비교>**

	部派佛敎	大乘佛敎
1	自利中心의 獨覺(독각)불교	利他中心의 大衆(대중)佛敎
2	阿羅漢 증득을 목표로 하는 灰身滅智의 불교, 곧 斷煩惱障(단번뇌장)하여 涅槃 (無爲世界)에 안주하려는 離-(Sahā)의 불교, 곧 사바를 떠난 무위세계의 해탈을 추구하는 智-中心의 불교	成佛을 目標로 하는 菩薩佛敎 <生死卽是涅槃(생사즉시열반)>을 주장하는 不住涅槃(부주열반)의 불교로서, 歸-(Sahā)하여 중생교화를 추구하는 大悲 -中心의 불교
3	말씀을 듣고 따르는 弟子的(제자적) 불교	<下化衆生>이라 하여 가르치고 이끌어 가는 敎師的(교사적)불교
4	<斷煩惱>와 <四聖諦現觀>을 강조하며, (阿羅漢의 증득)을 추구하는 불교	<一切衆生實有佛性>과 <上求菩提>와 <下化衆生>을 주장하며 <六波羅蜜의 실천>을 통한 (成佛을 추구)하는 불교
5	<三世實有法體恒有>(五蘊實有)를 주장하는 有(유)佛敎	<一切法無自性空>(五蘊皆空)을 주장하는 空(공)佛敎
6	出家者(출가자)중심의 불교	在家者(재가자) 중심의 불교

<唯識思想의 출현> (제 7Manas識·제 8Ālaya識 개념의 등장)

「但靜意識 不知其他」

『보리심론』은 修行의 공덕으로 제6識인 意識은 맑아졌으나 輪廻의 근본이 되는 제 7Manas識과 제 8Ālaya識 속에는 아직 習(습)이 남아있는 것인데, 二乘人들은 이것(제7 Manas識과 제 8Ālaya識)을 알지 못하고, 오직 灰身滅智(회신멸지, 곧 無爲)만을 얻으려고 耽溺(탐익)하고 있다며,

二乘의 무지를 비판하고 있다.

　참고로 제7 Manas識과 제 8 Ālaya識의 개념은 대승 중기의 唯識經典
(유식경전)에 이르러서야 처음으로 등장한다.
　곧 대승경전이라도 般若經典류나 <如來藏 三部經)이라 일컬어지는
　　　　　　　　　　반야 경전　　　　　여래장　삼부 경
『如來藏經(여래장경)』이나 『不增不減經(부증불감경)』『勝鬘經(승만경)』은
물론 『寶性論(보성론)』까지에도 아직 설해지지 않고, 뒤이은 『佛性論(불
성론)』에 이르러서야 비로소 이들 개념들이 보인다.[180]
『보리심론』이 「但淨意識不知其他」라 한 것은 이 때문이다.

<五性各別說과 種子이론>
　오성　각별 설　　종자

「有定性者 難可發生。要待劫限等滿 方乃發生」
　유 정성 자 난 가 발생　요 대 겁 한 등 만　방 내 발생

유식사상가들은 다음과 같이 인간을 5섯 종류, 곧
성문종성(聲聞種性) / 연각종성(緣覺種性) / 보살종성(菩薩種性) /
부정종성(否定種性) / 무성종성(無性種性)
으로 정해놓은 五性各別說(오성각별설)이란 종자이론을 주창하였다.

　곧 인간은 아무리 노력해도 태어날 때 지니고 온 種子(종자) 이상으로
는 될 수 없다는 주장이다.
　다시 말해 <성문종성>이나 <연각종성>같은 有定性者는 아무리 노력해
도 성문이나 연각 밖에는 될 수 없으며, <부정종성>은 지금으로서는 어

---

180) 대승경전의 성립순서나 교리(사상)발달사에 대해서는 졸저 『불교교리발달
　　사 강의』 p 285 「대승경전성립사」, p 962 「佛敎의 心識說, 그 전개」 참조,
　　하음출판사 2022년.

디로 분류해 놓아야 할지 잘 알 수 없으므로 일단 보류해 놓고 상태를 살펴보자는 것 (후천성을 인정해 보자고 하는 입장)이고, <무성종성>은 마치 무정란(無精卵)이 병아리가 될 수 없는 것처럼, 佛性이 없으므로 절대로 성불할 수 없고, 성불 가능한 것은 오직 보살승(菩薩乘) 밖에 없다고 주장하는 것이 이 五性各別說이다.

곧 인간의 종류를 다섯으로 나누어 놓은 <오성각별성>은 唯識思想의 약점이라면 약점이겠으나, 번뇌와 죄악이 많은 현재의 우리들의 모습과 천차만별한 중생세계의 실상을 밝히고, 그것을 통해 의식개혁을 부르짖으려 한 점은 큰 강점이라고 할 수 있다.

또한 종자를 구분해 놓고, 아무리 노력해도 절대로 종자 이상으로 될 수 없다고 주장한 것은, 존재들이 가지고 있는 각자 각자의 개성(악습과 業障과 특성)들이 너무 강하다는 점과, 또 우리가 경험해 보아 잘 아는 것처럼, 성격이나 습관은 여간해서 잘 고쳐지지 않는 것임을 감안했기 때문일 것이며, 인도사회에 깊이 뿌리박고 있는 카스트(caste)제도의 영향도 한몫했을 것이다.

『보리심론』은 유가행유식파들이 주창한 五性중 특히 聲問種性과 緣覺種性을 <定性者>라 하면서, 이들 定性者들은 자기의 種性에 만족하거나
<small>정성 자</small>

또는 자포자기하여 수행을 게을리 하거나 더 이상 수행하지 않으려고 할 뿐만 아니라, 業識(업식)이 남아있고, 또 大乘의 殊勝(수승)함을 모르기 때문에 大乘에 대해 發心을 내지 않고 있어, 오랜 시간이 지나고 나서야 (곧 業識이 다 하고, 또 大乘의 수승함을 깨닫고 나서야) 비로소 大乘을 향해 發心하게 되는 것이라면서, 그래서 「要待劫限等滿 方乃發生」이라 하며, 이들 定性人들은 많은 시간이 걸리는 것이라 비판하고 있다.

『능가경』은 聲聞乘이 業識이 다할 때까지 깨치지 못하는 것을 마치 바다의 파도에 이리저리 휩쓸리는 바다속의 나무와 無爲三昧(灰身滅智)라는 술에 곯아떨어져있는 昏醉(혼취)한 자에 빗대면서, 업력과 습기(習氣)의 무서움을 강조함과 동시, 昏醉에서 깨어나 대승으로 전향할 때에야 비로소 성불할 수 있는 것이라 하고 있다.[181]

<有部人들과 四聖諦(四聖諦現觀)修行>
(유부인)　(사성제)　(수행)

<有部人들은 왜 四聖諦를 그들의 수행의 중심덕목으로 삼았으며, 有部敎學이 주창하려 했던 핵심은 무엇이었을까?

<有部>는 부파불교 집단 가운데 가장 강력한 교단으로, 『중아함경』·『잡아함경』이란 2개의 <아함경>과 『구사론』이란 부파 최고의 명저를 남길 만큼, 부파불교를 논하는데 있어 없어서는 안 되는 중심교단이었다.

그러한 <有部>가 가장 중시한 교학과 수행도가 <사성제>였다.

여기에서 다루려는 중심테마는 번뇌이론이다.

여기에서는 다음에 보이는 <有部(98煩惱說:0)와 唯識學派(128煩惱說:0+X)의 비교>의 도표를 제시하여 번뇌이론의 기본만 설명하고,

상세한 것은 졸고 <불교교리발달사 강의>로 양보할 것이다.[182]

---

181) 「譬如海中木　常隨波浪轉　聲聞心亦然　相風所漂激　雖滅起煩惱　猶被習氣縛 三昧酒所醉　住於無漏界彼非究竟趣　亦復不退轉　以得三昧身　乃至劫不覺譬如昏醉人　酒消然後悟　聲聞亦如是覺後當成佛」『능가경』 (대정장 16. 607b)

182) 종석스님 『불교교리발달사강의』 3편 불교의 핵심교리 1장. 사성제론 2장. 번뇌와 성불론, 하음출판사 2022.

먼저 『俱舍論』을 중심으로 <有部敎學>의 중요사상을 설명하면,

① 一切法을 有爲(유위)와 無爲(무위) 또는 有漏(유루)와 無漏(무루)로 분류하면서, 苦集滅道 <四聖諦>를 중심으로,

諸行無常·諸法無我·一切皆苦·涅槃寂靜의 <四法印>, 그리고 無明·行·識·名色·六入·觸·受·愛·取·有·生·老死의 <십이연기(十二緣起)>등, 초기불교의 키-워드들을 상호 관계지우면서, 간단명료하게 분석 정리해 놓고 있다.

여기서 四聖諦를 중심으로 초기불교의 중심덕목들을 관계지우며 설명한 까닭은 四聖諦야말로 法의 당체라는 <有部人>들의 확신이 있었기 때문이다. 곧 그들은 四聖諦에 대한 규명이야말로 일체법에 대한 규명 바로 그것이라고 확신하고, 더 나아가 이렇게 一切法을 분석하고 정리해 놓은 목적은 일체법을 有爲法(苦·集·道·無常·無我·苦)과 無爲法(滅·涅槃寂靜)으로 분류하고, 일체법인 有爲法과 無爲法을 모두 설하고 있는 四聖諦의 중요성을 강조하기 위해서, 곧 멸성제와 열반적정의 세계를 설하고 있는 현성품(賢聖品)을 제외한 품들은 모두가 有爲法에 속하는 것이기에, 無常하고 無我한 것이며 고통과 집착을 수반하는 것이니, 절대 거기에 매달리거나 집착하지 말라는 것과, 이 사성제야말로 일체법을 규명해 놓은 것임을 천명(闡明)하기 위한 것으로, 따라서 法의 속성이나 실상(實相)을 알기 위해서는, 반드시 사성제가 무엇인지, 그 속에 담겨있는 핵심이 무엇인지를 여실히 규명할 필요가 있다고 본 것이다.

말하자면 『구사론』<서문>이 밝히고 있는,
「부처님의 가르침의 핵심은 生死輪回의 苦海로부터 衆生을 건져 내는 것이다. 중생이 윤회고에서 표류(漂流)하는 까닭은 번뇌(煩惱) 곧 혹(惑) 때문이다. 그 번뇌를 멸하는 최고의 방법은 택법(擇法:dharma-pravicaya)이다」[183]

고 한 내용을 四聖諦의 여실한 규명을 통해 밝히려 했던 것이다.

다시 말해 『구사론』 저술의 목적은 有部敎學의 특징인 四聖諦에 대한 여실한 규명이었던 것이다.

② 「煩惱의 단(斷)은 진리를 보는 것(견제=見諦)과 닦는 것(수제=修諦)에 의해서 이루어진다」[184]

는 『구사론』 <현성품(賢聖品)> 서두의 설명은 <有部> 수도론의 핵심이 번뇌의 단멸(斷滅)에 있으며, 이러한 번뇌를 단멸시키는 최고의 방법은 見道와 修道에 있는 것임을 천명하기 위한 것이었다.

다시 말해 우주의 진리인 <諦=四聖諦>를 여실히 관찰하는 觀法(見諦)과 여기에서 관찰한 것들을 실생활속에서 실천(修諦)하는 두 行法에 번뇌의 존망이 있다는 것을 밝히는 데 있었던 것이다.
곧 四聖諦를 내 것으로 소화시키느냐 못 시키느냐에 따라 범부(凡夫)와 성자(聖者)의 갈림길이 달려있다고 본 것이다.

有部인들은 煩惱를 퇴치하고 아라한과(阿羅漢果)를 증득하기 위한 수행 도로, 계정혜(戒定慧) 三學을 중심으로 <凡夫位>: 순해탈분(順解脫分) → 순결택분(順決擇分) → <聖者位>: 見道 → 修道 → 無學道(阿羅漢果)로 체계화하였다.

한편 <有部>는 『阿含經』에서 번뇌들을 지칭할 때 사용하던 단어들, 곧 결(結)·액(軛=멍애)·박(縛=묶임)·개(蓋)·전(纏=얽힘)·계(繫=메임)

---

183) 『俱舍論』(대정장 29. 1a~b)
184) 『俱舍論』(대정장 29. 113c)

등의 말 대신, 본래 '나쁜 기질이나 나쁜 경향'을 의미하던 수면(隨眠: anuśaya)을 번뇌를 대표하는 단어로 채용하고,[185] 『아함경』의 7수면설 (七隨眠說: 욕탐(欲貪)·진(瞋)·견(見)·의(疑)·만(慢)·유탐(有貪)·무명 (無明)을 기초로 하여[186], 이를 6수면으로 줄인 후, 이 6수면을 다시 三 界와 연관시킨 소위 <98-隨眠說>을 주창하였다. 곧

「수면은 모든 존재(諸有)의 근본으로, 6개의 차별이 있으니,
소위 탐(貪:rāga)·진(瞋:pratigha)·만(慢:māna)·무명(無明:avidyā)·
견(見:dṛṣṭi)·의(疑:vicikitsā)이다」[187]

라는 경구에서 보듯이, 『俱舍論』은 욕계(欲界)의 탐(貪)인 욕탐(欲貪)과
色界와 無色界의 貪인 유탐(有貪)을 하나의 法(dharma)으로 보고,[188]
이를 합하여 탐(貪)·진(瞋)·견(見)·의(疑)·만(慢)·무명(無明)이란
<6-수면설>을 세워, 이를 근본번뇌(根本煩惱)라 칭한 후,
이중 견수면(見隨眠)을 다시 유신견(有身見)·변집견(邊執見)·계금취견
(戒禁取見)·사견(邪見)·견취(見取) 등 5섯으로 세분하여,

---

185) 전(纏:paryutthāna)번뇌는 표면상의 번뇌를, 수면(隨眠: anuśaya)은 잠
재번뇌를 가리킨다.
186) 다음의 인용문과 같이, 「云何爲使。舍利弗言。使者。七使。謂貪欲使．瞋
恚使．有愛使．慢使．無明使．見使．疑使」『雜阿含經』 (대정장 2. 127a)
「謂七使法。欲愛使．有愛使．見使．慢使．瞋恚使．無明使．疑使」『長阿含經』
(대정장 1. 54b, 58b), 『阿含經』은 <7-隨眠說>을 설하고는 있으나, 실제로는
이 보다는 3不善根 5蓋 4暴流 5結 등을 더 자주 사용하였다. 『俱舍論』이
『阿含經』의 7수면설을 참고하여 <6-수면설>을 수립한 이유는 아마도 7수면
설이 이러한 설에 비해 잘 정돈되어 있다고 보았기 때문일 것이다.
187)「隨眠諸有本 此差別有六 謂貪瞋亦慢 無明見及疑」『俱舍論』 (대정장 29. 98b)
188) 欲貪은 欲界의 貪으로 衣食住등 소위 外境에 대해 일어나는 外面的 貪心
을 말하고, 有貪은 四禪定과 四無色定 등의 禪定에 들어간 상태에서 일어나
는 內面的 貪心을 말한다. 말하자면 有貪이란 色．無色界의 三昧에서 느껴
지는 喜悅을 眞解脫, 곧 이 경지야말로 解脫世界라고 착각하고 그 경지를
탐하는 마음을 말한다.

총 10수면(隨眠)으로 한 후,

이를 다시 三界(欲界·色界·無色界)와 오부(五部)로 세분하여, 소위 <98-수면(98-隨眠)이론>이라는 <有部>만의 번뇌이론을 주창하였던 것이다.

여기서 五部란 견소단(見所斷) 4개와 수소단(修所斷) 1개를 말하는 것으로,

<見所斷>이란 苦集滅道 四聖諦 各 諦에 대해 여실하게 관지(觀知)하는 見(darśana)을 통해 제거시킨다는 의미, 말하자면 견고소단(見苦所斷)·견집소단(見集所斷)·견멸소단(見滅所斷)·견도소단(見道所斷)을 말하며,

<修所斷>이란 三昧(samādhi)行으로 퇴치시킨다는 의미로, 이를 통해 근본적인 습성적 번뇌를 제거하는 것이다.

참 고: <有部(108煩惱說:0)와 唯識學派(128煩惱說:0+X)의 번뇌론>

좌변은 有部學說, / 우변은 唯識學說이다.

곧 (有部學說 / 唯識學說)을 의미한다[195]

煩惱 種類	見所斷(分別起)[189]: 88 /112												修所斷 (俱生起) 10/16		
三界 10隨眠 (惑)	欲 界 (32/40)				色 界 (28/36)				無色界 (28/36)				欲界 4 / 6	色界 3/5	無色界 3/5
	苦	集	滅	道	苦	集	滅	道	苦	集	滅	道			
貪 (15/15)	0	0	0	0	0	0	0	0	0	0	0	0	0	0	0
瞋	0	0	0	0									0		

(5/5)															
痴 (15/15)	0	0	0	0	0	0	0	0	0	0	0	0	0	0	0
慢 (15/15)	0	0	0	0	0	0	0	0	0	0	0	0	0	0	0
疑 (12/12)	0	0	0	0	0	0	0	0	0	0	0	0			
見 有身見 3/15 190)	0	x	x	x	0	x	x	x	0	x	x	x	x	x	x
邊執見 3/15 191)	0	x	x	x	0	x	x	x	0	x	x	x	x	x	x
邪見 12/12	0	0	0	0	0	0	0	0	0	0	0	0			
見取 12/12	0	0	0	0	0	0	0	0	0	0	0	0			
戒禁取見 6/12 192)	0	x	x	0	0	x	x	0	0	x	x	0			
(十隨眠) 計 (煩惱類) 98/128	10/10	7/10	7/10	8/10	9/9	6/9	6/9	7/9	9/9	6/9	6/9	7/9	4/6	3/5	3/5

	32 / 40	28 / 36	28 / 36	10 /16
見所斷 煩惱 88 / 112 修所斷 煩惱 10 / 16	88개 / 112개			10개/16개

總 計 98+10纏= 108/128	98개(견소단: 88/수소단: 10)+10纏(현재 활동하는 번뇌)[193] = 108번뇌(有部) / 128번뇌(瑜識學派)[194]

189) 分別起란 見惑이라고도 하는 것으로, 후천적 번뇌를 말한다. 그 性이 거칠고 맹렬하지만, 후천적 번뇌이기에 제거하기가 쉬워, 見道位에서 곧 바로 제거되는 돈단(頓斷)번뇌이다.
　　한편 俱生起는 修惑이라고도 하는 것으로, 선천적 번뇌를 말한다. 그 性이 미열(微劣)하지만, 선천적 번뇌이기에 제거하기가 어려워, 修道位에서 점차적으로 제거되는 점단(漸斷)번뇌이다.

190) 煩惱의 속성을 분류함에 있어 有部와 唯識學派와의 사이에 가장 핵심이 되는 차이점은 有身見(유신견)과 邊執見(변집견)에 대한 견해차이다. 곧 <有部>에서는 이들을 단지 見所斷 煩惱, 그것도 단지 見苦所斷 煩惱로만 소속시키고 있는데 비해, <唯識學派>들은 이들을 모든 잡염(雜染)의 근원이며, 또 잠재적 특성(俱生起=구생기: 선천적 번뇌)과 관계가 있다고 평가하여, 이를 見所斷의 4곳, 곧 (苦集滅道) 모두와 修所斷煩惱에 소속시키고 있다.

191) 邊執見(변집견)을 有身見(유신견)과 똑같은 부류에 소속시키고, 그 행보 또한 有身見과 나란히 움직이고 있는데, 이는 邊執見이 有身見에 의존해 생기한 것이라고 보았기 때문이다.

192) 戒禁取見(계금취견)이란 본래 원인이 아닌 것을 원인으로 보거나, 道가 아닌 것을 道라고 보는 견해를 말한다. 곧 自在神(자재신)을 세계발생의 원인이라 본다든지, 外道의 설처럼 天國에 태어나는 원인이 아닌 것을 正道(정도)라 우기거나 믿는 견해를 말하는 것이다. 有部가 이를 見苦所斷과 見道所斷으로만 한정시키고 있는 것에 비해, 唯識學派들은 이를 見四諦所斷 모두에 소속시키고 있다. 戒禁取見을 見取와 같은 맥락의 것이라 보고, 이를 見取와 똑 같이 見道, 곧 見四諦所斷 모두에 소속시킨 것이 아닌가 생각된다.

193) 纏煩惱(전번뇌: paryavasthāna)란 우리가 몸담고 있는 欲界에서, 현재 활동하고 있는 번뇌를 말하는 것으로, 구체적으로는 忿(분)·覆(부)·無慚(무참)·無愧(무괴)·惛沈(혼침)·睡眠(수면)·悼擧(도거)·惡作(악작)·嫉(질)·慳(간)등의 十隨眠을 말한다.

194) <有部>와 달리 이미 10종의 纏煩惱를 기본분류에 넣어 둔 <瑜伽行派>에 있어서는 별도로 세워둘 필요가 없기에, 10을 더하지 않았다.

195) 唯識에서는 見所斷의 번뇌로 欲界(四聖諦)의 40使(惑)와, 上界(四聖諦)의 (色界·無色界) 각각에 36使(惑)의 煩惱를 설정하여, 見道(見所斷煩惱)에 合計 112使(煩惱)를 두었다. 곧 有部에서는 見惑, 그것도 단지 見苦所斷 煩惱로만 분류했던 有身見(유신견)과 邊執見(변집견)의 2見을 見所斷의 4곳 모두와 修惑(修所斷煩惱)에 까지도 덧붙여, 三界(욕계·색계·무색계) 합해 총 16使(惑)를 두고 있다. 따라서 唯識에서는 見道와 修道 所斷의 煩惱로 총 128使(근본번뇌)를 설정하고 있다.
　　도표에서 0 표시는 有部와 唯識, 곧 『俱舍論』과 『瑜伽論』이 주장하는 공통의 번뇌이며, x 표시는 오직 唯識에서만 주장하는 번뇌이다. 따라서 0+X로

<탐심(貪心)과 진심(瞋心)의 속성>

탐욕과 성내는 瞋心(진심)은 어리석은 마음인 치심(痴心)과 더불어 삼독(三毒)이라 부른다. 이것을 독(毒)이라고 하는 까닭은 이 3-가지를 행하면 마치 독약을 먹은 것처럼 아픔과 고통을 얻고 결국엔 죽음에 이르게 되기 때문이다.

痴心에서의 치(痴)란 글자가 주는 의미처럼, 아(知)는 병(广)에 걸렸다는 것을 말하는 것으로, 알려면 전체를 알아야 되는데, 一部分만 그것도 자기 멋대로 아는 병, 말하자면 一切法이 無自性空인 것을 모르고, 욕심내고 집착하며 얽매이면서 그것을 지키려고 칼부림도 서슴지 않는 몹쓸 병이기에 보통 <알음알이>라 하기도, 또 일종의 치매(癡呆)에 해당되기에, 중생들이 지닌 몹쓸 병이라 치부함과 동시, 또 이것이 근본이 되어 탐심과 진심이란 2-가지 毒을 낳으므로, 三毒중에서도 가장 근원적인 毒으로 여겨, 佛家에서는 이 痴心을 제거대상의 첫 번째로 꼽고 있다.

貪心이란 느낌(受)이 좋으면 그것에 대해 애착이 생기고, 소유하려는 욕구가 생겨, 마침내는 내 것으로 갈취(소유)하려는 성질을 지닌 병이다. 12연기중에 나오는 촉(觸)→수(受)→애(愛)→취(取)→유(有)가 그것으로, 탐심은 (水)의 성질을 지니는 것이 특징이다.
곧 물은 고갈될 때까지 계속 끈질기게 사물에 침투하여, 빠져나가지 않고 적시어 들면서 그것을 쟁취할 때까지 계속 이어 나간다.

표시된 것은 유가행파가 주장하는 총 번뇌가 되는 셈이다. 한편 (슬래시: /)의 左의 숫자는 <有部>가 주장하는 번뇌수를, 右의 숫자는 <唯識學派>가 주장하는 번뇌수를 가리킨다. <有部>의 108-번뇌설과 <瑜伽行派>의 128-번뇌설에서의 번뇌의 수, 곧 (108/128)의 차이가 생긴 것은 앞의 각주에서 밝힌 바와 같이, <번뇌의 속성분류>와 <번뇌의 정의>라고 하는 소소한 견해 차이로부터 기인한 것으로, 번뇌에 대한 기본적 개념은 2-이론이 거의 동일하다고 보아 좋을 것이다.

<貪慾>의 境界는 고삐 없는 미친 코끼리와 같다는 말씀처럼, 그리고 쟁취한 후에는 또 다른 것으로 이동하여, 집착→소유→쟁취→파멸의 과정을 되풀이 하는 것이다. 숨을 거두는 마지막 순간까지도~

한편 진심(瞋心)도 마찬가지이다. 느낌(受)이 싫으면 그것에 대해 미움이 생기고, 멀리하려는 욕구가 생겨, 마침내는 내쳐버리는 성질을 지닌 병이다. 12연기중의 촉(觸)→수(受)→증(憎)→사(捨)→유(有)가 그것으로, 촉수 곧 느낌(受)이 좋지 않으면 증오심이 생겨 멀리 떨쳐버리고 심지어는 발로 차고 죽이기까지 하는 것이다.
곧 느낌에 따라 愛(애)와 憎(증)이 갈라지고, 取(취)와 捨(사)가 갈라지게 되는 것이다. 애증이니 취사니 하여 이 두말을 함께 쓰는 것도 바로 이 때문이다. 곧 愛와 憎, 取와 捨는 동전의 양면과 같아서 항상 같이 따라 다니는 녀석들이다.

진심은 불(火)의 성질을 지니는 것이 특징이다. 곧 불(瞋心=嗔心)은 마치 화산 폭발 같아서, 재만 남기고 다 태워버린다. 곧 한번 진심이 나면 본인도 모르게 아니 알면서도 몸과 마음을 악독하게 만들어, 눈에는 불을 키고(瞋) 입에는 거품을 품으며(嗔), 손으로 치고 때리고 발로 차고 마침내는 그것도 모자라 상대를 죽이거나 자신을 칼로 찌르는 일까지 생겨, 자신과 가족은 물론 타인과 그 가족까지도 패가망신케 하는 것이다. 이처럼 무서운 것이 탐심과 진심이기에 이 둘을 동시에 三毒에 집어넣은 것이다.

탐심과 진심 2-개의 毒 가운데 어느 毒이 더 무서울까?
瞋心은 일시적인 것이 특징이고, 탐심은 끝이 보이지 않고 계속 되풀이

되는 것이 특징이다. 또 진심(火)은 보이기라도 하지만, 탐심(水)은 보이지도 않고 서서히~ ,

결과적으로 보면 탐심이 더 무서울 것 같아 보이지만, 진심의 결과는 폭력과 파괴와 죽음이 뒤 따르기에, 어느 것이 더 무섭다고 단정할 수도 없다. 2-가지 모두 毒藥으로 먹었다하면 누구나 죽는 병이니까~ 196)

 여기서 중요한 것은 탐심과 진심이란 2-가지 毒을 낳은 것은 癡心(치심)이라는 사실이다. 그래서 불가에서는 三毒중에서도 치심(痴心)을 가장 근원적인 毒으로 여겨, 이 痴心을 제거대상의 첫 번째로 꼽는 것이다.

치심(癡心=痴心)을 痴라고도 쓰고, 癡라고도 쓰는데, 일체법이 空한 것인데, 그것을 의심(癡)하는 것이 無明이라는 의미로 해석해서 이렇게 쓴 것이 아닐까도 생각된다. 공교롭게도 약자(간자체)가 이렇게 된 것이지만~

 또 痴라 한 것은 알아서(知) 생긴 병, 곧 알려면 일체는 空한 것이라고 올바르게 알아야 되는데, 우물 안의 개구리처럼 벽을 쌓아 자기 나름의 일부분만을 알고는 그것에 국집하는 알음알이(痴)를 의미하는 것으로, 교리적으로 말하면 일종의 치매(痴呆=識=Vijñāna)에 해당된다고 하겠다. 癡呆(De-mentia)는 마음(Mentia)을 잃어간다(De)는 뜻이다. 본 마음인 空을 잃어서, 그래서 몸도 마음도 모두 무너져 버렸기에 생긴 病이다.

<知足의 생활: 凡事에 감사하라!>

 해인사에 가면 지족암(知足庵)이라는 암자가 있다.

족함을 알고 살아라! 는 의미이다. 이태리 유명한 신부 <聖프란체스코

---

196) 상기 도표에서 보듯, 有部나 唯識學者들이 설해 놓은 <번뇌이론>에 의하면, 탐심은 見所斷과 修所斷, 그것도 고집멸도 四聖諦에 걸쳐 阿羅漢果나 究竟道에 이를 때 까지 줄곧 작용하는데 비해, 瞋心은 見所斷 그것도 欲界의 四聖諦에서만 작동하는 것으로 분석하고 있다. 곧 그들은 瞋心보다 貪心을 더 끊기 어려운 번뇌로 보고 있는 것이다.

신부>는 성욕을 극복하기위해 가시장미 넝쿨에 몸을 뒹굴었다고 한다. 마음에 일어나는 욕망을 참아내기란 그만큼 어렵다는 이야기이다.

부처님께서는 일찍이 '하늘에서 황금비가 내린다 해도 중생들은 만족하지 못한다'고 말씀하셨다. 황금비가 내리면 다음번엔 다이아몬드비가 내리기를 바란다는 것이다.

만족을 모르는 것이 탐욕의 특징이다. 탐욕이란 성질을 이야기할 때 곧잘 비유로 드는 것이 <개뼈다귀>이다.

개의 입장에서 볼 때 개뼈다귀는 먹을 것은 없다. 고기가 조금밖에 남아 있지 않으니 먹을 건 없는데, 그런대도 개는 뼈다귀에서 나는 냄새 때문에, 이걸 떠나지 못하고 빨았다가는 뱉어 내고 빨았다가는 또 뱉어 내는 것이다.

감각적 욕망이라고 하는 것은 막상 거기서 얻어지는 행복이 그렇게 크지는 않다. 하고 나면 항상 허전하고, 뭔가 더 많은 것을 얻고 싶고, 갈증만 더 나고, 처음엔 좋다가도 시간이 지나면 만족도 줄어들고 마음이 편안해 지지도 않고 오히려 고통만 엄습하기 때문이다.

그렇다고 해서 쉽게 떠날 수 있느냐하면 그렇지도 못하는 것이 욕망이 지니는 또 하나의 특징이다. 마치 뼈다귀를 잊지 못하고 빨았다가는 뱉어 내고 빨았다가는 뱉어 내는 개처럼, 주위를 계속 맴돌면서 감각적 욕망을 추구하고는 이어 고통을 받고~ 이것의 결과를 잘 알면서도 또 그 짓을 되풀이 반복하면서 살아가고 있는 것이다. 이런 것이 욕망의 특질이다.

이와 반대로 성냄(嗔心)은 거의 모든 사람들이 싫어한다. 성냄이 일어나면 본인은 물론 주위 사람들도 괴로움을 당하기에, 또 무엇보다 본인이 괴롭고, 성냄으로 인해 고통이 따라오니, 가능한 한 성냄은 버리려고 하는 마음이 쉽게 난다.

한편 탐욕이라는 놈은 일단 자체가 달콤하고, 먹을 게 있다는 생각에 미련을 버리지 못하는 것이다. 미련 때문에 거기에 한번 빠져들면 좀처럼 헤어나지 못하게 된다. 탐욕이라고 하는 감각적 욕망, 그것 그 자체가 즐거움으로 느껴지고 달콤하니까~,
하지만 이것이 가지고 오는 결과는 뜻대로 되지도 않고, 용케 멈춘다 해도 거기엔 수많은 아픔과 고통이 따라온다.

'財色之禍 甚於毒蛇(재색지화 심어독사)'라는 <初發心自警文>의 말씀처럼, 욕망(재물과 색)은 마치 독사와 같은 것이다, 아니 달콤한 맛을 가진 독보다 더 무서운 것이 욕망이라고 하듯. 뭔가 달콤함을 느껴 추구를 하지만, 막상 그것은 큰 아픔과 고통을 가져오는 것이다.
마치 '욕망은 행복으로 포장된 괴로움'이라는 격언처럼~

얼마 전부터 우리 국민들은 <Me Too 運動> 이라는 아주 뼈아픈 소용돌이에 휘말려, 부끄러움도 잊은 채 너도 나도 <Me Too선언>에 동참하였다. 그 결과 수많은 아픔들이 우리사회 곳곳에 만연해 있다는 사실을 알게 되었고, 그 아픔들은 지금까지도 계속 이어져 오고 있다.

 잘나가던 정치인들을 비롯해 점잖기 그지없다고 소문난 유명 대학교수들, 노벨문학상 후보로 까지 거명되던 유명 시인 등, 심지어 그 불똥은 차기 대통령 후보로까지 거명되던 서울시장의 자살소동으로까지 이어져, 국민들의 아픔은 이루 말할 수도 없었고, 세계의 여러 신문의 가십에 까지 등장하며 국제적 구경거리에 이르게 되었다.

우리나라의 이러한 <Me Too 運動>은 세계적 운동으로까지 펴져 세계 3-테너의 한사람인 도밍고의 스캔들로 번져 한때 온갖 공연이 취소되고 미국입국 거부라는 소동으로까지 이어졌다.

'풀잎 하나라도 주지 않으면 취하지 말라! 凡事에 감사하라! 현 생활에 족함을 알고 감사하면서~ 경전의 말씀들이다.

2.1.4 不定性人의 삶
부정성 인

「不定性者 無論劫限 遇緣便廻心向大」
부정성 자 무론겁한 우연편회심향대

若不定性者 無論劫限 遇緣便廻心向大。
약 부정성 자 무론겁한 우연편회심향대

從化城起爲已超三界。197) 謂宿信佛故 乃蒙諸佛菩薩而以方便
종 화성 기위이초 삼계 위 숙신불고 내몽 제불 보살 이이 방편

遂發大心。乃從初十信 下遍歷諸位 經三無數劫難行苦行然得
수 발 대심 내종초 십신 하 편력 제위 경삼 무수 겁 난행고행 연득

成佛。旣知聲聞緣覺智慧狹劣 亦不可樂。(대정장 32. 573a)
성불 기지 성문 연각 지혜 협열 역불가락

직역(直譯)

부정성자(不定性者)같은 자는 겁한(劫限)을 논할 것 없이, 인연(因緣)을 만나면 곧 회심향대(廻心向大) 하느니라.

화성(化城)으로부터 일어나서는, 三界를 뛰어넘었다고 생각하느니라.

이르되 숙세(宿世)에 부처님을 믿은 연고로, 곧 제불보살의 가피를 입어, 방편력(方便力)으로써 드디어 대심(大心)을 발하는 것이다.

---

197) 爲已(高麗藏本)=爲以(三十帖策子本)

이에 처음 십신(十信)으로부터, 아래로 널리 모든 위(位)를 거쳐 삼무수(三無數) 겁(劫)을 지나고 난행(難行) 고행(苦行)하여야 비로소 성불(成佛)함을 얻느니라.

이미 성문(聲聞)과 연각(緣覺)의 지혜가 협열(狹劣)한 것임을 알았으면, 다시는 즐기고 원해서는 안 되느니라.

의역(意譯)

不定性人은 定해진 劫을 논하는 것 없이 緣을 만나면 곧 마음을 돌려 大乘으로 향하게 된다.[198] 방편으로 만들어진 거짓의 (조)化城(화성)인데, 三界를 뛰어 넘었다고 착각한다)[199]. 숙세로부터 佛을 믿은 까닭에 諸佛菩薩의 (가피)를 받아, 이들 또한 方便을 통해서 비로소 大

198) 唯識論者들이 말하는 五性各別說 (곧 중생들은 태어날 때부터 聲聞種性 緣覺種性 菩薩種性 不定種性 無種性 등의 다섯 가지 性品을 가지고 태어난다고 주장하는 설)과 이들 중 특히 不定性者(不定種性)들에 대한 설명이다. 不定性者란 말 그대로 種子로서 아직 決定되어 있지 아니한 자들을 말한다. 따라서 언제 成佛한다는 정해진 시간 또한 정해져 있지 않은 것이다. 다만 인연이 있어 大乘心을 發하면 그 때야 비로소 大乘의 階位를 따라 三阿僧祇劫 동안 수행하여 成佛에 이르게 되는 것이다. 곧 <定性者<(성문·연각·보살)>·<不定種性>·<無性種性>가운데 하나인 <不定種性者>는 성문·연각·보살의 3種의 種子를 모두 구비하고 있는 것이기에, 이름대로 성문이 될지, 연각이 될지, 보살이 될지 아무 것도 결정되지 아니한(不定種性) 자들이다. 따라서 정해된 시간에 얽매이지 않기 때문에 언제든지 선지식을 만나 正法을 듣고 發心하면 곧 바로 大乘心을 일으킬 수 있는 것이다. 참고로 『華嚴經』에서 말하는 成佛에 이르기까지의 53階位의 과정을 시간으로 계산해 보면, 十信으로부터 十廻向까지의 40位는 제 1의 阿僧祇劫(아승지겁)의 시간이, 또 제 41位인 初地(歡喜地)부터 제 47位(제7 遠行地)까지는 제2의 아승지겁의 시간이, 그리고 제 48位(제8 不動地)부터 제 50位(제10 法雲地)인 十地菩薩까지는 제3의 아승지겁의 시간이 소요된다고 주장한다. 곧 이때에야 비로소 等覺과 妙覺의 果를 얻을 수 있다고 하는 것으로, 그래서 三-阿僧祇劫이란 긴 시간이 걸려야 成佛하게 되는 것이라 한 것이다.

199) 佛地를 향해 가던 大乘菩薩이 게을러 중도하차 하려는 聲聞·緣覺乘들을 위하여 方便力으로 (造)化의 城(성)을 만들어 잠시 쉬게 하였으나, 이들은 오히려 이 化城(三乘法)을 윤회를 벗어난 涅槃의 경지로 착각하고, 그 곳에 집착하여 머물려고 한다는 『法華經』의 비유에 대한 설명이다. 『法華經』 <化城喩品> (대정장 9. 25c~26a)

(乘)心을 發하게 된 것이기에, 처음 十信으로부터 점차 널리 諸位(제위)를 편력하는 三無數劫(삼무수겁)동안 難行苦行(난행고행)해서야 비로소 成佛할 수 있는 것이다. (眞言行人은) 알아야한다.

聲聞과 緣覺은 智慧가 좁고(狹) 열등한 것이니, 좋아할 것이 못 된다는 것을~ 200)

註解・講解

<不定性人과 廻心向大>
회 심 향 대

「不定性者 無論劫限 遇緣便廻心向大」
부정성 자 무론겁한 우연편회심향대

유식사상가들이 주창한 五性中 4번째에 속하는 不定性乘에 대한 것이다. 不定性乘들은 아직 種子가 결정되지 않았고, 따라서 成佛의 시기도 결정되어있지 않은 자들을 가리킨다.

이는 마치 世親(세친)이 형 無着(무착)을 좇아 小乘 有部에서 大乘 瑜伽行派(유가행파)로 전향하여 소승(二乘)에서 대승보살이 되었듯이, 不定性者(부정성자)들도 언제든지 大乘이란 정법의 인연을 만나 小乘에서 大乘으로, 곧 廻心向大(회심향대)하기만 하면 얼마든지 성불할 수 있다며 어서 속히 廻心向大할 것을 촉구하고 있다.

---

200) 『法華經』의 비유처럼, 부처님은 方便으로 三乘을 설하신 것인데, 어리석은 자들은 진실을 알지 못하고 이 三乘을 최고의 경지로 생각하고 그것에 집착한다는 것이다. 곧 처음부터 一(佛)乘法을 설하면 근기가 낮은 중생들은 그 길은 너무 어렵고 또한 견디기 어려운 것이라 생각하여 따르지 않을 것을 아시고, 方便으로 三乘을 설하시어 잠시 쉬도록 하였다는 설명이다. 진실을 밝힘과 동시에 혹시 따르면 어떻게 하나 하는 노파심과 경계심으로 절대로 따르지 말라고 당부하고 있는 것이다.

『攝大乘論釋』<世親造 玄奘譯>은「廻心向大」에 대해

「爲引攝一類謂爲者。 引攝不定種性諸聲聞等令趣大乘。 云何當令不定種性諸聲聞等。 皆由大乘而般涅槃」[201]

라 하여, 『攝大乘論』의 <爲引攝一類謂爲>란 게송을 해석하면서, 一類를 引攝한다는 것은 부정종성가운데의 성문·연각 등을 大乘으로 끌어드린다는(引攝) 뜻으로, 引攝하는 이유는 그들을 廻心向大시켜 그들을 대승의 완전열반(般涅槃)에 趣入하기위한 것이라고 설명하고 있다.

한편 『보리심론』은
다만 大乘은 三劫成佛을 주창하므로, 廻心向大한 이들 또한 성불을 할 수는 있으나, 三劫이란 오랜 시간이 걸린다는 것을 지적하고 있다.
그러면서 『법화경』의
「佛은 언제나 일승도(一乘道)로서만 교화를 하는 것으로, 三乘은 一乘에 이르기 위한 방편의 가르침일 뿐이다」[202]

곧 보물처(寶物處)는 一佛乘인 불과(佛果)에, 佛은 도사(導師)에, 衆生은 보물처를 찾아가는 사람들에, 화성(化城)은 二乘에 각각 비유하면서, 보물처인 一佛乘의 佛果에 이르는 것이 힘들고 두려워하여 도중하차하려는 자(二乘人)들을 위해, 導師(佛)가 도중에 化城(가공의 城)을 화작(化作)하여 위로한 것처럼, 三乘의 果는 마치 化作의 화성(化城)에 불과한 것으로, 그것은 어디까지나 그들을 목적지인 불지견(佛知見=보물처인 一佛乘의 佛果)에 인도하기 위한 佛의 방편일 뿐이라 설하고 있는 『法華

---

201) (대정장 31. 377c)
202) 「汝等所作未辦。 汝所住地近於佛慧。 當觀察籌量。 所得涅槃。 非眞實也。 但是如來方便之力。 於一佛乘分別說三。 如彼導師爲止息故化作大城」 『法華經』
    (대정장 9. 26a)

經』의 <化城喩>를 인용하면서,

不定性者들을 <화성비유(化城譬喩)> 법문에 비유함과 동시, 한편으로는 누구든지 성불할 수 있음을 一佛乘의 開示悟入에 비유하면서, 그러니 속히 廻心向大할 것을 촉구하고 있다.

2.1.5 大乘菩薩의 삶: 久遠而成(佛) = 三劫成佛

「經三阿僧祇劫修六度萬行皆悉具足 然證佛果 久遠而成」

又有眾生 發大乘心行菩薩行 於諸法門無不遍修。

復經三阿僧祇劫修六度萬行皆悉具足 然證佛果 久遠而成。

斯由所習法散 致有次第。203)   (대정장 32. 573a)

직역(直譯)

또 중생 있어 대승의 마음을 일으켜서, 보살행을 행하고, 모든 법문(法門)에서 널리 닦지 않음이 없되,

또 다시 삼-아승지겁(三-阿僧祇劫)을 지나고, 육도만행(六度萬行)을 닦아서 모두 다 구족(具足)하여, 마침내 불과(佛果)를 증(證)하느니라.

구원(久遠) 후에 이루게 되는 것은, 소습(所習)의 법의 풀이(法散)에 따라 차제(次第)가 있기 때문이니라.

---

203) 散(高麗藏本)=敎(三十帖策子本)

의역(意譯)

또 (大乘을 믿는) 衆生 있어 大乘心을 發하여 菩薩行을 行하며 모든 法門을 두루 닦지 아니하는 것 없으며, 또 三阿僧祇劫동안 六度萬行을 行하여 이 모든 것을 具足하여야 비로소 佛果를 증득하게 된다. 곧 久遠(三劫) 후에야 成佛하게되는 것으로, 그 까닭은 익힌 바의 법의 풀이(法散)에 따라, 究竟에는 반드시(致) 次第가 있기 때문이다.204)

註解 · 講解

<菩薩乘과 3-無數劫 成佛>
보살 승   무수 겁 성불

「經三阿僧祇劫修六度萬行皆悉具足 然證佛果 久遠而成 致有次第」
경 삼 아승지겁 수 육도 만행 개 실 구족 연 증 불과 구원 이 성 치 유 차제

대승불교는 성불(成佛)을 목적으로 하는 종교이다. 곧 <일체중생실유불성> 이론을 앞세우며, 누구든지 성불할 수 있다고 주창하는 것이 대승보살(菩薩乘)들의 주장이었다. 한편 이와는 다르게 성불(無上正等正覺)은 석존불만이 가능한 것으로 그 외의 사람들은 아라한(阿羅漢)位 까지 밖에 오를 수 없다고 주창하는 자들이 있었으니 그들이 곧 二乘人(聲聞緣覺)이었다.

한편 대승불교도들은 누구나 성불할 수 있다고 주창은 하였지만, 실제 무

---

204) 『大日經』에는 「復次祕密主。大乘行。發無緣乘心。法無我性。何以故。如彼往昔如是修行者。觀察蘊阿賴耶。知自性如幻陽焰影響旋火輪乾闥婆城 祕密主。彼如是捨無我。心主自在覺自心本不生」『大日經』(대정장 18. 3b) 이라 하고 있다. 空海는 이를 응용하고, 또『보리심론』의 「又有衆生 發大乘心 行菩薩行 於諸法門 無不遍修 復經三阿僧祇劫修六度萬行 皆悉具足 然證佛果。久遠而成 斯由所習法教致有次第」(대정장 32. 573a)를 활용하여, 이를 제6 <他緣大乘心>과 제7 <覺心不生心>에 배대함과 동시, 이를 三劫中 第一劫에 위치시키고 있다. 이들에 대한 상세는 다음에서 설할, 곧 2.1.5 <大日經(疏) 의 三劫成佛說과 空海의 十住心說과의 對比>를 참조.

상정등정각자인 부처가 되기 위해서는 수많은 시간, 그것도 三-아승지겁 (Tri-asamkhya-kalpa)이란 무수겁의 시간에 걸쳐 6-바라밀행이란 보살 행을 닦아야 만이 가능한 것이라 하며 끊임없는 수행을 주문하였다.

곧 十信→十住→十行→十廻向→十地→等覺→妙覺→佛이란 53단계 수행계 위를 설정해 놓고, 十信에서부터 10단계로 이루어진 十地中 처음의 초지 보살(初地菩薩)까지 가는데 일겁(一劫)이란 시간이, 다음 단계인 初地 환 희지(歡喜地)에서 제 七地 方便地까지가 또 一劫, 마지막으로 제 八地 (不動地)菩薩에서 마지막 佛까지 도달하는데 또 一劫 등 도합 三劫이란 시간이 걸린다고 주창하였다.

『보리심론』이 「經三無數劫難行苦行 然得成佛 (中略) 久遠而成 致有次 第」라 한 것은 바로 이것을 말하고 있는 것이다.

<『大日經(疏)』의 <三劫成佛說>과 空海의 <十住心說>의 對比>205)

---

205) 『大日經』은 <60心段>에서, 「祕密主一二三四五再數。凡百六十心。越世間 三妄執。出世間心生」(대정장18. 3a)이라 하여 드디어 世間三住心을 뛰어 넘어 出世間心으로의 轉昇을 설명하고 있다. 한편 出世間心인 <3劫段>에서 는 이것을 다시 3등분하여, (제1겁): 「謂如是解唯蘊無我。根境界淹留修行」 『大日經』(대정장 18. 2c~3a)。「發業煩惱株杌。無明種子生十二因緣。離建立 宗等。如是湛寂。一切外道所不能知。先佛宣說。離一切過」『大日經』(대정장 18. 3b),「祕密主彼出世間心住蘊中。有如是慧隨生。若於蘊等發起離着。當觀 察聚沫浮泡芭蕉陽焰幻等。而得解脫。謂蘊處界。能執所執。皆離法性。如是 證寂然界。是名出世間心。祕密主。彼離違順八心相續。業煩惱網。是超越一 劫瑜祇行」『大日經』(대정장 18. 3b), (제2겁): 「復次祕密主。大乘行。發無 緣乘心。法無我性。何以故。如彼往昔如是修行者。觀察蘊阿賴耶。知自性如 幻陽焰影響旋火輪乾闥婆城(十緣生)」『大日經』(대정장 18. 3b),「祕密主。彼 如是捨無我。心主自在覺自心本不生。何以故。祕密主。心前後際不可得故。 如是知自心性。是超越二劫瑜祇行」『大日經』(대정장 18. 3b), (제3겁): 「經次 云所謂空性。空性即是自心等虛空性。上文無量如虛空。乃至正等覺顯現。即 喩此心也。前劫悟萬法唯心心外無法」으로 설명하고, <10地段>에서는 「復次 祕密主。眞言門修行菩薩行諸菩薩。無量無數百千俱胝那庾多劫。積集無量功

앞의 <2·1·2>, 곧

<『大日經』 <住心品>의 諸乘의 비판과 心의 轉昇,

이에 대한 『菩提心論』의 견해> - 世間三住心을 中心으로 -

에서 살펴본 것처럼, 『大日經』은 <住心品>에서 心의 轉昇過程을

1. 30종 外道段

2. 8心段

3. 60心段

4. 3劫段

5. 10地段

으로 나누고,

제1의 <30종 外道段>에서는 이를 <外道>들의 삶의 방식이라 설명하고,[206]

제2의 <8心段>에서는 이를 <愚童異生>의 삶의 방식이라 설명하고,[207]

德智慧。 具修諸行無量智慧方便。 皆悉成就。 天人世間之所歸依。 出過一切聲
聞辟支佛地。 釋提桓因等。 親近敬禮。 所謂空性。 離於根境。 無相無境界。 越
諸戲論。 等虛空無邊一切佛法。 依此相續生。 離有爲無爲界。 離諸造作。 離眼
耳鼻舌身意。 極無自性心生。 祕密主如是初心。 佛說成佛因故。 於業煩惱解
脫。 而業煩惱具依。 世間宗奉常應供養」 『大日經』 (대정장 18. 3b) 「復次祕密
主。 信解行地。 觀察三心無量波羅蜜多慧觀四攝法。 信解地。 無對。 無量。 不
思議。 逮十心無邊智生。 我一切諸有所說。 皆依此而得。 是故智者。 當思惟此
一切智信解地。 復越一劫昇住此地。 此四分之一度於信解」 『大日經』 (대정장
18. 3b)으로 설명하며, 心의 轉昇 곧 깨달음에 이르는 마음의 上昇의 과정
(聲聞·緣覺乘→權大乘→實大乘→眞言密乘)을 <3劫段>~<10地段>을 통해 설
명하고 있다.
206) 『大日經疏』는 이 부분을 <30種 外道>, 곧 <愚童凡夫違理之心>이라 하고
있다. 空海는 이를 <제1 異生羝羊住心>으로 설명하고 있다.
207) 『大日經疏』는 <最初의 順理心>으로, 空海는 이를 <제2 愚童持齊心> <제3
嬰童無畏心>으로 나누어 설명하고 있다.

제3의 <60心段>에서는 이를 <不知諸空>의 삶의 방식이라 설명하고,[208)

제4의 <3劫段>에서는 이를 제1겁~제3겁의 3단계로 세분하여 설명하고[209)

제5의 <10地段>에서는 이를 信解行地의 <眞言門修行菩薩>의 단계라 설명하고 있다.[210)

이하 본문에서는 『大日經疏』와 『十住心論』의 經文을, 각주(脚註)에서는 『大日經』의 經文을 보면서,

空海가 『大日經』 및 『大日經疏』를 어떻게 활용하며 <十住心說>이란 敎判을 착안·설계하게 되었는지 그 情況(정황)을 살펴볼 것이다.

住心名과 宗(派)의 이름은 空海가 『十住心論』과 『秘藏寶鑰』에서 命名(명명)한 것으로, 『大日經』 및 『大日經疏』에서 차용 내지 응용한 것이다.

잠시 고찰에 들어가기에 앞서 <心續生의 思想>을 一切佛教(印度佛教)와 연관지어 해석하고 있는 『大日經疏』의 말씀부터 살펴보자.

「이 經宗은 橫으로는 一切佛教를 통섭하고 있다. 곧 唯蘊無我 出世間心 같이 蘊中에 住하여 설하는 것은 諸部중 小乘三藏을 섭하고, 蘊阿賴耶

---

208) 『大日經疏』는 이를 「是生死流轉凡夫。第八眞實無畏依。又於此中殊勝住。有求解脫慧生。思惟觀察生決定想。從此卽發聲聞菩提初種子心」 (대정장 39. 596b)이라 하며, 앞의 八心段의 마지막인 <嬰童心>을 1) 殊勝心 2) 決定心의 2개의 心으로 나눈 후, <殊勝心>은 三寶에 귀의하는 마음으로, <決定心>은 法性인 空性을 이해하는 마음이라 설명하면서, 이를 出世間心의 첫 번째의 마음인 <聲聞乘>의 마음으로 분류하고 있다. 한편 空海는 여기에 대해서는 아무런 설명을 하지 않고, 이를 그냥 <世間 3住心>의 마지막인 <제3 嬰童無畏心>에 배속시키고 있다.

209) 空海는 제1劫에서 <제4 唯蘊無我心>(聲聞乘) <제5 拔業因種心>(緣覺乘)을, 제2劫에서 <제6 他緣大乘心>(唯識乘) <제7 覺心不生心>(三論乘)을, 제3劫에서 <제8 一道無爲心>(天台乘) <제9 極無自性心>(華嚴乘)을 설명하고 있다.

210) 空海는 『大日經(疏)』의 <十地段>을 활용하여, 『十住心論』과 『秘藏寶鑰』에서 이를 <제10 秘密莊嚴心(密乘)>이라 설명하고 있다

를 관찰하여 心本不生을 설하는 것은 곧 諸經의 八識과 三無性의 義를
섭한다. 極無自性과 十緣生句를 설하는 것은 華嚴과 般若의 種種의 不
思議한 경계를 모두 그 속에 섭한다. 如實知自心과 一切種智를 설하고
있는 것, 곧 佛性一乘과 如來秘藏은 모두 그 속에 들어간다. 종종의 聖
言으로 그 精要를 통섭하지 않음이 없다. 만일 이 心印으로 널리 一切法
門을 여는 것을 일러 三乘을 통달했다고 하는 것이다. 또 眞言門은 三密
印을 타고 佛의 三平等心地에 이른다」[211]

라 하여, 『大日經疏』는 『大日經』 <住心品>의 心續生思想을 분류하여 이
를 인도불교사상의 전개형식으로 해석하고 있다.

곧 唯蘊無我라 한 出世間心은 (聲聞과 緣覺의 구별 없이) 통 털어 小乘
이라 하고, 蘊阿賴耶를 관찰하여 自心의 本不生을 깨우친다는 것은 唯
識思想과 三無性을 설하는 唯識乘에 섭하고, 覺心不生心은 인도 中觀派
의 사상에, 極無自性心과 十緣生句의 사상은 華嚴과 般若思想에 섭하고,
如實知自心과 一切種智 云云은 法華經·涅槃經·如來藏系의 경전에, 마
지막으로 三密印과 佛三平等은 진언밀교에 섭하고 있는 것이다.

이처럼 『大日經疏』는 『大日經』의 <心續生思想>을 印度佛教史의 小乘·
唯識·般若·華嚴과 法華·涅槃·如來藏과 密教에 배속시킴과 동시, 나가
서는 이들을 깨달음을 향한 마음의 轉昇의 과정, 소위 菩提心 展開의 과

---

211)「又此經宗。橫統一切佛教。如說唯蘊無我出世間心住於蘊中。卽攝諸部中小
乘三藏。如說觀蘊阿賴耶覺自心本不生。卽攝諸經八識三無性義。如說極無自
性心十緣生句。卽攝花嚴般若種種不思議境界。皆入其中。如說如實知自心名
一切種智。則佛性一乘如來祕藏。皆入其中。於種種聖言。無不統其精要。若
能持是心印。廣開一切法門。是名通達三乘也。復次眞言門。乘三密印至佛三
平等地」『大日經疏』(대정장 39. 612b)

정으로 이를 해석하고 있는 것이다. 『大日經疏』 스스로 「此經宗橫統一切佛教」라 말한 것도 바로 이 때문이다.

空海가 주창한 <十住心教判思想>은 두말할 필요도 없이 『大日經』 <住心品>과 『大日經疏』에서 차용·활용해서 이루어진 사상이다.
곧 그의 저서 『十住心論』과 『秘藏寶鑰』 전체에 걸쳐 이들 經疏들의 내용과 사상이 두루 설해지고 있는 것은 바로 이 때문인 것이다.

이제부터 살펴보려는 것은 바로 이것으로, 『大日經』 <住心品>과 『大日經疏』가 설하고 있는 <心續生思想>을, 공해가 『十住心論』과 『秘藏寶鑰』에서 어떻게 활용하며 <十住心教判思想>을 주창하게 되었는지 그 전개의 과정을 고찰해볼 것이다.

<30종 外道段> <8心段> <60心段>에 대한 내용은, 이미 앞의 <2·1·2> <『大日經(疏)』(住心品)의 諸乘의 비판과 心의 轉昇 -이에 대한 『菩提心論』의 견해- 에서 이미 살펴보았으므로,
여기서는 佛教 諸宗의 教判인 <3劫段>과 <10地段>, 곧 小乘(聲聞·緣覺) → 權大乘(唯識·三論) → 實大乘(天台·華嚴) → 密乘(진언 다라니승)으로 전개되는 깨달음을 향한 心의 轉昇過程, 소위 佛教教理의 발달과정을 『大日經(疏)』 내지는 空海의 저서인 (『十住心論』·『秘藏寶鑰』)의 안목으로 살펴볼 것이다.

<3劫段>
『大日經(疏)』은 이를 다시 제1겁~제3겁으로 3등분한 뒤,

제1劫에는 제4 <唯蘊無我住心>과 제5 <拔業因種住心>을 배속시킨 후,

제4 <唯蘊無我住心>

「然就第一重內。最初解了唯蘊無我時。卽名出世間心生也」212) (39. 601a)

「復次祕密主。聲聞衆住有緣地。識生滅除二邊。極觀察智。得不隨順修行因。是名聲聞三昧道」　　　　　　　　『大日經疏』(대정장 39. 648b)

「龍猛菩薩菩提心論云。又二乘之人。聲聞執四諦法。緣覺執十二因緣。知四大五陰畢竟磨滅。深起厭離破衆生執。勤修本法剋證其果。趣本涅槃以爲究竟。眞言行者當觀。二乘之人雖破人執猶有法執。但淨意識不知其他。久久成果位以灰身滅智。趣其涅槃如太虛空湛然常寂。有定性者難可發生。要待劫限等滿方乃發生。若不定性者無論劫限。遇緣便迴心向大。從化城起以爲超三界。謂宿信佛故。乃蒙諸佛菩薩加持力。而以方便遂發大心。乃從初十信下遍歷諸位。經三無數劫難行苦行然得成佛。旣知聲聞緣覺智慧狹劣亦不可樂」　　　　　　　『十住心論』(대정장 77. 336b~c)

제5 <拔業因種住心>

「能拔業煩惱根本無明種子。生十二因緣(중략)謂五根本煩惱。及百六十隨煩惱等。皆畢竟不生故名爲寂(중략)此中有三乘之人。同以無言說道。得諸法實相。然聲聞入法性最淺。故厭怖生死。自謂已得涅槃。生滅度想。辟支佛所入差深。故於生死不甚遽。然不能以方便力發起大悲」213)

---

212)「佛告金剛手祕密主言。祕密主諦聽心相。謂貪心。無貪心。瞋心。慈心。癡心。智心。決定心。疑心。暗心。明心 (중략) 云何受生心。謂諸有修習行業彼生。心如是同性。祕密主一二三四五再數。凡百六十心。越世間三妄執。出世間心生。謂如是解唯蘊無我。根境界淹留修行」『大日經』<住心品> (대정장 18. 2c~3a),「復次祕密主。聲聞衆住有緣地。識生滅除二邊。極觀察智。得不隨順修行因。是名聲聞三昧道」『大日經』<具緣品> (대정장 18. 9c)
213)「拔業煩惱株杌。無明種子生十二因緣。離諸立宗等。如是湛寂。一切外道所不能知。先佛宣說。離一切過」『大日經』<住心品> (대정장 18. 3b)「祕密主緣覺觀察因果。住無言說法。不轉無言說。於一切法證極滅語言三昧。是名緣覺三昧道」『大日經』<具緣品> (대정장 18. 9c) 「是中辟支佛 復有少差別 謂

『大日經疏』(대정장 39. 601a~b)

「龍猛菩薩菩提心論云。又二乘之人。聲聞執四諦法。緣覺執十二因緣。知四大五陰畢竟磨滅。深起厭離破衆生執。勤修本法剋證其果。趣本涅槃以爲究竟。(중략)　經三無數劫難行苦行然得成佛。既知聲聞緣覺智慧狹劣亦不可樂」[214]

『十住心論』(대정장 77. 336b~c)

이라 하여, 이를 <唯蘊無我住心>과 <拔業因種住心>이라 설명하고 있다. 곧 이곳은 唯蘊無我, 곧 나(我)란 실체는 없지만 그것을 구성하는 五蘊은 존재하는 것이라는 소위 <五蘊實有>을 주창하는 聲聞乘과 <12緣起>를 깨우쳐 無明種子를 끊으려는 緣覺乘에 대한 설명인데, 『大日經(疏)』는 緣覺乘에 대한 설명으로, 마음의 一切相이라 할 수 있는 160心을 열거하며, 이 160가지의 枝末煩惱들은 모두가 五根本煩惱가 근본이 되어 만들어진 것이라 설명하고 있다.

空海는 『秘藏寶鑰』에서,
<제 4 唯蘊無我心>을 聲聞乘에 배속시켜
「唯解法有 我人皆遮 羊車三藏 悉攝次句」라,

<제 5 拔業因種心>은 緣覺乘에 배속시켜
「修身十二 拔無明種 業生已除 無言得果」라 부연설명하고 있다.

제2劫에는 法相宗(他緣大乘住心)과 三論宗(覺心不生心)을 대응시키고,

三昧分異 淨除於業生」『大日經』<具緣品> (대정장 18. 10a)
214) 空海는 앞서의 제4 <唯蘊無我心>과 제5 <發業因種心>의 공통의 증거문으로, 이 부분을 『菩提心論』으로부터 인용하고 있다.

제6 <他緣大乘住心>

「祕密主大乘行。發無緣乘心法無我性。(중략) 觀察蘊阿賴耶。知自性如幻
陽焰影響旋火輪乾闥婆城者。卽是明第二重觀法無我性也。(중략)觀蘊阿賴
耶。卽楞伽解深密等經。八識三性三無性。皆是此意」215) (39. 602a~b)

「龍猛菩薩菩提心論云。又有衆生。發大乘心行菩薩行。於諸法門無不遍
修。復經三阿僧祇劫修六度萬行。皆悉具足然證佛果。久遠而成。斯由所習
法教致有次第」   『十住心論』(대정장 77. 346b)

제7 <覺心不生住心>216)

「彼如是捨無我。心主自在覺自心本不生。心主卽心王也(중략)覺此心本不
生。卽是漸入阿字門。爾時復離百六十心等。塵沙上煩惱一重微細妄執。
名第二阿僧祇劫。故經云。知自心性。是超越二劫瑜祇行也」217)

                      『大日經疏』(39. 603a~b)

「龍猛菩薩菩提心論云。又有衆生。發大乘心行菩薩行。於諸法門無不遍
修。復經三阿僧祇劫修六度萬行。皆悉具足然證佛果。久遠而成。斯由所習
法教致有次第。所以亦不可樂」   『十住心論』(대정장 77. 346b)

이라 하며, 제2劫에 제6 <他緣大乘住心>과 제7 <覺心不生住心>을 배속

---

215)「復次祕密主。大乘行。發無緣乘心。法無我性。何以故。如彼往昔如是修行
    者。觀察蘊阿賴耶。知自性如幻陽焰影響旋火輪乾闥婆城(十緣生)」『大日經』
    <住心品> (대정장 18. 3b)
216)「菩提心論云。當知一切法空。已悟法本無生心體自如不見身心。住於寂滅平
    等究竟眞實之智令無退失。忘心若起知而勿隨。若忘息時心源空寂」『秘藏寶鑰』
    (대정장 77. 370c).
217)「祕密主。彼如是捨無我。心主自在覺自心本不生。何以故。祕密主。心前後
    際不可得故。如是知自心性。是超越二劫瑜祇行」 『大日經』(대정장 18. 3b)

시키고, 이를 小乘에서 벗어나 비로소 大乘으로 들어가는 <權大乘>이라 지칭하며, 이를 <法無我性>을 깨달아 無緣乘의 大悲心을 내는 경지라 설명하고 있다.

곧 空海는 그의 만년(840)의 대표적 저작인 『秘藏寶鑰』에서,
<제 6 他緣大乘心>을 唯識乘에 배속시켜
「無緣起悲 大悲初發 幻影觀心 唯識遮境」라,
<제 7 覺心不生心>은 三論乘에 배속시켜
「八不絶戲 一念觀空 心原空寂 無相安樂」이라 부연 설명하면서,
이의 경계를 <Āsphānaka-samādhi>와 관계시키고 있다.

제3겁에는 <一道無爲住心>과 <極無自性心>을 대응시키고,

제8 <一道無爲住心>
「以行者得此心時。 即知釋迦牟尼淨土不毀。 見佛壽量長遠。 本地之身與上行等從地踊出諸菩薩。 同會一處。 修對治道者。 雖迹隣補處。 然不識一人。 是故此事名爲祕密」　　　　　『大日經疏』 (대정장 39. 603c)

「今觀此心卽是如來自然智。 亦是毘盧遮那遍一切身。 以心如是故。 諸法亦如是。 根塵皆入阿字門。 故曰離於根境。 影像不出常寂滅光。 故曰無相。 以心實相智覺心之實相。 境智皆是般若波羅蜜。 故曰無境界(중략)境智皆是般若波羅蜜。 故曰無境界」[218]　　　　　『大日經疏』 (대정장 39. 604a)

「所謂空性離於根境無相無境界。 越諸戲論等同虛空。 離有爲無爲界離諸造

---

[218] 「祕密主。 彼如是捨無我。 心主自在覺自心本不生。 何以故。 祕密主。 心前後際不可得故。 如是知自心性。 是超越二劫瑜祇行」『大日經』 (대정장 18. 3b)

作離眼耳鼻舌身意者。亦是明理法身」『十住心論』(대정장 77. 351a~b)

제9 <極無自性心>

「若從緣生卽無自性 若無自性卽是本不生 (중략) 故曰極無自性心生也 此心望前二劫(중략)故曰。如是初心佛說成佛因」[219]　　　(대정장 39. 604a)

「故大日如來告祕密主言。所謂空性離於根境無相無境界。越諸戲論等同虛空。離有爲無爲界離諸造作 離眼耳鼻舌身意 極無自性心生。善無畏三藏説。此極無自性心一句悉攝花嚴教盡。所以者何 花嚴大意原始要終明 眞如法界不守自性隨緣之義」　　　　　『十住心論』(대정장 77. 353c)

이라 하며, 제8 <一道無爲住心>은, 일체중생이 모두 佛性을 지닌 一佛乘이기에, 一切自性은 本來 對立을 벗어난 一如淸淨한 경지, 곧 一道(=一佛乘)에 의해 眞如無爲를 깨닫는 마음이라 설명하고, 제9 <極無自性心>은 본래 無自性空한 것이 일체제법이라고 보는 경지가 바로 이 華嚴乘의 마음이라 설명하면서, 이들을 <實大乘>이라 지칭하며, 여기까지 오는데 총 三劫이 걸린다고 설명하고 있다.

---

219)「祕密主云何菩提。謂如實知自心。祕密主是阿耨多羅三藐三菩提。乃至彼法。少分無有可得。何以故。虛空相是菩提無知解者。亦無開曉。何以故。菩提無相故。祕密主諸法無相。謂虛空相。爾時金剛手復白佛言。世尊誰尋求一切智。誰爲菩提。成正覺者。誰發起彼一切智智。佛言祕密主。自心尋求菩提及一切智。何以故本性清淨故。(중략) 祕密主云何自知心。謂若分段或顯色或形色。或境界。若色若受想行識若我若我所。若能執若所執。若清淨若界若處。乃至一切分段中求不可得。祕密主此菩薩淨菩提心門。名初法明道」『大日經』(대정장 18. 1c),「所謂空性。離於根境。無相無境界。越諸戲論。等虛空無邊一切佛法。依此相續生。離有爲無爲界。離諸造作。離眼耳鼻舌身意。極無自性心生。祕密主如是初心。佛說成佛因故。於業煩惱解脱。而業煩惱具依。世間宗奉常應供養」『大日經』(대정장 18. 3b)

곧 空海는 『秘藏寶鑰』에서,

<제 8 如實一道心>은 天台乘에 배속시켜,

「一如本淨 境智俱融 知此心性 號曰遮那」라 하고,

<제 9 極無自性心>은 華嚴乘에 배속시켜,

「水無自性 遇風卽波 法界非極 蒙警忽進」이라 부연 설명하고 있다.

제5의 <十地段=信解行地: 秘密莊嚴心>에서는

「經云。復次祕密主。眞言門修行菩薩行諸菩薩。無量無數百千俱胝那庾多劫積集無量功德智慧。具修諸行無量智慧方便。皆悉成就者。卽是欲明超第三劫之心。(중략) 然此經宗。從初地卽得入金剛寶藏故。花嚴十地經一一名言。依阿闍梨所傳。皆須作二種釋。一者淺略釋。二者深祕釋。若不達如是密號。但依文說之。則因緣事相。往涉於十住品。若解金剛頂十六大菩薩生。自當證知也」[220]　　　　　　　(대정장 39. 603b, 605b)

라 하여, 『大日經疏』는 이를 <金剛頂 十六大菩薩生>의 경지, 곧 究竟의 경지인 金剛寶藏에 卽入하는 경지라 설명하고 있다.

곧 보살도의 마지막 여정인 地(bhūmi)의 경지, 곧 初地(歡喜地)에 도달한 경지라 설명하면서, 이를 달리 <信解行地>라고 부르고 있다.

곧 『大日經疏』는 『大日經』을 주석하여[221]

「經云。復次祕密主。眞言門修行菩薩行諸菩薩。無量無數百千俱胝那庾多劫。積集無量功德智慧。具修諸行無量智慧方便。皆悉成就然此經宗。從

---

220) 「復次祕密主。眞言門修行菩薩行諸菩薩。無量無數百千俱胝那庾多劫。積集無量功德智慧。具修諸行無量智慧方便。皆悉成就。(중략)復次祕密主。信解行地。觀察三心無量波羅蜜多(중략)是故智者。當思惟此一切智信解地。復越一劫昇住此地。此四分之一度於信解」『大日經』(대정장 18. 3b)

221) 「復次祕密主。眞言門修行菩薩行諸菩薩 云云」『大日經』(대정장 18. 3b)

初地即得入金剛寶藏故。(중략)若解金剛頂十六大菩薩生。自當證知也」
『大日經疏』(603b, 605a~b)

라 하며, 이를 初地로부터 곧바로 金剛寶藏에 들어가는 <眞言門修行>이라 하면서, 이의 경계를 『金剛頂經』의 <十六大菩薩生>과 연관 지으며, 이를 터득하면 곧바로 即證(自當證知)하는 가르침이라고 강조하고 있다.

『大日經』은 住心品에서 <十地段>에 뒤이어, <六無畏> <十喩(十緣生句)>를 설한 후, 곧바로 제2품인 <具緣品>으로 들어간다.

<具緣品>의 본래 품명은 <入漫茶羅具緣眞言品>인데, 품명에서 알 수 있듯이, 중심주제는 밀교의 핵심인 "만다라"와 "진언다라니"이다.

<具緣品>은 다음과 같이 시작된다.
「告執金剛祕密主言。諦聽金剛手。今說修行漫茶羅行。滿足一切智智法門」
(대정장 18. 4a)
(잘 들어라! 金剛祕密主인 金剛手여! 이제부터 一切智智를 만족시키는 법문인 <만다라 수행>을 설할 것인즉~)

곧 密教를 <曼茶羅修行>이라 하고, 이 가르침이야말로 一切智智를 증득케 하는 법문이라 정의하고 있다.

한편 空海는 『十住心論』에서
「祕密莊嚴住心者。即是究竟覺知自心之源底。如實證悟自身之數量。所謂胎藏海會曼茶羅。金剛界會曼茶羅。金剛頂十八會曼茶羅是也。如是曼茶

羅各各有四種曼荼羅四智印等。言四種者。摩訶三昧耶達磨羯磨是也。如
是四種曼荼羅其數無量。刹塵非喩海滴何比」『十住心論』(대정장 77. 359a)

라 하며, <祕密莊嚴住心>을 自心의 源底를 각지하고, 自身의 數量을 여
실하게 증오하는 가르침인 金胎兩部曼荼羅라 정의하면서,
<제 10 秘密壯嚴心>을 <眞言密教>에 배속시킨 후, 『秘藏寶鑰』에서는
이를 「顯藥拂塵 眞言開庫 秘寶忽陳 萬德卽證」이라 부연 설명하고 있다.

이상 위에서 고찰한 바와 같이, 『大日經』<住心品>은 품의 이름에서부
터 알 수 있듯, 깨달음에 이르는 마음의 轉昇을 설하고 있는 것으로,
空海는 이 『大日經(疏)』의 心의 轉昇過程의 설명인 <30종外道段・8心段
・60心段・3劫段・十地段>을 활용・응용하여, 그의 저술인 『十住心論』과
『秘藏寶鑰』에서 깨달음에 이르는 마음의 상승(上昇)과정을 밀교경론인
『大日經』・『大日經疏』・『金剛頂經』・『菩提心論』을 비롯, 俱舍・唯識의
수많은 대승경전(논)들을 인용・활용하며,

이를 世間三住心 → 小乘(聲聞・緣覺) → 權大乘(唯識・三論) → 實大乘
(天台・華嚴) → 密乘(진언 다라니승)으로 설명한 소위 <九顯一密의 十住
心教判>을 주창하고, 나아가서는 이를 다시 三劫說(麤妄執→細妄執→極細
妄執)과 매치시키며, 밀교의 卽身成佛에 이르는 과정을 時間 개념으로서
가 아닌 妄執(Kalpa)개념으로 해석하여, 이 三妄執에서 벗어나기만 하면
곧 바로 부모소생의 이 몸으로 今生에 성불하게 된다는 소위 코페르니쿠
스적 사고전환을 통해 밀교만이 지니는 卽身成佛思想을 확립시켰다.[222]

---

222) 『대일경소』(대정장 39. 600c), 종석스님 『밀교의 즉신성불 강의』 화음출
판사 2021, 空海는 『秘藏寶鑰』(840년 저작)에 한참 앞서 卽身成佛思想을 주
창한 『卽身成佛義』<1권>을 저술하였다. 저작연대에 대해, 弘仁 14年(823년)
과 天長 9年(832년) 2가지 설이 있다.

<大乘(Mahā-yāna)불교의 이념과 그들이 지닌 맹점

大乘(Mahā-yāna)이란 小乘(Hīna-yāna)에 대응하는 집단으로, 大乘이란 그 이름부터 알 수 있듯이, 小乘과의 차별이나 대립을 목표로 탄생된 불교집단이었다.

곧 승(乘:yāna)이란 중생세계인 차안(此岸)에서 깨달음의 세계인 피안(彼岸)으로 건너다 주는 탈것(乘物)이란 의미로, 여기서 탈것이란 교리(理)와 수행(事)을 의미한다.

곧 대승불교는 자리(自利)보다는 이타(利他)를 중시하는 불교로서, 그들의 수행덕목인 六-波羅蜜에서 보듯이, 利他없이는 自利도 없다는 것이 그들의 기본이념이었다.

곧 大乘은 남을 위해 가르치고 인도하는 입장인 교사적(教師的) 불교이면서, 한편으로는 성문들의 스승인 大悲者 석존불을 이상으로 하는 成佛의 가르침, 말하자면 스스로를 菩薩(Bodhisattva), 곧 나는 말할 것도 없이 다른 모든 사람들에게도 佛이 될 수 있는 소질(佛性)이 갖추어져 있다고 믿는 자들, 곧 이들을 '상구보리(上求菩提)·하화중생(下化衆生)하는 자들'이란 뜻의 菩薩이라 칭한 까닭도 바로 여기에 있었던 것이다.

하지만 이들 대승인들에게는 큰 약점(맹점)이 하나 있었다.

成佛은 할 수 있지만 삼겁(三劫=Tri-Kalpa)이라는 험하고도 긴 시간이 걸린다는~ 그들의 주장대로라면 겁(劫)이란 생각으로도 또 말로도 표현할 수 없는 아주 길고도 긴 시간이었기 때문이다.[223]

---

223) 『大智度論』에는 「劫義佛譬喩說。四千里石山有長壽人。百歲過持細軟衣一來拂拭。令是大石山盡。劫故未盡。四千里大城。滿中芥子。不槩令平。有長壽人百歲過一來取一芥子去。芥子盡。劫故不盡」(대정장 25. 100c)라 하여, (둘래가 4천리나 되는 石山에 사는 長壽者가 100년에 한 번 細軟衣(엷은 옷)을 입고 와서는 한번 스쳐 지나가는데, 이 石山이 닳아 없어질 때까지의 시간을 일러 一劫이라 한다. 또 4천리나 되는 큰 城에 겨자가 가득 부어져 있는데, 長壽 노인네가 100년에 한번 와서 겨자 한 톨씩 가져가, 그 겨자가 모

그것도 일겁(一劫)이 아닌 상상도 할 수 없는 삼겁(三劫)이라니.

밀교인들은 반박하기 시작했다. 수행이란 시간이 중요한 것이 아니라, 어떤 수행을 하며, 또 어떻게 수행하느냐, 곧 수행의 내용과 질(質)이 성불을 좌우하는 관건이라고~,

2.1.6 眞言行者의 삶(卽身成佛의 추구)
진언 행자 즉신 성불

「修瑜伽勝上法。能從凡入佛位者 亦超十地菩薩境界」
수 유가 승상법 능종범입불위자 역초 십지 보살 경계

今 眞言行人如前觀己 復發利益安樂無餘衆生界一切衆生心。
금 진언 행인여전관이 부발 이익 안락 무여 증생 계 일체 증생심

以大悲決定 永超外道二乘境界。
이 대비 결정 영초 외도 이승 경계

復修瑜伽勝上法。能從凡入佛位者 亦超十地菩薩境界。
부 수 유가 승상법 능종범입불위자 역초 십지 보살 경계

(대정장 32. 573a-b)

직역(直譯)

이제 진언행인은 앞과 같이 관(觀)해 마친 후에는,

다시 남김없이 중생계(無餘-衆生界)의 일체중생을, 이익케 하고 안락케 하는 마음을 발해야 한다.

대비(大悲)로 결정(決定)한 것이므로, 영원히 외도(外道)와 이승(二乘)의 경계(境界)를 초탈(超脫)하게 된다.

또 다시 유가승상(瑜伽勝上)의 법을 닦으면, 능히 범부(凡夫)로부터 불

두 없어질 때 까지를 일러 一劫이라 하는 것이라) 하고 있다.
이 설에 따라, 一劫을 <盤石劫> 또는 <芥子劫>이라고도 한다.

위(佛位)에 들며, 또 십지보살(十地菩薩)의 경계(境界) 또한 초탈(超脫)하느니라.

의역(意譯)

이제 眞言行人은 앞에서와 같이 관찰해 마친 연후에는, 다시 衆生界의 一切衆生을 利益하게 하고 安樂하게 하겠다는 마음을 내야한다. 이와 같은 發心은[224] 大悲로서 결정한 것이기에 영원히 外道와 二乘의 경계를 뛰어 넘게 되는 것이다. 여기에서 더 나아가 최고의 수승한 瑜伽法인 삼마지행을 닦아야 되는 것으로,[225] 그러면 능히 凡으로부터 佛位에 들어가게 되고,[226] 곧 바로 十地菩薩의 경계 또한 (超脫)뛰어 넘게 되는 것이다.[227]

註解·講解

<三密瑜伽行者인 眞言行者는

凡으로부터 곧 바로 佛位에 들어가는 最勝上의 瑜伽行者이다>

「修瑜伽勝上法。能從凡入佛位者 亦超十地菩薩境界」
수 유가 승 상 법   능 종 범 입 불 위 자 역 초 십 지 보살 경계

---

224)「初行願者。謂修習之人 常懷如是心 我當利益安樂無餘有情界 觀十方含識猶如己身」(572c). 앞에서 설한 내용을 재차 언급하며, 이를 상기시키고 있다.

225) <瑜伽勝上法>이란『大日經』이 설하는 6-無畏가운데 마지막 6번째 無畏인 <一切法平等無畏>를 말하는 것으로, 三摩地法은 밀교에서만 설하기 때문에, 最上勝의 瑜伽法이라 한 것이다. 空海는 이를 응용하여 十住心中 마지막인 제10 秘密莊嚴心에 이를 대응시키며, 다음과 같이 부연 설명하고 있다.
   <秘密莊嚴心(密敎的 마음) = 眞言乘>:「顯藥拂塵 眞言開庫 秘寶忽陳 萬德卽證」(현교의 약으로는 번뇌를 떨쳐내고, 진언밀교로 성불의 창고를 여니, 홀연히 秘寶가 나타나고 그 자리에서 만덕을 卽證하였노라.

226) 밀교에서는 菩薩階位나 수행의 劫數(겁수)는 논하지 않는다.

227) 밀교에서는 <初地卽極果(佛果)>로 보기 때문에 初地와 十地만을 설한다. 제2地 이상은 初地의 功德을 나누어 설명한 것으로 보기 때문이다.

『大日經』에는

「세존이시여! 오직 바라오니 眞言行을 닦아 대비태장(大悲胎藏)으로부터 대만다라왕(大漫茶羅王)을 출생시키는 법을 설하여 주소서. 미래세의 한량없이 많은 중생들을 구하고 보호하며 안락하게 하기 위함입니다. 그때에 박가범 비로자나여래께서 대중의 모임을 두루 관찰하시고 執金剛 秘密主에게 말씀하셨다.

잘 듣거라! 금강수(金剛手)여! 지금 漫茶羅行을 수행하여 一切智智를 얻는 법문을 설하겠노라. 이때 비로자나 세존께서는 옛적에 무진법계를 성취하시어 중생계를 남김없이 제도하고자 서원하신 까닭에, 일체여래가 함께 모여 점차 대비장(大悲藏)을 발생하는 三摩地에 證入(증입)하시자, 세존의 모든 팔과 다리 등에서 여래의 몸이 나타났다.

 초발심으로부터 10地보살에 이르기까지 모든 중생을 위한 까닭에 시방을 두루 편력하신 후 다시 부처님 몸의 본래 위치로 돌아오신 것이다.

(중략) 眞言行에서 분명하게 결정함을 얻으려는 자는 三密瑜伽를 궁구하고 닦아 용건한 보리심(菩提心)에 머물러야 한다.

 비밀주여! 이와 같은 법칙을 준수하는 아사리(法則阿闍梨)는 모든 부처님과 보살님들께서 칭찬하시는 바이다.

 비밀주여! 아사리가 만약 중생을 봄에 (그 중생 가운데), 법기(法器)로 삼을 만하며, 모든 더러움을 멀리 떠나고 큰 신해(信解)와 부지런하고 용맹스럽고 깊은 신심이 있어 항상 남을 이익 되게 한다고 생각되는 자로서, 제자로서의 근기를 지닌 자가 있다면, 아사리는 마땅히 스스로 그에게 가서 그를 권하여 菩提心을 발하게 해야 한다」[228]

---

228)「諦聽金剛手。今說修行漫茶羅行。滿足一切智智法門。爾時毘盧遮那世尊。
 本昔誓願成就無盡法界。度脫無餘衆生界故。一切如來。同共集會。漸次證入

하며, 瑜伽의 最勝上의 법을 닦는 眞言行者는 凡으로부터 佛位에 들어가는 자로서, 十地菩薩(大乘人)의 경계 또한 뛰어넘게(超脫) 되는 것이라 역설하고 있다.

앞서의 2.1.5 註解 <大日經의 三劫成佛說과 空海의 十住心說의 對比>에서, 제8 一道無爲心(天台宗)과 제9 極無自性心(華嚴宗)이 第 3劫에 위치되어있음을 보았다.

그렇다면 제10의 밀교에 해당되는 <秘密莊嚴心>에 대해 『菩提心論』과 『大日經』은 어떤 입장을 취하고 있을까?

먼저 『보리심론』을 보면,
논은 一切法無自性空을 幻 · 焰 등의 10가지 비유를 통해 설하고 있는 <十喩>를 밀교의 五相成身觀의 앞의 단계인 無識禪의 경지, 곧 <Āspānaka-samādhi>의 단계에서 설하고 있다.

곧 三劫과 六無畏를 설해 마친 『大日經』은 제 1 <住心品>의 마지막을 <十喩>로 장식하고, 제 2 <入曼茶羅具緣品>에 들어와서는 본격적인 밀교수행법으로서, <佛의 自證三菩提> · <眞言行法> · <曼茶羅行法>이니 하며, 드디어 제 10 住心인 <秘密莊嚴心>을 설한다.

大悲藏發生三摩地。世尊一切支分皆悉出現如來之身。爲彼從初發心。乃至十地諸衆生故。遍至十方還來佛身本位。本位中住而復還入。(중략) 於眞言行善得決定。究習瑜伽。住勇健菩提心。祕密主如是法則阿闍梨。諸佛菩薩之所稱讚。復次祕密主彼阿闍梨。若見衆生堪爲法器遠離諸垢。有大信解勤勇深信。常念利他若弟子具如是相貌者。阿闍梨應自往勸發」『大日經』(대정장 18. 4a~b)

제 2 <入曼荼羅具緣品>의 말씀을 직접 보자!

「그때 집금강비밀주가 부처님께 아뢰길, 세존이시여! 諸衆生들을 위해 종종의 方便道인 <佛의 自證三菩提>, 곧 本性을 信解케하는 心地를 초월한 부사의 法門을 설해주십시오. 오직 원하는 바는 세존이시여, <眞言行法>을 설해 주십시오! 大悲胎藏生曼荼羅는 미래세의 무량한 중생들을 救護·安樂케 하기 때문입니다.

그때 바가범 비로자나불께서 대중을 두루 관찰해 마치시고 金剛秘密主에게 말씀하시되, 金剛手여! 잘 듣거라, 이제 <曼荼羅行>을 수행하여 一切智智를 만족케 하는 법문을 설할 것인즉~」[229]

라고 하며, 드디어 一切智智를 만족케 하는 <진언행법>과 <만다라행법>을 설하고 있다.

따라서 이를 분석해보면,

初品인 제 1 <住心品>에서는 제 9 住心인 <極無自性心>까지의 顯敎를 설하고,

제 2 <入曼荼羅具緣品>부터는 卽身成佛을 주창하는 密敎를 설하는 것으로, 그래서 밀교인 제 10 <秘密莊嚴心>을 제 1 <住心品>에서 설하지 않고, 제 2 <入曼荼羅具緣品>에서 설하고 있는 것이다.

---

229)「爾時執金剛祕密主白佛言。希有世尊。說此諸佛自證三菩提。不思議法界超越心地。以種種方便道。爲衆生類。如本性信解而演說法。惟願世尊次說修眞言行。大悲胎藏生大漫荼羅王。爲滿足彼諸未來世。無量衆生。爲救護安樂故。爾時薄伽梵毘盧遮那。於大衆會中遍觀察已。告執金剛祕密主言。諦聽金剛手。今說修行漫荼羅行。滿足一切智智法門」『大日經』(대정장 18. 4a)

도표: 『보리심론』이 본 諸乘(凡夫/外道/二乘/大乘)의 특징
과 이들을 보는 밀교행자의 입장>

구 분		특 징	이들을 보는 密教行者의 입장
凡 夫		名聞・利養・資生具에만 집착하고, 安身에 힘쓰며, 三毒과 五慾을 자행함	잘 관찰하여 거들떠보지 말아야 됨
外 道		身命을 위해 약물을 사용하고, 仙宮에서의 住壽나 天上樂을 구경으로 삼음	번뇌와 숙앙(宿怏)이 남아있어, 때가되면 惡念이 일어나 苦海에 빠지게 됨을 알아야 됨
二乘定性人	聲聞	四聖諦法에 執着하며 涅槃을 究竟으로 삼음.	人執은 滅했지만 아직 法執은 남아있으며, 6識의 존재만을 알 뿐 7・8識은 알지 못함을 觀해야 됨
	緣覺	十二緣起에 執着하며, 涅槃(灰身滅智)을 究竟으로 삼음	
不定姓人		비로소 化城(二乘)에서 일어난 것에 불과하지만, 三界를 벗어났다고 착각함	스스로 發心한 것이 아니라 諸佛菩薩의 方便力에 의해 發心한 것이므로, 三無數劫동안의 難行苦行을 통해야成佛한다는 것을 觀해야 됨
大 乘		大乘心으로 菩薩行을 닦으나, 習業때문에 오랜 시간이 걸림	三無數劫동안 六道萬行을 具足해야 비로소 成佛한다는 것을 觀해야 됨
密教 (眞言行者)		위의 차별성을 관찰해 마친 연후에는 다시 一切衆生을 利益케하고 安樂하게 하겠다는 마음을 내야한다. 이와 같은 發心은 大悲로서 결정한 것이기에 영원히 外道와 二乘・大乘의 境界를 뛰어넘게 된다.	밀교는 三摩地法의 수행으로 凡으로부터 佛位에 곧 바로 들어가는 가르침으로, 대승의 十地菩薩의 境界 또한 뛰어넘어 능히 卽身成佛하는 것이기에, 이를 <瑜伽勝上法>이라 하는 것이다.

<十地와 十波羅蜜多(pāramitā)의 관계>230)

初地=歡喜地=dāna(布施)-pāramitā

二地=離垢地=śīla(持戒)-pāramitā

三地=發光地=kṣānti(忍辱)-pāramitā

四地=焰慧地=vīrya(精進)-pāramitā

五地=難勝地=dhyāna(禪定)-pāramitā

六地=現前地=prajňā(智慧)-pāramitā

七地=遠行地=upāya(方便)-pāramitā

八地=不動地=praṇidhāna(願)-pāramitā

九地=善慧地=bala(力)-pāramitā

十地=法雲地=jňā(智)-pāramitā

<현교의 삼겁수행(三劫修行) 차제 성불설(次第 成佛說)과

 밀교의 三妄執(Tri-Kalpa)次第 卽身成佛說>

 진언인들은 수행이란 시간이 중요한 것이 아니라, 무엇을 어떻게 수행
하느냐, 곧 수행의 내용과 질(質)이 성불을 좌우하는 관건이라면서,
성불을 방해하는 요소들, 말하자면 중생들이 오래전부터 지니고 있는 근
본무명(根本無明)을 비롯해, 살아오면서 잘못 말하고 잘못 생각하고 잘못
행동해 쌓아 온 業들과 그것들의 결과물인 번뇌들, 말하자면
번뇌장(煩惱障:kleśa-āvaraṇa)과 소지장(所知障:jňaya-āvaraṇa)들을
제거하기만 하면, 아니 그것도 지금 당장 제거한다면, 지금이라도 성불할
수 있다고 주창함과 동시,

---

230) 대승경전가운데 가장 먼저 성립된 경전은 『六波羅蜜經』이다. 이것이 후에 이
    르러 華嚴의 <十地品(經)>과 서로 관계를 가지게 됨으로 해서, 6개의 波羅蜜
    (Pāramitā)에서 10개의 波羅蜜로 확대되어, 오는 날 보는 十波羅蜜이 되었다.

뒤이어 대승인들이 시간개념, 곧 겁(劫)이라 번역한 원어 <Kalpa>에,
1) 시간개념 2) 망집(妄執)이라는 2가지 의미가 있음을 간파하고,
시간개념이 아닌 2)의 망집설을 좇아 <三妄執成佛說>을 주창하였다.

『대일경소』에서 설한 <三妄執 成佛說>을 직접 살펴보자.
「劫(Kalpa)에 二義 있으니, 하나는 시분(時分)의 뜻이며, 또 하나는 망집
(妄執)의 뜻이 그것이다.
현교(顯敎)에서는 시분(時分)의 뜻을 좇아 아승지겁(阿僧祇劫)이라 하지
만, 밀교에서는 망집(妄執)의 뜻을 따른다.
 곧 중생 제1重의 추망집(麤妄執)인 번뇌장(煩惱障)을 끊는 것을 一劫이
라 하며, 제2重의 세망집(細妄執)인 소지장(所知障)을 끊는 것을 二劫이
라 하며, 제3重의 극세망집(極細妄執)인 근본무명(根本無明)을 끊는 것을
三劫이라 하는 것이다」[231]

「一生에 3-망집(三妄執)을 제거하면 일생에 성불하는 것이니, 어찌 時分
을 논하겠는가? 곧 깨달음(悟境)의 심천(深淺)은 수행연월의 장단(長短)
에 있는 것이 아니라, 수행의 질적 심천(深淺)에 있는 것이다.
그러므로 밀교의 유가(瑜伽)란 정보리심(淨菩提心=如實知自心)을 말하는
것으로, 시간개념으로서의 삼겁(三劫)을 초월하는 것을 일컫는다」[232]

위의 『대일경소』의 말씀들은 바로 이러한 과정을 거쳐 주창된 코페르크
니스적인 발상에서 비롯된 획기적이고도 새로운 개념으로, 밀교는 바로
이런 신 개념에 착안하여 금생에 성불할 수 있다는 소위 즉신성불(卽身
成佛)사상을 주창함과 동시, 여기에서 한걸음 더 나아가 금생에 3-妄執

---

231) 『대일경소』 (대정장 39. 600c)
232) 『대일경소』 (대정장 39. 600c)

을 제거할 수 있는 참신하면서도 누구나 쉽게 실천할 수 있는 밀교만의 수행법, 소위 <삼마지수행법>을 개발하였다.

『보리심론』을 비롯 『대일경』·『금강정경』등의 밀교경전에서 설하는 <阿字觀>·<蓮華觀>·<白月觀>·<五字嚴身觀>·<五相成身觀>·<16대보살수행관>등은 바로 이 <삼마지수행법>으로, 이러한 신 개념의 확신을 통해 탄생된 즉신성불을 주창하는 밀교만의 수행법들인 것이다.

2.2 勝義菩提行 (旨陳: 性의 입장에서 法空을 밝힘)
승의　보리행　　　　　성　　　　　　　법공

「云何無自性 前以相說。今以旨陣」
운하　무자성　전이　상설　　금이　지진

2.2.1 勝義菩提行
승의　보리행

－ 밀교행자가 알아두어야 할 諸法實相(本旨) －
　　　　　　　　　　　　　　　　재법　실상

「深知一切法無自性。若覺悟已 妄想止除 種種法滅 故無自性」
심 지 일체 법 무자성　약 각오이　망상 지제　종종　법멸　고　무자성

又深知一切法無自性。云何無自性 前以相說。今以旨陣。 233)
우 심지 일체 법 무자성　운하　무자성　전 이 상설　금 이　지진

---

233) 前已旨陳(高麗藏本)=前以相說今以旨陳(三十帖策子本), <相說>이란 法相(假有)에 준하여, 世間道인 凡夫 外道로부터 出世間道인 불교의 二乘을 거쳐 大乘에 이르기까지 그들이 주창하는 이론들을 살펴보면서, 이를 法性인 無自性의 입장에서 비판을 가한 것을 가리키는 것이며, <旨陳>이란 法性(眞有)에 준하여 無自性을 설한다는 의미이다. 이곳은 문맥이나 이치적으로 볼 때 <三十帖策子本>이 맞는 것으로 보인다. <高麗藏本>이 '以相說今以'를 누락시킨 것이다. 여기서는 <三十帖策子本>에 따라, 설명할 것이다.

夫迷途之法從妄想生 乃至展轉成無量無邊煩惱 輪廻六趣者。 234)
부 미도 지법 종 망상 생　　내지 전전 성　무량무변　　번뇌　윤회 육취 자

若覺悟已 妄想止除 種種法滅 故無自性。 (대정장 32. 573b)
약 각 오 이　망상 지 제　종종 법멸　고 무자성

직역(直譯)

또한 깊이 일체법은 無自性(무자성)임을 알아야 하느니라.

어찌하여 無自性인고.

앞에서는 상(相)으로써 설(說)하고, 이제는 지(旨)로써 설(陳)함이라.

대저 미도(迷途)의 법은 망상(妄想)으로부터 나고, 내지(乃至) 전전(轉轉)하여 무량무변(無量無邊)의 번뇌(煩惱)를 이루어서, 육취(六趣)에 윤회(輪廻)하기에 이르게 되나니, 만약 각오(覺悟)해 마치면 망상(妄想)이 없어져, 종종의 법이 멸(滅)함으로, 그런 연고로 無自性이라 하느니라.

의역(意譯)

또한 <瑜伽修行의 眞言行者는> 一切法의 無自性을 깊이 알아야 한다. 어째서 無自性인가 하면, 앞에서는 법상(法相)을 통해 상호 비교하며 설하였고235), 지금은 법성(旨=法性)의 입장에서 설할 것이다.

대체로 迷途(미도)의 法은236) 妄想(無明)으로부터 일어나 끝없이 전전하여237) 무량무변의 번뇌를 만들어 六趣(육취=육도)에 윤회케 하는

---

234) 趣者(高麗藏本)=趣(三十帖策子本)
235) 已=以相說今以, p 573a의 「二勝義者 觀一切法無自性. 云何無自性」으로부터 p 573b의 「亦超十地菩薩境界」까지를 가리킴. <2.1.1 相說이란>에서 상세히 설명해 놓았으므로 참조 바람
236) 迷途의 法이란 衆生界를 의미한다. 곧 중생계의 근원은 無明이기 때문이다.
237) 무명(無明), 곧 치(癡)는 마음(8識, 즉 心王, 즉 심법)을 온갖 理와 事에 대해 미혹(迷)케 하고 어두워(闇)지게 하는 것을 본질(性)로 하는 마음작용이다. 곧 치(癡)의 마음작용은 이러한 본질적 성질을 바탕으로 마음이 正知見의 마음작용과 상응하지 못하도록 장애하는 것을 본질적 작용(業)으로 하는 것

것이다238). <그러나> 만일 깨달아 마치면 妄想(無明)은 멈춰 없어지고 종종의 <迷道>의 法 또한 멸하게 되는 것이다.

그래서 無自性이라 한 것이다.239)

註解·講解

<色卽是空 空卽是色>
색즉시공   공즉시색

「若覺悟已 妄想止除 種種法滅 故無自性」
약 각 오 이   망상 지 제   종종 법멸   고 무자성

『大智度論』에는

「諸法皆是因緣生 因緣生故無自性 無自性故無去來 無去來故無所得
제법 개 시 인연 생   인연생 고 무자성   무자성 고 무거래   무거래 고 무소득

無所得故畢竟空 畢竟空故是名般若波羅蜜」240)
무소득 고 필경공   필경공 고 시 명 반야   파라밀

으로, 마음으로 하여금 온갖 잡염(雜染)과 상응하게 하는 발동근거(所依)가 된다.「云何爲癡。於諸理事迷闇爲性。能障無癡一切雜染所依爲業。謂由無明起疑邪見貪等煩惱隨煩惱業。能招後生雜染法故」『성유식론』(대정장 31. 31b). 따라서 無明은 輪廻(윤회)이론의 근원으로 홀연히 일어나는 최초의 (忽然念起=홀연념기)相으로 一切의 法을 生하게 하고 물들게 하는 근본이다.「以心迷亂故。而生如是種種妄見」『대일경』(대정장 18. 4a)

238) 『大智度論』은 중생의 윤회전생(輪回轉生)의 모습을 다음과 같이 설명하고 있다.「菩薩得天眼觀衆生輪轉五道迴旋其中(중략)非有想非無想天中死阿鼻地獄中生。如是展轉生五道中。菩薩見是已生大悲心」(대정장 25. 175b),
貪(rāga)·瞋(dveṣa)·痴(moha)·見(dṛṣṭi)·疑(vicikitsā)·慢(māna) <탐·진·치·견·의·만> 등의 여섯 가지 번뇌를 根本煩惱(근본번뇌)라고 한다. 이 根本煩惱로부터 파생되는 번뇌를 枝末(지말)煩惱라고 하는데, 보통 108번뇌니 8만4천 번뇌니 하는 것이 이것이다.
『俱舍論』에는 煩惱를 見所斷(견소단)煩惱(88), 修所斷(수소단)煩惱(10), 纏煩惱(전번뇌: 10가지)로 나누어 합계 108번뇌를 두고 있다. 이에 비해 유가행자(유식학파)들은 見所斷煩惱(112), 修所斷煩惱(16)로 합계 128번뇌설을 주창하고 있다. 상세한 것은 졸저『불교교리발달사 강의』<번뇌론> 참조

239) 妄體(無明)가 滅하면 그것으로부터 생성된 일체의 業緣(업연) 또한 멸하게 된다. 그것은 마치 体와 그림자의 경우와 같은 것으로, 体가 없어지면 그림자 또한 사라지는 것과 같은 이치이다. 妄体도 体가 없는데 어찌 하물며 그것에서 생성된 支末法(지말법)인 業(緣)에 体가 있겠는가?

(이 세상 모든 것은 인연으로 이루어져 있다. 인연으로 이루어진 것이기에 自性<실체>이 없는 무자성이라 하는 것이다, 무자성인 것이기에 去來도 없으며, 無去來이므로 소득(所得)도 잃은 것도 없는 것이다.
이러한 것을 일러 畢竟空<필경공>이라 하는 것으로, 필경공을 일러 반야바라밀이라 하는 것이다)

위 『大智度論』의 말씀처럼, 불교의 키워드는 <一切法無自性空>이다.
『보리심론』은 중생의 윤전생사의 근원을 無明이라 단언하고 있는데, 두말할 것도 없이, 無明이란 우주의 철칙인 無自性空을 모르는 것을 일컫는 것으로, 따라서 이 무명에서 벗어나는 첩경은 『보리심론』이 뒤이어 밝히고 있는 것처럼, 일체법의 無自性空을 아는 것이다.

<12연기와 無明(무명)>

無明→行→識→ 云云 →生→老死(苦)로 이어지는 <12緣起理論>은 앞서도 언급했듯이, 중생이 받는 고통의 원인을 파헤친 소위 流轉緣起(유전연기)가 강조된 이론으로, 중생세계가 일어나는 근원을 無明(무명)으로 파악하고 있다.

도대체 <無明>이란 무엇일까?
『大日經疏』가 말해주듯, 밀교는 한마디로 자심의 실상에 대한 무지, 곧 나=菩提=佛임을 모르는 것을 無明이라 단언하고 있다.
달리 말하면 나=중생이라 보는 것이 밀교가 보는 無明의 정의인 것이다.

『大日經疏』의 말씀을 직접 음미해보자.

---

240) (대정장 25. 631c, 490c)

「眾生의 自心實相(자심실상)은 菩提(보리)로서, 이와 같은 자심의 실상을 알지 못하는 것을 無明이라 하는 것이다.

곧 이러한 無明에 顚倒(전도)해서 相을 取하는 까닭에 愛憎(애증)과 貪瞋(탐진)등의 온갖 번뇌가 일어나게 되는 것이며, 이러한 煩惱를 因으로 해서 온갖 종종의 業을 일으키며, 그 결과에 따라 종종의 人生行路(인생행로)와 來世(래세)의 길이 생기는 것이며, 그에 따라 苦와 樂을 받게 되는 것이다. 그러므로 마땅히 알라. 自心의 實相(실상)을 여실하게 아는 것 이외에 별도로 다른 법이 없는 것임을」[241]

<無明의 2가지 정의>

無自性空에 대한 무지 / 나=중생, 어느 것이 맞을까?>

앞의 『반야경』에서는 無明을 一切法無自性空에 대해 알지 못하는 것을 無明이라 했고, 『대일경소』에서는 나=菩提=佛임을 모르는 것, 곧 나=중생이라 보는 것이 바로 無明이라 단언하고 있다.

왜 이렇게 2-경전은 달리 말하고 있는 것일까? 어느 것이 맞는 것일까? 당연히 이러한 의문과 질문이 나올만하다.

허지만 모두가 정답으로 2-경전 모두 틀린 것이 아니다.

입장차이 때문에 서로 다르게 표현한 것뿐이다.

그러니까 현교와 밀교를 합한 불교 전체의 입장에서 볼 때는 일체법무자성공에 대한 無知를 <無明>이라 정의 하는 것이고,

불교를 현교와 밀교로 나눈 二分法의 입장, 곧 나=佛로 보는 밀교의 입장에서는 나=중생으로 보는 현교의 입장을 無明이라 보는 것이다.

---

241) 『大日經疏』 (大正藏 39. 588a)

<청산은 말없이 살라 하고, 창공은 티 없이 살라하네>
우리는 거의 한 순간도 예외 없이 그 무언가에 집착하며 살고 있다.
육신과 재물과 명예와 권력에 집착하고 구속당하고, 그리고는 그 집착과
구속으로 인해 수없는 고통을 받으며 살고 있는 것이다.
『반야심경』은 大乘의 관자재보살과 小乘의 대표격인 智慧第一인 사리불
이 등장하는 것으로, 사리불 존자가 야단을 맞고 있는 형식으로 되어있
다. 여기서는 야단맞고 있는 사람이 사리불이지만, 경이 의도하는 바는
사실은 사리불 존자가 아니라 현재를 살고 있는 우리들인 것이다.
곧 우리들을 야단치고 있는 것이다.
 까닭은 우리가 바로 사리불 존자처럼, 온갖 것에 매달리고 집착하며 살
고 있기 때문이다. 관자재보살은 自在(자재)란 이름이 말해주듯, 그 어떤
것에도 걸리지 않고 무애자재(無碍自在)하게 사시는 대승보살이다.

나옹 큰스님(1320~1376)은 <靑山歌>의
「청산은 나를 보고 말없이 살라 하고, 창공은 나를 보고 티 없이 살라
하네, 탐욕도 벗어 놓고 성냄도 벗어 놓고, 물같이 바람같이 살다가 가
라하네」

라는 노래 가사처럼, 그렇게 살다 가신 분이다.
버려라 훨훨~ 벗어라 훨훨~ , 사랑도 훨훨~ 미움도 훨훨~
버려라 훨훨~ 벗어라 훨훨~ , 탐욕도 성냄도 훨훨훨~
물같이 바람같이 살다가 가라하네, 강물같이 바람같이 살다가 가라하네~

<백고좌법회의 유래, 인왕호국반야바라밀다경>
최근 얼마 전 까지만 해도 조계종 본사이자 서울의 종로 한복판에 위치

한 조계사에서는 해마다 백일동안 100분의 큰스님들의 법문을 듣는 <백고좌법회>가 열렸었다.

본인도 한동안 이 대열에 끼여 조계사의 높디높은 단상(高座)에 앉아 수많은 신도님들 앞에서 법문을 했다.

그런데 무슨 일인지 한 15년 전쯤부터는 열리지 않고 있다,

"그때가 좋았는데 ~ "때론 그립기도 하다.

모든 경전이 그러하지만 특히 『반야경』계통의 이념은 <一切法無自性空>이 핵심이다. '모든 것이 실체가 없는 무자성공한 것이니, 절대로 권력이나 금전에 얽매이거나 집착하지 말고, 반야경의 放下着(방하착)의 정신으로 매사에 쿨하게 집착을 내려 놓아라'는 메시지를 전하고 있는 것이다.

반야경전군에는 『仁王護國般若波羅蜜多經』이란 경전이 있다.

반야경의 放下着(방하착)의 정신으로 권력과 금전욕을 벗어던지고 오직 나라를 위하고 국민을 위해 정치하라는 목적으로 만들어진 경으로, <백고좌법회>는 이 경으로부터 시작되었다.

매년 봄가을 2회에 걸쳐 나라의 임금님을 위시해 만조백관들이 모인 勤政殿(근정전) 앞뜰에서 목탁에 맞추어 이 경을 독송하는 것이다.

얼마나 장관이었을까? 생각만 해도 가슴이 뛸 만큼 멋진 장면이었을 것 같다. 옛날로 돌아가서, 아니 대통령이 바뀔 때만이라도 국민들은 TV앞에 앉아서, 대통령과 국회의원들과 장관들은 국회 앞마당에 앉아서 모두 다 함께 이 경을 독경한다면 얼마나 좋을까?

정치에 물들지 않은 새내기 대통령이 탄생 되었다.

자식도 없고 더 이상 바랄 것이 없으니 『반야경』이 설하는 無自性空이란 방하착의 정신으로 모든 것 다 내려놓고, 오직 나라와 국민을 위해 5년간 한바탕 Cool하게 마음껏 멋진 정치를 하다 갔으면 하는 바람이다.

그렇게 해서 살기 좋은 대한민국이 만들어 진다면 얼마나 좋을까?

국민들은 또 얼마나 행복할까?

<반야심경과 正宗(酒)>

일본을 대표하는 술에 <正宗(정종)>이란 술이 있다.

이 술이 나오게 된 유명한 일화가 있어 소개하려 한다.

어느 일본의 술 제조 공장의 사장이 어느 날 京都(경도)에 있는 大德寺(대덕사)란 일본 임제종 본사를 찾아가 관장(종정)스님을 뵙고,

"이번에 저의 회사에서 아주 맛있는 술을 개발했는데, 큰스님으로부터 그 이름을 지어받기위해 오늘 큰스님을 찾아뵙게 되었습니다.

한번 음미해 보시고 좋은 이름을 지어주시죠" 하며 술을 내놓으니,

큰스님께서 음미하시고 "그 참 정말 맛있네 그려, 이 술 이름을 <正宗>이라 하게나 "네, 그렇게 하겠습니다.

그런데 <정종>이란 이름에는 무슨 깊은 의미라도 있는 것인가요?

"부처님말씀인 팔만대장경은 어느 경전이든, 서분(序分)·정종분(正宗分)·유통분(流通分) 이렇게 3-부분으로 나누어져 있다네.

여기서 <序分>은 시작을 알리는 「如是我聞一時佛 云云」부분이고,

<流通分>은 끝을 알리는 부분으로, 이 경전을 믿고 잘 받들어라는 부분인 「信受奉行」부분이라네. 그리고 가운데 가장 중요한 본론부분을 <정종분(正宗分)>이라 하는 것이네.

이제 알겠는가? 내가 왜 이 술의 이름을 <正宗>이라 지었는지?

자! 술중의 술이란 의미의 <정종>이란 좋은 이름을 지어주었으니, 이제 한턱이나 내시게나!

반야심경(般若心經: Prajñapāramitā-hṛdāya-sūtra)은 팔만대장경중 가장 짧은 경전이다. 이유는 서분과 유통분은 빼고 본론부분인 정종분(正宗分)만 있는 경전이기 때문이다. 그래서 般若心經에서의 <心>은 마음을 가리키는 것이 아닌, 핵심(정종분)이라는 의미로, 그래서 마음을 가리키는 citta를 사용하지 않고, 핵심의 의미인 hṛdāya를 쓴 것이다.

2.2.2 諸法無自性空을 佛의 用인 方便을 통해 설명함
제법   무자성 공   방편

- 無自性空이 大悲의 근원임을 밝힘 -
무자성 공   대비

「諸佛慈悲從眞起用 救攝衆生」
제불 자비 종 진 기 용 구 섭 중생

復次 諸佛慈悲從眞起用 救攝衆生。 應病與藥 施諸法門
부차 제불 자비 종 진 기 용 구 섭 중생 응 병 여 약 시 제 법문

隨其煩惱 對治迷津。 遇栰達於彼岸 法亦應捨 無自性故 242)。
수 기 번뇌 대 치 미진 우 벌 달 어 피안 법 역 응 사 무자성 고

(대정장 32. 573b)

직역(直譯)

그 다음에 제불(諸佛)의 자비(慈悲)는 진(眞)으로부터 용(用)을 일으켜서 중생을 구원하고 섭수하시느니라.

---

242) 法亦(高麗藏本)=法已(三十帖策子本), 無自性故(高麗藏本)=自性故無(三十帖策子本),

병에 응해서 약을 주고, 모든 법문(法門)을 베풀어서, 그 번뇌에 따라 미진(迷津)을 대치(對治)함이라.

뗏목을 만나서 저 언덕에 도달(到達)하면, 법 또한 버릴 것이라.

無自性(무자성)한 연고로.

의역(意譯)

(한편 諸佛은 眞<智慧:法身>으로부터 用<慈悲:化身>을 일으켜[243],

그 자비로서 중생을 구제하고 섭 하신다.

곧 病에 따라 藥을 주듯, 모든 法門을 베풀되 煩惱에 따라 迷津<미진>[244]을 對治<대치>하시는 것이다.

곧 뗏목<方便>이란 對治를 이용하여 피안에 도달하고 나면, 끝내는 그 뗏목 또한 버리시는 것이다. 諸法은 無自性한 것이기에~)

註解 · 講解

<대승불교의 키워드는 般若와 波羅蜜>
                반야   바라밀

「諸佛慈悲從眞起用 救攝衆生」
 제불 자비 종 진 기 용 구 섭 중생

---

243) 法身佛은 진리 그 自體이다. 智慧는 体이며, 慈悲는 體인 智慧에서 나오는 用이다. 體와 用과의 관계에 대해 『大乘起信論』은 「眞如法身에는 중생 제도를 위한 不思議한 自然業用이 부단히 일어나, 그들의 근기에 상응하여 應身과 報身이란 (用의 형태로) 무한하게 나타나게 되는 것이다. 곧 分別事識에 얽매여 一切唯心의 이치를 모르는 (凡夫와 二乘에게는) 그에 相應하는 종종의 應身으로 나타나며, 아직 미세한 차별의식(業識)이 남아 있기는 하나 唯心所現의 이치를 증득한 (菩薩들에게는) 일체 차별상을 떠난 無量無邊의 報身으로 나타나는 것이다」『大乘起信論』 (대정장 32. 573b). 이를 밀교적으로 말하면, 自性輪身은 法身인 眞이 되며, 正法輪身은 報身으로서의 用, 敎令輪身은 化身으로서의 用이 되는 것이다.

244) 迷津에서의 津이란 목적지인 彼岸(피안)을 가리킨다. 곧 목적지를 찾지 못하고 방황하는 모습을 빗대어 표현한 것이다.

般若(智)는 體(체)인 空性이며, 波羅蜜은 體인 空性(智)으로부터 나오는 妙用(묘용)인 大悲(대비)이다.

밀교는 이를 自性·正法·教令의 <三-輪身>의 관계로 설명한다.

곧 十方諸佛은 体인 般若智(반야지)로부터 승화되어 流出(유출)된 大慈悲란 用을 통해, 중생의 근기에 따라 自性輪身(자성륜신: 佛로 나타나심)으로 나타나 法을 설하기도 하시고, 또는 正法輪身(정법륜신: 보살로 나타나심)으로 나타나 法을 설하기도 하시고, 또는 教令輪身(교령륜신: 忿怒尊인 明王으로 나타나심)으로 나타나 法을 설하기도 하신다.

곧 부처님은 대자비 그 자체이기에 이렇게 저렇게 몸을 나투어 중생을 제도하시는 것이다.

참고로 <금강계 성신회 九會만다라>도 三輪身의 형태를 취하고 있다.
곧 九會가운데 성신회·삼매야회·미세회·공양회·사인회·일인회의 6개의 만다라는 自性輪身(佛身)의 형태를, 理趣會(이취회)는 正法輪身(보살인 금강살타)의 형태를, 降三世羯磨會(항삼세갈마회)와 降三世三昧耶會(항삼세삼매야회) 2개의 만다라는 教令輪身(明王)의 형태를 취하고 있다.

한편 『大日經』은
「여래 응공 정변지는 一切智智(일체지지)를 얻어 무량한 중생을 위해 널리 연설하고 제도하시되, 種種聚(종종취)와 種種性慾(성욕)과 種種方便道(방편도)로 말씀하신다.
곧 方便의 가르침이란, 만일 어떤 중생이 부처님을 응대하여 제도되기를 바란다면, 그를 위해 부처님의 몸을 나타내어 法門(법문)을 베풀며, 성문이나 연각이나 보살 등을 응대하여 제도되기를 바라면, 성문이나 연각이나 보살 등의 몸을 나타내어 법문을 베푼다.

이러한 것은 모두가 方便으로서, 그것이 어떠한 방편이든 一切智智道(일체지지도)의 解脫(해탈)의 맛은 한 맛(一味)인 것이다」[245]

<諸法의 無自性空을 뗏목에 비유하여 설함>
　　제법　　　무자성　공

「遇栰達於彼岸 法亦應捨 無自性故」
　우 벌 달 어 피안　법 역 응 사　무자성　고

『金剛經』은

「중생이 마음에 相을 取하면 法의 相을 취하거나 法相 아닌 것을 취할지라도 (我・人・衆生・壽者)相에 집착하는 것이 된다.
　　　　　　　　　　　　　　아　인　중생　수자

그런 까닭에 法이나 法 아닌 것에도 집착하지 말고, 모든 說法 알기를 뗏목의 비유처럼 하라」[246]

고 하여, 뗏목의 비유를 들며, 諸法의 無自性空을 강조하고 있다.

『菩提心論』은 뗏목을 버리는 이유를 다음과 같이 설하고 있다.

「對治(대치)를 위해 잠시 方便(뗏목)을 빌려 피안에 도달하고 나면,

---

245)「世尊云何如來應供正遍知。得一切智智。彼得一切智智。爲無量衆生。廣演分布。隨種種趣種種性欲。種種方便道。宣說一切智智。或聲聞乘道。或緣覺乘道。或大乘道。或五通智道。或願生天。或生人中及龍夜叉乾闥婆。乃至說生摩睺羅伽法。若有衆生應佛度者。卽現佛身。或現聲聞身。或現緣覺身。或菩薩身或梵天身。或那羅延毘沙門身。乃至摩睺羅伽人非人等身。各各同彼言音。住種種威儀。而此一切智智道一味」『대일경』<住心品> (대정장 18. 1b)

246)「是諸衆生無復我相人相衆生相壽者相。無法相亦無非法相。何以故。是諸衆生。若心取相則爲着我人衆生壽者。若取法相卽着我人衆生壽者。何以故。若取非法相。卽着我人衆生壽者。是故不應取法。不應取非法。以是義故。如來常說汝等比丘。知我說法如筏喻者。法尙應捨何況非法」『金剛般若波羅蜜經』(대정장 8. 749b)

그 方便法(뗏목) 또한 버리는 것이다. 諸法은 無自性한 것이므로」

2.2.3 能觀인 心의 空性(本無生)을 밝힘

「悟法本無生 心體自如 不見身心 住於寂滅平等究竟眞實之智」
오 법 본 무생 심 체 자 여 불 견 신심 주 어 적멸 평등 구경 진실 지 지

如大毘盧遮那成佛經云
여 대 비로 차 나 성불 경 운

「諸法無相 謂虛空相」247) 作是觀已 名勝義菩提心。
제법 무상 위 허공 상   작 시 관 이 명 승의 보리심

當知一切法空。已悟法本無生 心體自如 不見身心
당 지 일체법 공 이 오 법 본 무생 심 체 자 여 불 견 신심

住於寂滅平等究竟眞實之智 令無退失。妄心若起 知而勿隨。
주 어 적멸 평등 구경 진실 지 지 령 무 퇴실 망심 약 기 지 이 물 수

妄若息時 心源空寂。萬德斯具 妙用無窮。(대정장 32. 573b)
망 약 식 시 심 원 공적 만덕 사 구 묘용 무궁

직역(直譯)

대비로자나성불경(大毗盧遮那成佛經)에

「모든 법은 무상(無常)이라, 이르되 허공(虛空)의 상(相)이라」 설하심
같이, 이 관(觀)을 다 함을 승의(勝義)보리심(菩提心)이라 하느니라.

마땅히 알지어다. 일체의 법은 공(空)이라, 이미 법의 본무생(本無生)
을 깨닫게 되면, 심체(心體) 자여(自如)하여 신심(身心)을 보지 않고,
적멸평등(寂滅平等) 구경진실(究竟眞實)의 지(智)에 주(住)하여, 물러가
거나 잃지(退失) 않게 되느니라.

---

247) 謂(高麗藏本)=爲(三十帖策子本)

망심(妄心) 만약 일어나거든 알고 따르지 말라. 망심 만약 쉴 때는 심원공적(心源空寂)하여, 만덕(萬德)이 갖추어져, 묘용(妙用)이 무궁(無窮)함이라.

의역 (意譯)

『大毘盧遮那成佛經』에서 말씀하신

「諸法은 無相한 것, 곧 虛空의 相인 것이다」[248]

라고 觀해 마치는 것을 <勝義(paramārtha)-菩提心>이라고 하는 것이다.[249] 고로 마땅히 알아야 한다. 一切의 法은 空한 것임을.[250]

이미 法(境)이 本無生(본무생)인 것을 깨닫게 되면[251] 마음의 體(識) 또한 스스로 本無生이 되어 몸(身)과 마음(心)에 집착하지 않게 되고,[252] 寂滅·平等·究竟·眞實의 智에 住하여 물러나지 않게 되는 것이다.[253]

---

248) 「諸法無相 謂虛空相」(대정장 18. 1c)
249) 『菩提心論』이 밝히는 4가지 觀法 가운데 첫 번째 관법인 <一切法無自性觀>에 대한 설명이다.
250) 「若一切皆空 無生亦無滅 如是則無有 四聖諦之法」『중론』<觀四諦品> (대정장 32. 32b) 「衆因緣生法 我說卽是無 亦爲是假名 亦是中道義 未曾有一法 不從因緣生 是故一切法 無不是空者」『中論』<觀四諦品> (대정장 32. 33b)
251) 물의 경우를 예로 들어 설명해보자. 물은 인연차제에 따라 얼음이 되기도, 수증기로 변하기도 한다. 이를 얼음(고체)이나 수증기(기체)의 입장에서 보면 없던 것이 생겼으므로 生이 되는 것이고, 물(액체)의 입장에서 보면 있던 것이 없어졌으므로 滅이 되는 것이다. 곧 어느 입장에서 보느냐에 따라 生이 되기도 하고 滅이 되기도 하는 것이다. 또 물로 변하든 얼음으로 변하든 수증기로 변하든 상관없이, 언제나 이들은 濕性(습성)이란 本性만은 절대로 잃지 않는다. 따라서 不生不滅(불생불멸)이 되는 것이고 不增不減(부증불감)이 되는 것이다. 말하자면 不生不滅이나 不增不減이란 말은 眞空(진공)과 本無生(본무생)의 또 다른 표현인 것이다.
252) 心體自如(심체자여)와 色心不二(색심불이) 境識俱泯(경식구민)의 경지를 말하고 있다.
253) 淸淨法身 毘盧遮那佛이 갖는 4-가지 功能을 나타내고 있다. 곧 眞空이며 本無生인 法身은 寂滅(能所의 번뇌가 사라진 淸淨性)과 平等(일체법의 無碍自在性)과 究竟(生滅去來가 끊어진 絶對究極性)과 眞實(圓滿具足의 永遠不滅

(그러니) 만일 妄心이 일어나더라도, 알아차리되 (절대) 따르지 말라.
妄心(망심)이 쉬게 되면 마음바탕(体)이 空寂해져 萬德(相)이 자연히
갖추어지고,254) 妙用(用) 또한 무궁해지는 것이므로~255)

註解・講解

<五相成身觀과 空海의 十住心의 對比>

– 『菩提心論』・『秘藏寶鑰』을 중심으로 –

여기서 한 가지 附言해두고 싶은 것, 그리고 꼭 알아두어야 할 것은
『金剛頂經』의 중심교리인 <五相成身觀>과 『大日經』 <住心品>의 중심테
마인 十住心, 그중에서도 제 7住心부터 제 10住心까지와의 관계이다.

性)을 갖추고 있기 때문이다. 곧 毘盧遮那佛의 속성인 淸淨法界體性智란 이
4-가지 공능을 두루 갖춘 것을 일컫는 말로서, 그래서 法身의 지혜를 달리
寂滅智니 平等智니 究竟智니 眞實智니 하는 것이다. 「諸法實相者 心行言
語斷 無生亦無滅 寂滅如涅槃」『中論』 <觀法品> (대정장 32. 24a), 이것을
唯識思想의 입장에서 말하면 遍計所執性(변계소집성)이 圓成實性(원성실성)
의 경지로 전득된 상태, 곧 轉識得智(전식득지)가 이루어져 대원경지 평등성
지 묘관찰지 성소작지의 四智로 轉依(전의)된 상태를 말한다.

254) 心源空寂(심원공적)이란 眞空 곧 勝義菩提心을 표현하고 있는 것이며, 萬
德斯具(만덕사구)란 妙有 곧 行願菩提心을 표현하고 있는 것이다.
　한편 공해는 『秘藏寶鑰』(대정장 77. 370c)에서, 다음과 같이 「菩提心論 云
當知一切法空。已悟法本無生 心體自如 不見身心 住於寂滅平等究竟眞實之智
令無退失。妄心若起 知而勿隨。妄若息時 心源空寂」이라는, 『보리심론』(대
정장 32. 573b)을 인용하면서, 無息禪(āspānakasamādhi)의 명상법을 空
觀의 명상법인 中觀의 本旨, 곧 제7住心인 <覺心不生心>이라 보고, 이를
五相成身觀의 앞의 단계에 위치시키고 있다.

255) 妙用의 功能에 대해 설명하고 있다. 곧 無自性인 諸法은 얻어지는 것이거
나 홀연히 없어지는 것이 아니라, 本來부터 갖추어져 있는 것이며, 또한 그
속에는 自性淸淨心이란 妙有가 갖추어져 있는 것임을 설명하고 있다. 다시
말해 本無生인 眞空 속에 본래 갖추어져 있는 妙有 그것을 自性淸淨心이라
표현하고 있는 것이다. 그러므로 「眞空卽是妙用 妙用卽是眞空」이라 하는 것
이다. 다시 말하면 「自性淸淨心卽是空이며 本無生卽是自性淸淨心」인 것이다.

곧 2.1.5

<大日經(疏)의 三劫成佛說과 空海의 十住心說과의 對比>

- 『十住心論』을 중심으로, 제 四住心~제 十住心의 분석 -

에서 고찰한 바와 같이, 空海는 『十住心論』에서 깨달음을 향한 住心의 轉昇을 주로 胎藏界의 소의경전인 『大日經(疏)』를 인용하며 각 종파와 관계지우며 서로 對比하였는데,

住心과 宗派와의 관계를 對比한 또 하나의 그의 저서인 『秘藏寶鑰』에서는 『十住心論』과는 달리 주로 金剛界의 소의경론인 『金剛頂經=眞實攝經』과 『菩提心論』을 인용·활용하며, 十住心, 특히 제 7住心~제 10住心까지의 4개의 住心을 五相成身觀과 관계 짓고 있다.

잠시 이들의 관계를 살펴보기 앞서 十住心思想을 설하고 있는 공해의 저서 『秘密曼茶羅十住心論』, 곧 『十住心論』과 『秘藏寶鑰』의 관계 내지 그 특징에 대해 보고가자.

<廣論>이라고 불리우는 『十住心論』(10권)은 보통 <九顯十密>의 교판을 주창하는 것으로, 밀교를 지칭하는 제 10秘密莊嚴心의 앞에 있는 제 1住心~제 9住心까지의 顯教의 가르침은 비록 顯教라고는 하지만 그들도 사실은 모두가 제 10住心인 秘密莊嚴心에 포함된다는 소위 深秘(秘密)釋의 교판서이며,

<略論>이라고 불리우는 『秘藏寶鑰』(3권)은 보통 <九顯一密>의 교판을 주창하는 것으로, 제 10秘密莊嚴心만이 密教이고 그 앞의 9개의 住心은 격 높은 밀교가 아닌 격이 낮은 顯教라고 하여, 특별하게 밀교를 강조한 교판서라 구별되고 있다.[256)]

---

256) 『十住心論』의 본래 서명이 『秘密曼茶羅十住心論』이듯이, 十住心思想에는 만다라사상이 깊이 연관되어있다. 말하자면 曼茶羅思想을 벗어나 十住心思

이하 이들의 관계를 상세히 살펴보도록 하자.

空海는 『秘藏寶鑰』에서 제 7住心인 <覺心不生心>, 곧 三論乘의 경지를 논하면서,

「菩提心論云。當知一切法空 已悟法本無生 心體自如 不見身心 住於寂滅 平等究竟眞實之智 心體自如 令無退失 妄心若起 知而勿隨 妄若息時 心 源空寂」[257]

이라며, 『菩提心論』(32. 573b)의 문구를 인용하면서, 이를 제 7住心인 <覺心不生心>의 경지로 보고 있는데, 이 문구는 金剛智三藏의 역출경인 『毘盧遮那三摩地法』에서 직접 인용된 것으로, 그곳에는

「行者次應修阿娑頗那伽三昧。端身正坐。身勿動搖。舌挂上齶。止出入 息。令其微細。諦觀諸法皆由自心。一切煩惱及隨煩惱。蘊界入等。皆如 幻焰健闥婆城。如旋火輪。如空谷響。如是觀已。不見身心。住於寂滅無 相平等。以爲究竟眞實之智。爾時卽觀空中。無數諸佛。猶如大地滿中胡 麻。皆舒金色臂。彈指而警。作是告言。善男子汝所證處。一道淸淨。未 證金剛瑜伽三昧薩婆若智。勿爲知足。應滿足普賢。成最正覺」[258]

想을 논할 수 없다는 의미로, 그만큼 만다라사상이 心의 轉昇에 중요한 몫을 차지하고 있음을 강조하고 있는 것이다. 곧 兩部曼茶羅圖에 地獄으로부터 佛世界에 이르기까지 온갖 존재들과 사상이 깃들어있는 것은 이 때문이다.
한편 『秘藏寶鑰』에는 『菩提心論』이 도처에 인용되어있고, 심지어 <三摩地段>에서 설해지고 있는 내용은 全文 그대로가 『秘藏寶鑰』에 그대로 인용되어 활용되고 있다. 말하자면 『菩提心論』을 근거로 만들어진 것이 『秘藏寶鑰』이라 해도 과언이 아닐 정도로, 『菩提心論』은 大日經 <住心品>과 더불어 『秘藏寶鑰』의 중요한 思想的 背景으로 작용하고 있는 것이다. 후에 『菩提心論』이 추가로 첨부되어 『眞言十卷章』이 만들어진 것도 바로 이 때문이다.
257) 『秘藏寶鑰』(대정장 77. 370c)
258) 『毘盧遮那三摩地法』(대정장 18. 328c)

이라 하여, 密敎의 핵심수행이자 『金剛頂經』系 經疏의 핵심수행론이기도 한 <五相成身觀>의 등장을 극적으로 각인·승화시키기 위해 전단계의 수행법인 <Āsphānaka-samādhi:無息身三昧>와 본수행인 <五相成身觀>을 함께 등장시키며 설하고 있다.

  곧 위의 인용구에서 보는 바와 같이, 경은 <五相成身觀>의 설명에 앞서 전단계의 수행법인 <Āsphānaka-samādhi>의 경지를 먼저 설명하고 있는데, 『菩提心論』은 이 경(『毘盧遮那三摩地法』)에서 「不見身心。住於寂滅平等究竟眞實之智」의 어구만을 뽑아 이를 인용하고 있고, 空海 또한 『秘藏寶鑰』에서 제 7住心의 설명으로 『菩提心論』云하며, 위의 인용구를 (재)인용하고 있는 것이다.[259]

또 제 8住心 <一道無爲心>, 곧 天台乘의 경지를 논하면서는,
「祕密主。諸法無相。謂虛空相」[260]

이라 하여, 『大日經』의 「大日尊告祕密主云。祕密主。云何菩提。謂如實知自心。祕密主。是阿耨多羅三藐三菩提乃至彼法少分無有可得。何以故。虛空相是菩提無知解者亦無開曉。何以故。菩提無相故。祕密主。諸法無相。謂虛空相」[261]

이란 경설을 인용함과 동시 나아가서는
「並是明法身眞如一道無爲之眞理。佛說此名初法明道。智度名入佛道初

---

259) 空海의 請來目錄에 이 『毘盧遮那三摩地法』이 들어있어 空海 또한 이 경을 직접 읽어 보았을 가능성이 크다. 『秘藏寶鑰』은 空海(774~835)의 만년에 해당하는 天長7년(830)에 저술되었다고 전해진다.
260) 『秘藏寶鑰』(대정장 77. 371b)
261) 『大日經』(대정장 18. 1c)

門。言佛道者指金剛界宮大曼茶羅佛。於諸顯教是究竟理智法身。望眞言門是則初門。大日尊及龍猛菩薩並是皆明説不須疑惑」262)

이라 하는 등, 『大日經』과 『金剛頂經』의 경설을 취합하여 이를 天台乘의 경지로 보고 있다.

또 제 9住心 <極無自性心>, 곧 華嚴乘의 경지를 논하면서는,
「雖入此宮初發佛 五相成身可追尋(중략) 祕密主 如是初心佛説成佛因。於業煩惱解脱而業煩惱具依。金剛頂經説。薄伽梵大菩提心普賢大菩薩住一切如來心。時如來滿此佛世界猶如胡麻。爾時一切如來雲集。於一切義成就菩薩坐菩提場。往詣示現受用身。咸作是言。善男子 云何證無上正等覺菩提。不知一切如來眞實忍諸苦行。時一切義成就菩薩。由一切如來警覺。即從阿娑婆那伽三摩地起。禮一切如來白言。世尊如來教示我。云何修行。云何是眞實。如是説已。一切如來異口同音告彼菩薩言。善男子當住觀察自三摩地。以自性成就眞言自恣而誦」『秘藏寶鑰』(대정장 77. 372b)

이라 하여, 『金剛頂經=眞實攝經』(대정장 18. 207c)의 설을 인용하며, <Āsphānaka-samādhi>와 <五相成身觀>과의 관계를 설명하고 있다.
 곧 空海는 <萬德斯具 妙用無窮 但具此心者 能轉法輪 自他俱利>란 문구에 뒤이어, 五相成身觀을 설하면서, <入此宮>을 入金剛法界宮으로 해석하며 <Āsphānakasamādhi>의 경계를 <初發佛>이니 <初心佛>의 경지라 낮게 평가하면서, 추가로 妙用無窮과 自他俱利를 만족케하는 행법인 <五相成身觀>의 修行을 가행(追尋)할 것을 주문하고 있다.

---

262) 『秘藏寶鑰』(대정장 77. 371b~c)

곧 空海는 『菩提心論』(32. 573b)으로부터 다음의 문구를 인용하면서,

「龍猛菩提心論云。夫迷途之法從妄想生。乃至展轉成無量無邊煩惱 輪迴六趣。若覺悟已 妄想止除 種種法滅。故無有自性。復次諸佛慈悲 從眞起用救攝衆生。應病與藥 施諸法門。隨其煩惱 對治迷津。遇筏達於彼岸 法已應捨 無自性故。(乃至) 妄若息時 心源空寂。<u>萬德斯具 妙用無窮。但具此心者 能轉法輪 自他倶利</u>」　　　　　　『秘藏寶鑰』(대정장 77. 372c)

이를 제 9住心인 <極無自性心>으로 설명하고 있는 것이다.
곧 밑줄 친 「<u>萬德斯具 妙用無窮。但具此心者 能轉法輪 自他倶利</u>」 부분을 제9 住心으로 강조함과 동시, 한편으로는 앞서 제 7住心 <覺心不生住心>과 제 8住心 <一道無爲心>의 경지로 설명했던

「如大毘盧遮那成佛經云　<u>諸法無相　謂虛空相</u>。作是觀已 名勝義菩提心。當知一切法空。已悟法本無生 <u>心體自如 不見身心 住於寂滅平等究竟眞實之智</u> 令無退失。妄心若起 知而勿隨」

의 부분은 (乃至)로 대체·생략시켜, 이를 통해 제 7과 제 8 그리고 제 9의 3住心의 혼동을 요령 좋게 잘 피하며 이들의 경계를 설명하고 있는 것이다.
곧 空海는 똑같은 내용을 중복인용하면서도 제 9住心인 <極無自性心>의 설명에서는 이를 교묘하게도 (乃至)로 대치시킨 후,
곧 바로 이어지는 <萬德斯具 妙用無窮 但具此心者 能轉法輪 自他倶利>를 인용하며, 이를 제 9의 <極無自性心>의 설명으로 활용하고 있는데,
이는 공해가 『秘藏寶鑰』(대정장 77. 363c)에서,
제 9 <極無自性心>을 「水無自性 遇風卽波 法界非極 蒙警忽進」

(물은 자성이 없어 바람을 만나면 파도가 일어나는 것으로, 법계는 끝이 없다는 경책을 받고 다시 앞을 향해 나아간다)

라 설명하고 있는 게송의 의미와 같은 맥락의 의미,

「法界非極 蒙警忽進」(법계는 끝이 없으니 다시 앞을 향해 나가라)

곧 이 <極無自性心>은 아직 부족한 경지(非極)이니, <五相成身觀>을 향해 앞으로 더 나아가라(忽進)는 의미로 해석되는 것이다.

제 9住心은 앞서 살펴본 대로 <一切法이 無自性임을 아는 경지인데, 이에 대해 不空三藏은 『大樂金剛薩埵成就儀軌』에서

「次觀一切法無自性。卽名已修菩提心」

이라하며, 이 <一切法無自性>의 경지를 五相成身觀의 제 2단계인 <修菩提心>을 마친 경지로 정의하고 있다.[263]

따라서 이러한 것을 종합해 볼 때 空海가 본 제 9住心은 五相成身觀의 제 3단계(成金剛身)이거나 아니면 좀 더 높여 제 4단계(證金剛身)의 경까지로도 볼 수 있게 되는 것이다.

한편 공해는 제 10住心 <秘密莊嚴心> 곧 眞言密乘의 경지를 논하면서 「龍猛菩提心論云。第三言三摩地者。眞言行人如是觀已。云何能證無上菩提。當知法爾應住普賢大菩提心。一切衆生本有薩埵。爲貪瞋癡煩惱之所縛故。諸佛大悲以善巧智説此甚深祕密瑜伽。令修行者於内心中觀月輪。由作此觀照見本心。湛然清淨猶如滿月光遍虚空無分別。亦名無覺了。亦名淨法界。亦名實相般若波羅蜜海。能含種種無量珍寶三摩地。猶滿月潔白分明。何者爲一切有情悉含普賢之心。我見自心形如月輪 云云」[264]

---

263) (대정장 20. 509a)
264) (三摩地修行者인 眞言行人은 다음에는 무엇이 能히 無上菩提를 증득하게

『菩提心論』(대정장 32. 573c), 『秘藏寶鑰』(대정장 77. 373b)

이라 하며, 『菩提心論』의 핵심인 <三摩地>段 전체를 인용하고 있다.

말하자면 공해는 제 10住心인 진언밀교의 <秘密莊嚴心>만을 『菩提心論』의 핵심인 제 3段의 <三摩地段>에 소속시키고, 나머지 제 7住心(三論乘)과 제 8住心(天台乘)과 제 9住心(華嚴乘)은 모두 제2段인 <勝義菩提心>에 배속시키고 있는 것이다.

따라서 이러한 것을 볼 때 空海는 제 10住心을 <三摩地菩提行>의 경지, 곧 <勝義菩提行>의 경지인 제 7·제 8·제 9住心과는 차원이 다른 것이라 보았던 것이다.

한편 위에서 잠시 거론한 바 있는 <Āsphānaka-samādhi>와 <五相成身觀>은 본래 『金剛頂經=眞實攝經』이 그 효시인데 (대정장 18. 207c), 『金剛頂經』의 중심교리인 <五相成身觀>의 핵심은 위 인용문의 마지막에 나오는 「我見自心形如月輪」이란 내용이다.

곧 「自心卽是月輪」이라 깨닫는 것에서부터 시작하여, 佛에 이르기까지의 수행과정을 5단계로 나누어 놓은 것이 <五相成身觀>인데, 상기의 「我見

하는 것인가? 진실로 잘 알아야 한다. 法爾(本有)의 普賢大菩提心(보현 대보리심)에 安住(안주)케 하는 (三摩地菩提行이야말로 無上菩提를 증득케 하는) 것임을, 곧 일체중생은 본래 金剛薩埵(금강살타)이건만 貪瞋痴(탐진치) 三毒煩惱(삼독번뇌)로 因하여 (현재는) 繫縛(계박)되어 있어, 大悲이신 諸佛께서 善巧方便智(선교방편지=upāya-kauśalya-jñāna)로서, 이 甚深(심심)한 秘密瑜伽(비밀유가=三摩地菩提行)를 설하여 修行者들로 하여금 內心가운데 白月輪을 觀하게 하신 것임을~ 이 白月觀을 지음에 의해 (衆生의) 本心을 照見(조견)하니, 湛然(담연) 淸淨(청정)하기가 마치 (三德을 지닌) 滿月光(만월광)이 허공에 가득하여 분별함이 없는 것과 같다. 때문에 覺了라 하고 또 淨法界라 하기도, 또 實相般若波羅蜜海라고도 이름 하는 것이다. 곧 바다가 능히 種種의 無量珍寶를 含藏(함장)하고 있듯이, 三摩地(寶部)인 (衆生의 本心) 또한 마치 滿月처럼 (純)潔白(순결백)하고 分明함을 含藏(함장)하고 있는 것이다. 어째서 一切有情이 한결같이 모두 普賢의 마음을 가지고 있다고 하는 것인가? 나 (중생의)自心을 보니 그 모양이 月輪과 같기 때문에~)

自心形如月輪」은 제1단계의 <通達菩提心>부터 마지막 <佛身圓滿>의 단계에 이르기까지 줄곧 이어지는 핵심관법이기 때문이다.

곧 <Āsphānaka-samādhi(無息身三昧)>와 <五相成身觀>의 관계를 설하고 있는 『金剛頂經=眞實攝經』의 서두에, (위 秘藏寶鑰: 372b 참조) Āsphānaka-samādhi를 수행하고 있는 수행자 sarvasiddhārtha(一切義成就菩薩=신달타)에게 일체여래들이 나타나, 지금 행하고 있는 그 수행법으로는 결코 無上正等正覺을 성취할 수 없다고 말하며 그 자리를 떠나려 하자, 그 말을 들은 신달타가 자리에서 벌떡 일어나 방법을 가르쳐달라고 매달리자, 그 원력에 감동을 받은 일체여래들이 신달타에게 제시한 것이 바로 「我見自心形如月輪」을 골자로 하는 <五相成身觀>이기 때문이다.

한편 『菩提心論』은 제3단인 <三摩地菩提行段>에서
「三摩地者眞言行人如是觀已 云何能證無上菩提 當知法爾應住普賢大菩提
心」   (573c)

이라 하여, 진언행인을 三摩地者, 곧 普賢大菩提心에 머무는 것이며 이것이 곧 無上菩提라 定義 내지는 전제한 후, 이 無上菩提의 증득방법의 구체적 방법으로 <月輪觀>과 <阿字觀>에 뒤이어 <五相成身觀>을 제시하고 있는데,
『菩提心論』은 <五相成身觀>을 설명하면서,
「五相具備方成本尊身也 其圓明則普賢身也 亦是普賢心也 與十方諸佛同
之」이니 「三世諸佛 悉於中現證本尊身 滿足普賢一切行願故」(32. 574b)

라 하여, 五相成身觀의 완성을 普賢보살의 心身을 체득한 경지라 하면

서, 이것이 곧 本尊身이며 十方諸佛이라 설명하고 있다.

곧 五相成身觀의 완성을 통해 普賢菩薩의 일체행원을 만족한 자가 다름 아닌 본존불(本尊身)인 三世諸佛이라 부연설명하면서, <五相成身觀>의 修行이 곧 普賢의 一切行願을 만족시키는 유일한 행법 임을 강조하고 있다.[265]

위에서 살펴본 내용을 좀 더 부연설명하면서 이를 종합해 보면, 空海는 제 7住心인 <覺心不生心>과 제 8住心인 <一道無爲心> 그리고 제 9住心인 <極無自性心>을 勝義段(본 註解에서는 제 2장 勝義菩提行에 해당됨)에 배속시키고, 제 10住心인 <秘密莊嚴心>만은 이들과 달리 三摩地段(제 3장 三摩地菩提行段)에 배속시키고 있다.

곧 空海는 제 7住心 <覺心不生心>을 앞에서 인용한 『보리심론』의 「Āsphānaka-Samādhi(중략) 不見身心 住於寂滅平等究竟眞實之智」의 경지, 곧 이 내용을 五相成身觀의 전 단계 인 無息身三昧 (Āsphānaka-Samādhi)의 경지로 보고 있으며,

제 8住心인 <一道無爲心> (대정장 18. 328c)은 「如大毘盧遮那成佛經云 諸法無相 謂虛空相。作是觀已 名勝義菩提心」의 경지, 곧 앞서 『菩提心論』이 인용한 『毘盧遮那三摩地法』의 「善男子 汝所證處。一道淸淨。未證金剛瑜伽三昧薩婆若智。勿爲知足」

---

265) 金剛界曼茶羅의 37尊이 지니고 있는 <金剛性(금강성)>이란 一切如來(四佛)로부터 加持를 받아 계승한 神變(신변)으로서, 一切義成就菩薩이 五相成身觀을 통하여 증득한 <大普賢心>을 말한다. 곧 이 大普賢心(대보현심)의 加持神變(가지신변)을 통하여 五佛을 비롯한 三十七尊 등의 金剛界曼茶羅의 諸尊(제존)들이 出生한 것이다.

의 <一道淸淨 勿爲知足>운운한 것을 제 8住心인 <一道無爲心>의 설명
으로 보았던 것으로,

空海는 이 <一道無爲心>의 경지가 5단(通達菩提心→修菩提心→成菩提心
→證金剛身→佛身圓滿)으로 구성된 <五相成身觀>의 제2 단계인 <修菩提
心>의 경지와 비슷한 것이라 보고, <一道無爲心>의 경지를 <修菩提心>
에 배속시킨 것으로 사료된다.[266]

또 제 9住心인 <極無自性心>은 앞서 본 것처럼,
「萬德斯具 妙用無窮。但具此心者 能轉法輪 自他俱利」로 설명하고 있으
므로, 五相成身觀의 3번째(成金剛身)나 좀 더 높여 4번째(證金剛身)단계
의 경지로 판단하였을 것으로 사료된다.

마지막 제 10住心인 <秘密莊嚴心>, 곧 眞言密乘의 경지는 五相成身觀의
5단계의 과정을 모두 마스터한 제 5 <萬德卽證>의 경계,
곧 <金剛界大日如來의 경지>라 보았던 것으로 판단된다.[267]

곧 공해는 제 7住心(三論宗)을 <Āsphānaka-Samādhi>의 경지로, 이후
의 제 8住心(天台宗)과 제 9住心(華嚴宗)은 <Āsphānaka-Samādhi> 대신
에 사사받은 <五相成身觀>에 배대(配對)시키면서, 이들을 밀교의 아류(亞
流)로 보고, 제 8住心은 <修菩提心>의 경지로, 제 9住心은 3단계의 <成金
剛身이나 4단계의 <證金剛身>의 경지로 해석하고,[268]

---

266) 衆生本具의 菩提心이 지금 현재는 我執과 法執등의 輕霧(번뇌)에 쌓여있
    기는 하나, 本性은 본래 청정한 것이므로, 절대로 물들지 않는다는 것을 자
    각하는 단계가 제2의 <修菩提心>의 경지이다. 3.5.2. 五相成身觀 참조.
267) 住心의 轉昇과 종파(三論·天台·華嚴·眞言密敎)의 관계에 대한 상세한 것
    은 3.5.2.1 참고: <五相成身觀·十住心·3-行相, 상호대비> 참조
268)공해는 제8주심(天台乘)과 제9주심(華嚴乘)을 설명하면서 다음의 『大日經』의
    경구를 공통으로 활용하고 있다. 「復次祕密主。眞言門修行菩薩行諸菩薩。無

제 10住心인 밀교의 <秘密莊嚴心>은 『菩提心論』이 이를 <三摩地段>에 배속시키고, 앞의 제 8住心과 제 9住心은 <勝義段>에 두며 서로 차별을 두었던 것처럼, 空海 역시 이들과는 동떨어진 不共의 경지, 곧 <秘密莊嚴心>은 五相成身觀의 5단계의 전 과정을 마스터한 <佛身圓滿>의 단계, 곧 <萬德卽證>의 <金剛界大日如來의 경지>라 보았던 것으로 사료된다.269)

이제 空海가 바라본 제 十住心인 <秘密莊嚴心>을 종합적으로 분석하면, 『十住心論』(대정장 77. 359a)에서는

「自心의 源底를 覺知하고, 自身의 數量을 여실하게 證悟하는 것으로, 이를 일러 金胎兩部曼茶羅라 한다」

라 정의하고 있고,
『秘藏寶鑰』(대정장 77. 373b)에서는 이를 <五相成身觀>과 관계 지으며,
「當知法爾應住普賢大菩提心。一切衆生本有薩埵(중략)我見自心形如月輪」

이라 하며, 『十住心論』과 『秘藏寶鑰』 모두에서 만다라·五相成身觀·白

量無數百千俱胝那庾多劫。積集無量功德智慧。具修諸行無量智慧方便。皆悉成就」『大日經』(대정장 18. 3b). 곧 天台와 華嚴을 질은 떨어지지만 眞言密敎의 亞流로 보고, 이들을 <眞言門修行菩薩>이라 호칭하며, 함께 <五相成身觀>안에 배속시킨 것으로 사료된다. 天台僧 安然은 그의 著 『眞言宗敎時義』에서, 天台는 理密, 眞言은 理事俱密이라하며, 천태와 진언을 同一의 圓敎라 하며 天台를 치켜세우는 한편, 天台를 華嚴의 밑에 둔 空海의 敎判에 불만을 품고 오히려 천태가 화엄보다 優越하다고 주창하였다.
269) 곧 五相成身觀을 수용한 보현보살은 (위에서 본 경구의 내용처럼) 普賢三摩地로서 金剛薩埵(金剛性)를 자신의 몸속으로 引入하게 되어, 그분의 加持와 威神力을 지니게 되는 것으로, 이제 그는 단지 대승보살로서의 보현보살이 아니라 密敎修行者의 代表로서의 金剛薩埵의 몸과 마음으로 거듭난 <普賢金剛薩埵>가 되어, 法身毘盧遮那佛의 化現인 他受用身으로서의 몸과 마음의 소유자가 된 것이다.

月觀과 관계 짓고 있다.

<勝義菩提行이란 一切法의 體인 無自性空의 깨달음을 말한다>

「諸法無相 謂虛空相。作是觀已 名勝義菩提心」
　　제법　무상　위 허공 상　작 시 관 이　명 승의　보리심

『菩提心論』은 모두 4가지 觀法, 곧 <승의보리행>단에서 <一切法無自性 觀>을, 다음에 나오는 <삼마지보리행>단에서는 <月輪觀>·<阿字觀>· <五相成身觀>을 밝히고 있다.

이중 <일체법무자성관>은 <삼마지보리행>단에서 설하는 3가지 觀法의 근 본이 됨과 동시, 앞에서 설한 <행원보리행>의 근간(體)이 되는 것이다.

그래서 세간제(世間諦)인 法相(相說)의 모습으로도 살펴보고, 이것도 모 자라 출세간제(出世間諦)인 法性(旨陳)의 입장에서 재차 강조하며 설하고 있는 것이다.

『보리심론』이「妄若息時 心源空寂 萬德斯具 妙用無窮」

(妄心이 사라지면 마음바탕이 공적해져서, 저절로 만덕이 갖추어지고 묘용이 무궁해진다)

고 한 것도 바로 이러한 의미이다.

모든 用의 근본이 되는 것이 萬法의 體인 一切法無自性空이기 때문이다.

따라서 이 도리(道理)를 알고 일상에서 이에 순응하며 살면, 만사튼튼이 라, 온갖 만덕이 갖추어져 대비행원의 삶을 살게 되고, 삶 속에서의 방 편의 묘용 또한 무궁해 지는 것이다.

<망심(妄心)일어나면 알아차리되, 절대 따르지 마라!>

「悟法本無生 心體自如 不見身心。妄心若起 知而勿隨」
오 법 본 무 생　심 체 자 여　불 견 신 심　　망 심 약 기　지 이 물 수

『대일경』에는

「秘密主여! 자심은 內外, 그리고 중간에도 없는 것이며, 청색도 황색도 아니며, 길지도 짧지도 둥글지도 모나지도 아닌 것, 곧 空性인 마음은 모든 분별을 떠나 있는 것이기에 불가득(不可得)인 것이다」[270)]

윤회전생(輪回轉生)하는 인간고의 원인을 밝힌 12연기의 근원은 (무명→행→식→명색→육입→운운→생→노사)에서 보듯, 無明이다.

한편 위 인용문 妄心若起 운운에서 말하는 妄心(망심)이란 一切法無自性空을 모르는 데에서 나오는 미(迷)한 마음, 곧 무명(無明)을 말한다.

『보리심론』은 친절하게도 이 점을 특히 강조하고 있다.

곧 일상에서 무자성공을 모르고 집착하는 마음인 망심이 일어나면, 옳지~ 또 이 어리석은 妄心이 일어났구나 하고, 얼른 알아차리고는 절대 그것에 휘둘리거나 따라가지 말라고~

바다에서 수영을 하다 큰 파도가 밀려오면, 초보자들은 영락없이 파도에 휩쓸려 바닷물을 삼키게 되고 어쩔 줄 몰라 바둥거리며 심지어는 정신줄을 놓아 버려 목숨을 잃는 경우가 종종 있다.

이유는 파도란 妄心에 휘둘리기 때문이다. 프로들은 파도가 밀려오면 옳지~ 하면서, 파도 밑으로 들어가 오히려 바다의 평온함을 느낀다.

알아차리고는 따라가거나 휩쓸리지 않기 때문이다.

---

270)「秘密主 自心尋求菩提及一切智 何以故 本性淸淨故 心不在內不在外 及兩中間心不可得 非靑非黃 非長非短 非圓非方 何以故 心離諸分別無分別」『대일경』(대정장 18. 1c)

『보리심론』이 말씀한

「已悟法本無生 心體自如 不見身心 住於寂滅平等究竟眞實之智 心體自如 令無退失」

(法 자체가 本無生인 것을 깨닫게 되면, 마음의 體 또한 스스로 本無生이 되어, 몸과 마음에 집착하지 않게 되고, 寂滅·平等·究竟·眞實의 智에 住하여 물러나지 않게 된다)

위 내용은 앞서 거론한대로 金剛智三藏 역출의 『毘盧遮那三摩地法』으로부터의 인용이다.

곧 「如是觀已。不見身心。住於寂滅無相平等。以爲究竟眞實之智」[271] 를 인용하여 설명하고 있는 것이다. 제법이 本無生이니, 妄心이 일어나더라도 알아차리고는 절대로 따르거나 휩쓸리지 말라고~

대승초기경전인 <般若經典>의 구룹들은 <本無生>, 곧 <一切法無自性空>을 一切皆空이라든지, 또는 변화를 주어 不生不滅(불생불멸)·不垢不淨(불구부정)·不增不減(부증불감)이라 표현하고 있는데 반해,

상징성의 극치라 일컬어지는 밀교는 이를 <阿字本不生>이라 하여,
아자본불생

阿字(A=अ)에 이들의 의미를 모두 代置(대치·함축)시키고 있는 것이다.
대치

---

271)「行者次應修阿娑頗那伽三昧 (중략)一切煩惱及隨煩惱。蘊界入等。皆如幻焰 健闥婆城。如旋火輪。如空谷響。如是觀已。不見身心。住於寂滅無相平等。 以爲究竟眞實之智」『毘盧遮那三摩地法』(대정장 18. 328c)

2.2.4 勝義菩提行(體)과 行願菩提行(用)의 관계성

「十方諸佛以勝義行願爲戒。但具此心者 能轉法輪 自他俱利」

十方諸佛以勝義行願爲戒。但具此心者 能轉法輪 自他俱利

所以 十方諸佛以勝義行願爲戒。

但具此心者 能轉法輪 自他俱利。272)　　　　(대정장 32. 573b)

직역(直譯)

연고로 시방의 모든 부처, 승의(勝義)와 행원(行願)으로써 계(戒)를 삼느니라. 다만 이 마음을 갖춘 자만이 능히 법륜(法輪)을 전(轉)하여, 자타(自他) 함께 이익케 하느니라.

의역(意譯)

이런 까닭으로 十方諸佛은 勝義(승의)와 行願(행원)을 戒로 삼으신 것이다. (따라서) 이와 같은 마음(勝義와 行願의 菩提心)을 모두 갖춘 자 만이 능히 法輪(법륜)을 굴려 자기를 비롯한 모든 者를 利롭게 할 수 있는 것이다.

註解·講解

<반야(體)와 波羅蜜(用)의 관계>

대승의 키워드는 <반야바라밀>이다. 팔만대장경중 가장 많이 독경되는

---

272) 俱利(高麗藏本)=具利(三十帖策子本)

경전이 <반야심경>이다.

반야심경의 본래 이름은 <摩訶般若波羅蜜多心經>이다.

여기서 摩訶란 본래 摩訶衍, 곧 Mahā-yāna를 가리키는 말로서,

탈것인 乘(yāna=衍)이 생략된 것이다.

또 마지막에 붙은 心이란 마음(citta)을 가리키는 것이 아니라, 핵심
(hṛdāya)이란 의미로서, 따라서 <摩訶般若波羅蜜多心經>의 의미는 '대
승(摩訶)의 키워드는 <반야바라밀>인데, 이 경은 대승의 액기스인 <반야
와 바라밀>을 설한 경이다'란 뜻이 된다.

여기서 반야(prajñā)란 제법의 體性인 一切法無自性空을 가리키는 것으
로, 만법의 근원을 설명한 것이며, 바라밀다(pāramitā)란 만법의 體이자
근원인 般若가 승화되어 나온 用으로서의 大悲를 가리킨다.

말하자면 만물을 生育(생육)케 하는 에너지이자 자양분인 것이다.

 이것을 태양으로 말하면 본체인 빛(般若空)에서 뿜어져 나오는 만물생
육의 大悲-에너지인 것이다.

『금강정경』과 더불어 밀교의 양대경전에 속하는 『大日經』은 大日, 곧
큰 태양이란 뜻을 가진 경으로, 大日(태양)이 가진 3가지 덕인 除暗遍明
(제암편명)과 能成衆務(능성중무)와 光無生滅(광무생멸)을 나타내고 있다.

여기서 <除暗遍明>이란 만물의 체인 般若, 곧 一切法無自性空의 덕을
가리키고, <能成衆務>란 이 般若智에서 나오는 만물생육의 大悲로서, 온
갖 만물을 생육케 하는 덕이며, <光無生滅>이란 般若와 大悲 이 2개의
덕이 生도 滅도 없이 끝없이 계속 이어진다는 것을 가리킨다.

 후기밀교시대에 오면 <般若-母-Tantra係>와 <方便-父-Tantra係>로

나누어지고, 이에 따른 경전들도 만들어 지는데, 이 또한 <般若=體>와 <波羅蜜多=方便=用>를 상징하고 있는 것으로, 般若는 여성(母)에, 波羅蜜多는 大悲方便을 상징하는 남성(父)에 비유하며 대치시키고 있다.

한편 이 시기가 지나면 또 다시 <不二-Tantra係>의 시대가 열리고 이에 따른 경전들도 만들어지는데, 여기서 <不二>란 앞서의 반야와 대비(波羅蜜多), 곧 만물의 體性인 <般若>와 그 체성에서 나오는 用인 <大悲>는 서로 이질적인 것이거나 나누어질 수 있는 것이 아니라, 二而不二의 불가분의 덕목, 곧 絕對不二의 體와 用의 관계임을 역설하고 있다.

'夫婦는 一心同體'란 말도 바로 이것을 가리키는 말로서, <般若>는 여성(婦)에, <波羅蜜多>는 남성(夫)에 비유되는 것으로, 반야와 대비의 관계는 이렇게 시대를 거치면서 가정에서는 물론 불교의 핵심교리이자 실천행법으로서 깊이 자리 잡고 있는 것이다.
「般若波羅蜜多 是大神呪 是大明呪 是無償株 是無等等呪 能除一切苦 眞實不許 운운」

<眞空妙有의 이치>
진공 묘유

마음의 본체는 本不生인 眞空(A=㰏)이다.
『보리심론』은 이것을 스스로 그러한 것이라는 뜻으로 <心體自如(심체자여)>라 표현하고 있다.
心體는 眞空인 까닭에 안이나 밖이나 그 어디에서도 찾아볼 수 없는 것이기에, 그래서 뒤이어 不見身心(불견신심)이라 표현하고 있는 것이다.
그러나 空相인 心體라 할지라도 緣을 만나면 형상을 만들어 내게 된다.
마치 부채를 부치면 없던 바람이 홀연히 나타나고, 바람이 불면 고요하던 바다가 홀연히 파도(波)를 만들어 내듯이, 또 空寂하던 마음이 홀연히 번뇌광풍으로 돌변하는 것과 같은 이치인 것이다.

  <色心不二>라든지 <色卽是空 空卽是色>이니 <阿字五轉>이니 하는 것은 바로 이러한 이치를 표현한 것으로, 이것을 <眞空妙有>의 이치라 하는 것이다.

<勝義·行願 2덕목을 갖춘 자만이 중생을 利樂케 할 수 있다>
          승의   행원   이락

「十方諸佛以勝義行願爲戒。但具此心者 能轉法輪 自他俱利」
  시방제불   이 승의 행원 위 계   단 구 차 심 자 능 전법륜   자타 구 리

<일체법 무자성공>을 깨닫게 되면, 자연스럽게 이것이 大悲行願(대비행원)으로 승화된다. 곧 大悲行願이란 用(행위)은 아무 때나 또 아무한테서나 나오는 것이 아니라, 우주의 본성이자 본체인 本不生 般若를 터득한 사람으로 부터만 나오는 것이다. 그래서 『보리심론』이

「所以十方諸佛 以勝義行願爲戒。但具此心者 能轉法輪 自他俱利」

(그런 까닭에 시방제불은 승의와 행원을 계로 삼으신 것이다.

 까닭은 이 2-마음을 갖춘 자만이 능히 법륜을 굴려 일체중생을 이롭게 할 수 있기에~) 라 하고 있는 것이다.

2.3 經典의 引證(인증)을 통해,

勝義行과 行願行의 중요성을 강조함
승의 행 행원 행

2.3.1 華嚴經(화엄경) <十地品> 의 引證 (1)
- 大乘과 大悲心 -

「悲先慧爲主 方便共相應 信解淸淨心 如來無量力 無碍智現前」
비 선 혜 위 주　방편 공 상응　신해　청정심　여래 무량 력　무애지 현전

如華嚴經云
여 화엄경 운

「悲先慧爲主273) 方便共相應。信解淸淨心 如來無量力。
비 선 혜 위주　　　방편 공 상응　신해　청정심　여래　무량 력

無碍智現前 自悟不由他。具足同如來 發此最勝心。
무애지 현전　자 오 불 유 타　구족 동 여래　발 차 최승 심

佛子始發生 如是妙寶心 則超凡夫位 入佛所行處。
불자 시 발생　여시 묘 보 심　즉 초 범부 위　입 불 소행 처

生在如來家 種族無瑕玷。274) 與佛共平等 決成無上覺
생 재 여래 가　종족 무 하 점　　　여 불 공 평등　결 성 무상 각

繞生如是心 卽得入初地。心樂不可動 譬如大山王」275)
재 생 여시 심　즉 득 입 초지　심락 불 가동　비 여 대산 왕

(대정장 32. 573b)

---

273) <高麗藏本>과 <三十帖策子本> 모두 <悲光>으로 되어있으나, 문맥으로 보아 智證大師 청래본인 <三千院本>을 좇아 <悲先>으로 하는 것이 옳을 것이다. 인용경인 『80권 화엄경』 원문에도 <悲先>으로 되어있다.

274) 瑕(高麗藏本)=暇(三十帖策子本)

275) 心樂(高麗藏本)=志樂(三十帖策子本), 『80권 화엄경』에는 心樂이 아닌 志樂으로 되어있다. <三十帖策子本>이 옳은 것이다.

직역(直譯)

화엄경(華嚴經)에 설하심과 같이,

「자비(慈悲)를 먼저 하고, 지혜(智慧)를 주(主)로 하여, 방편 함께 상응(相應)하면, 신해청정(信解淸淨)한 마음과 여래 무량한 힘이 있어, 무애지(無礙智) 현전(現前)하니, 스스로 깨달아서, 타에 의지하지 않으면 구족(具足)함이 여래와 같으니, 이 최승(最勝)의 마음을 발하라!

불자(佛子)여! 비로소 이와 같은 묘보심(妙寶心)을 발생(發生)하면, 곧 범부의 위(位)를 초월(超越)하여, 불(佛)이 행하는 곳에 들어가, 여래의 집에 태어나, 종족(種族)에 하점(瑕玷) 없고 불(佛)과 함께 평등(平等)할지니, 결단코 무상각(無上覺)을 이루리라.

조금이라도 이와 같은 마음을 내면, 곧 초지(初地)에 들어감을 얻어서, 마음의 즐거움(志樂)은 언제나 움직일 수 없는 大山王과 같으니라」

의역(意譯)

『(80)華嚴經』<十地品>에,

「慈悲를 선두로 智慧를 主로276), 여기에 方便 함께 相應하면, 淸淨한 信解의 마음과 如來의 무량한 힘과 無礙智(무애지)가 現前할 것이다. 277) (그러니) 불자여! 남에 의존하지 않고 스스로 깨달아야 如來와 같이 (모든 것을) 具足하여 최승의 마음을 發하게 되는 것이다.

---

276)「慈悲를 먼저하고 智慧를 主로 한다」는 것은 智慧는 體이고, 慈悲는 用이며, 또 智慧는 勝義菩提心이 되고 慈悲는 行願菩提心이 되기 때문이다.
　智慧와 慈悲는 마치 수레의 두 바퀴나 새의 두 날개와 같은 것으로, 둘 중 하나라도 결여되면 완전한 공덕을 성취할 수 없는 것이다. 부처님을 <兩足尊>이라 한다든지, 또 불상이나 불화를 배치할 때, 문수보살이나 대세지보살을 智慧(體)의 방향인 (左)에, 보현보살과 관음보살을 慈悲(用)의 방향인 (右)에 안치하거나, 하는 것은 이 때문이다.
277)「悲先慧爲主 方便共相應 信解淸淨心 如來無量力 無礙智現前」「佛子。菩薩起如是心。以大悲爲首。智慧增上。善巧方便所攝」『80화엄경』<십지품> (대정장 10. 184a, 514b)

불자여! 처음으로 이와 같은 妙한 보배와 같은 마음(妙寶心)278)을 발하게 되면 즉시에 凡夫位를 뛰어넘어 부처님 계신 곳에 들어가 如來의 집에 태어나게 되며, (如來)종족으로서 흠(하자)이 없어 如來와 함께 平等하게 되어 결정코 無上覺(무상각)을 얻을 것이다.279)

　조금이라도 이와 같은 마음(悲心·慧心·方便)을 낸다면 즉시에 初地(歡喜地=환희지)에 들어가게 되어, 마음의 즐거움은 마치 不動(부동)의 大山王(대산왕)처럼 항상하게 될 것이다」280)고 말씀하셨다.

註解·講解

<대승불교와 이타(大悲心)>

대승불교는 이름 그대로 대중불교, 곧 이타(大悲心)를 기본이념으로 하는 불교이다. 말하자면 대승불교는 자리(自利)보다는 이타(利他)를 중시하는

---

278) 菩薩心, 곧 上求菩提하고 下化衆生 하는 것을 말한다. 곧 위로는 지혜를 구하고, 아래로는 자비를 베풀어 중생을 구하겠다는 마음이다.

279) <生在如來家>에 대해, 『화엄경』은 「若爲諸佛所護念 則能發起菩提心 若能發起菩提心 則能勤修佛功德 若能勤修佛功德 則得生在如來家 若得生在如來家 則善修行巧方便 若善修行巧方便 則得信樂心淸淨 若得信樂心淸淨 則得增上最勝心」 (대정장 10. 72c)이라 하여, '若云云 卽云云'하며, 만일 ~하면 곧 바로 ~를 얻고 증득하게 된다는 문장을 되풀이 하면서, 그러니 菩提心을 어서 발해 如來家에 태어날 것을 강조하고 있다.
　　또한 <如來種族無瑕玷>에 대해서도, 「無瑕玷故。所作衆善。所行諸行。教化衆生。隨應說法。乃至一念。無有錯謬。皆與方便智慧相應。悉以向於一切智智。無空過者」 (대정장 10. 98a)라 하며, '如來族으로서 그 어떤 하자도 없음을 강조하고 있다. 곧 온갖 행동으로 중생을 교화하는 것, 곧 근기에 따라 설법하며 한 순간도 착오 없이 지혜와 상응한 온갖 방편을 행하면, 중생들로 하여금 一切智智를 향해 가도록 하는 데 있어 그 어떤 하자(瑕玷)도 없이 반드시 성취된다는 것을 강조하고 있다.

280) <十地品> 중 제 1地(初地)인 歡喜地를 설명하는 부분이다.
　　「悲先慧爲主 方便共相應 信解淸淨心 如來無量力 無礙智現前 自悟不由他 具足同如來 發此最勝心 佛子始發生 如是妙寶心 則超凡夫位 入佛所行處 生在如來家 種族無瑕玷 與佛共平等 決成無上覺 纔生如是心 卽得入初地 志樂不可動 譬如大山王」 (대정장 10. 184a, 514b), 『대일경』의 三句說(菩提心爲因 大悲爲根 方便爲究竟)과도 관계가 깊은 것을 알 수 있다.

- 187 -

교리로서, 利他없이는 自利도 없다는 것이 그들의 기본이념이었다.

곧 大乘은 남을 위해 가르치고 인도하는 입장인 교사적(敎師的) 불교이면서, 한편으로는 성문들의 스승인 大悲者 석존을 이상으로 하는 成佛의 가르침, 말하자면 스스로를 菩薩(Bodhisattva), 곧 나는 말할 것도 없이 다른 모든 사람들에게도 佛이 될 수 있는 소질인 佛性(여래장)이 갖추어져 있다고 스스로 믿고 남을 가르치는 자들,

곧 이들을 「상구보리(上求菩提) 하화중생(下化衆生)」이란 뜻의 菩薩이라 칭한 까닭도 바로 여기에 있는 것이다.

이에 반해 小乘의 대표격인 <有部=설일체유부>나 상좌부(上座部),

곧 번뇌를 끊어 해탈(解脫)을 얻는 것을 목적으로 하는 자,

곧 「해탈을 얻었으니 이제 할 것은 다했다. 남은 것은 오직 열반에 들어가는 일 뿐이다」고 하는 것이 小乘의 기본이념이자 수행의 목적으로서, 그들은 어디까지나 듣고 배우는 성문의 입장으로서, 利他란 처음부터 그들의 수행덕목이나 목표에 삽입시키지 않았으며, 수행의 완성 뒤에도 남을 구제한다는 이타개념은 전혀 생각하고 있지 않았다.

소승을 일러 제자(弟子)불교니 성문(聲聞: śrāvaka)이니 하는 이유도 바로 이러한 이유 때문이다.

대승불교가 세간에 밀착하며 재가불교(在家佛敎)의 모습을 가진 것이라든지, 또 중생을 위해서 열반에 들지 않거나 멸도(滅度)하지 않는 것,

또 大乘戒인 삼취정계(三聚淨戒)속에 섭중생계(攝衆生戒)가 삽입된 것에 비해[281], 소승불교가 은둔적인 승원(僧院)불교가 된 것이나, 회신멸지(灰

---

281) 大乘戒 가운데 <攝律儀戒>는 止惡이 강조된 戒로서 『七佛通誡』가운데 "諸惡莫作"에 해당되며, <攝善法戒>는 作善이 강조된 戒로서 『칠불통계』가운데 "增善奉行"이 이에 해당된다. <攝衆生戒>는 小乘戒에는 없는 것, 말하자면 大乘에 의해 처음으로 강조된 戒로서, 대승정신의 근본인 衆生에 대한 존

身滅智)의 경지인 아라한과(阿羅漢果)를 그들의 최후의 목표로 삼은 것,[282) 또 이들의 戒에 중생을 위한 계가 설해있지 않는 등등의 차별성은 두 불교가 지니는 이러한 기본이념의 차이 때문이었다.

이와 같이 대비자인 석존불을 이상으로 하는 자, 곧 스스로를 佛이 될 수 있는 소질인 불성(佛性)을 지닌 보살이라 부르면서, 일체법무자성공(一切法無自性空)의 체득(體得)인 반야지(般若智)를 목표로 하면서, 한편으로는 중생의 성불과 구제를 목적으로 삼는 하화중생(下化衆生)의 대승불교는 실천수행에 있어서도 소승과는 달랐다.
곧 소승이 사향사과(四向四果)라고 하는 열반지향의 수행론을 제시한데 비해, 대승인들은 이들과는 전혀 다른 성불을 성취하기 위한 실천덕목인 42 내지 53계위(階位)로 구성된 보살도(波羅蜜) 수행을 제시하였다.

물론 중생을 구제한다는 정신아래, 악인(惡人)이나 의지가 약한 사람일지라도 아미타불의 본원(本願:pūrva-praṇidhāna)을 신요(信樂)하고 염불수행하기만하면 구제(왕생극락)받을 수 있다는 타력이행(他力易行)의 정토(淨土)신앙이 등장하는 것도 바로 대승의 이러한 기본이념에서 나온 수행론이자 구제사상이었다.

경 곧, 同體大悲思想이 깊이 깃 들어있음을 볼 수 있다.
282) 아라한과(阿羅漢果)증득을 목적으로 하는 회신멸지(灰身滅智)의 불교, 곧 부파불교가 번뇌장을 끊고 현실세계를 떠나 無爲世界(열반)에 安住하려는, 곧 사바를 떠나 해탈을 추구하는 智중심의 불교인데 반해, 대승불교는 부주열반(不住涅槃), 곧 생사즉열반(生死卽涅槃)을 주장하는 불교로서, 사바를 떠나지 않고 중생과 함께 하려는 大悲중심의 불교였다.

<智慧와 大悲心은 어느 것이 먼저일까? >

「悲先慧爲主 方便共相應」
비 선 혜 위 주　　방편 공 상응

『보리심론』은

「諸佛은 眞(智慧:法身)으로부터 用(慈悲:報身·化身)을 일으켜, 그 자비로
진　지혜　법신　　　　　　용　자비　보신　　화신

서 중생을 구제하고 攝(섭)하신다」[283]

『大乘莊嚴經論』 <發心品>은

「信大乘法爲種子, 般若波羅蜜爲生母, 大禪定爲胎藏, 大悲爲乳母」[284]
신　대승법　위　종자　반야　바라밀　위　생모　대　선정　위　태장　대비　위　유모

『大乘法界無差別論(대승법계무차별론)』은

「무엇이 菩提心(보리심)의 因子(인자)인가?

믿음은 菩提心의 種子이며, 般若(반야)는 어머니이며, 三昧(삼매)는 태(胎)

이며, 大悲는 유모(乳母)이다. (중략) 곧 깊은 믿음인 심신(深信)이야말로

菩提心의 種子가 되는 것이며, 智慧의 통달, 곧 般若는 어머니가 되며,

一切의 善法에 住하며 안락을 얻게하는 三昧(삼매)는 태장(胎藏)이 되며,

衆生을 불쌍히 여기면서 生死속에서도 권태를 느끼지 않고 또 일체종지

(一切種智)를 원만히 얻게 하는 大悲心은 乳母(유모)가 되는 것이다」[285]

---

283)「諸佛慈悲 從眞起用 救攝衆生」『보리심론』(대정장 32. 573b)
284)「釋曰。生勝由四義者。一種子勝。信大乘法爲種子故。二生母勝。般若波羅
　　蜜爲生母故。三胎藏勝。大禪定樂爲胎藏故。四乳母勝。大悲長養爲乳母故」
　　『大乘莊嚴經論』<發心品> (대정장 31. 596b)
285)「云何此因。頌曰 信爲其種子 般若爲其母 三昧爲胎藏 大悲乳養人 (중략)
　　其中於法深信爲菩提心種子。智慧通達爲母。三昧爲胎藏。由定樂住一切善法
　　得安立故。大悲爲乳母。以哀愍衆生。於生死中無有厭倦。一切種智得圓滿故」
　　『大乘法界無差別論』(대정장 31. 892b)

『寶性論(보성론)』은

「諸佛에 수순(隨順)하는 法의 아들만 佛家에 태어나는 것이다.

곧 大乘은 믿음을 種子로 삼고, 般若를 生母로 삼고, 禪定을 胎로 삼고, 大悲를 젖(乳)으로 삼는 것으로, 이런 자야말로 諸佛의 實子(大乘菩薩)라 하는 것이다」[286]

한편 밀교경전인 『大日經』은

「一切智智(일체지지)인 세존이시여! 당신이 지니신 지혜는 무엇을 인(因)으로 하며, 무엇을 근(根)으로 하며, 무엇을 구경(究竟)으로 하나이까? 말씀하시되, 菩提心을 因으로 하며, 大悲를 根으로 하며, 方便을 구경(究竟)으로 하는 것이다」[287]

한편 8세기 후반에 활약한 蓮華戒(kamala-śīla)의 저작인 『修行次第』(수행차제: Bhāvanākrama)에는, 『大日經』의 경구를 인용하여,

「Tad etat sarvajňajňānaṃ karuṇā mūlaṃ bodhicitta hetukaṃ upāya parya vasānaṃ iti」[288]

(一切智智는 悲를 根으로 하고, 菩提心을 因으로 하며, 方便을 究竟으로 한다)[289]

---

286) 「此是諸佛隨順法子於佛家生。是故偈言 大乘信爲種子 般若以爲母 禪胎大悲乳 諸佛如實子」『寶性論』(대정장 31. 829b)
287) 「世尊 如是智慧 云何爲因 云何爲根 云何爲究竟, 佛言 菩提心爲因 大悲爲根 方便爲究竟」『대일경』(대정장 18. 1c)
288) Giuseppe Tucci: Minor Buddhist Texts part 2, p 196.
289) 본래의 <三句法門>의 形式이 『大日經』의 因·根·究竟의 순서와는 달리 根·因·究竟으로 되어있음을 볼 수 있다. 이러한 순서는 『修行次第』의 한 역본에 해당하는 『廣釋菩提心論』(각주 289)에도 동일의 순서로 되어있어, 본래 三句法門이 <根·因·究竟>이었지 않았나 하는 의구심을 가지게 한다.

라 하면서, 悲를 菩提心보다 앞에 두고 있다.

　한편 이의 한역본에 해당하는 <Buddhaguhya(覺密)>의 『廣釋菩提心論』 또한

「비로자나성불경에서 말씀하신 것처럼, 一切智智는 悲心을 근본으로 한다. 곧 悲로부터 大菩提心이 발생하며, 그런 연후 여러 方便을 일으키는 것이다」[290]

라 하여, 三句法門(삼구법문)을 根(大悲)→因(菩提心)→究竟(方便)의 순서로 하고 있어, 大日經』의 三句法門이 본래는 <因·根·究竟>이 아니라 <根·因·究竟>이지 않았나 하는 의구심조차 가지게 한다.

이상 여러 대승경전과 밀교경전을 통해, 菩提心과 大悲心과 方便의 상호 관계 내지 그 중요성을 살펴보았으나,
菩提心과 大悲의 2항목의 전과 후의 순서의 옳고 그름의 문제는 차치하더라도, 여기서 또 하나 중시되어야 할 것은 <方便>의 개념이다.

곧 현교경전의 결정판으로서,『菩提心論』에서 조차 인용되고 있는
『화엄경』에는
「불자여! 보살은 이와 같이 大悲를 으뜸으로, 여기에 智慧를 더하고, 善巧方便(선교방편)으로 섭하는 것이다」[291]

---

290)「復次此中如毘盧遮那成佛經說。所有一切智智。悲心爲根本。從悲發生大菩提心。然後起諸方便」『廣釋菩提心論』(대정장 32. 565b)
291)「佛子。菩薩起如是心。以大悲爲首。智慧增上。善巧方便所攝」『80화엄경』<십지품> (대정장 10. 181a)

「선남자여! 보살은 반야바라밀을 어머니로 삼고, 方便善巧(방편선교)를 아버지로 삼는다」[292),

또 앞서 인용한 바 있는『大日經』에도
「一切智智는 菩提心을 因으로 하며, 大悲를 根으로 하고, 方便을 구경 (究竟)으로 하는 것이다」

라 하여, 보리심(菩提心)과 대비심(大悲心)을 성불원리로 삼고, 여기에 아버지 격인 十바라밀과 阿字觀·白月觀·五相成身觀 등을 위시한 여러 가지 선교방편(善巧方便: upāya-kauśalya)으로 중생을 제도하는 분이 일체지지(一切智智)인 대일여래 법신(大日如來 法身)이라 설명하고 있다.

곧 중생을 이끌고 苦海를 건너가야 하는 아버지 벌인 보살, 곧 아버지가 지녀야 할 자질이 다름 아닌 善巧方便(upāya-kauśalya)이라고 역설하고 있는 것이다.

한편 이렇게 중요한 것이 方便이지만, 이 방편이 선교방편이 되기 위해서는 반드시 菩提心(나=佛=𑖀)과 大悲心(行佛=𑖀), 곧 나=佛이란 자각(自覺)과 일상생활 속에서 佛로서의 행위인 大悲行이 그 밑바탕에 깔려있어야 된다는 전제조건을 달고 있는 것이『화엄경』등의 대승경전과 밀교경전인 『대일경』의 해석이자 특징이다.
그래서『보리심론』도 화엄경의「悲先慧爲主 方便共相應」을 인용하여 활용하고 있는 것이다.

---

292)「善男子。菩薩摩訶薩。以般若波羅蜜爲母。方便善巧爲父」『80화엄경』<입법계품> (대정장 10. 438b)

<信解行地와 불도수행>
신해행지

불교를 일러 信解行證의 종교라고 한다. 불교하면 반드시 나오는 핵심의 名句가 信解行證이기 때문이다.

『보리심론』 또한 『80 華嚴經』(대정장 10. 184a)을 인용하면서
「悲先慧爲主 方便共相應 信解淸淨心 如來無量力 無礙智現前」

(대비심과 반야지혜와 방편, 이 三力이 相應하면 信解(adhimukti)가 淸淨(śuddha)해져, 如來와 똑같은 무량한 위신력과 걸림없는 4-無礙智를 現前케 된다)

고 말씀하고 있는 것처럼, <信解淸淨>은 불도수행에 있어 가장 중요하다고 할 만큼 중요한 덕목이다.

信解行地에 대한 『大日經疏』의 말씀을 들어보자.
「淨菩提心으로부터 十住~十行까지는 究竟一切智의 地인 如來의 경지만을 제외하곤 모두가 信解行으로 이루어진 것이다. 곧 화엄경이 말씀하신 것처럼, 初地菩薩은 여래의 本行을 믿으며, 여래께서 성취한 모든 波羅蜜을 믿으며, 여래께서 온갖 殊勝한 地에 들어간 것을 믿으며, (중략)
여래께서 無量境界에 들어간 것을 믿으며, 성취하신 여래의 果를 믿는 등, 이와 같은 모든 것에서 마음이 퇴전하거나 무너지지 않으며,
또 다른 인연에 의해 퇴전하지도 않는 것이기에, 이를 일러 <信解行地>라 하는 것으로, 이를 달리 온갖 수행에 도달한 地, 곧 <到修行地>라고도 한다. (따라서 앞에서 말한) 般若智慧와 大悲心과 方便 이 三心을 관찰하면, 이것이 곧 因·根·究竟이 되는 것으로, 만일 이 信解行地를 통

털어 말하면, 곧 初地菩薩의 경지가 되는 것이다」293)

<『菩提心論』의 『大日經』 三句法門 해석>
삼구 법문

『菩提心論』은 『大日經』이 설하는

<菩提心爲因>을 (心=虛空=菩提 卽是三種不二)라 하여,

이를 <勝義菩提心(승의보리심)>, 곧 一切法無自性觀(일체법무자성관)으로
설명하고 있으며,

<大悲爲根>은 一切衆生 필경에는 모두 成佛함으로 行願菩提心(행원보리
심)의 大悲門 안에서 그들을 安存(이익)케 하고 快樂(안락)케 해야 한다고
설하면서, 이를 <行願菩提心>이라 하고 있다.

한편 <方便爲究竟>은 깨달음을 一切衆生 모두에게 공유케 해야 한다는
의미로 해석하여, 上根上智의 밀교행자는 勝義와 行願을 체득한 상태에
서 <三摩地菩提心(삼마지보리심)>, 곧 阿字觀과 月輪觀이란 方便을 통해
菩提心을 체득해 나아감과 동시, 여기서 얻은 공덕을 마치 달이 그 빛을
一切衆生에게 골고루 나누어주고, 16大菩薩이 중생의 願(원)과 根機(근
기)에 따라 그들의 역할을 수행하며 중생들을 이익케 하고 안락케 하듯,
모든 중생들에게 나누어 주어야 한다고 역설하고 있다.

또한 『菩提心論』은 『大日經』의 三句思想을 三種菩提心이라고하는 실천
법으로 전환·승화시킴으로서, 이론과 수행을 하나로 묶어내는 역할을 하
였다. 곧 理와 智, 胎藏과 金剛, 곧 『大日經』과 『金剛頂經』을 하나로 묶

---

293)「從淨菩提心以上十住地。皆是信解中行。唯如來名究竟一切智地如花嚴中。
初地菩薩能信如來本行所入。信成就諸波羅密。信入諸勝地(중략)信隨入如來無
量境界。信成就果。於如是諸事。其心畢竟不可破壞。不復隨他緣轉。故名信
解行地。亦名到於修行地也。觀察三心。卽是因根究竟心。若通論信解地。則
是初地菩薩」『大日經疏』(대정장 39. 604c)

음으로서, 理智不二·金胎不二의 절대적 中道法(중도법)으로 승화시키는 역할을 해내고 있는 것이다.

　다시 말해 『菩提心論』은 三摩地菩提心을 설함으로서,
이 논서를 단지 教學的 理論書로서만이 아닌 修行의 지침서로서 까지 승화시킨 것으로, 이를 통해 이 논서로 하여금 理事와 金胎를 겸비한 밀교의 代表的 논서로 자리매김케 하였다.

참 고 『大日經』 三句中「菩提心爲因」에 대한
　　　『大日經疏』와 『大日經廣釋』의 해석차

『大日經疏』는 如來藏思想, 특히 『大乘起信論』의 立場에 서있으면서도,
이와 더불어 <眞言門修行>이라는 『大日經』의 修行論을 수용하여,
나름의 독특한 밀교수행론을 주창하고 있다.
　곧 修生과 本有를 설하면서도 마치 『大乘起信論』의 始覺과 本覺의 관계처럼, 兩者(修生과 本有)의 同一性을 주장하면서도 한편으로는 『大日經』<入曼荼羅具緣品>이 설하는 <眞言門修行>을 권장하며, 속히 菩提를 卽得할 것을 강조하고 있다.

　한편 『大日經廣釋』은 Tibet僧 <Buddha guhya(覺密)>의 著書로,
특히 大乘思想을 波羅蜜乘과 眞言(陀羅尼)乘의 2개의 입장으로 나누어 설명한 바 있는 그는 『大日經』의 주석서인 『大日經廣釋』을 남겼다.
여기서 그는 如來藏思想의 입장에 서있는 『大日經疏』와는 달리, 瑜伽行唯識思想의 입장에서 주석을 달고 있다.

이처럼 서로 다른 입장에 서있는 『大日經疏』와 『大日經廣釋』, 이제 이들이 바라보는 菩提心觀, 곧 <菩提心爲因>에 대한 개념 내지는 의미를 그들은 어떻게 바라보고 있는지 간략하게나마 잠시 살펴보자.

1. 『大日經疏』의 <菩提心>해석

『大日經疏』는 <菩提心>을

(1) 白淨信心 (2) 一向志求一切智智 (3) 淨菩提心 (4) 初發心時卽得菩提
   라 하면서, 이를 다음과 같이 부연·설명하고 있다.

(1) <白淨信心>이란

나=自性淸淨=毗盧遮那法身임을 如實知하는 것이다.

(2) <一向志求一切智智>란

勇健菩提心=菩提心勢力을 말하는 것으로, 오로지 一切智智만을 구하겠다는 강력한 의지를 말한다.

(3) <淨菩提心>이란

제3劫 후에 생성되는 보리심으로, 根本無明(極細妄執)이 제거된 경지, 곧 初地인 極無自性心(自性淸淨心)을 가리킨다.

(4) <初發心時卽得菩提>란

앞의 (1)(2)(3)을 종합한 境地를 말한다, 곧

① 如實知自心: 온갖 착심을 벗어나게 하는 <離着方便觀>,

　　　　　　　말하자면 諸法實相과 自心實相을 통달한 觀으로,

　　　　　　　이것을 통해 온갖 着心에서 벗어나 一切智智(菩提)

　　　　　　　를 얻게 되는 것이다.

② 『大日經』 제2 <入曼茶羅具緣品>의 설인 眞言門修行을 통해서,

　　금생에 菩提를 卽得케 된다.

2. 『大日經廣釋』의 <菩提心> 해석 [294]

瑜伽行唯識思想의 입장에 서 있다.

곧 <菩提心爲因>에서의 <菩提心>을 住唯識性(境識俱泯)의 경지, 말하자면 信解行地에서 所取・能取를 벗어난 法界直證(見道)의 初地 의 경지라 보고 있다.

또한 보리심을

(1) 能求菩提心과 (2) 所求菩提心(菩提自性心)의 2가지로 나눈 후,
　　이를 다음과 같이 설명하고 있다.

(1) 能求菩提心(菩提를 求하려는 心)
　　一切智智의 因인 <如實知自心>을 가리키는 것으로,
　　<自心>의 내용을 다음과 같이 설명하고 있다.
　　① 初地(歡喜地)心, 곧 信解行(地)의 結果로서 얻어진 心
　　② 所取와 能取를 벗어버린 本性清淨心
　　③ 極無自性心
　　④ 無上菩提心

곧 <菩提心爲因>에서의 <菩提心>이란 一切智智의 因인 如實知自心을 말하는 것으로, 여기서 自心이란 初地(心)의 경지를 말한다
『大日經疏』나 『大日經廣釋』의 해석은 如來藏的이냐 唯識學的이냐의 차 이는 있어도, 모두 菩提心을 初地로 보고, 初地(환희지)의 경지에 올라설 것을 강조하고 있는 것으로, 다만 차이가 있다면,

---

294) Buddha guhya(覺密)著 『大日經廣釋』, 北村太道 <和譯> 『大日經廣釋』
　　(起心書房), 2020년

<大日經疏>

本不生心: 제2劫, 곧 所知障(細妄執)제거후 生成되는 心으로,

極無自性心: 제3劫, 곧 根本無明(極細妄執)제거후 生成되는 心으로 보
고있다

<廣釋>

本不生心: 初地로 봄

極無自性心: 初地로 봄

곧 <廣釋>은 두 마음을 모두 初地(환희지)로 보고 있는데 반해,
<大日經疏>는 本不生心을 제2겁 후의 마음으로, 極無自性心은 제3劫 후의
마음으로 보는 차이가 있다.

한편 일본 진언종의 開祖 空海는 <大日經疏>에 근거하여,
『秘藏寶鑰』과『十住心論』에서, <本不生心>은 제 7住心인 三論宗에,
<極無自性心>은 제 9住心인 華嚴宗에 각각 배치시키고 있다.

(2) 所求菩提心 (菩提自性心)

우주의 진리인 菩提自性心, 곧 一切法平等性을 깨닫는 것, 말 바꾸면
菩提인 自心(自心卽是菩提)을 아는 것을 말한다.

<초발심은 妙寶心(묘보심)과 같다>

「佛子始發生 如是妙寶心 則超凡夫位 入佛所行處。生在如來家
불자 시 발생　여시 묘 보 심　즉 초 범부 위　입불 소행 처　생 재 여래 가

種族無瑕玷 纔生如是心 卽得入初地」
종족 무 하 점　재 생 여시 심　즉 득 입 초지

「初發心時便正覺」이란 말이 있다.

바람은 모든 곳에 두루하지만, 부채질을 하지 않으면 바람은 일어나지 않듯이, 일체 중생이 모두 불성(佛性)을 구족하고 있다고는 해도, 원력을 세워 발심 수행하지 않으면 보리 열반의 경지는 체득할 수 없는 것이다.

발심이란 이렇게 중요한 것이다. 불교는 신해행증(信解行證)의 종교이다. "구슬이 서 말이라도 꿰어야 보배"라는 격언이 있듯이, 믿고(信) 이해(解)하고 자비행을 행(行)하지 않으면 성불(證)은 얻어질 수 없는 것이다.

如來藏思想의 정점(頂点), 곧 최후에 제작된 『大乘起信論』은 大乘에 대해 믿음을 일으킬 것을 강조한 론이다.

여기서 대승이란 小乘과 대치한 大乘의 의미가 아니라,
<대승=중생심(현 시점에서의 우리들을 가리키는 여래장)>을 가리키는 것으로, 현재의 나의 마음, 곧 우리들의 마음에는 누구한테나 3가지 큰 힘을 지닌 여래장(如來藏) 곧 소위 三大라고하는 공능(功能)이 있으니,
그 여래장에 대해 믿음을 일으키라는 것이 이 논의 메시지이다.

그런데 여기서 한 가지 특이한 것은 4가지(불·법·승·여래장)에 대해 믿음을 일으키라 하면서, 그 순서를 佛과 法과 僧이라는 三寶보다 앞서 제일먼저 여래장(如來藏)에 대한 믿음을 첫 번째에 두고 있다는 점이다. 곧 불도수행의 알파요 오메가로서 그 무엇보다도 앞서야 할 가장 중요한 三寶보다도 먼저 <너=여래장>이라는 사실을 믿으라고 역설하고 있다.

밀교의 출발점은 <나=佛>이다. 말하자면 밀교는 대승의 여래장사상을 극대화시킨 사상으로서, 성불 가능태로서의 <나=여래장>을 설하는 여래장사상을 최대한 극대화시켜, 너는 단지 성불 가능한 존재인 如來藏이 아니라, 본래불(本來佛), 곧 <나=너=佛)이라 단정하면서,

이 사실을 믿고(A=A), 일상생활속에서 너 자신을 佛처럼, 곧 대비자인 佛의 化身으로서 살아라(Ā=Ā)고 역설하고 있는 것이다.

『보리심론』은 『화엄경』을 인용하면서,

'初發心을 온갖 신묘한 기적을 만들어 내는 妙寶(묘보)와 같은 것'이라 강조하고 있다. 곧 『대일경소』가「初發心時卽得菩提」라 정의한 이유를 밝히듯, 다음과 같이 정의·설명하고 있는 것이다.

「초발심(初發心)은 妙寶心(신묘한 보배)과 같아서, 발심하면 凡夫位(범부위)를 뛰어넘어 부처님이 행하신 바의 경지에 들어가 如來家(여래가)에 태어나, 如來族(여래족)으로서 그 어떤 하자도 없이, 결정코 부처님과 하나도 다르지 않은 평등의 無上覺(무상각)을 얻는다」

2.3.2 華嚴經 <十地品>의 引證 (2)

- 十地는 모두 大悲가 근본 -

「從初地乃至十地 於地地中皆以大悲爲主」
종 초지 내지 십지 어 지지 중 개 이 대비 위 주

又准華嚴經云
우 준 화엄경 운

「從初地乃至十地 於地地中皆以大悲爲主」 (대정장32. 573b)
종 초지 내지 십지 어 지지 중 개 이 대비 위 주

직역(直譯)

또 화엄경(華嚴經)에 준하면,

「초지(初地)로부터 십지(十地)에 이르기까지, 지지(地地) 가운데 모두 대비(大悲)를 주(主)로 삼느니라」라 하였다.

의역(意譯)

또한 『80 화엄경』에 준하면, 295)「初地로부터 十地에 이르기까지의 各地는 모두가 大悲를 중심으로 하고 있다」296)고 말씀하고 있다.

註解 · 講解

<華嚴十地(화엄십지)와 大悲心(대비심)>

295)「從初地乃至十地　於地地中　皆以大悲爲主」『80화엄경』<十地品> (대정장 10. 181b),

296)제1<歡喜地>:「佛子。菩薩起如是心。以大悲爲首。智慧增上。善巧方便所攝」 (대정장 10. 181a) /제2<離垢地>:「我當於彼。起大悲心。以諸善根。而爲救濟。令無災患。離染寂靜。住於一切智慧寶洲菩薩如是。護持於戒。善能增長慈悲之」(대정장 10. 186b) /제3<發光地>:「菩薩如是。見衆生界。無量苦惱。發大精進。作是念言。此等衆生。我應救。我應脫。我應淨。我應度。應着善處。應令安住。應令歡喜。應令知見。應令調伏。應令涅槃」(대정장 10. 187c) / 제4<焰慧地>:「菩薩修行如是功德。爲不捨一切衆生故。本願所持故。大悲爲首故。大慈成就故。思念一切智智故。成就莊嚴佛土故」(대정장 10. 190a) / 제5<難勝地>:「菩薩爾時。於諸衆生。轉增大悲。生大慈光明。佛子。此菩薩摩訶薩。得如是智力。不捨一切衆生。常求佛智」(대정장 10. 191c) / 제6<現前地>:「此菩薩摩訶薩。如是觀已。復以大悲爲首。大悲增上。大悲滿足」 (대정장 10. 193c) /제7<遠行地>:「此菩薩於念念中。常能具足十波羅蜜。何以故。念念皆以大悲爲首。修行佛法」 (대정장 10. 196b) /제8<不動地>:「此菩薩。如是入已。如是成就已。得畢竟無過失身業。無過失語業。無過失意業。身語意業。隨智慧行。般若波羅蜜增上。大悲爲首。方便善巧。善能分別。善起大願。佛力所護。常勤修習利衆生智」(대정장10. 200b) / 제9<善慧地>:「爾時金剛藏菩薩摩訶薩。告解脫月菩薩言。佛子。菩薩摩訶薩。從初地。乃至第九地。以如是無量智慧。觀察覺了已。善思惟修習。善滿足白法。集無邊助道法。增長大福德智慧。廣行大悲。知世界差別。入衆生界稠林」(대정장 10. 205a) / 제10<法雲地>:「佛子。此地菩薩。以自願力。起大悲雲。震大法雷。通明無畏。以爲電光。福德智慧。而爲密雲。現種種身。周旋往返。於一念頃。普遍十方百千億那由他世界微塵數國土。演說大法」『80화엄경』(대정장 10. 207a)

「從初地乃至十地　於地地中皆以大悲爲主」
종 초지　내지　십지　어 지지 중 개 이 대비 위 주

각주 296)에서 보는 바와 같이, 初地 <歡喜地>에서 十地 <法雲地>에 이르기까지의 그 중심은 大悲가 된다는 말씀이다.

곧 『80華嚴經』<歡喜地>의
「佛子。菩薩起如是心。以大悲爲首」로부터 <法雲地>의
「佛子。此地菩薩。以自願力。起大悲雲。震大法雷。通明無畏。以爲電光。福德智慧。而爲密雲。現種種身。周旋往返。於一念頃。普遍十方百千億那由他世界微塵數國土。演說大法」[297]

에서 보는 바와 같이, 上求菩提와 더불어 下化衆生을 究竟으로 삼는 보살, 그 중에서도 마지막 地(bhūmi)位인 <十地菩薩>은 무엇보다도 大悲心이 원천이자 그 중심에 놓여 있어야 되는 것으로,
그 이유는 아래의 <10地 법운지보살>과 <보현행원품>이 말해주듯,
십지보살의 삶은 첫째도 둘째도 ～ 마지막도 모두가 중생을 위한 삶 그 자체이기 때문이다.

잠시 제10地 보살을 왜 법운지(法雲地)보살이라 하는지 경전의 말씀을 통해 살펴보자.

『攝大乘論』과 『攝大乘論釋』<無性釋>에
「또한 어째서 제 十地를 일러 법운지(法雲地)라 하는 것인가?
일체의 법지(法智)에 통달하였기 때문이다. 곧 구름이 모든 추(麤)번뇌를

---

297) 『80화엄경』 <십지품> (대정장 10. 207a)

- 203 -

덮고 있듯이, 십지 또한 일체의 다라니와 삼매문을 모두 함장(咸藏)하고 있어 능히 법신을 원만 성취하였기 때문이다」298)

「법운(法雲)이란 眞如의 경지로서, 언제나 일체법지와 일체의 경전을 인연으로 하는 것으로, 그 경지는 마치 큰 구름에 비유되는 陀羅尼門과 三昧門과 같은 것이다. 곧 마치 큰 구름이 모든 것을 함장하기도 하고, 또 생하게 하는 수승한 공능을 지니면서 허공을 뒤덮고 있듯이, 일체법지(一切法智)를 연으로 하는 陀羅尼門과 三昧門 역시 광대무변의 혹(惑)과 二障(번뇌장 소지장)을 모두 덮어 버리고 있기에, 그래서 法雲地라 이름하는 것이다」299)

한편 大悲의 화신이라 불리는 화엄경의 슈퍼스타인 보현보살, 그 분의 덕을 칭양하고 있는 <보현행원품> (제 9 恒順衆生의 단락)에도
「菩提는 중생에 속해있는 것이다. 곧 만일 중생이 없다면 그 어떤 보살도 정각을 이룰 수 없기 때문이다. 다시 말해 중생을 佛처럼 대해야 대비(大悲)는 능히 성취될 수 있는 것으로, 대비심으로 중생의 뜻을 따라야, 여래께 공양드리는 것이 성취되는 것이다」300)

라 하며, 10地 法雲地菩薩을 一切法智를 통달한 자, 곧 일체의 陀羅尼門과 三昧門을 증득하여 그 어떤 것에도 장애받지 않는 법신 그 자체라 하며, 중생의 온갖 허물을 덮고 있는 大悲의 法雲에 비유하며, 大悲로서 중생을 살리는 것이 十地보살이라고 강조하고 있다.

---

298) 『攝大乘論』 <세친> (대정장 31. 126b)
299) 『攝大乘論釋』 <無性釋> (대정장 31. pp. 424a-c)
300) 「菩提屬於衆生 若無衆生一切菩薩終不能成無上正覺 以於衆生心平等故 即能成就圓滿大悲 以大悲心 隨衆生故即能成就供養如來」『화엄경』<보현행원품> (대정장 10. 846a)

곧 대비심은 중생제도를 위한 원천이 되는 것으로, 만일 보살이 慈悲心이 없다면 보살이라 할 수 도 없을 뿐만 아니라, 또 결코 菩提를 이룰 수 없는 것이라 강조하고 있다.

이점 성문이나 연각 등에 대비되는 것으로, 二乘人들이 成佛할 수 없는 것도, 이들이 처음부터 아예 처음부터 利他라는 덕목은 제쳐두고 오직 自利法인 涅槃(灰身滅智)만을 求했기 때문으로, <攝衆生戒(섭중생계)>라는 덕목을 으뜸으로 삼고, 중생제도를 우선시 하는 大乘과는 근본적으로 차별이 있었던 것이다.

2.3.3 『觀無量壽經』의 인증

- 업과 과보, 용서(大慈悲) -

「佛心者 大慈悲是」
불심 자 대자비 시

如無量壽觀經云[301] 「佛心者 大慈悲是」[302] (대정장 32. 573b)
여 무량수관경 운 불심 자 대자비 시

직역(直譯)

무량수관경(無量壽觀經)에

「불심(佛心)이라 함은 대자비(大慈悲) 이것이라」 말씀하심 같이.

---

301) 云(高麗藏本)=없음(三十帖策子本)
302) 佛心者(高麗藏本)=佛心者(三十帖策子本), 모두 佛心者로 되어있다.
　　한편 『觀無量壽經』에는 「諸佛心者大慈悲是」 (대정장 12. 343c)라 하여,
　　<諸佛心者>로 되어있다.

의역(意譯)

『觀無量壽經』에서 말씀하였듯이.

「佛心이란 大慈悲 바로 이것이다」303)

註解・講解

<『觀無量壽經(관무량수경)』: 업과 과보, 용서(大慈悲)>

(빔비사라왕 / 위제희 왕비 / 아사세왕자 / 우다야 / 석가모니불 /

제바달다)

---

303)「卽見十方一切諸佛。以見諸佛故名念佛三昧。作是觀者。名觀一切佛身。以
觀佛身故亦見佛心。諸佛心者大慈悲是。以無緣慈攝諸衆生」(곧 바로 시방의
일체제불을 보게 된다. (이처럼) 제불을 관하는 것을 일러 염불삼매라고 하는
것이며, 이러한 관을 짓는 것을 <관일체불신>이라 하는 것으로, 佛身을 관함
으로 인해 佛心을 또 보게 되는 것이다. 佛心이란 大慈悲 바로 그것이다.
(모든 부처님은) 이러한 無緣大慈悲로서 모든 중생을 섭수하시는 것이다)」
『觀無量壽經』(대정장 12. 343b~c) 의 16觀法 (日想・水想・地想・寶樹想・
寶地想・寶樓想・華座想・像想・眞身想・觀音想・勢至想・普觀想・雜想・上
輩生想・中輩生想・下輩生想) 설명중 제9 <眞身觀>에서의 인용구이다.
　　제바달다를 용서하신 부처님, 그리고 당신의 남편을 죽이고 자신까지도 욕
보이게 했던 아들 아사세를 용서해 준 위제희 부인의 이야기를 통해, 이러한
용서는 慈悲心이 없었다면 절대로 이루어질 수 없는 일임을 강조하고 있다.
　　慈悲에는 衆生緣(중생연)慈悲, 法緣(법연)慈悲, 無緣(무연)大慈悲의 3-종류가
있다. <衆生緣慈悲>란 중생들이 겪는 고통을 보고 연민을 나타내는 자비로
서, 凡夫나 二乘이 내는 자비심을 말하며, <法緣慈悲>란 一切法無我를 깨달
아 내는 자비로서 菩薩이 내는 慈悲心을 말하며, <無緣大慈悲>란 施者 受者
보시물의 3가지가 모두 청정한 三輪淸淨(삼륜청정)에 의해 내는 如來의 慈悲
로서 상대적이 아닌 절대적 慈悲를 말한다. 말하자면 중생으로 하여금 如來
의 自性을 열어 보이게 하여 끝내는 成佛을 성취케 하는 여래의 자비심이다.
「無緣者是慈但諸佛有。何以故。諸佛心不住有爲無爲性中。不依止過去世未來
現在世知諸緣不實顚倒虛誑故。心無所緣。佛以衆生不知是諸法實相。往來五
道心着諸法分別取捨。以是諸法實相智慧。令衆生得之。是名無緣」『大智度論』
(대정장 25. 209c),「若能至心繫念在內。端坐正受觀佛色身。當知是人心如佛
心與佛無異。雖在煩惱。不爲諸惡之所覆蔽。於未來世雨大法雨」『觀佛三昧海
經』(대정장 15. 646a),「當知此心卽是佛心。佛心者卽是眞言心也」
『大日經疏』(대정장 39. 695a)

『觀無量壽經』:에 등장하는 주인공들로, 집착과 그것이 만들어 낸 과보에 대한 이야기로서, 破僧伽하며 온갖 술수로 석존불을 죽이려고 한 제바달다를 용서하신 부처님, 또 위제희부인이 석존불의 법문을 듣고 慈悲心을 일으켜 남편을 죽인 아들 아사세를 용서해준다는 것이 내용의 골자이다.

자식이 없던 <위제희: Videha> 왕비는 용하다는 점쟁이를 찾아가 占(점)을 보고, 다음과 같은 점괘이야기를 듣는다.
「당신은 오래 동안 공덕을 쌓았기에 좋은 아들을 낳게 될 것이다.
그러나 지금 당장은 안 되고, 지금 어느 깊은 숲속에서 수행을 하는 선인(仙人)이 죽어 태어나는 자가 당신의 아들이 될 것이다」

<빔비사라왕>이 이 소식을 듣고 궁금하여 그 선인을 찾아 가,
당신이 내 아들로 태어난다고 하니 지금 죽으면 당신도 편안하고 나 또한 빨리 자식을 얻어 좋을 것이니 빨리 죽어달라고 청을 함,
이에 80정도 먹은 선인은 아직 3년은 더 살아야 죽게 된다고 답변함,
빔비사라왕은 3년을 못 기다리고 신하를 시켜 그 선인을 살해함,
그리고는 얼마 있다가 아들 <아사세>가 태어남
늦둥이 아사세 왕자는 사춘기가 되자 반항하기 시작함.

(제바달다와 아사세 왕자의 음모)
아사세 왕자는 왕좌의 자리가 탐이나 왕이 되고자 아버지의 흉허물을 찾으려고 갖은 애를 쓰다 마침내 지하감옥에서 쇠사슬에 묶인 어떤 사람을 찾게 되고, 그로부터 빔비사라왕의 명령으로 숲에서 수행하던 선인을 살해했음을 실토함, 아사세 왕자는 그것을 미끼로 아버지를 감옥에 가둠

(위제희 왕비와 꿀 이야기)

위제희 왕비는 감옥에 갇힌 남편을 하루라도 더 연명시키기 위해 아들 아사세에게 면회를 요청하고, 목욕재계 후 몸에 꿀을 바르고 그 위에 쌀강정을 입혀 남편인 빔비사라왕에게 핥아먹게 해 그를 연명시킨다.

한편 아사세에게는 <우다야>라는 외아들이 있었다.

어느 날 우다야가 가시밭에 찔려 발이 곪아 터짐, 왕인 아사세가 그것을 보고 입으로 고름을 빨아 냄, 그것을 본 어머니 위제희는 "왕의 아버지인 先王께서도 당신을 그렇게 키우셨다고 이야기 함, 그 말을 들은 아사세는 죄책감에 시달려 참회의 통곡을 함. 이 일로 아사세는 피부염을 앓게 되고 온 몸이 고름으로 가득하게 됨. 아사세의 배 다른 형제 <의사, 기바>가 아사세에게 부처님을 소개해 줌, 아사세는 부처님 앞에서 통곡하며 참회함, 그것을 본 부처님께서 慈愛三昧(자애삼매)에 들어 광명을 내시어 아사세의 피부병을 낳게 함. 그 후 아사세는 부처님을 신봉하는 독실한 우바세가 됨, 그리고 부처님의 사바탄생을 공양하기위해 초파일날 왕사성에서 竹林精舍(죽림정사)까지 등불을 켬

(가난한 난타여인의 영원히 꺼지지 않는 등불과도 관계 있음)

왕이 된 아사세 역시 아들 <우다야> 왕자에게 살해당함.

집착의 무서움, 그리고 그 과보의 무서움, 인과응보의 법칙, 業과 煩惱(번뇌)와 그 과보로서의 고통, 자식에 대한 끝도 절도 없는 부모의 집착, <드라마: 하늘만큼 땅 만큼> 생각해도 숙고해도 풀기 어려운 난제들이다.

<너는 상행선 나는 하행선>

「차표 한 장 손에 들고 떠나야 하네. 예정된 시간표대로 떠나야하네.

너는 상행선 나는 하행선 열차에 몸을 실었다. 사랑했지만 갈 길이 달랐다. 이별의 시간표대로 떠나야했다. 너는 상행선 나는 하행선 열차에 몸을 실었다」

가수 송대관씨가 부른 <차표 한장>이란 노래 가사이다.
내용이 좋아 가끔 법문할 때 인용하는 가사이기도 하다.
신문이나 뉴스를 보면 가끔 이런 기사가 나온다.
'사랑하는 남녀, 양가 부모님들의 반대에 부딪쳐, 내세에 부부가 되기를 약속하며 동반자살'
참 안타까운 일이다. 하지만, 아무리 내세의 부부를 약속하며 한날한시에 세상을 하직한다 하더라도, 그간 살아온 그들의 業이 다르기에 내세를 기약하지 못한다는 말을 하고 싶어 꺼낸 이야기이다.
모든 것은 일거수일투족의 나의 신구의 三業이 만들어내는 것이기에,
가는 길이 서로 다른 것이다.
예정된 시간표대로 떠나야 하는 것이다. 業이란 이렇게 무서운 것이다.
「너는 상행선 열차에, 나는 하행선 열차에 몸을 싣고서~」

<양무제의 업보: 나무꾼과 원숭이의 業緣, 참회와 용서>
_{업연}

재위기간(502~549) 48년 동안 <佛心天子(불심천자)>니 <皇帝菩薩(황제보살)>이라 불리 울 정도로 수많은 탑과 사찰을 짓는 불사를 많이 한 <梁武帝(양무제)>에 얽힌 이야기이다.
그는 평소 아껴주고 예뻐했던 신하의 손에 감옥에 갇히게 되고 그곳에서 죽음을 맞게 되는데,
양무제는 감옥생활을 하면서 내가 이토록 불사도 많이 하고 평생을 부처님을 믿으며 살아왔는데, 전생에 무슨 악업을 지었기에 이런 업보를 받

- 209 -

는 것인가 하며, 이것을 화두로 삼고 매일같이 정진하던 중, 불현 듯 과거 전생의 일을 떠올리게 된다.

「과거에 한 나무꾼이 있었다. 배운 것이 없어 나이가 40이 넘어도 가정도 꾸미지 못하고 늙은 어머니를 모시며 하루하루 나무를 해서 시장에 내다파는 나무꾼 신세였다.
 그러던 어느 날 산속에서 나무를 하다 온 몸이 황금색으로 벌거숭이의 모습을 한 불상(佛像)을 발견하게 된다.
그는 그것이 불상인줄도 모르고, 다만 황금 옷을 입고 있는 것을 보고는 예사로운 분이 아닐 것이라 생각하고, 그 분을 평소 알고 있던 동굴에 모시고는 매일같이 들과 산에 피는 꽃을 꺾어 바치며, 신세타령을 하며 '내생(來生)에는 임금이 되어 예쁜 여자와 결혼도 하고 자식도 낳으며 가능하다면 나라의 왕이 되어 부귀영화를 누리게 해 달라'고 발원하였다.

 한편 그 산에는 원숭이들이 살고 있었는데, 그들 중 어느 한마리가 나무꾼을 유심히 관찰하다가 얼마 전부터 이상한 행동을 하는 것을 발견하고는, 어느 날 그의 뒤를 밟아 그의 행동을 낱낱이 보고 생각하였다.
잘은 모르지만 저 황금색의 옷을 입은 저분이 뭔가 특별한 분인 가보다 생각하고, 동굴 옆에 숨어 있다가 나무꾼이 동굴에서 나가자 얼른 안으로 들어가 나무꾼이 바친 것들을 모두 땅에 집어 던지고는 대신 준비해 간 물과 꽃을 갖다 바쳤다. 그리고 '저 나무꾼과 나는 그래도 인연이 있어 이 산중에서 함께 산지가 꽤 오래되었으니, 이 인연으로 나무꾼이 무엇을 기도드렸는지는 몰라도, 항상 저 사람 옆에서 함께 살게 해 달라'고 발원하였다. 다음 날 나무꾼이 와서 동굴 안을 보고는 깜짝 놀랐다.
그가 바친 꽃과 과일들은 땅바닥에 뒤 둥글어져 있고 다른 꽃과 과일들이 놓여있는 것을 본 것이다.

화가 난 나무꾼은 다음 날 물과 꽃을 바치고는 동굴에서 나와 나무 뒤에 숨어 누가 이런 괘심한 짓을 했나 살펴보다, 드디어 원숭이 짓인 줄 알고는 화가 나 미리 준비해 두었던 큰 돌덩이로 동굴입구를 차단해 버렸다. 그 일로 원숭이는 나오지 못하고 동굴 안에서 죽음을 맞이하였다.

이 후에도 나무꾼은 물과 꽃과 산의 과일을 갖다 바치며 기도생활을 계속했고, 그 선업의 과보로 그는 평소 발원하던 대로 나라의 임금이 되었다.

한편 왕이 된 그에게는 마치 입안의 혀처럼 그를 잘 보필하던 심복이 있어, 언제나 자기 옆에 두고 국가의 대소사를 함께 하였다.

그러던 어느 날 그렇게 믿고 신임하던 그가 돌연 딴 사람이 되어 다른 대신들과 짜고는 임금을 동굴에 가두고 만 것이다.

아차! 그때서야 양무제는 무릎을 치며 그때 내가 동굴에서 죽인 원숭이가 바로 이 사람이었구나~

그날 이후 양무제는 그 동굴에서 죽음을 맞이할 최후의 순간까지 줄곧 참회정진을 하였다」는 이야기이다.

양무제는 과거 생에 17일간 굴에 갇혀 죽었던 원숭이처럼, 17일간을 유폐된 상태로 동굴에서 생을 마감하게 되는데, 자신의 전생 인연을 깨닫고는 자기를 감옥에 가둔 대신을 원망하지도 않고, 마치 큰 스님처럼 조용히 열반에 들었다고 전해진다.[304]

---

304) 自業自得임을 깨닫고 참회를 통해 그를 용서해준 양무제의 이야기이다. 「내가 내 전생을 알지 못함으로써 이런 슬픈 일을 당했는지라. 선인선과(善因善果) 악인악과(惡因惡果)라, 내가 지어서 내가 받은 것이니, 그 누구를 원망하겠는가~ 원숭이를 17일 동안 가두어 죽인 과보로 17일(160일 설도 있음)만에 이곳에서 세상을 하직하게 되었으니, 원망할 것은 도리어 이 어리석은 마음이니, 나를 이곳에 가둔 신하를 조금이라도 해치거나 손상시켜선 안 된다. 명심하라!」『梁書』<武帝本紀>

2.3.4 『涅槃經』 <수명품>의 인증(1) 南無純陀여! -

- 佛心이란 大慈悲行(行願菩提行) -
불심   대 자비 행 행원 보리행

「南無純陀 身雖人身 心同佛心」
나무 순 타 신 수 인신 심 동 불심

又涅槃經云 「南無純陀。 身雖人身 心同佛心」 305)
우 열반경 운   나무 순 타 신 수 인신 심 동 불심

(대정장 32. 573b)

직역(直譯)

또 열반경(涅槃經)에 이르되,

「나무(南無) 순타(純陀), 몸은 비록 사람의 몸일지라도 마음은 불심과
같도다」

의역(意譯)

또 『涅槃經』에 「南無純陀(나무 순타),306) 몸은 비록 사람의 몸이라
할지라도 마음은 佛心과 같다」고 설하셨다.

---

305) (高麗藏本)과 (三十帖冊子本) 모두 「身雖人身 心同佛心」으로 되어있으나,
  『大般涅槃經』에는 「南無純陀。 雖受人身 心如佛心」으로 되어있다. 『大般涅槃
  經』<壽命品> (대정장 12. 372b)

306) 대장장이 <춘다: cunda>는 부처님께 마지막으로 음식을 공양한 신도로,
  석존불은 그 공양을 드시고 열반에 들게 되는데, 혹시라도 제자들이 춘다를
  질책하고, 춘다 또한 마음 아파할 까 걱정되어 춘다를 용서하시는 것에 그치
  지 않고, 오히려 대중들에게 그는 최고의 공양을 올린 자로, 身雖人身 心同
  佛心이라 추켜세우면서, 그에게 '나무 춘다'라 부르라 하셨다. 人天의 스승인
  부처님으로부터 <南無~>라 불리운 사람은 純陀가 처음이자 마지막이다.

註解 · 講解

<佛心이란 大慈悲, 용서하라!>

「南無純陀! 身雖人身 心同佛心」

『보리심론』은 『涅槃經(열반경)』이 설한 부처님께 마지막 공양을 올린 순타(純陀)의 예를 들어, 그를 용서하시다 못해 오히려 그를 추켜세우기 까지 하신 석존불의 大慈悲心을 강조하면서,
이러한 大悲心은 一切法無自性空이라는 空性(勝義-보리심)으로부터 나온 것임을 강조함과 동시, 空性과 大悲心(行願-보리심)이야말로 最無上(최무상)의 덕목임을 밝히고 있다.

곧 순타(cunda)가 올린 공양물(sūkraha maddava=栴檀樹栮)을 드시고307) 그만 식중독에 걸려 토사광란을 하며 자리에 몸져누우신 석존불께서 이를 눈치 챈 대중들이 순타를 질타할 것을 미리 아시고, 또 자책감에 빠져 괴로워할 순타를 살리기 위해,

「나는 실로 먹고 싶지 아니하였으나, 여기 모인 大衆을 위하여 너의 마지막 供養을 받는 것이다.
순타(cunda)여! 너는 사람이 태어나서 얻기 어려운 다시없는 이익을 얻었노라. 착하도다. 순타여!
1) 부처님이 세상에 나심도 어려운 일이지만,

---

307) sūkraha maddava, 한역(栴檀樹栮), 『長阿含經』 권3 <遊行經> (대정장 1. 18b)은 이를 전단수이(栴檀樹栮), 곧 전단나무에서 자라는 버섯이라고 번역하고 있다. 전단나무 버섯은 그 시대에 가장 귀하고 맛있는 요리로 짐작된다. <돼지고기> 또는 <돼지감자>란 설도 있다.

2) 부처님의 세상을 만나 發心하여 法門을 듣는 것은 더욱 어려운 일이며,

3) 거기다 부처님께서 열반에 드시려 할 때 마지막 供養을 마련한다는 것은 더더욱 어려운 일로서, 이보다 더 어려운 것은 없는 것이다.

그러므로 그대는 最高의 布施波羅蜜을 구족한 것이다.
보시 바라밀

그러므로 모든 대중들은 앞으로 순타에게

'나무 순타(순타에게 귀의합니다)'라 불러야 할 것이다.

나무 순타여! 그대는 마치 저 맑고 뚜렷한 보름달과 같아서, 이제부터는 모든 사람들이 쳐다보지 않는 이가 없을 것이다. 대중들이여, 나무 순타는 몸은 비록 사람 몸을 받았지만 마음은 부처와 같도다,

순타는 참으로 부처님의 아들로서 (친자인) 라후라와 조금도 다르지 아니한 것이다」[308]

2.3.5 『(大般)涅槃經』 <가섭품>의 인증(2)

— 발심과 大悲心, 어느 것이 더 중요할까? —

「發心畢竟二無別　如是二心先心難」
발심 필경 이 무 별　여시 이심 선 심 난

「如是發心過三界　是故得名最無上」
여시 발심 과 삼계　시고 득명 최 무상

---

308) 「善哉善哉。希有純陀。汝今立字名不虛稱。言純陀者名解妙義。汝今建立如是大義。是故依實從義立名。故名純陀。汝今現世得大名利德願滿足。甚奇純陀。生在人中復得難得無上之利。善哉純陀。如優曇花世間希有。出於世亦復甚難。値佛生信聞法復難。佛臨涅槃最後供養。能辦此事復難於是。南無純陀南無純陀。汝今已具檀波羅。猶如秋月十五日夜。清淨圓滿無諸雲翳。一切衆生無不瞻仰。汝亦如是。而爲我等之所瞻仰。佛已受汝最後供養。令汝具足檀波羅蜜。南無純陀。是故說汝如月盛滿。一切衆生無不瞻仰。南無純陀。雖受人身心如佛心。汝今純陀。眞是佛子如羅睺羅等無有異」『大般涅槃經』 <純陀品> (대정장 12. 612a)

又云「憐愍世間大醫王　身及智慧俱寂靜　無我法中有眞我　是故
　　　우운　연민　세간 대 의왕　신 급 지혜 구 적정　무아 법 중 유 진아　시고

敬禮無上尊。發心畢竟二無別　如是二心先心難。自未得度先度他
경례　무상존　발심 필경 이 무별　여시 이심 선 심 난　자 미 득도 선 도 타

是故我禮初發心。發心已爲人天師[309]勝出聲聞及緣覺　如是發心過
시 고 아 예 초발심　발심 이 위 인천 사　승 출 성문 급 연각　여시 발심 과

三界是故得名最無上」　　　　　　　　　　　　　　(대정장 32. 573b)
삼계 시 고 득 명 최 무상

직역(直譯)

「또 세간을 애민(哀愍)하시는 대의왕(大醫王)은 몸과 지혜 함께 적정 (寂靜)하도다. 무아(無我)의 법 가운데 진아(眞我)가 있나니,

이러한 연고로 무상존(無上尊)에 경례(敬禮)함이라.

발심(發心)과 필경(畢竟) 이 둘은 구별이 없나니,

이 같은 두 마음은 선심(先心)이 어렵다 함이라.

자기가 아직 제도되지 못하여도 먼저 남을 제도함이니,

이런 고로 나는 초발심(初發心)에 예(禮)하노라.

초발심은 이미 인천(人天)의 스승이 되고, 성문과 연각보다 뛰어나니 라. 이 같은 발심은 삼계를 넘은지라.

이런 고로, 최무상(最無上)이라 이름 함을 얻은 것이다」고 이르셨다.

의역(意譯)

또 『涅槃經』 <가섭품>에

「世間을 憐愍(연민)하시는 大醫王(대의왕)은 몸과 지혜 함께 寂靜(적 정)하도다.[310]

---

309) 發心已爲人天師(高麗藏本)=初發已爲人天師(三十帖策子本)
310)「善男子。如來亦爾。成等正覺爲大醫王。見閻浮提苦惱衆生。無量劫中被婬怒

無我(무아)의 法(一切法無自性空의 깨우침)가운데(으로부터) 眞我(진아=해탈=空=如來)가 生(有)하도다.311)

그런 까닭에 無上尊(如來)에 경례드리는 것이네.312)

發心(無上正等正覺에의 發心, 곧 自利=因)과 畢竟(利他=중생 구제=果), 이 두개는 (서로) 다른 것이 아니지만, 發心(自利=發菩提心=因)과 畢竟(利他=중생구제=果) 이 2-마음은 先後(선후)를 어렵게 하는 것이네. 대승보살은 스스로는 아직 깨닫지 못해도 남을 먼저 濟度(제도=大悲心)하네.313)

癡煩惱毒箭受大苦切。爲如是等說大乘經甘露法藥」『大般涅槃經』(대정장 12. 391c)이라 하여, 무상정등정각을 성취한 것을 大醫王(대의왕)에 비유하고 있다. 그러면서 그 이유를 甘露法(감로법)이란 藥(대승경전)을 설하시어, 탐진치 삼독화살을 맞고 견디기 어려운 온갖 고에 허덕이는 중생들의 고통을 빼서 대신 받으시기 때문이라 하고 있다.

311) <無我法中有眞我>이란 諸法無我인 空性을 깨달아야 眞我인 如來가 출현함을 의미하고 있다. 담무참(曇無讖) 역출의 『大般涅槃經』에는 「憍陳如。色是無我。因滅是色。獲得解脫眞我之色。受想行識亦復如是」 (대전장 12. 590c)라 하여, 色(물질)은 無我인 空이다. 곧 색은 有(존재)라는 見을 멸해야 解脫, 곧 색은 空이라는 眞我를 획득할 수 가 있는 것이다. 나머지 4-蘊도 마찬가지다. 라 하고 있다. 또 「如來慧無勝 常住如虛空 爲衆作福田 常行於聖行 憐愍諸衆生 亦知其行業 開示祕密藏 淸涼如初月 今宣大雲經 端嚴如滿月 定知無量衆 發起菩提心 世尊號法王 於法得自在 是故名眞我」 (대정장 12. 1085a)라 하여, 여래의 지혜보다 수승한 것은 없다. 이유는 허공과 같이 상주하므로, 중생들의 복전이 되므로, 항상 聖스런 행을 하시므로, 곧 모든 중생을 애민히 여기시므로, 그들의 行業을 모두 아시고 祕密藏을 열어 보이시므로, 곧 그분의 청량함은 초생월(朔)과 같고, 단정하고 엄함은 만월(보름달)과 같아서 결정코 무량중생들을 훤히 들어다 보시고 보리심을 일으키게 하신다. 그래서 세존을 일러 <法王>이라 하기도 <眞我>라고도 하는 것이다. 온갖 법에 자재하시므로~, 라 설명하고 있다.

312)『大般涅槃經』에는 「佛若必涅槃 是則不名常 惟願無上尊 哀受我等請 利益於衆生 摧伏諸外道」(대정장 12. 429c) 라 하여, 석존불께서 만일 열반에 드신다면 이것은 涅槃四德中의 하나인 <常德>이라 할 수 없는 것으로, 그러니 無上尊이신 여래시여! 우리의 청을 애민이 여기고 받아들이시어 제발 열반에 드시지 마시고(살아계시어), 중생들을 이익케 하시고 모든 외도들을 물리쳐 주십시요! 라 하고 있다. 참 재미있는 표현이다.

313) 小乘人들은 自身이 濟度되지 못하면 남을 제도하지 못한다고 생각하였다. 마치 흙탕물이나 물에 빠진 사람이 어찌 남을 구할 수 있으며, 또 내가 착하고 평안하지 못한데 어찌 남을 착하게 하고 평안하게 할 수 있겠는가~ 라

그러므로 나는 初發心(=利他心=대승보살의 大悲心)에 경례하네.
(初發心=利他=大悲心)은 이미 人天의 스승으로서, 성문과 연각보다 뛰어나 수승한 것이며, 이 發心(大悲心)은 三界를 뛰어넘게 하는 것으로, 그래서 最無上(최무상)이라 하는 것이다, 이르셨다」314)

註解・講解

<발심은 삼계를 벗어나게 해주므로 最無上이다>

 발무상정등정각(발심)과 중생구제의 大悲心(필경), 어느 것이 먼저일까?
「發心畢竟二無別 如是二心先心難 自未得度先度他 是故我禮初發心」
　발심　필경　이　무　별　　여시　이심선심난　　자미득도선도타　시고아예　초발심

부처님께서 자기가 살고 있는 <파바 마을>을 지나가신다는 말을 전해 듣고는, 信心을 내어 무얼 공양드릴까 생각하며 오래 전부터 음식을 준비하고 장만한 순타의 발심을 부처님께서는 기특하게 생각하시고,
또 비록 그가 준비한 음식이 상한 것임을 알면서도 드시었고, 또 병이 난 후에도 혹시나 대중들이 그를 해치지 않을까 하는 노파심에서

　　말하는 것처럼~, 그러나 大乘人이나 眞言乘들은 그렇지가 않다. 내가 비록 해탈하지 못하였을 지라도, 내가 비록 가난에 찌들어 있을 지라도, 내가 비록 병이 들어 고통을 받을지라도, 나보다 먼저 남을 위하는 마음을 가지고 10명이고 100명에게 포교하고 밥 한 톨이라도 함께 먹고 아픈 사람을 위하여 위로하거나, 경험담을 나누어 그들 중 한사람이라도 佛法에 入門케하여 나와 함께 실천하면서 佛道의 길을 걷도록 한다면, 그 사람은 물론 나까지도 제도되고 해탈을 얻게 되는 것이다~, 곧 <利他卽是自利>의 입장, 곧 <自未得度先度他>의 입장에 서 있는 것이 대승보살이 지향하는 바임을 장조하고 있다. 모든 중생을 다 성불시킨 후에 마지막에 성불하겠노라 大發願을 세우신 <지장보살님>이 떠오른다.
314)「憐愍世間大醫王 身及智慧俱寂靜 無我法中有眞我 是故敬禮無上尊 發心畢竟二無別 如是二心先心難 自未得度先度他 是故我禮初發心 發心已爲人天師 勝出聲聞及緣覺 如是發心過三界 是故得名最無上」『대반열반경』(曇無讖譯)<가섭품> (대정장 12. 590a, 838a)

'나무 순타!'라 부르라 하시며, 그의 信心을 북돋아주신 것을 보면서,
부처님의 대자대비가 얼마나 큰 것인지 새삼 느끼게 된다.

『보리심론』은 『涅槃經』을 인용하며,

「發心畢竟二無別　如是二心先心難」
　발심　필경　이　무별　　　여시　이심　선심　난

이라 하여, 중생구제보다 먼저 무상정등정각을 얻겠다는 (發心)과 이러한
발심보다 중생구제가 먼저라는 利他大悲心(畢竟)을 두고, 이 두 덕목은
어느 것이 먼저이고 중요한 것인지 구별하기가 어려운 것이라 운을 떼면
서도, 뒤에 가서는

「自未得度先度他 (중략) 發心已爲人天師　勝出聲問及緣覺」
　자 미 득 도 선 도 타　　　　　발심　이위　인천　사　승　출　성문　급　연각

이라 하며, '남을 먼저 득도시키는 大乘의 이념인 大悲心의 발심이야말로
人天의 스승이 된다'라 하면서, 自利만을 생각하고 혼자만이 아라한과를
얻으려한 二乘보다 자기의 성불보다 먼저 중생을 구하겠다는 大乘의 利他
大悲心이 더 수승한 것임을 역설하고 있다.[315]

<畢竟發心(필경발심)>에 대해　『大方便佛報恩經』은
「菩薩摩訶薩見苦衆生心生憐愍。 是故菩薩因慈悲心故。 能發阿耨多羅三藐
三菩提心。 因阿耨多羅三藐三菩提心。 卽能習三十七品。 因三十七品故。
得阿耨多羅三藐三菩提。 是故發心名爲根本 (중략) 菩薩發心畢竟不畢竟。
畢竟者乃至得阿耨多羅三藐三菩提。 終不退失。 不畢竟者有退有失」[316]

---

315) 『心地觀經』(대정장 3. 304a)에도 「自未得度先度他」란 句節이 등장한다.
316) 『大方便佛報恩經』(대정장 3. 135c)

(보살마하살은 고통받는 중생들을 보고 연민을 느낀다.

이렇듯 보살은 慈悲心을 因으로 해서 능히 무상정등정각심을 발하는 것으로, 이로 인해 37菩提分法을 수습하는 것이며, 이 37보리분법에 의해 무상정등정각을 얻는 것이다. 그래서 발심을 일러 根本이라 하는 것이다. (중략) 보살의 발심에는 필경(畢竟)과 불필경(不畢竟)의 2가지가 있다. <畢竟發心>이란 무상정등정각을 얻을 때까지 절대로 退(퇴)하거나 失(실) 하지 않는 것을 말하며, 不畢竟發心이란 退와 失이 있는 것을 말한다) 라 하여, 보살의 중생에 대한 退失없는 연민심, 곧 무상정등정각을 얻을 때까지 중생을 먼저 구제하겠다는 利他心에서 절대로 물러서지도 않고 잃지도 않겠다는 大悲心을 <畢竟發心(필경발심)>이라 정의하며 강조하고 있다.

『보리심론』은 『열반경』의

「如是發心過三界 是故得名最無上」(대정장 32. 573b)을 인용해,

이와 같은 <필경발심>은 윤회의 세계인 三界(욕계·색계·무색계)를 벗어나게 하므로 <最無上>이라 한다면서,

 중생에 대해 無限의 大悲心을 지녀야 <보살마하살>이 될 수 있음을 강조하고 있다.

한편 밀교의궤서인 『五秘密念誦儀軌』는

『大日經』<三句>의 '菩提心爲因'을 설명하면서,

「因에는 2가지가 있다. 첫째는 無邊(무변)의 중생을 제도하겠다는 因으로서의 발보리심이며, 둘째는 무상보리를 획득하겠다는 果로서의 보리심이다」[317]

---

317)「菩提心爲因。因有二種。度無邊衆生爲因。無上菩提爲果」『五秘密念誦儀軌』(대정장 20. 539a)

라 하며, <菩提心爲因>을

1) 무변중생을 제도하겠다는 <大悲心因>으로서의 의미

2) 무상보리를 획득하겠다는 <成佛果>로서의 의미

　2-가지 의미로 해석하고 있다. 곧 보살이 지녀야 할 2가지 필수덕목인 '上求菩提와 下化衆生'을 <菩提心爲因>을 통해 표현하고 있는 것이다.

2.3.6 　『大日經』 <住心品: 三句>의 원형
주심품

－ 菩提心爲因　大悲爲根 －

「菩提(心)爲因　大悲爲根　方便爲究竟」
보리　심　위인　　대비　위　근　　방편　위　구경

如大毘盧遮那成佛經云
여 대 비 로 차 나 성 불 경 운

「菩提爲因　大悲爲根　方便爲究竟」 318)　　(대정장 32. 573c)
보리　위인　　대비　위　근　　방편　위　구경

직역(直譯)

대비로자나경(大毘盧遮那經)에는

「보리(菩提)를 인(因)으로 하고, 대비(大悲)를 근(根)으로 하고, 방편

---

318) 菩提(高麗藏本)=菩提(三十帖策子本), 그러나 大正藏에는 <菩提心>으로 되어있다. 곧 <高麗藏本>과 <三十帖策子本> 모두 心을 누락시켜 <菩提>로 하고 있다. 根(高麗藏本)=根(三十帖策子本), 이것 또한 大正藏에는 <根本>으로 되어있다. 곧 <高麗藏本과 <三十帖策子本> 모두 本을 누락시켜 <根>으로 하고 있다. 곧 『大正藏』에는 <菩提心爲因과 大悲爲根本>으로 되어 있다. (대정장 18. 1c), 한편 蓮華戒(kamaraśīla)의 『修習次第(Bhāvanākrama)』에는 『大日經』의 三句를 인용하며, 「Tad etat sarvajñajñānaṃ karuṇā mūlaṃ bodhicitta hetukaṃ upāya parya vasānaṃ iti」
<如是 一切智智(는) 悲(를) 根(으로), 菩提心(을) 因(으로), 方便(을) 究竟으로 한다>고 설하고 있다.

(方便)을 구경(究竟)으로 함이라」이르셨다.

의역(意譯)

(그래서)『大日經』에서

「菩提(心)를 因으로 하고, 大悲를 根으로 하고, 方便을 究竟으로 삼는다」319)라 이르신 것이다.

註解・講解

<大日經 <三句法門>의 원형>

<根(大悲)・因(菩提心)・究竟(방편) / 因(菩提心)・根(大悲)・究竟(방편)>

「菩提爲因 大悲爲根 方便爲究竟」
  보리 위 인   대비 위 근   방편 위 구경

「所有一切智智。悲心爲根本。從悲發生大菩提心。然後起諸方便」

『大日經』의 범본 원본은 아직 발견되지 않고 있다.320)

다만 다행스러운 것은『大日經』의 핵심이라 할 <三句法門>이 8세기 후반에 활약한 蓮華戒(kamala-śīla), 곧 티손테첸 王의 재위시절(754~797)

---

319) (대정장 18. 1b~c),「菩提心은 원래 自性이 없어 生滅도 없으며 染淨도 增感도 없다. 堅固不動하여 변함이 없는 것이 菩提인 것이다. 수행자가 처음 보리심을 일으키면 輪廻의 業을 여의고, 本來具足한 眞性을 성취하게 되는 것으로, 菩薩萬行의 功德은 이로부터 增長하게 되는데, 이것을 일러 '菩提(心)를 因으로 삼는다'고 하는 것이며, 이로부터 점차 수행하여 광대한 智慧가 발생하게 될 때 그 속에 자연스럽게 부처님과 같은 大悲가 갖추어지게 되는데, 이것을 일러 '大悲를 根本으로 삼는다'고 하는 것이며, 大悲의 뿌리가 충분하게 生成하여 그 결과가 성숙되면 곧 一切衆生에게 廻向하는 열매가 맺게 되는데, 이것을 일러 '方便을 究竟으로 삼는다'고 하는 것이다」
320)『대일경』의 원본(梵本)은 아직 발견되지 않고, 다만 대일경의 주석서로서, Buddha-Gūhya의 Tibet譯『大日經廣釋』과 善無畏三藏이 강의한 것을 唐僧 一行和尙(683~727)이 筆錄한 未再治本(단 제1 住心品과 제2 具緣品은 再治本임)인 漢譯『大日經疏』<20권>과 一行和尙 개인이 주석한 再治本인 漢譯『大日經義釋』<14권>이 현존한다.

에 中國僧과의 교리논쟁에서 승리후 유명세를 탄 연화계, 바로 그의 저작인 『修行次第』(Bhāvanākrama)에 대일경의 <三句法門>이 다음과 같이 인용되어있어, <三句法門의 원형>을 알 수 있게 해 준다.

곧 『修行次第』에는
「Tad etat sarvajñajñānaṃ karuṇā mūlaṃ bodhicitta hetukaṃ upāya parya vasānaṃ iti」 [321)]
(一切智智는 悲를 根으로 하고, 菩提心을 因으로 하며, 方便을 究竟으로 한다)

라 인용되어 있어, 본래의 <三句法門>의 形式이 『大日經』의 <因·根·究竟>의 순서가 아닌, <根·因·究竟>으로 되어있음을 볼 수 있는데, 이러한 순서는 『修行次第』의 한역본에 해당하는 『廣釋菩提心論』에도
「復次此中如毘盧遮那成佛經說。所有一切智智。悲心爲根本。從悲發生大菩提心。然後起諸方便」 [322)]

로 되어 있어, 본래 『大日經』의 三句法門이 <根(大悲)·因(菩提心)·究竟(방편)>이었음을 알게 해준다.

　여기서 특이한 점은 大菩提心이 悲로부터 발생한다고 하는 점으로, 강조점이 菩提心이 아니라 大悲로 되어있다는 점이다.

곧 菩提心 中心에서 大悲 中心으로 思想의 전환이 이루어지고 있음을 알 수 있으나, 이러한 사상의 배경에는

---

321) Giuseppe Tucci: Minor Buddhist Texts part 2, p 196
322) 『廣釋菩提心論』 (대정장 32. 565b)

「菩提心爲種子・般若波羅蜜爲生母・福智爲胎藏・大悲爲乳母」

라 하여323), 三句라는 정형구(定形句)의 원조(元祖)격인 中期大乘經典인 『大乘莊嚴經論』에 이 定形句 외에도,

「보살의 發心은 大悲를 根으로 하며, 이롭게 함을 의지로 삼으며, 大乘 法을 믿음으로 삼으며, 一切種智를 緣으로 삼으며, 수승함으로 탈것을 삼고, 큰 보살핌으로 머무름을 삼고, 장애를 받음을 어려움으로 삼고, 善行을 더함을 功德으로 삼고, 福과 智를 自性으로 삼고, 波羅蜜을 수습 함을 출고(出苦)로 삼고, 各各의 地에 相應하는 方便을 부지런히 닦아 十地를 滿足成就시키는 것을 究竟(智滿究竟)으로 삼는다」324)

라 하여, 大乘菩薩이 行해야 할 마음가짐과 닦아야 할 修行에 대해 설하고 있으나, 이 가운데에서 중심이 되는 것은 <發心>(因)의 부분과 <大悲를 根으로 한다>의 부분, 그리고 <智滿을 究竟으로 삼는다>로서, 이처럼 경전에 따라, 아니 똑 같은 경전이라도 品에 따라 또 분위기에 따라, 菩提心과 大悲를 강조하면서도, 때에 따라 菩提心을 먼저 강조하기도 하고, 大悲를 먼저 강조하기도 하는 것으로, 이러한 대승경전들의 추세는 밀교에 이르기 까지 계속 이어진다.325)

---

323)「釋曰。生勝由四義者。一種子勝。信大乘法爲種子故。二生母勝。般若波羅 蜜爲生母故。三胎藏勝。大禪定樂爲胎藏故。四乳母勝。大悲長養爲乳母故」句 라는 정형구(定形句)의 원조(元祖)라 할 中期大乘經典『大乘莊嚴經論』<發心 品> (대정장 31. 596b)

324)「菩薩發心以大悲爲根。以利物爲依止。以大乘法爲所信。以種智爲所緣。爲 求彼故。以勝欲爲所乘。欲無上乘故。以大護爲所住。住菩薩戒故。以受障爲 難。起異乘心故。以增善爲功德。以福智爲自性。以習諸度爲出離。以地滿爲 究竟。由地地勤方便。與彼彼相應故」(대정장 31. 595c)

325) 보리심사상의 전개에 대해서는, 졸저『불교교리발달사강의』3장 <보리심 사상, 그 전개>를 참조. 하음출판사 2022.

곧 밀교경전인 『守護國界主陀羅尼經』에

「그때 세존 一切自在王보살마하살에 말씀하시기를, 선재선재라, 너는 지금 이 뜻을 잘 자문하라! 이것은 미래세의 일체중생을 이익(利益)케 하고 안락(安樂)케 하는 것이니, 분명히 잘 듣고 사념해라! 너를 위해 설하노니, 선남자여 이 깊은 三昧는 菩提心을 因으로 하며, 大慈悲를 根本으로 하며, 無上菩提를 方便修習함을 究竟으로 하는 것이다」326)

또 『五秘密儀軌』도 <三句>를 설명하면서,

「<菩提心爲因>의 因에는 2가지가 있다, (첫째는) 무변중생을 제도하는 因이며, (둘째는) 無上菩提란 果를 획득하는 因이다.

 <大悲爲根>이란 또 다시 大悲心에 住하는 것으로, 二乘의 경계는 바람(風)이라도 감히 어찌할 수 없는 경계로서, 모두 大方便에 의한 것이다.

<大方便爲究竟>이란 三密金剛으로 증상연(增上緣)을 삼는 것으로,
능히 淸淨毘盧遮那의 三身의 果位를 증득하는 것을 말한다」327)

고 하여, 앞서의 『涅槃經』의 인용구에서 「發心畢竟二無別 如是二心先心難」이라 하여, 發心(菩提心)과 필경(大悲心)을 두고,
이 두 덕목은 어느 것이 먼저이고 중요한 것인지 구별하기가 어렵다고 한 것도 바로 이러한 사조(思潮)의 영향으로 보인다.

---

326)「爾時世尊告一切法自在王菩薩摩訶薩言。善哉善哉善男子。汝今善能諮問斯義。於未來世多所利益多所安樂一切衆生。諦聽諦聽善思念之當爲汝說。善男子此深三昧。以菩提心而爲其因。以大慈悲而爲根本。方便修習無上菩提以爲究竟」『守護國界主陀羅尼經』(대정장 19. 527c)

327)「菩提心爲因。因有二種。度無邊衆生爲因。無上菩提爲果。復次大悲爲根。兼住大悲心。二乘境界風所不能動搖。皆由大方便。大方便者三蜜金剛以爲增上緣。能證毘盧遮那淸淨三身果位」『五秘密儀軌』(대정장 20. 539a)

곧 위의 『大日經』이나 『修行次第』곧, 『廣釋菩提心論』,
그리고 『守護國界主陀羅尼經』과 『五秘密儀軌』 등에서 본 것처럼,
菩提心과 大悲心의 관계설정의 기본형태는
① <菩提心(因)·大悲心(根)·方便(究竟)과
② <大悲心(根)·菩提心(因)·方便(究竟)>으로서,
이러한 형태는 대승중기 이후부터 밀교경전에 이르기까지 계속되는 菩提
心思想이 지니는 2가지-定形句의 형태라 보여 진다.

三句法門을 설해 마친 『大日經』은 三句에 대하여 다음과 같이 총평하고
있다. 곧

「비밀주여! 이것은 菩薩이 지켜야 할 <청정보리심법문(淸淨菩提心法門)>
으로, <초법명도(初法明道)>라 이름하는 것이다.
따라서 보살이 이것을 修行하게 되면 오래지 않아 일체개장삼매(一切蓋
障三昧)를 얻어 諸佛菩薩과 함께 머무르며, 五-신통과 무량의 陀羅尼까
지 획득하게 되어 衆生들의 心行까지도 알게 되며, 諸佛의 호지(護持)를
받게 되는 것으로, 따라서 그가 비록 生死의 기로에 처해 있다고 해도
절대로 염착(染着)하지 않게 되고, 또 法界衆生을 위해서라면 그 어떤 고
통도 마다 않으며, 항상 무위계(無爲戒)에 住하기 때문에, 사견(邪見)을 멀리
하고 마침내 正見에 통달하게 되는 것이다」328)

라 하여, 三句法門에 준하여 정진수행할 것을 권유하고 있다.

---

328)「祕密主此菩薩淨菩提心門。 名初法明道。 菩薩住此修學。 不久勤苦。 便得除
一切蓋障三昧。 若得此者則與諸佛菩薩同等住。 當發五神通。 獲無量語言音陀
羅尼。 知衆生心行。 諸佛護持。 雖處生死而無染着。 爲法界衆生不辭勞。 倦成
就住無爲戒。 離於邪見通達正見」(대정장 18. 1c~2a)

곧 『大日經』의 메시지이자 중심내용은 <初法明道>, 곧 <三句>라 할 수 있는 것으로, 淸淨菩提心의 自覺과 일상생활속에서의 실제수행, 곧

① 自身의 本來 마음은 本來佛로서 淸淨한 것,

　　이라는 여실한 自覺이 다름 아닌 菩提이며 一切智智라는 사실과

② 「心・虛空界・菩提 三種無二。此等悲爲根本。方便波羅蜜滿足」이라는 경구의 말씀처럼, <如實知自心>의 결과 그 속에서 배양된 측은지심인 大悲의 마음을 바탕으로 해서 三摩地-修行을 완성해 나가는 것,

　　그것이야말로 진정한 菩提心이며 菩薩이 지켜야 할 上求菩提 下化衆生의 修行道임을 천명하려는 것임을 확인할 수 있는 것으로, 이러한 사실은<三句法門>이 설해지고 있는 <住心品>, 곧 自心에 住해야 한다는 品名의 이름에서 부터도 확인할 수가 있는 것이다.

3장. <三摩地菩提行>段
삼마지 보리행

3. 三摩地菩提行
삼마지 보리행

-삼마지보리행의 완성은 普賢菩提心에 住하는 것에서 시작됨 -

「云何能證無上菩提。當知 法爾應住普賢大菩提心。一切衆生本有薩埵」
운하 능증 무상 보리 당지 법이응주 보현 대 보리심 일체 중생 본유 살 타

第三言 三摩地者 眞言行人如是觀已 云何能證無上菩提。
제 삼언 삼마지 자 진언 행인 여시 관 이 운하 능증 무상 보리

當知。法爾應住普賢大菩提心。
당지 법이응주 보현 대 보리심

一切衆生本有薩埵329) 爲貪瞋癡煩惱之所縛。
일체 중생 본유 살 타 위 탐 진 치 번뇌 지 소 박

329) 金剛薩埵를 말한다. 金剛薩埵란 金剛界曼荼羅 成身會의 37尊 가운데 16
大菩薩의 首長이며, 金剛界만다라의 東方 阿閦佛의 四親近菩薩의 上首菩薩
이자 理趣會의 主尊이다.

　胎藏界만다라에서는 金剛手院의 主尊이기도 하다. 말하자면 金胎兩部 經典
에 등장하는 一切修行者의 理想的 모델로서, 法身 비로차나불의 功能을 중
생들에게 보여주는 분이다.

　『五秘密念誦儀軌』에는 「金剛薩陀是普賢菩薩 卽一切如來長子 是一切如來菩
提心 是一切如來祖師 是故一切如來禮敬金剛薩陀」(대정장 20. 538a),

　『金剛頂經開題』에는 「一切衆生 最初 發心할 때 金剛薩陀의 加持에 緣由하
는 까닭에, 金剛薩陀를 일러 一切如來의 菩提心이라 부르는 것이다. 곧 金剛
薩陀가 根本이 되어 金剛界37尊과 四種法身이 出生하기 때문이다」(대정장
61. 5a) 『仁王般若陀羅尼釋』에는 「金剛手者。瑜伽經釋云。手持金剛杵。表
內心具大菩提。外表摧伏諸煩惱。故名金剛手.云何菩提薩埵義。覺悟眞實法。
覺已住生死。令覺悟一切有情。故名菩提薩埵」(대정장 19. 522a),

　『金剛頂經』에는 「奇哉大普賢 堅薩埵自然 從堅固無身 獲得薩埵身」(기이하
다. 大普賢이요, 견고한 金剛薩埵는 자연의 當體로서 堅固함으로부터 <無身
의 別德을 나타냈으니 實相은 형상의 몸이 아닌 法體의 몸인 것이다. 다만
方便으로 三摩地菩提心의 주인인> 金剛薩埵의 몸을 얻었을 뿐이다) (대정장
18. 292b). 『諸佛境界眞實攝經』에는 「復次正觀金剛薩埵菩薩。瑜伽行者自
觀。我身是金剛薩埵。我語是金剛。我心是金剛。我身之色。及諸佛菩薩一切
衆生。十方世界山川河池草木叢林。悉皆靑色。作此觀已。卽以右手作金剛

拳。以大拇指入其掌中。以餘四指堅握拇指。安置當心。次以左手作金剛拳。安左腰上。此名金剛不退轉印。結此手印。作如是想。我今未得成佛已來常不退轉。恭敬供養毘盧遮那如來。卽是獲得金剛不壞不退三昧。結不退轉印持 眞言曰 om vajra sattva」(대정장 18. 277a),

참고로 『(vajra-chedika-prajñā-pāramitā-sūtra)金剛能斷般若波羅蜜多經』에서의 金剛能斷은 vajra-chedika이다. 곧 金剛薩陀는 左手로는 金剛鈴을 왼쪽허리부분에서 쥐고(寂悅을 상징함), 右手로는 金剛杵를 쥔 상태에서 가슴에 대고있다 (衆生本有의 五智開拓을 상징함).

여기서 左手는 定門과 16大供養菩薩을 상징하고, 右手는 慧門과 16大菩薩을 상징한다. (이러한 形相을 <金剛不退轉印>이라 한다) 말하자면 定慧雙修를 겸한 修行者의 理想的 모델의 表現이다. / 또 16部分으로 변화하는 달의 첫 번째인 黑月이자 十六空中의 內空 그리고 十六大菩薩의 첫 走者로서, 發心의 始作을 상징하는 보살로서 菩提心・大勇猛・堅固함을 나타낸다. 모든 보살중 上首菩薩이고 또한 즉신성불의 비밀을 지니고 있는 분이라는 의미로 秘密主라고도 불리운다. 이러한 이유로 密敎付法에 있어서는 毘盧遮那佛 다음의 제 2尊으로 추앙받기도 한다. 種子는 (三金剛中 口金剛을 상징하며, 또 阿字五轉中과 제5의 方便을) 象徵하기도 하는 (āḥ)이다. /

한편 金剛界-M의 理趣會에서는 17尊(金剛薩陀+四煩惱菩薩+四金剛欲女+內四供養天女+四攝菩薩)의 主尊으로서 白色의 옷을 입고, 五智寶冠을 쓰고, 左手에는 허리부분에서 金剛鈴을(寂悅 상징), 右手에는 가슴부분에서 五鈷金剛杵를 들고(五智菩提의 開拓 象徵) 있다. 이는 東方 阿閦如來의 正法輪身으로서, 金剛薩陀로부터 金剛鈴菩薩까지의 32菩薩로는 法界體性智를 成就시키고, 四煩惱菩薩(欲觸愛慢)中 欲金剛欲女로는 제8 Ālaya識을 淨化시켜 大圓鏡智를 성취시키고, 觸金剛欲女로는 제7Manas識을 淨化시켜 平等性智로 成就시키고, 愛金剛欲女로는 제6意識을 淨化시켜 妙觀察智를 成就시키고, 慢金剛欲女로는 前5識을 淨化시켜 成所作智로 成就시킨다는 의미를 지니는 것으로, 그래서 理趣會-M에서의 金剛薩陀를 일러 <大慾大樂不空金剛薩陀>라고 이름하는 것이다. 『五秘密修行儀軌』(대정장 20. 538b) / 「慾淸淨句是菩薩位 觸淸淨句是菩薩位 愛淸淨句是菩薩位 慢淸淨句是菩薩位 何以故 一切法自性淸淨故」『理趣經』(대정장 권 8. 784b) / 「마땅히 알라! 三界에는 分別心을 일으킬 만한 것이 하나도 없음을, 貪慾을 보고 떠나는 것 또한 罪가 되나니, 더러운 것 속에 淸淨한 것이 깃들어 있는 것이기에, 그러니 그 어떤 것에도 執着해서는 아니되는 것이다」『眞實攝經』(대정장 18. 369a). / 이는 마치 『華嚴經』 入法界品에서 求法行者 善財童子가 찾아가는 53善知識中 26번째 등장하는 婆須蜜多女(娼女)의 <離欲淸淨法門>의 境地, 곧 <나를 포옹하는 者>에게는 得攝一切衆生三昧를, <입마춤하는 者>에게는 得攝一切功德三昧를, <同宿하는 者>에게는 得攝解脫光明三昧를 얻게하겠다는 誓願을 세우는 娼女 婆須蜜多女의 昇華된 경지와 같은 것으로서, <煩惱卽是菩提資糧>처럼, 煩惱를 승화시켜 菩提의 資糧으로 삼는 上根機菩薩인 金剛薩陀의 境地를 나타낸 것이라 볼 수 있다.

직역(直譯)

셋째 삼마지(三摩地)라 함은,

진언행인(眞言行人) 이와 같이 관해 마치고, 어떻게 하면 능히 무상보리를 증(證)하는고.

마땅히 알 지어다! 법이(法爾)로 보현대보리심(普賢大菩提心)에 주(住)해야 하는 것임을~,

일체중생 본유(本有)살타(薩埵)로되, 탐진치 번뇌로 얽매인 바이다.

그런 연고로 제불(諸佛)의 대비는 선교지(大悲善巧智)로써, 이 심히 깊은 비밀유가(秘密瑜伽)를 설하여, 수행자(修行者)로 하여금 내심(內心) 가운데서, 백월륜(白月輪)을 관(觀)하게 한 것이라.

의역(意譯)

세 번째로 이와 같이 관해 마쳤으면,331) 三摩地(修行)者인 眞言行人

---

330) 瑜伽(高麗藏本)=踰伽(三十帖策子本),　修行者(高麗藏本)=修行(三十帖策子本),
白月輪(高麗藏本)=日月輪(三十帖策子本),　곧 <三十帖策子本>에는 백월륜이
아닌 <日月輪>으로 되어있다. 白과 日은 획 하나의 차이뿐이다. 오래전부터
어느 것이 옳으냐의 문제로 시끄러워, 아직도 완전히 해결이 되지 않은 문제
로 남아있으나, 16月이나 16대보살 五相成身觀(제2 修菩提心: 我見自心 形
如月輪) 등등,『菩提心論』의 전체 서술과 주창의 내용이 모두 月輪觀으로 되
어있고, 또 理致的으로도 작렬하고 또 눈이 부시어 쳐다 볼 수 도 없는 태양
보다는 서늘하고 마음에 평안을 가져오는 달이 맞을 것으로, 太陽(日)이 아
닌 달(月)로 보고, <高麗藏本>대로, 일월관이 아닌 <白月輪>으로 해야 옳을
것이다. 加藤宥雄「高麗藏本菩提心論について」『密敎硏究』78. 1941, 安然
著『眞言宗敎時義』(대정장 75. 426c)
331) <如是觀已>에서의 如是觀이란 앞의 <勝義菩提心>段의 2-2-3에서 거론한
「當知 一切法空 已悟本無生 心體自如 不見身心 住於寂滅平等究竟眞實之智
令無退失」(대정장 32. 573b)을 가리킨다.
밀교에서는 法身佛의 대변자를 大아사리라고 한다. 따라서 대아사리'는 三摩

은 다음에는 무엇이 능히 無上菩提(무상보리)를 증득하게 하는 것인가? 를 진실로 알아야 한다.332)

法爾(本有)의333) 普賢大菩提心(보현 대보리심)334)에 安住(안주)해야 하는 (三摩地菩提行이야말로 無上菩提를 증득케 하는) 것임을,

곧 일체중생은 본래 金剛薩埵(금강살타)이건만 貪嗔痴(탐진치) 三毒煩惱(삼독번뇌)로 因하여 (현재는) 繫縛(계박)되어 있어, 大悲이신 諸佛께서 善巧方便智(선교방편지= upāya-kauśalya-jñāna)로서, 이 甚深(심심)한 秘密瑜伽(비밀유가=三摩地菩提行)를 설하여 修行者들로 하여금 內心가운데 白月輪을 觀하게 하신 것임을~335)

地菩提心이라는 最極(최극)의 자리에 오른 자이다. 여기서는 眞言行者의 境地, 곧 二乘에 머무르지 않고, 上根機의 大用으로 行願菩提心의 경계를 초월하고, 또 上智의 大도량으로 勝義菩提心의 경지도 뛰어넘은 최고의 경지, 곧 오로지 無上菩提만을 求하는 밀교행자들의 三摩地菩提心의 경지에 대해 밝히고 있다.

332) 無上菩提를 證得하게 하는 것은 다름 아닌 自然本有(法爾)의 普賢大菩提心에 安住케 하는 <三摩地 菩提行>을 가리킨다. 『菩提心論』은 三摩地菩提行으로 三密瑜伽를 기본으로 하는 月輪(白月輪)觀·16大菩薩觀·阿字觀·五相成身觀등을 제시하고 있다.

333) 法爾란 法然 天然 自然 그대로의 상태, 곧 本具를 말하는 것으로, 어떠한 因力이나 어떠한 業力을 가하지 아니한 본래 모습 그대로란 뜻이다.

334) 普賢大菩提心이란 生滅이 없는 眞理, 말하자면 形體가 없는 보리심을 人格化한 것으로, 일체중생들의 當體로서 自性淸淨心인 智慧의 性品을 말한다. 이것이 중생세계에 나타나면 本有薩埵가 되고, 부처세계에 나타나면 毘盧遮那佛이 되는 것이다. 그러나 미혹한 중생들은 탐·진·치 三毒이란 妄想에 뒤덮이고 煩惱에 물들어 있어 이것을 깨닫지 못하는 것이다. 行願菩提心을 觀音의 大悲라 한다면, 勝義菩提心은 文殊의 大智가 되고, 密敎만이 설하는 三摩地菩提心은 智慧와 慈悲를 구족한 普賢, 곧 金剛薩陀의 菩提心이 된다. 곧 三摩地菩提心을 人格化한 것이 普賢菩薩이며 金剛薩埵인 것이다.
참고로 화엄경에서 설하는 普賢의 十種廣大行願을 보면 다음과 같다.
① 禮敬諸佛 ② 稱讚如來 ③ 廣修供養 ④ 懺除業障 ⑤ 隨喜功德 ⑥ 請轉法輪 ⑦ 請佛住世 ⑧ 常隨佛學 ⑨ 恒順衆生 ⑩ 普皆迴向

335) 『菩提心論』이 주장하는 4가지 觀法(一切法無自性觀 / (白)月輪觀 / 阿字觀 / 五相成身觀)가운데 두 번째의 觀法인 (白)月輪觀에 대한 설명이다.
自心 속에 內在되어 있는 自性淸淨性을 달에 비유한 것이다. 「此月輪爲菩提心。此菩提心本無色相。爲未成就諸衆生故說如月輪」『守護國界主陀羅尼經』(대정장19. 530a),「月輪者菩提心相也。表以菩提心卽爲法界故。卽一切有情普

註解·講解:

<普賢大菩提心에 法爾應住하는 것이 無上菩提 증득의 핵심>

「云何能證無上菩提。當知。法爾應住普賢大菩提心。一切衆生本有薩埵」

<普賢大菩提心에 법이응주(法爾應住)한다는 것은>

나=本有金剛薩埵(본래 금강살타)임을 철두철미하게 깨닫는 것을 말한다.
眞諦三藏 역출의 『決定藏論』에는

「法爾應이란 應分別의 하나로서, 因果를 벗어나 처음부터 그런 것임을 표현하는 것, 말하자면 그 어떤 作爲도 없이 처음부터 있는 그대로인 自然法爾를 말한다」[336]

일체중생은 自然法爾의 본래 금강살타이다. 때문에 보현보살(普賢薩陀)이라 하기도, 金剛薩埵(금강살타)라 하기도 하는 것이다. 여기서 <薩埵>란 일체중생들이 본래부터 지니고 있는 견고한 菩提를 가리킨다.[337]

賢菩提心之所攝持」『金剛頂經大瑜伽祕密心地法門義訣』<불공역>(대정장 39. 817b). 한편 (白)月輪觀이 경전상에서 처음 등장하는 것은 『大乘本生心地觀經』으로, 경에는 「佛言。善男子。凡夫所觀菩提心相。猶如淸淨圓滿月輪。於胸臆上明朗而住。若欲速得不退轉者。在阿蘭若及空寂室。端身正念結前如來金剛縛印。冥目觀察臆中明月。作是思惟。是滿月輪五十由旬無垢明淨。內外澄徹最極淸涼。月卽是心。心卽是月。塵翳無染妄想不生。能令衆生身心淸淨。大菩提心堅固不退。結此手印持念觀察大菩提心微妙章句。一切菩薩最初發心淸淨眞言 (중략) 是薄伽梵。告文殊師利菩薩摩訶薩言。瑜伽行者觀月輪已。應觀三種大祕密法。云何爲三。一者心祕密。二者語祕密。三者身祕密。云何名爲心祕密法。瑜伽行者。觀滿月中出生金色五鈷金剛。光明煥然猶如鎔金。放於無數大白光明。以是觀察名心祕密」(대정장 3. 328c~329b)이라 하여, 보리심의 견고를 위한 수행법으로 月輪觀과 이에 따른 淸淨眞言과 心祕密眞言 등을 설하고 있다.

336)「何者應爾爲說諸法爲安諸法爲正知法。此中方便卽名爲應。分別有四。一者見應。二者因應。三者論義應。四者法爾應」『決定藏論』(대정장 30. 25a)

참고로 밀교행자가 법당에 들어갈 때는

「我身是大日如來分身金剛薩埵也. 步步足下八葉蓮華開敷」
　아 신 시　대일여래　분신 금강 살타 야　　보보 족하 팔엽 연화 개 부

(나는 대일여래의 분신인 금강살타이다. 걸음걸음 발밑에 팔엽(八葉)의 활짝 핀 연꽃이 널려있도다)

라 하여, 五相成身觀의 제4 단계인 <證金剛身>을 증득한 금강살타로서의 내가 바닥에 깔려있는 八葉의 연화를 밟고 법당에 들어간다고 생각하며, 왼손에는 金剛鈴(좌측 옆구리)을, 오른 손엔 金剛杵를 들고서,
　　　　　　　　　　　　　금강령　　　　　　　　　　　　　금강저

<나는 금강살타>라 외치며 입장한다. 말하자면 定과 慧를 모두 완성한 자가 다름아닌 金剛薩埵로서의 <나>라는 의미로, 왼손에는 定의 의미인 金剛鈴을, 오른 손에는 慧의 의미인 金剛杵을 들고 입장하는 것이다.

금강살타를 달리 金剛手·持金剛·執金剛·金剛藏·秘密主·普賢薩陀라고도 하는 데, 이는 금강살타보살이 양손에 金剛鈴(ganda)과 金剛杵(vajra)를 지니고(手·持·執·藏)있기에 붙여진 이름들이며,[338]
<보현살타>란 보현금강살타란 의미로, 『화엄경』의 <보현보살>이 밀교에 들어와 <금강살타>가 되었기에 붙여진 이름이다.

---

337)「一切衆生所有心 堅固菩提名薩埵」『略出念誦經』(대정장 18. 250c)
338)『都部陀羅尼目』<不空譯>에는 金剛杵와 金剛鈴에 대해「金剛鈴者。是般若波羅蜜義。金剛杵者是。菩提心義。能壞斷常二邊。契合中道。有十六菩薩位。亦表十六空爲中道。兩邊各有五股。五佛五智義。亦表十波羅蜜。能摧十種煩惱。成十種眞如。便證十地。證金剛三摩地獲金剛智。坐金剛座。亦是一切智智。亦名如來自覺聖智。若不修此三摩地智。得成佛者。無有是處」(대정장 18. 899c~900a)이라 하여, 金剛鈴은 般若波羅蜜의 의미이며, 金剛杵는 菩提心·中道·16空·五佛五智·十波羅蜜·一切智智·如來의 自覺聖智·三摩地智 등의 의미를 갖는다고 설명하고 있다.

또 <秘密主(비밀주)>라 한 것은 卽身成佛하는 비밀(비결)을 지니고 있는 분이 다름 아닌 금강살타란 의미로, 그래서 비밀주라 붙여진 것이다.

<보현보살(普賢:samanta-bhadra)과
보현행원(行願:caryā-praṇidhāna)>

서설의 <보리심론의 저자문제>에서, 자초지종의 논거를 밝히면서,『보리심론』은 밀교의 대가인 <不空三藏>의 著書이자 譯書라고 밝힌 바 있다.

불공삼장의 저서 가운데 보현보살과 그 行願을 찬탄한『普賢菩薩行願讚(보현보살행원찬)』이란 것이 있다.339) 몇 구절만 살펴보면,

「일체 3세의 인사자(人師子:人間의 스승=佛)님들께 모든 청정한 몸과 입과 뜻을 다하여 예경(禮敬) 드립니다.

일체여래 1분1분의 분들에게 빠짐없이 예경 드리며, 온 마음과 뜻으로써 모든 부처님을 대함에 <보현의 행원력>으로써 하겠습니다.

<보현행의 승해력(勝解力)>으로 가장 광대한 공양을 모든 여래께 예배드리고 공양 올리겠습니다.

<보현의 행원>을 원만히 모두 성취할 때까지, 과거 부처님과 현재 계신 시방 세존께 공양드리게 하소서.

339)『普賢菩薩行願讚』<不空集> (1권) (대정장 10. 881b~c),
　　　한편 반야삼장의『40권 화엄경』<普賢行願讚>은 화엄경 중심부의 내용과는 달리, 마지막을 阿彌陀佛에게 歸依하는 형식을 취하고 있다. 이점 <普賢行願讚>이 지니는 하나의 특색이라 할 수 있다. 高峯了州「普賢行願品解釋의 問題」『華嚴論集』國書刊行會. 1976,
　　　불공의 <보현행원찬>은 般若三藏 역출의『40권 대방광불화엄경』의 맨 마지막에 나오는 게송을 따로 발췌하여 이것을 살짝 변역시킨 후, 여기에『八大菩薩曼茶羅經』에 등장하는 8대보살(蓮華手·彌勒·虛空藏·普賢·金剛手·妙吉祥·除蓋障·地藏) 찬양의 一偈頌當 五字*四句로 된 10偈頌의 詩句를 첨가한 경이다. 경의 내용은 <보현행원>을 수행하면 능히 깨달음을 이루고, 아미타불이 계신 극락세계에도 왕생할 수 있다는 내용이다. 상호관계가 있어 보인다.

모든 중생들에게 수순하여 보리의 미묘한 수행이 원만토록 하며,

<보현의 행원>을 닦아 익혀서 미래세가 다하도록 수행하게 하소서.

모든 부처님의 미묘한 법을 모두 지니어 광명으로 보리행을 나타내고,

보현행을 모두 청정히 하여 미래세까지 수행하게 하소서.

반야·방편·선정·해탈로 다함없는 공덕장(功德藏)을 획득하게 하소서.

바다처럼 많은 행을 다 청정케 하시고, 바다와 같은 원력을 다 원만케 하시며, 바다처럼 많은 모든 부처님의 모임에 다 공양드리면서, 보현행에서 영겁토록 물러남이 없게 하소서.

3세의 모든 여래의 보리행원이 여러 가지로 차별되지만, 원하옵건대 제가 다 빠짐없이 원만히 회향하오니, 보현행으로써 보리를 깨닫게 하소서」340)

이 정도로 보현보살은 대승불교는 말 할 것도 없이 밀교에 와서까지도 아주 큰 인물로서 아무리 강조해도 지나치지 않을 만큼 최고의 지위를 차지하는 상수(上首)보살인 것이다.

<求道의 완성자, 보현보살의 10종-광대행원> 341)

일체제불 출현의 원인에 대해 『40화엄경』은

「此諸菩薩皆出生普賢之行」

(이 모든 보살들은 모두가 普賢行으로부터 출생하였다)

---

340) 『普賢菩薩行願讚』 <不空三藏> (대정장 10. 880a~881b)
341) 경전에 등장하는 보살은 크게 3가지 종류로 나눌 수 있다.
  1) 사바출현 전 오랫동안 보살행을 닦고 무상정등정각을 성취한 석존불을 지칭하는 <本生菩薩> 2) 석존불로부터 성불수기를 받은 <찬불승보살> 3) 나에게도 불성이 있어 언젠가는 성불할 수 있다고 믿고 열심히 수행정진하는 <대승보살> 등이다. 문수보살이나 보현보살 지장보살은 대승불교가 출현시킨 <대승보살>이며, 미륵보살은 <찬불승보살>, 관세음보살은 앞의 3부류에 포함되지 않는 분으로, 힌두교로부터 전래 습합된 분이다.

『Tibet 화엄경』도

「일체여래는 모든 면에서 수승한 (보현)菩薩의 行과 願으로부터 出生하였다」[342]

라 하면서, 일체제불보살이 모두 普賢菩薩(kun.du.bzań.po)의 行願으로부터 출생한 것임을 역설하고 있다.

여기서 보현행원(普賢行願)이란 의미를 상세히 살펴보면
　普賢(samanta-bhadra) / 行願(caryā-praṇidhāna)

1)
　普: 德이 法界에 편만함
　賢: 行爲(用)가 일체 처에서 지선(至善)임,
　　　곧 신구의(身口意)가 普(一切處에서 무량하게)
　　　현(賢)이며 지선(至善)임. 「身口意悉皆平等遍一切處」[343]

2)

普 (무량=殊勝) ─┬─ 賢: (방편 · 공덕 · 智)
　　　　　　　　├─ 行: 대비(大悲)
　　　　　　　　└─ 願: 원(願)

---

342) 『40화엄경』(대정장 9. 676b~c), 『Tibet 화엄경』(GV 4. 16)
　　「(sārdhaṃ) samanta-bhadra-bodhisattva-caryā-praṇidhāna-abhiniryātaiḥ」
　　"(世尊은) 모든 면에서 수승한 (보현)보살의 行과 願으로부터 출생하셨다"
343) 『대일경소』(대정장 39. 582b)

한편 <入毘盧遮那如來藏身三昧(입비로자나여래장신삼매)>에 들어간
菩賢菩薩에 대해, 시방일체제불은 다음과 같이 찬탄하고 있다.

「菩賢이여! 네가 이 삼매(三昧)에 들어갈 수 있었던 것은
① 毘盧遮那如來의 본원력(本願力: pūrva-praṇidhāna)을 의심하지 않고
  신해(信解)한 공덕과
② 네가 닦은 一切諸佛의 행원(行願), 곧 신해(信解)와 더불어 이를 수행한
  공덕(持:行證) 때문이다.

  곧 毘盧遮那如來의 본원력(本願力)을 信解(신해=加)함과 동시,
  衆生을 제도(중생에게 수순)하겠다는 願과 行(持) 때문이다」[344]

한편 매일 아침예불 모실 때 지송하는 『이산혜연선사 발원문』에도
「(보현보살 행원으로) 많은 중생 건지올제, 여래갈래 몸을나눠 미묘법문
연설하고, 지옥아귀 나쁜곳엔 광명놓고 신통보여, 내 모양을 보는이나
내 이름을 듣는이는 보리마음 모두내어 윤회고를 벗어나되, 화탕지옥 끓
는물은 감로수로 변해지고, 검수도산 날선칼날 연꽃으로 화하여서,
고통받던 저중생들 극락세계 왕생하며. 나는새와 기는짐승 원수맺고 빚
진이들 갖은고통 벗어나서 좋은복락 누려지다.
모진질병 돌적에는 약풀되어 치료하고, 흉년드는 세상에는 쌀이되어 구
제하되, 여러중생 이익한일 한가진들 빼오리까, 천겁만겁 내려오던 원수
거나 친한이나 이-세상 권속들도 누구누구 할것없이, 얽히었던 애정끊고
삼계고해 뛰어나서, 시방세계 중생들이 모두성불 하사이다.

---

344) 『80화엄경』(대정장 10. 33a)「普賢菩薩者。普是遍一切處義。賢是最妙善
  義。謂菩提心所起願行。及身口意。悉皆平等遍一切處。純一妙善備具衆德。
  故以爲名」『대일경소』(대정장 39. 582b)

허공끝이 있아온들 이내소원 다하리까, 유정들도 무정들도 一切種智(일
체종지) 이루어지이다」

라 하여 <보현보살 행원으로>란 어구를 앞에 전제해 놓고, 이후 보현행
원의 내용을 쭉~ 서술하고 있다.
이렇듯 보현보살은 우리의 생활 속에서 늘 함께 하고 계시는 것이다.

보현보살의 이러한 위신력은 어디에서 비롯된 것일까? 『화엄경』은
「一切三昧方便自在　一切佛土諸如來所　一切三昧皆得自在　盧舍那佛本願
力故　普賢身相猶如虛空　依於如如不依佛國」

<盧舍那佛品> (대정장 9. 405c)

라 하여, 허공과도 같이 무애자재하신 보현보살의 위신력은 本願力,
곧 불국토에 연연<依>하지 않고 진여 <般若=如如>에 의지하는데서 기인
한다고 설명하고 있다.

한 25여 년 전쯤의 (안암학사 시절) 일로 기억되는데,
어느 해 학교 개교기념일 회향식의 일환으로 보현행원을 주제로 한
<合唱交聲曲(합창교성곡), 보현행원 이루리> 가 중앙승가대 강당에서 열
린 바 있다. 비구 비구니 청신사 청신녀 4부대중으로 구성된 합창단과
뮤지컬 배우 김성녀씨와 어느 학인 비구스님이 각각 보현보살과 선재동
자의 주인공 역할을 맡고, 외부강사였던 국악전공의 박범훈 교수의 지휘
와 음악가 서창업씨의 편곡, 그리고 연극과 출신의 어느 학인 비구스님
의 연출로 이루어진 것으로 기억된다. 스케일도 크고 등장인물도 5~60명
정도의 사부대중이 나와 합창으로 <보현행원 이루리~> 하는 대목에서는

얼마나 마음이 들뜨고 흥분·감탄하면서 감상했는지~

지금도 그때를 생각하면 가슴이 벅차고 띈다. 우리도 할 수 있구나~

베토벤의 9번 <합창교향곡>처럼~

어찌 감히 베토벤에 비교할 수 있겠는가 마는 그만큼 멋지고 거창한 대곡이 <보현행원을 주제로 한 합창교성곡, 보현행원 이루리> 였다.

그 후 어디로 자취를 감추었는지 볼 수도 들을 수 도 없게 된 것이 안타깝기만 하다. BBC와 BTN 등 방송국과 TV방송국들은 분발해야 되겠다.

새로운 것, 감동을 주는 불교문화의 창출을 위해 ~

<秘密主(비밀주) 금강살타와 보현보살의 관계>[345]

한편 보현보살, 곧 <금강살타>를 다른 말로 <비밀주(秘密主)>라고도 하는데, 그 까닭은 밀교의 핵심사상인 <즉신성불>의 비밀을 지니고 있는 자가 다름 아닌 <금강살타>이기 때문이다.

<비밀주인 금강살타보살>은 이처럼 즉신성불의 비밀을 지닌 보살로, 金剛과 같은 菩提心을 지닌 용맹심이 강한 자로서, 그 어떤 난관에도 퇴전하지 않고 一切의 煩惱와 싸워 이겨, 마침내 大悲로서 一切衆生을 부모로부터 받은 이 몸 그대로 금생(즉신)에 깨달음(성불)의 길로 인도하는 분이다. 좀 더 구체적으로 말하면

金剛薩埵는 金剛界曼荼羅 成身會의 37尊 가운데 16大菩薩의 首長(수장)이며, 金剛界만다라의 東方 阿閦佛의 四親近菩薩(4-친근보살)의 上首菩薩이자 理趣會(이취회)의 中臺主尊(중대주존)이며,

胎藏界만다라에서는 金剛手院(금강수원)의 主尊이기도 하다.

말하자면 金胎兩部 經典에 등장하는 一切修行者의 이상적 모델로서,

---

345) 금강살타에 대한 상세한 설명은 각주 329) 338) 참조.

法身 비로차나불의 공능을 중생들에게 보여주는 분인 것이다.

『五秘密念誦儀軌』에는

「金剛薩埵是普賢菩薩　卽一切如來長子　是一切如來菩提心　是一切如來
　금강살타　시　보현보살　　　즉　일체　여래　장자　　시　일체　여래보리심　　시　일체　여래

祖師　是故一切如來禮敬金剛薩埵」(대정장 20. 538a)라 하고 있으며,
조사　시고　일체　여래　예경　금강살타

『金剛頂經開題』(대정장 61. 5a)에도

「一切衆生 최초 발심할 때 金剛薩埵의 加持에 연유하는 까닭에, 金剛薩
埵를 일러 一切如來의 菩提心이라 부르는 것이다. 곧 金剛薩埵가 근본
이 되어 金剛界37尊과 4종-法身이 出生하기 때문이다」

라 하고 있다. 한편 金剛智三藏 역출의 『金剛峯樓閣瑜伽瑜祇經』에는
普賢薩埵의 身을 속히 증득하는 방법으로,

「爾時金剛界如來。復告金剛手言。若有善男子善女人。受持此深密瑜伽金
剛一切如來大勝金剛心瑜伽。成就三十七尊自覺聖智者。應用金剛界中三
十七羯磨印成就。常當持普賢菩薩一字心明。與此出入息。隨氣相應。身
語意金剛智。當速獲之。速證普賢菩薩之身。此名普賢菩薩金剛薩埵三昧
耶三十七智深密相應」346)

(그때 金剛界如來께서 金剛手에게 말씀하시되,

만일 선남 선여인으로서 37존의 自覺聖智를 성취하려는 자는 응당히 이
深密한 瑜伽金剛一切如來의　大乘金剛心瑜伽를　修持하여 금강계37尊羯
磨印을 성취해야 하며, 또한 항상 보현보살의 一字心明(bam=　)을 修持

---

346) 『金剛峯樓閣瑜伽瑜祇經』 <金剛智 譯> (대정장 18. 255b)

하여 이것을 出入息과 氣에 상응케 해야 한다. (그러면) 身口意 모두의 金剛智를 속히 얻어 普賢薩埵의 身을 증득하게 되는 것으로, 이것을 일러 普賢金剛薩埵三昧耶三十七智深密相應이라고 하는 것이다)

라 하여, 37존의 自覺聖智의 성취, 곧 普賢薩埵의 身을 속히 증득하는 방법으로, 일상생활속에서 <금강계37尊羯磨印의 結印과, 보현보살의 一字心明(baṃ)의 修持>를 제시하고 있다.

<普賢大菩提心이란 自心佛에 대한 信解行證을 의미한다>

밀교교리의 핵심이 자심의 실상을 철두철미하게 각지(覺知)하여 전미개오(轉迷開悟)하는 것이듯이, 밀교의 실천행도 일상에서 자기의 전체인 심신(心身), 곧 안으로는 자심의 본원(本源)을 명상함과 동시, 밖으로는 본존불에 귀의·신행하여, 佛과의 가지교감(加持交感)을 통해, 본래의 자신에 되돌아가, 즉신성불을 성취하는 것을 목적으로 한다.

곧 『대일경』에

「秘密主 云何菩提 謂如實知自心」[347]

(비밀주여! 보리(菩提)란 여실히 自心을 아는 것이다)

라든지, 또 『대일경소』의

「所謂衆生自心。卽是一切智智。如實了知。名爲一切智者。是故此敎諸菩薩。眞語爲門。自心發菩提。卽心具萬行。見心正等覺。證心大涅槃。發起心方便。嚴淨心佛國。從因至果。皆以無所住而住其心。故曰入眞言門

---

347) 『대일경』 (大正藏 18. 1c)

住心品也」348)

(중생의 자심품은 일체지지<一切智智>이니, 이와 같이 여실히 自心을 요지<了知>하는 것을 일체지자<一切智者>라 하는 것이다.

이러한 까닭에 밀교행자들은 진언<眞言>을 문으로 하여, 자심에 菩提<나=佛>를 발하며, 그 마음에 만행<萬行=大悲行>을 갖추어, 자심의 정등각<正等覺>을 보고, 자심의 대열반을 증득하며, 그 마음에 방편을 일으켜, 자심의 불국<佛國>을 일구어 내는 것이다.

인<因>으로부터 과<果>에 이르기까지, 그 모두가 머무는 바 없이 머무는 것이기에, 이름하여 진언문에 들어가는 주심품이라 한 것이다)

「雖衆生自心實相。卽是菩提。有佛無佛常自嚴淨。然不如實自知。故卽是無明。無明所顚倒取相故。生愛等諸煩惱。因煩惱故。起種種業入種種道。獲種種身受種種苦樂。(중략) 由之當知離心之外。無有法也」349)

(중생의 자심실상<自心實相>은 보리<菩提>로서, 내안에는 중생은 없고 오직 佛만이 엄연하게 있어 스스로 淸淨한 것이나, 이와 같은 자심의 실상을 알지 못하는 것을 무명<無明>이라 하는 것이다. 곧 이러한 무명에 전도해서 相을 취하는 까닭에, 애증과 탐진 등의 온갖 번뇌가 일어나게 되는 것이며, 이러한 번뇌를 원인으로 해서 온갖 종종의 업<業>을 일으키며, 도 그 업의 결과에 따라 종종의 인생행로와 來世의 길이 생기는 것이며, 그에 따라 苦와 樂을 받게 되는 것이다.

그러므로 마땅히 알라! 자심의 실상을 아는 것 이외에 다른 법이 없는 것임을)

---

348)『大日經疏』(大正藏 39. 579b)
349)『大日經疏』(大正藏 39. 588a)

「尊亦云自尊。謂自所持之尊也」[350]

(본존을 자존<自尊>, 곧 스스로 간직하고 있는 존이라 하는 것이다)

「나의 일심법계중에는 대일여래를 비롯한 四-바라밀(4-波羅蜜)등의 일체 제불이 결가부좌하고 앉아 있다」[351]

「心之實相卽是一切種智卽是諸法法界法界卽是諸法之體」[352]

(자심의 실상은 일체종지, 곧 제법의 법계이며, 제법의 체인 것이다)

등의 경구들은, 자심의 원저(源底)가 일체종지를 구족한 법신대일여래 바로 그것임을 설명하고 있다. 따라서 밀교의 수행론이나 성불론은 당위로서의 본래불임을 자각하는 것, 곧 나=佛임을 깨닫는 것에서 부터 시작된다. 다시 말해 중생은 本來佛(본래 그대로 理智구족의 대일법신불)로서, 나의 육신은 오대(五大: 地·水·火·風·空)로 이루어진 태장계만다라(胎藏界曼茶羅)이며, 정신은 식대(識大) 곧 금강계만다라(金剛界曼茶羅)라는 것, 곧 "자신즉시불(自身卽是佛)"임을 깨닫는 데에 있다.

『보리심론』은 나 자신을 金剛薩埵로 보는 것이야말로 普賢大菩提心에 안주하는 길이자 금생에 무상정등정각을 성취하는 길로서, <나=금강살타> 라 확신하는 마음, 여기에 머물러 안주하는 것, 곧 이러한 如實知야말로 보현보리심에 安住(住心)하는 것이며, 이를 <삼마지(Samādhi)보리

---

350) 『大日經疏』(대정장 39. 783a)
351) 『秘藏記』(『弘全』권2, 30)
352) 『吽字義』(『弘全』권1. 536)

- 242 -

심>이라 하는 것이라며, <나=금강살타>의 信解行證을 역설하고 있다.

그래서 밀교행자들은 법당에 들어갈 때를 비롯해 언제 어디서나

「我身是大日如來分身金剛薩埵也」
아신 시 대일여래 분신 금강살타 야

(나는 대일여래의 분신인 금강살타) 라 되뇌는 것이다.

<大乘思想을 <實踐原理>로 채용, 儀軌化한 것이 三摩地菩提行>이다

밀교의 특징중 가장 큰 특징은 大乘佛敎思想을 단지 이론으로서만 받아드린 것이 아니라 이를 儀軌化시켜 일상생활속에서 수행화시켰다는 점이다. 곧 中觀·唯識·如來藏등 大乘佛敎思想을 단지 理論으로서만이 아니라 <實踐原理로> 採用하여, 이를 日常生活속에서 活用한 것이다.

곧 <大乘佛敎의 儀軌化>를 꿰한 것이다. 『大日經』계통의 경궤에서 설하고 있는 阿字觀·五字嚴身觀, Om字觀, 또 『金剛頂經』계통의 경궤에서 설하고 있는 月輪觀·五相成身觀 등이 바로 그것이다.

『보리심론』은 이를 <三摩地菩提行>段이라 하여, 맨 마지막 단에 독립시켜 놓고, 여기서 <나=금강살타>에의 住心·安住와 더불어 이를 통한 即身成佛 성취의 修習行法, 곧 대승불교사상을 儀軌化한 (백)월륜관(白/月輪觀)·阿字觀·五相成身觀>등을 제시하고 있다.

3.1 月輪觀 (白月觀)
월륜 관 백월관

3.1.1 본래의 내 마음은 만월광(滿月光)

「照見本心 湛然淸淨猶如滿月光 遍虛空無所分別」
조 견 본심 담연 청정 유 여 만월 광 편 허공 무 소 분별

由作此觀照見本心 湛然清淨猶如滿月光遍虛空無所分別。
유 작 차 관 조 견 본심 담연 청정 유 여 만월 광 편 허공 무 소 분별

亦名覺了353)。 亦名淨法界。 亦名實相般若波羅蜜海。
역 명 각료 역 명 정 법계 역 명 실상 반야 바라밀 해

能含種種無量珍寶 三摩地猶如滿月潔白分明。 (대정장 32. 573c)
능 함 종종 무량 진보 삼마지 유 여 만월 결백 분명

직역(直譯)

이 관(觀)함을 연유하여 본심을 비추어 보니, 담연·청정하기가 마치 만월광이 허공에 가득하여 분별함이 없는 것과 같도다.

그래서 각료(覺了)라고도, 정법계라고도, 실상반야바라밀해라고도 이름 하는 것으로, 능히 종종의 무량진보를 함장하고 있듯이, 삼마지 또한 마치 만월의 결백하고 분명함과 같도다.

의역(意譯)

이 白月觀을 지음에 의해 (衆生의) 本心을 照見(조견)하니, 湛然(담연) 淸淨(청정)하기가 마치 (三德을 지닌) 滿月光(만월광)이 허공에 가득하여 분별함이 없는 것과 같다.

때문에 覺了라 하기도354), 또 淨法界라 하기도, 또 實相般若波羅蜜海355)라고도 이름 하는 것이다.

---

353) 覺了(高麗藏本)=無覺了(三十帖策子本)

354) 白月觀을 觀함으로서 얻어지는 공덕에 대해 서술해 놓은 부분으로, 白月觀을 관하게 되면 白月이 지니고 있는 3가지 德인 淸淨(離貪)·淸凉(離瞋)·光明(離痴)을 각각 (覺了·淨法界·實相般若婆羅蜜海)로 표현하면서, 이를 체득하게 됨을 설명하고 있다. 여기서 <覺了>란 始覺·本覺·究竟覺 등 覺과 不覺을 초월하여 本來부터 지니고 있는 淸淨 無分別의 眞實智를 이미 깨우쳐 마쳤다(覺了)는 의미이다.

355) <淨法界>란 성품이 本來淸淨하여 그 어떠한 것에도 물들지 않는 것(마치 處染常淨의 연꽃)을 말함이며,

곧 바다가 능히 種種의 無量珍寶를 含藏(함장)하고 있듯이,

三摩地(寶部)인 (衆生의 本心) 또한 마치 滿月처럼 (純)潔白(순결백)

하고 分明함을 含藏(함장)하고 있는 것이다.

註解 · 講解

<衆生은 본래 滿月(만월), 三德(삼덕)의 소유자>

「照見本心 湛然淸淨猶如滿月光 遍虛空無所分別」
조 견 본 심　담연　청정 유 여 만월 광　편 허공 무 소 분별

滿月(白月=보름달)은 3-가지 덕(三德)을 지니고 있다.

곧 『無畏三藏禪要』의 「一者 自性淸淨 離貪慾垢義 二者 淸淨義 離瞋熱

惱故 三者 光明義 離愚痴闇故」[356]

의 말씀처럼, 三德이란 淸淨(청정) · 淸凉(청량) · 光明(광명)을 말한다.

淸淨이란 貪心(탐심)을 벗어버린 것, 淸凉(청량)이란 성내는 瞋心(진심)을

벗어버린 것, 光明이란 癡心(치심)에서 벗어난 상태를 말한다.

말하자면 탐진치 三毒(삼독)에서 완전히 벗어난 것이 만월(白月)이며,

이것이 우리들의 본래 모습인 三德이라고 밝히면서, 이 삼덕을 달리

覺了(淸淨) · 淨法界(淸凉) · 實相般若波羅蜜海(光明)라 표현하면서,
각료　　　　정법계　　　　실상 반야　바라밀 해

바다(海)가 種種의 무량의 진보(珍寶)를 함장하고 있듯이, 우리들 중생들도

三德이란 무량진보를 지니고 있다고 설파하고 있다.

<實相般若波羅蜜海>란 깨달음이 圓滿하여, (마치 바다처럼) 모든 강물을 받
아들이되 넘치지 아니하며, 일체의 屍身(시신)을 용납하고도 썩지 않고 오히
려 淨化시켜, 만 생명을 윤택하게 하는 것으로, 이러한 功德이 이치적으로서
만이 아닌 실제로 우리가 사는 법계 속에서 항상 생생하게 두루 미치고 있는
현상임을 밝히고 있다.

356) 『無畏三藏禪要』(대정장 18. 945b)

『보리심론』은「三摩地猶如滿月潔白分明」이라 하며,

三摩地인 (衆生의 本心)에는 마치 滿月처럼 純潔白(순결백)하고 分明한 寶性(보성)이 含藏(함장)되어 있음을 역설하고 있다.

<實相般若波羅蜜이란 一切法自性淸淨心을 가리킨다>

『實相般若波羅蜜經』에는

「爾時世尊在大衆中。爲諸菩薩說一切法自性淸淨實相般若波羅蜜法門。所謂愛淸淨位是菩薩位。見淸淨位是菩薩位。深着淸淨位是菩薩位。悅樂淸淨位是菩薩位。藏淸淨位是菩薩位。莊嚴淸淨位。是菩薩位。光明淸淨位是菩薩位。身淸淨位是菩薩位。語淸淨位是菩薩位。意淸淨位是菩薩位。色淸淨位是菩薩位。聲淸淨位是菩薩位。香淸淨位是菩薩位。味淸淨位是菩薩位。觸淸淨位是菩薩位。何以故一切法自性淸淨故。一切法自性淸淨。卽般若波羅蜜淸淨 (중략) 爾時世尊說此法門已。復告金剛手菩薩言。金剛手若有人。得聞此無量無邊際究竟盡實相般若波羅蜜法門。受持讀誦正念思惟。此人所有一切障累。皆得消滅究竟無餘。疾至菩提。獲於如來金剛之身而得自在」[357]

(그때 세존께서 대중속에 계시며, 모든 보살을 위해 一切法의 自性淸淨의 <實相般若波羅蜜의 法門>을 설하셨다.

소위 愛淸淨位는 菩薩位이며, 見淸淨位는 보살위이며, 染着淸淨位는 보살위, ~등, 身淸淨位는 보살위이며, 口淸淨位는 보살위이며, 意淸淨位는 보살위이다. 色淸淨位는 보살위이며, 聲淸淨位는 보살위이며 ~ 味淸淨位는 보살위이며, 觸淸淨位는 보살위이다. 왜냐하면 一切法은 自性淸淨한 것이기에, 一切法自性淸淨을 곧 般若波羅蜜淸淨이라 하는 것이다.

357)『實相般若波羅蜜經』<菩提流志 譯>(대정장 8, 776a~b, 777c)

- 246 -

<중략> 그때 세존께서 이 법문을 마치고 金剛手보살에게 말씀하시되,
金剛手야! 만일 어떤 자가 이 無量無邊際의 究竟의 實相般若波羅蜜法門
을 듣고 受持·독송하며 正念으로 사유하면, 그 사람이 지닌 一切의 장
애덩어리는 모두 소멸되어 하나도 남음이 없게 되어, 속히 菩提에 이르
러 如來의 金剛身을 얻는 自在를 얻는다)

라 하여, 一切法自性淸淨이 곧 實相般若波羅蜜임을 강조하면서,
일체법이 자성청정하므로 나의 身口意를 비롯해 안이비설신의의 六根과
색성향미촉법의 六境 등의 모든 것이 모두 청정한 것임을 역설하면서,
따라서 이것을 깨달아 일상에서 受持하며 실천하면 곧 바로 金剛身을
얻는 것이라 역설하고 있다.

佛供을 드릴 때 지송하는 진언중에 <淨三業眞言> 이란 것이 있다.
「Oṃ svabhāva śuddhāḥ, sarva dharma svabhāva śuddhohaṃ」
(일체법이 自性淸淨하므로, 나의 자성 또한 청정하다)

는 의미이다. 나와 일체법의 자성청정, 곧 위에서 설하고 있는 의미를
모두 담고 있는 것이 <정삼업진언>인데, 경은 이것이 곧 <실상반야파라
밀>이라며 강조하고 있다.

3.1.2 自心卽是滿月輪相
자심 즉시 만 월륜 상

「一切有情實含普賢之心 我見自心 形如月輪」
일체 유정 실 함 보현 지심 아 견 자심 형 여 월륜

何者 爲一切有情悉含普賢之心 我見自心 形如月輪。
하 자 위 일체 유정 실 함 보현 지심 아 견 자심 형 여 월륜

何故以月輪爲喩 謂滿月圓明體則與菩提心相類[358]。
하 고 이 월 륜 위 유 위 만 월 원 명 체 즉 여 보 리 심 상 류

(대정장 32. 573c)

직역(直譯)

어찌하여 그런가 하면, 이르되 일체유정은 모두 다 보현(普賢)의 마음을 함유(含)한 연고니라.

내 자심을 보니, 형(形), 월륜(月輪)과 같기 때문이니라.

어찌한 연고로, 월륜(月輪)으로써 비유를 하는 고,

이르되 만월(滿月) 원명(圓明)의 체(體)는 곧 보리심(菩提心)과 서로 닮아있기(相類) 때문이니라.

의역(意譯)

 어째서 一切有情이 한 결 같이 모두 普賢의 마음을 가지고 있다고 하는 것인가? 나 (중생의)自心을 보니 그 모양이 月輪과 같기 때문이다.[359] 무엇 때문에 月輪에 비유하는 것인가? 滿月圓明(만월월명)의

---

358) 謂滿月(高麗藏本)=爲滿月(三十帖策子本)

359) 달이 黑月(그믐)에서부터 보름까지 16개의 모습을 보이듯, 중생 또한 마음(心性)은 하나지만 그것이 여러 개의 모습(心相)으로 변하기에 '나의 自心을 보니 그 모습이 月輪과 같다'고 한 것이다.

　참고로 16心이란 견도·수도·무학도의 3도 가운데, 견도(見道)의 총 기간에 해당하는 16찰나(十六刹那)를 말하는 것으로, 찰나(刹那)를 심(心: 마음)이라고 한 것은 마음은 유위법이므로 찰나마다 생멸·상속하는 것으로, 유전연기와 환멸연기의 연기법에 따라 마음이 각 찰나에서 지혜(慧)라는 마음작용(심소법)과 상응하기도 하고, 번뇌(煩惱)라는 마음작용(심소법)과 상응하기도 하기 때문이다. 곧 견도는 인내(忍)하는 예비적 수행의 끝에 마침내 범부의 마음이 16찰나에 걸쳐 16가지 지혜(慧), 즉 8인(八忍)·8지(八智)와 상응함으로써 모든 견혹(見惑) 즉 모든 理智的인 번뇌들, 달리 말하면 후천적으로 습득한 그릇된 앎에 의해 일어나는(分別起), 곧 모든 견해(見)의 번뇌(惑)들을 제거하여 범부의 상태를 벗어나 성인의 지위에 오르게 하는 것이기에 16心이라고 한 것이다.

体(太陽)는 곧 (衆生의 本有)菩提心과 서로 같기 때문이다.360)

註解 · 講解

<我見自心 形如月輪>
　　아 견　자 심　　형 여　월 륜

「一切有情實含普賢之心 我見自心 形如月輪」
　일체　유정　실 함　보현　지 심　아 견　자 심　　형 여　월 륜

『金剛頂經』은 五相成身觀의 제2단계인 <修菩提心>을 설명하면서,

「諸世尊 我已見自心 淸淨如滿月」361)

---

360) 일체중생의 本來性品의 形相의 원만함이 마치 月輪의 모난 것이 없는 원
만함과 같고, 중생의 本性이 갖는 功德의 원만함 또한 마치 月光의 원만함과
같다는 비유이다. 다시 말해 중생의 菩提心(現在의 모습과 本來의 모습)을
현재의 달과 滿月圓明(만월원명)의 体, 곧 달(月)과 그것의 본체인 太陽에 비
유한 것은, 태양은 본래 변화가 없이 항상 원만하고 밝은 것이지만, 달은 스
스로 빛을 발하지 못할 뿐만 아니라, 나아가 地球라고 하는 방해물의 개입으
로 인해 16종류의 모습과 빛을 갖게 된다는 것을 밝히기 위한 것이다.
　곧 太陽은 중생들의 본래의 性品인 菩提心에, 그리고 달은 現在의 중생들의
모습에 비유한 것으로, 태양이 본래 변화가 없이 항상 圓明(원명)한 것처럼,
法身이나 衆生의 本性인 菩提心 또한 언제나 圓明한 것이며, 또 그러한 태
양빛을 받는 달이기는 해도 地球의 영향으로 인해 중생들의 願과 根機(근기)
에 따라 이렇게 저렇게 모습을 달리하며 16가지 모습을 나타내 보인다는 것
을 보여주고 있는 것이다.
　곧 아래의 도표에서 보듯이, 太陽과 달의 관계는 法身과 化身의 관계로, 마
치 佛과 衆生의 관계와도 같은 것임을 나타내고 있다.

	法身과 化身	佛과 衆生	本有心과 現在心
太陽	法身(体)	佛	本有의 菩提心
달 (十六分月)	化身(相)	衆生(十六心)	現在의 菩提心

361) 「藏識本非染 淸淨無瑕穢 長時積福智 喩若淨月輪 無體亦無事 卽說亦非月
由具福智故 自心如滿月 踊躍心歡喜 復白諸世尊 我已見自心 淸淨如滿月 離
諸煩惱垢 能執所執等 諸佛皆告言 汝心本如是 爲客塵所翳 菩提心爲淨 汝觀淨月
輪 得證菩提心 授此心眞言 密誦而觀察 眞言曰, Oṃ bodhicittaṃ utpādayām
i」(대정장 18. 313c~314a)라 하여, 藏識(Ālaya識)은 본래 染이 아니라 淸淨
하여 그 어떤 더러움도 없는 것이다. 오랫동안 福과 智를 쌓아 온 것 마치

이라 하여, 『보리심론』이 설하고 있는 「我見自心 形如月輪」과 똑같이 설하고 있다. 단지 차이가 있다면 淸淨을 形으로, 滿月을 月輪으로 대치하였을 뿐, 그 의미나 형태는 동일한 것임을 알 수 있다.

따라서 『보리심론』의 이 부분은 뒤에 나오는 <오상성신관>의 제2단계에 해당하는 <修菩提心>에 상당(相當)한 것이라 보아도 좋을 것이다.

참고로 제 3장 <三摩地菩提行>段에 등장하는 밀교의 관법은 <月輪觀>으로부터 시작해서 → <16대보살수행(觀)> → <阿字觀> → <五相成身觀>등 모두 4가지인데, 맨 처음 등장하는 <月輪觀>은 이들 관법의 총격(總格)인 셈으로, 뒤에 등장하는 3-가지 관법들은 月輪의 三德인 淸淨性과 淸凉性과 光明性을 관하면서, 마지막엔 이를 自心本有의 보리심과 매칭시키는 공통점을 지니고 있다.

<중생의 本有菩提心은 滿月圓明의 体인 태양>

「滿月圓明體則與菩提心相類」

『대일경소』에는

「태양은 본래 청정한 菩提心, 곧 비로자나불 자체에 비유하고, 달은 菩提行에 비유한다.

淨月輪과 같아 體도 없고 事도 없는 것이다. 그래서 달이 아니라고 설한 것이다. 福과 智를 구족하였으므로, 自心은 滿月과 같은 것이다. 踊躍하며 환희스러워 諸佛께 말씀드리기를 '제가 自心을 보니 淸淨하기가 滿月과 같아 能執과 所執등의 온갖 번뇌의 때로부터 벗어나 있습니다. 제불께서 말씀하시기를, 너의 마음도 본래 이와 같은 것이지만 客塵으로 더럽혀진 것이니 本來의 보리심으로 淸淨케 하라!. 곧 너 淨月輪을 관하여 菩提心을 증득하도록 하라! 너에게 이 <心眞言>을 줄 것이니 조용히 지송하며 관찰하도록 하라! 眞言曰, Oṃ bodhicittam utpādayāmi」 (나는 지금 보리심을 발합니다)

곧 보름달인 15일(白月)은 온갖 행(衆行)이 두루 원만한 것이기에 菩提에 비유하고, 그믐의 15일(黑月)은 온갖 행이 모두 다 소진되었으므로 반열반(般涅槃)에 비유하고, 중간의 달은 때에 따라 커지기도(昇) 작아지기도(降) 하므로 方便力에 비유하는 것이다」[362]

라 하여, 태양(日)은 本有淸淨의 菩提心(bodhicitta)에,
달(月)은 온갖 번뇌망상이 모두 사그라져 소진한 것이라 보고 완전열반인 般涅槃(parinirvāna)에, 중간의 달은 차기(昇)도 하고 기울기(降)도 하기에 方便力(upāya)에 비유하고 있다. 참 재미있는 비유이다.

<白月觀(월륜관)의 觀法次第(관법차제)>

「八葉白蓮一肘間 炳現阿字素光色 禪智俱入金剛縛 召入如來寂靜智 (중략)
팔엽 백련 일주간 병현 아자 소광색 선지 구입 금강박   소입 여래 적정 지

卷舒自在 當具一切智」
권 서 자 재 당 구 일체지

삼마지행의 하나인 <白月觀>이란 白月(滿月=보름달)을 중생이 지닌 탐진치 三毒을 모두 소진시킨 佛의 三德(自性淸淨·淸凉·光明)으로 보고, 이 白月의 三德을 나의 체인 本有菩提心(본유보리심)으로 체득하는 관법이다.[363]

胎藏界 밀법의 대가 善無畏三藏과 嵩岳(숭악)의 會善寺(회선사) 大德인 唐僧 <敬賢禪師(경현선사)>가 서로 불법을 대론하면서 주고받은 大乘의

---

362)「日喩本淨菩提心。卽是毘盧遮那自體。月喩菩提之行。白月十五日衆行皆圓滿。喩成菩提。黑月十五日衆行皆盡。喩般涅槃。中間與時昇降。喩方便力」『대일경소』(대정장 39. 618c)
363)「卽此自性淸淨心。以三義故。猶如於月。一者自性淸淨義。離貪欲垢故。二者淸凉義。離瞋熱惱故。三者光明義。離愚癡闇故」『無畏三藏禪要』(대정장 18. 945b)

要旨가운데, 初地 歡喜地(환희지)에 나오는 白月觀에 대한 대담이 있다.

<백월관법>의 방법과 차제(次第)에 대해 『無畏三藏禪要(무외삼장선요)』는 이를 어떻게 설명하고 있는지 살펴보자.

「둥글고 밝고 깨끗한 만월을 생각하라! 4尺(120쎈치미터)쯤 떨어진 곳에 달이 있어 높지도 낮지도 않네, 크기는 一肘(16寸=48쎈치미터 정도)로 圓滿함을 具足하고 있고, 밝고 빛나고 깨끗하여 세상에 비할 것이 없네.

달을 4尺으로 넓혀 觀하고, 점점 더 크게 넓혀 삼천대천세계에 가득 채우고, 또 점점 좁혀 본래의 모습으로 돌아오게 하라.

이와 같이 觀하면 解脫一切蓋障三昧(해탈일체개장삼매)를 증득하게 된다」[364]

『보리심론』도「八葉白蓮一肘間 (중략) 卷舒自在 當具一切智」라 하며,
팔엽 백련 일 주 간   권 서 자 재 당 구 일체지

달의 크기를 一肘로 하는 수렴관(卷)과 발산관(舒)을 제시하고 있다.[365]

---

364)「假想一圓明猶如滿月 去身四尺 當前對面而不高不下 量同一肘圓滿具足 其色明朗內外光潔 世無方比(略) 卽更觀察漸引令廣 或四尺 如是倍增 乃至滿三千大千世界極令分明 如是漸略還同本相 初觀之時 作是觀已 卽便證得解脫一切蓋障三昧(중략)復有五種心義。行者當知。一者刹那心。謂初心見道一念相應。速還忘失。如夜電光。暫現卽滅。故云刹那。二者流注心。旣見道已念念加功相續不絶。如流奔注。故云流注。三者恬美心。謂積功不已乃 得虛然朗徹身心輕泰翫味於道。故云恬美。四者摧散心。爲卒起精懃。或復休廢。二俱違道故云摧散。五者明鏡心。旣離散亂之心。鑒達圓明一切無着。故云明鏡」『無畏三藏禪要』(대정장 18. 945b~c)

365) 一肘間이란 손가락 끝에서 팔꿈치까지의 길이를 말한다. 곧 一尺 6寸(16寸)을 말하는 것으로 30.3쎈치미터+18쎈치≠48(쎈치미터)이다. 16이란 수치는 十六空과 달의 16分, 그리고 金剛界 16大菩薩을 의미한다. 『대일경소』에는「是故先當觀此心處。作八葉蓮華觀。令開敷諸蕊 具足於此臺上。思想阿字而在其中。從此字出無量光。其光四散而合爲鬘。猶如花鬘」(대정장 39. 705c)

『無畏三藏禪要』가 주창하는 <白月觀法>의 차제는

 1. 刹那心 2. 流注心 3. 甜美心 4. 摧散心 5. 明鏡心의

 5단계의 과정으로 이루어진 관법이다. 살펴보자.

제1 刹那心(찰나심)이란 白月과 自心이 서로 相應해 찰나전에 心月輪
    을 본 것 같은데, 마치 번개처럼 금세 사라지는 상태를 말하며,

제2 流注心(류주심)이란 사라진 心月이 마치 물줄기가 주입되듯이,
    다시 상속하며 조금씩 念頭에 나타나는 상태를 말하며,

제3 甜美心(첨미심)이란 이러한 수행을 계속 쌓아 가는 중에 身心의
    輕安(경안)과 月輪三昧의 감미로운 맛을 느끼는 상태를 말하며,

제4 摧散心(최산심)이란 제3의 경지인 甛美心의 상태를 계속 이어나가
    지 못하고 進退를 거듭하는 不安定의 상태를 말하며,

제5 明鏡心(명경심)이란 앞 단계의 불안정한 상태에서 완전히 벗어나,
    着心(착심)에서 자유로움을 느끼는 경지로, 마치 맑고 밝은 둥근 거
    울과 같은 心鏡圓明(심경원명)의 상태를 말한다.

<貪瞋痴 三毒衆生에서 본래의 淸淨法身으로 되돌아가자!>
  탐진치   삼독 중생   청정   법신

「卷舒自在 當具一切智」
 권 서 자 재 당 구 일체지

 달은 스스로는 빛을 발하지 못하고 오직 태양의 빛을 받아 반사만 한
다. 그것도 지구라고 하는 장애물이 태양과 달의 중간에 끼어있어, (초생
달·반달·보름달) 등등의 16分月의 변화를 보이면서~
우리들도 마찬 가지이다.

본래는 佛性이라고 하는 마치 태양과 만월과 같은 心(白月)을 소유한 法身(법신)이었으나, 언제부터인지 모르게 貪嗔痴(탐진치) 三毒(삼독)과 같은 방해물의 개입으로 인해, 밝은 빛을 내지 못하고 六道輪廻(육도윤회)의 암흑 속에서 고통을 받고 있는 것이다.

따라서 지금이라도 (지구=삼독)란 방해물만 제거한다면 본래의 보름달 (法身)로 되돌아 갈 수 있는 것이다.

『보리심론』은 달과 중생을 서로 공통점을 가진 존재로 보고, 달을 빌려 衆生의 실상을 내 보이면서, 마치 (그믐)달이 지구라고 하는 貪嗔痴(먹구름)에서 벗어나 본래의 淸淨性(청정성=離貪)과 淸凉性(청량성=離嗔)과 光明(광명=離無明)을 되찾아 마침내 보름달(淸淨性/淸凉性/光明)이 되어 가듯이, 중생들도 어서 빨리 貪嗔痴 三毒으로부터 벗어나 본래의 淸淨法身)으로 되돌아 갈 것을 「券書自在 當具一切智」라 하며 촉구하고 있다.

<如實知自心: 너 자신을 알라(Gnothi Seauton)!>
「云何菩提 謂如實知自心」
운하 보리 위 여실지자심

"그노티 세아우톤(Gnothi Seauton) = 너 자신을 알라! "

고대 그리스 델포이의 아폴론-신전 현관 기둥에 새겨졌다는 유명한 말이다. <소크라테스>가 한 말로 회자되고 있지만, 그리스 7현인(賢人)의 한 사람이었던 <탈레스>가 한 말이라고도 하는 등, 설이 분분하다.

나는 누구일까 (Who am I)?

사람에게 가장 어려운 일이 무엇이냐는 질문에,

<탈레스>는 '자기 자신을 아는 것이며, 쉬운 일은 남을 충고하는 것이다'고 대답하였다 한다.

이와 반대로 희극작가 <메난드로스>는 오히려 '남을 알아라! 그 쪽이 더 유익하니'라 비판하였고, <키케로>는 테스兄과 마찬가지로 '외적인 신체가 아닌 너의 마음을 아는 것이다'고 하였다고 전해진다.

곧 <소크라테스>는 인간의 지혜가 神에 비하면 하찮은 것에 불과하다는 입장에서, 무엇보다 먼저 자기의 무지(無知)를 아는 엄격한 철학적 반성이 중요하다는 의미로,

이 격언을 자신의 철학적 활동의 출발점에 두었다고 한다.

르네상스(Renaissance)란 14~16세기에 유럽에서 일어난 문예운동을 말하는 것으로, 학문이나 예술의 부활·재생이라는 뜻을 지니고 있다.

인간의 창조성이 철저히 무시된 '神 중심의 암흑시대 중세의 속박에서 벗어나, 문화의 절정기였던 고대로 돌아가자는 운동으로, 문화·예술 분야를 비롯해 정치·과학 등 인간사회 전반적 영역에 걸쳐 고대 그리스·로마 문화를 理想으로, 이들을 부흥시켜 새 문화를 창출해 내자는 소위 <문예부흥운동>이었다.

『보리심론』은 주장한다.

'외부의 모든 문제의 해답은 네 안에 있으니, 다른데서 찾지 마라!

그러기 위해서는 결국은 네가 누군지, 여실하게 자신의 실상을 알아야 한다. 곧 (나=佛=菩提)임을 如實知(自心佛)해야 한다고 강조하고 있다.

<唯心偈의 위력, 지옥에서 빠져나온 왕명간>
유심 게

 중국 당나라의 정승으로 온갖 악행을 저질러 뭇 사람들에게 악인으로 낙인 찍혔던 <王明幹(왕명간)>이 드디어 생을 마치고 저승에 가게 되는데, 그 곳에서 <왕명간>은 이생에서의 삶을 진심으로 뉘우치게 된다. 그리고 한 번만 기회를 달라는 그의 간절한 청에 지장보살은 <唯心偈(유심게)> 또는 <파지옥게(破地獄偈)>라 불리는

「심여공화사(心如工畵師) 화종종오음(畵種種五陰)

　일체세계중(一切世界中) 무법이부조(無法而不造)

　여심불역이(如心佛亦爾) 여불중생연(如佛衆生然)

　심불급중생(心佛及衆生) 시삼무차별(是三無差別)

　제불실요지(諸佛悉了知) 일체종심전(一切從心轉)

　약능여시해(若能如是解) 피인견진불(彼人見眞佛)

　약인욕요지(若人欲了知) 삼세일체불(三世一切佛)

　응당여시관(應當如是觀) 일체유심조(一切唯心造)」

　　　　　　　　　　『60 화엄경』(대정장 9. 465c∼466a)

게송을 王明幹에게 들려주고, 게송을 들은 왕명간은 드디어 깨달음을 얻게 된다. 그리고 염라대왕 앞에서 이 게송을 외어 바친 왕명간은 드디어 염라대왕의 선처를 얻어내 지옥이 생긴 이래 처음으로 지옥에서 풀려나는 영광을 얻어, 사바에 다시 태어나서는 평생을 불법홍포에 힘썼다는 이야기이다. 당나라 법장스님의 『화엄경 전기』에 전해지는 이야기이다.

　　　　　　　　　　『화엄경 전기』(대정장 51. 167a)

아침종성 때 <파지옥게>를 읊거나 들으면 얼마나 환희심이 나는지 모른다.

<당나라 대신 왕명간(王明幹)의 일화>와 더불어, <一切唯心造> 게송,

곧 마음을 뻥 뚫리게 해주는 마음이 모든 것을 만들어 낸다는<유심게>와 새벽예불시 종을 치며 지송하는 부전스님의 <鐘聲偈(종성게)>의 내용을, 함께 지송 음미하며 하루를 시작하고 싶다.

원차종성변법계(願此鍾聲遍法界) 철위유암실개명(鐵圍幽暗悉皆明)
(종소리 온 법계 두루 퍼져) (철위산 지옥어둠 모두 밝아지고)

삼도이고파도산(三途離苦破刀山) 일체중생성정각(一切衆生成正覺)
(도산지옥 무너져, (일체중생 모두 속히
삼악도 중생들 고통에서 벗어나) 正覺 이루게 하여 지이다!)

파지옥진언(破地獄眞言) 옴 가라지야 사바하 ~ [366]

<예수 그리스도와 가롯유다>

르네상스의 三大巨匠(삼대거장)은 (라파엘로·미켈란제로·레오나르도 다빈치)이다. 희대의 예술가인 그들의 이름은 영원히 세인들의 가슴에서 잊혀 지지 않을 것이다.

이들 三人方中, 다빈치, 곧 예수님과 제자들이 함께 마지막 만찬을 나누고 있는 작품인 그의 걸작 <최후의 만찬>에 대한 숨은 이야기이다.

현재 이태리 밀라노의 <산타 마리아 텔레그라치에 성당>에 모셔져있는 이 걸작품, 이 그림을 그리면서 <다빈치>가 가장 찾기 어려웠던 모델은

---

366) 破地獄眞言: Oṃ karadeya svāhā

예수님을 銀 30량에 팔아먹은 <가룟유다>의 모델이었다고 한다.

반면 이 작품의 주인공 예수의 모델은 쉽게 찾을 수 있었는데, 교회 성가대원으로 선하고 친절하며 자비심이 많아 모든 사람들이 선망하던 한 청년이었기 때문이다.

문제는 <가룟유다>의 모델이었다. 험상궂고 악독하며 많은 사람들로부터 미움과 멸시를 받을 만한 그런 자를 찾아야 하기 때문이다.

12사람을 다 그리고 이제 악역인 가룟유다만 그려 넣으면 완성이 되는데~ <다빈치>는 그를 찾아 무려 6년이나 헤매었다고 한다.

어느 날 무려 사람을 3명이나 죽이고 사형선고를 받고, 이제 곧 사형집행을 당할 거라는 소문을 듣고 그를 찾아 지하감옥에 들어간 <다빈치>, 그를 보는 순간, 아 그래! 바로 이 사람이야~하며 쾌재를 불렀다.

얼굴에 잔혹함과 악이 덕지덕지 붙어있는 그를 모델로, 다빈치는 드디어 <최후의 만찬>을 완성할 수 있었다.

그로부터 얼마가 지나, 그 사형수가 사형집행을 받는다는 전갈을 받고 단두대 가까이 서있는 <다빈치>에게 다가와 그 사형수가 던진 말,

선생님! 제가 누구인지 아십니까? 알고 말구요, 가룟유다의 모델이지 않았소? 아니, 그 사람 말고요, 내가 아는 또 누군가가 당신이라고요? 예! 선생님~, 제가 바로 6년전 당신께서 <예수 그리스도>의 모델로 삼았던 그 사람인 데요~ 예? 뭐라고요~ ? 6년 전 예수가 바로 당신이라고요? 예수님(성인)이 악인 유다(나락)으로 떨어졌다고요?

그것도 고작 6년 사이에~~

(황당함과 허망함과 놀람을 안겨준 만화 <다빈치와 최후의 만찬>에서 발췌한 이야기이다)

모든 것은 마음이 만들어 낸다는 앞서의 <唯心偈>의 게송,

가슴에 쏴하고 와 닿는 순간이다.

「如心佛亦爾 如佛衆生然 心佛及衆生 是三無差別」

(마음먹기에 따라 부처님도 되었다, 온갖 길을 헤메고 다니는 중생도
되었다가 하는 것이네. 정말이지 부처님(예수님)과 중생(가롯유다),
이 극한적 존재는 서로 다른 존재가 아닌 모두가 내(마음)가 만들어낸 나
자신의 모습이라네)

『잡아함경』에 나오는 말씀이다.

「心惱故衆生惱 心淨故衆生淨」   (대정장 2. 69c)

(악한 마음<心惱>은 유다<중생>를 만들고(衆生惱),
선한 마음<心淨>은 예수<부처>를 만든다(衆生淨) ~

3.2 金剛界 曼茶羅와 三十七尊 (金剛頂經)
금강계   만다라

3.2.1 五佛과 五智
오불   오지

「於三十七尊中 五方佛位各表一智」
어 삼십 칠 존 중 오방 불 위 각 표 일지

凡月輪有一十六分喩瑜伽中金剛薩埵至金剛拳有十六大菩薩者。
범 월 륜 유 일 십 육 분 유 유가 중 금강 살 타 지 금강 권 유 십 육 대보살 자

於三十七尊中 五方佛位各表一智。 367)
어 삼십 칠 존 중 오방 불 위 각 표 일지

---

367) 瑜伽(高麗藏本)=踰伽(三十帖策子本), 一智(高麗藏本)=一智也(三十帖策子本)

東方阿閦佛因成大圓鏡智 亦名金剛智也。 [368]
동방 아축불 인 성 대원경지 역 명 금강지 야

南方寶生佛由成平等性智 亦名灌頂智也。
남방 보생불 유 성 평등성지 역 명 관정 지 야

西方阿彌陀佛由成妙觀察智 亦名蓮華智亦名轉法輪智也。 [369]
서방 아미타불 유 성 묘관찰지 역 명 연화 지 역 명 전법륜 지 야

北方不空成就佛由成成所作智 亦名羯磨智也。
북방 불공성취불 유 성 성소작지 역 명 갈마지 야

中方毘盧遮那佛由成法界智爲本。 (대정장 32. 573c)
중방 비로차나불 유 성 법계 지 위 본

직역(直譯)

무릇 월륜(月輪)에 16분(一十六分) 있음을

유가중(瑜伽中)의 금강살타(金剛薩埵)로부터 금강권(金剛拳)에 이르기까지, 십육대보살(十六大菩薩)있음에 비유함이라.

삼십칠존 중에서 오방(五方)의 불위(佛位)는 각 일지(一智)를 表하나니,

동방(東方) 아축불(阿閦佛)은 대원경지(大圓鏡智)를 이룸으로 인한다. 또한 금강지(金剛智)라 한다.

남방(南方) 보생불(寶生佛)은 평등성지(平等性智)를 이룸으로 인한다. 또한 관정지(灌頂智)라 한다.

서방(西方) 아미타불(阿彌陀佛)은 묘관찰지(妙觀察智)를 이룸으로 인한다. 또한 연화지(蓮華智)라 하기도, 또 전법륜지(轉法輪智)라 한다.

북방(北方) 불공성취불(不空成就佛)은 성소작지(成所作智)를 이룸으로 인한다. 또 갈마지(羯磨智)라 한다.

중앙(中央) 비로자나불(毘盧遮那佛)은 법계체성지(法界體性智)를 이룸

---

368) 因成(高麗藏本)=由成(三十帖策子本), 成大(高麗藏本)=大成(三十帖策子本)
369) 轉法輪智也(高麗藏本)=轉法智(三十帖策子本),

으로 인해서 본체가 되느니라.

의역(意譯)

 무릇 月輪이 16으로 나누어진다고 한 것은,
瑜伽法中의 金剛薩埵(금강살타)보살로부터 金剛拳(금강권)보살에 이르기까지의 16大菩薩에 비유한 것이다[370].

 三十七尊 가운데 五方佛의 位는 각각 하나의 智慧를 나타낸다.
(곧) 東方의 阿閦佛(아축불)은 大圓鏡智(대원경지)를 이루는 연고로
金剛智(금강지)라 이름하고,
 南方의 寶生佛(보생불)은 平等性智(평등성지)를 이루는 연고로
灌頂智(관정지)라 이름하며,
 西方의 阿彌陀佛(아미타불)은 妙觀察智(묘관찰지)를 이루는 연고로
蓮華智(연화지) 또는 轉法輪智(전법륜지)라 이름하며,
 北方의 不空成就佛(불공성취불)은 成所作智(성소작지)를 이루는 연고로 羯磨智(갈마지)라 이름하며,
 中方의 毗盧遮那佛(비로자나불)은 法界(體性)智(법계체성지)를 이루는 연고로 (이들 四智의) 根本(統合智)이 되는 것이다.[371]

---

370) 黑月(그믐)로부터 보름달(15일)에 이르기까지 16가지 종류의 달의 모습을 <金剛界 成身會 37존 만다라>중의 十六大菩薩에 비유하고 있다.
371) 法身毗盧遮那佛의 변화의 세계를 나타내고 있는 것으로, 金剛界 9회만다라 가운데 근본체인 根本會의 세계를 나타내고 있다. 9회의 근본(根本)이 되기에 根本會라고도 한다. 이 근본회를 달리 成身會 또는 羯磨會라고도 한다. 根本會는 37尊으로 구성되어 있는데, 여기에 따른 根本會의 권속은 모두 1061尊이다. 곧 37尊中 5佛을 제외한 32尊에 각각의 32尊이 있으므로, 따라서 32*32하면 1024존이 되며, 이에 근본 37尊을 더하여 1061尊이 된 것이다. / ①現(賢)劫千佛: 250*4方=1000佛 ②地水火風 四大輪 (4輪) ③最外院: 5天*4方=20天, ④37尊 = (都合 1061尊). /여기서 主尊인 毗盧遮那佛은 四波羅蜜 修行에 의하여 4種의 智와 4佛을 탄생시켰다. 곧 金剛波羅蜜 修行에 의해 (心性不動의 菩提心)은 大圓鏡智와 阿閦佛로 化하였고, 寶波羅蜜 修

註解 · 講解

<法身 비로자나(Vairocana)佛:

우주의 진리이자 만 생명 길러내는 우주에너지>

法(Dharma), 그것은 우주의 진리이자 만 생명을 길러내는 우주에너지로
서 온 우주에 가득 편만해 있다. 나도 그것을 먹고 살고 있고, 메뚜기도
민들레도 그 무엇 하나 이것을 먹고 살지 않는 것은 하나도 없다.

그것을 法性이라 하기도 法界라 하기도 한다. 불교의 가장 기본교리인
四法印(사법인)은 바로 이 法性을 구체화 시킨 것이며,

法身이라 불리는 비로자나불(Vairocana 佛) 또한 우주의 생명에너지로
서 만물을 길러 내는 法性을 인격화한 것이다.

「法이 있는 곳에는 내가 있고, 내가 있는 곳에는 법이 있다. 법을 내 것
으로 한 자, 그를 일러 부처라 한다」[372]

 조석으로 지송하는 예불문
「지심귀명례 시방삼세 제망찰해 상주일체 불타야중(달마야중)」은 바로
이러한 뜻을 함축하고 있는 게송이다.

行에 의해 (福德自在의 功德莊嚴)은 平等性智와 寶生佛로 化하였고, 法波羅
蜜 修行에 의해 (自利利他의 智慧)는 妙觀察智와 阿彌陀佛로 化하였고, 業波
羅蜜 修行에 의해 (萬德成就의 精進力)은 成所作智와 不空成就佛로 변화해
나타난 것이다. 이것이 四波羅蜜修行과 結果로서의 四智와 四佛인 것이다.

372)「當以法供養得彼比丘。 所以然者。 如來恭敬法故。 其有供養法者。 則恭敬我
已。 其觀法者。 則觀我已。 有法則有我已。 有法則有比丘僧。 有法則有四部之
衆」『증일아함경』(대정장 2. 652c~653a)

<法界體性智는 四智의 근본(統合智=總體智)>
법계체성지   사지   통합 지 총체 지

「中方毘盧遮那佛由成法界智爲本」
중방 비로차나불 유 성 법계 지 위 본

「中方의 毘盧遮那佛은 法界體性智를 이루는 연고로 根本이 된다.
고 한 것은,

　法身 毘盧遮那佛(一切義成就菩薩)께서 <四波羅蜜-修行(4바라밀-수행)>
의 결과 출현시킨 지혜와 佛이 다름 아닌 4智와 4佛이고, 이 4-智를 통
합한 것이 法界體性智이기 때문이다.
말하자면 法界體性智를 四方으로 펼쳐놓은 것이 四智이기에, 그래서 法
界體性智를 일러 四智의 本體라 한 것이다.

참 고; <4-波羅蜜菩薩修行과 四佛>
一切義成就菩薩(일체의성취보살)은
<金剛波羅蜜-修行>의 결과 大圓鏡智(金剛智)와 阿閦佛을, 또 <寶波羅蜜
修行>의 결과 平等性智(灌頂智)와 寶生佛을, 또 <法波羅蜜修行>의 결과
妙觀察智(蓮華智·轉法輪智)와 阿彌陀佛을, 또 <業波羅蜜修行>의 결과 成
所作智(羯摩智)와 不空成就佛을 이루시어 法身毘盧遮那佛로 등극하셨다.
곧 4-波羅蜜菩薩修行을 통해 四智와 四佛을 증득하시고 우주불 法身毘
盧遮那佛이 되신 것이다.

4-바라밀수행과 그 결과에 대한 상세한 것은, 3.2.3 四波羅蜜菩薩修行의
도표 <(四波羅蜜·十六大菩薩)修行과 四智(四佛)의 관계> 참조.

<四智와 五智>

　五智란　大圓鏡智・平等性智・妙觀察智・成所作智의　4-智와　이들의　統合智(통합지)인　法界體性智를　말한다.

　<大圓鏡智>란　이름그대로　커다란　둥근　거울(鏡)모양을　한　태양과　같은　덕을　지닌　지혜란　뜻으로,　거울이　만상을　비추는　것처럼　일체제법을　두루두루　비추는　德用(덕용)을　말하는　것으로,　금강과　같이　보리심이　견고하여　모든　마군중들을　괴멸시킨다는　의미도　있어　金剛智라고도　표현한다.
금강계만다라의　東方　金剛部의　阿閦佛의　지혜를　가리킨다.

『理趣釋』<不空譯>에는
「여래의　淨-阿賴耶(Ālaya)는　大圓鏡智와　상응함에　의해　견고한　無漏三摩地(무루삼마지)를　증득하고,　시작도　없는(無始의)　無明地의　미세번뇌를　청정케　한다」[373]

　唯識의　轉識得智로　말하면,　제8　Ālaya識을　굴려　얻어진　圓明無垢(원명무구)의　지혜이다.

　<平等性智>란　이름　그대로　일체법의　平等을　아는　智慧란　의미로서,
眞如의　實相인　법의　平等性을　요지하는　덕용을　말한다.
금강계만다라의　南方　寶部　寶生佛의　지혜이다.
正覺을　열어　南方의　寶生佛로　승화된　것이　마치　灌頂(관정)을　받고　三界의　法王으로　오른　轉輪聖王(전륜성왕)과　같기에,　달리　灌頂智(관정지)라고도　한다.

---

373)「由如來淨阿賴耶於大圓鏡智相應。證得堅固無漏之三摩地。能淨無始無明地微細煩惱」『理趣釋』<不空譯> (대정장　19.　610b)

『理趣釋』에는

「제7의 무루 末那(無漏: manas)는 제8 淨-阿賴耶識중의 무루종자(無漏種子)및 능연(能緣)과 소연(所緣)과 평등하여 능취(能取)와 소취(所取)로부터 벗어난 까닭에 平等性智를 증득하였다. 중생의 몸(身)의 애락(愛樂)에 따라서 유출하는 것이 마치 온갖 색을 갖춘 마니보주와 같아서, 무변의 유정들의 의리(義利)를 짓는 것이다」[374]

唯識의 전식득지로 말하면, 差別見의 근원인 제7 Manas識을 굴려 얻어진 무차별 평등의 지혜이다.

<妙觀察智>란 이름 그대로 낱낱이 빠짐없이 두루 관찰한다는 의미로, 근기 천차만별의 중생들을 잘 관찰하여 근기에 맞게 根機說法(근기설법)하여 중생들이 지니고 있는 온갖 의혹들을 제거해주는 지혜를 말한다. 중생들을 위해 설법하므로 일명 法部라고도 부른다.
西方 蓮華部를 관장하며, 또 중생들을 위해 설법하시는 아미타불의 지혜이기에, 蓮華智(연화지) 또는 轉法輪智(전법륜지)라고도 부른다.

『理趣釋』에는

「여래의 청정한 意識은 妙觀察智와 상응함에 의해 일체법의 본성청정(本性清淨)을 증득하고, 청정하고 묘한 불국토에서 온갖 보살을 위해 무상(無上)의 법륜을 굴린다」[375]

唯識의 轉識得智로 말하면 제6 意識을 굴려 얻어지는 지혜이다.

---

374)「第七無漏末那。與第八淨阿賴耶識中無漏種子。能緣所緣平等平等。離能取所取故。證得平等性智。流出隨其眾生愛樂身。由如眾色摩尼。能作無邊有情義利」『理趣釋』(대정장 19. 610b)
375)「猶如來清淨意識。與妙觀察智相應。證得一切法本性清淨。於淨妙佛國土。為諸菩薩能轉無上法輪」『理趣釋』(대정장 19. 610b)

<成所作智>는 이름 그대로 지은 바대로 모두 이루게 하는 지혜란 의미로, 일체법에 있어 자유자재로 생각대로 중생을 제도시키는 지혜를 말한다. 곧 作業成就(작업성취)의 지혜를 지니고 있기에 羯磨(갈마=Karma)智라고도 한다. 금강계만다라의 北方 갈마부(業部) 不空成就佛의 지혜이다.

『理趣釋』에는
「여래의 무루한 五識은 成所作智와 상응하여, 신구의 三業의 변화를 나타내, 청정하고 묘한 국토를 비롯 잡염(雜染)세계에서 무공용(無功用)으로 분별없이 佛事와 有情의 事를 이루게 한다」[376]

유식의 轉識得智로 말하면 前五識을 굴려 얻어진 지혜이다.

<法界體性智>란 이름 그대로 법계를 體性(체성)으로 하는 智, 곧 법계에 편만한 온갖 지혜로서 지혜의 本體를 가리키는 것으로, 앞에서 설명한 4智의 총체이다.
말하자면 마치 큰 태양이나 큰 거울(鏡)처럼, 앞에서 설명한 4가지 智(慧)를 한 몸에 모두 지니고, 시방의 모든 존재들에게 언제 어디서나(大圓鏡智), 공정하게 평등하면서도(平等性智), 자세히 살펴 차별을 내 보이며(妙觀察智), 각자가 지은 업에 따라 이루게 하시는(成所作智)분이시다. 그래서 4智를 합하면 法界體性智가 되고, 이를 펼치면 4智가 된다고 한 것이다.
밀교교리적으로는 제9 Amala(無垢)識을 굴려 얻어지는 지혜가 法界體性智이다.

---

376)「由如來無漏五識。與成所作智相應。現三業化。於淨妙國土及雜染世界。任運無功用無分別。作佛事有情事」『理趣釋』(대정장 19. 610b)

五智에 대해 『秘藏記』는 물의 성품에 비유하여 다음같이 설명하고 있다. 「대원경지란 일체의 색상을 있는 그대로 나타내 보이는 물의 맑고 고요한 성품(澄淸性)을 나타낸 것이며, 평등성지란 빈부귀천 남녀노소를 불문하고 누구나 평등하게 비추어 주는 물의 平等性을 나타낸 것이며, 묘관찰지란 일체의 색상을 있는 그대로 나타내 보여 주는 물의 差別性을 나타낸 것이며, 성소작지란 일체의 존재들을 길러 내는 물의 生命性을 나타낸 것이며, 법계체성지란 우주법계에 편만한 물의 元素性을 나타낸 것이다」[377)

<法界體性智>란 단어는 不空三藏의 역출경에만 보인다>

佛智의 총체지(總體智)로서 법신대일여래의 지혜를 나타내는 <法界體性智>란 譯語는 오직 密教經典, 그것도 不空三藏의 역출경에만 보일뿐, 그의 師僧인 金剛智三藏의 역출경에는 전혀 보이지 않고 있다. 살펴보자

『三十七尊出生義』<不空譯>의
「由四如來智。出生四波羅蜜菩薩焉。蓋爲三際一切諸聖賢生成養育之母。於是印成法界體性智自受用身」[378)

(四智에 의해 4-바라밀보살이 출생하는데, 이들은 삼세일체의 모든 현성을 생성하고 양육시키는 어머니가 된다. 곧 이들의 4개의 印에 의해 <自受用身인 法界體性智>가 이루어지는 것이다)

『一切時處念誦成佛儀軌』<不空譯>의
「由此印密言加持自身 成法界體性智 毘盧遮那佛 虛空法界身」[379)

---

377) 『秘藏記』(『弘全』 권2. 10)
378) 『三十七尊出生義』(대정장 18. 298a)

(이 印과 三密로 자신을 加持함으로 인해, <法界體性智>와 虛空法界身인 비로자나불을 이루는 것이다)

『一字頂輪王儀軌音義』<不空譯>의
「或分作五智。先四加法界體性智。所謂受名金剛界一句是也」[380]

(나누어서 <五智>를 이룬다. 곧 먼저 四智에 <法界體性智>를 추가하면 새로운 이름을 받게 되는데, 소위 金剛界라는 一句이다)

『大樂金剛薩埵修行成就儀』<不空譯>의
「大聖卽法界體性智也。(중략) 由此印能住一切眞實。能通達智自性故。金剛薩埵能 住法界體性智」[381]

(大聖이란 <法界體性智>를 말한다. (중략) 이 印에 의해 일체의 眞實에 머물 수 있고, 또 智의 自性에 통달하게 되어, 금강살타는 능히 <法界體性智>에 머물게 되는 것이다)

『金剛頂~大樂金剛薩埵念誦儀軌』<不空譯>의
「法界體性智 由此能住持」[382]

(法界體性智는 이것으로 인해 능히 住持할 수 있는 것이다)

---

379) 『一切時處念誦成佛儀軌』(대정장 19. 322c)
380) 『一字頂輪王儀軌音義』(대정장 19. 327a)
381) 『大樂金剛薩埵修行成就儀軌』(대정장 20. 511c)
382) 『金剛頂~大樂金剛薩埵念誦儀』(대정장 20. 517b)

『分別聖位經』<不空譯>의

「此大菩提五智圓滿。卽毘盧遮那如來眞如法界智」[383]

(이 大菩提의 五智의 원만함을 일러 <비로자나불의 眞如法界智>라 하는 것이다)

『三十七尊心要』<不空譯>의

「卽同毘盧遮那正體智也」[384]

(곧 <비로자나불의 正體智(법계체성지)>와 동일하게 되는 것이다)

『理趣釋』<不空譯>의

「常恒者。表如來淸淨法界智。無始時來本有」[385]

(항상이라 한 것은 <여래의 淸淨法界智>를 나타낸 것으로, 이유는 無始로부터 本有하기 때문이다)

참고로 불공삼장(705~774)보다 200여년이나 한참 뒤떨어진, 거기다 밀교승도 아닌 宋朝의 法眼宗의 僧인 永明延壽(904~976), 곧 천태와 화엄, 법상과 선과 정토, 거기다 밀교까지 제 불교사상을 융합하여 소위 종합불교를 꾀하려 한 불교학승이자 수행자로 평가받는 永明延壽, 그가 남긴 종합불교개론서라 할 『宗鏡錄』에는 <法界體性智>에 대해 다음과 같이 설명하고 있다.

---

383) 『分別聖位經』 (대정장 18. 292b)
384) 『三十七尊心要』 (대정장 18. 297b)
385) 『理趣釋』 (대정장 19. 607b)

「淸淨法界란 無垢淸淨識으로 眞如一心인 正宗이다.

凡과 聖은 모두가 一法界이다. 無垢淸淨識은 四智의 體이며, 四智는 이것의 用이다. 제불은 이것으로 現證하나, 중생은 이것을 모른다. 알지 못하기에 이것에 집착하여 이것을 8識이라 이름하는 것이다.

現證함으로 능히 四智의 相이 되는 것이다. 만일 이 사실을 알게 되면 8식은 執藏을 일으키며, 7識은 染汚란 이름을 얻고, 6識은 遍計의 情을 일으키고, 五識은 根塵의 境으로 변하는 것임을 알게 될 것이다.

만일 이것을 깨달아 마치면 賴耶(Ālaya)는 (大)圓鏡의 體가 되어 功德의 문을 지니게 되며, 末那(manas)는 平等의 근원이 되어 自와 他의 性을 하나로 삼게 되고, 제6識은 관찰의 묘(妙)를 일으켜 正法의 輪을 굴리며, (前)五識은 (成)所作의 功을 일으켜 應化의 발자취(迹)를 드리운다,

곧 한 마음 움직이지 않고도 識과 智를 스스로 알며, 그 體를 굴리지 않고도 단지 그 이름만을 굴리며, 그 이치를 나누지 않고서도 그 일을 모두 이루어 내는 것이다」386)

<法身의 효시(嚆矢), 『增一阿含經(증일아함경)』>

『增一阿含經』「肉身雖取滅度 法身恒存」387)
　　　　　　　육신 수 취 멸도 　법신 항 존

『大毘婆沙論』「一切如來正等正覺敬重法身佛不重生身」388)
　　　　　　　일체 여래 정등 정각 경중 법신불 부 중 생신

---

386)「釋曰。淸淨法界者。則無垢淨識。眞如一心。卽此正宗。凡聖共有。此一法界是四智之體。四智則一體之用。以諸佛現證。衆生不知。以不知故。執爲八識之名。以現證故。能成四智之相。若昧之。則八識起執藏之號。七識得染汚之名。六識起遍計之情。五識變根塵之境。若了之。賴耶成圓鏡之體。持功德之門。末那爲平等之原。一自他之性。第六起觀察之妙。轉正法之輪。五識興所作之功。垂應化之跡。斯則一心匪動。識智自分。不轉其體。但轉其名。不分其理。而分其事」『宗鏡錄』(대정장 48. 899b)
387)『增一阿含經』(대정장 2. 787b)
388)『大毘婆娑論』(대정장 27. 602a)

- 270 -

『小品，팔천송반야경』「諸佛如來皆是法身」[389]

에서 보듯이, 『增一阿含經』을 비롯한 초기불전인 『小品，팔천송반야경』과 『阿毘達磨大毘婆沙論』에 이미 法身이란 용어가 등장하고 있다. 불경에 보이는 法身의 효시이다.

<『大智度論(대지도론)』의 법신설>

「佛身에는 法性身과 父母生身 2종류가 있다. 법성신은 시방허공에 가득하다. 그 분의 색상은 단정하여 32相 80種好로 장엄(莊嚴)하고 계신다. 광명도 음성도 무량하다. 그 법을 듣는 청법중생 또한 허공에 가득하다. (請法衆 또한 法性身이지만 生死人들은 볼 수가 없다)

법성신은 종종의 몸과 이름과 종종의 처소에서 여러 방편으로 중생을 제도하시는데 한순간도 멈춤이 없다.

이처럼 법성신은 시방세계 중생들을 능히 모두 다 제도하신다.

한편 여러 가지 죄와 그 과보를 받는 분은 생신불(生身佛)로, 그 분은 세간의 법처럼 순서에 따라 법을 설하신다.

이처럼 法性身과 生身佛 2가지 불신을 지니고 있기에, 비록 (생신불)이 죄에 따른 벌을 받기는 해도, 그분에게 허물은 없다. 왜냐하면 <법성신이 중생을 제도하기 위해 보낸 化身이 생신불이므로」[390]

---

389) 『小品，팔천송반야경』 (대정장 8. 545c, 584b)
390)「復次佛有二種身。一者法性身。二者父母生身。是法性身滿十方虛空無量無邊。色像端正相好莊嚴。無量光明無量音聲。聽法衆(生)亦滿虛空。(此衆亦是法性身非生死人所得見也) 常出種種身種種名號種種處種種方便度衆生。常度一切無須臾息時。如是法性身佛。能度十方世界衆生。受諸罪報者是生身佛。生身佛次第說法如人法。以有二種佛故受諸罪無咎」『大智度論』 (대정장 25. 121c)

<一切法無自性空을 체득한 선지식, 거울(鏡)과 海印三昧>

거울을 보는 것은 밥 먹고 잠자는 것처럼, 우리네 일상사중 **빼놓을** 수 없는 중요한 행위중의 하나이다. 아침에 일어나 화장실의 거울 앞에 서서 얼굴을 바라보는 일로부터 시작해, 외출할 때를 비롯해 하루에 3~4번은 족히 거울과 대면하곤 하기 때문이다. 마치 여성들이 무의식적으로 자기 머리를 쓰다듬는 행위처럼, 우리는 일상을 거울 앞에 서서 나의 외면을 관찰하며 나의 존재감을 확인하는 것이다.

明鏡止水(명경지수)란 말이 있다. 맑은 거울이나 흔들림 없는 고요한 호수처럼, 맑고 고요한 마음을 지닌 자에 비유하는 말이다.

佛家에선 이 말보다는 <海印三昧(해인삼매)>라는 말을 많이 사용한다.

요란하게 철썩거리던 바다가 파도가 사그라져 아무런 동요도 없이 고요해지고 잔잔해지면, 바다 속의 온갖 만상들이 훤히 들여다보이는 것처럼, 마음이 我空法空의 상태가 되면, 마음속의 온갖 번뇌나 잡생각(망상)이 사그라진 평온한 마음의 상태가 되어, 마음의 온갖 모습들이 그대로 낱낱이 훤히 들여다보이는 경지(삼매)를 말하는 것으로, 달리 이를 거울이 지닌 고유의 속성에 비유하기도 한다.

도대체 거울이 어떤 속성과 능력을 지니고 있기에 <해인삼매>를 거울에 비유하는 것일까?

첫째, 거울은 무엇이나 비추어주는 속성을 지니고 있다.

곧 남녀노소 빈부귀천 好·不好를 막론하고 거울 앞에만 서면 그 누구라도 모두 비추어주는 속성이다. 거울의 이러한 속성을 가리켜, <大圓鏡智>·<平等性智>의 속성이라고 한다.

둘째, 거울은 과거에 비춘 영상을 절대로 남기지 않는 속성을 지닌다.

만일 남기는 거울이 있다면 큰일 날 일로, 그런 거울이 있다면 거울로서 빵점이다, 거울이 가진 이런 속성을 일러 제법의 無我性(空性)의 속성, 또 달리 과거에 집착하지 않고 현재 앞에 보이는 것, 곧 지은 바대로 이루게 해준다는 의미로 成所作智라고도 한다.

셋째, 거울은 있는 그대로 보여주는 속성을 지니고 있다.

빨간 옷을 입고가면 빨갛게, 노란 옷을 입고가면 노랗게, 어린아이는 어린아이로, 여자는 여자로, 어른은 어른의 모습으로, 거울 앞에 보이는 모습 그대로 보여주는 것이다.

거울의 이런 속성, 곧 절묘하게도 거짓 없이 있는 그대로 관찰하여 보여주는 지혜를 <妙觀察智(묘관찰지)>의 속성이라 한다.

4가지 속성 모두를 합한 총체적 지혜, 그것이 <法界體性智>이다.

그러면 거울은 어떻게 해서 이러한 능력과 속성을 지니게 된 것일까? 그것은 거울이 이 우주의 진리인 無自性空(무자성공)의 般若智慧(반야지혜), 곧 그 어떤 것도 실체가 없는 것으로, 인연 따라 나타났다가는 없어지는 <찰나의 존재>들임을 아는 지혜를 지니고 있기 때문이다.

이런 의미에서 거울을 수행자에 비유하여, <般若空의 진리>라고 하는 (한) 소식 깨우친 선지식(善知識)이라 할 수 있는 것이다.

그래서 위에서 보인 여러 속성의 지혜를 지니게 되었고, 일상을 통해 그 지혜를 있는 그대로 우리에게 보여주고 있는 것이다.

온갖 相을 떨쳐버린 我空과 法空의 상태에서, 사물을 있는 그대로 보여주는 선지식 <거울>을 보면서, 나도 저 거울(鏡)처럼 될 수 있다면 얼마나 좋을까? 부러워 해본다. 거울아 거울아, 너는 알지?

세상에서 가장 진실하고 선하고 아름다운 마음을 지닌 사람이 누구인지~

(알 고 말고요, 일체법무자성공이란 (般若空)과 그것의 승화인 大悲方便)

을 체득하여 중생을 이락케하는 眞善美의 소유자, 보살님들이지요!)

<不動明王(부동명왕): 법신 비로자나불의 비서실장>

내가 주석하고 있는 <온양불국사>에는 不動明王(부동명왕: Acara-nātha)

님이 모셔져 있다. 아마 우리나라 사찰중에 부동명왕님을 모시고 있는 사

찰은 이곳이 유일할 곳이 아닐까 한다.

검은 바탕에 무서운 얼굴을 하고, 왼손에는 밧줄, 오른 손에는 칼을 들고

머리위에는 화염이 훨훨 타고 있는 모습을 한 明王이다.

不動明王이란 법신 비로자나부처님의 김使(소사)로, 밀교에서는 아주 중

히 여기는 일종의 비서와 같은 분으로, 법신불의 대역으로서 우리들 중생

에게 다가오는 분이다.

태장계만다라 12院가운데는 <持明院>이라는 방이 있다.

5섯 분의 明王(五大明王)으로 구성되어있어 <五大院>이라고도 하고,

또 무서운 분노존의 모습을 하고 있어 <忿怒院>이라고도 부르기도 한다.

그 5섯 분 가운데 제일 오른쪽에 계신 분이 다름 아닌 不動明王이다.

「至心歸命禮 大聖大悲靑黑童子 不動明王,
　지심귀명례　　대성　대비　청흑동자　　　부동명왕

南無 息災延命 興法利人 不動明王 不動明王 不動明王 운운,
나무　식재　연명　흥법　이인　부동명왕　　부동명왕　　부동명왕

不動明王威神力 不可思議最殊勝 大力除魔不能動 諸穢惡物皆淸淨
부동명왕　위신력　불가사의　최 수승　대력　제마　불 능동　제예　악물 개 청정

故我一心歸命頂禮」
고 아 일심　귀명정례

(대자대비하신 청흑동자의 모습을 한 부동명왕께 귀의합니다.

온갖 재난 물리치시고 목숨을 연명케 하시고 불법을 흥성케 하시며,

인간사를 이롭게 하시는 부동명왕께 귀명합니다.

그분의 위신력은 불가사의할 만큼 가장 수승하시어, 큰 힘으로 마군중들을 물리쳐 꼼짝 못하게 하시고, 온갖 더러운 것들을 청정케 하시는 분이기에 당신께 온갖 정성 다하여 귀명정례 드리는 바입니다)

사시(巳時)공양 때 부동명왕께 드리는 <부동명왕의 찬탄문이자 정근송>으로, 본래의 자비의 모습은 숨기고, 무서운 분노의 얼굴로 공포를 자아내며 말을 잘 듣지 않고 악업을 많이 지은 소위 악업중생들을 제도하시는 분이기에, 이러한 찬탄문(正勤頌)이 나온 것이다.

 일본 동경에 가면 <5대-명왕>을 모신 사찰이 있다.

동경시내를 한 바퀴 삥 도는 (지하철이 아닌) 地上鐵, 山手線을 타고 가다보면 <目白驛; 메지로 역> 도 있고, 또 <目黑驛:메구로 역>이라는 역도 있다. 이 외에도 동경 근교의 전철을 타고 가다보면 目赤驛: 메아까 역도 目黃驛도 目綠驛도 있다. 이름 그대로 눈(目)이 (白·黑·赤·黃·綠)色인 부동명왕님을 모시고 있는 사찰이기에 <五色明王>이니 <五大明王>이니 하는 이름이 붙은 것이다.

 부동명왕님은 不動이란 이름 그대로 요지부동인 것이다. 절대로 흔들림이 없이 부처님의 명령을 그대로 따르는 것이다.

 華嚴十地에서는 第8地 보살의 이름을 <不動地-보살>이라 부른다.

인위적인 것이 아닌 생각 없이 물 흐르듯 일상사에서 늘 般若(반야)에 상응하여 身口意 三密行을 행하는 無功用(무공용)을 증득한 분이시다.

곧 그 어떤 것에도 흔들리거나 퇴전하는 일 없이 그때그때 시절인연에 따라 자유자재로 시방을 다니면서, 無功用의 三密行으로 중생들의 근기에 맞추어, 應化(응화)·現身(현신)하며 중생들을 제도하시는 것이다.

<부동명왕님> 또한 그러하다. 칼과 밧줄을 들고 불길이 타오르는 무서운 모습을 한 이유는 우리 중생들에게 겁을 주고 두려움을 주려고, 大慈悲는 일단 안에 숨겨두고, 일부러 무서운 모습을 보이는 것이다.

그래야 말을 잘 들으니까~ 어떻든 간에 궁극적으로는 버림받은 탕아들을 부처님 전으로 데리고 가기위한 선방편(善方便)으로서 악역의 역을 수행하지만, 이것 또한 중생을 사랑하는 大悲의 한 모습이다.

마치 우리네 아버지 같이~ 어떤 면에서는 엄마보다도 자식을 더 사랑하면서도, 그 사랑을 안에 감추어두고 겉으로는 무섭게 하여 자식을 훈련시켜 목적지에 도달케 하는 것이다.

2014년, 도봉구 도봉동에 위치한 도봉서원 <舊 寧國寺(영국사) 터에서 고려시대 주조의 五大明王이 조각된 金剛鈴(금강령)이 발굴되었다.

고려시대에는 원(元)나라의 영향을 받아 밀교가 성행했음을 알려주는 귀한 유물이다.[391]

---

391) 오대명왕(五大明王)·사천왕(四天王)이 나란히 새겨진 고려시대 주조의 금강령(金剛鈴) 유물이 서울 도봉구 도봉서원 터, 옛 寧國寺의 금당이나 대웅전 자리로 보이는 건물지의 기단에서 출토되었다.
　　金剛鈴은 불교의식에 사용하는 필수의 佛具(불구)로서, 이번 출토된 길이 19.5㎝의 금강령의 손잡이 아래 상단에는 밀교의 五大明王(오대명왕)이 한 분씩 자리 잡고 있으며, 하단의 5면에는 불법을 수호하는 四天王이 4개면에 한 분씩, 나머지 1개면에는 제석천과 범천이 나란히 조각돼 있다. 이처럼 오대명왕과 사천왕 제석천과 범천 등이 한꺼번에 새겨진 금속공예 유물이 발견된 것은 국내뿐 아니라 동아시아 전체에 유례가 없다고 한다.
　　五大明王은 악마를 제압하거나 악업중생을 제도하기 위해 무섭고 분노하는 형상을 한 교령륜신(敎令輪身)으로, 五佛의 명을 받고 중생을 제도하는 明王들이다. 儒敎의 서원 터에서 불교 유물이 발굴된 이면에는 조선시대의 숭유억불 정책과 연관이 있는 것으로, 절을 부수거나 절이 있던 터에 서원을 지은 당시의 배불(排佛)정책 때문으로, 오대명왕이 들어간 금강령의 발굴은 그

참 고: 중생구제를 위한 大悲者(佛)의 3가지 나투심=三輪身

自性輪身 (佛身으로 나타나심)

　　　　지혜와 자비를 구족한 尊을 상징함=五佛

正法輪身 (菩薩身으로 나타나심)

　　　　慈悲를 상징함=般若波羅蜜菩薩

教令輪身 (忿怒尊인 明王身으로 나타나심)

　　　　智慧를 상징함=勝三世明王 · 大威德明王 · 降三世明王 · 不動明王

금강계만다라를 통해본 三輪身(삼륜신)의 상호관계,

곧 五佛(자성륜신:佛身)과 五菩薩(정법륜신:菩薩身)과 五大明王(교령륜신:

明王身)의 상호관계를 살펴보면 다음과 같다.

만큼 고려시대에 밀교와 의식이 크게 발달했음을 알려주는 귀한 유물이다.

참 고:　　　　<금강계만다라와 삼륜신(三輪身)의 관계>

(五臺 · 五佛 · 五印 · 五部 · 五德 · 五智 · 五座 · 五形 · 五色 · 三輪身)

五臺	五佛 自性輪身 (五印)	五部	五德 (大日如來의 德)	五智	五座	五形 (持物)	五色 (五大)	正法輪身(보살) 敎令輪身(明王)
中臺	大日如來 智拳印	佛部	理智 輪圓具足 (定)	法界體性智	獅子	塔	白 (空)	금강바라밀 보살 不動明王
東臺	阿閦佛 降魔觸地印	金剛部	智德 (菩提心)	大圓鏡智	白象	金剛 (vajra)	靑 (水)	金剛薩埵보살 降三世明王
南臺	寶生佛 與願印	寶部	福德 (功德聚)	平等性智	馬	寶珠	黃 (地)	金剛寶보살 軍茶利明王
西臺	阿彌陀佛 禪定印	蓮華部	大悲의 德 (智慧門)	妙觀察智	孔雀	蓮花	赤 (火)	金剛法보살 大威德明王
北臺	不空成就佛 施無畏印	羯磨部	三密無盡 莊嚴活動 (大精進)	成所作智	金翅鳥	劍	綠 (風)	金剛業보살 金剛夜叉

3.2.2 四佛(四智) / 十六大菩薩
사불　사지

「於是印成法界體性中流出四佛也　四方佛各四菩薩爲十六大菩薩也」
어시인성법계체성중유출사불야　사방불각사보살위십육대보살야

已上四佛智出生四波羅蜜菩薩焉。
이상사불지출생사바라밀보살언

四菩薩卽金·寶·法·業也。 392) 三世一切諸賢聖生成養育之母。
사보살즉금보법업야　삼세일체제현성생성양육지모

於是印成法界體性中流出四佛也。 四方如來各攝四菩薩。
어시인성법계체성중유출사불야　사방여래각섭사보살

東方阿閦佛攝四菩薩。金剛薩埵·金剛王·金剛愛·金剛喜爲四菩薩也。 393)
동방아축불섭사보살　금강살타금강왕금강애금강희위사보살야

南方寶生佛攝四菩薩。金剛寶·金剛光·金剛幢·金剛笑爲四菩薩也。
남방보생불섭사보살　금강보금강광금강당금강소위사보살야

西方阿彌陀佛攝四菩薩。金剛法·金剛利·金剛因·金剛語爲四菩薩也。
서방아미타불섭사보살　금강법금강리금강인금강어위사보살야

北方不空成就佛攝四菩薩。金剛業·金剛護·金剛牙·金剛拳爲四菩薩也。
북방불공성취불섭사보살　금강업금강호금강아금강권위사보살야

四方佛各四菩薩爲十六大菩薩也。
사방불각사보살위십육대보살야

於三十七尊中　除五佛四波羅蜜及後四攝八供養　但取十六大菩薩
어삼십칠존중　제오불사바라밀급후사섭팔공양　단취십육대보살

爲四方佛所攝也。　　　　　　　(대정장 32. 573c-574a)
위사방불소섭야

---

392) 金寶法業(高麗藏本)=寶法金業(三十帖策子本)
393) 金剛薩埵(高麗藏本)=薩埵(三十帖策子本), 金剛喜(高麗藏本)=金剛善哉(三十帖策子本)

직역(直譯)

이상 사불(四佛)의 지(智)로부터 사바라밀보살(四波羅蜜菩薩)이 출생(出生)하나니, 사보살은 곧 금(金)・보(寶)・법(法)・업(業)이라.

삼세일체(三世一切)의 모든 성현(聖賢)을 생성(生成) 양육(養育)하는 어머니라. 이에서 인성(印成)된 법계체성지(法界體性智)로부터 사불(四佛)이 출생하느니라.

사방(四方) 여래(如來)는 각(各) 사보살(四菩薩)을 섭하나니,

동방 아축불이 사보살을 섭함은, 금강살타(金剛薩埵)・금강왕(金剛王)・금강애(金剛愛)・금강희(金剛喜=金剛善哉)를 사보살이라 하고,

남방 보생불이 사보살을 섭함은, 금강보(金剛寶)・금강광(金剛光)・금강당(金剛幢)・금강소(金剛笑)를 사보살이라 하고,

서방 아미타불이 사보살을 섭함은, 금강법(金剛法)・금강리(金剛利)・금강인(金剛因)・금강어(金剛語)를 사보살이라 하고,

북방 불공성취불이 사보살을 섭함은, 금강업(金剛業)・금강호(金剛護)・금강아(金剛牙)・금강권(金剛拳)을 사보살이라 한다.

사방불의 각각 사보살을 십육대보살(十六大菩薩)이라 함이라.

삼십칠존(三十七尊) 가운데 오불(五佛)과 사바라밀(四波羅蜜)과 후의 사섭(四攝)과 팔공양(八供養)을 제(除)하고, 다만 십육대보살(十六大菩薩)만을 취해 사방불(四方佛)에 섭(攝)하는 바가 되는 것이니라.

의역(意譯)

이상 四佛의 智慧인 四智로부터 四-波羅蜜菩薩(女)이 出生한다.394)

---

394)「南慕大圓鏡智金剛波羅蜜出生　盡虛空遍法界一切波羅蜜菩薩摩訶薩。南慕平等性智寶波羅蜜出生盡虛空遍法界一切波羅蜜菩薩摩訶薩。南慕妙觀察智法波羅蜜出生盡虛空遍法界一切波羅蜜菩薩摩訶薩。南慕成所作智業波羅蜜出生盡虛空遍法界一切波羅蜜菩薩摩訶薩」『金剛頂瑜伽三十六尊禮』(대정장 18. 337b), 한편 『金剛頂瑜伽修證法門』에는 (金剛-寶-法-業)의 四-波羅蜜菩薩과의 加

四-(波羅蜜)菩薩이란 金剛·寶·法·業(波羅蜜菩薩)로서,

(이들 四波羅蜜 菩薩은) 三世一切의 모든 聖賢(현성)들을 生成(생성)하고 養育(양육)하는 어머니이다.395)

<四智의> 印成(合成)인396) 法界體性(智)로부터 四佛이 유출된다397). 四方의 如來(四佛)는 각각 四菩薩을 攝한다.

(곧) 東方의 阿閦佛은 金剛薩埵398)·金剛王399)·金剛愛400)·金剛喜(善哉)401)의 四-菩薩을 섭하고,

南方의 寶生佛은 金剛寶402)·金剛光403)·金剛幢404)·金剛笑405)의 四-菩

持(修行)에 의해 얻어진 것이 四智(大圓鏡智-平等性智-妙觀察智-成所作智)라 설하고 있다. 「由金剛波羅蜜加持故。 證得圓滿周法界遍虛空大圓鏡智 云云)」 (대정장 18. 291a)

395) 大日如來(佛部)의 四親近菩薩을 말한다. 곧 四波羅蜜-修行의 결과 이루어진 분이 大日如來이고, 또 大日如來가 (法界體性智)로부터 출생시킨 분들이 四佛이다. 말하자면 大日如來와 四佛을 비롯한 모든 聖賢들을 낳은 實際的인 분이 다름 아닌 四波羅蜜菩薩이기 때문이다. 그래서 四波羅蜜菩薩을 일러 能生의 母라고 한 것이며, 이들을 女性形으로 나타낸 것 또한 이런 까닭에서이다. 種子는 각각 金剛波羅蜜菩薩:(hūṃ=菩提心·能破)/寶波羅蜜菩薩:(trāḥ=眞如)/法波羅蜜菩薩:(hrīḥ=淸淨)/業波羅蜜菩薩:(āḥ=生死卽涅槃)이다.

396) <印成>이란 印(mudrā)과 밀어(dhāraṇī)를 통해 수행자와 四佛과의 사이에 加持가 이루어져(成), 그 결과로 四佛이 지닌 四智와 入我我入되어 總體智인 法界體性智를 얻었다는 의미이다. 곧 大圓鏡智·平等性智·妙觀察智·成所作智 등의 四智(四印)의 統合智가 法界體性智라는 의미이다.
印이란 印=mudrā=智=佛을 意味한다.

397) 四佛과 四波羅蜜菩薩의 出生過程을 설명하고 있다.

398) 金剛薩埵는 東方阿閦佛의 四親近 보살중 上首菩薩이자 16대 보살 모두의 上首菩薩이다. 種字는 (āḥ)이다./脚註 328) 337)참조

399) 金剛(不空)王의 略語이다. 王처럼 모든 것을 복종시키고 調伏(조복)시켜 發心하도록 인도(鉤召)하기 때문이다. 種字는 (jaḥ)이다.

400) 金剛愛(慾)의 약어이다. 二乘에 執着하는 자로 하여금 菩提心을 일으키게 하기위해 大悲(사랑)의 箭(화살)으로 쏘아 경각시킨다는 뜻이다.
種字는 (hoḥ)이다

401) 金剛(歡)喜의 약어이다. 慈悲와 利他의 三密로서 중생들을 歡喜케 한다는 뜻이다. 善哉란 이름 그대로 본성이 善하고 착하다는 의미이다.
種字는 (saḥ)이다.

402) 金剛(妙)寶의 약어이다. 허공과 같이 무궁한 福業(mani寶珠)을 베풀면서 중생들을 菩薩職位로 이끌어가는 보살이다. 種字는 (oṃ)이다.

403) 金剛(威)光의 약어이다. 威德으로 가득찬 빛을 내면서 중생을 平安(淸淨)

薩을 攝하고,

西方의 阿彌陀佛은 金剛法406) · 金剛利407) · 金剛因408) · 金剛語409)의 四-菩薩을 攝하고,

北方의 不空成就佛은 金剛業410) · 金剛護411) · 金剛牙412) · 金剛拳413)의 四-菩薩을 攝한다.

四方佛에 (속하는) 각각의 四菩薩을 일러 十六大菩薩이라고 한다.

곧 三十七尊가운데 五佛과 四波羅蜜(菩薩)과 四攝(菩薩)414)과 八供養菩薩(內四供養菩薩과 外四供養菩薩의)들을 제외한 十六大菩薩만을 취(取)한 것으로, (十六大菩薩들은) 四方佛의 攝하는 바가 된다.415)

하게 한다는 뜻이다. 種字는 (aṃ)이다.

404) 金剛(寶)幢의 약어이다. 보배의 깃발이라는 뜻으로 이 깃발을 보는 자는 누구든지 福德을 얻게 하는 분이다. 種字는 (traṃ)이다.

405) 金剛(微)笑의 약어이다. 기쁨과 줄거움을 베풀어 중생들에게 微笑를 머금게 하는 분이다. 種字는 (haḥ)

406) 金剛(正)法의 약어이다. 觀音의 蓮華와 같은 淸淨한 모습을 보여 중생들을 正法의 세계로 引導해 가는 분이다. 種字는 (hrīḥ)이다.

407) 金剛(室)利의 약어이다. 文殊(Manju-sri)보살과 같은 智慧로 結使心(煩惱)을 끊고 正法을 잘 지켜 나가도록 인도함. 種子는 (dhaṃ)이다.

407) 金剛(輪)因의 약어이다. 正法으로 가는 根本因인 金剛法輪(四攝法)을 항상 굴리면서 중생을 제도한다는 뜻이다. 種字는(maṃ)이다.

409) 金剛(妙)語의 약어이다. 諸法의 實相을 妙語(本來空의 64種 微妙音)로서 說法하여 중생을 引導한다는 뜻이다. 種字는 (raṃ)이다.
(金剛妙語菩薩과의 加持)를 통해 <六十四種의 法音> 으로 두루 시방세계에 도달하여 衆生으로 하여금 根機에 따라 法益을 얻게 한다. 『佛說如來不思議秘密大乘經』(대정장 11. 719c~720c)

410) 金剛(羯磨)로서, 일상에서 般若와 慈悲로 일관된 身口意 三密行(無功用의 善巧智)을 통하여 중생을 引導해 가는 분이다. 種字는 (kaṃ)이다.

411) 金剛(甲)護의 약어로서, 一切의 煩惱魔가 접근하지 못하도록 중생을 保護하고 지켜주는 분으로, 無始無明의 執見을 타파한다. 種字는 (haṃ)이다.

412) 金剛夜叉(牙)보살이 갖는 공덕을 증득한 金剛牙(暴怒)보살을 말한다. 무서운 어금니(牙)로 모든 魔軍衆을 調伏시킨다는 뜻이다. 種子는 意金剛과 阿閦佛의 상징인 (hūṃ)이다.

413) 金剛拳(印)의 약어이다. 十二合掌과 六種拳印 등의 일체의 印契를 성취하여 萬德을 具足하신 분이란 뜻이다. 種字는 (baṃ)이다.

414) 金剛鉤菩薩 · 金剛索菩薩 · 金剛鎖菩薩 · 金剛鈴菩薩을 말한다.

415) 금강계 37존중 五佛과 十六大供養菩薩을 제외한 나머지 16분의 보살, 곧

註解・講解

<4佛과 16大菩薩>

「四方如來各攝四菩薩」
사방 여래 각 섭 사보살

四類・四方・四部・四佛과 十六大菩薩의 출생과정을 설하고 있다.

곧 <發心=菩提心>을 나타내는 東方 金剛部의 阿閦佛과

그 소속인 菩提心類 四보살(金剛薩埵・金剛王・金剛愛・金剛喜),
보리심류   금강살타   금강 왕   금강 애   금강 희

<修行=功德行>을 나타내는 南方 寶部의 寶生佛과

그 소속인 功德聚類 四보살(金剛寶・金剛光・金剛幢・金剛笑),
공덕취류   금강 보 금강 광 금강 당 금강 소

<菩提=智慧>를 나타내는 西方 蓮華(法)部의 阿彌陀佛과

그 소속인 智慧門類 四보살(金剛法・金剛利・金剛因・金剛語),
지혜문류   금강 법 금강 리 금강 인 금강 어

<涅槃=精進>을 나타내는 北方 羯摩(業)部의 不空成就佛과

그 소속인 大精進類 四보살(金剛業・金剛護・金剛牙・金剛拳)등이
대정진류   금강 업 금강 호 금강 아 금강 권

그것이다.

十六大菩薩의 이름 모두에 金剛이란 이름이 붙여진 것은 이들 16분의 보살이 모두 金剛(vajra)과 (金剛의 灌頂名:관정명)을 지니고 있기 때문이며, 이것은 이들이 金剛과 같이 견고하여 그 어떤 난관에도 절대로 부서지거나 파괴되지 않는 굳건한 發菩提心者들임을 상징하는 것이다.
발 보리심 자

四佛에 종속되는 16분의 보살이 十六大菩薩이란 뜻이다. 여기서 十六大供養菩薩이란 四波羅蜜菩薩(母), 八供養菩薩(天女形의 內四供養菩薩, 侍女形의 外四供養菩薩), 四攝菩薩:금강(鉤:jaḥ・索:hūṃ・鎖:baṃ・鈴:hoḥ)을 말한다. 37존중 五佛을 제외하면 32尊인데, 이들中 <十六大供養菩薩>은 定門의 16尊이라고 하고, 四佛所攝의 <十六大菩薩>은 慧門의 16尊이라고 한다.
16이란 수는 圓滿無盡의 數를 상징한다.

金剛界曼茶羅의 三十七尊을 다른 말로 ‘執金剛(집금강) 云云’이라고 하는 것도, 이들이 한 결 같이 손에 金剛을 지니(執)고 있기 때문이다.[416]

한편 『보리심론』이 三十七尊가운데 五佛과 四波羅蜜(菩薩)과 四攝(菩薩)과 八供養菩薩(內四供養菩薩과 外四供養菩薩의)들을 제외한 十六大菩薩만을 취(取)한 것이라 하여, 16대보살을 강조하는 이유는

1) 16이란 숫자, 곧 月輪觀에서의 16分月의 16이란 숫자와,

또 『반야경』의 16空에서의 16이란 숫자와 관계를 맺게 하기 위함이며,

2) 금강계만다라 成身會 37존 가운데 실제로 四佛과 관계를 가진 분들은 ‘四智印成’이란 句節이지만, ‘16대보살만이 四方佛의 攝하는 바가 된다’라 한 『보리심론』의 설명처럼,

37존중 16대보살만이 四佛·四智의 分身이자 分智로서 직접 관계를 지니고 있기 때문이며,

3) 후술의 3.2.3, 四-波羅蜜菩薩-修行,

곧 도표: <(四波羅蜜·十六大菩薩)修行과 四智(四佛)의 관계>에서 상세히 설명하겠지만,

<16대보살수행>의 결과로서 탄생된 분들이 다름 아닌 四佛이기 때문이다. 곧 四佛과 16대보살은 상황에 따라 서로 因이 되기도 또 果도 되기도 하는, 말하자면 상호 因果關係로 얽혀진 성중들로서, 서로 떼려야 뗄 수 없는 아주 밀접한 관계에 놓여 있기 때문이다.

---

416) 16대보살의 이름이 가지는 의미와, 16空 내지 16月과의 관계에 대해서는, 3.3.4 <衆生의 自心實相> - <16空義와 16대보살과 16分月의 관계>를 참조.

<金胎 兩部曼茶羅의 上首보살, 金剛薩埵>417)
금태   양부   만다라   상수   금강살타

金剛薩埵는 東方阿閦佛의 四親近 보살의 上首菩薩(상수보살)이자 16대 보살 모두의 上首菩薩이기도 하다.

金剛薩埵는16분(分)으로 변화하는 달의 첫 번째인 黑月(흑월=그믐), 곧 發心의 시작을 상징하는 보살로서, 대용맹·견고함을 나타낸다.

모든 보살의 上首보살로서 즉신성불의 성취를 위한 秘法(비법)을 지니고 있기에 秘密主(비밀주)라고도 하며, 이러한 이유로 密教付法(밀교부법)에 있어서는 毘盧遮那佛 다음의 제 2尊으로 추앙된다.

身口意 <三金剛>에서의 種字는 口金剛을 상징하는 (āḥ=𑖁)이고,

<阿字五轉>에서는 第五轉인 <方便>을 상징하는 (āḥ=𑖁)이다.

<空海(弘法)와 最澄(傳教), 別離의 원인이 된 理趣經>

금강계 九會만다라의 7번째 방의 이름은 이취회(理趣會: Naya-Maṇḍala)이다.

理趣란 진리(일체법무자성 공)를 취(取)해, 이를 의지처로 삼아 상구보리 하화중생을 향해 전진해 나아간다(走)는 의미이다.

곧 <번뇌즉시공성반야(煩惱卽是空性般若)>임을 자각시키려는 것이 이취회의 근본 목적으로, 만다라 중앙에는 금강살타가 자리하고 있고,
그의 주위에는 욕·촉·애·만(慾·觸·愛·慢)의 4번뇌(四煩惱)보살과 意金剛女·計里吉羅女·愛樂金剛女·意氣金剛女 등 4금강욕녀(四-金剛欲女)들이 배치되고 있다.

---

417) 金剛薩埵에 대한 상세는 각주 329) 338) 345)참조

『五秘密修行念誦儀軌』에는

「금강살타는 金剛薩陀로부터 金剛鈴보살에 이르는 37智로서 法界體性智를 성취케 하고, 欲金剛-번뇌보살은 제8識을 정화시켜 大圓鏡智를 성취케 하고, 觸金剛-번뇌보살은 제7識을 정화시켜 平等性智를 성취케 하고, 愛金剛-번뇌보살은 제6意識을 정화시켜 妙觀察智를 성취케 하고, 慢金剛-번뇌보살은 前五識을 정화시켜 成所作智를 성취케 한다」[418]

고 하여, 법계체성지 등의 五智가 이들 欲·觸·愛·慢의 4-번뇌보살수행을 통하여 얻어지는 지혜라 하면서, 一切法無自性空의 진리를 세간법에 적용시키며 一切法自性淸淨을 설파하고 있다.

곧 『이취경』에는

「욕청정구시보살위(慾淸淨句是菩薩位)
  촉청정구시보살위(觸淸淨句是菩薩位)
  애청정구시보살위(愛淸淨句是菩薩位)
  만청정구시보살위(慢淸淨句是菩薩位)
  하이고 일체법자성청정고(何以故 一切法自性淸淨故」[419]

또 『진실섭경』 <이취품>에는

「마땅히 알라! 삼계(三界)에는 분별심을 일으킬 만한 것이 하나도 없는

---

418)「金剛薩埵三摩地 名爲一切諸佛法 此法能成諸佛道 (중략) 欲金剛持金剛弓箭。射阿賴耶識中一切有漏種子。成大圓鏡智。金剛計里計羅抱金剛薩埵者。表淨第七識妄執第八識。爲我癡我見我慢我愛。成平等性智 金剛薩埵住大智印者。從金剛界至金剛鈴菩薩。以三十七智成自受用他受用果德身。愛金剛者持摩竭幢。能淨意識緣慮於淨染有漏心。成妙觀察智。金剛慢者。以二金剛拳置䏶。表淨五識質礙身。起大勤勇。盡無餘有情。皆頓令成佛。能淨五識身成成所作智」『五秘密修行念誦儀軌』(대정장 20. 538b)
419)『理趣經』(대정장 8. 784b)

것임을, 탐욕을 보고 떠나는 것 또한 죄가 되나니, 더러운 것 속에 청정한 것이 깃들어 있는 것이기에, 그러니 그 어떤 것에도 집착(執着)을 남겨서는 아니 되는 것이다」[420]

라 하여, 일체법이 무자성공한 것, 곧 일체가 모두 청정하고 평등한 것이니, 自他(자타) 美醜(미추) 淨穢(정예) 生死(생사) 등의 모든 것에 차별을 두지도, 집착하지도 말라는 강력한 메시지를 던지고 있다.

이렇게 一切法의 自性淸淨과 平等의 법문을 설하고 있는 『理趣經』과 떼려야 뗄 수 없는 아주 깊은 인연을 가진 2-스님이 있으니, 일본천태종의 개산조 最澄(최징 傳敎大師)과 일본진언종의 개산조 空海(공해 弘法大師)스님이다.
　일본에 『대일경』과 『금강정경』을 중심으로 하는 순수밀교가 전래된 것은 入唐僧 最澄(767~822)과 空海(774~835)스님에 의해서이다.
곧 入唐 전부터 이미 큰스님으로 추앙받던 최징은 38세인 804년 還學生(환학생: 반드시 돌아와야 된다는 조건으로 국가에서 보내는 소위 국가장학생)의 자격으로 天台敎學 수학을 위해 입당한다.
한편 그때까지만 해도 무명(無名)에 불과하던 공해(空海)스님은 자비유학생(自費留學生)의 자격으로 密敎受學을 위해 당나라로 유학을 가는데, 공교롭게도 같은 날인 804년 7월 6일 출항하게 되는데, 제1船에는 空海가, 제2船에는 最澄이 타고 각각 福州와 明州에 도착한다.

　1년 만에 목적을 달성한 최징은 일본에 환국하기 위해 배편을 마련하던 중 1달여의 시간이 남게 되자, 우연히 월주(越州)에 있는 밀교사찰 龍興

---

420) 『眞實攝經』 (대정장 18. 369a)

寺(용흥사)를 찾아가게 되고,

이 우연한 사건이 바로 최징과 밀교, 최징과 공해와의 만남의 인연이 되는 것으로, 최징은 이곳에서 신라 밀교승 의림(義林)의 제자인 밀교승 순효(順曉)아사리로부터 태장계밀법을 부촉 받는다.[421]

805년 1년 만에 새로운 불법(佛法)인 밀교를 부촉받고 의기양양해하며 일본에 돌아온 최징은 환무(桓武)천황에게 천태(天台)전적 230부 460권을 헌상한다.

한편 같은 해 12월 장안(長安)에 도착한 공해는 청룡사(靑龍寺)에 주석하고 있던 혜과화상<惠果和尙:중국밀교의 대성자인 불공(不空)삼장의 제자이자 동시에 신라밀교승 현초(玄超)아사리의 제자이자, 또 한편으로는 신라 밀교승 慧日의 스승으로, 慧日은 惠果화상으로부터 胎藏의 師位를 傳授받는다>을 만나게 되는데,

이 필연의 만남을 통해 空海는 혜과화상 (746~806) 으로부터 金剛界와 胎藏界 양부(兩部) 密法을 두루 부촉(付囑)받는다.[422]

---

421) 순효아사리는 신라승 의림(義林)의 弟子로서, 의림으로부터 태장계밀법을 전수 받는다. 따라서 最澄은 의림의 손주상좌에 해당된다. 最澄은 4月18日 越州에 있는 龍興寺의 峯山道場에서 順曉로부터 灌頂을 받았다.
　「謹案順曉和尙付法記云　沙門義林阿闍梨是鎭國道場大德阿闍梨也　師事善無畏三藏　三藏以大悲胎藏曼茶羅妙法咐囑沙門義林阿闍梨一百三歲今在新羅國轉大法輪　是卽一行禪師法弟」『內證佛法相承血脈譜』(『傳教大師全集』권1. 242頁),
　「大三藏婆羅門王者法號善無畏(中略)至大唐國轉咐囑傳法弟子僧義林亦是國師大阿闍梨一百三歲今在新羅國轉大法輪　又付大唐弟子順曉是鎭國道場大德阿闍梨　又日本國僧弟子僧最澄轉大法輪　僧最澄是第四咐囑傳授唐貞元二十一年四月十九日書」『內證佛法相承血脈譜』(『傳教大師全集』 권1. 244頁),
　『密教大辭典』 권1. 318頁「義林」條, 권1. 481頁「玄超」條 참조.
　현재 『大正藏』 도상부 11권 p 56과 P 47에는 신라 밀교승 義林과 玄超(공해스님의 노스님)의 초상화가 수재되어있다. 졸고 「당조의 순밀성행과 입당 신라밀교승들의 사상」 『논문집』 제5집 (중앙승가대학교. 1996년)
422) 「廣付法傳」<惠果阿闍梨 行狀>『弘全』 권1 44頁, 「請來目錄」『弘全』 권1. 69~70頁, 「遍照發揮性靈集」 제5 『弘全』 권3 461頁.

806년 8월 2년만에 일본에 귀국한 공해는 당나라에서 가지고 온 밀교 경전의 목록(將來目錄)과 Maṇḍala를 비롯한 밀교법구들을 환무(桓武)천황에게 받치고, 임금은 이것을 총애하는 최징에게 보여주는데, 將來目錄(장래목록)을 본 최징은 자기가 순효아사리로부터 배워 온 밀법이 완전한 것이 아닌 일부분, 곧 금·태양부 밀법중의 하나인 태장계 밀법인 것임을 알게 된다.

이러한 사실을 알게 된 최징은 학구열에 불타 나이차가 무려 7살이나 어리고 거기다 알려지지도 않은 無名의 空海이지만 이를 배우기 위해 어린 空海에게 京都의 高雄山寺(現 神護寺)를 제공하면서까지 그에게 金剛界와 胎藏界 양부관정을 받는다.[423]

중앙에 진출하려는 空海와 金胎密法을 배우려는 최징은 이렇게 한동안 밀월관계를 유지하면서 서로의 목적 달성에 최선을 다한다.

어느 날 최징은 공해가 당나라에서 가지고 온 『將來目錄』을 살피던 중, 『理趣經(釋)』이란 낯선 경전을 발견하고는 이의 열람을 구하나, 공해는 '찌꺼기·도적·깨진 기와장·어리석은 자'란 험구를 하면서 일언지하에 거절하며, 배우고 싶거든 지난번처럼 자기에게 와서 배우라고 한다.[424]

---

[423] 最澄은 弘仁3년(812) 京都의 高雄山寺에서, 11월 15일에는 금강계관정을, 12월 14일에는 태장계관정을 空海로부터 받는다. 「高雄灌頂記」<拾遺雜集>(『弘全』 권10. 621頁)

[424]「爲泰範答叡山澄和尙啓書」<遍照發揮性靈集>『弘全』 권3 546~547頁, 「答叡山澄法師求理趣釋經書」<遍照發揮性靈集>『弘全』 권3 547~552頁 「비장(秘藏)의 오묘함은 글을 얻는 것이 아니라, 오직 마음에서 마음으로 전하는 데 있습니다. 문자로 표현된 것은 찌꺼기이고, 깨진 기왓장에 불과한 것으로, 진실을 버리고 거짓을 쫓는 것은 어리석은 사람이나 하는 짓으로, 어리석은 자의 법은 당신도 따르지 않을 뿐 아니라 나 또한 구하지 않습니다. 옛사람은 도를 위해 道를 구하였지만, 지금의 사람은 명리를 위해 도를 구합니다. 명리를 위해 도를 구하는 것은 구도에 뜻이 있는 것이 아닌 것으로, 진정 구도에 뜻이 있다면 자기를 잊어버리고 법을 道로 삼아야 하는 것입니다」<遍照發揮性靈集>『弘全』 권3 461頁. 勝友俊敎 『弘法大師著作全集』第2輯 PP. 427~437 山喜房佛書林, 佐伯有淸『最澄と空海交友の軌跡』(吉

이에 최징은 제자 泰範(태범)을 공해에게 보내며 1년만 공부하고 돌아오라고 하였으나, 2년이 지나도 소식이 없자 최징은 "法華一乘과 眞言一乘이 어찌 우열이 있겠느냐"는 내용의 편지를 태범에게 보내 돌아오라 촉구하였으나, 공해가 대필하여 쓴 답장, 곧 "밀교에 심취되어 시간 가는 줄 모를 뿐 아니라. 아직 배워야 할 것이 많아 여기 내 곁에 남아 밀교공부를 계속할 것이니 그리 아시고 기다리지 말라"는 내용을 받고는 空海와의 결별을 결심하고, 이를 계기로 806년 일본 천태종(천태·선·율·밀교를 종합한)을 개종(開宗)한다.

한편 최징은 비록 생전에는 뜻을 이루지 못했지만 最澄 사후 일주일 후인 822년 6월 11일, 평생의 숙원사업이던 圓頓戒(大乘戒)를 천태종 본산(本山)인 비예산(比叡山)에 세울 것을 허락받는다.

한편 중앙 진출에 성공한 空海 역시 최징에게의 답장이후 밀교 독자의 종파를 탄생시킬 계획을 결심하고 최징과의 별리(別離)를 선언하며, 『변현밀이교론(弁顯密二敎論)』·『비밀만다라십주심론(秘密曼茶羅十住心論)』·『비장보약(秘藏寶鑰)』·『즉신성불의(卽身成佛義)』등의 책을 저술하며, 마침내 일본진언종(日本眞言宗)을 탄생시킨다.

오늘날 일본 밀교는 전교대사(傳敎大師) 최징(最澄)이 세운 태밀(台密)이라 불리는 일본천태종과, 홍법대사(弘法大師) 공해(空海)가 세운 동밀(東密)이라 불리는 일본진언종이 있다.
일본천태종은 『천태삼부경』[425]과 밀교경전인 『大日經』을 소의경전으로 삼으면서 개종 당시의 전통을 유지하고 있으며, 일본진언종은 『大日經』·『金剛頂經』·『蘇悉地經』·『理趣經』을 소의경전으로 하면서,

---

川弘文館 1998年), 立川武蔵 『最澄と空海, 日本仏教思想の誕生』(講談社選書
    メチエ 1998年, 高木紳元 編著『空海と最澄の手紙』(法蔵館、1999年)
425)『摩訶止觀』·『法華玄義』·『法華文句』를 가리킴

고야산파(高野山派) · 풍산파(豊山派) · 지산파(智山派) · 동사파(東寺派)등으로 분파되어 전통 순수밀교종파로서 큰 교세를 누리고 있다.

<창녀, 바수밀다의 離欲淸淨法門과 『理趣經』>

53善知識中 26번째 등장하는 선지식은 바수밀다(婆須蜜多)라는 창녀(娼女)이다.

선재동자는 그녀를 만나기전부터 호기심으로 가득하였다. 소개받은 선지식이 다름 아닌 창녀였기 때문이다.

아니 창녀가 선지식이라니? 선재동자는 그녀를 만나러가면서부터 그녀에게 던질 질문들을 생각해 두었다. 만나자마자 선재동자는

"당신은 당신을 가슴에 품으려는 자, 입 맞추려는 자, 하루 밤을 동숙하려 덤벼드는 사내들을 어떻게 생각하면서, 품고 입 맞추며 동숙하느냐"고 질문을 던졌다.

바수밀다 창녀가 선재동자에게 답한 대답은 <離欲淸淨法門>이었다.

직접 들어보자

「나와 포옹하는 중생은 섭일체중생삼매(攝一切衆生三昧)를 얻고,

나와 입마춤 하는 중생은 섭일체공덕삼매(攝一切功德三昧)를 얻으며,

나와 동숙(同宿)하는 중생은 해탈광명삼매(解脫光明三昧)를 얻도록

나는 축원한다」[426]

고 대답하고 있다.

---

426) 『80화엄경』 <입법계품> (대정장 10. 365c~366a)

바수밀다 창녀! 그녀야 말로 『理趣經』의 <일체법무자성공>의 진리를 터득하고, 중생들의 음욕을 淸淨平等(청정평등)의 해탈법으로 승화시키는 대보살이다. 그녀를 선지식 대열에 넣은 이유도 바로 여기 있는 것이다.

3.2.3 四-波羅蜜菩薩-修行

「四佛智出生四波羅蜜菩薩 三世一切諸賢聖 生成養育之母」
사불 지 출생 사바라밀 보살 삼세 일체 제 현성 생성 양육 지 모

已上四佛智出生四波羅蜜菩薩焉。 四菩薩卽金寶法業也。
사불 지 출생 사바라밀 보살 언 사보살 즉 금 보 법 업 야

三世一切諸賢聖生成養育之母。 (대정장 32. 574a)
삼세 일체 제 현성 생성 양육 지 모

직역(直譯)

四佛의 지혜로부터 波羅蜜菩薩이 출생하였다.

四菩薩은 곧 金 · 寶 · 法 · 業이다.

삼세일체의 모든 현성(賢聖)들을 生成하고 養育하는 어머니이다.

의역(意譯)

四佛의 지혜인 四智로부터 四波羅蜜菩薩이 출생하였다.

4-바라밀보살이란, 金剛-바라밀보살 · 寶-바라밀보살 · 法-바라밀보살 · 業-바라밀보살로서, 삼세일체의 모든 현성(賢聖)들을 生成하고 養育하는 어머니이다.

註解・講解

<四波羅蜜菩薩은 三世一切의 賢聖들을 생성・양육하는 어머니>

「四佛智出生四波羅蜜菩薩　三世一切諸賢聖　生成養育之母」
　사불 지 출생　사바라밀 보살　삼세 일체 제 현성　생성 양육 지 모

위의 내용은 앞서 살펴본 3.2.2

<四佛(四智) / 十六大菩薩> (대정장 32. 574a) 의 본문내용이었다.
　사불　사지

인용의 내용은 <四波羅蜜菩薩>에 대한 것이지만, 그곳에서는 四佛과
十六大菩薩만을 중점적으로 설명하고, <四波羅蜜菩薩>에 대한 것은 생
략하여 설명을 하지 않았었다.

이곳에서 따로 설명하기 위해 일부러 생략한 것이다.

이하 <四波羅蜜菩薩>에 대해 살펴보자

『菩提心論』은 '四波羅蜜菩薩을 일러, 일체 모든 현성(賢聖)들을 生成하
고 養育하는 어머니'라 설명하고 있다.

도대체 四波羅蜜菩薩이 누구 길래, 그녀들을 일러 일체현성을 생성하고
양육하는 어머니라 하는 것일까?

우리는 앞에서 法身의 智인 法界體性智로부터 四佛이 탄생하고, 또한
四佛의 지혜인 四智, 곧 大圓鏡智・平等性智・妙觀察智・成所作智 각각
으로 부터 (金剛・寶・法・業)波羅蜜菩薩 등의 四-波羅蜜菩薩이 탄생됨
을 보았다.

곧 四佛이 大日如來를 공양하기 위해 그들이 지닌 智慧로서 流出(유출)
시킨 菩薩이 다름 아닌 四-波羅蜜菩薩이긴 하지만,

이에 앞서 四佛이 출현하게 된 것은 법신 毘盧遮那佛께서 因位인 一切義成就菩薩의 시절에 <四波羅蜜-修行>을 한 결과로 四智를 증득하고 毘盧遮那佛로 등극하신 후에 탄생(유출)시킨 분들이 四佛이기에, 이들 四波羅蜜菩薩을 일러 諸尊(제존)을 낳은 能生(능생)의 母라고 한 것이다. 이들을 女性形으로 나타내는 것도 바로 이 때문이며, 또 이들을 「十方三世의 일체의 聖賢(현성)을 生成케 하고 養育시키는 어머니」라 표현한 것도 바로 이 때문이다.

空海는 『金剛般若波羅蜜經開題』에서

「37존중에는 4분의 佛母가 있다. 소위 金剛波羅蜜菩薩·寶波羅蜜菩薩·法波羅蜜菩薩·羯磨波羅蜜菩薩이다.

『金剛般若波羅蜜經』은 첫번째 尊인 金剛波羅蜜菩薩-三摩地의 法曼茶羅이다. 이들 4분의 佛母(波羅蜜菩薩)들은 一切의 佛菩薩들을 生成하고, 三世如來와 薩埵를 養育(양육)하신다」[427]

또 『秘藏記』에는

「五部에 母主를 정한 것은 왜 그런 것인가?

비로차나불은 佛部의 母主이기 때문이다.

곧 阿閦佛은 金剛部의 主(人)로 金剛波羅蜜을 母로 삼고,

寶生佛은 寶部의 主로 寶波羅蜜을 母로 삼고,

無量壽佛은 蓮華部의 主로 法波羅蜜을 母로 삼고,

不空成就佛은 羯磨部의 主로 羯磨波羅蜜을 母로 삼는다」[428]

라 하며, 四-波羅蜜菩薩들을 四佛의 어머니, 곧 佛母라 하며 一切의 佛

---

427) 『金剛般若波羅蜜經開題』 (대정장 57. 1a~b)
428) 『秘藏記』 (『弘全』 권2. 39~40)

菩薩들을 生成하고, 三世如來와 薩埵를 養育(양육)하시는 분이라 설명하고 있다.

한편 不空三藏은 『金剛頂經一字頂輪王瑜伽一切時處念誦成佛儀軌』에서「비로차나불의 (身口意)三字密言은 모두가 一字로서 서로 다르지 않은 것이다.

곧 印과 密言으로 心(마음)을 (結)印하면 (大圓)鏡智를 이루어 곧바로 菩提心의 金剛堅固體를 얻게 되고,

額(이마)을 (結)印하면 응당히 平等性智를 이루어 곧바로 灌頂智의 福聚莊嚴身을 얻게 되고,

密語로서 口(입)을 (結)印하면 妙觀察智를 이루어 곧 바로 法輪을 굴리며 佛의 智慧身을 얻는다.

密語를 지송하며 頂(정수리)를 (結)印하면, 成所作智를 이루어 佛의 變化身을 증득하여 능히 難調者를 調伏시킨다.

곧 이 印과 密言으로 自身을 加持하면, 法界體性智를 지닌 毘盧遮那佛의 虛空法界身을 이루게 되는 것이다」[429]

고 하여, 수행자가 印과 密語를 통해 四佛과 加持를 하면, <四智印成>이 이루어져 곧바로 法界體性智를 얻어 法身毘盧遮那佛로 등극하게 된다고 설명하고 있다.

곧 印과 密語로 나의 分身이라 할 心(심장)·額(이마)·口(입)·頂(정수리)들을 加持하면 나와 四佛과의 加持, 곧 <四波羅蜜菩薩修行>이 완성되어

---

429) 「此毘盧遮那佛三字密言　共一字無異　適以印密言　印心成鏡智　速獲菩提心　金剛堅固體　印額應當知　成平等性智　速獲灌頂地　福聚莊嚴身　密語印口時　成妙觀察智　卽能轉法輪　得佛智慧身　誦密言印頂　成成所作智　證佛變化身　能伏難調者　由此印密言　加持自身成　法界體性智　毘盧遮那佛　虛空法界身」『金剛頂經一字頂輪王瑜伽一切時處念誦成佛儀軌』(대정장 19. 322c)

<四智印成>이 이루어지게 되는 것으로, 그 결과 마침내는 四智의 總體
智인 法界體性智를 얻어 自性身인 法身毘盧遮那佛이 되는 것이라 하며,
四智印成의 중요성을 강조하고 있다.[430]

잠시 <四波羅蜜菩薩修行>과 더불어 밀교의 주요수행법인 <16대보살수
행>에 대해 밀교경궤들은 어떻게 설하고 있는지 살펴본 후, 이들 수행들
은 四佛四智 내지 五佛五智과 어떤 관계를 가지는지 살펴보도록 하자!

「허공에 떠있는 달 제 16일에 이르러 圓明해 짐과 같이 제1의 金剛薩埵
로부터 제 16의 金剛拳보살에 이르기까지의 16대보살에 이르러 중생은
열반을 얻을 수 있는 것이다. 곧 중생의 自心을 發散시키면 16대보살이
며 收斂하면 大日如來가 되는 것이다」 『菩提心論』(대정장 32. 573c)

「若有衆生遇此敎 晝夜四時精進修 現世證得歡喜地 十六大生成正覺」
                    『金剛頂瑜伽修習三摩地法』(대정장 18. 331b)

(밀교의 가르침을 만나 주야정진하면, 현세에 환희지를 얻고, 16大生에
정각을 이룬다)

「若能受持日日讀誦精勤無間如理思惟。彼於此生定得一切法平等性金剛等
持。於一切法皆得自在。恒受一切勝妙喜樂。當經十六大菩薩生。定得如

---

430) 印(mudrā)이란 <決定짓는다>는 뜻이다. 곧 모든 障碍를 除去하여 자신을
    淨化시키겠다는 願力을 세움과 동시 무량한 功德을 성취한 聖衆들을 불러
    請하여 自身의 不退轉의 확고부동한 意志를 刻印시키기 위해 그 聖衆들과 인
    연을 맺어 加持相應한다는 의미이다. 따라서 <印成>이란 印(mudrā)과 밀어
    (dhāraṇī)를 통해 수행자와 四佛과의 사이에 加持가 이루어졌다(成). 곧 四佛
    이 지닌 四智와 入我我入되어 總體智인 法界體性智를 얻었다는 의미이다.

來執金剛性。疾證無上正等菩提」『大般若經』<理趣分> (대정장 7. 987b)

　(누구든지 가르침을 받아 지녀 매일 독송정근하며 여법하게 사유하면, 반드시 금생에 일체법평등의 금강성을 얻어, 일체법에서 자재를 얻고 승묘한 희락속에서 살게 되며, 16대보살생인 금강권보살에 이르러 여래의 금강성을 얻어 속히 무상정등정각을 증득케 된다)

「晝夜四時精進修　現世證得歡喜地　後十六生成正覺」
　　　　　　　　　『文殊師利菩薩五字瑜伽眞言儀軌』 (대정장 20. 723a)

(A(अ)・Ra(र)・Pa(प)・Ca(च)・Na(न) 五字를 주야로 정진하면, 현세에 歡喜地를 얻고, 16大生에 正覺을 이루게 된다)

「當願衆生遇此敎　文殊常爲善知識　速證般若善巧智　疾成無上兩足尊」
　　　　　　　　　『文殊師利菩薩五字瑜伽眞言儀軌』 (대정장 20. 723a)

(바라옵기는 문수보살님께서는 이 가르침을 만나는 중생을 위해 항상 선지식이 되 주시어, 그로 하여금 속히 반야선교지를 증득하여 무상의 양족존을 성취케 하소서)

「由修眞言行菩薩。得入如是等輪依四種智印。以成十六大菩薩生身常樂我淨。由菩薩證此智。便成等正覺也。便證無上菩提」
　　　　　　　　　『般若理趣釋』<不空> (대정장 19. 608a)

(진언행을 닦는 보살은 해탈륜에 들어가게 되고, 四智印에 힘입어 16대

보살생에 이르러 상락아정을 성취하게 되고, 곧 바로 등정각과 무상보리를 증득케 된다)

「若能受持日日讀誦作意思惟。即於現生證一切法平等金剛三摩地。於一切法皆得自在受於無量。適悅歡喜。以十六大菩薩生 獲得如來及執金剛位者」
『般若理趣釋』<不空> (대정장 19. 609a~b)

「누구든지 가르침을 받아 지녀 매일 독송정근하며 如法하게 사유하면, 현생에서 일체법 평등의 금강삼마지를 증득하고, 일체법에서 무량한 자재를 얻어 적열환희하며, 16大生菩薩에 이르러 여래와 집금강의 지위를 획득하게 된다)

「即於十六大生。作金剛薩埵菩薩等乃至金剛拳菩薩。最後身便成毘盧遮那身也」
『般若理趣釋』<不空> (대정장 19. 609b)

(16大보살生, 곧 금강살타로부터 최후신인 금강권보살에 이르러,
곧 바로 비로자나불을 성취케 된다)

「但心信受。經十六生決成正覺」『文殊五字眞言勝相』 (대정장 20. 709c)

(신심을 다하여 가르침을 받아드리면, 결정코 16大生에 이르러 正覺을 성취한다)

「持明阿闍梨 思惟十六義 誦一字心密 三十七圓滿」
『金剛峰樓閣一切瑜伽瑜祇經』 (대정장 18. 255c)

(자기가 明<부처님>임을 알고 사는 밀교아사리가 16大菩薩生을 사유하면서, 一字의 心密을 지송하면 37성중을 원만히 성취케 된다)

『보리심론』이 「四波羅蜜菩薩 三世一切諸聖賢生成養育之母。於是印成法界體性中 流出四佛也」라 한 것은 바로 이것을 말하는 것으로,
<四波羅蜜菩薩修行>, 곧 四智印成의 결과 法界體性智를 얻어 法身毘盧遮那佛이 되고, 이로부터 四佛이 유출되었다는 것을 의미하는 것이다.
곧 四波羅蜜菩薩을 일러 '三世一切諸聖賢生成養育之母'라 한 것은 바로 이러한 의미인 것이다.

위에서 설명한 내용들을 종합하여, 大日如來(法界體性智)↔四佛(四智)↔四波羅蜜菩薩修行의 상호관계를 화살표·도표로 나타내면 다음과 같다.

도 표:　　(四波羅蜜·十六大菩薩)修行과 四智(四佛)의 관계

五方 (因/果)	東方	南方	西方	北方	中方
四- 波羅蜜修行 (因)	金剛- 波羅蜜	寶- 波羅蜜	法- 波羅蜜	業- 波羅蜜	四- 波羅蜜 修行 (因)
(四種修行) 十六大菩薩 -修行 (因)	菩提心類 <發心> 金剛 (薩·王· 愛·喜) 四菩薩	功德聚類 <修行> 金剛 (寶·光· 幢·笑) 四菩薩	智慧門類 <菩提> 金剛 (法·利· 因·語) 四菩薩	大精進類 <涅槃> 金剛 (業·護· 牙·拳) 四菩薩	(四種修行) <方便> 十六大菩薩- 修行 (因)
五佛 (果)	동방 阿閦佛	남방 寶生佛	서방 阿彌陀佛	북방 不空成就佛	중방 毘盧遮那佛 (果)

五智 (果)	大圓鏡智 金剛智	平等性智 灌頂智	妙觀察智 蓮華智 轉法輪智	成所作智 羯磨智	法界體性智 (四智의 本體・總智)

<自受用身과 他受用身>

受用身이란 受用이란 이름 그대로, '받아 사용한다'는 뜻으로서,
자기 본인을 위해서 사용하는 自受用身과, 남을 위해 사용하는 他受用身
의 2가지로 나누인다.

不空三藏의 『分別聖位修證法門』에는
「然受用身有二種。一自受用。二他受用。毘盧遮那佛於內心。證得自受用
四智。大圓鏡智。平等性智。妙觀察智。成所作智。外令十地滿足菩薩他
受用故。從四智中。流出四佛。各住本方坐本座」431)
(受用身에는 2가지가 있다. 自受用身과 他受用身이다.
비로자나불은 內心으로는 自受用의 4가지 지혜인 大圓鏡智・平等性智・
妙觀察智・成所作智를 증득하시고, 밖으로는 十地를 만족한 보살로 하여
금 他受用케 하기위해 四智로부터 四佛을 流出시켜 각각 本方에 머물러
本座에 앉게 하셨다)

이라 하여, 비로자나불께서 自受用, 곧 스스로를 위해서는 四智(大圓鏡
智・平等性智・妙觀察智・成所作智)를 증득하시고, 중생을 위해서는 이 四
智로부터 四佛(阿閦佛・寶生佛・阿彌陀佛・不空成就佛)을 유출시켜, 그들을
利樂・安樂케 한다고 설하고 있다.

---

431) 『分別聖位修證法門』 (대정장 18. 288b)

참 고:

<金剛界曼荼羅 三十六尊의 出生過程에 대한 諸 經論의 說明>

- 단, → (화살표)는 출생의 과정을 표기한 것이다 -

1. 四佛과 四波羅蜜菩薩의 出生過程

經 典 名	出 生 過 程 의 설 명
『理趣釋』 『秘藏記』 『秘藏寶鑑』	大日如來(法界體性智) → 四波羅蜜菩薩(定) → 四佛(四智) 곧 (定 → 智를 주장함) 따라서 四波羅蜜菩薩(定)은 四佛을 비롯한 三世一切賢聖의 生成과 養育의 母가 되는 것이다
『三十七尊出生義』	大日如來(法界體性智) → 四佛(四智) → 四波羅蜜菩薩(定) (智 → 定을 주장함) 四波羅蜜菩薩: (一切賢聖의 生成과 養育의 母) 四佛은 各方의 四菩薩과 四攝菩薩을 攝한다. 곧, 四佛 → 十六大菩薩과 금강(鉤·鏁·鎖·鈴)등의 四攝菩薩을 攝(流出)한다.

『菩提心論』	但. 『三十七尊出生義』는 「於一切如來(菩提堅牢)體。而生金剛薩埵焉云云」 이라 하여, 四佛이 아닌 一切(大日)如來 → 16大菩 薩을 出生시키는 것으로 되어있다. 또한 內四供養菩薩과 外四供養菩薩의 出生에 대해서는 具體的 설명이 없다. 「於是(四智)印成法界體性智流出四佛也」『菩提心論』 四智印成→大日如來(法界體性智)→四佛→16大菩薩 四智→四波羅蜜菩薩
『金剛頂瑜伽分別 修證法門』 『金剛界禮懺文』432) 『三種悉地破地獄轉業障 出三界祕密陀羅尼法』	左의 3개의 문헌 모두 大日如來 → 三十六尊의 형태를 취하고 있다. 大日如來 → 三十六尊 『分別修證法門』 大日如來(內心)→四波羅蜜菩薩을 비롯한 三十六尊을 出生시킴. 단 自受用身을 위해 四智를 證得하고. 他受用身(중생들)을 위해 四智로부터 四佛을 출생시켰다고 부언하고 있음 「毘盧遮那如來自受用身內證智眷屬云云」『禮懺文』 「智法身佛住實相理。爲自受用現三十七尊」『破地獄』
	『金剛頂經』과 『37尊心要』는 아래와 같이

	大日如來와 四佛간의 相互供養의 형태를 취하고 있다.
『金剛頂經』	『金剛頂經』 大日如來→十六大菩薩↓內四供養菩薩↓四攝菩薩↓ 四佛(智) → 四波羅蜜菩薩(定)↑外四供養菩薩↑ 外四供養菩薩↑
『37尊心要』	『37尊心要』 大日如來 → 內四供養菩薩 (四佛을 供養케 하기위해) 四佛 → 外四供養菩薩 (大日如來를 供養케 하기위해)

2. 經典의 主唱 分類

A: 大日如來가 36존 모두를 出生시켰다고 설하는 經典郡

『瑜伽分別聖位修證法門』·

『金剛頂經金剛界大道場毘盧遮那如來自受用身內證智眷屬法身異名佛最上
秘密三摩地禮懺文』·

『三種悉地破地獄轉業障出三界祕密陀羅尼法』

---

432)「毘盧遮那如來自受用身內證智眷屬云云」하며, 비로자나불께서 <金剛界 成身會
-M>의 16대보살과 16대공양보살 등 36존을 모두 출생시키고 있다. 곧 이들은
모두가 비로자나불의 自受用身으로서의 당신의 권속들인 것이다.
　『金剛頂經金剛界大道場毘盧遮那如來自受用身內證智眷屬法身異名佛最上秘密
三摩地禮懺文』(대정장 NO 878, 대정장 18. 335c~337a)

B: 智 → 定을 주장하는 經典郡

『金剛頂經』大日如來와 四佛間의 相互供養型

毘盧遮那佛 → 十六大菩薩・內四供養菩薩・四攝菩薩을 流出

四智(智) → 四波羅蜜菩薩(定)・外四供養菩薩을 出生시킴

　　　　(四波羅蜜菩薩은 三世一切賢聖의 生成・養育의 母)

『37尊出生義』

　大日如來(法界體性智) → 四智 → 1)四波羅蜜 菩薩(定)・四攝菩薩

「由四如來智。出生四波羅蜜菩薩焉。蓋爲三際一切諸聖賢生成養育之母」

「則從一切如來體性海四智之中。而生金剛鉤索鎖鈴等四攝菩薩焉」

『菩提心論』

　① 四智의 合成智인 法界體性智 → 四佛을 流出함

　　　「於是印成法界體性中流出四佛也」

　② 四佛 (阿閦佛・寶生佛・阿彌陀佛・不空成就佛) →

　　　十六大菩薩을 攝(流出)함.「四方如來各攝四菩薩」

　③ 四智(智) → 四波羅蜜菩薩(定)

　　　「已上四佛智出生四波羅蜜菩薩焉」

　　　곧 (三世一切賢聖의 生成과 養育의 母)를 出生시킴

　　* 內外의 8-供養菩薩과 四攝菩薩에 대해서는 언급이 없다

C: 定 → 智를 주장하는 經典郡

　　『秘藏記』: 大日如來 → 四波羅蜜菩薩(定) → 四智(智),

　　　　　　곧 四波羅蜜菩薩(定)로부터 四佛이 出生

　　『秘藏寶鑰』: 四波羅蜜菩薩(定) → 四智(智),

　　　　　　곧 四波羅蜜菩薩(定)로부터 四佛이 出生됨

D: 合成經典 (智 → 定 / 定 → 智)

　　『金剛頂經』·『37尊心要』:

　　大日如來 → 十六大菩薩·內四供養菩薩·四攝菩薩

　　四佛(智) → 四波羅蜜菩薩(定)·外四供養菩薩

3. (內·外) 四供養菩薩의 出生過程

經 典 名	出生過程의 說明
金剛頂瑜伽略述 三十七尊心要	大日如來 → 內四供養菩薩 (四佛을 供養케 하기위해) 四佛 → 外四供養菩薩 (大日如來를 供養케 하기위해)
秘藏記	大日如來 → 四波羅蜜菩薩(定) → 四智(智), 곧 四波羅蜜菩薩(定)로부터 四佛이 出生됨

3.3 16가지의 空義(般若經)와 16分月
공의   분월

又摩訶般若經中 内空至無性自性空 亦有十六義。 433)
우 마하반야경 중 내공지무성 자성공 역유십육의

一切有情於心質中有一分淨性 衆行皆備。
일체 유정 어심질중유 일분 정성 중행개비

其體極微妙皎然明白。乃至輪廻六趣 變不變易如月十六分之一。 434)
기체극미묘교연명백 내지 윤회육취 변 불변역여월십육분지일

凡 月其一分明相 若當合宿之際 但爲日光奪其明性 所以不現。
범 월기 일분명상 약당 합수지제 단위 일광탈기명성 소이불현

後起月初 日日漸加 至十五日圓滿無碍。 (대정장 32. 574a)
후기 월초 일일 점가 지십오일 원만 무애

직역(直譯)

또 마하반야경(摩訶般若經)중에는 내공(內空)으로부터 무성자성공(無性自性空)에 이르기까지 또한 십육의(十六義)가 있나니라.

일체유정은 심질(心質)중에 일분(一分)의 맑은 성품을 지니고 있다. 중행(衆行)을 다 갖추되, 그 체(體) 극히 미묘(微妙)하고 교연(皎然)하고 명백(明白)하여, 내지(乃至) 육취(六趣)에 윤회(輪廻)하더라도 변하거나 또한 변역(變易)하지 않는 것이, 달의 십육분(十六分)의 일(一)과 같으니라.

무릇 달의 그 일분(一分)의 명상(明相)은 만약 합숙(合宿)할 즈음에 당하면, 다만 일광(日光)에 그 명성(明性)을 빼앗기는 까닭(所以)에 나타나지 못하나, 뒤에 초생달부터는 일어나, 나날이 점점 더하여, 십오일(十五日)에 이르면 원만(圓滿)해서 장애가 없는 것이니라.

---

433) 自性空(高麗藏本)=有性(三十帖策子本)
434) 變(高麗藏本)=亦(三十帖策子本)

의역(意譯)

또한 『摩訶般若經』中에는435) 內空으로부터 無自性空에 이르기 까지 16-가지의 空義(空의 의미)436)를 설하고 있다.

一切有情에게는 누구나 마음바탕에 모든 덕과 行이 갖추어져 있는 하나(一分)의 淸淨한 性品이 있는데, 그 体가 극히 미묘하며 皎然(밝고 밝아)하며 밝고 맑다. 곧 그것은 六趣(육도)에 윤회할지라도 變하거나 變易(변역)하지 않는 것이 (마치)달의 十六分의 一, 곧 (一分淨性)과 같은 것이다. 대개 달이 가진 一分의 밝은 相은 만일 合宿(그믐)의 때에 이르면 日光(태양)으로 인해 그 밝은 빛의 성품을 빼앗기게 되어 나타나지 못하는 것이나, (그러나) 후에 일어나는 달의 시작 무렵이 되면 매일매일 서서히 빛이 加해지어 (드디어) 十五日에 이르면 둥그러짐이 가득하여 조금도 모자람이 없게 되는 것이다.437)

---

435) 十六大菩薩을 『大般若波羅蜜多經』이 설한 16空에 비유한 것으로, 玄奘譯 『大般若波羅蜜多經』에는 「善現。一切法皆以十六空爲趣。諸菩薩摩訶薩。於如是趣不可超越。何以故。內空乃至無性自性空尙畢竟無所有。況於其中有趣非趣可得」(대정장 7. 616a)이라 하여, 諸法의 空함을 16空으로 요약해 설명하면서, 16空을 다음과 같이 열거하고 있다.
　16空義란 「(不取着)內空。外空內外空空空大空勝義空有爲空無爲空畢竟空無際空無散空本性空相空一切法空無性空無性自性空」(대정장 7. 449b)
「復次舍利子。若菩薩摩訶薩。欲通達內空。外空。內外空。空空。大空。勝義空。有爲空。無爲空。畢竟空。無際空。散空。無變異空。本性空。自相空。共相空。一切法空。不可得空。無性空。自性空。無性自性空」『大般若波羅蜜多經』(대정장 5. 13b), 『대지도론』은 이를 석하여, 【經】「復次舍利弗。菩薩摩訶薩。欲住內空.外空.內外空.空空.大空.第一義空.有爲空.無爲空.畢竟空.無始空.散空.性空.自相空.諸法空.不可得空.無法空.有法空.無法有法空。當學般若波羅蜜」『대지도론』(대정장 25. 285b)이라 하고 있다.

436) 註解・講解 <『般若經』의 十六空 / 『大智度論』의 十八空>과 3.3.4 <중생의 自心實相> - 十六空義와 十六大菩薩과 16分月의 관계- 참조.

437) 衆生의 自心의 實相을 十六大菩薩中의 金剛薩埵, 16가지의 空 가운데의 內空, 16가지의 달의 모습 가운데의 그믐달 등과 비유하면서, 無始以來로 생긴 無明을 除去하고 본래의 성품인 自性淸淨性을 되찾아 가는 수행과정을 이론적으로 설명하고 있다.

3.3.1 『般若經』과 16空

「摩訶般若經中 內空至無性自性空 亦有十六義」
마하반야경　　중　　내공지무성　자성　공　역유십육의

　공사상(空思想)은 초기불교의 연기설(緣起說)을 재해석하여, 붓다의 기본 입장을 보다 명확하게 밝힌 대승불교의 핵심적인 종교철학사상으로, 그들은 공(空=śūnya)이라는 신어(新語)를 만들어, 초기경전의 핵심어인 무상(無常)과 무아(無我)의 대체어(代替語)로 사용하였다.

　이후 이들은 空의 개념을 다양하게 전개시켜, 대승경전의 모체가 되는 『대품반야경(大品般若經)=2만 5천송 반야』에는 이를 16空이란 개념으로 발전시킨다.

　한편 이 경의 주석서로서 대승의 백과사전이라 불리는 『대지도론(大智度論)』은 空의 의미를 더욱 확장시켜, 다음과 같은 18개의 공(十八空)으로 분석하여 설명하고 있다. 곧

內空·外空·內外空·空空·大空·第一義空·有爲空·無爲空·畢竟空·無始空·散空·性空·自相空·諸法空·不可得空·無法空·有法空·無法有法空

등의 18空이 그것이다.438)

---

438)【經】「復次舍利弗。菩薩摩訶薩。欲住內空·外空·內外空·空空·大空·第一義空·有爲空·無爲空·畢竟空·無始空·散空·性空·自相空·諸法空·不可得空·無法空·有法空·無法有法空。當學般若波羅蜜」『대지도론』(대정장 25. 285b)

한편 현장역 『대반야바라밀다경』에는

「善現이여! 일체법은 모두가 16空에 이르게 된다(趣).

따라서 모든 보살마하살은 이와 같은 趣를 초월해서는 아니 되는

것이다. 왜냐하면 內空으로 부터 無性自性空에 이르기 까지 필경

코 존재하지 않는 것이기에, 그런데 어찌 하물며 이 가운데서 有

趣와 非趣를 얻을 수 있겠는가?」 439)

라 하며, 정형구 <16空>을 제시하고 있다.

註解 · 講解

<『般若經』의 十六空 / 『大智度論』의 十八空>

1. <內空>은 초발심보살인 金剛薩埵 내지는 그믐달을 비유한 것이다.

  곧 이들은 텅 비어있는 空이긴 하지만 그 속에는 무한한 活動性과 모

든 德을 含藏하고 있는 것(眞空妙有)이기에, 그래서 금강살타와 그믐달

에 비유한 것이다.

2. <外空>은 金剛(不空)王보살 내지는 초승달을 비유한 것이다.

  王이 지닌 모든 것, 또 중생들이 추구하고 목메고 있는 外部의 경계인

六境은 영원성이 없는 空이라는 의미이다

3. <內外空(空空)>은 金剛愛(慾)보살 내지는 제2日의 달을 비유한 것이

  다. 六根이나 六境 등 內外의 萬物自體가 마치 사랑이 虛無한 것처럼

空하다는 의미이다

4. <對空(大空)>은 金剛(歡)喜보살 내지는 제 3日의 달을 비유한 것이다.

---

439)「善現。 一切法皆以十六空爲趣。 諸菩薩摩訶薩。 於如是趣不可超越。 何以
  故。 內空乃至無性自性空尙畢竟無所有。 況於其中有趣非趣可得」 『대반야바라
  밀다경』 (대정장 7. 616a)

모든 것을 수용하여 기쁨을 느끼고 있으나, 그것 자체도 因緣으로 이루어진 것이기에 假空이라는 의미이다.(1~4는 東方의 金剛部에 속한다)

5. <勝義空=第一義空)>은 金剛(妙)寶보살 내지는 제 4日의 달을 비유한 것이다. 엄청난 가치의 보배(勝義)라 할지라도 그것 역시 空이라는 의미이다. 불교에서 최고의 진리라 여기는 진여(眞如)나 열반 또한 모두 공하다는 의미이다.

6. <有爲空>은 金剛(威)光보살 내지는 제 5日의 달을 비유한 것이다.
빛이란 무엇과도 비할 바 없는 보배이긴 하지만 그것(有爲) 역시 영원성이 없는 空에 불과하다는 의미이다.

7. <無爲空>은 金剛(寶)幢보살과 제 6日의 달을 비유한 것이다.
常樂我淨 등의 無爲의 세계라 할지라도 그것 또한 空하다는 의미이다

8. <畢竟空>은 金剛(微)笑보살 내지는 제 7日의 달을 비유한 것이다.
행복이나 미소도 잠깐일 뿐 영원성이 없는 것, 곧 유위 무위등 일체 모든 것이 필경에는 공이라는 의미이다 (5~8은 南方의 寶部에 속한다)

9. <無際空=無始空>은 金剛(正)法보살 내지는 제 8日의 달을 비유한 것이다. 처음과 중간과 마지막의 一切諸法이 모두 시작도 없는 空일 뿐이라는 의미이다

10. <無變異空=散空>은 金剛(室)利보살 내지는 제 9日의 달을 비유한 것이다. 諸法皆空의 文殊智慧를 의미하는 것으로 變異하지 않는 것은 하나도 없다는 의미이다. 곧 일체 모든 것은 인연에 의해 생성된 것이므로, 인연이 다하여 흩어지면 결국 空하게 된다는 의미이다.

11. <本性空>은 金剛(輪)因보살 내지는 제 10日의 달을 비유한 것이다. 金剛輪보살이 항상 설하는 것처럼 모든 것은 因緣和合으로 이루어진 空 이라는 의미이다. 일체 존재의 자성(自性)자체가 空性이라는 의미이다.

12. <自相空>은 金剛(妙)語보살 내지는 제 11日의 달을 비유한 것이다. 모든 소리가 空하듯이 一切諸法 또한 그 自相은 空하다는 의미이다. 자성(自性)자체가 空性이므로, 그곳으로부터 파생된 개별적 존재성인 별상(別相) 또한 공한 것이라는 의미임(9~12는 西方의 蓮華部에 속한다)

13. <一切法空>은 일체법이 모두 공한 것임을 종합한 의미로서, 金剛(羯摩)業보살 내지는 제 12日의 달을 비유한 것이다.

五蘊 十二處 十八界 등 一切諸法은 空한 것이므로 業 또한 空한 것일 뿐이라는 의미이다.

14. <無相空>은 金剛(保)護보살 내지는 제 13日의 달을 비유한 것이다. 일체 모든 것은 因緣和合에 따라 시시각각 그 모습(相)을 바꾼다는 의미이다.

15. <無性空=不可得空>은 金剛(夜叉)牙보살 내지는 제 14日의 달을 비유한 것이다. 金剛夜叉菩薩이 위엄(牙)으로 이 진실을 내 보이고 있듯이, 어느 한 물건도 이것이 나라고 내세울 변하지 않는 自性을 가지고 있지 않다는 의미이다.

16. <無自性空=無法空>은 金剛拳(印)보살 내지는 제 15日의 달을 비유한 것이다. 일체 모든 것이 自性이 없는 無自性空이라는 의미이다 (13~16은 北方의 羯摩部에 속한다)

17. 유법공(有法空): 모든 현상이 인연에 의해 존재하는 가유假有)인 空을 의미하며,

18. 유법·무법공(有法·無法空): 모든 존재가 時空間的으로 모두 空한 것이라는 의미이다.

이처럼 공을 18空으로 확대시켜 설명한 『대지도론(大智度論)』은 다시 이를 종합·축소시켜, 다음과 같이 그 유명한 게송으로 회통치고 있으며,

『中論』은 이를 다시 <緣起=空=假名=中道>라 공식화시켜 4句偈로 설명하고 있다.

「諸法皆是因緣生 因緣生故無自性 無自性故無去來 無去來故無所得 無所得故畢竟空 畢竟空是名般若波羅蜜)」 『大智度論』(대정장 25. 631c, 490c)

(세상의 모든 것은 모두가 인연으로 이루어져 있다. 그러기에 자성이 없다고 하는 것이며, 자성이 없는 것이기에 거래도 없고, 거래(오고 감)가 없기에 소득도 없는 것이며, 소득이 없기에 필경공이라 하는 것으로, 필경공 이것을 일러 반야바라밀이라 하는 것이다)

「因緣所生法 我說卽是空 亦爲是假名 亦是中道義」

『中論』 <24품-18송> (대정장 30. 33b)

(세상의 모든 것은 모두가 인연으로 이루어져 있다.
인연으로 생긴 것을 일러 <空>이라 한다. 이를 또 가명<假名>이라고도 한다. 이런 것을 일러 중도<中道>라 하는 것이다)

한편 밀교삼장인 불공삼장은 『都部陀羅尼目』에서
「有十六菩薩位。亦表十六空爲中道」[440]

라 하며, 16대보살을 상기의 『대반야바라밀다경』이 설한 <16空>과 『大智度論』과 『中論』의 <中道>와 상호 match시키면서,
16대보살은 16空과 中道를 가리키는 것이라 단언하고 있다.

---

440) 『都部陀羅尼目』 (대정장 18. 900a)

위 『大智度論』이나 『중론(中論)』의 말씀처럼,

일체제법은 모두가 인연(因緣)으로 이루어진 상대적인 것이기에 고정성이 없는 공무아(空無我)의 것, 곧 <공성(空性=śūnyatā)>이며,

따라서 현재의 모습이나 현상은 임시적이며 일시적인 가유(假有)의 존재, 곧 <임시로 잠시 빌려온 가제(假諦)>일 뿐이다.

그리고 이와 같은 양면성을 가진 존재, 말하자면 비유비무(非有非無)이면서 동시에 이유이무(而有而無)인 존재를 일컬어 <중도적 존재(中道的 存在)>, 곧 <卽空卽假卽中>이라 칭하는 것이다.

대승불교의 키-워드는 「일체법무자성공(一切法無自性空)」이다.

일체법이란 주관계인 나(我)와 객관계인 法을 모두 포함시킨 법이라는 뜻이다. 따라서 <일체법무자성공>이란 「아공법공(我空法空)」과도 같은 의미로 사용된다.

<일체법무자성공>사상은 중관사상(中觀思想)을 비롯하여 여래장사상(如來藏思想)과 유식사상(唯識思想) 등 대승철학의 뿌리이자 근간이 되었다. 곧 모든 대승불교사상은 <일체법무자성공>을 기초로 해서 만들어 낸 사상인 것이다.441)

이를 좀 더 부연설명하면,

中觀思想은 일체법의 공성(空性), 곧 일체법의 연기성(緣起性)을 공(空)=가명(假名)=중도(中道)로 확대 해석해 놓은 이론이고,

唯識思想은 空性에 근거한 가유(假有)의 세계를 식(識)을 중심으로 정리해 놓은 이론, 말 바꾸면 제법(諸法)은 개공(皆空)인데 왜 현실적으로는 有인 것처럼 보이는 것인지, 또 그러한 가유(假有)의 세계는 왜 진실된

---

441) 대승불교뿐만 아니라, 초기불교도 밀교도 모두 마찬가지다. (諸行無常 · 諸法無我). 다시 말해 불교는 空性을 기반으로 한 종교인 것이다.

것처럼 보이는 것인지, 그리고 어떻게 하면 진실된 세계로 거듭날 수 있는지 등등을 識의 허망분별성(虛妄分別性)과 관계 지어 설명한 이론이며, 如來藏思想은 「객진번뇌 자성청정(客塵煩惱 自性淸淨)」이라는 명제(命題)를 통해, 우리들의 일상생활 속에서 끊임없이 맴 돌고 있는 번뇌는 내 것도 아니고 또 어떤 실상이 있는 영원불멸한 것이 아니라, 客(손님)이 갖다 버린 일시적인 쓰레기(塵=空性)에 불과한 것(客塵煩惱)이며, 따라서 그것만 치워 버리면 본래의 청정한 본성을 되찾을 수 있다고 주창하는 이론이다.

<自性(sva-bhāva)이란 무엇? 존재하는 것일까?>
자성

 자기만이 갖는 고유의 성질을 자성(自性: sva-bhāva)이라 한다.
다시 말해 언제 어디서나 자기 이외 그 어떤 다른 것을 필요로 하지도 않고, 설사 관계를 갖는다 해도 한순간도 자기의 고유성을 잃지 않고 보지(保持)하는 성품을 말한다. 세상에 이런 것은 없다. 모든 존재가 상의상존(相依相存)하며 존재하는 연기의 존재인데, 어떻게 이런 것이 존재하겠는가? 그래서 無自性(niḥsva-bhāva)이라 한 것이다.

3.3.2 一分(淸)淨性과 16分月

「一切有情於心質中有一分淨性 如月十六分之一」
일체 유정 어 심 질 중 유 일분 정성 여 월 십 육 분 지 일

『보리심론』은
「一切有情於心質中有一分淨性 衆行皆備。其體極微妙皎然明白。

 乃至輪迴六趣 亦不變易如月十六分之一。凡 月其一分明相 若當合宿之際 但爲日光奪其明性 所以不現。後起月初 日日漸加 至十五日

圓滿無礙」

라 하여, (우리들 중생의 마음에는 절대로 변치 않는 그러면서도 그 무엇과도 比할 수 없는 萬德<만덕>과 光明을 갖춘 一分의 밝은 성품<淨性>이 있는데, 그것은 마치 달과 같은 작용을 갖추고 있다)고 설명하고 있다.

註解 · 講解

<16月과 16空, 나=금강살타>

「一切有情於心質中有一分淨性 衆行皆備。其體極微妙皎然明白。
일체 유정 어 심 질 중 유 일분 정성 중 행 개 비 기 체 극 미묘 교연 명백

乃至輪廻六趣 變不變易如月十六分之一」
내지 윤회 육취 변 불 변역 여 월 십 육 분 지 일

우리들 중생의 마음에는 절대로 변치 않는 그러면서도 그 무엇과도 比할 수 없는 萬德(만덕)과 光明을 갖춘 一分의 밝은 성품이 있는데,
그것이 마치 달과 같은 작용을 갖추고 있다고 설명하고 있다.
곧 本來 달은 太陽의 빛을 받아 1달 30일 내내 둥글고 밝은 것이어야 하지만, 地球의 개입으로 인해 우리들에게 그믐달부터 초승달을 거쳐 보름달에 이르기까지의 16가지의 형태와 밝기를 나타내 보여 주듯이,
우리들 중생들도 본래는 萬德(만덕)과 光明, 곧 自證(자증)과 化他(화타)의 중덕(衆德)을 두루 갖춘 佛性을 지니고 있지만, 각자 각자가 지은 業으로 인해 現在는 이러한 本性을 잃고 수많은 번뇌와 고통을 받고 산다(윤회전생)는 것이 첫 번째 설명이며,

두 번째 설명은, 黑月(그믐달)로 있던 달이 점점 보름달로 변해 가면서

本來의 光明을 되찾아 가듯이,

중생들도 法性(一切法無自性空의 法性)과 本有自性(나=一分淨性이란 萬生命 所有의 佛性의 所有者=금강살타)을 깨달아 發心修行하면, 곧 바로 그 본성(本有自性)인 萬德光明(만덕광명)을 되찾을 수 있다는 설명이다.

곧 16月과 16空의 설명을 통해, <나=대일여래의 분신인 금강살타>임을 깨닫는 것이 밀교수행의 핵심임을 역설하고 있는 것이다.

3.3.3 16大菩薩 442)

「四方佛各四菩薩爲十六大菩薩也」
사방불 각 사보살 위 십육대보살 야

앞서 3.2.2의 <四佛(四智) / 十六大菩薩>에서
사불 사지

「四方佛各四菩薩爲十六大菩薩也」

라 하여, 四方佛에 (속하는) 각각의 四菩薩, 곧 전체 十六大菩薩을 거명한 바 있는데, 지금 다시 이분들을 불러내는 이유는 앞서 설명한 <般若經의 16空>과 <月輪觀의 16月>을 이들 <16대보살>과 match시켜, 이들 3相의 상호 관계를 하나로 묶어 설명하기 위해서이다.

---

442) 16대보살은 대일여래의 화불(化佛)인 四佛의 德을 구체적으로 상징한 것이다. 곧 4-해탈륜속의 16대보살들은 수렴과 발산의 유기적 관계를 이루면서, 금강계만다라가 상징하려는 공성반야(空性般若)에 대한 개시(開示)를 보이고 있다. 한편 16대 공양보살과의 상호관계에 대해서는, 16大菩薩은 慧門을 상징하는 것으로, 이를 金剛杵로 나타내고 있고, 16大供養菩薩은 定門을 상징하는 것으로, 이를 金剛鈴으로 나타내고 있다. 16대보살의 상수(上首)보살인 금강살타(金剛薩埵)가 왼손에는 金剛鈴을, 오른 손에는 金剛杵를 쥐고 있는 것은 금강살타-보살야말로 定과 慧를 마스터한 소위 定慧雙修(정혜쌍수)의 보살임을 보이고 있는 것이다.

이들 셋이 어떤 관계를 가지고 있는지, 또 『보리심론』은 어떤 의도로 이들을 관계 맺으려 하는지 註解(강해)를 통해 살펴보자.

註解・講解

<16月과 16대보살, 금강계만다라-수행>

「月其一分明相 若當合宿之際 但爲日光 奪其明性 所以不現 後起月初 日
월 기 일분 명상 약당 합수 지제 단위 일광 탈 기 명성 소이 불현 후기 월초 일

日漸加 至十五日圓滿無礙」
일 점가 지십오일 원만 무애

중생이 그 本性을 깨달아 가는 과정을,
① 달이 黑月(그믐달)로부터 보름달로 변화해 가는 16단계의 과정과
② 금강계 성신회-만다라의 金剛部 4보살로부터 寶部 4보살과 蓮華部 4
보살을 거쳐 羯磨部 4보살의 마지막인 金剛拳菩薩에 이르기까지의 16분
의 菩薩에 비유하고 있다. 예를 들면
  흑월(合宿)의 그믐달은 金剛薩埵(금강살타)보살에, 초하루는 金剛王(금강왕)
보살, 초이틀은 金剛愛(금강애)보살, 초삼일은 金剛喜(금강희)보살에 각각 비
유하고 있는데, 여기서 그믐달을 金剛薩埵에 비유한 까닭은 그믐달이나
금강살타는 본래는 밝음과 깨달음 그 자체로서, 그 圓明(원명)함과 德은
보름달(佛)과 하나도 다르지 않으나, 지금 현재는 중생의 모습인 無明의 모
습을 나타내고 있기 때문이다.

3.3.4 <중생의 自心實相>
      - 十六空義와 十六大菩薩과 16分月의 관계 -

「月其一分明相後起月初 日日漸加 至十五日圓滿無礙」
월 기 일분 명상 후 기 월초 일일 점가 지십오일 원만 무애

	『般若經』 十六空	『金剛頂經』 十六 大菩薩	『菩提心論』 月의 十六分月	비　　고 (16空의 의미와 16대보살의 名義)
	一切法無自性 空	衆生의 自心實相		
	『般若經』 주장	『金剛頂經』 주장	『菩提心論』은 『般若經』·『金剛頂經』의 2經을 활용하여, 여기에 月의 支分을 덧붙여 會通(회통)시키고 있다.	
1	內空	金剛薩埵 種字(āḥ)	그믐달	상수보살인 동시에 密教付法의 제 2祖. 모든 내부의 것이 空함, 곧 <眞空妙有의 德>과 <六根卽是空>임을 상징함 중생들로 하여금 보리심을 일으키게 하심
2	外空	金剛(不空)王 種字 (jaḥ)	초생달	王이 가진 (명예.권력)등 모든 외부의 것이 空함 <六境卽空>임을 시사함. 王처럼 모든 것을 복종시키고 調伏(조복)시켜 發心하도록 인도(鉤召)하심
3	空空 (內外空)	金剛愛(慾) 種字(hoḥ)	제2日月	慈悲로 중생을 사랑함 <愛慾卽是空>임을 시사함. 二乘에 執着하는 자로 하여금 菩提心을 일으키게 하기위해 大悲(사랑)의 箭(화살)

			을 쏘아 경각시킴
4	大空 (對空)	金剛(歡)喜 種字(saḥ)	제3日月	중생을 환희케 함 <歡喜卽是空>임을 시사함. 곧 慈悲와 利他의 三密로서 중생들을 歡喜케 함
5	勝義空 (空空)	金剛(妙)寶 種字(oṃ)	제4日月	妙寶를 베풂 <妙寶卽是空>임을 시사함. 허공과 같이 무궁한 福業(mani 寶珠)을 베풀면서, 중생들을 菩 薩職位로 이끌고 감을 상징하 고 있음
6	有爲空	金剛(威)光 種字(aṃ)	제5日月	威德으로 빛을 비춤 <有爲威光亦是空>을 시사함. 威德으로 가득찬 빛을 내면서 중생을 平安(淸淨)케 함
7	無爲空	金剛(寶)幢 種字(traṃ)	제6日月	보배의 깃발을 들어 알림 <無爲涅槃亦是空>을 시사함. 보배의 깃발이라는 뜻으로 이 깃발을 보는 자는 누구든지 福德을 얻게 함
8	畢竟空	金剛(微)笑 種字(haḥ)	제7日月	<諸法의 畢竟空>을 시사함. 기쁨과 즐거움을 베풀어 중생들에게 미소를 머금게 함
9	無際空	金剛(正)法 種字(hrīḥ)	제8日月	중생을 正法世界로 이끔 <諸法의 初中後卽是空>을 시사. 觀音菩薩의 淸淨한 모습을 蓮 華에 비유하며, 중생들을 正法 세계로 引導함
10	無變異空	金剛(室)利 種子(dhaṃ)	제9日月	文殊(Mañju-śrī)의 智慧로 중 생을 이롭게 함.

				文殊智慧를 <諸法皆空>으로 상징하며,文殊(Manju-sri)보살과 같은 智慧로 結使心(煩惱)을 끊고 正法을 잘 지켜 나가도록 인도함.
11	本性空	金剛(輪)因 種字(maṃ)	제10日月	正法의 根本因인 法輪을 굴려 <諸法의 緣起性>을 시사함. 正法으로 가는 根本因인 金剛法輪(四攝法)을 굴리면서 증생을 제도하심
12	自相空	金剛(妙)語 種字(raṃ)	제11日月	妙語로서 諸法의 自相의 實相空을 시사함. 諸法의 實相을 妙語(本來空의 64種 미묘음)로서 說法하여 증생을 인도한다는 뜻. 곧 (金剛妙語菩薩과의 加持)를 통해 <六十四種의 法音>으로 두루 시방세계에 도달하여 증생으로 하여금 근기에 따라 法益을 얻게 함 『佛說如來不思議秘密大乘經』 (대정장 11. 719c~720c)
13	一切法空	金剛(羯摩)業 種字(kaṃ)	제12日月	三密行의 法身說法을 통하여 衆生을 제도함. 般若와 慈悲로 일관된 일상의 身口意 三密行(無功用의 善巧智)을 통하여 증생을 引導해 가는 분임
14	無相空	金剛(保)護	제13日月	衆生을 보호함 <諸相의 空性>을 시사함. 一切의 煩惱魔가 접근하지 못

		種字(haṃ)		하도록, 중생을 보호하고 지켜주는 분으로, 無始無明의 執見(집견)을 타파함.
15	無性空	金剛(夜叉)牙 種字(hūṃ)	제14日 月	魔軍衆들을 항복시킴 <諸法의 無性>을 시사함. 보살의 공덕을 증득한 金剛牙(暴怒)보살을 말함. 무서운 어금니(牙)로 모든 魔軍衆을 調伏시킨다는 뜻임. 意金剛과 阿閦佛의 상징인 종자(hūṃ)로 표현함
16	無自性空	金剛拳(印) 種字(baṃ)	제15日 月	印契로 衆生濟度의 서원과 <諸法無自性空>을 시사함. 十二合掌과 六種拳印 등의 일체의 印契를 성취하여 萬德을 具足하신 분이란 뜻.

註解·講解

참 고: 『보리심론』의 특징

<勝義菩提行과 行願菩提行을 三摩地菩提行으로 회통시킴>

금강계 成身會 37존을 설함 /

이중 특히 16大菩薩(定慧具足)을 16分의 月輪(大悲行願)과 결합시킴 /

또 16大菩薩(定慧具足)을 勝義菩提心의 16空(無自性空)과 매칭시킴 /

곧 16大菩薩을 16分의 月輪(大悲行願)과 결합시키고,

또 16大菩薩을 勝義菩提心의 16空(無自性空)과 매칭시키고 있다.

곧 勝義菩提心을 나타내는 16空과, 行願菩提行을 나타내는 16分月을,

三摩地法인 月輪觀과 16大菩薩修行으로 회통시킴으로서, 씨너지 효과를

극대화시키고 있는 것이다.

3.4 阿字觀 (大日經)
아자관

3.4.1 阿字觀 (三句와 五轉)
삼구   오전

「阿字者 一切法本不生義」
아자 자   일체법 본불생 의

所以觀行者 初以阿字發起本心中分明443) 卽漸令潔白分明
소이 관행 자 초 이 아자 발 기 본심 중 분명   즉 점 령 결백 분명

證無生智。444) 夫 阿字者 一切法本不生義。
증 무생 지   부 아자 자   일체법 본 불생 의

准毘盧遮那經疏 釋阿字具有五義。
준 비로 차 나 경 소 석 아자 구 유 오 의

「一者阿字(短聲)是菩提心。 二阿字(引聲)是菩提行。
일자 아자 단성 시 보리심   이 아자 인성 시 보리 행

三暗者(長聲)是證菩提義。 445) 四惡子(短聲)是般涅槃義。
삼 암자 장성 시 증 보리 의   사 악자 단성 시 반 열반 의

五惡子(引聲)是具足方便智義也」446)   (대정장 32. 574a)
오 악자 인성 시 구족 방편 지 의 야

---

443) 本心中(高麗藏本)=本心之中(三十帖策子本),
444) 卽(高麗藏本)=只(三十帖策子本),
445) 暗者:長聲(高麗藏本)=暗者:短聲(三十帖策子本),
446) 方便智義也(高麗藏本)=方便智義(三十帖策子本),

직역(直譯)

이런 고로 관행자(觀行者)는 처음에 아자(阿字)를 가지고 본심중(本心中)에 분(分)의 명(明)을 발기(發起)하여,

곧 점점 결백분명(潔白分明)케 하여서 무생지(無生智)를 증(證)하느니라.

　대저 아자(阿字)라 함은 일체법(一切法) 본불생(本佛生)의 뜻이라.

비로자나경소(毘盧遮那經疏)에 준(准)하면,

아자(阿字)를 해석(解釋)함에 두루 다섯 가지 뜻을 갖추고 있나니,

「첫째는 아자(阿字: 短聲) 곧 보리심이요,

둘째는 아자(阿字: 引聲) 곧 보리행(菩提行)의 뜻이요,

셋째는 암자(暗字: 長聲) 곧 증보리(證菩提)의 뜻이요,

넷째는 악자(惡字: 短聲) 곧 반열반(般涅槃)의 뜻이요,

다섯째는 악자(惡字: 引聲) 곧 구족방편지(具足方便智)의 뜻이니라」

의역(意譯)

　그런 까닭에(所以) 觀行者는 처음 阿字를 통하여 本心 가운데의 一分의 밝음(明)을 發起(발기)시키고, 점차 潔白(결백)하고 分明하게 하여 無生智(무생지=anutpādajñāna)를 증득해야 한다.[447]

　阿字는 一切諸法의 本不生(본불생=Ādyanutpāda)이란 뜻이다.[448]

---

447) 『菩提心論』이 설하는 4가지 觀法 가운데 3번째에 해당하는 阿字觀에 대한 설명이다. 無生智에 대해, 『阿毘達磨集異門足論』 <卷3>은 「無生智云何。 答謂如實知我已知苦不復當知。 我已斷集不復當斷。 我已證滅不復當證。 我已修道不復當修。 此所從生智見明覺解慧光觀。 是名無生智」(대정장26. 376a)이라 하여, (나는 이미 괴로움(苦)을 알아 다시는 괴로움이 없다는 것을 알았으며, 또 이미 괴로움의 원인인 集(着)을 끊어 다시는 집착이 일어나지 않음을 알았으며, 또 나는 이미 苦와 集이 다했음을 증득하여 더 이상 증득할 것이 없음을 알았으며, 또 이미 팔정도를 닦아 더 이상 닦을 것이 없음을 여실히 알았다. 곧 이러한 고집멸도에 대한 應現(知·斷·證·修)의 확신으로부터 생기는 智見·明覺·解慧·光觀을 가리켜 無生智라 한다)

448) 일반적으로 阿字에 3가지 뜻을 부여한다. 空과 有와 本不生이 그것으로,

『毗盧遮那經疏』에는449) 阿字를 해석함에 구체적으로 <阿字五義>로

空과 有는 方便의 立場에서 본 것이고, 本不生은 眞實의 立場에서 본 것이다. 「卽此阿字是諸法本不生義。若離阿聲則無餘字。卽是諸字之母。卽一切眞言生處也。謂一切法門及菩薩等皆從毘盧遮那自證之心。爲欲饒益衆生。以加持力而現是事。然實卽體不生同於阿字之法體也。此字於眞言中最爲上如是故眞言行者常當如是受持也。是故一切眞言住於阿字。猶住此故誦之卽生他一切字德」『大日經疏』<供養次第法疏> (대정장 39. 799b)

449) 『菩提心論』은 이 부분을 '准 大日經疏'라 하며 阿字로부터 噁(引)까지 설명하고 있으나, 막상 『大日經疏』는 다음에서 보듯 내용이 약간 다르다. 곧 阿字로부터 噁(短)까지는 비슷하나, 마지막 噁(引)은 品에 따라 내용을 달리하고 있다. 살펴보자.
「初阿字門卽是菩提之心。次暗字卽是成無上菩提。次阿(長)字是行菩提之行。次惡字卽是大涅槃」『大日經疏』<成就悉地品> (대정장 39. 706a)
「最初阿字卽是菩提之心。若觀此字而與相應。卽是同於毘盧遮那法之體也。謂觀此阿字之輪 (중략) 此阿有五種。阿阿(長)暗噁噁(長) 又每字輪。初先有三重歸命三寶眞言之心。謂阿字娑字嚩字。卽此三字顯三部義也。阿字是如來部。娑字是蓮華部。嚩字是金剛部。每三 部隨五字輪而轉」『大日經疏』<密印品> (대정장 39. 722c~723a)
「當知此字輪卽遍一切眞言之中。若見阿字。當知菩提心義。若見長阿字。當知修如來行。若見暗字。當知成三菩提。若見噁字。當知證大涅槃。若見長噁字。當知是方便力也」『大日經疏』<密印品> (대정장 39. 723b)
「皆成五字也。所謂字輪者。從此輪轉而生諸字也。輪是生義。如從阿字一字卽來生四字。謂阿(短)是菩提心。阿(引)是行。暗(長)是成菩提。噁(短)是大寂涅槃。噁(引)是方便」『大日經疏』<密印品> (대정장 39. 723b),
그 이유를 고찰해 본 결과 특히 마지막 噁(引=Āh)의 경우는 唐僧 一行의 저술인 『大日經義釋』<14권>의 설을 많이 활용해 이를 요약한 것임을 알게 되었다. 이에 『大日經義釋』의 설명을 보니, 「이를 통털어 논하며 이것의 취지를 살펴보니, 모두 四字門으로 섭할 수 있다. 소위 阿·阿(引聲)·暗·噁이 그것으로, 阿(A=𑖀)字門은 일체중생 본래 佛知見의 性 있으니, 여래께서 種種의 인연으로 그들을 위해 眼膜을 淨除시켜 開明케 하였노라. 그러므로 『法華經』의 第一句에 '佛知見을 열어(開佛知見) 淸淨을 얻게 한 것'이라고 말씀하였으니, 이것이 淨菩提心으로, 이미 淨菩提心을 얻었노라. 응당히 널리 法界藏 가운데의 種種의 不可思議 경계와 일체의 善知識을 두루 보여 온갖 일체의 濟度門을 배우게 하였노라. 그러므로 『法華經』의 제2句에 '佛知見을 보인다(示佛知見)'고 한 것이다. 곧 阿字(長聲=Ā=�आ)로서 大悲萬行의 뜻을 표한 것이다. 이미 大悲萬行을 구족하였노라. 다음으로 沙羅樹王의 華開敷의 智로서 大菩提를 이루었으니, 『法華經』의 제3句에 '佛知見을 깨치셨다(悟佛知見)고 한 것이다. 곧 이것은 暗字(Aṃ=𑖂)의 뜻이다. 이미 成佛하였으니 곧 加持方便으로 普門으로부터 垂迹하여 중생을 引導하여 이익케 하였으니, 만일 중생이 常住를 了知하면 如來衆의 跡의 모든 것을 究盡하여 남은 것이 하나도 없으므로 般涅槃에 들어가는 것이다. 그러므로 『法華經』의 제4句에

- 324 -

설명하고 있다.

「첫째 阿字(短聲:A=अ)는 (發)菩提心이요,

　둘째 阿字(引聲:Ā=आ)는 菩提의 (修)行이요,

　셋째 暗字(長聲:Aṃ=अं)는 (成=證)菩提의 뜻이요,

　넷째 惡字(短聲:Aḥ=अः)는 大涅槃의 뜻이요,

　다섯째 惡字(引聲:Āḥ=आः)는 具足方便智의 뜻이다」[450]

註解·講解

<阿字(A=अ)>란 ?

佛知見에 들어가다(入佛知見)라 한 것이니, 이것이 곧 噁字門(Aḥ=अः)이다.
字輪은 여래의 方便智이다. 다음으로 제5의 噁字門(長聲=Āḥ=आः)이 있으니,
만일 文을 가리켜 相을 弁하려 한다면, 곧 歸命句 中의 種種의 如來의 巧度
門이 그것으로, 이 五字로서 일체의 佛法을 통섭해도 모자람이 없는 것이다.
그러므로 이름하여 正等覺이라 한 것이다」『大日經義釋』(『續天台宗全書 密
教 1, 401~402)

450) 『大日經疏』(20권)은 『大日經』(7권 36품)의 주석서로서 善無畏三藏이 강
의한 내용을 唐의 一行和尚과 新羅의 不可思議가 筆記(필기)한 것이다.
　특히 이중 권 7의 <供養次第法疏>는 불가사의가 자신의 교학적 이해를 바
탕으로 주석을 단 것으로, 이를 통해 『대일경』을 바라보는 불가사의의 견해
를 볼 수 있다. 불가사의를 비롯 입당 신라 밀교승의 사상에 대한 상세한 것
은 졸고 「唐朝의 순밀성행과 입당 신라 밀교승들의 사상」『논문집』제5집 (중
앙승가대학교. 1996년)을 참조.
　『大日經疏』에는 「當知此字輪。卽遍一切眞言之中。若見阿字(A)當知菩提心
義, 若見阿字(長:Ā)當知修修如來行, 若見暗字(Aṃ)當知成三菩提, 若見惡字
(Aḥ)當知大涅槃, 若見惡字(長:Āḥ)當知是方便也」『大日經疏』(대정장 39.
723b)로 되어있다. 이것을 胎藏界曼茶羅上에서는 A字는 發心으로 東方의 寶
幢佛과 大圓鏡智를 상징하며, Ā字는 如來行으로 南方의 開敷華王佛과 平等
性智를 상징하며, Aṃ字는 成菩提로 阿彌陀佛과 妙觀察智를 상징하며, Aḥ
字는 涅槃으로 天鼓雷音佛과 成所作智를 상징하며, Āḥ字는 方便으로 法身
毘盧遮那佛과 法界體性智를 상징한다고 설명하고 있다.

『대일경소』에는

「阿(ﾞ)字는 本不生際(본불생제)로서 萬法의 始源(시원)이다.

곧 일체 소리는 阿(ﾞ) 소리를 듣는 것과 같은 것이기에, 일체법의 初生(초생)을 볼 때 本不生際 (阿=ﾞ)를 보게 되는 것이다.

그러므로 本不生 阿(ﾞ)를 보는 자는 여실히 自心을 아는 것이기에 一切智智라 하는 것이다. 그러므로 法身大日如來는 阿字(ﾞ) 한 자만을 일컬어 眞言이라 하신 것이다」451)

「阿字는 일체 敎法의 근원이며 또 일체 음성의 母이다.

곧 삼계의 언어는 그 모두가 이름을 의지하며, 이름은 또 字를 의지하는 것이니, 阿字를 일컬어 일체 문자의 母라 하는 것이다」452)

「阿字는 第一命根이다. 모든 字를 만들어 내기 때문이다.

곧 阿字 없으면 모든 字는 만들어 질 수 없기 때문에 제1命根이라 하는 것이다. 그러므로 阿字는 모든 것을 김攝하는 句이다. 따라서 阿字를 관하면 一切 內外의 모든 法을 김攝(소섭)하는 것이 된다」453)

『대일경』에는

「阿字를 自心의 體로 삼아 全身에 遍布하면 兩足尊이 되느니라」454)

---

451)「謂阿字門一切諸法本不生故者　阿字是一切敎法之本(略)是萬法之本　一切言語是卽是聞我聲　如是見一切法生時　卽是見本不生際　若見本不生際者　卽是如實知自心卽是一切智智　故毘盧遮那　唯以此一子爲眞言也」『대일경소』(대정장 39. 651c)

452)「阿字是一切法敎之本　凡最初開口之音皆有阿聲　故爲衆聲之母　凡三界語言皆依於名　而名依於字　故悉曇阿字　亦爲衆字之母」『대일경소』(대정정 39. 651c)

453)「長聲之阿　此是阿第一命根也　以能活諸字故言命也　若無阿字諸字卽不生故第一命也　此是能攝召句　若想此字能攝召一切內外之法」『대일경소』(대정장 39. pp. 701c~702a)

「阿字는 一切眞言의 心이다. 阿字로부터 무량의 모든 진언이 유출되기에」455)

「阿字를 自心의 體로 알고, 항상 마음속에 阿字門을 攝持(섭지)하라」456)

일반적으로 字를 설명할 때 보통 字相(자상)과 字義(자의)로 나누어 그 의미를 설명한다.

먼저 <字相의 의미>로는 (無 · 不 · 非)로 보통 否定的 의미로 해석하는 것이 일반적이다.

한편 <字義의 의미>로는 『大日經疏』의

「阿字(अ)에 3가지 義(의)가 있으니, 소위 不生 · 空 · 有의 義이다.

또 阿字에 本初聲(본초성)의 義 있다고 한 것은 本初聲 곧 因緣法인 까닭에 有라 한 것이며, 또 無生(무생)의 義 있다고 한 것은 인연법인 까닭에 無自性, 곧 空이라 한 것이며, 또 不生(불생)이라 한 것은 오직 하나의 진실 경계인 中道(중도)를 가리키는 것으로, 용수보살도 因緣生이므로 空假中(공가중)이라 한 것이다」457)

와 같이, 阿字의 字義를 (有 · 空 · 不生 · 中道)라 하며,

용수보살이 『中論』 <24품 18송>에서 설한

「因緣所生法 我說卽是空 亦爲是假名 亦是中道義」를 인용하고 있다.

---

454)「奇哉眞言行 能具廣大智 若遍布此者 成佛兩足尊」『대일경』(대정장 18. 18b)

455)「所謂阿字者 一切眞言心 從此遍流出 無量諸眞言」『대일경』(대정장 18. 38a)

456)「阿字爲阿體 心持阿字門」『대일경』(대정장 18. 13b)

457)「阿字自有三義。謂不生義。空義。有義。如梵本阿字有本初聲。若有本初則是因緣之法。故名爲有。又阿者是無生義。若法攬因緣成。則自無有性。是故爲空。又不生者卽是一實境界。卽是中道。故龍樹云。因緣生法。亦空亦假亦中」『大日經疏』(대정장 39. 649b)

이상 阿字(ᄀ)에 대하여 경전 상에서 설명한 여러 가지 의미를 살펴보았는데, 이들 중 가장 본질적이고도 근본적인 의미로 해석하고 있는 것은 밀교 경전들이 택한 <本不生>이다.

<阿(A=ᄀ)字 本不生: Ādyanutpāda>
　　　　　　　본불생

「阿字者 一切法本不生義」
　아자 자　일체법　본불생 의

　앞에서 살펴보았지만 일반적으로 阿字에 3가지 뜻을 부여하고 있음을 보았다. <空>과 <有>와 <本不生>이 그것이었다.
　여기서 <空>과 <有>는 方便(방편)의 입장에서 본 것이고, <本不生>은 眞實(진실)인 中道의 입장에서 본 것이다.

『大日經疏』의 말씀을 들어 보자!
「阿字是一切法敎之本。凡最初開口之音皆有阿聲。若離阿聲則無一切言說。故爲衆聲之母。凡三界語言皆依於名。而名依於字。故悉曇阿字。亦爲衆字之母。當知阿字門眞實義。亦復如是。遍於一切法義之中也。所以者何。以一切法無不從衆緣生。從緣生者。悉皆有始有本。今觀此能生之緣。亦復從衆因緣生。展轉從緣誰爲其本。如是觀察時則知本不生際。是萬法之本。猶如聞一切語言時卽是聞阿聲。如是見一切法生時。卽是見本不生際。若見本不生際者。卽是如實知自心。如實知自心卽是一切智智。故毘盧遮那。唯以此一字爲眞言也。而世間凡夫。不觀諸法本源故。妄見有生。所以隨生死流不能自出」[458]

---

458)『大日經疏』(대정장 39. 651c)

(阿<刴>字는 일체 법교(法教)의 근본이다. 무릇 최초 입을 열 때의 소리 모두 阿의 聲 있으므로, 만일 阿聲을 벗어난다면 일체의 언설 없는 것이다. 그래서 阿<刴>字를 일러 일체음성<衆聲>의 母라 하는 것이다.

알아야한다. 阿字門의 진실한 뜻이 이처럼 一切法義속에 두루한 것임을, 까닭은 일체법이란 여러 緣을 좇지 않고 일어나는 것은 그 어느 것도 없기 때문이다. 곧 從緣生이란 모두가 始와 本이 있다는 뜻이다.

이제 그 始와 本을 생하게 한 能生의 緣을 좇아 관하니 그것조차도 또 뭇 인연을 좇아 生하고 展轉하며 緣을 좇으니, 무엇을 그것의 本으로 하겠는가?

이와 같이 관찰하면 곧 본불생제<本不生際> 阿<刴>字야말로 바로 만법의 근본임을 알게 되는 것이다. 곧 일체 소리는 刴소리를 듣는 것과 같은 것이기에, 一切法의 초생<初生>을 볼 때 本不生際를 보게 되는 것이다.

그러므로 本不生際 刴字를 보는 자는 여실히 自心을 아는 것이기에, 여실히 自心을 아는 자를 일러 일체지지<一切智智>라 하는 것이다.

고로 법신대일여래는 刴字 한 字 만을 일러 진언이라 하셨던 것이다. 세간범부들은 제법의 本源을 보지 못하기에 妄見이 일어나고, 그래서 生死流轉하며 스스로 벗어날 수 없는 것이다)

「大悲法이란 근기를 좇아 응해주는 것을 말함이니, 刴字가 바로 그것이다. 곧 여래께서 중생의 근기를 좇아 나투시는 것처럼, 刴字도 굴리면 부처님이 되는 것이니, 어서 刴字를 굴려 大日如來 이루도록 하세나」[459]

<本不生>이란 의미는 太初부터 존재하는 것으로, 만들어지거나 없어지거

---

459)「大悲之法應機顯現。謂卽能現阿字也。次應兩足衆生爲兩足故。卽轉阿字成兩足尊。故言次當轉阿字成大日牟尼也」『대일경소』(대정장 39. 800a)

나 하는 것이 아니기에, 형상도 없고 이름 또한 없다는 뜻이다.

곧 <法身(법신)>이나 <自性淸淨心(자성청정심)>은 本來부터 존재하는 <本不生(본불생)> 바로 그것이라는 의미이다.

法身은 宇宙의 生命에너지로서 우주법계에 가득 차 있는 眞理 그 자체이며, 自性淸淨心(自性法身)은 존재 각자 각자의 안에 존재하는 개체의 生命에너지이기 때문이다.

곧 이러한 에너지를 전체적으로 표현하면 法身이 되고 개별적으로 말하면 自性法身(자성법신=자성청정신)이 된다는 말이다.

곧 『보리심론』에서 제시하는 阿字觀은 法身과 自性法身(淸淨心)이라는 우주에너지와 개별에너지를 태초의 소리인 阿字(卆)를 빌려 표현하고 있는 것이다.

<阿字觀法>

阿字本不生의 이치를 관함을 통해 自心의 佛性을 開顯시키는 것이 목적이다.

곧 이 관은 밀교의 특징인 卽身成佛을 성취하는 여러 觀法가운데 가장 핵심의 秘觀으로, 여타의 관법들은 이 阿字觀을 응용하여 넓히거나 좁힌 廣略의 관법이라 할 수 있다.

<阿字(卆)觀> 수행법의 요지를 밝히면,

수행자로부터 4尺(약 120쎈치)의 거리에 一肘間(48쎈치) 크기의 <阿字本尊圖>를 걸어놓고, 阿字(卆)·蓮華·月輪을 관하는 것이다.

<阿字本尊圖>는 胎藏法과 金剛法에 따라 그 형태를 달리한다.

곧 胎藏法에서는 蓮華를 강조하여, 蓮華위에 月輪을 올려놓고 그 月輪

속에 阿字를 써놓으나,

金剛法에서는 月輪을 강조하여, 月輪속에 蓮華를 그려놓고 그 蓮華위에 阿字를 써넣는 형식을 취한다.

金·胎 모두 八葉의 白色蓮華와 黃金色의 阿字를 취하는 것이 일반적이나, 流派에 따라 달리하기도 한다.

여기서 阿字는 아자관의 핵심으로 菩提心의 種子, 곧 衆生本具의 菩提心을 상징하며, 蓮華와 月輪은 阿字의 三昧耶形을 상징하는 것으로,

<蓮華>는 胎藏의 理法身을, <月輪>은 金剛의 智法身을, <阿字(अ)>는 金胎不二와 理智不二의 大日如來法身을 상징한다.

구체적인 관상법으로는 阿의 聲字實相, 곧 阿字의 聲과 字와 實相을 관하는 것으로, 일상의 出入의 息속에서 阿의 聲(소리)을 唱하고, 阿字(अ)의 형상을 관하고, 阿字의 實相인 本不生을 觀하는 것으로,

깊은 수행의 경지에 들어가게 되면,

阿字 스스로 阿字를 관하고, 阿字 스스로 阿字에 들어가, 阿字 스스로 阿字를 설하게 되어 法界 그대로 阿字가 되는데, 이러한 경지를 일러 <阿字瑜伽悉地>라 한다.

이렇게 하여 阿字本不生의 이치를 證得하고, 淨菩提心의 德을 開顯하게 되면, 三毒은 자연히 淸淨하게 되고, 煩惱와 菩提 生死와 涅槃의 隔執(격집)은 마침내 除滅되어 그 자리에서 即身成佛하게 되는 것이다.[460]

<대승보살이 지녀야 할 필수덕목, 42字觀門(관문)>

阿字(A=अ)는 『華嚴經』 <入法界品>, 『大品般若經』 <四念處品>과 <廣乘

---

460) 『密敎大辭典』 권1. 16頁 <阿字觀>條 참조.

品> 등의 <42字 자륜관(字輪觀)>에 처음 등장하는 것으로,

이들 경전은 A→Ra→Pa→Ca→Na (중략) Ska→Ysa→Śca→Ṭa→Ḍha로 전개되는 전체 42字를 설하면서, 아래의 인용문에서 보이는 바와 같이, 이들 문자에 특별한 의미(義)를 부여하며, 이를 대승보살이 지녀야 할 필수덕목으로 채택하고 있다.461)

곧 『大品般若經』 <四念處品>에는

「수보리야 대승의 보살마하살은 字等(자등) 語等(어등)의 42字를 통해야만 大乘에 들어갈 수 있다. 42字란

(一切法初不生)의 A(첫)字門이며,

(一切法離垢)의 Ra(ᚱ)字門이며,

(一切法第一義)의 Pa(ᚰ)字門이며,

(諸法終不可得諸法不終不生)의 Ca(ᚳ)字門이며,

(諸法離名性相不得不失)의 Na(ᚱ)字門 등이 그것이다 운운」462)

이라 하고, 또 『大智度論』 <陀羅尼如讚菩薩品>에는

「<四十二字-다라니>가 있으니,

아라파차나(A · Ra · Pa · Ca · Na) 등이 그것으로, 이 42字를 통하여 일체의 언어와 명자(名字)를 攝(섭)하는 것이다.

---

461) 이들 42字에 대한 상세는, 졸저 『불교교리발달사강의』 P. 466 (화음출판사 2022년) 참고: <다라니 42字門과 그 字義> 『80 華嚴經』 『大品般若經』 『守護國界經』의 字義 비교>

462)「復次須菩提。菩薩摩訶薩摩訶衍。所謂字等語等諸字入門。何等爲字等語等諸字入門。阿字門。一切法初不生故。羅字門。一切法離垢故。波字門。一切法第一義故。遮字門。一切法終不可得故。諸法不終不生故。那字門。諸法離名性相不得不失故」『大品般若經』 (대정장 8. 256a)

(예를 들면) 보살이 아자(阿字)를 들을 때는 일체법의 본불생(本不生)을 생각하는 것처럼, 들은 바의 42字 모든 자자(字字)를 따라 일체제법의 實相(실상)에 들어가는 것으로, 이러한 것을 일러 <자입문(字入門)다라니>라 하는 것이다」463)

라 하여, 자상(字相)과 일체제법의 궁극적 의미인 실상(實相)을 득하는 수단으로, 자의(字義)를 定形句化(정형구화)시키는 자의론(字義論)과, 소위 문자의 內觀(내관)을 통해 그것의 배후에 있는 實相을 파악해 나가는 소위 자상문(字相門), 곧 陀羅尼目佉(dhāraṇī-mukha)의 2가지 입장으로 나누어 설명하고 있다.

곧 제법의 실상을 증득하기위한 수행법으로, 門(目佉=mukha)이란 말을 새로이 개발하고, 이 문을 통과해야만 대승보살의 자격을 얻는다는 식으로 발전시켜 나가고 있는 것이다.
말하자면 대승보살이 지니고 있어야 할 필수덕목으로, 보살은 이 陀羅尼門(dhāraṇī-mukha)을 통과해야 비로소 無生法忍(무생법인)을 얻을 수 있고, 나아가 一切法淸淨法智(일체법청정법지)를 증득할 수 있다고 강조하고 있는 것이다.

그리고 이러한 움직임은 밀교에 이르면 마침내 소리와 문자를 修行化(수행화)시키는 수행법, 곧 <성자즉시실상(聲字卽是實相)>이라 하여, '언어들이 지니는 의미 그 자체=진실상'이라는 소위 <언어수도법(言語修道法)>이 개발되게 된다.

---

463)「復次有陀羅尼。以是四十二字。攝一切語言名字。何者是四十二字。阿羅波遮那等 (중략) 菩薩聞是阿字卽時入一切法初不生. 如是等字字隨所聞。皆入一切諸法實相中。是名字入門陀羅尼」『大智度論』(대정장 25. 268a)

이것을 <字門定義>(자문정의)라 하는데, 이러한 <字門定義論>은 일대 혁명적 사건으로서, 2가지 형태로 개발·발전·전승된다.

곧 문자의 배열과 숫자의 나열방법의 차이에 따라, 四十二字門과 五十字門으로 분류되는 것이 그것인데,

앞서도 언급했듯이, A→Ra→Pa→Ca→Na (중략) Ska→Ysa→Śca→Ṭa→Ḍha로 전개되는 <四十二字門>은

맨 처음 『대품반야경』계열에서 설해지고, 이것이 『대지도론』을 거쳐 『화엄경』과 그리고 밀교경전인 『守護國界主陀羅尼經(수호국계주다라니경)』→ 『大日經』으로 계승된다.464)

---

464) 『화엄경』은 실담의 자문론에 대한 2계통, 곧 <悉曇四十二字門>과 <悉曇五十字門> 가운데 四十二字門을 채용하고 있는 경전군에 속하는 경전이다. 朝鮮朝 開刊의 『眞言集』에 수재된 「華嚴四十二字母」란 항목은 <실담 사십이 자문>을 화엄경의 중심테마인 보살수행에 초점을 맞추어 42자문의 字義를 풀어낸 항목이다. 「『眞言集』『秘密教』로부터 본 李朝密教」『論文集』제 1輯 (중앙승가대학교,1992),
「所以大品經。及花嚴入法界品。皆説四十二字門。涅槃文字品。文殊所問經。大集陀羅尼 自在王品。各釋悉曇字母」『大日經疏』(대정장 39. 656c),
善無畏三藏 역출의 『三種悉地破地獄陀羅尼』에도 『大日經』系의 42字門을 좇아, A→Ra→Pa→Ca→Na 五字眞言을 설하고 있다. 여기서는 이를 三悉地(出悉地·入悉地·秘密悉地)가운데 出悉地(下品悉地)라 지칭하고 있다.
「下品悉地阿羅波左那。是名出悉地」(대정장 18. 911a), 경은 또한 이 五字를 일체법의 근간이 된다고 하면서, 大悲의 根도 이 五字로부터 생기는 것이라 설명하고 있다,
「復阿字如方黃壇身在其中。從阿字出羅字燒身悉成灰已。此灰中生縛字其色純白。從此出生阿鑁覽唅欠五輪字。而即從腰下至頂上安立身五處。謂淨菩提心。以此五字門爲緣生大悲根。佛娑羅樹王增長。彌布滿於法界。然一切法。即由此五字門本不生離言說自性淨無因緣如虛空也」(대정장 18. 911b)
(또한 阿字는 黃色을 띤 方壇과 같다. 몸(身)이 그 가운데 있다. 阿字(A字)로부터 羅字(Ra字, 곧 火)를 내어 몸을 태워 모두 재(灰)로 만든다. 이 재속에서 파자(Pa字)가 나온다. 그 색은 純白色이다. 이로부터 아밤람함캄(A·Vaṃ·Raṃ·Haṃ·Khaṃ)의 五輪字를 出生시켜, 허리 밑에서 정수리까지의 몸의 五處에 安立시킨다. 소위 淨菩提心이다. 이 五字門을 緣으로 하여 大悲의 根이 생긴다. 佛의 娑羅(雙)樹王이 增長하여 두루 퍼져 法界에 가득하다. 곧 一切法은 모두가 이 五字門에 의한 것으로, 본래 不生한 것이며 言說을 벗어나 있다. 이것은 自性淸淨한 것이기에 허공처럼 因緣이 없는 것이다)

한편 a→ā→i→ī→u→ū→e→ē→o→ō (중략) sha→sa→ha→ksa로 전개

되는 <五十字門>은

『문수사리문경』에 처음 등장하는데, 이것이 『대반열반경』과 『방광대장엄

경』등을 거쳐 마지막엔 밀교의 『大日經』과 『金剛頂經』으로 계승·발전

된다.465)

<『大日經』 三句法門에서의 方便爲究竟>
　　　　　　삼구　법문　　　　　　방편 위 구경

『대일경』의 요점은 三句法門, 곧 「菩提心爲因 大悲爲根 方便爲究竟」으

로 귀결된다.466)

그리고 이 三句 中에서 '方便爲究竟'이란 제3句는 아주 큰 의미를 지니

---

465) 한편 <悉曇 五十字門>은 『文殊問經』 <字母品>·『涅槃經』 <如來性品>·
　　『大日經』 <具緣品> <字輪品>·『金剛頂經』 <釋字母品> 에는 五十字門이 설
　　해진다.『密教大辭典』 권2. 990頁~1001頁 <悉曇>條~<悉曇字母表>條 참조,
　　자문정의론(字門定義論)은 일대 혁명적 사건으로서, 2가지 형태로 개발·전
　　승 되는데, 문자의 배열과 숫자의 나열방법의 차이에 따라 분류된 四十二字
　　門과 五十字門이 그것이다.「진언다라니 悉曇의 형성과 전개에 관한 연구」
　　『논문집』 16호 중앙승가대. 2018년,『梵字大鑑』 名著普及會.1983년. (種智
　　院大學密敎學會編),
　　dhāraṇī를 언어에 숨어있는 실상을 파악하는 내관적(內觀的) 성격의 의미로
　　정리해 보면, 다라니(dhāraṇī)는 어디까지나 실상에 섭입하는 수단인 字門,
　　곧 소리와 문자를 통해서 실상에 통달해 들어가는 언어이론의 핵심으로서,
　　단순히 양재초복(攘災超福)만을 추구하는 세간성취의 수단으로서가 아니라
　　그 이상의 것, 곧 上求菩提와 下化衆生을 이상으로 삼는 大乘菩薩이 반드시
　　지니고 있어야 할 덕목으로, 諸法實相을 추구하는 三昧力이며, 念慧力이며,
　　實相의 摠持이며, 나가서는 이 모든 것들을 망실(忘失)하지 않고 끊임없이
　　지속케 하는 修道成就의 수단 바로 그것이라고 정의내릴 수 있다.
466) 일본 밀교의 개조인 空海(774~835)는 『大日經』 의 三句法門에 대해 다음
　　과 같이 극찬하고 있다.「且大日經及金剛頂經所明。皆不過此菩提爲因大悲爲
　　根方便爲究竟之三句　若攝廣就略攝末歸本。則一切敎義不過此三句。束此三句
　　以爲一吽字。廣而不亂略而不漏。此則如來不思議力法　然加持之所爲也。雖千
　　經萬論。亦不出此三句一字。其一字中所開因行果等准前思之」(『大日經』과
　　『金剛頂經』에서 설하는 내용은 그 모두가 三句法門, 바로 그것이기에, 佛께
　　서 설하신 千經萬論의 敎義는 그 무엇도 三句法門을 뛰어넘을 수는 없는 것
　　이다. 곧 三句法門이야말로 如來의不可思議 法門이며, 加持 바로 그것이다)
　　『吽字義』 (대정장 77. 407c)

고 있을 뿐만 아니라 밀교교리가 갖는 최대의 특징이기도 하다.

곧 方便을 설명하면서, 이 方便이야말로 究竟으로서 밀교가 주장하는 佛身論및 佛智의 근원이자 특징인 法身 毘盧遮那佛과 法界體性智 그리고 『法華經』에서 설하는 佛의 出現의 목적인 開示悟入(개시오입)의 法門 모두에 배당시켜 설명하고 있기 때문이다.

이처럼 밀교는 方便을 최고로 인정한다.

各各等(각각등)으로 서로 다른 삶을 살아온 異生(이생)인 중생들을 제도하기 위해, 온갖 방편을 써서 끝내 成佛의 세계로 인도해 가는 것, 그것이야말로 佛의 大慈悲이며 불교의 궁극적 목표인 究竟(구경)이기 때문이다.

『金剛大甘露軍拏利燄盛佛頂經』과 『五秘密儀軌』에는 방편의 설명으로,

「선남자여! 너를 위해 心中의 心이요 密中의 密인 惡(引聲=邧) 一字門을 설할 것이다. 만일 이 一字門에 주하게 되면 生死中에서 불생불멸하게 되며, 육신을 버리지 않고 이 법을 증득하게 된다. 이 一字門은 過去三世와 현재삼세와 미래삼세 등의 諸佛이 모두 이 一字門에 住하시어 이 법을 증득하신 것으로, 이 법에 의하지 않고 성취한 자는 그 어느 곳에도 없는 것이다」[467]

「大方便이란 三密(身口意)金剛을 말하는 것으로, 이를 증상연(增上緣)으로 삼아, 능히 비로자나불의 淸淨三身의 果位를 증득하는 것이다」[468]

---

467)「我當爲汝更說一字心中之心密中之密惡(引入)字一字門。若善男子常住此一字門。於生死中不生不滅。不變肉身證得此法。此一字門是過去三世現在三世未來三世諸佛。常住此一字門。若非此法而成就者無有是處」『金剛大甘露軍拏利燄盛佛頂經』(대정장 19. 342a)

468)「大方便者三蜜金剛以爲增上緣。能證毘盧遮那淸淨三身果位」『五秘密儀軌』(대정장 20. 539a)

라 하면서, 대승불교의 핵심사상인 성불과 중생제도를 卽身에 성취시키기
위해 이들을 儀軌化시켜 일상에서의 이의 실천(방편)을 강조하고 있다.

心中의 心이요 密中의 密로서, 過去現在未來의 三世諸佛이 모두 의지처
로 삼으며 닦으셨던 方便, 곧 惡(引聲=Āḥ=𑖀𑖮) 一字야말로 卽身成佛 증
득의 Key인 <삼밀유가행> 바로 그것이라 하면서, 이 𑖀𑖮=Āḥ字를 통해서
만 卽身에 法身을 증득할 수 있는 것이라 역설하고 있다.
『보리심론』이 서두에서 밝힌 '三摩地法은 卽身成佛을 설하는 密敎에서
만 설하고, 다른 敎에서는 설하지 않는다'고 한 것은 바로 이 때문이다.

3.4.2 阿字五轉과 『法華經』의 開示悟入
아자 오전 / 법화경 / 개시오입

「阿字配解 法華經中開示悟入四字也」
아자 배해 / 법화경 중 / 개시오입 / 사자 야

又將阿字配解法華經中開示悟入四字也。
우 장 아자 배 해 법화경 중 개시오입 사자 야

(開字者) 開佛知見 雙開菩提涅槃[469] 如初阿字 是菩提心義也。
개자 자 개 불지견 쌍개 보리 열반 / 여 초 아자 시 보리심 의 야

示字者 示佛知見 如第二阿字 是菩提行義也。
시자 자 시 불지견 여 제 이 아자 시 보리 행의 야

悟字者 悟佛知見 如第三暗字 示證菩提義也。
오자 자 오 불지견 여 제 삼 암자 시 증보리 의 야

入字者 入佛知見 如第四惡字 示般涅槃義。
입자 자 입 불지견 여 제 사 악자 시 반 열반 의

---

469) 開佛知見(高麗藏本)=開字者開佛知見(三十帖策子本), 여기서는 三十帖策子
本을 좇아 <開字者開佛知見>으로 하는 것이 타당할 것 같다. 雙開菩提涅槃
(高麗藏本)=卽雙開菩提(三十帖策子本)

總而言之 具足成就。 第五惡字 示方便善巧智圓滿義也。
총 이 언 지　구족　성취　제 오 악 자　시　방편　선 교　지　원 만　의 야

(대정장 32. 574a)

직역(直譯)

또 아자(阿字)를 가지고 『法華經』中의 개시오입(開示悟入)의 사자(四字)에 배열하여 해석하나니,

개자(開字)라 함은 불지견(佛知見)을 여는 것이다(開). (곧) 짝(雙)을 이루어 菩提와 涅槃을 여는 것이다. 처음의 阿字와 같은 것으로, 이것은 菩提心의 뜻이다.

시자(示字)라 함은 불지견을 보이는 것이다(示). 제이(第二)의 아자(阿字)와 같은 것으로, 이것은 보리행(菩提行)의 뜻이다.

오자(悟字)라 함은 불지견을 깨닫는 것이다(悟). 제삼(第三)의 암자(暗字)와 같은 것으로, 이것은 증보리(證菩提)의 뜻이다.

입자(入字)라 함은 불지견에 들어가는 것이다(入). 제사(第四)의 악자(惡字)와 같은 것으로, 이것은 반열반(般涅槃)의 뜻이다.

총체적으로(總) 이것을 말하면, 구족성취(具足成就)하는 것이다.

제오(第五)의 악자(惡字)이다. 이것은 방편선교지(方便善巧智) 원만(圓滿)의 뜻이다.

의역(意譯)

또한 阿字를 『法華經』가운데의 開示悟入(개시오입)의 四字에 배치시켜 해석(配解)하기도 한다.470)

---

470)「諸佛世尊。唯以一大事因緣故出現於世。舍利弗。云何名諸佛世尊唯以一大事因緣故出現於世。諸佛世尊。欲令衆生開佛知見使得淸淨故出現於世。欲示衆生佛之知見故出現於世。欲令衆生悟佛知見故出現於世。欲令衆生入佛知見

(곧) 開字는 佛知見(불지견)을 여는 것, 곧 菩提와 涅槃을 함께 연다는 뜻으로, 처음 제1의 阿字(A=𑀆)인 菩提心이 바로 그것이다.

示字란 佛知見을 보이는 것으로 제2의 阿字(Ā=𑀆)인 菩提行이 그것이며,

悟字는 佛知見을 깨닫는 것으로 제3 暗字(Aṃ=𑀅)인 證菩提가 그것이며,

入字는 佛知見에 들어가는 것으로 제4의 惡字(Aḥ=𑀅)인 般涅槃이 그것이다.

(開示悟入 이것을) 통 털어 말하면, 具足成就(구족성취)의 뜻인 제5의 惡字(Āḥ=𑀆)로서, 이것은 方便善巧智(방편선교지)의 원만의 뜻이다.471)

註解 · 講解

<阿字五轉과 『法華經』의 開示悟入>

「阿字配解 法華經中開示悟入四字也」
아자 배해 법화경 중 개시오입 사자 야

　부처님께서 당신의 知見인 法身不滅(법신불멸)과 一切衆生悉有佛性(일

道故出現於世」『法華經』<方便品> (대정장 9. 7a)

471) 阿字觀의 제 5轉인 <方便究竟>을 설명하면서, 『法華經』의 최고의 핵심이라 할 <一大事因緣(일대사인연)>의 구체적 설명인 開示悟入의 법문을 인용하고 있다. 참고로 상기 내용을 도표로 표시하면 다음과 같다.

開 (佛知見을 열음)	阿字 (A=𑀆) 發菩提心
示 (佛知見을 보임)	阿(長)字 (Ā=𑀆) 如來行
悟 (佛知見을 깨달음)	暗字 (Aṃ=𑀅) 證菩提
入 (佛知見에 들어감)	惡字 (Aḥ=𑀅) 涅槃
開示悟入	惡(長)字 (Āḥ=𑀆) 方便 (開示悟入, 곧 A · Ā · Aṃ · Aḥ을 모두 攝하는 圓滿善巧智)의 뜻이다

체중생실유불성)이란 덕성을 열어 보여,

중생들로 하여금 本來의 눈을 뜨게(開)해, 發心시키는 것이 A字(界)이며,

이러한 德性(덕성)이 나에게도 갖추어져 있다는 것을 보여주시어(示),

大悲行을 갖추도록 하는 것이 Ā字(界)이며,

이러한 發心과 大悲行의 정진을 통하여, 깨달음의 경지(悟)인 菩提를 얻게 하는 것이 Aṃ字(界)이며,

중생들을 구제하여 法身常住(법신상주)의 세계에 들어가(入), 涅槃을 증득케 하는 것이 Aḥ字(界)라는 것을 밝히고 있다.

다시 말해 『法華經』의 <開示悟入>의 법문을 '阿字五轉(아자오전)'으로 설명하면서, 특히 阿字觀의 마지막인 제5轉 Āḥ字(界)는 開示悟入의 법문 모두를 두루두루 攝하는 圓滿方便(원만방편)의 善巧智(선교지) 바로 그것이라고 강조하고 있다.

참고로 『法華經』은 이러한 부처님의 一大事因緣(일대사인연)을 우리 중생들에게 開示悟入(개시오입)시키기 위해, 경 전체에 걸쳐 7가지 비유(火宅喩·窮子喩·藥草喩·化城喩·衣珠喩·古珠喩·醫子喩)를 들고 있다. 이러한 모든 것이 어떻게든 중생들을 佛知見(불지견)의 세계로 이끌어 들여 그들을 깨우치게 하기 위한 方便임은 두 말할 것도 없는 것으로, 이를 위해 7喩의 비유를 들고 있는 것이다.

『대일경소』에는
「大悲法이란 根機(근기)를 좇아 응하여 顯現(현현)케 하는 것을 말한다. 阿字가 그와 같으니 阿字를 일컬어 能現(능현)이라 하는 것이다.
곧 여래께서 중생의 근기를 좇아 兩足(양족)이 되신 것처럼,

阿字도 굴리면 부처님이 되는 것이니, 어서 阿字를 굴려 大日如來 이루도록 하게나」[472)

하며, 어서 阿字를 굴려(五轉시켜) 대일여래를 성취할 것을 권유하고 있다.

<阿字五轉에 대한 『理趣釋』<不空譯>의 해석>

「阿字具有五義」
　아자　구유　오의

<阿字五轉>에 대해 『理趣釋』<不空譯>에는

「(제5)惡字(引聲 𑖁 =Āḥ)란 心眞言인 四字를 두루 합한 하나의 體이다.

阿字(短聲 𑖀 =A)는 菩提心의 義이다.

一切字의 으뜸이 되는 것으로, 대승법 가운데 無上菩提心에 趣向하는데 있어 보리심을 최우선으로 한다는 뜻이다.

阿字(引聲 𑖁 =Ā)는 行의 뜻이다. 곧 四智印이다. 瑜伽敎中에서 速疾히 方便을 수행하여 복덕과 지혜의 자량을 모으는 까닭에, 無上菩提를 證成하는 正因이 되는 것이다.

제3의 暗字(引聲 𑖁𑖼 =Aṃ)란 아주 길고 높은 소리로, 等覺의 뜻이다.

無邊智의 解脫三摩地陀羅尼門을 證得함에 의해 4가지 종류의 魔羅(māra:魔軍)를 항복시키고, 시방 일체여래의 三界法王의 灌頂을 받아 正法輪을 굴리는 것이다.

제4자인 惡子(短聲 𑖀𑖾 =Aḥ)는 涅槃의 뜻이다.

2가지 종류의 장애인 번뇌장(煩惱障)과 소지장(所知障)을 斷除함에 의해 4

---

472) 「大悲之法應機顯現 謂卽能現阿字也 次應兩足衆生爲兩足故 卽轉阿字成兩足尊 故言次當轉阿字成大日牟尼也」『대일경소』(대정장 39. 800a)

종의 圓寂(一者:自性淸淨涅槃。二者:有餘依涅槃。三者:無餘依涅槃。四者: 無住涅槃)을 증득하는 것으로, 前三은 異生·聲聞·緣覺에 해당하고, 第四 (無住涅槃)만은 앞의 諸乘과는 다른 오직 佛乘만의 과를 증득하는 것이다. 이 四字는 비로차나불의 自覺聖智의 四智解脫로서, 金剛薩埵와 金剛寶菩 薩과 金剛法菩薩과 金剛羯磨菩薩의 四大轉輪王菩薩을 現出한다」473)

<『三種悉地破地獄陀羅尼法』과 阿字五轉>

『三種悉地破地獄陀羅尼法』은 胎藏界密法의 大家인 善無畏三藏의 역출 경전이다.

앞에서(각주 448) 『보리심론』의 <阿字五轉思想>이 一行和尙의 『大日經 義釋』과 관계가 있다고 설명한 바 있으나, <阿字五轉思想>이 이외에도 선무외삼장 역출경인 『三種悉地破地獄陀羅尼法』과도 관계가 깊은 것임 이 확인되어, 그 관계를 살펴보려한다.

앞서도 언급한 바 있듯이, 唐의 一行和尙은 인도 바라문 출신의 선무외 삼장의 제자로, 『大日經疏』의 集錄者이다. 곧 선무외삼장으로부터 직접 강의를 듣고 이를 기록하여 만들어진 논이 『大日經疏』<20권>였다.

---

473)「惡(引)字(ᢜ)心眞言者。具含四字爲一體。阿字(ᢜ)菩提心義。如此字。一切 字之爲先。於大乘法中。趣向無上菩提 菩提心爲先 阿(引)字者(ᢜ)行義。則四 智印。瑜伽敎中修行速疾方便。由集福德智慧資糧。證成無上菩提正因。第三 字極長高聲暗字者(ᢜ)等覺義。由證無邊智解脫三摩地陀羅尼門。摧伏四種魔 羅。受十方一切如來三界法王灌頂。轉正法輪 第四惡字者(ᢜ)涅槃義。由斷二 種障。謂煩惱所知之障。證得四種圓寂。所謂一者自性淸淨涅槃。二者有餘依 涅槃。三者無餘依涅槃。四者無住涅槃。前三通異生聲聞緣覺。第四唯佛獨證 不同諸異乘。則此四字是毘盧遮那佛自覺聖智四種智解脫。外現四大轉輪王菩 薩。所謂第一金剛薩埵。第二金剛寶菩薩。第三金剛法菩薩。第四金剛羯磨菩 薩是也」『理趣釋』(대정장 19. 610c)

지금 논하려는 『三種悉地破地獄陀羅尼法』 또한 선무외삼장이 역출한 경으로, 이의 내용이 一行和尙의 저작인 『大日經義釋』<14권>과 유사한 점이 발견된다. 곧 『大日經義釋』이 비록 一行和尙 개인의 저작이라고는 하지만, 스승 善無畏三藏의 영향이 크게 작용하고 있음을 알게 해준다.

『三種悉地破地獄陀羅尼法』 (『三種悉地』라 표기함)에서의 阿字五轉을 언급한 내용을 살펴보자.

「中胎藏(中臺八葉院)은 毗盧遮那 自心의 八葉華이다.

곧 이 心蓮花臺上이 曼茶羅의 中胎(중심)가 된다.

밖의 八葉은 佛의 位次에 따라 布陳(포진)하는 것이다.

四方은 如來의 四智이며, 그 四隅(사우)에 있는 잎은 四攝法[474]을 상징한다.

東南方은 普賢보살로 菩提心의 妙印을 나타내고,

西南方은 文殊菩薩로 大智慧를 상징하며,

東北方은 彌勒菩薩로 大慈를 상징한다.[475] 大慈大悲는 제 2의 의미이다.

西北方은 觀音菩薩로 證(得)을 상징한다.[476]

소위 行願成就를 말하는 것으로, 華臺의 三昧에 들어가는 것을 말한다.

---

474) 金剛(鉤·索·鎖·鈴)菩薩을 말한다. 각각 布施·愛語·利行·同事의 役割을 하며, 중생을 本來의 모습인 佛로 歸還케하는 法身佛의 大悲方便의 모습으로, 衆生을 불러 모아(鉤) 法界宮인 毘盧遮那宮으로 끌어들인(索) 다음 다시는 輪回의 世界로 나가지 못하도록 자물쇠로 잠가놓고(鎖) 安樂의 法門을 들려준다(鈴)는 의미가 깃들어 있다.
475) 文殊와 彌勒은 각각 修行(如來行:Ā)과 涅槃(Ah)을 상징한다.
476) 4菩薩(普賢·文殊·觀音·彌勒)은 각각 4佛(寶幢佛·開敷華王佛·無量壽佛·天鼓雷音佛)의 因位菩薩로서, 각각 發菩提心·大悲修行·成菩提·涅槃을 상징한다. 따라서 西北方의 觀音菩薩은 西方의 無量壽佛의 因位菩薩로서 成菩提, 곧 證(得)을 나타낸다.

그 四方의 잎사귀 가운데 처음의 阿字(A)는 東方에 있으며 菩提心에 비유하는데 萬行의 始作을 의미한다.

黃色은 金剛性으로 그 이름을 寶幢佛 또는 阿閦佛이라고도 한다.

다음의 阿字(Ā)는 南方에 있는데, 이는 行 곧 赤色으로서 불(火)을 의미한다. 곧 文殊의 의미로서 華開敷(開敷華王佛) 또는 寶生佛이라고 한다.

다음의 暗字(Aṃ)는 西方에 있다. (成)菩提이다. 萬行을 닦는 까닭에 等正覺을 이룬다. 白色은 곧 圓明究極과 물(水)의 의미로서, 그 佛을 阿彌陀佛이라고 한다.

다음의 惡字(Aḥ)는 北方에 있다. 正等覺의 果(涅槃)로서, 그 佛을 (天)鼓(雷)音佛, 곧 釋迦牟尼佛(不空成就佛)이라 한다. 곧 大涅槃의 자취를 다해 根本으로 돌아가는 까닭에 涅槃이라 하는 것이다.

佛의 해(日) 이미 涅槃山에 숨어들었기에 색은 黑色이다.

다음에 中方으로 들어간다. 惡字(Āḥ)는 方便이다.

곧 알아야 한다. 이 心法界의 體는 본래 언제나 寂滅의 相인 것임을. 이것은 毘盧遮那 本地身이며 華臺의 體이다.[477](중략)

이 方便은 大空과 같이 여러 모양을 나타낸다.

그 中心은 空으로서 一切의 色을 두루 갖추고 있다.

곧 加持世界인 曼茶羅 普門의 會로서 一定한 處所가 없는 것이다.

단지 如來의 一身 一智 一行이다. 그러므로 八葉은 大日如來와 一體로서, 中臺의 大日如來는 法身인 것이다」[478]

---

477) 『大日經疏』에도 이 구절이 『三種悉地』와 똑같이 설해지고 있어, 善無畏三藏이 이 阿字五轉 그 중에서도 특히 長惡=Āḥ= 을 중요시하고 있음을 알게 해 준다. 「次卽入中惡(長聲)字是方便。卽知此心法界之體。本來常寂滅相。此是毘盧遮那本地之身。華臺之體」『大日經疏』(대정장 39. 788b)
478) 「其中胎藏卽是毘盧遮那自心八葉花也。卽於此心蓮花臺上爲曼茶羅中胎。其外八葉亦隨佛位次列布也。四方卽是如來四智。其四隅葉卽是四攝法也。且東南方普賢是菩提心。此妙因也。次西南方文殊是大智慧也。次東北方彌勒是大慈也。大慈大悲俱是第二義也。次西北方觀音卽是證。謂行願成就入此華臺三

라 하여, <阿字五轉>을 大日經의 <三句法門>을 비롯해 胎·金 兩部의 五佛과 match시키고 있다. 곧

A(宋·東方·菩提心·黃色·地·寶幢佛/阿閦佛) → Ā(宋·南方·大悲行·赤色·火·開敷華王佛/寶生佛) → Aṃ(宋·西方·成佛·白色·水·阿彌陀佛) → Aḥ(宋·北方·涅槃·黑色·風·釋迦牟尼佛) → Āḥ(宋·中方·方便·一切色·空·毘盧遮那 本地身)

<密敎觀法의 중심은 月輪觀일까? 阿字觀일까?>

『菩提心論』에서 주창하는 觀法은 4가지이다. 곧
<勝義菩提心>에서 제시한 一切法無自性觀(일체법무자성관)과 <三摩地菩提心>에서 제시한 月輪觀과 阿字觀 그리고 五相成身觀(오상성신관)이 그것이다.

勝義菩提心에서 제시한 <一切法無自性觀>은 諸法 전체의 法性을 밝힌 理法이고,

三摩地菩提心에서 제시한 <3가지 觀法(月輪觀/阿字觀/五相成身觀)>은 이 즉신성불과 중생제도를 위해 法性을 구체화시킨 事法이다.

한편 三摩地菩提心에서 설한 3가지 觀法을 자세히 분석해 보면,

昧也。其四方葉中。初阿字在東方喩菩提心。最是萬行之初也。黃色是金剛性。其名曰寶幢。亦名阿閦佛。次阿字在南方是行。赤色火義。卽同文殊之義。卽是華開敷。亦名寶生佛。次暗字在西方是菩提也。萬行故成等正覺。白色卽是圓明究極之義又是水義。其佛名阿彌陀也。次惡字在北方。是正等覺果。其佛名鼓音。是釋迦牟尼也。卽是大涅槃。跡極還本故涅槃也。佛日已隱於涅槃山故色黑也。次卽入中惡(長聲)字是方便。卽知此心法界之體。本來常寂滅相。此是毘盧遮那本地之身。華臺之體(중략)以此方便同於大空而現衆像。中心空具一切色。卽是加持世界。曼荼羅普門之會無處不有也。但是如來一身一智一行。是故八葉皆是大日如來一體也。是故中尊大日是法身」『三種悉地破地獄陀羅尼法』(대정장 18. 911c)

月輪觀이 그 중심에 있음을 알 수 있다.

곧 阿字觀이나 五相成身觀은 모두가 月輪觀을 중심으로 하여 응용된 관법이기 때문이다.479)

다시 말해 阿字觀이 理의 세계를 설한 胎藏界의 觀法이라면,

五相成身觀은 事의세계를 설한 金剛界의 觀法이며,

月輪觀은 이 두 개의 관법을 총괄시켜 理와 事, 胎藏界와 金剛界,

定과 慧를 竝合(병합)하여 (理事 / 胎金 / 定慧)不二의 경지로 승화시키고 있다고 보이기 때문이다.

한편 이와 같이 不二의 경지에서 제창된 것이 月輪觀이긴 하지만, 그 근본은 본래 金剛界의 事쪽에 가까운 것이기에, 일반적으로는 事를 통해 理를 밝히고 있는 것이 月輪觀이며, 理를 통해 事를 나타내고 있는 것이 阿字觀이라 할 수 있다.

곧 月輪觀은 달이라고 하는 사물의 작용을 十六大菩薩과 人間의 心性에 비유하여, 달이란 事를 통해 인간의 本性인 理의 세계를 밝히고 있는 것이며,

阿字觀은 一切諸法이나 人間의 自性이 본래부터 本不生(不生不滅)의 근본(理)임을 밝히기 위해, 우주의 첫소리인 阿字(事)를 활용하고 있기 때문이다.

다시 말해 月輪觀이 菩提心의 形을 觀하는데 비해, 阿字觀이 菩提心의 種子를 觀하는 것은 이러한 이유 때문이기도 하다.

따라서 이런 의미에서 본다면, 本不生으로서 體인 種字(子)를 관하는 阿字觀이 모든 三摩地觀法의 근본이 된다고 할 수 있을 것이다.

---

479) 阿字觀을 수행할 때, 白月속의 阿字를 관한다든지, 또 五相成身觀을 수행할 때, "月輪속의 경무(輕霧) 운운' 하는 것을 보아도 月이 그 중심에 있음을 알 수 있다.

말하자면 어떤 입장에서 보느냐에 따라, 月輪觀이 근본이 될 수도 또는 阿字觀이 근본이 될 수도 있는 것이다.

<阿字觀 月輪觀 五相成身觀에서의 觀(내용)과 行果(과덕)의 비교>
『보리심론』이 阿字觀과 月輪觀을 동시에 설하는 까닭은 理智不二를 나타내기 위한 것으로, 本覺(理)인 阿字(黃色)와 始覺(智)인 月輪(白色)이 本來 하나임을 의미하기 위한 것으로, 다만 차이가 있다면,
阿字는 地大(黃色)로서 堅固不壞(견고불괴)의 理를 나타내며,
月輪은 水大(白色)로서 淸白圓明(청백원명)의 智를 나타내고 있다.

여기에서는 이 두 개의 觀法에 또 하나의 관법인 <오상성신관>을 추가시켜 『보리심론』이 <三摩地段>에서 제시하고 있는 3가지 관법 모두의 내용을 분석하여, <觀法>의 내용으로서의 <觀>과, 그것의 果德으로서의 <行果>로 나누어, 이들을 상호 비교하며 살펴볼 것이다.

도표:　　　　　<阿字觀·月輪觀·五相成身觀에서의

觀(內容)과 그 결과로서 얻는 行果(과덕)의 비교

－『菩提心論』<三摩地段>이 설하고 있는 관법을 중심으로 －

三摩地段 3行法	五大	種字	觀의 내용과 그 行果(果德)	理智	智/德	강조
阿字觀	地大 (黃)	A	觀(내용) 本不生 · 淨識 · 行果(果德)	理	堅固不壞 智	本覺

			無生智・ 一切智			
月輪觀	水大 (白)	Va	**觀(내용)** 清淨性・圓滿性・白月輪・潔白・皎然・明白・白淨月・分明・圓明・明性・圓滿・無碍・佛心・圓明・ **行果(果德)** 滿足清白純淨法・滿足普賢・一切行願・具萬行・一切諸佛功德	智	清白圓明德	始覺
五相成身觀	五大	阿字 五轉	**觀(내용)** 五相具備 欲求妙道 修持次第 **行果(果德)** 五相具備方成本尊身・其圓明則普賢身也 亦是普賢心・與十方諸佛同之・從凡入佛位・十方國土 若淨若穢 六道含識 三乘行位 及三世國土成壞・衆生業差別・菩薩因地行相・現證本尊身・滿足普賢一切行願	理智 具備	智德具備	始覺 本覺 不二 中道
三摩地修行 綜合			**觀(내용)** 此三摩地者 若心決定 如教修行 住法但觀菩提心 若修證 若歸本 若人求佛慧通達菩提心 **行果(果德)**			

		能達諸佛自性　悟諸佛法身・證法界體 性智　成大毘盧遮那佛・自性身　受用身 變化身　等流身・不起于座　三摩地現前 成就本尊之身・萬行漸足淨白純淨法・ 菩提心能包藏一切諸佛功德法・出現則 爲一切導師・則是密嚴國土不起于座能 成一切佛事・父母所生身速證大覺位		

3.4.3 金剛縛(召請=召入)印과 阿字觀 修行
금강박　　　소청　　소입　인　　　아자관　　수행

「禪智俱入金剛縛　召入如來寂靜智」
선지　구　입　금강박　　소입　여래　적정　지

卽讚　阿字是菩提心義　頌曰
즉찬　아자　시　보리심　의　송왈

「八葉白蓮一肘間480)　炳現阿字素光色。
팔엽　백련　일주　간　　　병현　아자　소광색

　禪智俱入金剛縛　召入如來寂靜智」
선지　구입　금강박　소입　여래　적정지

扶會阿字者　揩實決定觀之。當觀圓明淨識。481)
부회　아자　자　개실　결정　관지　　당관　원명정식

若纔見者　則名見眞勝義諦。若常見者　則入菩薩初地。
약　재　견자　즉　명견　진　승의　제　약　상견　자　즉　입　보살　초지

若轉漸增長　則廓周法界　量等虛空。卷舒自在　當具一切智。
약　전　점　증장　즉　곽　주　법계　량　등　허공　　권　서　자　재　당구　일체지

(대정장 32. 574b)

---

480) 一肘門(高麗藏本)=一肘閒(三十帖策子本), 인용된 원본인 『金剛頂經瑜伽修
習毘盧遮那三摩地法』에 「八葉白蓮一肘間으로 되어 있어, 2本 모두 門이 아
닌 間으로 수정해야 할 것이다. 명(明)본 또한 一肘間으로 되어있다.
481) 實(高麗藏本)=寔(三十帖策子本)

직역(直譯)

곧 阿字, 이것 보리심의 뜻이 됨을 찬(讚)하는 송(頌)에 가로되,

「팔엽의 백련(八葉白蓮) 일주간(一肘間)에, 아자(阿字) 소광(素光)색 밝게 빛나고 있네.

선(禪)과 지(智)의 指(손가락) 함께 금강박(金剛縛)에 넣어, 여래(如來)의 적정지(寂靜智) 불러드리게나 (召入)!」

(양손의 風指로) 아자(阿字)를 붙잡아 護送(扶)하여 金剛縛안에 넣어 阿字와 金剛縛이 하나가(會) 되게 하고, 阿字(實)를 어루만져(揩) 清潔케 하여 원명(圓明)한 정식(淨識)을 결정코 관(觀)해야 하네.

만약 조금이라도 보는 자는 곧 진승의제(眞勝義諦)를 본 것이라 이름하며, 만약 항상 보는 자는 곧 보살초지(菩薩初地)에 들어가게 되네.

만약 전(轉)하여 점점 증장(增長)시키면, 곧 크기는 법계에 두루 차고 양(量)은 허공과 같아지는 것이니, 쥐고 폄(卷舒) 자재(自在)케 하여, 마땅히 일체지(一切智) 갖추도록 하게나!

의역(意譯)

곧 阿字=菩提=佛智=寂靜智=心을 의미하는 <阿字是菩提心義>를 게송으
아자 시 보리심 의

로 찬탄하기를[482]

---

[482]「此阿字者。卽是一切諸佛之心。從心輪淨故能現阿字。由入阿字門故卽是成大果報相」『大日經疏』(대정장 39. 705c),

「八葉白蓮一肘間　炳現阿字素光色　禪智俱入金剛縛　召入如來寂靜智，眞言曰 唵 麼折囉 微舍惡(Oṃ vajrāveśa aḥ)」『金剛頂經瑜伽修習毘盧遮那三摩地法』(대정장 18. 328b), 곧 金剛智三藏의 저작인 『金剛頂經瑜伽修習毘盧遮那三摩地法』에 나오는 게송으로, 一頌四句로 된 經句이다. (一肘間 크기의 八葉 白蓮위에 阿字가 白色의 빛을 띠면서 밝게 비추고 있네 / 禪定波羅蜜多와 智波羅蜜多를 상징하는 왼손과 오른 손의 엄지를 함께 金剛縛印(外縛)에 넣어 如來의 寂靜智慧 불러들이세)/ 阿字觀 수행을 할 때의 手印인 <金剛縛召請印>에 대하여 설명하고 있다. 金剛智三藏의 또 다른 저작인 『念誦結護法普通諸部』에도 上記 本文과 똑같은 게송이 실려 있다. 「八葉白蓮一肘

'一肘間483)(16寸=48센치미터)의 八葉 白蓮484)위에 阿字가 黃金色(素

光色의 阿字)의 빛을 띠며485) 밝게 비추고 있네(炳現)486),

間 炳現阿字素光色 禪智俱入金剛縛 召入如來寂靜智 眞言曰, 唵 麼日囉 微

舍惡(Oṃ vajrāveśa aḥ) 次結如來堅固拳 進力屈柱禪智背 由此妙印相應故

即得堅持諸佛智」(대정장 18. 907c)

483) 一肘間(일주간)이란 중지의 손가락 끝에서 팔꿈치까지의 길이를 말한다.
곧 一尺6寸(10寸+6寸=16寸)을 말하는 것으로, 30.3쎈치미터(10寸) + 18쎈치
(6寸)=약 48(쎈치미터)이다. 예로부터 一肘間(48쎈치)에 대해, 1) 월륜의 크
기, 2) 수행자와 월륜간의 거리 3) 크기와 거리 모두를 가리킴 등의 3가지
견해가 있다. 東密係와 胎密係에 따라 의견이 분분하나, 『無畏三藏禪要』에
의하면, 크기는 一肘=16寸(48 쎈치미터) 정도, 거리는 4尺(120쎈치미터)이라 설
하고 있다. 한편 여기서 16이란 수치는 十六空과 달의 16分, 金剛界 16大菩
薩이란 의미를 모두 함축하고 있다고 보면 좋을 것이다.
    이에 대해 『대일경소』는 「是故先當觀此心處。作八葉蓮華觀。令開敷諸蕊 具
足於此臺上。思想阿字而在其中。從此字出無量光。其光四散而合爲鬘。猶如
花鬘」(대정장 39. 705c)이라 하여, 召入(불러 드리는)의 대상이 如來心이자
중생 本具의 八葉白蓮, 곧 本不生인 阿字임을 밝히고 있다.

484) 月輪觀을 상징하고 있다. 곧 모든 색의 근원인 <白色>이 바탕색으로 되어
있음을 나타내고 있는 것이다.

485) 모든 소리의 근원인 <阿字觀>을 상징하고 있다. 곧 모든 소리의 근원이자
모든 색의 근원인 阿字와 白色이 서로 조화를 이루며 온 우주를 두루 비추
고 있음을 阿字觀으로 표현하면서, 이를 통해 <阿字本不生>의 의미를 강조
하고 있는 것이다. 곧 동물이든 식물이든 아니 無情物일 지라도 삼라만상에
존재하는 모든 물질들은 제 나름대로의 빛과 그 빛이 품어내는 에너지를 지
닌 동시에 또한 그 빛과 에너지를 밖으로 품어내고 있다. 만일 빛과 에너지
를 지니지 않고 또 밖으로 품어내지도 않고 단지 性品으로만 존재한다면 절
대로 물체로서 존재할 수 없기 때문이다. 곧 만물은 빛과 그 빛이 가진 에너
지의 性向과 强度에 의하여 생성되고 변화하는 것으로 行住坐臥 語黙動靜의
일상생활이나 喜怒哀樂이라는 感情 변화의 모습 속에서 그리고 生老病死 등
의 건강상태 또는 한 존재나 물질의 部位 그리고 聲聞·緣覺·菩薩·佛 등
修行의 진전 상태에 따라 제 각각 나름대로의 빛과 에너지의 性向과 그 에
너지의 크기를 지니게 되는 것이다. 죽은 자가 뿜어내는 혼불, 佛이 내는 放
光 등은 바로 이러한 것의 一例이다.

486) 물과 태양으로 비유되는 蓮은 佛의 大慈大悲로 상징되는데, 보통 4가지
德性을 지닌 것으로 설명된다.
    ㉠ 태양이 동쪽에서 떠오를 때 함께 피었다가 서쪽으로 질 때 함께 오므라
드는 해바라기 性向의 德性 ㉡ 濁流(탁류)에서 자라면서도 절대로 물들지 않
고 오히려 그 물을 淸淨케하고 맑게 하는 處染常淨(처렴상정)의 淸淨德性(청
정덕성) ㉢ 잡다한 냄새를 향내로 바꾸는 吸發香(흡발향=번뇌를 菩提로 바꿔
줌)의 德性, ㉣ 꽃이 피면서 동시에 열매를 맺는 花果同時生成(화과동시생성:
佛衆生是無差別)이란 德性으로 표현된다.

禪(定)과 智를 상징하는 왼 손의 엄지(大指)와 오른손의 엄지(大指)를 함께 金剛縛(금강박=外縛: 自心의 淨月輪을 상징)에 넣어(入)487) 如來의 寂靜智慧(적정지혜: 阿字)불러(召請)들이세'488)

양손의 風指로 여래의 寂靜智인 아자(阿字)를 붙잡아 護送(扶)하여 나의 淨月輪인 金剛縛안에 넣어 阿字와 金剛縛이 하나가(會) 되게 한 후,489) 阿字(實)를 어루만져(揩) 淸潔케 하여, 결정코 自性圓明淸淨識(청정식)490)을 관해야 하네.491)

참고로 『大日經疏』 제 15 <祕密漫荼羅品>에는 연화의 종류로 紅蓮華인 鉢頭摩華(padma), 靑蓮華인 優鉢羅華(utpala), 黃蓮華인 拘勿頭華(kumuda), 白蓮華인 分陀利華(puṇḍalika), 黑蓮華인 泥盧鉢羅華(niropala)등의 5種類를 설하고 있다. (대정장 39. 734a)

487) 外縛의 形인 金剛縛(印)이란 본래 모든 번뇌의 근본이 되는 貪嗔痴 三毒번뇌를 金剛의 智慧로 結縛(결박)시킨다는 의미를 지닌 手印이다. 『五秘密儀軌』(대정장 20. 536a~b)에는 「卽結金剛合掌印 二手掌合十指相交右押左 誦眞言曰 唵(引)嚩惹爛(二合引)惹理。由結此印故。十波羅蜜圓滿。成就福德智慧二種資糧。 / 次結金剛縛。准前金剛合掌。便外相叉作拳 誦眞言曰 唵嚩(入)惹囉(二合)滿馱。由結此印卽成金剛解脫智。次結金剛縛。三拍自心誦眞言。由結此印故。能摧身心所覆蔽十種煩惱。則召一切印。處在身心。隨順行者成辦衆事。一切印者。所謂大智印·三昧耶智印·法智印·羯磨智印」이라 하여, '<金剛合掌印 (合掌狀態에서 각 손가락을 交叉시킴)>은 十波羅蜜多를 만족하여 智慧와 福德의 二種資糧을 성취케 하고, <金剛縛印(外縛)>은 十種煩惱를 能破하는 <金剛解脫智>이 되고, 이 金剛縛印(外縛)상태에서 大指(양손의 엄지)를 손바닥 안에 넣으면 一切智(大智印·三昧耶智印·法智印·羯磨智印)를 불러드리는 印인 <召一切印>이 된다'고 설명하고 있다.

488) 金剛縛(印)을 한 상태에서, 양 엄지를 집어넣는 것(召請印)을 말한다.
空海는 『金剛界念誦次第』에서 「八葉白蓮一肘間 炳現阿字素光色 禪智俱入金剛縛 進力二度捻阿字 召入如來寂靜智 眞言曰 Oṃ vajrāveśa aḥ, 旣想入心中 字相逾光輝 此卽法界體 行者應觀如是 不久悟寂靜 法本不生故」이라 하여, 본래의 讚句에 (왼손의 精進指와 오른 손의 力指로 阿字를 집어 손바닥 안에 넣으라는) 句를 삽입시키며 설명하고 있다. (『定本弘全』 권5. 202頁)

489)「又阿字者一切法寂靜。體本不生亦不滅故」『守護國界主陀羅尼經』(대정장 19. 533b),「卽以金剛縛 能淨第八識 亦除雜染種 traṭ二字 想安於兩乳 二羽金剛縛 掣開如戶樞 眞言曰,「oṃ vajra bandha traṭ」卽以金剛縛 禪智屈入掌 檀慧戒方間 想召無漏智 入於藏識中」『金剛頂經』(대정장 18. 312b)

490) 自性淸淨識(心)을 말한다. 『대일경소』는 「然此布阿字法。卽是前文所說。先觀其心八葉開敷置阿字其上。此阿字卽有圓明之照也。將行者染欲之心與眞實慧心而相和合。卽同於眞而共一味也。如是觀者卽是如來」(대정장 39. 755b)이라 하여, 阿字야말로 圓明의 빛(照)이라 하며, 활짝 핀 八葉위에 阿字를

만일 自性이 지닌 이 圓明한 淸淨識을 조금이라도 보게 된다면 眞勝
義諦(진승의제)를 보게 되고492), 항상 보게 되면 菩薩 初地에 들어가
며,493) 굴려 점차 增長(阿字五轉)시키면 즉시에 法界에 두루하게 되어

놓고 觀할 것을 강조하고 있다. 곧 오염된 마음을 眞實慧인 圓明의 阿字에
和合시켜 眞과 妄이 一味인 것임을 보게 되면, 그 자리가 곧 如來座가 된다
고 설하고 있다.
    <圓明淨識>을 五相成身觀과 배대시키면, 不空譯 『金剛頂經瑜伽文殊師利菩
薩法』의 「行者應了了諦觀。不久當見淸淨菩提心。離諸塵垢淨如滿月。卽誦菩
提心眞言曰: 唵 冒地質多 母怛跛(二合引)那夜(引)彌 (Oṃ bodhicittaṃ
utpādayāmi)」(대정장 20. 707a)에서 보는 바와 같이, 제2단계인 <修菩提
心>에 해당된다.

491) 『大日經』에서 설하는 如實知自心에 대한 표현이다. 곧 自心卽是自性淸淨
    心임을 강조하면서, 이를 결정코 여실하게 관할 것을 강조하고 있다. 이에
    대해 『대일경소』는 「若能證此心處心中之心(此卽干栗太=hṛdaya)卽是如來大
    決定心(謂三昧也)猶有此定故得入阿字門。入阿字門故。卽能了知眞言行之與果
    也。若了知彼行及果。卽是授得無上大果也。佛意言。猶心住定故。得究竟一
    乘如實之見。卽能自知是事。不然雖聞無益故」(대정장 39. 705b~c) 이라 하
    여, 心의 근원인 hṛdaya를 증득하면 여래의 大決定心의 三昧를 증득하는 것
    으로, 阿字門이 바로 그것이라 하면서, 따라서 究竟一乘의 如實知見인 아자
    문(阿字觀)에 들어갈 것을 역설하고 있다.
    한편 不空譯 『文殊菩薩法』에는 「諸佛告行者言。善男子。汝觀心中月輪如在輕
    霧。卽誦 <瑩徹菩提眞言> 諦觀心月 眞言曰: 唵質多鉢囉(二合)底(丁以反)吠鄧
    迦嚕彌 (Oṃ cittaprativedaṃ karomi)。行者應了了諦觀。不久當見淸淨菩提
    心。離諸塵垢淨如滿月」(대정장 20. 707a)이라 하여, 『眞實攝經』이 설하는
    五相成身觀의 제1 <通達菩提心>의 진언인 <Oṃ cittaprativedaṃ karomi>
    를 설하고 있다. 따라서 이것으로 미루어 보아, 『보리심론』의 「八葉白蓮一肘
    間 炳現阿字素光色 禪智俱入金剛縛 召入如來寂靜智」의 부분은 五相成身觀의
    제 1단계인 <통달보리심>에 해당하는 것이라 판단된다.
492) 衆生에서 佛로 곧 卽身成佛하는 밀교수행의 실천법의 하나인 月輪觀과 阿
    字觀을 설하고 있는 것으로, 이 대목을 『大日經疏』(대정장 39. 600c)가 설
    하는 <三劫과 六無畏 修行次第說>에 배대하면, 初劫과 第四 法無畏까지의 단
    계에 해당된다고 볼 수 있다. 말하자면 중생이 가진 第 1重의 麤妄執(추망집)
    인 煩惱障을 除去하는 단계, 곧 善無畏·身無畏·無我無畏·法無畏 등의 4無畏
    를 自覺한 단계의 표현이라 볼 수 있다. 『密敎大辭典』 권2. 787頁 <三劫>條,
    권5. 2328頁 <六無畏>條 참조.
493) <若常見者 卽入菩薩初地>의 부분을 五相成身觀에 배대하면, 『金剛頂經瑜
    伽文殊師利菩薩法』의 「想菩提月中有鑁字。如金色輝曜。如日放大光明。便卽
    變成般若波羅蜜劍。離諸分別能斷煩惱。想爲智劍眞言曰: 唵 底瑟姹(二合)渴
    誐]:(Oṃ tiṣṭa khaḍga)」(대정장 20. 707a)의 내용이 보여주듯, 제 3단계인
    <成金剛心>에 해당되고, 또한 三劫中 제 2劫을 거친 단계라 할 수 있다. 곧

그 量이 허공과 같아지는 것이니494), 좁히고 넓히는 것(卷舒=收斂과 發散) 自在케 하여495) 마땅히 一切智496)를 갖추도록 하게나.

註解 · 講解

<一頌四句(二頌八句)의 阿字 讚頌(偈)>

「會阿字者 揩實決定觀之。當觀圓明淨識」

『보리심론』은 阿字를 칭송하는 <阿字讚偈(頌)>을 金剛智三藏 『金剛頂經瑜伽修習毘盧遮那三摩地法』과 『念誦結護法普通諸部』의 <一頌四句>의 설을 그대로 보이고 있다.

「八葉白蓮一肘間 炳現阿字素光色

　禪智俱入金剛縛 召入如來寂靜智」497)

　제 2重의 細妄執인 所知障(소지장)을 제거하는 단계, 곧 第五 法無我無畏(一切法無自性空과 一切現象卽是心所現)를 자각한 단계의 표현이라 볼 수 있다.

494) 이 단계는 오상성신관의 제4단계의 廣觀인 <證金剛身>에 해당되고, 또한 三劫중 제 3劫을 거친 단계라 할 수 있다. 곧 제 3重의 極細妄執(극세망집)인 根本無明을 제거하는 단계, 곧 第六 一切法平等無畏를 자각한 단계의 표현이라 볼 수 있다.

495) <卷舒自在 當具一切智>의 부분은 月輪觀 가운데 收斂觀(수렴관)과 發散觀(발산관)에 대한 표현으로, 廣觀(발산관)과 收斂觀이 자재한 단계를 <五相成身觀>과 비교해 그 同異를 본다면, 불공역의 『觀自在菩薩如意輪瑜伽』의 「汝想於心中 所內惡字門 以字徹於心 誦此密言曰, 唵止(入)多鉢囉(二合)底(平)味鄧迦路弭: <Oṃ cittaprativedaṃ karomi>當黙誦一遍 便想爲月輪」(대정장 20. 208b)에서 보는 바와 같이, 제4단계인 <證金剛身>에 등장하는 수렴관과 발산관에 해당시킬 수 있을 것이다. 다만 차이가 있다면 『菩提心論』은 阿字(A)를 『觀自在菩薩如意輪瑜伽』은 惡子(Aḥ)를 강조하는 것이 다를 뿐이다.

496) 法界體性智를 비롯한 大圓鏡智 平等性智 妙觀察智 成所作智 등의 五智를 말한다.

497) 『金剛頂經瑜伽修習毘盧遮那三摩地法』(대정장 18. 328b). 『念誦結護法普通諸部』(대정장 18. 907c)

하지만 『菩提心論見聞』<日本. 安超記>에는

1頌 四句가 아닌 <二頌八句>의 게송으로 되어 있다.[498]

곧 아래 인용문에서 ()친 부분, 곧 제1송의 제1구~제2구부분과 제2송의 제1구~제2구의 부분이 추가로 첨가되어 있는 것이다.

이것이 어떻게 또 무엇을 근거로 부가되었는지는 모르겠으나, 『菩提心論見聞』이란 書名으로 보아 『菩提心論』을 친견하고 난 후의 소감 내지는 견문으로 보이나, 아무튼 저자인 安超가 본 『菩提心論』에는 <二頌八句>의 게송으로 되어 있었던 것으로 짐작된다. 한편 그가 추가시킨 내용을 보면 <1頌 四句>의 게송과 너무나 잘 어우러져, 혹시 이 <二頌八句>의 게송이 본래의 阿字讚偈가 아니었을까 착각마저 들게 한다.

그 만큼 서로 잘 어울리는 것이다.

아무튼 그 진위야 어떻든 여기서는 阿字觀을 보다 잘 이해하기위해 二頌八句로 되어있는 <阿字讚(頌)偈>의 내용을 살펴보면서, 阿字觀 전체가 주는 의미를 깊이 음미해볼 것이다.

「제1頌:

　제1句~제2句: (圓明金輪照胎藏 光遍法界悉黃色)
　　　　　　　　　원명　금륜　조 태장　광 편 법계 실 황색

　둥글고 밝은 金輪色의 阿字가 胎藏世界(태장세계)를 비추니,
　그 광명 온 법계에 두루하여 法界가 온통 黃(金)色으로 가득하네,

　제3句~제4句: 八葉白蓮一肘間 炳現阿字素光色 /
　　　　　　　　　팔엽　백련　일 주 간 병 현 아자 소 광 색

　지름 一肘間=약 48쎈치 크기의 八葉의 白蓮과, 金輪色의 阿字가 서로 어우러져 素光色(八葉蓮華의 白色과 金色阿字가 어우러진 色)을

---

498) 『菩提心論見聞』(대정장 No. 2294, 71. 105a~b)

띠며 밝게 빛나네.

제2頌:

　제1句~제2句: (定慧開立如蓮華　常住諸尊隨緣理)
　　　　　　　　정혜　개립　여　연화　　상주　제존　수　연리

　제5 禪定波羅蜜多와 제10 智波羅蜜多를 상징하는 左右의 엄지=大指
　를 들어 세우니,499) 그 모양이 마치 연꽃과 같네.500)
　十方 常住의 諸尊은 언제나 緣起(연기)의 이치를 따르니,

　제3句~제4句:　禪智俱入金剛縛　召入如來寂靜智」
　　　　　　　　선지　구　입　금강박　　소입　여래　적정　지

　禪定波羅蜜多와 智波羅蜜多 상징의 좌우의 엄지=大指
　함께 金剛縛印(外縛)에 넣어 如來의 寂靜智慧 불러들이세!

　召入寂靜智眞言 唵(一) 麼折囉 (二) 微舍惡 (Oṃ vajrāveśa aḥ)」501)

이라 하여, 八葉의 白色蓮華(팔엽의 백색연화)위에 있는 金色阿字를 찬양하
면서, 阿字觀 觀法時의 手印인 <金剛縛召入(召請)印>에 대해 설명하고 있다.

---

499) 밀교에서는 왼손 小指로부터 오른 손 엄지에 이르기까지를 十波羅蜜에 배
　　대하고 있다. 따라서 왼손의 엄지는 제 6波羅蜜인 禪定波羅蜜을, 오른손 엄
　　지는 제 10波羅蜜인 智波羅蜜을 의미하는 것이다.
500) 月輪觀과 阿字觀이 八葉의 白蓮으로부터 시작되는 것을 말한다. 이러한
　　비유를 하는 이유는 人間의 心臟(심장)의 모양이 마치 八葉의 연꽃과 같기
　　때문으로, 여기서는 五佛과 四菩薩로 구성된 胎藏界曼茶羅의 中臺八葉院을
　　상징하고 있다. 한편 앞에서도 밝힌 바 있듯이 金剛界曼茶羅의 16大菩薩과
　　16大供養菩薩, 도합 32菩薩은 法身 毘盧遮那佛의 自內證을 상징하고 있다.
501) 「八葉白蓮一肘開 炳現阿字素光色 禪智俱入金剛縛 召入如來寂靜智, 眞言
　　曰 唵(一) 麼折囉 (二) 微舍惡(Oṃ vajrāveśa aḥ)」『金剛頂經瑜伽修習毘盧
　　遮那三摩地法』<金剛智譯> (대정장 18. 328b).『念誦結護法普通諸部』<金
　　剛智譯>에도 똑같은, 1頌 四句의 게송이 실려 있다. (대정장 18. 907c)

여기서 八葉의 白色蓮華란

如來實相의 自然智인 大悲心으로, 여기에서 寂靜智인 阿字가 출현하는 것이다.502)

한편 <金剛縛김入(召請)印>이란

논이 설명하고 있는 것처럼, 外縛(좌우의 손을 깍지 끼어 좌우의 손바닥을 붙임)한 후, 이 상태에서 左右의 엄지(大指)를 손바닥 안에 넣는 것으로, 불보살을 청해 모실 때 사용하는 召請(김入)印이다.

 이러한 手印을 金剛縛召請印(금강박소청인) 또는 김入印(入智印)이라 하는데, 본래 金剛縛이란 온갖 번뇌와 <마구니>들을 묶어 꼼짝 못하게 한다는 의미를 지니고 있다. 여기서는 행자의 本具淨菩提心을 의미한다.

한편 '如來의 寂靜智慧(적정지혜) 불러들이세'란 의미는, <阿字=佛=如來寂靜智>를 상징하는 것이므로, 阿字를 불러들여 나=佛=佛智 바로 그것임을 깨달으라는 내용으로, 이렇게 하면 그 결과로 보살의 初地(초지=환희지)를 얻게 되고, 이것이 익어 자유자재의 경지에 들어서면 一切智智(일체지지)를 얻게 된다고 설하고 있다.

『보리심론』은 이 게송을 설한 후
「會阿字者 揩寔決定觀之 當觀圓明淨識若纔見者 則名見眞勝義諦 若常見者 則入菩薩初地」

라 하며, 양손의 風指로 여래의 寂靜智인 아자(阿字)를 붙잡아 護送(扶)

---

502)「內心妙白蓮者。此是衆生本心。妙法芬陀利花祕密摽幟。花臺八葉。圓滿均等如正開敷之形。此蓮花臺是實相自然智慧。蓮花葉是大悲方便也」『대일경소』 (대정장 39. 631b)

하여 나의 淨月輪인 金剛縛안에 넣어 阿字와 金剛縛이 하나가(會) 되게 한 후, 阿字(實)를 어루만져(揩) 淸潔게 하여, 自性의 圓明淸淨識을 觀하라고 지시하면서, 만일 이를 통해 自性이 지닌 圓明한 淸淨識을 조금이라도 보게 된다면 眞勝義諦를 보게 되고, 이를 항상 관하면 곧 바로 初地 歡喜地菩薩로 등극하게 된다고 설하고 있다.

<참 고> <阿字觀 偈頌>과 (不読令)에 대한 論爭>

앞의 서술에서 밝힌 바와 같이, 『보리심론』을 일본에 처음 전한 자는 空海였다. 곧 唐의 惠果和尙으로부터 金胎兩部密法을 배우고 귀국(805년)한 그해 곧 바로 桓武天皇에게 내보인 『將來目錄』속에 이 『보리심론』이 있었던 것이다. 空海의 저술인 『秘藏寶鑰』, 그 중에서도 특히 밀교의 수승함을 설하는 제10 <秘密莊嚴心>에서,

공해는 『보리심론』의 三摩地段의 全文을 인용한 후,

「이것은 大日如來의 極秘의 三昧를 설한 것으로, 그 내용이 크고 넓어 상세히 설할 수는 없는 것이다.

眞言教法은 하나하나의 소리(聲), 한자 한자의 言明(字), 하나하나의 義, 하나하나의 成立 각각 무변의 義를 갖추고 있기에 劫을 지나도 究盡하기가 어려운 것이다. 따라서 있는 그대로 여실하게 설한다면 根機가 약한 자는 의심을 품고 또 비방이 생겨 결정코 一闡提와 無間地獄으로 떨어지게 되는 것이다. 그러므로 應化해야할 책임이 있는 如來께서는 말씀하지 않고 잠자코 계신 것이다. 다만 앞으로 법을 전할 傳法菩薩만은 예외로 하고~

『金剛頂経』에서 설하기를, 毘盧遮那三摩地法은 아직 灌頂을 받지 않은 자에 대해서는 한자라도 설해서는 안 되는 것으로, 비록 密法을 배우는

自宗의 行者라 할지라도 本尊儀軌나 眞言을 설해서는 절대 안 되는 것이다. 만일 설한다면 현전에서 夭折(요절)하거나 재앙을 부르게 되고, 사후에는 무간지옥에 떨어지게 되는 것이다. 운운 하셨다」[503]

고 하면서, 『보리심론』의 三摩地段, 곧 『보리심론』의 서두에서 밝힌 내용인 '三摩地法은 卽身成佛을 설하는 密教에서만 설하고, 다른 教에서는 설하지 않는다'는, 소위 <三摩地段>을 읽지도 설하지도 말라는 <不讀不說(부독부설)의 禁讀令(금독령)>을 내렸다.
(禁讀令의 범위를 <삼마지단 전체>로 보는 주장과 또 八葉白蓮一肘間~ 召入如來寂靜智의 <四句偈>에 한정된 것이라 주장하는 설이 있다)[504]

이후 『보리심론』을 필독의 所依論으로 삼는 일본의 密教宗派에서는 開山祖인 空海의 금독령을 좇아 平安時代(794~1192)이후 鎌倉時代(1192~1333)를 거쳐 최근세인 江戸時代(1603~1867)에 이르기까지 줄곧 이런 추세를 이어오다 (비록 간간이 不讀令에 반기를 들고 이를 어긴 자도 있긴 하였지만), 明治(1867)이후 세계적 교류라고 하는 시대의 변화를 좇아 점차 이런 속박에서 벗어나고 있다. 아직도 密教自宗의 승려 이외에는 非公開가 원칙이지만, 인터넷시대에 들어서면서부터는 이것마저도 점차 일반에 공개되어가는 추세에 있다.

三摩地段에 대한 空海의 <禁讀令>이후, 이에 대해 自宗의 승려들은 어떠한 자세를 취해왔는지 脚註(각주)에 간략히 정리해 두었다.[505]

---

503) 『弘全』권1. 472頁
504) 「어느 学者가 말하기를, 이 四句文은 三摩地法의 全文이다」라는 주장이 점점 확대 해석되어, 四句偈頌의 印明에 限定되어있던 秘密性이 삼마지단 전체를 <不讀段>이라고 보는 이해로 바뀌게 된 것이다」『菩提心論三摩地段鈔』『眞言宗全書』권8. 383,

\<阿字五轉修行과 그 공덕\>
아자 오전 수행

「若轉漸增長 則廓周法界 量等虛空。卷舒自在 當具一切智」
약 전 점 증 장 즉 곽 주 법 계 량 등 허 공 권 서 자 재 당 구 일 체 지

阿字를 굴린다는 것은 \<阿字五轉\>의 의미인

A(發心)→Ā(如來行)→Aṃ(成菩提)→Aḥ(涅槃)→Āḥ(方便)을 말하며,

또 좁히고 넓히는 것(卷舒=권서: 收斂과 發散)을 자재게 한다는 것은
宇宙→自心實體→本尊(月輪)의 순서로 관하는 收斂觀(수렴관)과,
本尊(月輪)→自心實體→宇宙의 순서로 관하는 發散觀(발산관)을 말하는
것으로, 自心의 실체를 자유자재로 좁혔다(卷=수렴) 넓혔다(舒-발산)하면
서, 自心卽是虛空月(白月)임을 터득해 나가는 행법을 말한다.

『보리심론』은 만일 이 \<阿字五轉觀\>을 점차 增長(증장)시키면, 즉시에
法界에 퍼져 그 量이 虛空과 같아지는 것이니, 좁히고 넓히는 것(卷舒=
收斂과 發散) 自在게 하여, 마땅히 一切智(五智)를 갖추도록 하라며,
정진 수행할 것을 강조하고 있다.506)

---

505) 不讀令이 내린 근원은 行願·勝義은 敎相이며, 三摩地는 事相이라는 기본
인식 때문이었다.「論을 여니 三門이다. 곧 一은 行願, 二는 勝義, 三은 三
摩地이다. 相承의 伝에 말하기를 初의 二門은 敎相이다. 곧 初의 二門은 敎
相에서 이것을 이야기 하고, 後의 一門은 事相에서 배우는 것이다」『菩提心
論敎相記玄談』\<亮汰\>(1622∼1680)『續豊山全書』3권 47,「此頌은 더욱
秘伝이 많으므로 明師로부터 배워야 한다」『菩提心論 第三段秘記』\<亮汰
撰\>『續豊山全書』4권 97,「三摩地의 釈段은 五相·三密의 內証을 나타내
는 것이기에, 敎相에서 所談하는 바가 아니다. 講論에 즈음하여서 講呪를 생
략하는 것으로, 그래서 지금 여기서도 생략하여 註를 단 것이니, 그렇게 알
아야한다」『菩提心論撮義鈔』\<覚眼述\>『智山全書』권8. 353∼376 聚合
506) \<卷舒自在 當具一切智\>부분은 月輪觀 가운데 收斂觀(수렴관)과 發散觀(발
산관)에 관한 것으로, 오상성신관의 제4단계의 廣觀인 \<證金剛身\>, 또 제 3劫
을 거친 단계라 할 수 있다. 곧 제 3重의 極細妄執(극세망집)인 根本無明을 제
거하는 단계이자 第六 一切法平等無畏를 자각한 단계가 되는 것이다.

『보리심론』은 衆生에서 佛로 곧 卽身成佛하는 밀교수행의 실천법으로, 앞에서 본 <白月觀=月輪觀>, 지금 본 <阿字觀>의 관법수행에 뒤이어 <五相成身觀>을 설하면서, 이들 모든 밀교의 관법수행들이 왜 <三密修行法>의 상태에서 이루어져야 하는지 三密瑜伽의 당위성을 설명하고 있다.

참 고: <三劫·六無畏·十住心修行의 상호 對比>

여기서 잠시 대일여래의 세계, 곧 大悲世界의 開示와 그것의 體得을 위해 樣態的으로 펼쳐 놓은 『大日經』의 수행설인 <三劫修行次第說(삼겁수행차제설)>을 善無畏三藏의 『大日經疏』(대정장 39. 600c)와 空海의 『秘藏寶鑰』(대정장 No 2426)이 설하는 <三劫·六無畏·十住心 수행차제설>과 對比(대비)해 보면,

중생이 지니고 있는 3개의 妄執가운데,
第 1重의 麤妄執(추망집)인 煩惱障(번뇌장)을 제거하는 단계인 제1겁은, 제1의 善無畏(선무외)와 世間-三住心인 異生羝羊心(이생저양심)·愚童持齋心(우동지재심)·嬰童無畏心(영동무외심), 그리고 제2의 身無畏(신무외)와 제3의 無我無畏(무아무외)에 해당되는 小乘 聲聞의 제4住心(唯蘊無我心=유온무아심)과 제4의 法無畏(법무외)에 해당되는 緣覺의 제5住心(發業因種心=발업인종심)을 이에 배대(配對)시킬 수 있으며,[507]

제 2重의 細妄執(세망집)인 所知障(소지장)을 제거하는 단계인 제2겁은, 第五 法無我無畏(법무아무외), 곧 一切法無自性空과 一切現象卽是心所現

---

507) 世間三住心인 제1住心(異生羝羊心) 제2住心(愚童持齋心) 제3住心(嬰童無畏心)은 6無畏中 1無畏인 善無畏에, 그리고 三劫의 前 단계인 <順世八心>에 배치시키기도 한다. 『밀교대사전』 권2. 865頁 <十住心>條 참조.

에 해당되는 權大乘인 제6住心(他緣大乘心=타연대승심)과 제7住心(覺心不生心=각심불생심)에 배대되며,

제 3重의 極細妄執(극세망집)인 根本無明(근본무명)을 제거하는 단계 인 제3겁은,

마지막 단계로서의 第六 一切法平等無畏(일체법평등무외)에 해당되는 제8住心(如實一道心) 제9住心(極無自性心) 제10住心(秘密莊嚴心)에 배대할 수 있을 것이다.

위의 내용을 알기 쉽게 재정리하면 다음과 같다.

㋀ 初劫 (제 1重雲. 煩惱障=麤妄執)

① 善無畏 (善行을 닦는 단계, 世間 3住心 <제1 住心~제3住心>

② 身無畏 (육신의 無常을 자각하는 단계, <제 4住心: 聲聞乘>

③ 無我無畏 (我空의 자각 단계, <제 4住心: 聲聞乘>

④ 法無我 (諸法의 無性·無相을 자각하는 단계, <제 5住心: 緣覺乘>

㋁ 제 2劫 (제 2重雲. 所知障=細妄執)

⑤ 法無我無畏

一切法無自性空과 一切現象卽是心所現임을 자각하는 단계,

<제 6住心: 唯識乘 / 제 7住心: 三論乘>

㋂ 제 3劫 (제 3重雲. 根本無明=極細妄執)

⑥ 一切法平等無畏 (一切法自性淸淨과 色心平等 能所不二의 平等을 자각하는 단계,

곧 <제 8住心: 天台乘 / <제 9住心: 華嚴乘 /<제 10住心: 眞言乘>

으로 정리할 수 있다.

<(金剛拳印·金剛縛印·金剛召請(召入)印>
금강권 인 금강박 인 금강 소청 소입 인

「禪智俱入金剛縛 召入如來寂靜智」
선지 구 입 금강박 소입 여래 적정 지

<金剛拳(금강권=vajra-muṣṭiḥ)印>

禪定(선정)波羅蜜多와 智慧(지혜)波羅蜜多를 상징하는 左右의 엄지손가락(大指=대지)을 각각 左右의 손바닥 안에 굽혀 넣고 나머지 손가락으로 감싸 쥔 후, 인지(頭指)를 칼 모양으로 구부려 大指를 누르는 형국의 手印을 말한다.

말하자면 地大·水大·火大·風大와 (布施·持戒·忍辱·精進)波羅蜜을 상징하는 左手의 小指로부터 頭指까지의 손가락으로 禪定波羅蜜多을 상징하는 左手의 엄지(大指)를 감싸 주먹모양을 한 후, 인지(頭指)를 칼 모양으로 구부려 大指를 누르고,

또 地大·水大·火大·風大와 (般若·方便·願·力)波羅蜜을 상징하는 右手의 小指로부터 頭指까지의 손가락으로 智波羅蜜多를 상징하는 右手의 엄지(大指)를 감싸 주먹모양을 한 후, 마지막으로 인지(頭指)를 칼 모양으로 구부려 大指를 누르는 수인이다.[508]

이와 더불어 金剛拳이 주는 또 하나의 의미는 三密活動의 일상화,

곧 신체·언어·마음의 三密活動이 일상생활과 동떨어진 것이 아니라,

일상생활과 相應·合一하여 살아 숨 쉬고 있음을 상징한다.

곧 앞서도 설명했듯이, 金剛拳은 小指·無名指·中指의 세 손가락으로

---

508) 『밀교대사전』 권2. 677頁 <金剛拳>條, 왼손은 修行者를 의미하며, 오른손은 法身佛을 상징한다. 禪定(左手의 大指)과 智(右手의 大指)를 상징하는 左右의 엄지(大指)를 어디에 두느냐에 따라 의미가 달라진다. 곧 좌우의 엄지인 禪과 智를 각각 小指(地大와 理를 상징) 아래에 두면 <金剛理拳>, 무명지(水大와 智를 상징)아래에 두면 <金剛智拳>, 中指(火大와 降魔를 상징) 아래에 두면 <金剛忍拳>, 소지와 무명지 사이에 두면 <金剛不二拳>이 된다.

대지(大指;엄지손가락)를 쥐고, 두지(頭指;집게손가락)는 약간 구부려서 칼(劍身)처럼 하여 大指를 누르는 手印인데,

여기서 신체·언어·마음은 제각기 小指(身)·無名指(口)·中指(意)의 세 손가락으로 표현되고,

세 손가락(小指·無名指·中指)으로 <엄지(大指)를 쥔 것은> 身體·言語·마음의 身口意 삼밀활동이 統合(통합)되어 있음을 의미>하는 것이며,

또 <칼(劍身)모양의 頭指>는 三毒의 迷妄(미망)을 잘라 없애는 智慧의 활동을 나타낸다.

이를 전체적으로 말하면 如來의 신체(身)·언어(口)·마음(意)의 세 가지 秘密의 活動이 우리들의 신·구·의 삼밀의 日常의 活動에 그대로 具現되어 卽身에 成佛을 실현시킨다는 의미가 함축되어있다.

곧 如來와 同一한 우리들의 신·구·의 三密의 活動이 그대로 일상생활화되어 삶속에서 실제로 구현되어야 한다는 것이 강조된 手印인 것이다.

十六大菩薩 修行의 마지막 菩薩로 金剛拳을 하고 있는 <金剛拳>보살은 바로 이러한 의미를 지닌 보살로, 이때 모든 것의 성취=(佛身圓滿)가 이루어진다는 것을 나타내고 있다. 곧 「16대보살에 이르러 열반을 얻는다」고 한 <보리심론> (573c)의 말씀은 바로 이것을 의미하는 것이다.

<金剛縛(vajra=bandhanam)印)>: 內縛 / 外縛

앞서도 잠시 언급한 것처럼, 外縛(양 손가락 10개가 모두 보이도록 깍지 낀 상태의 수인을 말하는 것으로, 이 手印의 의미는 모든 번뇌를 꼼짝 못하도록 단단히 묶어 버림과 동시 더럽혀 진 제8 Ālaya識을 淸淨케 한다는 의미가 있다.[509]

---

509) 「卽以金剛縛 能淨第八識 亦除雜染種 怛囉吒 (trat) 想安於兩乳 二羽金剛縛 掣開如戶樞 眞言曰: 唵(引) 嚩日囉 滿馱怛囉 吒(引) (Oṃ vajra bandha traṭ」

金剛縛印에는 (內縛)금강박과 (外縛)금강박이 있다.

<內縛金剛縛印>이란 양손가락을 깍지 끼어 밖에서 안으로 집어넣은 후, 10손가락이 보이지 않도록 양손을 오므리는 手印으로, 이 역시 온갖 번뇌를 꼼짝 못하도록 단단히 묶어놓는다는 의미가 있다.

이와 반대로 <外縛金剛縛印>은 10개의 손가락이 모두 보이도록 밖에서 깍지 끼운 후, 손바닥이 보이지 않도록 양손을 오므리는 수인으로, 내박인과 똑같이 단단히 묶어버린다는 의미가 있다.

<金剛(縛)召請=召入印=入智印>

金剛縛(外縛印)을 한 상태에서, 양 엄지(大指)를 손바닥 안에 넣는 것을 말하는 것으로, 불보살을 請(청)하여 도량 안으로 불러들인다(入)는 의미를 지닌 召請召入印(소청소입인)이 되는 것으로,

앞서 『보리심론』이

「禪智俱入金剛縛　召入如來寂靜智　會阿字者　揩實決定觀之。當觀圓明淨
　선지 구입 금강박　소입 여래 적정 지　회 아자 자　개 실 결정 관지　당 관 원 명 정
識」(32. 574b), 곧
식

「禪(定)과 智慧(慧) 상징하는 왼 손과 오른손의 엄지(大指)를 함께 金剛縛(外縛)에 넣어 如來의 寂滅智慧 불러(召請)들이세(入).

양손의 風指로 여래의 寂靜智인 아자(阿字)를 붙잡아 護送(扶)하여 이를 나의 淨月輪인 金剛縛안에 넣어 阿字와 金剛縛이 하나가(會) 되게 한 후, 阿字(實)를 어루만져(揩) 淸潔케 하여, 自性의 圓明淸淨識을 觀하라」

라 한 것도 바로 이러한 의미로, 여래의 寂靜智慧(적정지혜)인 阿字를

『初會金剛頂經』<불공역> (대정장 18. 312b), 『밀교대사전』권2. 717頁).

金剛縛, 곧 自心(자심)안으로 請해 맞이하도록 하라는 의미가 담겨있는 것이다. 이렇게 될 때 비로소 阿字觀은 성취되는 것으로, 그 결과 菩薩初地에 들어가게 되고, 이를 일상 속에서 넓혔다(舒) 좁혔다(卷) 자유자재로 하게 되면, <一切智智>를 성취하게 되는 것이다.

阿字觀의 實修(실수)에 대한 次第(入定·調身·調息·調心·坐法·出定)는 『無畏三藏禪要』(대정장 18. 943a~945a)·『金剛頂瑜伽中略出念誦經』(대정장 18. 225a~b)·『大日經』(대정장 18. 52b)등에 상세히 설명되어 있다.

3.5 三密行과 五相成身(五轉成身)觀
삼밀 행 오상 성신 오전 성신 관

3.5.1 三密行

「修習瑜伽觀行人 當須具修三密行」
수습 유가 관행 인 당수구수 삼밀행

凡 修習瑜伽觀行人 當須具修三密行 證悟五相成身義也。
범 수습 유가 관행 인 당 수 구 수 삼밀 행 증오 오상성신의 야

所言三密者 一身密者 如結契印 召請聖衆是也。
소언 삼밀 자 일 신밀 자 여 결 계인 소청 성중 시야

二語密者 如密誦眞言 文句了了分明 無謬誤也。 510)
이 어밀 자 여 밀 송 진언 문구 요요 분명 무 류 오 야

三意密者 如住瑜伽 相應白淨月圓 觀菩提心。 511)
삼 의밀 자 여 주 유가 상응 백정월 원 관 보리심

(대정장 32. 574b)

---

510) 文句(高麗藏本)=令文句(三十帖策子本), 誤(高麗藏本)=悞(三十帖策子本)
511) 圓(高麗藏本)=圓滿(三十帖策本子), 菩提心(高麗藏本)=菩提心也(三十帖策子本)

직역(直譯)

무릇 유가관행(瑜伽觀行)을 수습(修習)하는 사람은, 마땅히 모름지기 삼밀행(三密行)을 구족해 닦아서, 오상성신(五相成身)의 뜻을 밝게 깨쳐야 한다.

이른바 삼밀(三密)이라 함은,

一의 신밀(身密)이란 계인(契印)을 결(結)하여, 성중(聖衆)을 불러 청(請)함과 같은 것이요,

二의 어밀(語密)이란 고요하게 진언을 송(頌)하여 문구(文句)를 요요분명(了了分明)케 하여, 그릇됨이 없게 함과 같음이오.

三의 의밀(意密)이란 유가(瑜伽)에 주(住)하여서, 백정월(白淨月)의 원만(圓滿)에 상응(相應)하여, 菩提인 心을 관(觀)함과 같은 것이니라.

의역(意譯)

무릇 瑜伽觀을 修習하는 (眞言)行人은 마땅히 모름지기 三密行을 갖추어,512) 五相成身의 뜻을 證悟(증오)해야 한다.513)

---

512) 三密行이란 중생의 三密을 佛의 三密에 상응시키는 行法으로, 이를 태장계만다라로 표현하면 身口意 三密을 순차적으로 佛部·蓮華部·金剛部의 三部에 각각 배대시키는 것을 말한다. 『大日經疏』에는 三密行을 진언문에 들어가는 三事로 정의하고 있다. 「從因至果。皆以無所住而住其心。故曰入眞言門住心品也。入眞言門略有三事。一者身密門。二者語密門。三者心密門。是事下當廣說。行者以此三方便。自淨三業。卽爲如來三密之所加持。乃至能於此生。滿足地波羅蜜。不復經歷劫數。備修諸對治行」(대정장 39. 579b~c),
「今此眞言門中。以如來三密淨身爲鏡。自身三密行爲鏡中像因緣。有悉地生猶如面像」(대정장 39. 607c),
한편 <覺密(Buddha-guhuya)>은 『大日經略釋』에서 成佛方法으로, 다음과 같이 <六波羅蜜行>과 <眞言行>의 2가지 수행법을 제시하고 있다.
「교화대상에 2종류가 있다. 어떤 자는 大乘의 經部에 설해진 布施등의 바라밀행을 수습하여 天界나 인간계의 광영있는 복덕과 지혜의 자량을 원만케 하는 것을 선행으로 경험하여, 편안하고 길상한 遍照의 지위를 구하며,
또 어떤 사람은 明呪와 진언을 좋아하여 복덕과 지혜의 자량을 모아, 그 결과 천계나 인간계의 영광을 자신의 것으로 하여 대비로자나의 位를 구

한다」(覺密)『大日經略釋』p 9. (文政堂 刊),
『守護國界主陀羅尼經』에는 「白色의 唵字(Oṃ)를 觀하면서 月輪中에 앉아있는 自身을 觀하게 되면, 곧 바로 毘盧遮那身을 성취하게 된다고 설하면서, 그 이유로 三種의 眞實(身口意 三密)을 성취하기 때문이라 하면서, 그러기에 이것은 一切智와 金剛智를 갖추고 瑜伽智를 觀하는 般若波羅蜜多이며, 菩薩이 얻게 되는 果라고 설하고 있다.「云何觀察此陀羅尼。當以唵字安前所觀月輪之中。置於頂上。觀此唵字色如珂雪。此想成已。卽見自身坐月輪中。便得成就毘盧遮那。以如是等無量無邊微塵數智成就此身。是卽名爲具一切智。亦得名爲具金剛智。是修觀者瑜伽之智。亦是般若波羅蜜多。亦卽名爲諸菩薩果。此果能得三種眞實。何等爲三。一者(意密)前眞實不可思議一切智智諸佛境界三昧。二者(口密)得前眞實祕密眞言。三者(身密)得前眞實祕密印契。前觀成已。便想頂上出白光明」(대정장 19. 530b), 또『五秘密儀軌』에는 顯敎와 密敎의 差異点을 설함과 동시 밀교의 특징인 曼茶羅壇과 灌頂의 殊勝性에 대해 다음과 같이 설하고 있다.「於顯敎修行者。久久經三大無數劫。然後證成無上菩提。於其中間十進九退。或至七地。以所集福德智慧。迴向聲聞緣覺道果。仍不能證無上菩提。若依毘盧遮那佛自受用身所說內證自覺聖智法。及大普賢金剛薩埵他受用身智。則於現生遇逢曼茶羅阿闍梨。得入曼茶羅。爲具足羯磨。以普賢三摩地。引入金剛薩埵入其身中。由加持威神力故。於須臾頃。當證無量三昧耶無量陀羅尼門。以不思議法。能變易弟子俱生我執法執種子。應時集得身中一大阿僧祇劫所集福德智慧。則爲生在佛家。其人從一切如來心生。從佛口生。從佛法生。從法化生。得佛法財(法財謂三密菩提心敎法)纔見曼茶羅。能須臾頃淨信。以歡喜心瞻睹故。則於阿賴耶識中。種金剛界種子。具受灌頂受職金剛名號。從此已後。收得廣大甚深不思議法。超越二乘十地。此大金剛薩埵五密瑜伽法門」(대정장 20. 535b~c), 또『諸佛境界攝眞實經』에는 曼茶羅壇에서의 成就修習法(身口意의 行法)을 다음과 같이 설하고 있다.「瑜伽行者。欲得成就一切如來三昧。及一切智智。應當修習是曼茶羅成佛之法。修此法時。先作金剛降伏半跏趺坐。端身正念。以右足押左足。持眞言時。住心凝寂。口習眞言。唯自耳聞。勿令他解。心中觀想一一梵字。了了分明無令錯謬。持習之時不遲不速。是卽名爲金剛語言」(대정장 18. 281b~c),

또『修證法門』에는 「自受用佛은 心으로부터 무수한 菩薩을 流出하니 모두가 동일한 性品이다. 곧 이른 바 金剛性으로서 遍照如來로부터 灌頂의 직위를 받은 것으로, 저들은 모두 三密門을 설한다.「自受用佛。從心流出無量菩薩。皆同一性。謂金剛性。對遍照如來。受灌頂職位。彼等菩薩。各說三密門。以獻毘盧遮那及一切如來。便請加持敎敕」(대정장 18. 288a).

『心地觀經』에는 「是薄伽梵。告文殊師利菩薩摩訶薩言。瑜伽行者觀月輪已。應觀三種大祕密法。云何爲三。一者心祕密。二者語祕密。三者身祕密。云何名爲心祕密法。瑜伽行者。觀滿月中出生金色五鈷金剛。光明煥然猶如鎔金。放於無數大白光明。以是觀察名心祕密。云何名爲語言祕密唵(一)地室多(二合二)婆爾羅(二合三) (Oṃ tiṣṭa vajra) 此陀羅尼具大威力。一切菩薩成佛眞跡。是故名爲語言祕密。云何名爲身祕密法。於道場中端身正念。手結引導無上菩提最第一印。安置胸臆心月輪中。善男子。我當爲汝說其印相。先以左右二大拇指。各入左右手掌之內。各以左右頭指中指及第四指。堅握拇指作於手拳。卽

- 368 -

三密中 첫째 <身密>은 契印(계인)을 結(결)하여514) 聖衆(성중)을 召請

是堅牢金剛拳印。次不改拳舒右頭指。直豎虛空。以其左拳着於心上。右拳小
指堅握左拳頭指一節。次以右拳頭指之頭。卽指左拳拇指一節。亦着心前。是
名引導無上菩提第一智印。亦名能滅無明黑闇大光明印。以結此印加持力故。
十方諸佛摩行者頂。受大菩提勝決定記。是大毘盧遮那如來無量福聚大妙智印」
『心地觀經』(대정장 3. 329b~c) 이라 하여, 금강계 대일여래의 智拳印(大妙
智印)을 하고(身密), 五相成身觀의 제 3단계인 <成金剛心> 진언인 Oṃ
tiṣṭa vajra를 지송(口密)하며 滿月속의 五鈷金剛杵를 觀하라(意密)며, 三密을
설하고 있다.
또 空海는 『卽身成佛義』에서 「眞言行人 手에는 印契를, 입으로는 眞言을,
마음으로는 三昧에 들면, 三密相應加持함으로 곧 바로 大悉地를 증득하게
된다」고 설하고 있다. 「若有眞言行人觀察此義。手作印契口誦眞言心住三摩
地。三密相應加持故早得大悉地」(대정장 77. 383a)

513) 五相成身觀이란 수행자가 다섯 가지(通達菩提心・修菩提心・成金剛心・證
金剛身・佛身圓滿)의 단계를 통하여, 자기의 實相을 佛의 實相과 相應시키는
觀法이다. 말 바꾸면 自身의 實相을 관찰하는 다섯 단계의 月輪觀(=白月觀)
에 의해 몸과 마음을 金剛으로 만들어, 즉석에서 毘盧遮那法身을 顯證(현증)
케 하는 방법이다. 곧 다섯 단계를 순차적으로 금강계만다라의 특징인 佛部
・蓮華部・金剛部・寶部・羯磨部의 五部에 각각 배대시키는 것이다.

188) 印契에는 여러 가지가 있으나 보통 四種曼茶羅의 四種印(大智印・三昧耶
智印・法智印・羯磨智印)과 曼茶羅上의 五佛이 취하고 있는 五智印(智拳印
・降魔觸地印・與願印・禪定印・施無畏印)이 가장 보편적이다. 곧 十方三世
諸佛의 모습 자체를 있는 그대로 나타내고 있는 大曼茶羅의 大智印, 諸佛菩
薩들이 지니고 있는 물건이나 손가락의 형태를 나타내고 있는 三昧耶曼茶羅
의 三昧耶智印, 諸佛菩薩의 德을 나타내기 위해 言語나 文字형태를 취하고
있는 法曼茶羅의 法智印, 諸佛菩薩들의 活動이나 作用을 표현해 놓은 羯磨
曼茶羅의 羯磨智印이 四種印이며, 또 金剛界曼茶羅上에서의 中央의 主佛 法
身毘盧遮那佛이 취하고 있는 智拳印을 비롯하여 東方의 阿閦佛이 취하고 있
는 降魔觸地印, 南方의 寶生佛이 취하고 있는 與願印, 西方의 阿彌陀佛이
취하고 있는 禪定印, 北方의 不空成就佛이 취하고 있는 施無畏印 등의 五智
印이 그것이다.
印契 (mudrā)를 최초로 설하고 있는 경전은 『牟梨曼茶羅呪經』으로 19개의
印이 설해지고 있다. (대정장 20, 661). 그러나 『陀羅尼集經』에 오면 무려
300餘개의 印이 설해지고 있다 (대정장 18, 785). 『大日經疏』의 「今此中先
說十二種合掌名相」(대정장 39, pp.714c~715)이란 언급처럼, 수많은 印契는
<十二合掌>과 <六種의 拳>에서 비롯되어졌다. 『밀교대사전』권1. 105頁 <印
契>條, 권2. 879頁 <十二合掌>條, 권5. 2316頁 <六種拳>條 참조,
<十二合掌>
① 堅實心합장 (Niviḍa) ② 虛心합장 (Sampuṭa) ③ 未敷蓮花합장
(kuḍmala) ④ 初割蓮花합장 (Bhagna) ⑤ 顯露합장 (Uttānja) ⑥ 持水합장
(Adhāra) ⑦ 歸命합장 (Pranāma) ⑧ 反叉합장 (Viparīta) ⑨ 反背互相着
합장 (Viparyasta) ⑩ 橫拄指합장 (Tiryak) ⑪ 覆手向下합장 (Adhara) ⑫

(소청)하는 것을 말함이며, 둘째 語密은 조용히 眞言을 誦하여 文句를 밝고(了了) 分明(분명)하게 하여 오류가 없도록 하는 것을 말함이며515), 셋째 意密은 瑜伽(유가)에 住하여516) 白淨月(백정월)의 원만함에 상응시켜, 菩提인 心을 觀하는 것을 말한다.517)

註解·講解
<현일체색신삼매(現一切色身三昧): 법화경의 묘음보살>

관세음보살님을 모신 법당에서는 기도를 할 때 <관세음보살> 정근을 한다. "나무 보문시현(普門示現) 원력홍심(願力弘深) 대자대비(大慈大悲) 구고구난(救苦救難) 관세음보살 관세음보살 운운"하며 끊임없이 관세음보살을 지송·정근하는 것이다.

覆手합장 (Adhara)
<六種拳>
① 金剛拳(금강권): 네 손가락으로 엄지를 쥔 후, 人指(頭指)로 엄지(大指)의 첫마디를 누르는 수인 ② 蓮花拳(연화권): 4-손가락으로 엄지를 쥔 수인 ③ 外縛拳(외박권=金剛縛): 虛心合掌 상태에서 左右 손가락을 깍지 끼운 후 손바닥을 서로 붙여 주먹을 만드는 수인 ④ 內縛拳(내박권): 左右 손가락을 손바닥 안에서 交叉시켜 주먹을 쥔 수인 ⑤ 忿怒拳: 無名指와 中指로는 엄지(大指)를 누르고, 小指와 人指(頭指)는 구부려 세운 수인 ⑥ 如來拳 : 왼손은 蓮華拳, 오른 손은 金剛拳을 한 상태에서 오른손으로 왼손의 엄지(大指)를 누른 수인이다. 일반적으로 三密中 身密은 胎藏界 三部中 佛部에 배대시킨다.

515) 口密이란 입에 dhāraṇī를 지송한다는 뜻이다. 다라니를 지송할 때는 논의 설명처럼, 문구를 분명하게 발음하면서 글자의 모양과 뜻을 음미하는 것이 중요하다. 口密은 보통 胎藏界 三部中 蓮華部에 배대시킨다.

516) 瑜伽(Yoga)란 加持와 같은 뜻으로, 絶對慈悲(절대자비)가 行者의 마음에 비추어져 절대자가 지닌 慈悲가 행자의 身心에 그대로 드리워져, 절대자와 행자가 하나가 된다는 것으로, 密敎가 지니는 특징 중의 하나이다. 곧 加持에 의해 修行者는 加持한 상대 존격이 지닌 特性을 그대로 한 몸에 받아 지니게 되는 것으로, 이는 大乘佛敎에서 말하는 여러 가지 修行을 行한 것과 同一한 意味를 지니게 된다.

517) 意密이란 모든 妄念(망념)을 떨쳐 버린 상태에서 諸佛과 加持相應하는 것으로, 白月의 圓滿明瞭(원만명료)함과 같은 淸淨心이 衆生本有의 마음임을 觀하는 것이다. 意密은 보통 胎藏界 三部中 金剛部에 배대시킨다.

보문시현(普門示現)이란 중생을 사랑하시는 부처님의 대비력과 위신력을 나타내는 말로, '나무 관세음보살' 하고 이름을 부르면 그가 누구든지 어디에 있든지 상관없이 자유자재로 시현하시어 우리 중생들을 제도하고 계시는 관세음보살님의 원력과 위신력을 표현한 말이다.

<관세음보살의 32應化>라는 말도 이러한 의미에서 나온 말이다.
중생들의 근기에 맞추어 32가지 모습으로 응해서 화현한다는 의미이다.
경주에 가면 普門단지, 강화도에 가면 그 유명한 普門寺가 있고, 서울의 고려대 병원 근처에도 普門洞과 普門寺(舊 탑골僧坊)란 비구니 사찰이 있다.
『법화경』<普門品>은 달리 『觀音經』이라고도 불리 울 정도로, 관세음보살의 위신력이 강조되고 있는 경인데, 이 경에는 '念彼觀音力'이란 단어가 12번이나 등장한다. 곧 물속이나 불속이나 그 어떤 어려움과 난관에 처해있을 때라도 '나무 관세음'하며 그분의 이름을 부르면, 세상의 그 어떤 소리(世音)라도 다 들으시고(觀=聽), 당신(觀音보살)의 위신력(念彼觀音力)으로 '곧 바로 나타나셔서 온갖 난관(救苦救難)과 고통을 제거해 주신다는 내용이다.

『법화경』<묘음보살품>의 주인공인 妙音보살님 또한 관세음보살님과 같은 위신력을 지닌 분으로, 그는 보살의 몸으로 제도할 이에게는 보살의 몸으로 나타나시어 제도하시고, 부처의 몸으로 제도할 이에게는 부처의 몸으로 나타나시어 제도하시는 등, 그야말로 자유자재로 몸을 나트시며 중생을 제도하시는, 곧 <現一切色身三昧(현일체색신삼매)>의 소유자이시다.

묘음보살님이 지닌 이러한 위신력은 도대체 무슨 공덕을 닦으셨기에 얻게 된 것일까?
경전은 그 이유를 수많은 불보살님께 예경·공양드린 공덕 때문이라 설하고

있다. 불보살님께 예배·공양드리는 공덕은 이렇게 큰 것으로,

 중생수기득이익(衆生隨器得利益)이라는 말씀처럼, 그는 시방제불께 드린 예경과 공양의 공덕으로, 중생이 어떤 그릇을 가지고 있던 상관없이 그들이 가진 그릇을 모두 다 가득가득 채워줄 수 있는 위신력을 지니게 된 것이다.

3.5.1.1 身密
신밀

「身密者 如結契印 召請聖衆是也」
신밀 자 여 결 계인 소청 성중 시 야

身密이란 무량공덕을 성취한 聖衆들을 모셔와 그들과 加持相應하여 행자의 몸과 절대자의 몸이 하나가 되게 하는 것을 말한다.

註解·講解

<手印(Mudrā)의 의미와 그것이 지닌 위신력>
수인

「身密者 如結契印 召請聖衆是也」
신밀 자 여 결 계인 소청 성중 시 야

 印(mudrā)이란 <決定짓는다>는 뜻이다.

곧 모든 장애를 제거하여 자신을 정화시키겠다는 원력을 세우는 것으로, 自身의 不退轉(불퇴전)의 확고부동한 의지를 刻印(각인)시키기 위해, 手印을 통해 무량한 공덕을 성취한 聖衆(성중)들을 불러 청하여, 그 聖衆들과 인연을 맺어 加持相應(가지상응)케 한다는 의미이다.

곧 절대자와의 합일(yoga)을 성취케 하기 위해, 양손으로 결인하는 것을 말하는 데, 일반적으로 왼손은 중생들의 원력이나 기원을 나타내고,

오른손은 무량공덕을 지닌 諸佛의 三昧耶印(본원의 手印)을 나타내는 것으로, 여기에는 중생을 구제하겠다는 諸佛의 의지와 약속이 담겨있다.

따라서 같은 眞言을 지송하더라도 印契(인계)를 짓지 않고 입으로만 하는 경우와, 印契를 짓고 하는 경우는 천지차이가 있는 것이다.

앞서 설명했듯이 印(mudrā)이란 <決定짓는다>는 의미이기에, 만일 인계를 짓지 않을 경우는 이 결정이란 의미가 없어지는 것이 되어, 아무리 오랫동안 지송한다 해도 결정되지가 않는 것이다.

또한 진언은 나라마다 발음이 달라 서로 알아듣지 못하지만, 印契(인계=수인)는 마치 手話처럼 만국의 공용어이기에, 수인을 지으면 어느 부처님이든 모두 알아보시는 것이다. 따라서 불보살님에게 대화를 하거나 기도드릴 때는 반드시 수인(手印)을 지어야 되는 것이다.

<手印의 공덕>에 대해, 善無畏三藏은 『慈氏菩薩略修瑜伽念誦法』에서 「이 법은 行處(행처)에 따른다. 곧 내 몸을 結印(결인)하면 本尊身(본존신)이 되고, 他身을 결인하면 타신을 이루게 된다.

예를 들어 비록 拙人(졸인=초보자)이라 할지라도 손에 佛菩薩의 手印(수인)을 결한 후, 황토나 金泥(금니)등을 바르면 여법한 불보살의 상이 이루어지게 되는데,

그 이유는 手印(수인)의 공덕 때문에 온갖 형상이 이루어지는 것이다. 수인의 法力은 이러한 것이다.

비록 悉地(실지)를 얻지 못했더라도 가르침에 따라 행하면, 제불의 法印力(법인력)에 의해 곧 바로 本法을 성취하게 되는 것이다.

곧 法界印(법계인)을 결인하면 곧 바로 본존인 慈氏(미륵)보살의 진언의 體(체)를 이루게 되는 것이다. (중략) 이처럼 결인하는 像(상)에 따라서

本尊을 이루는 것으로, 나를 結印하거나 타인을 결인하면 모두가 本體의 三昧耶身(삼매야신)을 이루게 되는 것이다. 까닭은 온갖 호법명왕들이 두루두루 이의 성취를 위해 친근히 다가와, 서로 도와 悉地(실지)를 이루게 해주기 때문이다」[518]

라 하여, 結印의 중요성과 그 위신력을 강조하고 있다.

『보리심론』(32. 574b) 역시
「身密(신밀)이란 契印(계인)을 結(결)하여 聖衆을 召請(소청)하는 秘法(비법)이다」

라 하여, 어느 불보살이라도 그분의 手印을 결하면 나와 그분과의 계약이 이루어지는 것이라면서, 이 契印이야말로 성중을 도량에 청해 모시는 비법이 됨을 강조하고 있다.
 이처럼 印이란 마치 (인감도장)처럼 決定의 뜻이 있어, 결정코 계약을 성취케 하는 힘을 지니고 있는 것이다.

3.5.1.2 口密

「語密者 如密誦眞言 文句了了分明 無謬誤也」

---

518)「此法隨所行處。或印己身成彼本尊身。或印他身亦隨他身隨作而成。譬如拙人手執諸佛菩薩印。印於泥沙及皇等。皆成諸佛菩薩像。隨印成諸形像。此法印力亦復如是。雖未得悉地。以執諸佛法印之力。依教而行便成本法。若執法界印印於己身。卽成本尊慈氏眞言體。(중략)隨所印相卽成本身。印己印他。皆成本體三昧耶之身。諸護法明王等爲此親近俱相助成悉地速得成就」『慈氏菩薩略修瑜伽念誦法』(대정장 No 1141, 20. 595a~b)

대승불교의 키-워드인 보살,

대승보살이 되는 자격조건은 앞서 살펴보았듯이 陀羅尼와 三昧였다. 곧 다라니 중시신앙은 대승초기부터 이미 행해지고 있던 신앙으로서, 이러한 신앙은 반야경전에 들어 와서는 더욱 강화되어, 보살이 무상정등정각에서 물러나지 않기 위해 얻어야 할 필수(必須)의 수행덕목으로서 까지 승화되어, 다라니를 획득한 자이어야 비로소 보살의 자격을 획득한 것으로 인정받게 된다.

곧 「다라니란 一切諸佛의 근본으로, 그것은 수행의 속질문(速疾門)이 된다」라고 한 『인왕경(仁王經)』의 말씀이나,[519)]

「다라니는 불법승 三寶의 근원이자 총체로서, 空·無想·無願이며 不生不滅 不去不來이다」한 『아사세왕경』의 말씀이 그것이다.[520)]

『보리심론』은 「語密者 如密誦眞言 文句了了分明 無謬誤也」

라 하여, 조용히 眞言을 誦하여 文句를 밝고(了了) 分明(분명)하게 하여 오류가 없도록 하는 것이 口密持誦의 포인트라 설명하고 있다.

다라니의 발전사에 대한 상세는 졸고 「진언다라니 실담의 형성과 전개에 관한 연구」(중앙승가대대학원 『연구논집』 8호)를 참조하고,

---

519)「世尊我有陀羅尼能加持擁護 是一切佛本所修行速疾之門」『仁王護國般若波羅蜜經』(대정장 8. 843c)
520) (대정장 15. 397b)

이하 dhāraṇī(다라니)사상, 곧 dhāraṇī가 도대체 왜 이처럼 대승보
살의 자격조건으로까지 승화되며 엄청난 위력을 지니게 되었는지,
또 그 원천은 어디에 있는지 살펴보도록 하자.

註解 · 講解
<dhāraṇī는 dharma와 근원이 같다>

dhāraṇī는 우주의 진리인 法(dharma)과 그 어원이 같다.
곧 dhāraṇī와 dharma 모두 √Dhṛ(保持.維持하다)라는 어원에서 파생
되었다.

따라서 dhāraṇī와 dharma는 서로 떼려야 뗄 수 없는 깊은 관계를 가
지는 것으로, dhāraṇī는 法(dharma)이 가진 德(공능)을 모두 지니고 있
다. 다라니를 摠持(총지)라 부르는 것도 이러한 의미로서, dharma가 지니
고 있는 모든 것(摠)을 지니고(持) 있는 것이 dhāraṇī라는 의미이다.

따라서 dhāraṇī가 무엇인줄 정확히 알기 위해서는 먼저 dharma가 무엇
이며, 또 어떤 공능이 있는지 알아야 하는 것이다.

그렇다면 불교에서는 이 法(dharma)을 구체적으로 무엇이라 정의하였
으며, 또 법이 지니는 공능(德)은 과연 무엇일까?

<法(dharma)이란? 정의와 그 功能>
공능

1) 세간과 출세간의 원리 (因: hetu)이다.
불교의 法은 세간과 출세간의 원리(因:hetu)이다.
초전법륜의 내용인 사성제(四聖諦)를 예로 들어 보면,
사성제중 고성제(苦聖諦)와 집성제(集聖諦)는 세간의 원리가 되며,

멸성제(滅聖諦)와 도성제(道聖諦)는 출세간의 원리가 되는 것이다.

곧 사성제를 비롯한 불교의 모든 法은 언제 어디서나 또 누구에게나 적용되는 진리로서, 중생세계의 실상과 불세계의 실상, 말하자면 번뇌와 업(業) 그리고 고통 속에서 윤회하고 있는 중생들의 현실태(現實態)와, 나가서는 극락세계의 실상 내지는 어떻게 하면 극락세계에 갈 수 있는지 등 그 원리를 상세히 밝히고 있다.

2) 파사현정케 하고 이고득락케 하는 것(教法: pariyatti)이다.

중생으로 하여금 무명(無明)에서 벗어나 올바른 길로 들어서게 하는 파사현정(破邪顯正)의 공능과, 고통에서 벗어나 즐거움을 얻게 하는 이고득락(離苦得樂)의 공능(功能), 그것이 바로 법이다. 경전을 읽고 법문을 들으면 눈물을 흘리게 되고 참회케 되는 이유, 그리고 기쁨과 즐거움을 얻게 되는 이유는 바로 법이 가진 이러한 공능 때문이다.

3) 정의·합리·도덕 그 자체(德: guṇa)이다.

불법은 그 자체가 정의롭고 합리적이며 도덕적이다.

까닭은 법 자체가 연기성(緣起性)과 상의상존성(相依相存性)이란 법성과 공동체의 질서와 화합을 기반으로 하고 있기 때문이다.

따라서 佛法을 좇아 如法하게 사는 佛子는 정의롭고 합리적이며 도덕적인 인간이 될 수밖에 없는 것이다.

4) 무상성이며 무아성인 공성(空性: śūnyatā)이다.

법은 무자성인 공성이다. 곧 존재 자체가 공성, 곧 무상성(無常性)이며 무아성(無我性)인 것이기에, 우주 진리를 설하고 있는 법 또한 자연히 空性일 수밖에 없다.

따라서 어떤 고정불변의 실체를 인정하는 교리나 사상은 이미 佛法으로서 자격을 상실하게 되는 것이다.

위에서 본 것처럼 법(dharma)은 여러 가지 功德(공능)을 지니고 있기에, 煩惱와 無明(무명) 그리고 모든 魔障(마장)들을 제거해 버린다는 能持能遮(능지능차)란 뜻 또한 지니게 된 것이다.

<대승보살의 필수덕목, 진언다라니門(mukha)>
　　　　　　　　　　　　　　　　　문

불교의 백과사전이라 일컬어지는 『대지도론』에는

「四十二字-다라니가 있으니, 아·라·파·차·나(A·Ra·Pa·Ca·Na) 등이 그것으로, 이 42자를 통하여 일체의 언어와 명자(名字)를 섭하는 것이다.

(예를 들어) 보살이 아자(阿字)를 들을 때는 일체법의 본불생(本不生)을 생각하는 것으로, 이와 같이 들은 바의 42자 모든 자자(字字)를 따라 일체제법의 실상에 들어가는 것으로, 이러한 것을 일러 자입문(字入門)다라니라 하는 것이다」521)

라 하여, 大乘人들은 소위 실담(悉曇) 四十二字나 五十字門의 <자의자문론(字義字門論)>이라고 하는 신 개념의 다라니설을 주창함으로서, 대승불교에 뒤이어 일어난 밀교사상가들로 하여금 이들 42 내지 50의 음성과 문자를 활용하여 곧 바로 諸法實相(제법실상)에 오입(悟入)할 수 있는 소위 성자실상(聲字實相)의 수행문을 개척케 하였다.522)

---

521) 『대지도론』(대정장 25. 268a)
522) 『大智度論』은 陀羅尼에 1)言語의 本性 2)主體의 判斷 3)言語의 機能 4)主體의 修道法 등의 특색을 지닌 일종의 고유명사격으로서의 의미를 새로이 부여하였다. 곧 종래 陀羅尼가 지니고 있던 靜止的(정지적) 의미에서 벗어나 動

곧 『대지도론』은 자상(字相)과 궁극적 진실인 실상(實相)을 증득하는 수단으로 자의(字義)를 정형구화(定形句化)시키는 자의론(字義論), 말하자면 문자의 내관을 통해 그것의 배후에 있는 실상을 파악해 나가는 소위 자상문(字相門), 곧 門(mukha)이란 개념을 개발하여 이를 발전시켰다.

곧 『대지도론』은 字相(門), 곧 門(mukha)이란 말을 사용하고 있는데, 여기서 mukha란 (dhāraṇī-mukha=陀羅尼目佉, 곧 總持(陀羅尼門)를 의미하는 것으로,[523]대승보살이 지니고 있어야 할 필수덕목, 말하자면 대승보살은 이 문을 통해야 비로소 無生法忍(불퇴전지)을 얻을 수 있고, 또 청정법지(淸淨法智)도 증득할 수 있다는 확신 속에서, 대승보살이 지녀야 할 필수조건으로, 일종의 만병통치약으로서의 다라니라고 하는 새로운 장르의 門을 개설하고, 점차 이를 발전시켜 나갔다.

곧 대품계의 반야경에서 불기 시작한 이 門(mukha)이란 개념은 드디어 대승불교의 백과사전이라 칭하는 『대지도론』에 이르러 入音聲(입음성)이니 入字門(입자문)이니 하는 개념으로 발전된 후, 이것을 유가유식 경전인 『瑜伽師地論』이 이어받아, 4종(法·義·呪·忍)-다라니설이 제창된다.[524]

이처럼 法門이나 반야바라밀다와 同級化(동급화)된 다라니의 위상변화, 곧 대승보살이 지녀야 할 필수조건인 門(mukha)으로서 까지 그 위상이 높아진 다라니는 고유명사로서의 자리를 차지하게 됨은 물론, 점차 다라

態的(동태적) 力動的(역동적) 의미를 지닌 修行의 의미를 가지게 한 것이다.
523) 「門者得陀羅尼方便諸法是」『大智度論』 (대정장 25. 268a)
524) 『大智度論』에서 설해진 四種(聞持·分別知·入音聲·入字門)다라니를 『瑜伽師地論』의 四種(法·義·呪·忍)다라니와 비교해 보면, 경론에서 설해진 순서대로 (聞持-法),(分別知-義),(入音聲-呪),(入字門-忍)로 대치할 수 있을 것이다.

니 지송수행(持誦修行)이라는 새로운 장르의 수행법으로 개발되어, 실천 수행의 한 장르로 까지 자리 잡게 되는 것으로, 대승인의 이상경지인 반야바라밀다의 체득과 불지(佛智)의 개현(開顯) 그것은 바로 끊임없는 다라니의 지송수행에 의해 비로소 획득되어진다는 사상, 말 바꾸면 "불지 개현의 첩경의 길, 그것은 바로 다라니지송"이라는 신앙으로 승화되기에 이른다.525)

이하 다라니의 위신력에 대해 대승경전들이 어떻게 설하고 있으며, 다라니신앙은 이후 어떻게 발전·전개되었는지 살펴보도록 하자.

먼저 신라 밀교승 혜초가 序文을 쓰고 불공삼장이 역출한 『大乘瑜伽金剛性海曼殊室利千臂鉢大敎王經』(보통 『千鉢經』이라 함)에는

<五字陀羅尼秘密修行觀法次第(오자다라니비밀수행관법차제)>라 하여,
A·Ra·Pa·Ca·Na 관법수행에 대해 설명하고 있다.

이를 불공삼장 역출의 『金剛頂超勝三界經說文殊五字眞言勝相』을 참조하여, 이를 도표로 나타내면 다음과 같다.526)

---

525) 拙稿「진언다라니수행에 대한 연구」pp. 22~27 『논문집』12輯, 중앙승가대 2007년, 拙稿「진언다라니실담의 형성과 전개에 관한 연구」(『대학원 연구논집』 제 8집, 중앙승가대, 2015)

526) 「毘盧遮那如來。流出五智菩提一切法殊 勝總持一切三摩地。根本祕密總有五門。攝一切法大乘修多羅。同一切佛心三藐三菩提 玄通勝義祕密法敎。云何而行次第。依說聖旨趣求修學觀照。得入此法門 一者牟尼世尊說入阿字觀本寂無生義。是毘盧遮那如來說。爲往昔千釋迦千百億化釋迦成道時。此佛因地作菩薩時。如來爲與說此阿字觀。修入根本淸淨無生門 二者牟尼世尊說入囉字觀本空離塵義。是阿閦如來說。爲往昔千百億降伏魔民。無畏超勝自在佛說。是佛成道之時。此佛因地作菩薩時。如來與說此囉字觀。修入圓成實相無動門 三者牟尼世尊說入跋字 觀本眞無染着離垢 義是寶生如來說。爲往昔千百億降伏貪根。普滿常足自在佛說。是佛成道之時。此佛因地作菩薩時。如來與說此跋字

참 고:　　　文殊五字(A · Ra · Pa · Ca · Na) 관법수행

五字門	五　佛	五種根本秘密門	證得五智
A(𑖀)字門 ādyanutpāda	毘盧遮那佛	無生門 無生義	法界體性智
Ra(𑖨)字門 rajas	阿閦佛	無動門 清淨無染離塵垢義	大圓鏡智
Pa(𑖢)字門 paramārtha	寶生佛	平等門 亦無第一義諦 諸法平等義	平等性智
Ca(𑖓)字門 caryā	觀自在佛	淨土門 諸法無有諸行義	妙觀察智
Na(𑖡)字門 nāma	不空成就佛	解脫門 諸法無有性相	成所作智

한편『승천왕다라니경(勝天王陀羅尼經)』에는

「다라니는 모든 문자를 뛰어 넘는 것이기에 말로도 표현할 수 없고 마음에도 담을 수 없는 것, 말하자면 내외의 모든 법이 능히 다라니를 뛰어 넘을 수 없기에 "중법불입(衆法不入)의 다라니라 하는 것이다」[527]

觀。 修入法界眞如平等門　四者牟尼世尊說入左字觀本淨妙行義。 是觀自在王如來說。 爲往昔千百億降伏瞋根。 無量壽無忍自在佛說。 是佛成道時。 此佛因地作菩薩時。 如來與說此左字觀。 修入妙觀理趣淨土門　五者牟尼世尊說入曩字觀本空無自性義。 是不空成就如來說。 爲往昔千百億降伏癡根。 難勝慧明自在佛說。 是佛成道之時此佛因地作菩薩時。 如來與說此曩字觀。 修入成就金剛菩提解脫門」『千鉢經』(대정장 20. 725c),
「文殊五字眞言曰　阿囉跛左曩若善男子善女人。 有能持此眞言。 纔誦一遍卽入如來一切法平等。 一切文字亦皆平等。 速得成就摩訶般若相阿者是無生義囉者淸淨無染離塵垢義跛者亦無第一義諦諸法平等義左者諸法無有諸行義曩者諸法無有性相。 說言文字皆不可得義　以曩字無有性相故」『金剛頂超勝三界經說文殊五字眞言勝相』<不空譯> (대정장 20. 709b)
527)「世尊 何等陀羅尼 佛言 善男子 名衆法不入陀羅尼 善男子 此陀羅尼過諸文字 言不能入心不能量 內外衆法皆不可得 善男子 無有少法能入此者 故名衆法不入陀羅尼」『勝天王陀羅尼經』<現化品> (大正藏 8. 719a)

라 하고 있으며, 『화엄경』에는

「제 9地 선혜지(善慧地)에 안주하는 자는 그 어떤 것에도 걸림이 없는
무애지(無碍智), 곧 무량의 陀羅尼門(다라니문)을 체득하였기에,
부처님으로부터 들은 법문은 그 어떤 것이라도 절대로 잊지 않게 되는
것이다. 선혜지보살을 일러 불법장(佛法藏)을 얻은 법사(法師)라 부르는
것은 이 때문이다」528)

『大智度論)』에는
「반야바라밀다는 대명주 · 무상명주 · 무등등명주이다.
  왜냐하면 이 반야바라밀다는 능히 일체의 악법(惡法)을 없애며, 일체의
선법(善法)을 일으키기 때문이다.
  또한 과거제불과 현재와 미래의 모든 부처님이 모두 이 반야바라밀다주
로 인하여 무상정등각을 얻으셨거나 얻으실 것이기 때문이다.
곧 이 주(呪)로 인하여 세간에는 십선도(十善道)를 비롯하여 사선(四禪)
과 사무량심(四無量心)과 사무색정(四無色定)과 보시-바라밀다로부터 반
야-바라밀다에 이르는 6-바라밀다, 그리고 사념처(四念處)로부터 십팔불공
법(十八不共法)등의 法性과 法相등이 존재하는 것이다.
  따라서 이 주(呪)를 지송하는 선남자 선여인들은 끝내 십선도 · 사선 · 사
무량심 · 사무색정 · 육바라밀다 · 사념처및 十八不共法 등에서 멀리 떠나
지 않게 되고, 항상 三十二相을 얻어 현재의 (몸으로) 佛世界에 태어나,
마침내는 무상정등정각(無上正等正覺)을 성취케 되는 것이다」529)

등의 말씀처럼, 다라니는 성불하는데 없어서는 아니 되는 수행의 요체로
서, 또 반야경전이 지향하려는 空의 경지 내지는 그들이 이상으로 하는

---

528) 『60 화엄경』 (대정장 9. 461a~b)
529) 『대지도론』 (대정장 25. 468b~469c)

최고불지(最高佛智)의 체득으로까지 승화된다.

한편 위에서 인용한 바 있는 선무외 삼장의 저술인 『慈氏菩薩略修瑜伽念誦法』에는 다라니가 지니는 위신력에 대해,

「만일 眞言을 지니는 자, 곧 dhāraṇī를 보거나 듣거나 느껴 아는 자와 공양을 드리거나 친근하게 일을 받들어 모시는 자는 일체제불을 비롯한 모든 현성들에게 공양을 드리는 것과 같은 것이 된다.

이처럼, 眞言과 手印등이 지니는 공덕과 위신력은 이루 다 나열할 수가 없을 만큼 큰 것이다」[530]

한편 『보리심론』(32. 574b)은

「語密은 조용히 眞言(dhāraṇī)을 誦하여 文句를 밝고(了了) 分明하게 하여 오류가 없도록 하는 것을 말한다」

고 하여, 진언(다라니)을 지송할 때의 주의사항을 지시하고 있는데,

이는 앞의 인용구들에서 본 것처럼, 다라니 한 句 한 소절의 의미가 의미심장하여 혹시나 오류가 생겨 잘못된 결과를 초래할까 하는 노파심에서 당부를 하고 있는 것이라 보여 지는 것으로,

때문에 진언을 지송할 때는 논의 당부대로 한 구 한 구절 발음과 그 의미를 분명히 체득하고 요달하여, 了了하고 분명하고 또렷하게 지송하도록 해야 하는 것이다.

---

530) 「若持眞言者。若見聞覺知者。乃至供養親近承事伴侶等者。卽同供養一切諸佛及諸賢聖。如是眞言及契印等之法不可具陳。(중략)諸佛淨刹諸天龍鬼神等諸有情類」『慈氏菩薩略修瑜伽念誦法』(대정장 20. 595b)

3.5.1.3 意密

「意密者 如住瑜伽 相應白淨月圓 觀菩提心」
의밀 자 여 주 유가 상응 백정월 원 관 보리심

의밀(意密)이란 밀교의 근본이념인 <나즉시대일여래>임을 확신하고,
행주좌와 어묵동정의 일상생활 속에서 이의 실천을 통해, 자신을 佛로서
확립시키는 것을 말한다.

곧 법신불과 나를 비롯한 모든 중생이 체상용(體·相·用) 三大에 있어
삼라만상의 體이자 진리의 당체인 佛과 同一한 것임을 강조하는 사상,
말하자면 중생 모두는 그 누구나 법신 대일여래의 일체지지(一切智智)를
본유(本有)하고 있음을 신행(信行)하는 것이 의밀로서,
즉신성불을 성취하기 위해 밀교가 개발한 행법(儀軌法)인 三摩地法,
곧 月輪觀 阿字觀 五相成身觀등 모든 密敎行法의 근간이 되는 것이다.

곧 밀교교리의 핵심이 자심의 실상을 각지(覺知)하여 전미개오(轉迷開
悟)하는 것이듯이, 밀교의 실천행도 자기의 전체인 심신(心身), 곧 안으
로는 자심의 본원(本源)인 자심불(自心佛:A=**者**)을 명상하면서, 밖으로는
본존불에 귀의하여, 佛과의 가지교감(加持交感)을 통해 본래의 자신불에
되돌아가, 일상에서 부처로서의 삶인 대비행(Ā=**者**)의 실천을 통해 즉신성
불을 성취하는 것을 목적으로 한다.

곧 『대일경』에
「비밀주여! 보리(菩提)란 여실히 自心을 아는 것이다」[531]

「秘密主여! 自心에 菩提와 一切智智를 찾아야 되나니 그 까닭은 자심
의 본성이 淸淨하기 때문이다. 곧 자심은 內外, 그리고 중간에도 없는

---

531)「秘密主 云何菩提 謂如實知自心」(大正藏 18. 1c)

것이며, 청색도 황색도 아니며, 길지도 짧지도 둥글지도 모나지도 아닌 것으로, 空性인 마음은 모든 분별을 떠나 있는 것이기에 不可得의 것이다」 532)

라든지, 또 『대일경소』의
「중생의 자심품은 일체지지(一切智智)이니, 이와 같이 여실히 自心을 요지(了知)하는 것을 일체지자(一切智者)라 하는 것이다.533)

「중생의 자심실상(自心實相)은 菩提로서, 이와 같은 자심의 실상을 알지 못하는 것을 무명(無明)이라 하는 것이다. 곧 이러한 무명에 전도해서 상(相)을 취하는 까닭에, 애증과 탐진 등의 온갖 번뇌가 일어나게 되는 것이며, 이러한 번뇌를 원인으로 해서 온갖 종종의 業이 일어나며, 그 결과에 따라 종종의 인생행로와 내세의 길이 생기는 것이며,
그에 따라 苦와 樂을 받게 되는 것이다. 그러므로 마땅히 알라! 자심의 실상을 아는 것 이외에 별도로 다른 법이 없는 것임을」 534)

「本尊이란 자존(自尊), 곧 스스로 간직하고 있는 존을 말한다」 535)

「나의 一心法界중에는 대일여래를 비롯한 四-바라밀(波羅蜜)등의 일체 제불이 결가부좌하고 앉아 있다」 536)

---

532)「秘密主 自心尋求菩提及一切智 何以故 本性淸淨故 心不在內不在外 及兩
　　中間心不可得 非靑非黃 非長非短 非圓非方 何以故 心離諸分別無分別」
　　『대일경』(대정장 18. 1c)
533)『大日經疏』(大正藏 39. 579b)
534)『大日經疏』(대정장 39. 588a)
535)『大日經疏』(대정장 39. 783a)
536)『秘藏記』(『弘全』권2, 30頁)

「자심의 실상은 一切種智, 곧 제법의 法界이며, 제법의 體이다」 537)

등의 경구들은, 自心의 원저(源底)가 일체종지를 구족한 법신대일여래 바로 그것임을 설명하고 있는 것으로, 따라서 밀교의 수행론이나 성불론은 당위로서의 本來佛임을 자각하는 것, 곧 나=佛임을 깨닫는데서 부터 시작되는 것이다. 다시 말해 중생은 本來佛(본래 그대로 理智구족의 대일법신불)로서, 나의 육신은 오대(五大: 地·水·火·風·空)로 이루어진 태장계만다라(胎藏界曼茶羅)이며, 정신은 식대(識大) 곧 금강계만다라(金剛界曼茶羅)라는 사실, 곧 "자심(즉시)불"을 깨닫는 데에 있다.

『보리심론』은 「意密者 如住瑜伽 相應白淨月圓滿 觀菩提心也」
이라 하며, 自心을 淸淨·淸凉·光明의 三德을 두루 원만히 갖춘 白淨月에 비유하며, 자심=佛임을 관하는 것이 意密이라 정의내리고 있다.
 이러한 의미에서 意密은 三密中 가장 핵심이 되는 것으로, 이 意密을 근간으로 몸으로는 手印을, 입으로는 口密인 다라니를 지송하는 것이다.

註解 · 講解
<加持와 啐啄同時>
가지   줄 탁 동시

「意密者 住瑜伽 相應白淨月圓 觀菩提心」
의밀 자 주 유가   상응 백정월 원 관 보리심

줄탁동시(啐啄同時)란 말이 있다. 알이 한 생명으로 거듭나기 위해서는
① 알(새끼) 스스로 세상에 나가겠다는 강한 의지를 가지고, 안에서 껍질

---

537) 「心之實相卽是一切種智卽是諸法法界法界卽是諸法之體」『吽字義』(대정장 77. 404c)

을 강하게 쪼아야 되며(啐), 한편 생명주인 어미(母)는 고생하며 잉태한 알을 하나의 생명으로 세상에 내보내겠다는 강한 의지와 사명감으로, 알이 쪼(啐)는 순간을 기다렸다가, 바로 그 순간 동시에 밖에서 탁하고 쪼(啄)는 것으로, 이 (啐)과 (啄)이 합해져야 비로소 새 생명이 세상 밖으로 나올 수 있는 것이다. 그만큼 무엇 하나를 이루려면 온갖 인연들이 합해지고 또 서로 정진 노력해야 된다는 말이다.

더구나 생명의 탄생인데, 더 이상 무엇을 말 하겠는가~

가지(加持)와 본원(本願)과 신변(神變), 이 3가지 개념과 원리도 마찬가지이다.

줄탁동시(啐啄同時)란 말을 잘 간직하고 명심하면서, 발원과 수행을 통해 스스로를 神變시켜 성불하여 정토를 개척하신 분들이 다름 아닌 아축불과 아미타불 등의 정토부처님들이기 때문이다.

여기서 중요한 것, 그래서 꼭 유념해야 할 것은 누구든지 또 얼마든지 마음만 먹고 열심히 정진 수행한다면, 나도 너도 그리고 우리 모두 부처님이 되어 가지신변을 얻을 수 있다는 사실이다.

예를 들어 나에게는 공연히 신경질을 잘 부려 주위 사람들을 어렵게 만들고 고통을 주는 악습(惡習)이 있어, 이것을 고치고 싶다면,

먼저 啐(줄)!하면서

① 어떤 경우라도 절대로 신경질 부리지 않는 인욕수행을 해서, 금생에 반드시 평안불(平安佛)이 되겠으며, 그리하여 우리가정을 불평 불만이 없는 만족하며 화기애애한 평안국토로 바꾸겠다는 발원을 세우고,

② 명심하고 참회하고 또 명심하고 참회하면서, 발원대로 일상에서 하루

하루 정진 노력하며 신경질이나 화를 내지 않고 인욕하는 것은 물론 오히려 상대방의 뜻을 따라 주는 생활을 하면

③ 시방부처님들께서 啄(탁)하고 加持를 주시어, 그 공덕으로 온화한 사람으로 새롭게 신변(神變)되는 것이다.

우리 모두 이런 정신을 가지고, 가정에서 회사에서 학교에서 먼저 각자 발원하면서, 자기의 부족함, 나라의 취약점, 민족의 아킬레스건을 알아, 三密로써 이를 채우고 고치고 이겨 나간다면, 언젠가는 반드시 승리자가 되고 불국토를 만들어 낼 수 있을 것이다.

이것이 三密莊嚴으로 일구어낸 <현실불국토>로서, 그 결과 나는 바람직한 인격자 보살이 되고, 우리가 사는 사회와 조국 대한민국은 살기 좋은 (三)密(莊)嚴의 佛國土가 되는 것이며, 사바에 출현하신 부처님의 목적 또한 현실 속에서 구현케 되는 것이다.

『眞實攝經』에는

「一切如來의 加持護念(가지호념)에 의해, 自身이 加持되어 金剛薩埵(금강살타)가 自身속에 住하게 되는 것이며, 이러한 만다라와 如來의 加持에 의해 婆伽梵(바가범) 持金剛(지금강)과 本尊이 示現(시현)하여 如來를 친견하게 되는 것이며, 이에 따라 一切의 것이 성취되고 持金剛과 如來 또한 획득하게 되는 것이다」[538]

라 하여, 加持에 의해 부처님이 나에게 들어오고, 나 또한 부처님에게 들어가는 (佛)入我入(佛)이 성취됨을 설하고 있는 것으로, 이 (불)입아아입

---

538)「一切如來加持護念　卽金剛薩埵住彼弟子心　見種種光相遊戲神通　由見曼茶羅由如來加持故　惑見婆伽梵大持　金剛　示現本形　或見如來　從彼以後　一切義利一切意所樂事一切悉地　乃至獲得持金剛及如來」『眞實攝經』(대정장 18. 218c)

(불)의 원동력이 다름 아닌 三密瑜伽行인 것임을 알려주고 있다.

밀교는 바로 이 원리를 통해 즉신성불을 주창하는 것이다.

『보리심론』은 이를 「意密者 住瑜伽 相應」이라 하여, 瑜伽(相應加持)의 중요성을 강조하고 있다.

<聲字卽是實相>
성자 즉시 실상

「聲字가 곧 實相」이란 개념은 밀교교리에서 아주 중요시 하는 개념 가운데의 1나이다. 아니 하나가 아니라 전체 개념이라 해도 틀리지 않을 만큼 중시되는 교리이다.

『大日經疏』는 <聲字實相>에 대해

「여래의 하나하나 낱낱의 三昧門은 모두가 성자실상(聲字實相)으로서, 이를 여래의 본지법신(本地法身)이라 하는 것이다. 곧 이 本地法身이 중생들을 위해 자재신력(自在神力)으로 베푸는 것이 法爾(법이)의 聲字로서, 그래서 聲字를 일러 佛의 가지신(加持身)이라 하는 것이다. 加持身은 능히 온갖 몸을 나트심으로 계시지 않은 곳이 없는 것이다」[539]

라 하며, 聲字(성자)는 實相(실상)으로, 本地法身(본지법신)이며 加持身(가지신)이며, 온갖 것이 모두 加持身인 聲字라 설하고 있다.

　<聲字實相>이란 말씀을 알기 쉽게 표현한 게송이 바로

「溪聲卽是法身長廣舌 山色卽是法身春秋相」이란 게송이다.
계성 즉시 법신 장광설 　산색 즉시 법신 춘추상

---

539)「復次如來一一三昧門聲字實相。有佛無佛法如是故。卽是故不流卽是如來本地法身。爲欲以此法身遍施衆生故。還以自在神力。加持如是法爾聲字。故此聲字。是諸佛加持之身。此加持之身。卽能普作隨類之身。無所不在」『대일경소』(대정장 39. 657a~b)

바로 위에서 인용한 『大日經疏』의 聲(口)과 字(身·意)로 이루어진 삼라만상의 모습 그대로가 법신 비로자나불의 모습이라는 소위 <法身佛의 육진설법(六塵說法)>의 교리가 위의 게송에 잘 표현되어 있기 때문이다.

　곧 계곡에서 들려오는 물소리가 바로 법신께서 설법하는 말씀이며,
봄·여름·가을·겨울 四季의 변화가 다름 아닌 법신부처님의 춘하추동(春夏秋冬)의 모습이라는 소위 <법신부처님의 우주편만사상>과 <법신불의 삼밀무진 장엄법문사상>을 잘 제창하고 있기 때문이다.

한편 <聲字實相>이란 말이 제시하고 있는 또 하나의 의미는
소리(口)나 字(身·意), 곧 입(口)에서 내는 소리, 또 몸의 한 동작(身)과 한 생각(意)이 그대로 진실상(實相)이 된다는 것이다. 곧

　좁게 말하면 진언다라니(口密)나 手印(身密)과 마음가짐(意密)을 분명하게 하여, <나=佛>이라는 확신 속에서 진언과 수인을 분명히 하라는 경책이며, 넓게 말하면, 입(口)과 몸(身)과 마음(意)에서 나오는 모든 소리나 몸의 움직임이나 마음에서 풍기는 모든 것들이 그 사람의 본 모습인 실체'라는 의미로서, 聲字 여하에 따라 중생과 佛의 갈림길이 생긴다는 것을 강조하고 있는 것이다.

　곧 아무리 오랫동안 수행을 해 모든 사부대중이 우러러보는 큰스님(방장스님)이라 할지라도, 평소인 일상에서 중생의 言行(聲字)을 하면 그대로 중생이 되는 것이고, 이제 막 입산한 行者라도, 부처님의 聲字를 하면 그대로 부처님이 되는 것이라는 것으로, 일상에서의 聲字(언어와 행동거지)의 중요성을 강조한 경책어인 것이다.

「아! 다르고 어! 다르다」「말에도 인격이 있다」는 격언은 일상에서의 말 한마디, 일거수일투족이 얼마나 무서운 것인지를 잘 나타내고 있다.

무심코 내 던지는 말 한마디, 그 속에 나의 인격이 담겨있는 것이다.
<聲字가 곧 實相이니까~>

<善波와 惡波>

우리들이 일상에서 내뿜는 身口意 행위를 달리 三業波(삼업파)라 한다. 三業波는 吉凶을 만들어 내는 장본인으로서, 한 個人의 三業波는 더불어 사는 우리 모두 아니 三世의 누대종친에까지 전파되어 영향을 미친다. 그래서 共業波(공업파) 라고 하는 것이다.
 사람에 따라 어떤 자는 善波(선파)를 또 어떤 자는 惡波(악파)를 많이 내 뿜는다. 또 같은 사람이라도 때에 따라 善波를 내기도 하고 惡波를 내 뿜기도 한다.
「一身淸淨(하면) 多身淸淨, 多身淸淨(하면) 十方衆生悉皆淸淨(하도다)」

(한 사람이 청정하면 여러 사람이 청정하게 되고 여러 사람이 청정하면 결국은 시방중생이 모두 청정하게 된다)는 『圓覺經』의 말씀이다.

一切存在는 緣起的(연기적) 관계에 있기에, 각 존재는 能作因(영향을 주는 자)인 동시에 增上果(영향을 받는 자)가 되어 서로 끊임없이 관계를 가지게 된다는 내용이다.

善波는 마치 산소와 같아서 기분을 좋게 하고 사회를 맑게 해주지만, 惡波는 일산화탄소와 같아 불쾌감을 주고 결국에는 우리 모두를 폐망의 길로 안내한다.
極樂이란 善波의 世界이며, 地獄은 惡波의 世界이다.
佛·菩薩들은 善波를, 衆生들은 惡波를 내뿜는다.

한 사회가 잘 사느냐 못사느냐는 바로 그 사회에 善波를 많이 뿜어내는 佛·菩薩들의 많고 적음에 달려있다.

<修行>이란 惡派가 아닌 善波를 만들어 내기위해 행주좌와 어묵동정의 일상생활속에서 惡業과 나쁜 습관들을 하나하나 제거하는 것. 곧 오랜 세월 찌들어 있는 惡波를 맑혀 佛의 善波로 바꾸는 것을 말한다.
<成佛>이란 이러한 과정을 통해 나의 못된 身口意 三業(惡派)를 부처님의 身口意 三密(善波)로 바꾼 결과 나타나는 결실물이다.

말이 씨(種子)가 된다 / 뿌린 대로 거둔다 / <照顧脚下(조고각하); 다리 밑을 살펴보듯, 일거수일투족을 뒤 돌아 본다>는 말이 있듯이, 成佛하고 못하고, 또 빨리하고 늦게하는 것은 모두가 三業의 관리에 있다.

3.5.1.4 <(身·口·意)三密의 종합적 의미>

「修習瑜伽觀行人 當須具修三密行 證悟五相成身觀」
수 습 유가 관행 인 당 수 구 수 삼밀 행 증오 오상 성신 관

이상 身口意 三密에 대해 하나하나 살펴보았으나,
이하 이들을 종합한 三密瑜伽에 대해 살펴보자.
공해가 『卽身成佛義』에서 「三密加持速疾現(삼밀가지속질현)」 이라 했듯이, 三密은 동시에 하는 것이 중요한 것으로, 이를 따로 따로 하면 본래의 목표를 달성할 수 없게 되는 것이다.
<三位一體>라는 말이 있듯이, 육체와 정신으로 구성된 나의 전체, 곧 身口意를 하나로 합치고 이를 통일시켜, 생각으로는 나=佛이라 확신하면서, 몸으로는 手印을, 입으로는 聖句인 다라니를 지송하

여, 나의 생각과 몸과 입이 혼연일체가 되게 하는 것이 관건으로, 이래야 비로소 부처님이 나에게 들어오고, 나 또한 부처님께 들어가는 佛入我我入佛의 상태가 되어, 佛과 내가 하나가 되는 것이다.

註解·講解

<三密瑜伽行法의 형성과정>

본래 다라니(dhāraṇī)나 印契(手印) 그리고 삼마지(samādhi)는 그 起源이나 발전된 過程이 서로 달랐다.

곧 6세기초 성립의 <所作-탄트라경전: 蘇悉地經>에 이르러 이들 셋중 다라니(口密)와 인계(身密)의 連帶가 먼저 행해지고, 1세기가 지난 7세기초 성립의 <行儀-탄트라경전: 大日經>에 오면, 여기에 삼마지(意密)가 부가되어, 드디어 三者가 融合된 소위 <三密瑜伽行法>이 定着된다.

<三密加持速疾現>
삼밀   가지   속질현

「如敎修行 不起于座 三摩地現前 應是成就本尊之身」
여교 수행 불기우좌 삼마지 현전 응시 성취 본존 지신

앞에서 살펴보았듯이, 『보리심론』은 (대정장 32. 574c)
「意密이란 瑜伽(유가)에 住하여, 白淨月(백정월)의 원만함에 상응시켜, 菩提인 心(菩提=心=佛)을 觀하는 것을 말한다」

라 하고 있다. 이 말은 三密가운데 身密인 (手印)과 口密인 (眞言)이 갖추어졌다고 해도 만일 意密이 갖추어져 있지 않았다면 완전한 三密이 아니므로, 悉地(실지)는 얻어지지 않는다는 의미인 것이다.

그래서 『보리심론』은 뒤이어 (대정장 32. 574c)

「만일 心 (意密)결정하여 가르침대로만 수행하면, (삼밀수행처) 그 자리에서 三摩地(삼마지)가 現前(현전)하여 本尊身을 성취하게 되는 것이다」

라 하고 있으며, 『大日經』<供養次第法> 또한

「만일 세력이 넓혀지지도 않고 또 얻어진 增益(이익)도 없다면, 오직 法에 머물러 菩提인 心만을 관하라! 그리하면 萬行 갖추어져 淸淨純白의 正法을 만족하게 될 터이니」540)

라 하여, 六道萬行의 修行을 통하여도 깨달음을 증득하지 못하였다면, 그 때는 密敎의 妙門인 <自身卽是佛>의 意密수행을 하라 권유하고 있다.

한편 般若三藏譯出의 『諸佛境界攝眞實經』에는 菩提心의 중요성에 대해

「만약 유가행자가 아직 悉地를 증득하지 못하였다면 마땅히 37尊의 형상을 觀해라! 만일 悉地를 증득했다면 형상을 취하지 말고 위없는 大菩提心에 安立하라. (중략) 모든 여래는 능히 大智와 神通과 最勝한 悉地를 성취케 하신다」541)

「이처럼 最勝하고 뛰어난 果報를 生하니 이것을 일러 위없는 大菩提心이라 하는 것이다. 마치 사람의 몸에서 心臟을 第一로 삼는 것처럼, 大菩提心도 이와 같아서 三千世界 가운데서 으뜸으로 삼는 것이다. 그이유는 一切佛菩薩이 모두 이 菩提心으로부터 出生하였기 때문이다」542)

---

540)「若無勢力廣饒益 住法但觀菩提心 佛說此中具萬行 滿足請白純淨法」(대정장 18. 45b~c)라 하여, 六道萬行의 修行을 통하여도 깨달음을 증득하지 못하였다면, 그 때는 密敎의 妙門에 입각하여 수행하라는 뜻이다.
541) (대정장 18. 276c)
542)「云何名爲大菩提心諸佛告言。成就福智猶如虛空。能生如是最勝妙果。卽是

라 하고 있다. 『大日經』의 「菩提心爲因 大悲爲根 方便爲究竟」에 대한 再言及이라 볼 수 있는 것으로, 그 중에서도 특히 제 1句인 菩提心의 중요성, 말하자면 意密의 중요성을 강조하고 있는 것으로, 내 마음은 本來 淸淨無垢의 菩提로서 우주의 생명에너지인 大日如來와 똑 같은 功能을 지니고 있다는 확신, 곧 나=佛=(A=**ᄀ**)라고 여실하게 아는 것이야말로 卽身成佛의 근간이 됨을 재천명하고 있는 것이다.

『대일경소』도
「행자 아직 진실(眞諦)을 보지 못하여 비로자나부처님과 같은 神變(신변)의 자재함을 얻지 못했다 해도, 觀心法인 意密이 성취되었다면, 그 성취한 觀心(意密)은 허무한 것이 아니라 진실한 것으로, 그것으로 인해 나=법계, 나=비로자나불, 나=普門佛(보문불), 곧 나=法身의 加持身(가지신)임을 아는 淸淨한 믿음은 이미 결정되어 성취된 것으로서, 이것은 절대 그릇되거나 거짓이 아닌 진실한 것임을 알아야 한다」543)

고 하여, 意密의 위신력, 곧 <나=法身의 加持身>이라는 意密의 성취에 의해 생긴 위신력은 이루 말할 수 없는 큰 위력을 발휘하게 되는 것이라 강조하고 있다.

이상 身口意 三密 각각에 대해 그것이 지니는 의미를 설명하였다.
이하 三密의 각각을 한 테 합쳐, 三密 전체가 지니는 의미와 그 공능이

無上大菩提心。譬如人身心爲第一。大菩提心亦復如是。三千界中最爲第一。以何義故名爲第一。謂一切佛及諸菩薩。從菩提心而得出生」『諸佛境界攝眞實經』(대정장 18. 274a)

543)「然未見諦人。猶未能如毘盧遮那作種種神變等。但是觀心成就耳。然有一事眞實不虛。所謂我卽是也。我卽是者決定諦信我卽法界我卽毘盧遮那我卽普門諸身。此事不謬」(대정장 39. 789b)

무엇인지 경소를 통해 또 다시 확인해보자.

『般若理趣釋』<不空譯> 에는

「一切如來金剛印을 결인(持)하면 一切如來 身口意 三業의 最勝悉地를 성취한다. 곧 瑜伽를 수습함에 의해 金剛拳菩薩의 三摩地를 얻어 능히 一切眞言敎中의 三密之門을 성취하게 되는 것이다.
그래서 瑜伽敎에서도 두루 설하는 것이다. 身口意 金剛이 합성된 拳을 일러 <一切如來縛> 곧 <金剛拳>이라 한다. (중략) 心印인 金剛拳을 결인(持)하면 一切智智를 얻게 되며, 일체사업이 모두 성취되고 속히 無上正等菩提를 증득하게 되는 것이다」544)

『大日經疏』에도

「佛과 衆生의 身口意 三密은 마치 大海가 一切處에 걸쳐 한 맛인 것처럼, 同一味인 것이다」545)

「만일 여래족(如來族)으로 이 戒에 주하려는 자는, 그 어느 것도 짓지 말고 오직 身口意를 하나로 합쳐야 한다. 무엇을 戒라고 하냐하면, 관찰하여 自身을 버리고 諸佛菩薩에 봉헌하는 것을 말한다. 自身을 버린다는 것은 자신의 身口意 세 가지를 버린다는 것으로 그래야 여래족이 되는 것이다. 곧 (여래로서의) 身口意의 戒를 받아야 菩薩이 되는 것으로, 그 까닭은 이것에 의해서만이 (무명에 찌든) 自己의 身口意에서 벗어날 수

---

544)「持一切如來金剛印即成就一切如來身口意業最勝悉地者。由修瑜伽者得金剛拳菩薩三摩地。能成就一切眞言敎中三密之門。是故廣瑜伽中說。身口意金剛合成名爲拳。一切如來縛是爲金剛拳。(중략)由持心印得一切智智。由持金剛印得一切事業皆悉成就。疾證無上正等菩提」『般若理趣釋』<不空譯> (대정장 19. 613a~b)
545)「身等於語 語等於心 猶如大海遍一切處同一味 故云平等」(대정장 39. 583a)

있기 때문이다」546)

「진언문에 들어가는 방법에 3가지가 있으니, 身密門과 語密門과 心密門이 그것이다. 진언행자는 이 3가지 방편으로서 三業을 自淨하는 것이다. 곧 이것은 여래삼밀과 加持되는 것이고, 모든 수행문을 대치(代置)하는 것이기에, 금생에서 智바라밀을 만족하게 되는 것이다」547)

「眞實이라고 하는 것은 스스로 진언을 지송하고, 결인하고, 본존을 觀하는 것을 말하는 것으로, 이 셋에 전념해야 비로소 本尊을 체득할 수 있는 것이다. 곧 本尊이란 진실의 이치에 계합하는 것으로서, 그저 本尊을 바라보는 것만을 말하는 것이 아니라, 나의 몸이 본존과 동등하다는 것을 如實하게 관하는 것을 말하는 것으로, 여기에는 3가지 平等, 곧 몸은 곧 結印이며, 말은 곧 眞言이며, 마음은 곧 本尊이라는 3가지 平等方便이 있는 것으로, 이 3가지가 眞實로 모두 여래와 하나가 되어 行者의 三平等과 如來의 三平等이 똑 같아 조금도 다르지 않음을 볼 때에야 비로소 眞實이라 하는 것이며, 이러할 때에야 결정코 불해(佛海)의 대금강계대만다라회(大金剛界大曼荼羅會)에 들어갈 수 있는 것이다」548)

---

546)「若族姓子住是戒者。以身語意合爲一。不作一切諸法。云何爲戒。所謂觀察捨於自身。奉獻諸佛菩薩。何以故若捨自身則爲捨彼三事。云何爲三。謂身語意。是故族姓子。以受身語意戒得名菩薩。所以者何。離彼身語意故」(대정장 18. 848b)

547)「入眞言門略有三事。一者身密門。二者語密門。三者心密門。是事下當廣說。行者以此三方便。自淨三業。卽爲如來三密之所加持。乃至能於此生。滿足地波羅蜜。不復經歷劫數。備修諸對治行」(대정장 39. 579b~c)

548)「自眞實謂自持眞言手印想於本尊。以專念故能見本尊。本尊者卽是眞實之理也。非但見本尊而已。又如實觀我之身卽同本尊。故名眞實也。此有三平等之方便。身卽印也。語卽眞言也。心卽本尊也。此三事觀其眞實究竟皆等我。此三平等與一切如來三平等無異。是故眞實也。行者修行時。佛海大會決定信得入」(대정장 39. 752b)

「진언행자는 平等의 身口意 秘密加持를 所入의 門으로 한다.

곧 身平等의 密印, 語平等의 眞言, 心平等의 妙觀을 방편으로 삼는 까닭에 加持受用身을 體得하게 되는 것으로, 加持受用身이란 毘盧遮那의 遍一切身으로서 行者의 智身을 가리킨다. 따라서 진언승에 住하는 자는 모두가 평등하여 能入도 所入도 없는 것으로, 그런 까닭에 평등이라 이름 하는 것이다」549)

「불가사의의 神變도 이와 같아서 진언(眞言)과 본존관(本尊觀)과 밀인(密印)등이 함께 연(緣)이 되어야만 이와 같은 실지(悉地)를 이루게 되는 것이다. 곧 眞言에 의해 口業이 淸淨해지고, 本尊觀에 의해 意業이 淸淨해지고, 결인(結印)에 의해 身業이 淸淨해 지는 것이다. 이와 같이 三事(身口意)가 平等해야 비로소 자연적으로 불가사의한 일이 일어나게 되는 것이다」550)

「금강수(金剛手)를 비롯한 모든 권속들은 이와 같은 加持世界에 있어서는 오직 三平等의 法門만이 설해짐을 마땅히 알아야 한다. 곧 如來가 장차 일체승(一切乘)을 통섭하는 자심성불(自心成佛)의 가르침을 말씀하기 위한 것임을 알아야 한다」551)

---

549)「今就此宗 謂修如是道迹 卽以平等身口意秘密加持 爲所入門 謂身平等之密印 語平等之眞言 心平等之妙觀 爲方便故 逮見加持受用身 如是加持受用身 卽是毘盧遮那佛遍一切身 遍一切身者 卽是行者平等之身 是故住此乘者 以不行而行 以不到而到 而名爲平等句」(대정장 39. 583a)

550)「今悉地不思議神變亦如是。但猶眞言觀本尊及身印等緣而成悉地。由眞言故 口業淨。觀本尊故意業淨。印故身業淨。三事平等故自然而有不思議業」(대정장 39. 739b)

551)「當知金剛手等。亦復如是普見加持世界。唯說平等法門。卽知如來。將演遍一切乘自心成佛之教」(대정장 39. 584b)

라 하여, 眞言과 本尊觀과 密印등 三事(三密)의 중요성, 行者와 如來와의 평등성, 말 바꾸면 三密加持와 평등성에 대한 자각, 그것이 眞實의 본뜻으로서, 이러한 진실에 계합하기 위해서는 三密加持의 수행이 반드시 필요한 것으로, 그 까닭은 이를 통해야만 身口意의 三業이 여래의 三密과 加持되어 淸淨해지기 때문이라 강조하면서, 동시에 지금껏 설한 밀교의 加持法門, 곧 三平等의 法門인 三密平等의 加持法門은 大小乘의 모든 일체의 가르침을 통섭한 최고의 수승한 自心成佛의 가르침으로, 밀교만이 가지는 특징이라고 천명하고 있다.

그래서 『보리심론』도
「修習瑜伽觀行人　當須具修三密行　證悟五相成身義也 (중략) 唯眞言法中卽身成佛故　是故說三摩地於諸敎中　闕而不言」[552]

이라 하여, 유가행자인 밀교행인은 모금지기 身口意 三密을 모두 갖추어 五相成身觀을 증득해야 한다며 三密觀과 五相成身觀의 중요성을 강조하고 있다. 곧 三劫成佛(삼겁성불)을 주장하는 현교는 삼마지보리심을 빠트려(缺) 설하지 않고, 卽身成佛을 주장하는 밀교만이 三摩地菩提心을 설하는 것이라 하며, <삼밀유가행>, 곧 <三摩地菩提行>이 즉신성불을 주장하는 밀교만이 지니는 법신 비로자나불의 最極(최극)의 秘密(비밀)이며 불가사의한 活法(활법)이라 역설하면서, 반드시 <三密>을 두루 갖추어 (다음에 설할) <五相成身觀>을 증득할 것을 당부하고 있다.

---

552) (대정장 32. 572c)

3.5.2 五相成身觀 (金剛平等智印의 三昧耶)
오상 성신 관 금강 평등 지인 삼매야

3.5.2.1 五相成身이란?

「此五相具備 方成本尊身也」
차 오상 구비 방성 본존 신 야

次明五相成身者
차 명 오상 성신 자

一是通達心 二是菩提心 三是金剛心 四是金剛身 五是證無上菩提
일 시 통달 심 이 시 보리심 삼 시 금강심 사 시 금강 신 오 시 증 무상 보리

獲金剛堅固身也。然此五相具備 方成本尊身也。(대정장 32. 574b)
획 금강 견고 신 야 연 차 오상 구비 방성 본존 신 야

직역(直譯)

다음에 오상성신(五相成身)을 밝히면,

일(一)은 통달심(通達心), 이(二)는 보리심(菩提心),

삼(三)은 금강심(金剛心), 사(四)는 금강신(金剛身),

오(五)는 무상보리(無上菩提)를 증득하여, 견고(堅固)한 금강신(金剛身)

을 얻는 것이다.

그리하여 이 오상(五相)을 구비(具備)하면, 바야흐로 본존신(本尊身)을

이루느니라.

의역(意譯)

다음에 五相成身(觀)을 밝힌다는 것은[553]

첫째는 通達(菩提)心이요,[554] 둘째는 (修)菩提心이요,[555]

---

553) 不空譯의 『眞實攝經』 <3권>

554) 通達菩提心을 말한다. 『念誦結護法普通諸部』 <金剛智述>「所以然者以觀

셋째는 (成)金剛心이요, [556] 넷째는 (證)金剛身이요, [557]

다섯째는 無上菩提를 證得하여 金剛의 堅固身을 획득하는 것으로,
(佛身圓滿)을 말한다. [558]

곧 五相(成身觀)을 두루 구비하면 바야흐로 本尊身이 되는 것이다. [559]

註解·講解

<五相成身觀> [560]
오상 성신 관

月爲方便。具有三義。一者自性淸淨義。離貪欲垢故。二者淸涼義。離瞋熱惱
故。三者光明義。離愚癡闇故。所以取月爲喩」(대정장 18. 908b)이라 하여,
달의 의미를 (自性淸淨·淸涼·光明)의 三義로 해석하고 있다.

555) 修菩提心을 말한다.

556) 成金剛心을 말한다. 施護譯『攝眞實經』<30권>「諸如來言。一切如來心從
普賢心生。齊等堅固如善所行。以一切如來自普賢心。出生堅固成所作因。應於
自心淨月輪中思惟金剛相 時彼菩薩白諸如來言。世尊如來我已得見 淨月輪中妙
金剛相。諸如來言。汝堅固此一切如來大普賢心眞實金剛」(대정장 18. 342a)

557) 證金剛身을 말한다.『攝眞實經』<施護譯>「是時遍一切虛空界。互相涉入
一切如來身語心大金剛界。以一切如來加持力。混入薩埵金剛中 時諸如來乃爲
具德一切義成大菩薩。立祕密名號金剛界。卽以金剛大灌頂法而爲灌頂」(대정장
18. 342b)

558) 佛身圓滿을 말한다.『攝眞實經』<施護譯>「世尊如來 我見一切如來身卽是
己身。諸如來言。大士薩埵金剛諸相具足。如理應觀諸佛影像。當以如是自性
成就大明。隨所樂而誦大明曰 'Om yathā sarva tathāgatas tathā aham'
時諸如來如是說已。彼金剛界大菩薩。以一切如來身卽是己身。將成正覺。向
一切如來遍頂禮已。作是白言。唯願世尊一切如來加持 我所現成正等正覺。令
得堅固一切所作。時諸如來卽入金剛界如來薩埵金剛中.爾時具德金剛界大菩
薩。於刹那中以一切如來平等智。現成正覺已。卽入一切如來金剛平等最上智
印祕密三昧。現證一切如來法平等智自性淸淨。成就一切如來一切平等自性光
明智。是故成滿如來應供正等正覺」(대정장 18. 342b)

559) 五相成身觀의 功能을 말하고 있다.

560) 不空譯의『十八會旨歸』에는 <五相現成等正覺> 五相者 所謂 通達本心 修菩提心
成金剛心 證金剛身 佛身圓滿 此則五智通達 (대정장 18. 284c)으로,『一字頂輪王念誦
儀軌』에는 <五支成本尊>과 <五相成本尊瑜伽> (대정장 19. 310a)으로,『都部
陀羅尼目』에는 五相成本尊瑜伽 (대정장 18. 899a),『金剛頂瑜伽降三世成就極
深密門』에는 <五相成身>(대정장 21. 39c)등으로 표현을 달리하고 있다. 한편
Buddhaguhya 著『탄트라 義入』의 註釋書인『탄트라 義入註釋』(東北 250
109a3~109b1)에는 5단계를「通達自心現覺 / 發菩提心現覺 / 住法身現覺 /
作堅固現覺 / 成佛身現覺」이라 하여 이를 <五相現覺>이라 호칭하고 있다.

「修習瑜伽觀行人 當須具修三密行 證悟五相成身義也」
　수습　유가관　행인　당수구수　삼밀행　증오　오상성신의　야

「此五相具備 方成本尊身也。其圓明則普賢身也。亦是普賢心也。
　차　오상 구비 방성 본존 신야 기 원명 즉 보현 신야　역시　보현 심야。

與十方諸佛同之」
　여　시방제불　동지」

　即身成佛을 목표로 하는 三密瑜伽行者인 밀교행자는 三密을 모두 갖추어 五相成身觀을 닦아야 한다며, 그 이유로 五相成身義를 성취하면 곧 바로 本尊身을 이루어 몸과 마음이 그대로 普賢菩薩 그 자체가 되어, 드디어 十方諸佛과 동격의 佛이 되기 때문이라 강조하고 있다.

말하자면, 즉신성불을 추구하는 밀교행자가 되기 위한 자격조건으로,
(1. 三密瑜伽行者　2. 五相成身義를 證悟할 것)을 제시하면서,
이 2가지를 마스터하면 곧 바로 그 결과로서 普賢菩薩과 동격이 되고,
따라서 보현행원을 두루 이룬 것이 되어 곧 바로 본존불이 되는 것이라며, 삼밀유가행을 통한 오상성신관의 수행을 역설하고 있는 것이다.
도대체 <五相成身義>가 무엇이기에 이토록 간절하게 강조하고 있는 것일까? 이하 <오상성신관>에 대해 살펴보도록 하자.

　<五相成身觀>이란 佛에 이르기까지의 수행과정을 5단계로 나누어 놓은 『金剛頂經』 계통의 수행법이다.
　곧 <五相成身觀>이란 먼저 修行者의 三密이 如來의 三密과 本質的으로 同一하다는 것을 깨닫는 것이 우선으로,
　이후 佛과의 相互交感(상호교감)을 통해 수행자의 三業을 如來의 三密로 淨化(정화)시키고, 또 여래의 智慧인 <金剛空性(금강공성)>을 수행자의 自性으로 수용하여, 이를 體得(체득)시켜 나가는 관법이다.

이런 의미에서 이 관법을 <金剛平等智印의 三昧耶>라고도 부른다.561)

앞에서 본 것처럼 모두 5단계로 이루어져있다. 살펴보자!

1) 제1의 <通達菩提心=通達本心>이란

衆生本具의 菩提心을 輕霧(경무)속의 月輪과 같은 것이라고 觀하는 단계
이다.562)

---

561)「爾時具德金剛界大菩薩。於刹那中以一切如來平等智。現成正覺已。卽入一
　　切如來金剛平等最上智印祕密三昧」『攝眞實經』<施護譯> (대정장 18. 342b)
562)「婆伽梵大菩提心普賢大菩薩。住一切如來心。時一切如來。滿此佛世界。猶
　　如胡麻 爾時一切如來雲集。於一切義成就菩薩摩訶薩坐菩提場。往詣示現受用
　　身。咸作是言。善男子 云何證無上正等覺菩提。不知一切如來眞實忍諸苦行。
　　時一切義成就菩薩摩訶薩。由一切如來警覺。卽從阿娑頗娜伽三摩地
　　(Āsphānaka-samādhi=無息身三昧)起。禮一切如來。白言。世尊如來敎示
　　我。云何修行。云何是眞實。如是說已。一切如來異口同音。告彼菩薩言。善
　　男子 當住觀察自心三摩地。以自性成就眞言。自恣而誦 "唵 質多 缽囉底微騰
　　迦嚕弭 「Oṃ, citta prativedaṃ karomi」 (나는 지금 自心을 通達
　　<prativedaṃ>한다), 時菩薩。白一切如來言。世尊如來我遍知已。我見自心形
　　如月輪。一切如來咸告言。善男子 心自性光明。猶如遍修功用。隨作隨獲。亦
　　如素衣染色。隨染隨成」不空譯『眞實攝經』<3권> (대정장 18. 207c),
　　　不空三藏의『金剛頂瑜伽十八會指歸』에는「以五相 現成等正覺 (五相者 所謂
　　通達本心 修菩提心 成金剛心 證金剛身 佛身圓滿 此則五智通達) 成佛後。以
　　金剛三摩地。現發生三十七智 廣說曼荼羅儀則。爲弟子受 速證菩薩地佛地法」
　　『眞實攝經』(대정장 18. 284c),「大士汝應觀察自心三摩地。如是所行是眞實
　　忍。當以自性成就大明。隨所樂而誦 大明曰 'Oṃ citta prativedaṃ karomi'
　　時彼菩薩白諸如來言。以世尊一切如來敎示我故。我見自心淨月輪相。諸如來
　　言。善男子 心自性光明猶如遍修功行。隨作隨成。亦如白衣易成染色」『攝眞實
　　經』<施護譯> (대정장 18. 342a),
　　『守護國界主陀羅尼經』에는 싯달타 태자가 一切如來로부터 警策을 받는 장
　　면, 곧 그동안 수행해왔던 대승의 <바라밀 수행> 대신 <唵字觀 修行>을 하
　　라는 敎勅을 받고 修行한 결과 드디어 金剛界曼荼羅 法身佛이 되는 과정을
　　다음과 같이 묘사하고 있다.「是爲菩薩住陀羅尼 修習於法毘缽舍那。佛言祕
　　密主 我於無量無數劫中。修習如是波羅蜜多。至最後身六年苦行。不得阿耨多
　　羅三藐三菩提成毘盧遮那。坐道場時無量化佛猶如油麻遍滿虛空。諸佛同聲而
　　告我言。善男子 云何而求成等正覺。我白佛言 我是凡夫未知求處。唯願慈悲
　　爲我解說。是時諸佛同告我言。善男子諦聽諦聽當爲汝說。汝今宜應當於鼻端
　　想淨月輪。於月輪中作唵字觀。作是觀已於夜後分。得成阿耨多羅三藐三菩
　　提。善男子 十方世界如恒河沙三世諸佛。不於月輪作唵字觀。得成佛者無有是
　　處。何以故 唵字卽是一切法門。亦是八萬四千法門寶炬關鑰。唵字卽是毘盧遮

『眞實攝經』에는

「婆伽梵<u>大菩提心普賢大菩薩</u>께서 일체여래의 心에 머물러 계시었다.

그때 마치 호마(胡麻)와 같이 셀 수도 없는 수많은 일체여래께서 부처님의 세계에 가득 雲集하시어 一切義成就菩薩(싯달타 태자)이 앉아있는 보리도량에 오시어 受用身을 示現하시어, 이구동성으로 다음과 같이 말씀하셨다.

선남자여! 어떻게 하면 無上正等菩提를 증득할 수 있겠는가?

일체여래의 眞實을 알지 못하고 온갖 苦行을 이겨낸들? 그때 一切義成就菩薩摩訶薩 一切如來의 警覺에 놀라 <Āsphānaka-samādhi>에서 일어나 일체여래에게 禮拜하며 여쭙되, 세존여래시여! 저에게 敎示해주십시오! 어떻게 修行해야하는지, 또 어떤 것이 眞實인지~

이것을 들은 일체여래는 이구동성으로 그에게 말씀하셨다.

선남자여! 응당히 自心을 觀察하는 <觀察自心三摩地>에 머물러,

다음과 같은 <自性成就眞言>을 네가 하고 싶은 만큼 지송해라!

「Oṃ, citta prativedaṃ karomi」 (저는 지금 自心을 通達한다)[563]

그때 보살, 일체여래께 고하되 世尊如來시요!

저는 지금 모든 것을 두루 알았습니다.

제가 自心을 보니 그 모양이 月輪과 같은 것임을 (我見自心形如月輪)
아 견 자심 형 여 월륜

저 월륜 속에 본래부터 갖추어진 나의 자성이 있음을(本有自性有月輪中)
본유 자성 유 월륜 중

일체여래께서 말씀하시기를,

那佛之眞身。唵字卽是一切陀羅尼母。從此能生一切如來」(大正臧 19. 570c)
563) karomi: √kr: ~하다 / 나는 지금 ~하다

선남자여! 두루두루 功用을 닦되, 自心光明은 마치 백색의 옷을 염색할 때처럼 염색하는 것만큼 이루어지는 것이니, 짓고 싶은 만큼 <自性成就眞言=法身求心眞言>을 지송해라」[564]

『대일경』에
「云何菩提 謂如實知自心 秘密主是阿耨多羅三藐三菩提」[565]

「밀교는 청정보리심을 門으로 한다. 왜냐하면 心의 自性은 虛空相이며 無相인 菩提이기에」[566]

「若無勢力廣饒益 住法但觀菩提心 佛說此中具萬行 滿足請白純淨法」

(대정장 18. 45b~c)

『大日經疏』에
「入佛知慧有無量方便門 今此宗直以淨菩提心爲門 若入此門卽是初入一切如來境界」[567]

라 강조하고 있듯이, 밀교의 출발점은 <淨菩提心>, 곧 自心本具菩提心의 通達(통달)로부터 시작됨을 각인시켜 주는 단계이다.

앞서도 언급했듯이, 三句중 제 1句인 菩提心의 중요성, 말하자면 내 마음은 本來 淸淨無垢의 菩提로서, 우주의 생명에너지인 大日如來와 똑

---

564) 『諸佛境界攝眞實經』은 이 <自性成就眞言>을 <法身求心眞言>이라 이름하고 있다.「虔恭合掌。白佛言。我今未知成佛之法。唯願慈悲示菩提路。時諸化佛告菩薩言。善男子心是菩提。當求自心。恒沙諸佛異口同音。說法身求心眞言曰」(대정장 18. 273b~c)
565) (대정장 18. 1c)
566)「密敎以淨菩提心爲門, 何以故 心自性虛空相無相菩提故」『대일경』(대정장 18. 1a)
567) (대정장 39. 590a)

같은 功能을 지니고 있다는 확신(통달), 그것이야말로 卽身成佛의 근간
이 됨을 강조하고 있는 것이다. 곧

五相成身觀의 첫 번째 단계인 <통달보리심>은

(1) 自心本具淨菩提心의 自覺,

(2) 하지만 안타깝게도 나의 本具의 淨菩提心이 지금 현재는 我執(아집)
　　과 法執(법집)등의 輕霧(경무:번뇌)에 쌓여있다는 현실에 대한 깨달음,
　　곧 이러한 2가지의 自覺이 제1의 <통달보리심>의 단계로,
　　이 <통달보리심>을 마쳤을 때 얻어지는 지혜가 <成所作智>이다.

2) 제2의 <修菩提心>이란

　衆生本具의 菩提心이 지금 현재는 我執(아집)과 法執(법집)등의 輕霧(경
무:번뇌)에 쌓여있는 것이기는 하나, 本性은 본래 청정한 것이므로,
절대로 물들지 않는다는 것을 자각하는 단계이다.
곧 煩惱(輕霧)를 제거하여, 本具의 淨菩提心(정보리심)을 發現(발현)시키
겠다고 發心修行하는 단계이다.568)

『攝眞實經』<施護譯>에는
「그때 일체여래께서 自性光明의 心智를 풍성케 하기위해

---

568) 「卽以如是自性成就大明。爲令發起大菩提心　時彼菩薩得諸如來敎示發菩提
　　心已。復白諸如來言。世尊如來如其所有淨月輪相。我亦如是得見自心淨月輪
　　相」『攝眞實經』(施護譯) (대정장 18. 342a),「自心如滿月　踊躍心歡喜　復白
　　諸世尊　我已見自心　淸淨如滿月　離諸煩惱垢　能執所執等　諸佛皆告言　汝心本
　　如是　爲客塵所翳　菩提心爲淨　汝觀淨月輪　得證菩提心」『金剛頂瑜伽修習三摩
　　地法』(대정장 18. 329a),
　　　『略出念誦經』(대정장 18. 237b)에는 「善男子此心本性淸淨。隨彼所用。隨意
　　堪任。譬如素衣易受染色。本性淸淨心。增長智故。以本性成就密語。應發菩
　　提心。卽說密語 Oṃ bodhicittam utpādayāmi」라 하여, 현재는 비록 煩惱에
　　쌓여 있지만 本性은 淸淨한 것임을 <발보리심 성취진언>과 함께 설하고 있다.

- 406 -

일체의성취보살(싣달타)에게 勅言(칙언)하시되,

「Oṃ bodhicittam utpādayāmi」569)

(Oṃ~ 나는 지금 菩提心을 일으킨다)

는 <發菩提心成就眞言>을 지송하라 하면서,

이 <發菩提心成就眞言=自心成就眞言>을 통해 菩提心을 發하게 하니,

보살은 일체여래의 말씀을 받들어 보리심을 발해 마치고는,

「本有菩提心卽是月輪光明」(저의 本有菩提心은 보름달 광명입니다)
　本有　보리심　즉시　월륜　광명

이라 확신하니, 그때 일체여래께서 다시

「너는 이미 <一切如來의 普賢菩提心>을 發해 마쳤느니라」말씀하셨다.

또『金剛頂瑜伽修習三摩地法』<金剛智 譯>에는

「福과 智를 구족하였으므로, 自心은 滿月과 같습니다.

<일체의 성취보살> 마음이 踊躍(도약)하며 환희에 가득 차 모든 부처님에게 말씀드리기를,

제가 自心을 보니 이미 淸淨하기가 滿月과 같아. 이미 온갖 煩惱의 때와 能執(능집)과 所執(소집)으로부터 벗어났습니다.

그때 일체여래께서 말씀하시기를, 너의 마음은 본래부터 그런 것이지만 지금은 客塵(객진)에 덮인바 되었으니, 菩提心을 淸淨케 하라!

너 저 淸淨한 月輪을 관하여 보리심을 증득하도록 해라,

이 心眞言을 조용히 지송하며 觀照해라,

---

569) ut√pad: 生起하다

「Oṃ bodhicittam utpādayāmi」[570] (저는 지금 菩提心을 발합니다)

이렇듯 제2의 <修菩提心>은 서로 제 각각 이였던(而二) 自心과 月輪이 번뇌를 제거하겠다는 念願에 의해 드디어 하나(不二)로 되는 加行의 단계로, 『大日經疏』의 말씀에 의하면 <白淨의 淸淨菩提心>의 단계, 『攝眞實經』<施護譯>에 의하면 <一切如來의 普賢菩提心>을 發해 마친 단계가 되는 것이다.

『大日經疏』에는
「너의 집에 無盡寶藏(무진보장)있으니 마땅히 열심히 方便을 찾아내 그것을 개발하도록 해라!
곧 寶藏功德(보장공덕) 있음을 의심하지 않고, 열심히 加行하여 개발해내는 것, 이것을 일러 菩提心 곧 <白淨信心>이라 하는 것이다」[571]

라 하며, 가행하여 개발해 내는 것, 그것이 곧 白淨의 淸淨菩提心이라 하고 있다. 이를 종합해보면 제2의 修菩提心의 단계는
(1) 本性은 본래 청정한 것이므로, 절대로 물들지 않음을 자각하면서,
(2) 本性인 淨菩提心을 감싸고 있는 煩惱를 제거하여 本具의 淨菩提心이 활동할 수 있도록 發心修行하는 단계. 곧
「Oṃ bodhicittam utpādayāmi」[572](나는 지금 菩提心을 발합니다)

---

570)「由具福智故 自心如滿月 踊躍心歡喜 復白諸世尊我已見自心淸淨如滿月 離諸煩惱垢 能執所執等 諸佛皆告言 汝心本如是爲客塵所翳 菩提心爲淨 汝觀淨月輪 得證菩提心 授此心眞言 密誦而觀照 唵(一)菩提質多(二)母怛跛(二合)娜夜彌 (Oṃ bodhicittam utpādayāmi」『金剛頂瑜伽修習三摩地法』(대정장 18. 329a),

571)「汝今宅中自有無盡寶藏 應自勤修方便而開發之(略)爾時於寶藏功德離疑惑心 堪能發起殊勝加行 故菩提心卽是白淨信心義」『大日經疏』(대정장 39. 586c~587a)

572) ut√pad: 生起하다)

는 <發菩提心 成就眞言>을 통해 발심·수행하는 단계,

(3) 「本有菩提心卽是月輪光明」이라 하며, 또 다시 本具의 淨菩提心을 月光에 비유하며 재확인하는 <一切如來 普賢菩提心>의 수행단계이다.

이 단계를 <一切如來의 普賢菩提心>이니, <白淨의 淸淨菩提心>이니 하는 것은 이 때문이다.

제2의 <修菩提心>을 닦아 얻어지는 지혜가 <妙觀察智>이다.

3) 제3의 <成金剛心>의 단계는
지금의 나의 菩提心은 本尊佛의 마음 바로 그것이라고 관하는 단계이다.

『攝眞實經』<不空譯>에는
「金剛堅固함을 획득하여 一切如來의 普賢心을 발하고 그곳에 住하여라!
곧 自心月輪에서 金剛形을 사유하며 다음의 진언을 지송하라!
「Oṃ tiṣṭha vajra」(安住해요, 金剛이여!)

보살이 말씀드리되, 世尊如來시여! 저는 月輪中에서 金剛을 봅니다」 [573]

『攝眞實經』(施護譯) 에는
「일체여래께서 말씀하셨다. 一切如來心은 普賢心으로부터 출생하는 것이니, 가지런히 또 견고히 잘 行을 닦아 一切如來의 普賢心을 통해 堅固 소행의 因을 출생시켜, 응당히 自心의 淨月輪中에 金剛相을 사유하라!

---

573)「獲得齊等金剛堅固 善住此一切如來普賢發心。於自心月輪。思惟金剛形。以 此眞言 唵底瑟姹(二合) 嚩日囉(二合) 菩薩白言。世尊如來我見月輪中金剛」
『攝眞實經』<不空譯> (대정장 18. 208a)

그때 보살이 일체여래에게 말씀드리되, 세존이시여! 저는 이미 淨月輪中의 金剛相을 얻었습니다. 一切如來께서 말씀하시되,

네가 얻은 이 일체여래의 大普賢心은 진실견고한 金剛이니라[574]
「Oṃ tiṣṭha vajra(padma)」[575]
(安住해 일어나라, 金剛蓮華(금강연화)여! 라 지송하고,

'月輪中在月五股金剛杵' 또는 '月輪上在八葉蓮華'라 생각하면서,
  월륜 중 재 오고 금강저   월륜 상 재 팔엽 연화

'自心實體卽是五智'(나의 자심실체는 五智입니다)라 관한다」
  자심 실체 즉시 오지

곧 지금의 나의 菩提心은 일체의 번뇌와 所知障(소지장)을 멀리 여읜(遠離) 本尊佛의 마음 바로 그것이 되었다고 관하는 단계로서, 自心의 실체를 堅固(견고)하고 不壞(불괴)인 無垢淸淨(무구청정)의 佛智(五智)라 관하는 것이다.

『金剛頂瑜伽中略出念誦經』<金剛智 譯>에는
「觀과 止의 수습을 통해 出入息을 수행한다. 처음에는 瑜伽의 <안나반나>에 의해 번뇌와 념을 수습하여 신체와 마디마디를 움직이지 않는 수행법인 <아사파나법>을 말하는 것으로, 수행자가 이와 같이 사유하면 몸

---

574)「諸如來言。一切如來心從普賢心生。齊等堅固如善所行。以一切如來自普賢心。出生堅固成所作因。應於自心淨月輪中思惟金剛相 時彼菩薩白諸如來言。世尊如來我已得見 淨月輪中妙金剛相。諸如來言。汝堅固此一切如來大普賢心 眞實金剛」『攝眞實經』<施護譯> (대정장 18. 342a)

575) √sthā: 安住하다, 일으키다, 不空譯『眞實攝經』(대정장 18. 314a)에는 「復受心眞言 觀金剛蓮華」,『蓮華部心軌』(대정장 18. 302b)에는 「觀五股金剛蓮華眞言曰 唵 底瑟侘(二合)嚩日囉(二合)缽娜麼(Oṃ tiṣṭha vajra padma) 汝於淨月輪觀八葉蓮華」라 하여, 五鈷(股)金剛杵 뿐만 아니라 蓮華도 관상하라고 설하고 있다.

은 허공에 머물러 있고, 일체제불이 법계에 가득하다는 것을 보게 된다. (중략) 너는 마땅히 一切如來의 普賢心과 친근하면서, 일체여래보현심을 잘 수습해야한다. 곧 自心月輪中에 순수 眞金色의 金剛杵의 형상을 생각한 후, 無垢清淨佛智(무구청정불지)를 放光(방광)해라」576)

『眞實攝經』에는

「호마(깨)와 같이 수많은 부처님들이 허공중에 가득하다고 관하면서, 십지(十地)를 증득했다고 생각하면, 실제로 허공중에 수많은 如來가 住하게 되는 것이다」577)

라 하며, 收斂觀(수렴관=卷)과 發散觀(발산관=舒)이란 2가지 관법을 설하고 있다. 이때 얻어지는 지혜가 <平等性智>이다.

이를 종합해보면 제3 成金剛心의 단계는

(1) 自心月輪에서 金剛形을 사유하며,「Oṃ tiṣṭha vajra(padma)」
   (安住해요, 金剛蓮華여!)라 하며, <一切如來의 普賢心>에 住하는 단계,

(2)「月輪中在五股金剛杵 · 月輪上在八葉蓮華 · 自心實體卽是五智」
   월륜 중 재 오고 금강저   월륜 상 재 팔엽 연화   자심 실체 즉시 오지

라 관하면서, 自心의 淨月輪中에 金剛相을 사유하는 단계이다.

곧 一切如來의 普賢心과 친근하면서, 本具의 普賢心을 잘 수습하는 단계로, 自心月輪中에 本具의 普賢心을 상징하는 眞金色의 無垢清淨佛智인 金剛杵를 생각하는 단계를 말한다.

---

576)「入觀止出入息 初依瑜伽安那般那 繁念修習 不動身軀 亦不動支分 明阿娑頗那伽法 修行者 如是思惟時 入想己身住在虛空一切諸佛遍滿法界 (중략) 汝當親近。一切如來普賢之心。汝應善修習此一切如來普賢之心。堅牢故。於自心月輪中。想金剛杵形像。鈍眞金色。具放光焰。卽是無垢清淨佛智」『金剛頂瑜伽中略出念誦經』(대정장 18. 237a~b)

577)「卽觀於空中 諸佛如胡麻 遍滿虛空界 想身證十地 住於如實際 空中諸如來」『眞實攝經』(대정장 18. 313c)

4) 제4의 <證金剛身>이란

自身을 대일여래의 分身(분신)인 金剛薩埵(금강살타)라 관하는 단계이다.

『攝眞實經』<施護譯>에는

「너 저 淨月輪에서 五智金剛을 관하라! 법계에 두루하며 唯一한 大金剛이 되게 한 후, 응당히 <自身卽是金剛界>임을 알아라!

「Oṃ vajrapadmātmakas ahaṃ (나는 金剛蓮華 바로 그것입니다)

自身은 金剛이므로 堅實(견실)하여 절대로 무너지지 않습니다.

제불께 아뢰되 '저는 金剛身이 되었습니다」 578)

「Oṃ vajrātmakas ahaṃ」 579)

(나는 金剛 바로 그것입니다)라 지송하면서,

'我身是大日如來分身金剛薩埵'
아신 시 대일여래 분신 금강살타

(나는 대일여래의 분신인 금강살타이다)라 관한다.

곧 行者의 三摩耶身(삼마야신)과 一切如來의 三摩耶身이 相卽相入하여 彼此無別(피차무별)하며 能所不二(능소불이)하는 本有의 세계로 전환되는 단계가 제4의 證金剛身이다.

말하자면 이 단계는 허공계에 편만한 一切如來와의 三密加持에 의해, 곧

---

578)「汝於淨月輪 觀五智金剛 令普周法界 唯一大金剛 應當知自身卽爲金剛界 唵(一)麽折囉(引)怛麽句含(二):Oṃ vajra(padma)atmakas ahaṃ 自身爲金剛 堅實無傾壞 復白諸佛言 我爲金剛身」『金剛頂瑜伽修習三摩地法』(대정장 18. 329a), 「是時遍一切虛空界。互相涉入一切如來身語心大金剛界。以一切如來加持力。混入薩埵金剛中 時諸如來乃爲具德一切義成大菩薩。立祕密名號金剛界。卽以金剛大灌頂法而爲灌頂」『攝眞實經』<施護譯> (대정장 18. 342b)

579) atmakas: (~의 性質을 갖는)

이들로부터 金剛名이라는 灌頂을 받아, 本有의 菩提心(心)이 本有의 世界인 일체여래의 三摩耶身(身)으로 전개되는 도약의 단계로서, 여기에 이르러 비로소 行者(一切義成就菩薩)는 身口意 三密을 성취한 金剛界曼茶羅의 제존과 동등한 一員으로 <金剛界菩薩>로 등극하게 되는 것이다.

『金剛頂經瑜伽修習三摩地法』에는
「응당히 알아야 한다. 자신이 金剛界임을~, 곧 자신은 견실(堅實)하여 기울어지거나 부서짐도 없는 金剛이 되었다고 알고, 부처님을 향해 '나는 金剛身'이라 말하는 것이다」[580]

라 하며, 허공계에 편만한 一切如來의 三摩耶身(삼마야신)이 일체여래의 加持에 의해, 行者인 나의 心月輪上의 五股金剛杵(오고금강저)에 引入되어, 내가 無碍一切(무애일체)의 金剛身(金剛薩埵)이 되었음을 확신하는 단계라 설명하고 있다.

한편 不空譯의 『眞實攝經』<2권>에는,
廣觀(광관)만을 설하는 앞서의 『金剛頂經瑜伽修習毘盧遮那三摩地法』
<金剛智譯>과는 달리, 廣觀과 더불어 收斂觀(수렴관)인 <漸略眞言(점약진언): 「Oṃ saṃhāra vajra」도 함께 설하고 있다.[581]
이 4단계 때 얻어지는 지혜가 <大圓鏡智>이다.

---

580)「應當知自身 即爲金剛界 自身爲金剛 堅實無傾壞 復白諸佛言 我爲金剛身」
『金剛頂經瑜伽修習毘盧遮那三摩地法』(대정장 18. 329a)
581)「汝於淨月輪 觀五智金剛 令普周法界 唯一大金剛 <漸廣眞言>曰 唵(引)娑頗
(二合)囉日囉(二合引) Oṃ spara vajra, <漸略眞言>曰 唵(引)僧賀(引)囉日囉
(二合引) Oṃ saṃhāra vajra, 應當知自身 即爲金剛界 眞言曰 唵(引)囉日囉
(二合)怛摩(二合)句憾, Oṃ vajra ātmakas ahaṃ 自身爲金剛 堅實無染壞
復白諸佛言 我爲金剛身」(대정장 18. 314a)

이를 요약하면, 제4 <證金剛身>의 단계는

(1) 自身을 대일여래의 分身(분신)인 金剛薩埵(금강살타)라 관하는 단계

(2) Oṃ vajrapadma atmakas ahaṃ (나는 金剛蓮華 바로 그것이다)
며, 나는 金剛이니 堅實(견실)하여 절대로 무너지지 않는다고 다짐하
는 단계로. 여기에 이르러 행자는 本有의 菩提心(心)이 本有의 世界인
일체여래의 三摩耶身(身)으로, 곧 心에서 身으로 점프하는 도약의 단
계로서, 드디어 身口意 三密을 성취한 <金剛薩埵=金剛界菩薩>로 등극
하게되는 것이다.

5) 제5의 <佛身圓滿>이란 五相成身觀의 마지막 단계로,
'我卽是佛'(나는 곧 금강계 대일여래)이라 확인하는 단계이다.
<small>아 즉시 불</small>

『攝眞實經』<施護譯>에는

「일체여래 말씀하시길, 一切薩埵金剛摩訶薩이여! 이제 一切의 모습을 갖
추는 것을 성취했으니, 自身佛(自身=佛)의 모습을 관하도록 하시오!
곧 <自性成就眞言>을 마음가는대로 지송하시오!
「Oṃ yathā sarva tathāgatas tathāhaṃ」
 (나 또한 一切如來 바로 그것이다) 582)

---

582)「時彼諸如來 便敕行者言 觀身爲佛形 復授此眞言, 唵(一)曳他(二)薩婆怛他
蘗多(三)薩怛他含 Oṃ yathā sarva tathāgatas tathā ahaṃ, 以證心淸淨
自見身爲佛 衆相皆圓備 卽證薩婆若」『金剛頂經瑜伽修習毘盧遮那三摩地法』
(대정장 18. 329a~b),「時彼諸如來 便敕行者言 觀身爲佛形 復授此眞言唵
(引)野他(引)(一)薩嚩怛他誐哆(二)薩怛他(二合)他憾 旣見身成佛 相好皆圓備」(대
정장 18. 314a~b),『金剛頂蓮華部心儀軌』「時彼諸如來 便敕行者言 觀身如
本尊 復授此眞言 唵野他(引)薩嚩怛他誐多薩怛他(三合)他(二合引) 含旣成本尊身
結如來加持 不改前印相 應誦此眞言』攝眞實經』<不空>(대정장 18. 302b~c)
등에도 '身이 佛을 이루었음을 관하라'는 言句, 곧 <佛身圓滿>의 金剛界如
來가 되었음을 각각 <自見身爲佛> <觀身爲佛形> <觀身如本尊>이란 언구로
서 설하고 있다.

이 말을 마치자 金剛界菩薩摩訶薩은 <自身如來>를 現證하고, 모든 일체 여래에게 禮를 올리며 아뢰기를,

오직 원하는 바는 세존여래시여! 저를 加持하시어 이 現證의 菩提로 하여금 堅固케 하시오소서![583]

이 말을 마치자마자 一切如來는 金剛界如來의 薩埵金剛(금강살타)中에 들어오셨다.[584]

그 때 世尊 金剛界如來는 찰나에 等覺의 一切如來平等智를 現證하시고 일체여래의 平等智三昧耶에 들어가시어 一切如來法平等智自性清淨을 증득하셨다.

곧 一切如來平等自性光明의 智藏인 如來應供正遍智를 이루신 것이다.

그때 일체여래 또 다시 일체여래의 薩埵金剛으로부터 나오셔서는 虛空

---

583) 『攝眞實經』 <施護譯>에는 <Oṃ yathā sarva tathāgatas tathāhaṃ>이외에 추가의 진언은 설하고 있지 않지만, 『金剛頂經瑜伽修習毘盧遮那三摩地法』에는 <Oṃ sarva tathāgata abhisaṃbodhi dṛdha vajra tiṣṭha (金剛을 堅固케 하라)> (대정장 18. 329b)하며, 추가로 <금강견고진언: dṛdha vajra tiṣṭha>을 설하고 있다. 이 <금강견고진언>은 不空三藏譯 2권 『攝眞實經』 (대정장 18. 314b), 『金剛頂蓮華部心儀軌』 (대정장 18. 302c)등에도 설해져 있다. 곧 「不改前印相 (앞의 印相은 고치지 말라)」는 附言(곧 그대로 둔 상태에서 추가로 이 진언을 지송하라)을 첨언하면서, 드디어 毘盧遮那如來가 되었음을 선언하고 있다. 곧 제 5단계의 <佛身圓滿>이 성취된 것을 알리고 있는 것이다.

584) 一切如來께서 金剛界如來가 되신 一切義成就菩薩과 入我我入, 곧 一切義成就菩薩이 諸佛加持인 <四智印成>을 통하여 드디어 四智의 총체인 <法界體性智>를 이루어 毘盧遮那法身으로 등극하였음을 나타내고 있다.

한편 胎藏界密法의 大家인 善無畏三藏 譯出(一行和尙과 共同譯)의 『毘盧遮那一百八尊法身契印』에도 「一切如來入自己身密語 唵薩嚩 怛他揭多 阿毘三菩提 涅哩茶(堅牢) 跋折羅 底瑟吒(一切如來正等菩提金剛堅牢安住我心), 稽首毘盧遮那佛 一切如來金剛頂金剛薩埵大心 南無 三曼哆勃陀喃 唵跋折囉薩埵摩訶三昧耶莎訶(Namaḥ samanta buddhānāṃ, Oṃ vajrasattva mahā samaya svāhā)」 (대정장 18. 331b)라 하여, 이 진언을 <一切如來入自己身密語>라 이름 하면서, 이 진언의 지송에 의해 一切如來가 薩埵金剛(금강살타)과 入我我入하여 <四智印成>되어 法界體性智를 지닌 毘盧遮那佛이 되었음을 알리고 있다. 따라서 이 대목은 태장계의 대가 善無畏三藏이 『金剛頂經』과도 관계를 가지고 있었음을 알게 해주는 것으로, 주목된다.

藏大摩尼寶를 灌頂하시어 觀自在法智를 발생하시고, 일체여래의 毘首羯
磨를 安立하셨다.

　須彌盧頂의 金剛摩尼寶樓閣으로 왕림하신 <金剛界如來>는 일체여래의 加
持를 받고 일체여래의 獅子座에 앉으신 후 一切인 四方面에 安立하셨다.
그때 不動(阿閦)如來와 寶生如來와 觀自在王如來와 不空成就如來등의
一切如來(四佛)는 一切如來로 自身을 加持하셨다.
바가범 석가모니여래(金剛界如來)는 一切平等을 통달하신 까닭에,
일체평등의 方所에서 사방을 관찰하신 후 坐定하셨다.585)
「Oṃ yathā sarva tathāgatas tathāhaṃ」586)

　(Oṃ! 一切如來처럼, 나 또한 바로 그러하다)

「Oṃ sarva tathāgata abhisaṃbodhi dṛḍha vajra tiṣṭha」
(Oṃ! 一切如來 現身成佛金剛을 堅固케 하여 일으켜라!)

라 지송하면서,
‘我卽是相好具足羯磨身’
　아　즉시　상호　구족　갈마신

---

585)「一切如來復告言。是故摩訶薩。一切薩埵金剛。具一切形成就。觀自身佛
形。以此自性成就眞言。隨意而誦　唵也他薩婆怛他誐多薩怛(二合)他唅作是言
已。金剛界菩薩摩訶薩。現證自身如來。盡禮一切如來已。白言。唯願世尊諸
如來。加持於我。令此現證菩提堅固。作是語已。一切如來入金剛界如來彼薩
埵金剛中。時世尊金剛界如來。當彼刹那頃。現證等覺一切如來平等智。入一
切如來平等智三昧耶。證一切如來法平等智自性淸淨。則成一切如來平等自性
光明智藏如來。應供正遍知。時一切如來。復從一切如來薩埵金剛出。以虛空
藏大摩尼寶。灌頂。發生觀自在法智。安一切如來毘首羯磨。由此往詣須彌盧
頂金剛摩尼寶峰樓閣。至已。金剛界如來。以一切如來加持。於一切如來師子
座。一切面安。時不動如來。寶生如來。觀自在王如來。不空成就如來一切如
來。以一切如來。加持自身。婆伽梵釋迦牟尼如來。一切平等。善通達故。一
切方平等。觀察四方而坐」(대정장 18. 208a~b)
586) <yathā A tathā B>: A처럼 B도 또한 그러하다)

(나는 32相 80種好를 구족한 圓滿佛)이라고 확신한다」

이때 얻어지는 지혜가 <法界體性智>이다.

『보리심론』은

「吾是證無上菩提 獲金剛堅固身也」[587]

(나는 무상보리를 증득하고 금강견고신을 획득하였다)

라 하며, 제5 佛身圓滿을 <證無上菩提 獲金剛堅固身>, 곧

무상정등정각(Anuttara-saṃyak-saṃbodhi)을 얻어,

金剛堅固身인 本尊毘盧遮那法身을 획득한 경계로 설명하고 있다.

『보리심론』은 五相成身觀을 마친 자를 일러

「此五相具備方成本尊身也 其圓明則普賢身也 亦是普賢心也 與十方諸佛
同之」

라 하며, 이 金剛界如來의 경지를 <圓明한 보현의 心身>으로 표현하며,
드디어 시방제불의 本尊身과 동격이 되었음을 인증하고 있다.

제 5의 <佛身圓滿>을 요약하면

(1) '我卽是本尊佛'을 現證하는 단계.

　「Oṃ yathā sarva tathāgatas tathāhaṃ」

　(나 역시 一切如來 바로 그것이다)

(2) 善男子에서 드디어 金剛薩埵摩訶薩(陀)로 神變·昇格되는 단계.

(3) 一切如來와의 加持를 통해 金剛界菩薩에서 <金剛界如來>가 되는
　단계.

---

587) 『보리심론』 (대정장 32. 574b)

(4) ‘我卽是 相好具足羯磨身’

 (나는 32相 80種好를 구족한 圓滿佛)이 되었음을 확인하는 단계이다.

참고로 이들 五相들을 觀法次元에서 분류한다면,

제1 通達菩提心과 제2 修菩提心은 <種子觀>, 제3 成金剛心과 제4 證金

剛身은 <samaya觀>, 제5 佛身圓滿은 <尊形觀>으로 분류할 수 있다.

 <五相成身觀>은 <自心을 관찰하는 다섯 단계의 月輪觀>을 통해,

마음으로는 金剛心을 이루고, 몸으로는 金剛身을 이루어 毘盧遮那法身

을 現證(현증)하는 觀法으로, 『守護國界主陀羅尼經』의 말씀처럼,

大乘의 修行인 阿裟頗那迦三摩地(āsphānaka-samādhi)와 六(十)波羅蜜

行의 대신으로 提示(교시)된, 곧 대승과는 차별된 밀교의 修行法이다.588)

<五相成身觀(오상성신관)의 출현과 그 배경>

 五相成身觀은 현교의 <無識身三昧(무식신삼매)>라 일컬어지는 阿裟頗

那迦三摩地(āsphānaka-samādhi) 대신에 敎示(교시)된 卽身에 무상정

등정각을 성취시키는 수행법으로 『金剛頂經(금강정경)』 계통의 밀교의

대표적 觀法으로서, 敎示된 내용은

1) 觀法의 方法 2) 지송해야하는 眞言 3) 결과로서 얻어진 智慧이다.

 敎示된 과정을 『敎王經』(3권)과 『守護國界陀羅尼經』을 통해 간략히 살

---

588)「佛言祕密主。 我於無量無數劫中。 修習如是波羅蜜多。 至最後身六年苦行。 不
    得阿耨多羅三藐三菩提成毘盧遮那。 坐道場時無量化佛猶如油麻遍滿虛空。 諸佛
    同聲而告我言。 善男子 云何而求成等正覺。 我白佛言 我是凡夫未知求處。 唯願
    慈悲爲我解說。 是時諸佛同告我言。 善男子諦聽諦聽當爲汝說。 汝今宜應當於鼻
    端想淨月輪。 於月輪中作唵字觀。 作是觀已於夜後分。 得成阿耨多羅三藐三菩
    提」『守護國界主陀羅尼經』(大正藏 19. 570c)

펴보면 다음과 같다.

  무대는 成佛하기 前의 싣달타태자(一切義成就菩薩)가 앉아있는 붓다가 야의 菩提道場(보리도량)이다.
그곳에 一切如來가 나타나 受用身을 示現(시현)한 후 말씀하기를,
「어찌하여 너는 一切如來의 眞實을 깨달으려 하지 않고 온갖 難行(난행)만을 行하는가? 그러고서 어찌 無上正等正覺을 성취할 수 있겠는가? 이제 너는 용감한 뜻을 일으켜서 하고자 하는 바를 성취하라!」

이러한 一切如來의 警覺(경각)에 一切義成就菩薩(싣달타태자)은 그 자리에서 일어나,「어떻게 行하는 것이 眞實行(진실행)이며 智忍(지인)입니까?」하며 가르쳐 주기를 청한다. 그때 一切如來는 이구동성으로
「마땅히 自心을 관하라, 그리고 本來 成就되어있는 다음의 眞言을 지송하라!」

며, 5-단계로 이루어진 관법인 五相成身觀(오상성신관)을 제시한다.[589]

『守護國界陀羅尼經』에는 싣달타 태자가 6년 고행을 마치고,
<無識身三昧>에 들어갔으나 <空見=공견>에 빠져 正覺(정각)을 이루지 못하고 고민에 빠져있을 때, 秘密佛(비밀불)이 나타나, 唵字觀(옴자관)을 교시하자,
  一切義成就菩薩은 唵字(Oṃ=ॐ)觀 修行, 곧 月輪속에 있는 唵字(Oṃ)를 觀하는 수행에 의해 卽座(즉좌)에서 毘盧遮那法身(비로자나법신)을 이루었다고 설하고 있다. 그리고 그 이유로서,

---

589)『金剛頂一切如來眞實攝大乘現證大敎王經』(3권) (대정장 18. 207c),

「Oṃ字야말로 一切法門(일체법문)이며, 8만4천法門의 횃불(寶炬)이고, 열쇠(關鑰)이며, 毘盧遮那佛의 眞身(진신)으로 一切陀羅尼母(일체다라니의 어머니)이기 때문이다」[590]

라 하면서, Oṃ(𑀰)字 陀羅尼의 위신력을 역설하고 있다.

참 고: <阿娑頗那伽三摩地(Āsphānaka-samādhi)>

無息身定・無識身平等持-삼매의 일종으로, 보통 <無識身三昧>라 부른다.

안나반나(ānapāna)는 入息과 出息의 뜻인데, 이 안나반나에 의한 수행이 <Āsphānaka-Samādhi>라는 觀法인 것이다.

『阿毘達磨順正理論』에는

「경전에 의하면 息念을 <那阿波那(ānapāna)念>이라 한다.

여기서 阿那(āna)란 息(숨)을 들이마셔 밖의 바람을 몸안으로 들어오게 한다는 의미이며, 阿波那(apāna)란 숨을 내쉬는 것으로, 몸 안의 바람을 몸 밖으로 내보낸다는 의미이다. 경전에는 다음과 같이 설하고 있다.

비구들이여! 반드시 알아야 한다. 숨을 들이마신다(持息入)는 것은 숨을 들이마셔 외풍을 몸 안으로 들어오게 하는 것이며, 숨을 내쉰다(持息出)는 것은 몸 안의 바람을 몸 밖으로 쫓아 내보내는 것을 말한다.

---

590)「是爲菩薩住陀羅尼修習於法毘鉢舍那。佛言祕密主我於無量無數劫中。修習如是波羅蜜多。至最後身六年苦行。不得阿耨多羅三藐三菩提成毘盧遮那。坐道場時無量化佛猶如油麻遍滿虛空。諸佛同聲而告我言。善男子云何而求成等正覺。我白佛言我是凡夫未知求處。唯願慈悲爲我解說。是時諸佛同告我言。善男子諦聽諦聽當爲汝說。汝今宜應當於鼻端想淨月輪。於月輪中作唵字觀。作是觀已於夜後分。得成阿耨多羅三藐三菩提。善男子十方世界如恒河沙三世諸佛。不於月輪作唵字觀。得成佛者無有是處。何以故唵字即是一切法門。亦是八萬四千法門寶炬關鑰。唵字即是毘盧遮那佛之眞身。唵字即是一切陀羅尼母。從此能生一切如來。從如來生一切菩薩。從菩薩生善根。善男子此陀羅尼具如是等不可思議威德功用。窮劫演說劫數可盡。此陀羅尼功用威德不可窮盡」『守護國界陀羅尼經』(대정장 19. 570c),

지혜(慧)란 念力으로 이것을 관하여 경계로 삼는 것이기에 阿那阿波那 (ānapāna)念이라고 하는 것이다. 혹 어떤 스승은 阿那(āna)를 持來라 하고, 阿波那(apāna)를 持去라 말하기도 한다. 이것은 入息과 出息을 능히 執持하다는 뜻으로, 이것을 념하고 관함에 의해 지혜가 얻어지기에 이러한 이름이 붙은 것이다」[591]

『俱舍論法義』<衆賢造>에는

「세존께서 비구들에게 말씀하시기를, 비구들은 마땅히 ānapāna(安那般 那)念을 닦아야 한다. 만일 비구가 이것을 수습하여 닦으면 닦을수록 몸 (身)과 마음(心)에서 止息을 얻게 되고, 觀과 깨달음을 얻어 寂滅하고 純 一한 분상이 밝아지는 것이니, 이를 수습하여 만족케 하라」[592]

『金剛頂瑜伽中略出念誦經』<金剛智譯>에는

「次須應入觀止出入息 初依瑜加安那般那 繫念修習 不動身軀 亦不動支分 名阿娑頗那伽法」[593]

이라 하여, 阿娑頗那伽(Āsphānaka)를 出入息의 觀止(觀息과 止息)에 들 어가는 數息行法, 곧 瑜伽의 안나반나(ānapāna)에 의한 행법으로, 入出 의 숨을 통제(繫念)하고 수습하면서, 몸(身軀)과 마디마디(支分)를 움직이

---

591)「論曰。言息念者。即契經中所説阿那阿波那念。言阿那者。謂持息入是引外
　　風令入身義。阿波那者。謂持息出是引内風令出身義。如契經説。苾芻當知。
　　持息入者。飲吸外風令入身内。持息出者。驅擯内風令出身外。慧由念力觀此
　　爲境。故名阿那阿波那念。有餘師説。言阿那者。謂能持來。阿波那者。謂能
　　持去。此言意顯入息出息有能持義。慧由念觀此故得此念名」『阿毘達磨順正理
　　論』(대정장 29. 672c~673a)
592)「世尊告比丘。當修安那般那念。若比丘修習安那般那念。多修習者得身止息
　　及心止息。有覺有觀。寂滅純一明分想。修習滿足」『俱舍論法義』(대정장 64.
　　316a)
593)『金剛頂瑜伽中略出念誦經』(대정장 18. 237a)

지 않는 일종의 數息觀으로 설명하고 있으며,

『毘盧遮那三摩地法』<金剛智譯>에는

「행자는 Āsphānaka-samādhi를 닦아야 한다. 몸을 단정히 바르게 앉아서 동요하지 말고, 혀는 입천장에 대고 息의 출입은 멈추되 이것을 미세하게 하라. 제법을 관함에 自心을 따르고(由), 일체번뇌와 隨-번뇌와 蘊과 界와 入(處)등은 모두 幻과 아지랑이와 건달바성과 旋火輪(선화륜)과 메아리(響)라 관하되, 몸과 마음을 보지 말고(不見身心) 적멸(寂滅)무상(無相)평등(平等)에 머물러(住), 이것으로 究竟眞實智로 삼아라.[594)]
(중략) 선남자여! 네가 증득하려는 이 처소는 一道淸淨하지만 아직 金剛瑜伽三昧와 一切智(sarvajñāna)는 증득하지 못했으니, 知足하지말고 응당 普賢(行)을 만족케 하여 最正覺을 성취해야한다」[595)]

또 『金剛頂經議決』<不空撰>에는

「이 삼마지의 내용은 일체가 空임을 알게 하기 위해 개발된 삼매이긴 하나, 단지 止의 세계에 머물 뿐 아직 觀의 세계에는 이르지 못한 경계이다. 곧 외도와 小乘 그리고 漸學大乘이 이 定을 수행으로 삼지만, 外道는 깊지 못한 것이 흠이며, 小乘은 이 삼매를 필경으로 삼고, 점학대승(漸學大乘)은 方便으로 삼는다. 곧 이 삼매는 숨이 깊지 못하고 거칠므

594) 「不見身心。住於寂滅無相平等。以爲究竟眞實之智」의 대목은 『보리심론』의 내용과 똑같은 것으로, 『보리심론』이 이 경에서 인용해 온 것으로 사료된다.
595) 「行者次應修阿娑頗那伽三昧。端身正坐。身勿動搖。舌拄上齶。止出入息。令其微細。諦觀諸法皆由自心。一切煩惱及隨煩惱。蘊界入等。皆如幻焰健闥婆城。如旋火輪。如空谷響。如是觀已。不見身心。住於寂滅無相平等。以爲究竟眞實之智。爾時卽觀空中。無數諸佛。猶如大地滿中胡麻。皆舒金色臂。彈指而警。作是告言。善男子汝所證處。一道淸淨。未證金剛瑜伽三昧薩婆若智。勿爲知足。應滿足普賢。成最正覺」『毘盧遮那三摩地法』(대정장 18. 328c), 『金剛頂經瑜伽觀自在王如來修行法』(대정장 19. 77b), 『金剛頂瑜伽靑頸大悲王觀自在念誦儀軌』(대정장 20. 493a~b) 참조.

로 佛果인 無上正等正覺을 얻는 데는 미약하기에 그래서 보완한 것이 五相成身觀이다」596)

라 설하고 있다.

지금까지 阿娑頗那伽三摩地에 대한 의미를 大·小乘과 밀교경전을 통하여 살펴보았다. 이를 종합하면,

<阿娑頗那伽三摩地>는 釋尊께서 成道 以前 6년간의 苦行時에 닦고 계셨던 일종의 禪觀으로, 보통 無息禪(무식선)이라고 번역되는 것으로, 外道를 비롯 초기불교부터 승가에서 행해오던 수행법이었다.

곧 入出息을 통제하며 無常을 觀하는 數息의 行法으로, 숨과 움직임을 통제하여 나(身·受·心)와 法(法)을 관하는 四念處觀도 바로 이러한 행법의 일종이라 할 수 있다.

卽身成佛을 주창하는 밀교는 三劫成佛을 주창하는 大乘顯教에 반기를 들고 일어난 새로운 혁신적 불교였기에, 당연히 현교가 주창하는 교리나 수행법 대신에 밀교만의 독특한 교리와 수행체계가 필요하게 된 것으로, 앞에서 살펴본 『金剛頂經』을 비롯 『金剛頂經議決』·『毘盧遮那三摩地法』·『守護國界陀羅尼經』등의 밀교경궤들이 설하는 내용들은 바로 이러한

---

596)「阿娑頗那伽者。阿之言無。娑頗那伽者識也。三摩地平等持也。伽者身也。應云無識身平等持也。入此定者能治攀緣散亂等障。故云不應動心及身支節。脣齒俱合兩目似閉。息心攀緣勿令散亂也。問曰入此定者有何利益。答曰若內識散亂外塵所牽。識隨諸塵起種種妄見。隨見隨念卽爲無量諸垢之所纏縛。以是因緣淪溺生死。故以此定而止息之。又問曰。此定唯止識不起。不與世塵而相和合。如諸佛境界。出世實相百千三昧出入自在動不動等。入有不有入無不無。有無常一一卽無量無量卽一。而復熾然廣大建立常住其中不礙不沒。如是智用勝妙功德自他利行云何得之。答曰前之定門漸學大乘及小乘等。及於外道同由此定。小乘以之爲畢竟。外道不深各各有異。漸學大乘者以爲方便」『金剛頂經義訣』(대정장 39. 812c~813a), 遠藤祐純「五相成身觀에 대하여」(高井隆秀教授 還曆記念論集 (種智院大學校 密教思想 1977), 遠藤祐純「弘法大師の十住心論におけるĀsphānaka-samādhi」智山学報 37호. 1973

것을 시사해주고 있는 것이다.

석존불 역시 당시 인도에서 유행하던 온갖 수행법을 닦으셨던 분으로, 결국에는 당시 유행하던 이러한 수행법들을 모두 버리고 中道行(四聖諦·十二緣起)을 통해 부다가야에서 성불하신 것도 바로 이러한 이유이다. 곧 초기경전에 등장하는 五比丘를 비롯 알라라카라마와 웃다카라마풋다 등에 얽힌 傳言들은 바로 이러한 것을 이야기 하고 있는 것이다.597)

아무튼 석존으로부터 버림받은 阿娑頗那伽三摩地, 곧 <無息身三昧>라 일컬어지는 禪觀은 밀교인 『金剛頂經』에 와서 一切如來에 의해 여지없이 부정되고 만다.

곧 『眞實攝經』·『金剛頂經義訣』·『金剛頂瑜伽中略出念誦經』등이 설하는 밀교의 독자적 觀法인 <五相成身觀>은 바로 이 阿娑頗那伽三摩地(Āsphānaka-Samādhi) 대신에 등장한 밀교만의 관법으로, 부모로부터 받은 이 몸으로 즉신(금생)에 무상증등정각을 얻는 수행법인 것이다.598)

---

597) 석존불은 성도이전, 당시 선(yoga)수행자, 특히 <無所有處定>의 대가로 명성을 얻고 있던 <알라라카라마 : Ālārakalama>와 <非想非非想處定>의 대가인 <웃다카라마풋타 : Uddakarāmaputta>를 찾아가 그들로부터 사사를 받고 그들과 동등의 경지를 얻게 되나, 이것은 그가 구하려던 진정한 깨달음이 아니라는 것을 깨닫고 그의 곁을 떠나게 된다. 곧 싯달타 태자는 두 선인이 수행하고 있던 이러한 방법들은 삼매에 들어있는 동안에는 무념무상의 경지에 들어가 마음의 平安을 얻을 수 있지만, 삼매에서 깨어나면 삼매 이전과 마찬가지로 또 다시 근심·걱정·불안·노병사(老病死)등의 일상생활의 공포가 되살아난다는 것을 깨닫고 이러한 수행방법으로는 결코 무고안온(無苦安穩)한 해탈을 얻을 수 없음을 깨달은 것이다.
「웃다카라마프타가 설하는 非想非非想處定이 적정평안(寂靜平安)한 열반의 길이 아닌 것을 알고, 나는 그의 곁을 떠나 理想의 경지를 찾아 <마가다국>을 경유하여 이 곳 우루베라의 <세나>마을에 들어왔다. 『중부』 성구경 (남전장 9. 294항)
598)「時一切義成就菩薩摩訶薩由一切如來警覺即從阿娑頗那伽三摩地起禮一切如來白言 世尊如來敎示我 云何修行云何是 眞實」『眞實攝經』(대정장 18. 207c)
「此中云阿娑頗那伽者 阿之言無娑頗那者識也 三摩地平等持也 伽者身也 應云無識身平等持也 入此定者 能治攀緣散亂等障 故云不應動心及身枝節 唇齒俱合 兩目似閉 息心攀緣勿令散亂也」『金剛頂經義訣』(대정장 39. 812c)「入觀

<五相成身觀・十住心・3-行相, 상호관계>

 -『秘藏寶鑰』을 중심으로 -

앞의 2・2・3 <五相成身觀과 空海의 十住心의 對比>

 -『菩提心論』・『秘藏寶鑰』을 중심으로 -

에서 상세히 고찰한바 있듯이,

空海는『秘藏寶鑰』에서『보리심론』云云 하며,

「當知一切法空 已悟法本無生 心體自如 不見身心 住於寂滅平等究竟眞實

之智 心體自如 令無退失 妄心若起 知而勿隨 妄若息時 心源空寂」599)

이란 문구를 제 7住心인 <覺心不生心>을 설명하면서 인용하고 있다.

곧 이를 제 7住心인 <覺心不生心>, 곧 三論乘의 경지로 보고 있는 것이다.

 곧 空海는 앞에서 인용한『보리심론』의

「Āsphānaka-Samādhi 云云 不見身心 住於寂滅平等究竟眞實之智」

를 해석함에 있어『大日經(疏)』을 분석・활용하여,

이 <Āsphānaka-Samādhi>부분을 五相成身觀의 전 단계의 경계,

곧 제 7住心인 <覺心不生心>으로,

제 8住心인 <如實一道心>은 五相成身觀의 제2 <修菩提心>의 경지로,

제 9住心에 대해서는 이렇다 할 언급을 하고 있지 않아 확실히 단언할

止出入息 初依瑜加安那般那 繁念修習 不動身軀 亦不動支分 名阿娑頗那伽法
久修行者。如是思惟時。入想己身住在虛空。一切諸佛遍滿法界。以彈指印令
從坐起。持誦者應思惟諦聽諸佛告言。善男子無上正等菩提。速宜現證。汝若
一切如來眞實。未能了知。云何堪忍能修一切苦行 (중략) 汝當親近。一切如來
普賢之心。汝應善修習此一切如來普賢之心」『金剛頂瑜伽中略出念誦經』 (대
정장 18. 237a~b)
599)『秘藏寶鑰』(대정장 77. 370c)

수는 없으나, 굳이 단언을 내려야 한다면 五相成身觀의 3번째(成金剛身) 혹은 4번째(證金剛身)의 경지로 해석하고 있는 듯 보인다.[600)]

곧 공해는 『보리심론』과 『大日經(疏)』로부터 힌트를 얻어 三論宗은 <Āsphānaka-Samādhi>의 경지로, 이후의 제 8住心(天台宗)과 제 9住心(華嚴宗)은 無識身三昧, 곧 <Āsphānaka-Samādhi> 대신에 사사받은 <五相成身觀>에 배대(配對)시키면서도, 이들을 일단은 밀교의 아류(亞流)로 보고 <勝義菩提行段>에 소속시키고, 단 제 10住心인 밀교의 <秘密莊嚴心>만은 앞서 설한 이들 8·9住心과는 동떨어진 不共의 경지인 <三摩地段>에 소속시키고 있을 뿐만 아니라, 그것도 五相成身觀의 5단계의 전 과정을 모두 마스터하고 거기다 一切如來로부터 加持까지 받아 <萬德卽證>을 획득한 <金剛界大日如來의 경지>라 보고 있다.[601)]

한편 加持란 개념은 神變과 더불어 밀교에 있어 아주 중요한 개념으로, 이 加持의 有無에 따라 神變의 生起 여부가 결정되고, 菩薩과 如來의 경계 또한 갈라서게 되는 것이다.

---

600) 天台宗을 가리키는 제 8住心인 <如實一道心>의 경지에 대해, 空海는 『秘藏寶鑰』에서 「一如本淨 境智俱融 知此心性 號曰遮那」라 평가하면서, 이를 五相成身觀의 제2단계인 <修菩提心>, 곧 서로 제 각각 이였던(而二) 自心과 月輪이 번뇌를 제거하겠다는 念願에 의해 드디어 하나(不二)로 되는 加行의 경지인 <修菩提心>과 같은 단계라 보고 있다. 한편 五相成身觀의 제 3단계의 경지인 <成金剛心>의 단계는 自心의 淨月輪中에 金剛相을 사유하는 단계이고, 제4 <證金剛身>의 단계는 本有의 菩提心(心)이 本有의 世界인 일체여래의 三摩耶身(身)으로, 곧 心에서 身으로 점프하는 도약의 단계로 自身을 대일여래의 分身인 金剛薩埵라 관하는 단계인데, 이들을 공해가 『秘藏寶鑰』에서 평가한 華嚴乘, 곧 제 9住心인 <極無自性心>의 경지인 「水無自性 遇風卽波 法界非極 蒙警忽進」과 비교해볼 때, 이들의 관계를 어떻게 배치해야할지 판단하기가 어렵다. 그래서 그런지 공해 또한 이 부분에 대해서는 확답을 내리지 않고 있다. 본 註解에서는 일단 제 9 華嚴乘의 경지를 제 3의 <成金剛心> 아니면 최대한 높여 제 4의 <證金剛身>의 단계라 보았다.
601) 遠藤祐純 「弘法大師の十住心における Āsphānaka-samādhi」 『智山學報』 37호. 1973, 大澤聖寬 『菩提心論』の理解, 空海の引用視點 『佛教文化學會紀要』 13호, 도표: <五相成身觀・十住心・3-行相, 相好對比>를 참조.

이하 밀교경전은 이 加持와 神變의 개념, 나아가서는 이의 有無에 따라 菩薩과 如來의 경계가 어떻게 갈라서는 것인지 살펴볼 것이다.

『攝眞實經』은 加持에 대해 다음과 같이 설명하고 있다.
「일체여래 말씀하시길, 마하살이여! 一切薩埵金剛은 이제 一切의 모습을 갖추는 것을 성취했으니, 自身佛의 모습을 관하도록 하라!
곧 <自性成就眞言>을 마음가는대로 지송하라!
「Oṃ yathā sarva tathāgatās tathāhaṃ」
　(나 또한 一切如來 바로 그것이다),

이 말을 마치자 <金剛界菩薩>마하살은 <自身如來>를 現證하고, 모든 일체여래에게 禮를 올리며 아뢰기를,[602]
세존여래시여! 오직 원하는 바는 저를 加持하시어 이 現證의 菩提로하여금 堅固(견고)케 하시오소서!

이 말을 마치자마자 一切如來는 金剛界如來의 薩埵金剛(금강살타)中에 들어오셨다.[603]
그 때 世尊金剛界如來는 찰나에 等覺의 <一切如來平等智>를 現證하시

---

602) 여기까지는 일체여래와 加持하기 이전이므로 <금강계보살>의 경지가 된다.
　「是時遍一切虛空界。互相涉入一切如來身語心大金剛界。以一切如來加持力。混入薩埵金剛中　時諸如來乃爲具德一切義成大菩薩。立祕密名號金剛界。卽以金剛大灌頂法而爲灌頂」『攝眞實經』<施護譯> (대정장 18. 342b),「汝於淨月輪 觀五智金剛 令普周法界 唯一大金剛 應當知自身卽爲金剛界唵(一)麼折囉(引)怛麼句含(二) 自身爲金剛 堅實無傾壞 復白諸佛言 我爲金剛身」『金剛頂瑜伽修習三摩地法』(대정장 18. 329a),

603) 여기부터가 一切義成就菩薩이 一切如來와 加持(入我我入)하는 장면으로, 이를 통해 一切義成就菩薩은 諸佛加持인 <四智印成>이 이루어져 드디어 四智의 총체인 <法界體性智>를 이루고 <金剛界如來(毘盧遮那法身)>로 등극하셨다.

고 일체여래의 平等智三昧耶에 들어오시어 <一切如來法平等智自性淸淨>을 證得하셨다. 곧 一切如來平等自性光明의 智藏인 <如來應供正遍智>를 이루신 것이다. (중략)

須彌盧頂의 金剛摩尼寶樓閣으로 왕림하신 <金剛界如來>는 일체여래의 加持를 받고 일체여래의 獅子座에 앉으신 후 一切(四方)의 面에 安立하셨다. 그때 不動如來와 寶生如來와 觀自在王如來와 不空成就如來등의 一切如來(四佛)는 一切如來로 自身을 加持하셨다.

바가범 석가모니여래(金剛界如來)는 一切平等을 통달하신 까닭에, 일체평등의 方所에서 사방을 관찰하신 후 坐定하셨다.

「Oṃ sarva tathāgata abhisaṃbodhi dṛdha vajra tiṣṭha」

(Oṃ! 一切如來 現身成佛金剛을 堅固케 하여 일으켜라!)

라 지송하면서, '我卽是相好具足羯磨身'
                아 즉시 상호 구족   갈마신

(나는 32相 80種好를 구족한 圓滿佛)이라고 확신 한다」[604]

곧 경은 一切如來와 아직 加持가 이루어지지 않은 단계는 <金剛界菩薩>의 경지로, 一切如來와 加持가 이루어진 경지는 <金剛界如來>로 보고

---

604)「時彼諸如來 便敕行者言 觀身爲佛形 復授此眞言, 唵(一)曳他(二)薩婆怛他蘖多(三)薩怛他含 Oṃ yathā sarva tathāgatās tathā ahaṃ, 以證心淸淨 自見身爲佛 衆相皆圓備 卽證薩婆若」『金剛頂經瑜伽修習毘盧遮那三摩地法』(대정장 18. 329a~b), 「時彼諸如來 便敕行者言 觀身爲佛形 復授此眞言唵(引)野他(引)(一)薩嚩怛他誐哆(二)薩怛(二合)他憾 旣見身成佛 相好皆圓備」(대정장 18. 314a~b), 『金剛頂蓮華部心儀軌』「時彼諸如來 便敕行者言 觀身如本尊 復授此眞言 唵野他(引)薩嚩怛他誐多薩怛(三合)他(二合引) 含旣成本尊身 結如來加持 不改前印相 應誦此眞言」『攝眞實經』<不空>(대정장 18. 302b~c) 등에도 '身이 佛을 이루었음을 관하라'는 言句, 곧 <佛身圓滿>의 金剛界如來가 되었음을 각각 <自見身爲佛> <觀身爲佛形> <觀身如本尊>이란 언구로서 설하고 있다.

있는 것이다. 곧 加持를 기점으로, 이전은 <金剛界菩薩>로, 이후는 <金剛界如來>로 二分化 시키고 있다.

한편 이러한 二分法的 해석은 밀교경전들이 설하는 공통의 일반적 해석법으로, 밀교는 이 <加持>와 <神變>의 개념을 今生成佛 내지는 衆生成佛의 원리로 제시하고 있는 것이다.[605]

加持와 神變의 중요성을 설하고 있는 밀교경전의 말씀을 더 들어보자.

『眞言名目』에
「중생의 본각공덕과 제불의 감응방편이 서로 相應하는 것이기에, 身心본유의 공덕이 일념의 순간 현현(顯現)하게 되어, 제법의 실상을 깨닫게 되는 것으로, 자리를 뜨지 않고 그 자리에서 일체의 불사(佛事)를 모두 이루어 내는 것, 그것을 일러 加持라 하는 것이다. 곧 加라고 하는 것은 諸佛의 大悲가 行者에 加해지는 것을 말하며, 持라고 하는 것은 행자의 信心이 불인(佛因)을 감응하는 인연을 말하는 것으로, 이것으로 불가사의가 나타나기에 이를 加持成佛이라 하는 것이다」[606]

『대일경』에는
「부처님의 가지는 중생들을 이익케 하기위해 상황에 응화하여 神變하신다」[607]

---

605) 종석스님 『밀교의 즉신성불 강의』 - 금생성불과 중생제도의 원리, 삼밀가지신변방정식 - 하음출판사 2021
606)「加持成佛者 衆生本覺功德 諸佛感應方便相應。而身心本有功德速疾顯現一念間。覺知諸法實相。不起于座。成辦一切佛事。是故名加持也。加者諸佛大悲來加行者。持者行者信心感佛因感應因緣故即座不思議現。是則加持成佛也」『眞言名目』<賴寶述> (대정장 77. 731a)
607)「大牟尼加持 利益衆生故 應化作神變」(대정장 18. 40b)

「一切로 하여금 생각하고 願하는 바를 좇아 生起시키기위해, 널리 神變의 무상구(無上句)를 베푼다」[608]

『대일경소』에는

「범어로는 vikurvita로서, 용약(踊躍)·유희(遊戲)·神變이란 뜻을 갖는다. 소위 초발심 이후부터 깊이 선근을 심고, 종종의 願行을 일으켜 불토를 장엄하고, 중생의 원을 모두 성취할 때까지 한시도 쉼이 없이 계속 앞을 향해 전진하시는 것을 말하는 것으로, 넘고 또 넘고 오르고 또 올라가면서, 흔들고 움직이고 두드리고 춤추는 등의 온갖 선교삼업(善巧三業)을 통하여 중생의 마음을 기쁘게 하는 것이기에, 등약(騰躍) 또는 유희(遊戲)라 하는 것이다. 곧 이것은 보살의 自在神通으로서, 옛날 비로자나가 보살도를 닦을 때 일체속질력삼매(一切速疾力三昧)로서 무량의 선지식들을 공양하고 무량한 바라밀행을 닦는 등, 自利와 利他의 법을 모두 구족하고 보물과 같은 如來智를 집성한 결과, 이와 같은 비밀장엄(秘密莊嚴)의 법계루관(法界樓觀)을 얻은 것이다.

마치 세상에서 cintamani를 모든 보물중 최고로 삼는 것과 마찬가지로, 이 神變을 일러 일체의 진실한 보답으로 얻어진 가운데 第一이라고 하는 것이다. 그래서 유희신변(遊戲神變)으로부터 출생한 대보왕(大寶王)의 누각이라 한 것으로, 그 높이와 넓이가 무한해서 가히 측량할 수 없기에 그래서 중간이 없다고 한 것이다. 말하자면 몸이 일체처에 편만하기에, 몸의 거처인 누각 역시 일체 처에 편만한 것이다」[609]

---

608)「乃至令一切 隨思願生起 悉能爲施作 神變無上句」(대정장 18. 40b)
609)「梵云微吃哩捉多。是踴躍義。遊戲義。神變義。謂從初發心以來。深種善根。起種種願行。莊嚴佛土。成就衆生。恒殊勝進。不休息故。即是超昇騰躍義。如人掉動鼓舞。能以善巧三業。普悅衆心。故此騰躍。即名遊戲。如是遊戲。即是菩薩自在神通。言毘盧遮那本行菩薩道時。以一體速疾力三昧。供養無量

라 하여, 여래가 지닌 불가사의한 神變의 의미를 등약(騰躍) 유희(遊戱)라 해석함과 동시, 이러한 신변은 여래가 초발심부터 願行을 일으켜, 성불할 때 까지 쉼이 없이 그것도 기쁨을 가지고 닦은 공덕에 의해 얻어진 것으로, 지금도 여래께서는 끊임없이 뛰며 춤추며 중생을 이락케 하는 것이기에, 등약 또는 유희라 하는 것이라 설명하면서, 여래가 지닌 神變의 무애자재함과 중생사랑의 무량함을 설하고 있다.

「마치 사자가 평상시엔 깊은 동굴속에 있어 움직이지 않지만, 때가 되면 동굴을 뛰쳐나와 신속히 움직이는 것처럼, 如來의 加持도 이와 같다.
 따라서 만일 如來의 加持神力이 아니라면 미묘한 적절(寂絶)은 절대로 얻을 수 없는 것이다. 이처럼 여래가 身口意의 모습과 소리를 끝없이 펼쳐 보이시며 法界에 편만히 나투시는 것을 일러 諸佛의 분신(奮迅)이라 하는 것이다」610)

『金剛峰樓閣瑜伽瑜祇經』<金剛智 譯>에는
「치연광명(熾然光明)의 자재위력(自在威力)은 삼세에 걸쳐 잠시도 쉬지 않고 화신(化身)으로 화하여 유정을 이락하게 하는데, 이처럼 여래는 때 묻지 않은 청정한 금강자성광명(金剛自性光明)에서 나오는 종종의 업용(業用)의 방편가지로, 중생을 구제하시며 금강승(金剛乘)의 법을 설하시는 것이다」611)

善知識。遍行無量諸度門。自利利他法皆具足。能得如是如來智寶之所集成。祕密莊嚴法界樓觀。於一切實報所生最爲第一。猶如眞陀摩尼爲諸寶之王。故曰遊戱神變生大樓閣寶王也。其高無窮。當知廣亦無際。以邊不可得故。亦復無中。此是遍一切處身之所住處。當知如是樓觀。亦遍一切處也」(대정장 39. 580c)

610)「如師子王在深窟中安住不動。有時出穴頻申奮動。卽是其身本不動今則離其常處而動故也。佛亦如是。若非如來加持神力。則微妙寂絶不可得示現。今乃示現無盡身口意種種形聲。遍滿法界。卽是諸佛奮迅也」(대정장 39. 725c)

611)「熾然光明自在威力。常於三世。不壞化身利樂有情。無時暫息。以金剛自性光明遍照淸淨不染種種業用。方便加持救度有情。演金剛乘」(대정장 18. 254a)

『大日經疏』<善無畏 譯>에는

「여래는 加持神力으로서, 마땅히 제도할 이에게는 여러 가지 법문에 따라 모습을 나타내신다. 곧 여래는 가지신력으로, 보거나 듣거나 만지거나 알게하는 등, 가지신력으로서 법계에 들어 가신다」[612]

「금강수(金剛手)를 비롯한 모든 권속들은 이와 같은 加持世界에 있어서는 오직 三平等의 法門만이 설해짐을 마땅히 알아야 한다. 곧 如來가 장차 일체승(一切乘)을 통섭하는 자심성불(自心成佛)의 가르침을 말씀하기 위한 것임을 알아야한다」[613]

「3-평등처에 머문다는 것은 身口意 三平等의 秘密加持에 들어가는 것을 말하는 것으로, 소위 身平等인 密印(mudrā)과 口平等인 眞言(dhāraṇī)과 心平等인 묘관(妙觀: samādhi)으로 방편을 삼는 것으로, 이에 의해 가지수용신(加持受用身)을 보게 되는 것이다.

이와 같은 加持受用身은 모든 면에서 비로자나불과 일체가 되는 것으로, 수행자 역시 비로자나와 똑같은 지신(智身)이 되는 것이다.

따라서 금강승(金剛乘)에 住하는 자는 行하지 않아도 行하게 되고, 이르지 않아도 이르게 되는 것이기에, 그래서 平等句라 하는 것이다」[614]

「금강장(金剛藏)보살이 비록 일체종지(一切種智)를 究竟하지는 못했다고

---

612)「以如來加持神力。令應度者隨諸法門表像。若可見聞觸知。卽以此爲門而入法界」(대정장 39. 580c)

613)「當知金剛手等。亦復如是普見加持世界。唯說平等法門。卽知如來。將演遍一切乘自心成佛之敎」(대정장39. 584b)

614)「次第進修。得住三平等處。故名爲句。卽以平等身口意祕密加持。爲所入門。謂以身平等之密印。語平等之眞言。心平等之妙觀。爲方便故。逮見加持受用身。如是加持受用身。卽是毘盧遮那遍一切身。遍一切身者。卽是行者平等智身。是故住此乘者。以不行而行。以不到而到。而名爲平等句」(대정장 39. 583a)

는 하지만, 加持에 의해 이제 묘각세존(妙覺世尊)과 동등하게 되었으니, 그것은 오직 시방제불(十方諸佛)의 神力으로 함께 加(持)된바 되었기 때문이며, 이에 대회중(大會中)에서 여래가 證한 바와 同等하게 된 것이다. 만일 신력가지(神力加持)를 벗어난다면 절대로 결정코 여래와 동등하지는 못한 것이다」[615]

라 하여, 중생의 본각(本覺)공덕과 제불의 감응방편(感應方便)이 서로 상응하는 것이 加持인데, 이 加持에 의해 중생의 身과 心이 지닌 本有功德이 현현하게 되어, 그 자리에서 제법의 실상을 깨닫고 비로자나와 일체가 되어 毘盧遮那佛과 똑같은 智身이 되는 것이라 강조하고 있다.

『약술금강정유가분별수증법문(略述金剛頂瑜伽分別修證法門)』<不空譯>의 序에는
「자수용불(自受用佛: 法身毘盧遮那弗)은 心으로부터 무량한 보살을 유출하니, 모두가 同一한 性品이다. 이른바 금강성(金剛性)으로서,
(이들은 모두) 편조여래(遍照如來)로부터 관정(灌頂)의 직위를 받게되는데, 그들 菩薩들은 각각 비로자나를 비롯한 일체여래에게 三密門의 설법을 바치며, 가지교칙(加持敎勅)을 청한다」[616]

『금강정경의결(金剛頂經議決)』<不空 撰>에는
「五方如來와 十六大菩薩과 四派羅蜜菩薩과 內外四供養菩薩과 四攝菩薩

---

615)「然金剛藏。 雖未卽究竟一切種智。 而同於妙覺世尊。 但以十方諸佛神力共所加故。 亦於大會中。 亦如如來所證同等。 若離神力加持。 卽亦未得究竟與如來等也」(대정장 39. 729c)
616)「自受用佛。 從心流出無量菩薩。 皆同一性。 謂金剛性。 對遍照如來。 受灌頂職位。 彼等菩薩。 各說三密門。 以獻毘盧遮那及一切如來。 便請加持敎救」(대정장 18. 288a)

이 出生하는데, 이들(37尊)은 모두 한량없고 깊고 깊은 智慧와 걸림없는 신변삼매(神變三昧)의 相을 지니고 있다」[617]

『金剛頂經』<施護 譯>에는

「위대하도다. 諸佛大普賢이여! 이 모든 보살의 묘하고도 경건한 의의는 一切如來의 大曼荼羅로서 일체여래상(一切如來像)을 나타낸다.

이 말을 마치자 시방세계에서 모인 일체 여래와 보살이 일체여래의 加持力으로 인해, 세존 대비로자나여래의 마음에 들어와 일체여래의 마음에 좇아 각각 보살중회에 모습을 보였다」[618]

『五秘密儀軌』<不空譯>에는

「以普賢摩地。 引入金剛薩埵入其身中。 由加持威神力故。 於須臾頃。 當證無量三昧耶無量陀羅尼門。 以不思議法。 能變易弟子俱生我執法執種子。 應時集得身中一大阿僧祇劫所集福德智慧。 則爲生在佛家。 其人從一切如來心生。 從佛口生。 從佛法生。 從法化生。 得佛法財」

(普賢三摩地로서 金剛薩埵를 자신의 몸속으로 引入하게 되어, 그분의 加持와 威神力으로 말미암아 곧 바로 마땅히 無量의 三昧耶와 무량의 다라니문을 증득하게 되는 것이다. 곧 不可思議한 法으로 능히 제자의 俱生의 我執과 法執의 種子를 變易시켜, 바로 그 자리에서 금강살타가 一大아승지겁동안 쌓아온 몸속의 복덕과 지혜를 모두 얻게 되어 곧 바로 佛家에 태어나게 되는 것이다. 곧 그는 一切如來의 마음으로부터 태어나

---

617)「五方如來十六菩薩四波羅蜜及內外四供養四攝諸菩薩等。 ――皆有無量甚深智用智門祕密境界無礙神變三昧之相」(대정장 39. 815a)
618)「大哉諸佛大普賢　是諸菩薩妙敬議　一切如來大輪壇　影現一切如來像作是說已。 是時十方世界所來集會一切如來幷諸菩薩。 以彼一切如來加持力故。 混入世尊大毘盧遮那如來心。 復從一切如來心。 各各出自菩薩衆會 (대정장18. 351c)

고, 입으로부터 태어나고, 佛의 法으로부터 태어나고, 法의 化現으로부터 태어난 것이 되어, 佛의 法材를 모두 얻게 되는 것이다)[619]

또 『대일경소』에는

「諸佛의 實相과 眞言實相 그리고 衆生實相은 광대법계로서, 이들이 相互加持하는 까닭에 법계가지(法界加持)라 하는 것이다.
그것은 마치 男女가 서로 교회(交會)하는 인연으로 인해 조금도 잃어짐이 없이 種子가 태장(胎藏)에 탁태(託胎)되는 것처럼, 相(互)加持도 바로 이러한 의미인 것이다」[620]

「만일 모든 수행인이 유가삼매에 깊이 들어가 스스로 분명하고 뚜렷하게 청문(聽聞)한다면, 이는 부처님으로부터 직접 듣는 정설(正說)의 때와 다름없는 것이기에, 이 날을 일러 부처님과 加持한 날이라 하는 것이다」[621]
잠시 밀교경전을 통해 중요개념인 加持와 神變에 대해 살펴보았다.
곧 밀교경전들은 우리가 살고 있는 이 세계가 불보살님의 加持로 이루어진 加持世界임을 밝히면서, 加持의 중요성을 강조하고 있다.

『攝眞實經』 또한 이점을 부각시키면서, 加持를 기점으로, 이전은 <金剛界菩薩>로, 이후는 <金剛界如來>로 二分化 시키고 있는 것이다.

이제 이의 개념들을 생각하며, 우리의 관심사인 五相成身觀과 十住心의

---

619) 『金剛頂瑜伽金剛薩埵五秘密修行念誦儀軌』 (대정장 20. 535b~c)
620) 「諸佛實相眞言實相衆生實相。 皆是毘富羅法界。 以此更相加持故。 名爲法界加持。 復次如男女交會因緣。 種子託於胎藏而不失壞。 卽是相加持義」 (대정장 39. 674b)
621) 「若深入瑜伽境界三昧時。 自當了了聽聞。 如正說時無異。 是以故名爲佛加持日也」 (대정장 39. 646a)

관계를 三行相과 관계 지어보자!

곧 아래의 도표와 같이, 空海는 <顯密敎判(현밀교판)>과 <卽身成佛思想>의 제창에 큰 역할을 한 그의 대표적 저서 『秘藏寶鑰』의 7개소에서,
『大日經』·『大日經疏』·『菩提心論』을 인용·활용하면서,
<깨달음을 향한 인간의 마음의 轉昇(전승)>과 나가서는 <印度佛敎發達史>라 할 諸敎(小乘→權大乘→實大乘→密敎)의 優劣(우열)과 深淺(심천)을 가리는 소위 <十住心敎判>을 완성시켰던 것이다.

도표: <Āspānakasamādhi·五相成身觀·十住心·3行相, 相好對比>

－ 『菩提心論』·『秘藏寶鑰』을 중심으로 －

－ 0표시는 해당됨을 의미 －

	제4住心 唯蘊無我心 (聲聞乘) 제5住心 發業因種心 (緣覺乘)	3-行相				
		제1장 行願 菩提行段 제6住心 他緣大乘心 (唯識宗)	제2장 勝義 菩提行段			제3장 三摩地 菩提行段 제10住心 秘密莊嚴心 (眞言宗)
			제7住心 覺心不生心 (三論宗)	제8住心 一道無爲心 (天台宗)	제9住心 極無自性心 (華嚴宗)	
無息禪 (āspānaka- samādhi) ↓ 五相成身觀	0	0	0			
제1단계 通達菩提心						
제2단계				0		

修菩提心						
제3단계 成金剛心					0	
제4단계 證金剛身					0 아무리 높여도 제4단계의 경계정도라 판단됨	
제5단계 佛身圓滿-1 (金剛界菩薩)						
제5단계 佛身圓滿-2 (金剛界如來) (毘盧遮那佛)						0

참 고　　　　<阿字觀·五相成身觀·(白)月輪觀의 相互 比較>

三가지 三摩地 觀法	觀의 對象	理와 事의 關係	비 유 (상징성)	觀法 (金·胎)分類
阿字觀	菩提心種子	事(初聲阿字)를 통해 理(阿字本不生) 를 밝힘	諸法과 自性의 本來空을 밝히기 위해 初聲 阿字를 活用함	胎藏界觀法
五相成身觀	觀菩提心形	月이란 事(빛과 內在物)를 통해 理(本具佛性)를 밝힘	月의 三德(淸淨·淸凉 ·光明)을 人間의 心性에 비유함	金剛界觀法

白月觀 (月輪觀)	觀菩提心形	月이라고 하는 事(十六分)를 통해 理(佛性)를 밝힘	月(十六分)을 十六大菩薩과 人間의 心性에 비유함	胎藏界觀法과 金剛界觀法를 회통시켜 理事/胎金/ 定慧등의 不二를 나타냄

3.5.2.2 五相의 體는 普賢薩陀(金剛薩埵)菩薩

「圓明卽普賢身 亦是普賢心 與十方諸佛同之」
원명 즉 보현신   역시 보현심   여 시방 제불 동 지

其圓明則普賢身也 亦是普賢心也。與十方諸佛同之。
기 원명 즉 보현 신 야   역시 보현 심 야   여 시방제불 동지

亦乃三世修行 證有前後及達悟也 無去來今。622)
역 내 삼세 수행 증유전후급달오야   무 거래 금

(대정장 32. 574b)

직역(直譯)

그 원명(圓明)은 곧 보현(普賢)의 몸이며, 또 이것 보현의 마음이라.
시방제불과 이것을 같이하는 것이다.
또 삼세의 수행(修行) 증득(證)함에 전후(前後)는 있어도, 깨달음(悟)에
이르면 과거 미래 지금(去來今)이 없는 것이다.

의역(意譯)

---

622) 達悟也(高麗藏本)=達悟已(三十帖策子本)

그 圓滿함과 밝음(圓明)은 普賢身이 되고 普賢心이 되어 十方의 諸佛과 같게 되는 것이다.623)

또한 三世의 修行과 證(信解行證)에는 앞과 뒤의 次第(前後)가 있는 것이지만, 깨달음에 이르게 되면 過去니 未來니 現在니 하는 구별은 없어지는 것이다.624)

註解·講解

<普賢菩薩(화엄경전)에서 金剛薩埵(밀교경전)로>625)
보현 보살 　　金剛薩埵

「三世諸佛 悉於中現 證本尊身 滿足普賢一切行願」
삼세 제불 실 어 중 현 증 본존 신 만족 보현 일체 행원

『五秘密儀軌』 <不空譯>에는

「若依毘盧遮那佛自受用身所說內證自覺聖智法。及大普賢金剛薩埵他受用身智。則於現生遇逢曼荼羅阿闍梨。得入曼荼羅。爲具足羯磨。以普賢摩地。引入金剛薩埵入其身中。由加持威神力故。於須臾頃。當證無量三昧耶無量陀羅尼門。以不思議法。能變易弟子俱生我執法執種子。應時集得

---

623) 깨달음의 모습을 普賢菩薩의 心身에 배대하고 있다. 『眞實攝經』「時彼菩薩得諸如來教示發菩提心已。復白諸如來言。世尊如來如其所有淨月輪相。我亦如是得見自心淨月輪相。諸如來言。一切如來心從普賢心生。齊等堅固如善所行。以一切如來自普賢心。出生堅固成所作因。應於自心淨月輪中思惟金剛相」(대정장 18. 342a), 「大哉諸佛大普賢 是諸菩薩妙敬議 一切如來大輪壇 影現一切如來像」 (위대한 諸佛大普賢이여! 모든 보살의 미묘한 敬議는 一切如來의 大曼荼羅로서 一切如來의 像을 나타내고 있도다) 『眞實攝經』 (대정장 18. 351c)

624) 五相成身觀을 成就할 때 나타나는 功能을 열거하고 있다. 不空三藏譯出의 『華嚴經入法界品字輪瑜伽儀軌』에는 「夫欲頓入一乘修習毘盧遮那如來法身觀者。先應發起普賢菩薩微妙行願。復應以三密加持身心。則能悟入文殊師利大智慧海」(대정장 19. 709b) 이라 하여, 비로차나불의 法身觀을 닦는 자는 먼저 普賢行願을 發起하고, 뒤이어 三密加持로서 文殊菩薩의 大智慧海에 悟入할 것을 강조하고 있다.

625) 金剛薩埵에 대한 상세는 각주 328)과 337)참조

身中一大阿僧祇劫所集福德智慧。則爲生在佛家。其人從一切如來心生。從佛口生。從佛法生。從法化生。得佛法財(法財謂三密菩提心敎法)纔見曼茶羅。能須臾頃淨信。以歡喜心瞻睹故。則於阿賴耶識中。種金剛界種子。具受灌頂受職金剛名號。從此已後。受得廣大甚深不思議法。超越二乘十地」[626]

(만일 비로자나부처님의 自受用身께서 설하신 內證自覺(내증자각)의 聖智法(성지법)과 大普賢金剛薩埵의 他受用身의 智에 의해, 現生에서 曼茶羅아사리를 만나게 되고, 만다라에 들어가 羯磨를 具足하게 된다.
(곧) 普賢三摩地로서 金剛薩埵를 자신의 몸속으로 引入하게 되어, 그분의 加持와 威神力으로 말미암아 곧 바로 마땅히 無量의 三昧耶와 무량의 다라니문을 증득하게 되는 것이다. 곧 不可思議한 法으로 능히 제자의 俱生의 我執과 法執의 種子를 變易(변역)시켜, 바로 그 자리에서 (금강살타가) 一大아승지겁동안 쌓아온 몸속의 복덕과 지혜를 모두 얻게 되어 곧 바로 佛家에 태어나게 되는 것이다. 곧 그는 一切如來의 마음(心)으로부터 태어나고, 입(口)으로부터 태어나고, 佛의 法으로부터 태어나고, 法의 化現으로부터 태어난 것이 되어, 佛의 法材(三密菩提心의 敎法)를 모두 얻게 되는 것이다.
곧 조금이라도 曼茶羅를 보게 되면 곧바로 능히 淸淨身을 얻고 환희심으로 우러러 보게 되어 곧 바로 Ālaya識가운데에 金剛界의 種子가 심어지고, 灌頂을 받아 金剛의 名號를 받게 된다. 이후 그는 광대하고 甚深한 不可思議한 法力을 얻어 二乘과 十地의 境界를 초월하게 되는 것이다)

라 하여, <비로자나부처님의 自受用身>께서 설하신 內證自覺의 聖智法

---

626) 『金剛頂瑜伽金剛薩埵五秘密修行念誦儀軌』(대정장 20. 535b~c)

과 <大普賢金剛薩埵의 他受用身의 智>에 의해, 現生에서 曼茶羅아사리를 만나게 되고, 만다라에 들어가 羯磨를 具足하게 된다고 설하고 있다.

(곧) 普賢三摩地로서 金剛薩埵를 자신의 몸속으로 引入하게 되어, 그분의 加持와 威神力으로 말미암아 곧 바로 마땅히 無量의 三昧耶와 무량의 다라니문을 증득하게 되어. 不可思議한 法으로 俱生의 我執과 法執의 種子를 變易(변역)시켜, 바로 그 자리에서 (금강살타가) 一大아승지겁 동안 쌓아온 몸속의 복덕과 지혜를 모두 얻게 되어 곧 바로 佛家에 태어나게 되는 것이다.

곧 그는 一切如來의 마음(心)으로부터 태어나고, 입(口)으로부터 태어나고, 佛의 法으로부터 태어나고, 法의 化現으로부터 태어난 것이 되어, 佛의 法材(三密菩提心의 敎法)을 모두 얻게 되는 것이라 설하고 있다.

보현보살은 본래 『華嚴經』의 슈퍼스타로서, 수행자가 이루어야 할 智慧와 大悲 등의 모든 智悲의 德을 갖춘 인물로 修行者의 귀감이며 표본으로 제시된 대승의 대표적 보살이다.

이러한 보현보살을 밀교에서는 <金剛薩埵>로 승화시켜 등장시키고 있는 것이다. 곧 수행자의 귀감이며 표본인 因位의 대표자 普賢菩薩을 내세워, 그로 하여금 기존의 波羅蜜行과 여기에 새로운 수행법인 밀교의 Oṃ字觀 내지 五相成身觀 등의 三摩地法을 수용시키고 이를 설하게 하여, 누구든지 이를 성취하면 그 몸과 마음은 金剛薩埵와 똑 같아지게 되고, 果位인 十方諸佛과 同格을 이루게 되는 것이라 설하고 있는 것이다.

곧 五相成身觀을 수용한 보현보살은 (위에서 본 경구의 내용처럼) 普賢三摩地로서 金剛薩埵(金剛性)를 자신의 몸속으로 引入하게 되어,

그분의 加持와 威神力을 지니게 되는 것으로, 이제 그는 단지 대승보살로서의 보현이 아니라 밀교의 삼마지법을 수용 체득한 密敎修行者의 代表로서의 金剛薩埵의 몸과 마음으로 거듭난 <普賢金剛薩埵>가 되어, 法身毘盧遮那佛의 化現인 他受用身으로서의 몸과 마음의 소유자로 승화된 것이다.

한편 金剛界曼茶羅의 諸尊이 지니고 있는 <金剛性(금강성)>이란 一切如來(四佛)로부터 加持를 받아 계승한 神變(신변)으로서,
一切義成就菩薩이 五相成身觀을 통하여 증득한 <大普賢心>을 말한다.
곧 이 大普賢心의 加持神變을 통하여 五佛을 비롯한 三十七尊 등의 金剛界曼茶羅의 諸尊(제존)들이 出生하는 것이다.

『보리심론』은 이를 「三世諸佛 悉於中現證本尊身 滿足普賢一切行願故」라 하여, 五相成身觀의 완성을 통해 普賢菩薩의 일체행원을 만족한 자가 다름 아닌 본존불인 三世諸佛이라 규정함과 동시, 五相成身觀의 修行이 곧 普賢의 一切行願을 만족시키는 유일한 행법임을 재차 강조하고 있다.

<중생의 업과 그에 따른 인생행로의 차별>
「衆生業差別」
　중생　업　차별

『대일경소』는 업(業)과 그의 과보(果報)로서 인생행로가 달라지는 이유를 다음과 같이 설명하고 있다.

「衆生의 自心實相은 菩提로서, 이와 같은 자심의 實相을 알지 못하는 것을 無明이라 하는 것이다. 곧 이러한 無明에 顚倒(전도)해서 相을 取하는 까닭에 愛憎(애증)과 貪瞋(탐진) 등의 온갖 煩惱가 일어나게 되는

것이며, 이러한 번뇌를 因으로 해서 온갖 종종의 業을 일으키며, 그 結果에 따라 종종의 人生行路와 來世의 길이 생기는 것이며, 그에 따라 苦와 樂을 받게 되는 것이다.

그러므로 마땅히 알라. 自心의 實相(나=佛=𑖀)을 아는 것 이외에 별도로 다른 법이 없는 것임을」627)

3.5.2.3 人心은 合蓮華, 佛心은 滿月

「人心如合蓮華 佛心如滿月」
인심 여 합연화 불심 여 만월

凡 人心如合蓮華 佛心如滿月。此觀若成 十方國土 若淨若穢
범 인심 여 합 연화 불심 여 만월 차 관 약 성 시방 국토 약 정 약 예

六道含識 三乘行位 及三世國土成壞 衆生業差別 菩薩因地
육도 함식 삼승 행위 급 삼세 국토 성 괴 중생 업 차별 보살 인지

行相 三世諸佛 悉於中現 證本尊身 滿足普賢一切行願。
행상 삼세 제불 실 어 중 현 증 본존 신 만족 보현 일체 행원

故大毘盧遮那經云 「如是眞實心 故佛所宣說」628)
고 대 비로 차 나 경 운 여시 진실 심 고 불 소 선 설

(대정장 32. 574b)

직역(直譯)

무릇 人(사람)의 마음은 합련화(合蓮華)와 같고, 불심(佛心)은 만월(滿

627)「雖衆生自心實相。卽是菩提。有佛無佛常自嚴淨。然不如實自知。故卽是無明。無明所顚倒取相故。生愛等諸煩惱。因煩惱故。起種種業入種種道。獲種種身受種種苦樂。如蠶出絲無所因。自從已出而自纏裹。受燒煮苦。譬如人間淨水。隨天鬼之心。或以爲寶或以爲火。自心自見苦樂。由之當知離心之外。無有法也」(대정장 39. 588a)

628) 高麗藏本과 三十帖策子本 모두 「如是眞實心 故佛所宣說」이라 되어있으나,『大日經』제7 <成就悉地品>에는 「如是眞實心 古佛所宣說」(대정장 18. 22a)이라 하여 古佛로 되어있다.

月)과 같으니라.

만약 이 관(觀)을 이루면, 시방국토(十方國土)의 혹은 맑은 것(淨),

혹은 더러운 것(穢), 육도(六道)의 함식(含識), 삼승(三乘)의 행위(行位),

삼세의 국토성괴(國土成壞), 중생 업(業)의 차별(差別), 보살인지(因地)

의 행상(行相), 삼세의 제불이 모두 다 그 가운데 나타나서,

본존(本尊)의 몸을 증(證)하고, 보현의 일체행원(行願)을 만족하느니라.

이러한 연고로 대비로자나경(大毘盧遮那經)에 이르되,

「이 같은 진실한 마음은 고불(故佛=古佛)의 선설(宣說)한 바라」

의역(意譯)

무릇 人의 마음은 合蓮華(합연화)와 같은 것이며, 佛의 마음은 滿月
(만월)과 같은 것으로,[629] 만일 이 (五相成身觀)을 성취하게 되면
十方國土가 때로는 淨 때로는 穢가 되는 이유, 六度의 모든 중생(含
識), 三乘의 行位, 三世에 걸친 國土의 이루어짐과 무너짐(成壞), 衆
生들의 차별된 業, 菩薩이 (해야 하는) 因地에서의 行相, 三世諸佛 등
이 모두가 이 (五相成身觀) 속에서 이루어지게 되어 곧 바로 本尊身을
증득하고 普賢菩薩(金剛薩陀)의 一切行願을 만족하게 되는 것이다.
그런 까닭에 『大毗盧遮那經』[630]에서
「이와 같은 眞實心은 과거의 佛(故佛=古佛)께서 말씀(宣說)하신 것이
다」라 설하고 있는 것이다.

---

629) 凡人의 마음을 合蓮華(꽃봉오리)에 비유한 것은 중생이 아직 깨닫지 못했
기 때문이다. 이것은 胎藏界의 阿字觀과 蓮華觀을 가리키는 것으로, 八葉蓮
華의 피고 지는 것이 마치 衆生의 八種의 心性(八識)과 비슷하기 때문에 이
러한 비유를 한 것이다.

630) 『大日經』 제7 <成就悉地品>「而以觀心處 當心現等引 無垢妙淸淨 圓鏡常
現前 如是眞實心 古佛所宣說」(대정장 18. 22a)로부터 抽出한 것으로 사료
된다. 위 인용문에서 보듯, 經에는 故佛이 아니라 <古佛>로 되어있다.

註解・講解

<人心=合蓮華(未敷蓮華)>
　　인심　　　합연화　미부　연화

「人心如合蓮華」
　인심　여　합　연화

『三種悉地破地獄陀羅尼法』과 『大日經疏』에는

「무릇 사람의 汗栗馱心(眞實心=hṛdaya)은 形 마치 아직 피지 않은 蓮華의 꽃봉오리(合蓮華)의 상태를 말한다.

筋脈(힘줄과 줄기) 있어 이것을 줄이면 八分을 이룬다. 남자는 위를 향하고 여인은 아래를 向한다. 이 蓮華를 觀하며, 이것으로 하여금 開敷(활짝 핌)케 하여 八葉의 白蓮이 되게 하는 것이다」631)

「곧 중생의 自心處가 一切諸佛의 大悲胎藏漫茶羅(대비태장만다라)임을 가리키는 것이다. 왜냐하면 일체중생은 곧 華臺藏(화대장)이기 때문이다. 그럼에도 四種의 煩惱 항상 自生하므로, 이로 인해 이를 覆弊(복폐=덮어 못쓰게 함)하는 까닭에 明了하게 스스로 覺知하지 못하는 것이다.

만일 自心心處 항상 無垢淸淨(무구청정)한 것임을 깨닫게 되면, 그것을 일러 諸佛의 大圓滿 實相地(대원만 실상지)라 하는 것이다」632)

---

631)「凡人汗栗馱心(此云眞實心)形猶如蓮花合而未敷之像。有筋脈約之以成八分。男子上向女人下向。觀此蓮花令其開敷爲八葉白蓮花」『三種悉地破地獄陀羅尼法』(대정장 18. 911b)

632)「卽指此衆生自心之處。卽一切佛大悲胎藏漫茶羅也。所以者何。一切衆生卽是華臺之藏。然以四種煩惱常自生故。爲彼自覆弊故。不能明了而自覺知。若能自覺心處者。卽知此心自性常淨。如是淨無垢處。卽是諸佛大圓滿實相之地也」『大日經疏』(대정장 39. 705b)

<佛心=白月>
불심 백월

「佛心如滿月」
불심 여 만월

『大日經疏』는 위에서 보인 것처럼, 佛心을

「如是淨無垢處。卽是諸佛大圓滿實相之地也」 (대정장 39. 705b)

라 하며, 滿月과 같은 大圓滿의 청정무구의 實相地라 표현하고 있다.

여기서 佛心을 滿月(만월)에 비유한 것은, 깨달음의 모습이 마치 大光明을 비추고 있는 滿月과 같기 때문이다.[633]

『보리심론』은 이것을 「人心如合蓮華 佛心如滿月」이라 표현하며, 合蓮華와 滿月(輪)로 표현하고 있는데, 이는 아직 피지 않은 연꽃이 開敷(활짝 핌)되어 八葉의 白蓮이 되는 과정과 또 달의 기울고 차는 十六分의 모습이 마치 변화무쌍한 <衆生의 16心>과 비슷하기 때문이다.

곧 凡夫(合蓮華=未敷蓮華)로부터 聖人(滿月)에 이르기까지의 과정이 未敷의 연꽃이 팔엽의 백련이 되고, 또 달이 그믐으로부터 점차 밝아져서 佛心인 滿月(만월=보름달)이 되고, 또 金剛薩埵로부터 金剛拳(금강권)보살에 이르는

---

633) 『大日經疏』<成就悉地品>에는 「復次如世蓮華漸漸增長。若不崇日月光明及時節等。則不能敷榮。菩薩亦爾。雖有祕密菩提心如來功德實相之藏。若不崇諸佛平等大慧烈日光。則不開敷。今此菩薩。妙得是妙法蓮華臺眞實知見故。復而問佛。欲弘廣傳此心地之法度與一切衆生。咸令亦得如此開敷也」 (대정장 39. 704c)라 하여, 아직 피지 않은 未開敷의 연꽃(合蓮華)이 日月의 광명을 받아, 서서히 활짝 핀 보름달(滿月)과 같은 개부연화(開敷蓮華)가 되듯이, 여래공덕인 묘법연화의 眞實知見을 本具하고 있는 우리들도 이 心地法을 깨닫게 되면 활짝 핀 개부연화(滿月)가 된다는 비유를 들며, 그러니 어서 本具의 여래공덕을 되찾을 것을 강조하고 있다.

금강계만다라의 16대보살(수행)의 전개과정과 같다고 보았기 때문이다.

<阿字本不生과 發心>
아자본불생   발심

「此觀若成 十方國土 若淨若穢 六道含識 三乘行位 及三世國土成壞 衆生
차 관 약 성   시방 국토   약 정 약 예   육도 함식   삼승 행위   급 삼세 국토 성 괴   중생

業差別」
업 차별

<本不生인 阿字(𑖀)>를 發起(발기=발심)의 근원으로 삼아 이를 관하는
것은 阿字가 一切字母의 첫 字로서 一切 모든 字의 근원이며, 本心과
自性 또한 本來 하나로서 모든 마음의 根本이 되기 때문으로,
따라서 自性(阿字=𑖀)을 밝히면 本具된 五種의 功德(五佛=五字=五轉=五
智)이 自然 發起되어, 세간과 출세간의 모든 것(三世國土의 成塊와 衆生
의 業差別 등)을 알게 되는 것이라 강조하고 있는 것이다.

곧 『보리심론』이 제시하고 있는 阿字觀・月輪觀・五相成身觀 등의 밀교
의 三摩地法들은 本來의 우리마음이 청정원명한 眞實心(진실심=hṛdaya)
이기에, 法界에서 일어나는 모든 것들을 아는 諸佛의 공능을 모두 갖추고
있음을 알게 하고 또 일깨워 주는 최고의 方便法으로, 까닭은 이러한 밀
교의 관법들은 본래부터 나의 一身上에 갖추어져 있는 諸法의 體性(체성),
곧 本有薩埵(본유살타)의 五佛과 三十七尊의 用이 自身上에 원만하게 具
現되었음을 開示(개시)해주고 悟入(오입)시켜주기 때문이라 설명하고 있다.

<쓰리랑카 佛齒寺, 원숭이들의 白月觀 수행>
불치사   백월관

한 40년 전의 일이다. 화엄사 주지 故 宗元사형을 위시 해 몇 분의 본사
주지 스님들과 함께 쓰리랑카 캔디에 위치한 佛齒寺를 방문한 적이 있었

다. 석존불의 치아사리를 모시고 있는 사찰로, 평소엔 친견할 수 없는 치아사리를 일 년에 딱 한번 <부처님 오신날>에만 일반 국민들에게 친견케 하는 날을 잡아 방문한 것이다.

친견 후 불치사 근처의 사찰에서 머물고 있는데, 저녁 무렵 불치사 주지스님으로부터 호수위에 올라 함께 사마타와 위파사나 수행을 하자는 제의를 받고, 우리는 20여분 정도 되는 불치사스님들과 함께 호수가 보이는 언덕위에 올라 一列 횡대로 자리를 잡고 앉아 참선에 들었다.

 얼마 되지 않아 멀리 하늘에서 서서히 둥근 보름달이 떠오르기 시작하자. 누가 시키지 않았는데도 수행하던 스님들이 모두 와~하는 탄성을 자아냈다. 그도 그럴 것이 동산위에 떠 오른 둥근 달이 호수 전체를 맑고 밝게 수놓으며, 호수 전체를 온통 달님 나라로 만들어 놓았기 때문이다. (月印千江之曲 江江水月來) / 그런데 그때였다.

갑자기 쏴 하는 소리와 함께 2~30마리정도 되는 원숭이들이 무리를 지어 달려와서는 우리 앞에 포진하고 우리와 똑 같은 일열 횡대로 앉아 우리를 흉내 내어 가부좌를 틀고는 달님을 향해 참선에 드는 것이다.

 정말 기가 막히었다. 두 번 다시 볼 수 없는 명장면이었기에~

아무리 흉내를 잘 내는 것이 원숭이라지만 그 정도일 줄은 정말 몰랐다. 그만큼 멋진 장관이자 추억이었다. 지금처럼 핸드폰이라도 있었다면 한폭에 담아두고, 두고두고 追想에 젖어 볼 텐데~

원숭이와 우리가 함께 했던 호반위의 수행은 自身=佛(淸淨·淸凉·光明)임을 통달케하는「如住瑜伽 相應白淨月 觀菩提心」의 백월관(白月觀)이었다.

<내벗이 몇인고 하니> 조선 영조때 시인 윤선도의 <五友歌>에서

「내벗이 몇인고 하니 水(물) 石(돌)과 松(소나무) 竹(대나무)이라

동산에 달(月) 오르니 그 더욱 반갑구나

두어라 이 다섯밖에 또 더하여 무엇하리~」

- 448 -

<법장비구와 超世間의 願>

「我建超世間 必至無上道」

불자들은 법회가 끝나기 직전 언제나 <사홍서원(四弘誓願)>을 지송한다.

「衆生無邊誓願度。 煩惱無盡誓願斷。 法門無量誓願學。 佛道無上誓願成」[634]

(중생의 수가 끝없이 많지만 반드시 제도하겠습니다.

번뇌 또한 끝이 없지만 반드시 끊어 없애겠습니다.

법문이 무량하지만 반드시 배워 마치겠습니다.

불도가 높고 깊은 것이지만 반드시 이루겠습니다)

淨土三部經의 하나인 『무량수경』에는 다음과 같은 말씀이 있다.

「佛告阿難。 爾時法藏比丘。 說此願已而說 頌曰 我建超世願 必至無上道
斯願不滿足 誓不成等覺」   『무량수경』 (대정장 12. 269b)

(부처님께서 아난에게 말씀하시길, 그때 법장비구는 원을 마치고 말하기를, 저는 超世의 願(세간을 뛰어넘는 願)을 세워 반드시 無上道에 이르겠습니다. 혹시라도 이러한 저의 願이 이루어지지 않는다면 결코 成佛하지 않겠습니다)

---

634)「衆生無邊誓願度。 煩惱無盡誓願斷。 法門無量誓願學。 佛道無上誓願成」『釋門儀範』 「衆生無邊誓願度。 煩惱無量誓願斷。 法門無盡誓願知。 無上佛道誓願成」『演義鈔』 (대정장 36. 269c), 天台宗에서는 『摩訶止觀』 (대정장 46. 139b)의 설에 의거해 「衆生無邊誓願度。 煩惱無量誓願斷。 法門無盡誓願知。 無上佛道誓願成」이라 하고, 眞言宗에서는 『佛頂尊勝陀羅尼儀軌』 <不空譯>의 설에 의거해 「衆生無邊誓願度。 福祉無邊誓願集。 法門無邊誓願學。 如來無邊誓願事。 無上菩提誓願成」(대정장 19. 365a)의 五句를 지송하고, 淨土宗에서는 『往生要集』 <源信撰>의 설에 의거해 「衆生無邊誓願度。 煩惱無量誓願斷。 法門無盡誓願知。 無上佛道誓願成 自他法界同利益 共生極樂成佛道」(대정장 84. 49a)를 지송한다.

위의 경구처럼, 법장스님은 世間의 願을 세운 것이 아니라, 세간을 뛰어 넘는 <超世願>을 세운 것이다.

곧 불보살님 ~ 해주십시요! 라고 하는 日常生活의 願이 아니라, 「必至無上道」(반드시 무상도를 이르겠다)라 하여, 세간을 뛰어넘는 <無上正等正覺의 道>란 초세간의 원을 세운 것이다.

대승불교의 기본정신이자 기본사상은
<세간의 願>인 'give me ~'가 아니라,
I will attain Buddhahood, I will give you pleasure and comfort
(成佛을 성취해서 중생들에게 기쁨과 안락을 주겠다)는 <超世願> 이다.

곧 그들은 스스로를 보살이라 부르며, 위로는 성불을 향하고, 아래로는 중생의 교화와 안락을 위해 정진하고 정진하는 것이다.
보살을 일러 「上求菩提 下化衆生」하는 자라 하는 것은 이 때문이다.
남이 시켜서 남의 눈을 의식해서가 아니라, 자진해서 이 길이 좋아서, 위로는 성불을 향하고, 아래로는 중생교화와 안락을 위해 정진하고 정진하는 것이다.
이러한 삶의 자세가 <超世願>이며, 이러한 <超世願>의 삶을 사는 자를 일러 우리는 보살이라고 부르는 것이다.

<超世願>의 願은 利己的이고 세속의 욕망으로 이루어진 <世間의 願>과는 전혀 다르다.
그것은 남을 위한 利他的이면서 또 出世間을 향한 순수한 願이다.
따라서 그 원은 반드시 이루어지고 성취되어져야만 된다.

까닭은 <超世願>의 성취가 이루어져야 세간은 정화되고 살기 좋은 세상(불국토)이 되기 때문이다.

世間의 願을 뛰어 넘는 <初世의 願>의 바탕과 정신에서 이루어진 경전과 사상이 바로 대승경전이자 밀교인 <삼마지법>인 것이다.

『般若經』에는

「菩薩爲衆生故起大誓願言。我自當具足六波羅蜜。亦當敎他人使具足六波羅蜜」 　　　　　　　　　　　　　　　『방광반야경』(대정장 8. 20a)

(보살이 중생을 위해 큰 서원을 세우며 말하기를,
나는 마땅히 6-바라밀을 구족하며, 또 사람들을 가르쳐, 그들로 하여금
6-바라밀을 구족하게 할 것이다)

6-바라밀을 성취한 후에는 다른 사람들에게 불법을 가르쳐, 그들로 하여금 6-바라밀을 성취케 한다는 대서원이다.

이것이 보살의 서원으로, 법장비구는 이 커다란 대서원인 本願을 세우고 성취한 수행자로서, 그는 극락정토를 세워, 믿고 기뻐하며 극락왕생하기를 발원하는 자들을 불러들여, 그들로 하여금 영성(靈性)의 눈뜸을 가져오게 한 장본인이었다. 곧 성취하기 어려운 6-바라밀을 증득한 후에는 다른 사람에게도 그 6-바라밀을 성취케 하겠다는 서원이다. 얼마나 숭고하고 멋진 삶인가? 이러한 삶이 바로 대승보살과 밀교행자의 삶인 것이다.

4장. 問答
문답

4. 문답

4.1 問答決疑를 통한 二乘·大乘·眞言乘의 비교
문답 결의 이승 대승 진언 승

(一切法無自性空의 再-확증)

「二乘之人有法執故 不得成佛 三摩地者 云何差別」
이승 지인유 법집 고 부득 성불 삼마지자 운하 차별

問。前言二乘之人有法執故 不得成佛。
문 전언이승지인유법집고 부득성불

今復令修菩提心三摩地者 云何差別。
금부영수보제심삼마지자 운하 차별

答。二乘之人有法執故 久久證理 沈空滯寂[635] 限以劫數 然發
답 이승 인유 법집고 구구 증리 침공 체적 한이겁수 연발

大心。又乘散善門中 經無數劫。是故 足可厭離 不可依止。
대심 우승산선문중 경무수겁 시고 족가염리 불가의지

今眞言行人 旣破人法二執[636] 雖能正見眞實之智
금 진언 행인 기파 인법 이집 수능 정견 진실 지지

或爲無始間隔 未能證於 如來一切智智。[637]
혹위 무시 간격 미능증어 여래 일체지지

欲求妙道 修持次第 從凡入佛位者。[638] (대정장 32. 574b-c)
욕구 묘도 수지 차제 종범입불위자

---

635) 沈(高麗藏本)=沉(三十帖策子本)
636) 二執(高麗藏本)=上執(三十帖策子本)
637) 一切智智(高麗藏本)=一切智智故(三十帖策子本)
638) 欲求(高麗藏本)=故欲求(三十帖策子本)

직역(直譯)

묻되, 앞에서 이승(二乘)의 사람은 법집(法執) 있는 연고로, 성불함을 얻지 못한다 했고, 지금 다시 보리심의 삼마지(三摩地)를 닦게 함은 어떤 차별(差別)이 있는가.

답하되, 이승인은 법집(法執) 있는 연고로, 오래오래 이(理)를 증(證)하게 되고, 침공체적(沈空滯寂)하여 정해진 겁수(劫數)를 다해 비로소 대심(大心)을 발(發)하게 되는 것이다. 또 산선문(散善門)을 타고(乘) 무수겁(無數劫)을 지난다. 이런 고로 가히 염리(厭離)하기에 족(足)하니 의지(依支)해서는 안된다. (고 한 것이다)

이제 진언행인(眞言行人)은 이미 인(人)과 법(法)의 이집(二執)을 파(破)하여, 능히 바르게 진실(眞實)을 보는 正見의 지혜를 지니었다고는 하지만, 혹은 무시(無始)로부터의 간격(間隔) 때문에, 아직 여래의 일체지지(一切智智)를 증(證)할 수가 없는 것이다.

그러므로 묘도(妙道)를 구(求)하고자 원하여 차제(次第)를 수지(修持)하면, 범(凡)으로부터 불위(佛位)에 들어가게 되는 것(者)이다.

의역(意譯)

묻되, 앞에서 설한 "二乘人은 法執(법집) 있음으로 인해 成佛할 수 없다"고 말하고, 지금 또 "三摩地菩提心을 닦게 하는 것은 서로 어떤 差別이 있는 것인가? [639]

답하기를, ① 二乘人은 法執(增上慢) 있음으로 인해 오래오래 걸쳐야 그 의미(空의 理致)를 깨닫게 되고, ② (灰身滅智=회신멸지)란 空과

---

[639] 一切法無自性空에 대한 體得과 未體得, 그리고 成佛하는데 걸리는 시간의 長短, 이 두 問題에 대한 문제제기와 그에 대한 답변을 하고 있다. 곧 <573a 15째줄 ~ b 2째 줄까지의 문장: 眞言行者 當觀二乘之人 雖破人執 猶有法執 但淨意識不知其他 久久成果位 以灰身滅智 趣其涅槃>을 다시 거론하면서, 三摩地 觀法의 殊勝함을 강조하고 있다.

고요함에 (沈空滯寂=침공체적)640) 빠지고, ③ 그래서 劫數(겁수)가 제한되어 (만기가 되어야) 비로소 大(乘)心을 發하게 되는 것이다.

또 散善門 (밀교의 金剛乘을 除外한 大乘人)의 사람들은641) 無數劫

---

640) 침공체적(沈空滯寂)이란 滅盡定인 제8아뢰야의 境地를 말한다. 흔히 聲聞乘의 滅盡定과 自在位菩薩 이상의 滅盡定을 분리해서 보기도 하지만『능가경』같은 곳에서는 8地(不動地)菩薩 이상이 깨친 滅盡定과 聲聞, 緣覺이 깨친 滅盡定이 제8 아뢰야位 라고 똑같이 보고 있다. 결국 양편이 다 沈空滯寂이라는 큰 병통을 지니고 있는 것이다.

641) 散善門이란 定(삼매)에 의하지 않고 散亂心으로 斷惡修善하는 것을 말한다. 淨影寺 慧遠의『觀無量壽經義疏』에는「觀佛三昧를 定(善門), 그 외의 방법으로 善根을 닦는 것을 散(善門)」이라 하고 있으며, 善導의『觀經玄義分』에는「定은 慮를 쉬며 마음을 응집하는 것이나, 散은 惡을 차단하여 善을 닦는 것이다」密敎에서는 三摩地法 이외의 수행법을 모두 散善門이라 한다. 곧 잠시라도 <自身卽是大日如來>라는 一念에서 벗어나면 三摩地行이라고 하지 않는 것이다. 그 까닭은 行과 心이 다르기 때문에 正式의 三密行이라고 볼 수 없기 때문이다.

淨土敎에서 말하는 散善門이란 산란한 마음으로 짓는 善業으로, 禪定에 들어가 마음(定心)으로 닦는 定善과 대칭시키고 있다.『觀無量壽經』의 3福(世福·戒福·行福)과 16관(觀)을 각각 散禪과 定禪에 짝을 지우기도 하는데, 異說이 있다. 곧 淨影寺 慧遠등은 3福을 닦고 익히는 것을 <散善往生>이라 하고, 16定觀을 닦고 익히는 것은 <定善往生>이라 하는데, 이는 16觀 전체를 모두 定善에 속한다고 보기 때문이다.『觀無量壽經義疏』(대정장 37. 178b).

唐나라 淨土敎의 善導는 3福·9品의 行이 모두 散善이고, 오로지 最初의 13觀만이 定善이라 하고 있다. 곧『觀經顯義分』권1, (대정장 37. 247b)과『觀經顯義分』권1 (대정장 37. 246b)에는「핵심이 되는 문이란『관경』에서 제시한 定·散의 2-가지 문이 있다. 定이란 思慮分別을 그침으로써 마음을 집중하는 것이고, 散이란 惡을 없앰으로써 善을 닦는 것이다」

『낙방문류』권4 (대정장 47. 206a)에는「定善이란 마음을 닦으며 미묘하게 관찰하는 수능엄정 등의 삼매가 그것이다. 散善이란『사십팔원경』에서 설한 10념(念)을 닦는 수행과 같다. 곧 이것은 六根을 모두 거두어들이기는 하지만 소리 하나마다 모두 이어지며 거둘 뿐 끊어지지 않는다. 無漏의 理定을 수반하지 못하는 이러한 속성을 일러 '散'이라 한다」하고 있다.

密敎는 自宗의 三摩地門에 대하여 顯敎의 모든 설은 散善門이라 한다. 삼마지(samādhi)는 定이다. 밀교는 중생과 부처가 둘이 아니라는 기본이념에 기초하여 生佛不二의 觀行을 닦고, 顯敎는 오로지 妄想을 막고 迷惑을 없앨 뿐, 자기 자신이 곧 부처라는 이치를 확고하게 정하지 못했기 때문에 散善門이라 한다.『金剛頂瑜伽金剛薩埵五秘密修行念誦儀軌』에는「欲界는 禪(dhyāna)이나 定(삼매)이 없는 散善地로서, 下根機이기에 阿羅漢果 조차 얻기 어려운 곳인데, 어찌 감히 十地와 大普賢地와 비로자나불의 三身의 지위를 증득할 수 있겠는가」(대정장 20. 535b)라 하며 강하게 비판하고 있다.

(무수겁=아승지겁=asaṃkhyeya-kalpa)이 지나야 (성불)할 수 있음으로 염증이 나 벗어날 수밖에 없는 것이다(厭離하다).

그래서 依止하지 말라고 한 것이다.

지금의 眞言行人은 이미 人執(麤妄執=추망집)과 法執(細妄執=세망집)의 二執642)을 깨부수어, 때문에 능히 올바르게 眞實을 볼 수 있는 智(眞實之智)를 갖추었다고는 하지만,643) 시작도 모르는 틈새(無始間隔)의 根本無明(근본무명)때문에, (佛과 衆生이라는 간격, 곧 일말의 根本無明이 남아있어),

아직 如來의 一切智智(sarva-jñajñāna)를 증득하지 못한 것이다.644)

(이 根本無明을 제거해주는 것이 다름 아닌 妙道이다)

그러므로 이 妙道(묘도)인 三摩地法(삼마지법)645)을 구하는 자는 모

---

642) 我執과 法執의 差異를 설명하면, 我執이 없어지면 三界六道에 輪廻하는 分段生死(續輪轉生死=煩惱障)는 없어지나, 理法을 올바르게 알지 못하게 하는 變易生死(碍正解障=所知障)는 남아있다. 만일 法執이 없어지면 두 가지 生死가 모두 없어진다. 「此大金剛薩埵五密瑜伽法門。於四時行住坐臥四儀之中。無間作意修習。於見聞覺知境界。人法二執悉皆平等。現生證得初地。漸次昇進。由修五密(五轉)。於涅槃生死不染不着」『金剛頂瑜伽金剛薩埵五秘密修行念誦儀軌』<不空譯> (대정장 20. 535c)

643) <眞實之智>란 <寂滅平等究竟眞實智>로서, <Āsphānakasamādhi>수행에 의해 얻어지는 지혜를 가리킨다. 곧 五相成身觀에 들어가기 앞서 얻어지는 지혜를 말한다.

644) <一切智智>에 대해『大日經疏』는 「梵云薩婆若那。即是一切智智。釋論(大智度論)云。薩婆若多者。即一切智。一切謂名色等無量法門。各攝一切法。如是無量三四五六等。乃至阿僧祇法門攝一切法。是一切法中。一相異相漏相非漏相。作相非作相等一切法。各各相各各力。各各因緣各各果報。各各性各各得各各失。一切智慧力故。一切世一切種盡遍知解。是名薩婆若。今謂一切智智。即是智中之智也。非但以一切種遍知一切法。亦知是法究竟實際常不壞相。不增不減猶如金剛。如是自證之境。說者無言觀者無見。不同手中菴摩勒果。可轉授他人也」(대정장 39. 585a),『都部陀羅尼目』은 「金剛杵者是。菩提心義。能壞斷常二邊。契合中道。有十六菩薩位。亦表十六空爲中道。兩邊各有五股。五佛五智義。亦表十波羅蜜。能摧十種煩惱。成十種眞如。便證十地。證金剛三摩地獲金剛智。坐金剛座。亦是一切智智。亦名如來自覺聖智。若不修此三摩地智。得成佛者。無有是處」(대정장 18. 899c~900a)

름지기 순서(次第)를 잘 닦고 지켜(修持)야 되는 것으로, 그래야 곧 凡으로부터 佛位에 들어가게 되는 것이다.

4.2 질의에 대한 답변

4.2.1 二乘人

「二乘之人有法執故 久久證理」
이 승 지 인 유 법 집 고 구 구 증 리

4.2.2 大乘人

「經無數劫是故 足可厭離 不可依止」
경 무 수 겁 시 고 족 가 염 리 불 가 의 지

4.2.3 三摩地者(밀교행자)는 法界體性智와 法身을 證悟한다

「此三摩地者 能達諸佛自性 悟諸佛法身 證法界體性智」
차 삼 마 지 자 능 달 제 불 자 성 오 제 불 법 신 증 법 계 체 성 지

即此三摩地者 能達諸佛自性 悟諸佛法身 證法界體性智
즉 차 삼 마 지 자 능 달 제 불 자 성 오 제 불 법 신 증 법 계 체 성 지

成大毘盧遮那佛自性身 受用身 變化身 等類身。646)
성 대 비 로 차 나 불 자 성 신 수 용 신 변 화 신 등 류 신

645) 밀교에서 말하는 法身佛의 진정한 가르침은 중생들로 하여금 化身에 귀의 케 하는 것이 아니라, 修行者 本人自身에게로 귀의케 하는 妙道이다. 곧 衆 生과 化身과 法身의 相互出生과 相互供養 관계를 보이고 있는 금강계만다라 의 成身會가 보여 주듯, 法身佛은 중생을 교화하기 위하여 化身의 모습으로 나타나지만, 그것은 어디까지나 중생들로 하여금 本人의 自性 속에 本來부터 具足되어 있는 佛性을 깨닫게 하기위한 것, 말 바꾸면 궁극적으로는 自性法 身으로 還元(환원)케 하기 위한 것이다. 곧 法身으로부터 化身에게로, 또 化 身으로부터 衆生에게로, 그리고 衆生으로부터 法身에게로 還元시키기 위한 方便일 뿐인 것이다. 말하자면 佛과 衆生의 간격인 一抹의 無明을 除去케 하는 것이 三摩地法임을 설하고 있다.
646) 等流身等流身(高麗藏本)=等流身(三十帖策子本)

- 456 -

직역(直譯)

곧 이 삼마지법(三摩地法)은 능히 제불(諸佛)의 자성(自性)에 통달하고,

제불의 법신을 깨쳐서, 법계체성지(法界體性智)를 증(證)하여,

대비로자나불인 자성신(自性身)과 수용신(受用身)·변화신(變化身)·등류신(等類身)을 이루느니라.

이르되 행인(行人) 아직 증(證)하지 못하였으므로, 이(理)로서 모름지기 닦을 것이라.

의역(意譯)

곧 이 (妙道인) 三摩地(法)은 능히 諸佛의 自性을 통달케 하고,[647]

諸佛의 法身을 깨우치게 하는 것으로,[648] 法界體性智를 증득하여[649]

自性身인 大毗盧遮那佛과 受用身과 變化身과 等類身 등의 (四種法身=사종법신)을 성취케 하는 것이다.[650]

---

[647] 本來부터 自身에 具足되어 있는 圓明의 性品의 터득을 말한다. 이를 胎藏界的으로 표현하면 理法身(이법신)의 德이자 阿字本不生의 德인 理具成佛(이구성불)의 터득이다.

[648] 三密加持修行을 통하여 現身成佛(현신성불)을 성취한 것을 말한다. 이를 金剛界的으로 표현하면 智法身(지법신)의 德이자 月輪觀의 加持成佛(가지성불)의 터득이다.

[649] 理法身과 智法身의 德 모두를 터득했음을 말한다. 곧 四智의 총체로서, 一切智智(일체지지)를 가리키는 根源智(근원지)로서의 法界體性智의 體得(체득)을 말한다.

[650] 胎藏界와 金剛界 등 兩部曼茶羅의 모든 권속이 지닌 四種法身의 德을 성취했음을 의미한다. 不空譯 『金剛頂瑜伽分別聖位修證法門序』「報身佛證佛四種身 謂自性身受用身變化身 滿足五智三十七等不共佛法, 然如來變化身 於閻浮提摩竭陀國菩提場 中成等正覺 爲地前菩薩聲聞緣覺凡夫 說三乘敎法」(대정장 18. 288a). 『金剛頂瑜伽分別聖位修證法門』「夫眞言陀羅尼宗者。是一切如來祕奧之敎。自覺聖智頓證法門。亦是菩薩。具受淨戒無量威儀。入一切如來海

(그래서) 아직 증득하지 못한 수행인은 모름지기 理(이)를 잘 알아, 이에 따라 修行해야 한다고 한 것이다.

註解·講解

<凡夫·二乘·菩薩·佛乘의 차이>
　　범부　이승　보살　불승

「二乘之人有法執故 久久證理 沈空滯寂 限以劫數 然發大心。
　이승 인유 법집 고 구구 증리 침공 체적 한이겁수 연발 대심

散善門中 經無數劫。眞言行人 欲求妙道 修持次第 從凡入佛位者」
산선문중 경무수 겁　진언 행인 욕구 묘도 수지 차제 종범입불위자

凡夫와 二乘 그리고 菩薩의 차이점은 그들이 가지고 있는 번뇌의 종류나 量의 다소, 그리고 이들을 제거하는데 걸리는 시간의 長短(장단)에 있다고 할 수 있다.

　따라서 예로부터 각 종파들은 이들 번뇌를 가장 빠른 시일 내에 그것도 많이 제거할 수 있는 修行法(수행법)들을 개발하는데 진력해왔다.

　이렇게 개발된 修行法중의 하나가 觀法(관법)이다.

곧 觀法을 통하여 버릴 것은 버리고, 변형시킬 것은 변형시키고, 보강해야 할 것은 보강하여 부처로 등극하는데 장애가 되는 것들을 하나하나 제거해 나갔던 것이다.

　　會壇。受菩薩職位。超過三界。受佛教敕三摩地門。具足因緣。頓集功德廣大智慧。於無上菩提。皆不退轉。離諸天魔一切煩惱及諸罪障。念念消融。證佛四種身。謂自性身受用身變化身等流身。滿足五智三十七等不共佛法。然如來變化身。於閻浮提摩竭陀國菩提場。中成等正覺爲」(대정장 18. pp. 287c~288a).
「汝等當知彼最上秘密行卽菩薩行　彼菩薩行卽如來行　彼如來行卽眞言行　諸善男子　譬如虛空於一切處無所住相」『一切如來金剛三業最上秘密大教王經』<2卷> (대정장 18. 478a).

첫 번째 지적은 성문승과 연각승에 대한 지적이다.

곧 <二乘>은 제 각각 三生六十劫과 四生百劫651)을 거쳐 비로소 四聖諦와 十二緣起法을 깨닫긴 하지만, 이런 자들은 논이 앞에서 거론한『法華經』의 <化城의 비유>처럼, 자기가 깨달은 法에 執着(增上慢:증상만)한 나머지 成佛이란 최고의 경지에 오르려 하지 않고 그 곳에 安住하고 마는 것이다.

곧「二乘精進勿道心 外道聰明無智慧」

(二乘은 精進은 하나 道心을 내지 않고, 外道들은 총명은 하나 지혜가 없다)

고 한 永嘉玄覺(영가현각)선사의『證道歌(증도가)』의 말씀처럼652),

二乘은 정진하다가 滅盡定(멸진정)을 얻으면 그것이 구경이고 열반인줄 알아 더 이상의 道에 나아가지 못하는 것이다.

---

651) <三生六十劫>: 성문이 아라한과에 이르기 위해서는 가장 빠른 자(利根者)는 3번을 태어나야 하고, 가장 늦는 자(鈍根者)는 60劫이 지나야 된다는 설이다. 곧 제一生의 20劫에는 順解脫分(순해탈분)을 일으키고, 제二生의 二十劫에는 未至定(미지정)에 의하여 順決擇分(순결택분)의 慧를 일으키고, 제三生의 마지막 20劫에는 根本定(근본정)에 의하여 다시 順決擇分(순결택분)의 慧를 일으켜 見道에 들어가야 비로소 無學果를 증명할 수 있다는 주창이다.
  <四生百劫>: 연각이 辟支佛果(벽지불과)에 이르기 위해서는 가장 빠른 자(利根者)는 四生, 가장 늦는 자(鈍根者)는 百劫이 필요하다는 설이다.
  『俱舍論』권 十二에는, 麟角喩獨覺(緣覺)은 반드시 百大劫 기간에 깨달음의 바탕을 닦는다고 설명하고 있지만, 四生의 說에 대해서는 설명하지 않고 있다. 참고로 <三祇百劫>: 三-祇(지)는 3-阿僧祇劫(아승지겁)을 말하고, 百劫은 百大劫(백대겁)의 의미로서, 이를 통털어 <三阿僧祇 百大劫> 이라고 하는데, 이는 대승보살은 3-아승지겁에 걸쳐 波羅蜜을 닦고, 그 후 百大劫이 지나야 부처가 갖추어야 할 32相·80種好의 씨앗이 되는 相好業을 심을 수 있어, 그 때가 되어야 비로소 성불할 수 있다는 설이다. 곧 三阿僧祇 百大劫의 수행을 거쳐야 비로소 성불할 수 있다는 의미이다.
652) 당나라 승려 영가현각(永嘉玄覺:665〜713)이 지은 것으로, 선(禪)의 핵심을 운문(韻文)으로 읊은 글이다.『永嘉證道歌』(대정장 48. 396c)

다시 말하면 본문의 지적대로 諸法의 無自性(무자성)을 완전히 터득하지 못한 탓에 더 이상 발전을 하지 못하게 되고, 또 비록 뒤 늦게나마 諸法의 無自性을 터득한다고 해도 터득하는데 많은 시간이 걸리게 된다는 것이 첫 번째의 지적이다.

두 번째의 지적은 散善門(산선문)에 대한 지적이다.
<散善門>이란 善行이 최고라고 믿고 오로지 善 닦기에만 집착하지만, 꾸준하지 못하여 산발적으로 善心을 내는 修行法을 말하는 것으로, 오로지 諸惡莫作(제악막작)하고 衆善奉行(중선봉행)만을 생각하지만, 그것조차도 꾸준하지 못하고 산발적으로 행하는 수행법이라 지적하고 있다.

세 번째는 大乘의 定善門(정선문)에 대한 지적이다.
<定善門>이란 行願(행원)과 勝義(승의)를 합친 菩提心을 말하는 것으로, 大乘의 修行法이 이에 해당된다.

大乘의 修行法을 닦아 我執과 法執의 二執(이집)을 모두 끊어 진실을 볼 수 있는 眼目(안목)이 생겼지만, 無始以來(무시이래)로 익혀 온 衆生習(중생습)으로 인해 一切智智를 증득하는데 三劫이란 많은 시간이 걸리게 된다는 지적이다.

네 번째 지적은 佛乘, 곧 密敎의 수행법인 <三摩地法>에 대한 것이다.
곧 『보리심론』이 「眞言行人 欲求妙道 修持次第 從凡入佛位者」라 설한 것처럼, <三摩地觀法>은 修行者의 전체의 행업인 身口意 三密을 총동원하여 우주의 진리인 法性과 계합시켜 나가는 <妙道(묘도)의 觀法>이기에, 부모로부터 받은 이 몸으로 卽身(즉신)에 法身毘盧遮那佛의 경지에

卽入(즉입)하는 최고의 관법이 되는 것이다.

<一切智智(者)>

「一切智智。 卽是智中之智也」
　일체지지　　　　즉시　지 중 지 지 야

『大日經疏』는
「梵云薩婆若那。 卽是一切智智。 釋論(大智度論)云。 薩婆若多者。 卽一切
智。 一切謂名色等無量法門。 各攝一切法。 (중략)　 各各相各各力。 各各因
緣各各果報。 各各性各各得各各失。 一切智慧力故。 一切世一切種盡遍知
解。 是名薩婆若。 今謂一切智智。 卽是智中之智也」[653]

라 하여, <薩婆若(sarvajñajñāna)>, 곧 一切智智란 名色等 의 無量法門
을 섭하여서, 일체법의 相·力·因緣·果報 등등을 遍知하고, 나아가 이
의 不增不減을 아는 <金剛智> 곧 <智中之智>라 설명하고 있으며,

『都部陀羅尼目』<不空譯>에는
「五佛五智義。 亦表十波羅蜜。 能摧十種煩惱。 成十種眞如。 便證十地。 證
金剛三摩地獲金剛智。 坐金剛座。 亦是一切智智。 亦名如來自覺聖智」[654]

라 하여, 五佛五智, 곧 一切智智란 十波羅蜜의 (완성)을 나타내는 것으로,
10가지 번뇌를 모두 除滅(摧)하고 10가지 진여를 모두 성취하고,
十地와 金剛三摩地를 증득하여 金剛智를 얻은 자를 一切智智者라 한다며,
이를 달리 <五佛五智>·<如來의 自覺聖智>라 한다고 부연 설명하고 있다.

---

653) (대정장 39. 585a)
654) (대정장 18. 899c~900a)

한편 앞서 『보리심론』이

「雖能正見眞實之智 或爲無始間隔 未能證於如來一切智智」라 하며,

二乘人과 大乘(散善門)人의 지혜라 지적한 <眞實之智>란

<Āsphānakasamādhi>수행에 의해 얻어지는 지혜, 곧 <五相成身觀>에

들어가기 앞서 얻어지는 지혜를 말한다고 정의하고 있다.

곧 밀교의 三摩地行法修行에 의해 얻어지는 智,

다시 말해 <五相成身觀>에 의해 얻어지는 智는 <眞實之智>가 아니라,

<一切智智: sarvajñajñāna)>라 강조하고 있는 것이다.

『大日經』은

「世尊如是(一切)智慧。以何爲因。云何爲根。云何究竟。佛言菩提心爲

因。悲爲根本。方便爲究竟。祕密主云何菩提。謂如實知自心(중략)世尊誰

尋求一切智。誰菩提。成正覺者。誰發起彼一切智智。佛言祕密主。自心

尋求菩提及一切智。何以故本性淸淨故」   (대정장 18. 1b~c)

라 하며, 一切智智者란   三句成就者 곧 '菩提心爲因 大悲爲根 方便爲究

竟'으로 하는 자, 곧 如實하게 自心을 아는 자를 一切智智者라 정의하면

서, 自心에서 一切智智(菩提와 正覺)는 찾아야 되나니, 그 까닭은 自心

의 본성이 淸淨하기 때문이라 강조하고 있다.

『大日經疏』는 이에 대해

「所謂衆生自心。卽是一切智智。如實了知。名爲一切智者」

                                              (대정장 39. 579b)

라 하여, 중생의 自心品은 一切智智이니, 이처럼 여실히 自心을 了知하는 자가 다름 아닌 一切智者라 역설하고 있다.

참 고: <法身佛-眞言과 化身佛-眞言>

같은 眞言을 지송하더라도 結印(결인)을 하고 지송하는 것과 結印없이 그냥 입으로만 하는 것과는 전혀 다르다.

그 이유는 結印(Mudrā)이 없다거나, 나=佛이란 意密을 하지 않은 상태에서 진언(dhāraṇī)만을 지송하는 것은 <化身佛의 眞言>이 되며, 意密의 상태에서 結印을 맺고 지송하는 진언은 <法身佛의 眞言>이 되기 때문이다. 곧 비록 비로자나불상 앞에서 염불을 하고 독경하더라도 그 修行法이 3-平等의 三密修行, 곧 몸은 結印(결인)이며, 말은 곧 眞言(진언)이며, 마음은 곧 本尊(본존)이라는 3가지 平等方便(평등방편), 그것도 三密이 동시에 갖추어지지 않은 상태에서는 그 本佛은 法身의 本佛로서의 毘盧遮那佛이 아니라, 化身으로서의 毘盧遮那佛이 되기 때문이다.

까닭은 三密修行을 할 때는 行者의 전체인 三密과 如來의 전체인 三密이 서로 相應(상응=상즉상입)해야 비로소 佛入我我入佛(부처님이 나에게 들어오고, 나 역시 부처님께 들어가다)의 三密同時의 瑜伽가 이루어지기 때문이다.

논은 이와 같이 法身 毘盧遮那佛과 하나 되는 三密同時의 瑜伽인 밀교의 三密修行法을 일컬어 <妙道의 三摩地觀法>이라 강조하고 있다.

앞서도 언급했듯이 法身과 化身의 관계는 太陽과 달에 비유할 수 있다. 곧 태양은 스스로 빛을 發하여 만물을 직접 길러내지만, 달은 스스로 빛을 發하지 못하고 본체인 태양으로부터 빛을 받아 반사의 빛을 통해서 만물의 육성을 돕기 때문이다.

佛의 궁극적 목적은 중생들로 하여금 化身佛에 귀의케 하는 祈福信仰(기복신앙)이 아니라, 중생들 스스로 자신의 본래면목을 깨달아, 이를 맑히고 밝혀 成佛케 하는 것이다.

그리고 이렇게 하는 方便法中 最高의 修行法으로 개발된 것이 三密瑜伽를 근간으로 하는 妙道(묘도), 곧 阿字觀과 月輪觀과 五相成身觀 등의 밀교의 三摩地修行法인 것이다.

『대일경소』는 妙道인 밀교의 <삼마지수행법>에 대해 다음과 같이 극찬하고 있다.

「當知此觀。最爲祕要法門也。如餘遠離方便諸菩薩。漸次修習戒定智慧。於無量劫。以種種門觀人法二空。猶未能遠離心之影像。今眞言行者。於初發心時。直觀自心實相。了知本不生故。卽時人法戱論淨若虛空。成自然覺不由他悟。當知此觀。復名法明道頓悟法門也」　(대정장 39. 590a)

(마땅히 알아야 한다. 이 三摩地觀은 <秘要의 法門>이란 것을~,
곧 이 외의 다른 方便法들은 점차로 戒定慧를 수습하면서 무량겁동안 종종의 門을 통해 我空과 法空이란 二空을 관하면서도 아직 心識으로부터 멀리 벗어나지 못했지만, 진언행인은 초발심 때부터 이미 곧 바로 自心의 實相을 관하여 本不生을 了知하는 까닭에, 마치 虛空처럼 즉시에 人과 法의 戱論을 淸淨케 하며, 그것도 남을 의지하지 않고 스스로 自然覺을 이루는 것이다.
그러므로 응당히 알아야 한다. 왜 이 관법을 <頓悟의 法門>이라 이름하는 것인지~)

<我執·法執 二執의 滅盡시기에 대한 顯密의 입장차>

我執(번뇌장)과 法執(소지장)이 똑같이 집착하는 것이긴 하지만, 法執(理障=이장)이 我執(事障=사장)보다 더 강하고 근본적인 번뇌이기 때문에, 我執(아집)이 없어졌다 하더라도 法執(법집)은 아직 남아있는 것이다.

我執과 法執이 단절되는 시기, 곧 轉識得智의 시기에 대하여 唯識家들은 「妙觀平等初地分得 大圓成事唯佛果起」라 하여,
제6 意識과 제7 manas識이 각각 妙觀察智와 平等性智로 轉依되는 시기는 見道位(通達位)인 初地에서 시작되어 修習位에서 성취되며,
또 제8 Ālaya識과 前五識이 大圓鏡智와 成所作智로 轉依되는 시기는 오직 究竟位인 佛果, 곧 이를 華嚴十地의 입장에서 말하면 제 10地 法雲地의 金剛三昧때 없어지는 것이라 주창하고 있다.[655]

한편 天台와 華嚴家들은 7地인 遠行地(원행지)까지 가는데 二劫(2겁)이 걸리며, 8地인 不動地(부동지)에 이르러서야 비로소 아래로 떨어지지(물러나지) 않는 不退轉地(불퇴전지)가 되는데, 이때부터 다시 1劫을 더 닦아 총 3겁이 되어야 비로소 佛地를 얻게 되는 것이라 주장하고 있다.

이에 반해 밀교에서는 수행이란 시간의 長短(장단)에 있는 것이 아니라, 수행의 질(質) 곧 어떤 수행을 하며 그것도 어떻게 수행하느냐에 달린 것이라 하면서, 행주좌와어묵동정의 일상생활 속에서, <나=佛>이란 확신

---

655) 유식가들은 轉識得智의 과정, 곧 중생의 8개(제8Ālaya識·제7 Manas識·제6意識·前五識)의 識이 佛의 4개의 지혜(大圓鏡智·平等性智·妙觀察智·成所作智)로 轉依되는 시기에 대해「妙觀平等初地分得 大圓成事唯佛果起」라 하여, 평등성지와 묘관찰지는 <初地(통달지)>에 이르러 부분적으로 얻어지기 시작하여 <修習地>에 이르러 轉依가 완성되고, 대원경지와 성소작지는 오직 佛果에서만 전의가 이루어진다고 설하고 있다.

을 가진 상태에서, 입으로는 眞言을 지송하고, 손으로는 부처님의 手印을 수습(결인)하며, 일상에서 大悲行의 삶을 사는 소위 三密瑜伽의 동시 수행을 강조한다.

그 결과 부모로부터 받은 이 몸으로 금생에 人執(麤妄執=추망집=번뇌장)과 法執(細妄執=세망집=소지장)의 二執은 물론 極細妄執(극세망집)인 근본무명까지 모두 다 끊어져, 법신불과 내가 평등해져 現生에 初地에 들어가게 되고, 여기에서 阿字五轉(發心=A=𑖀 · 修行=Ā=𑖁 · 菩提=Aṃ=𑖂 · 涅槃=Aḥ=𑖃 · 方便=Āḥ=𑖄을 닦으면, 곧바로 법신불의 一切智智를 얻게 되는 것이라 설하고 있다.

『대일경소』는 위에서 설명한 밀교만이 지닌 三摩地妙道(삼마지묘도)를 설명하면서, 무엇을 일러 眞實(진실)이라고 하는지, 또한 이 三摩地妙道 수행법이 얼마나 수승한 것이며, 이것이 지닌 위신력이 얼마나 대단한 것인지를 다음과 같이 역설·강조하고 있다.

경의 말씀을 통해 음미해보자!
「眞實이라고 하는 것은 진언을 지송하고, 결인하고, 본존을 觀하는 것을 말하는 것으로, 이 셋에 전념해야 비로소 本尊(본존)을 체득할 수 있는 것이다. 곧 本尊이란 眞實의 이치에 계합(契合)하는 것을 말하는 것으로서, 그저 本尊을 바라보는 것만을 말하는 것이 아니라, 나의 몸이 본존과 同等하다는 것을 如實하게 관하는 것을 말하는 것으로, 여기에는 3-平等, 곧 몸은 곧 結印(결인)이며, 말은 곧 眞言(진언)이며, 마음은 곧 本尊(본존)이라는 3가지 平等方便(평등방편)이 있는 것으로,
이 3가지가 모두 여래와 하나가 되어, 行者의 三平等과 如來의 三平等

이 똑같아 조금도 다르지 않음을 볼 때야 비로소 진실(眞實)이 성립되는 것으로, 이러한 진실이 될 때야만 비로소 결정코 불해(佛海)인 (금강계대만다라회=金剛界大曼茶羅會)에 들어갈 수 있는 것이다」656)

<四種法身과 金胎兩部-만다라>
 사종 법신   금태 양부

「自性身 受用身 變化身 等類身」
 자성 신 수용 신 변화신   등류 신

四種法身이란 法身毘盧遮那佛의 根本智(근본지)이자 法界에 편만되어 있는 根本性品(근본성품)인 法界體性智(体)로부터 나타나는 4가지 相이며 用인 (自性·受用·變化·等類)法身을 말한다.657)

곧 이를 金剛界曼茶羅的으로 표현하면,
<東方의 阿閦佛>로 나타날 때는 大圓鏡智 소유의 自性法身(자성법신)이 되고,

---

656) 『대일경소』 (대정장 39. 579b~c)
657) 等類身이란 同等流의 身이란 의미로, 일반적으로 현교에서는 설하지 않고 독특하게도 밀교에서만 사용하는 佛身이라 보면 좋을 것이다. 等類身이란 말이 처음으로 등장하는 것은 『攝大乘論』이 처음이다. 곧 『攝大乘論』 <玄奘譯>에는 「論曰。佛受用身及變化身旣是無常。云何經說如來身常。此二所依法身常故。又等流身及變化身。以恒受用無休廢故。數數現化不永絶故。如常受樂。如常施食。如來身常應知亦爾」 (대정장 31. 379b)이라 하여, 等流身이란 어구를 사용하면서도 等流身을 受用身으로 취급하고 있다. 한편 밀교에서는 等流란 어구를 사용하면서도 수용신의 의미를 지니는 유식사상과는 달리, 자성법신·수용법신·변화법신의 3-法身 외에 추가로 <等流法身>을 두어 <四種法身說>을 주창하고 있다.
   밀교의 等流法身이란 개념이 직접적으로는 「梵本入楞伽偈頌品云。自性及受用。變化幷等流。佛德三十六。皆同自性身。幷法界身。總成三十七也」이라 설하고 있는 『楞伽經』(대정장 16. 631c, 泉芳璟 日本語譯 180頁)과 이를 인용하고 있는 『修證法門』 (대정장 18. 291c)의 영향이겠지만, 이와는 별도로 『攝大乘論』 또한 等流身이란 어구를 사용하고 있다는 점에서 『攝大乘論』과 『楞伽經』의 교섭의 與否에 대해서도 고찰의 필요성이 느껴진다.

<南方의 寶生佛>로 나타날 때는 平等性智 소유의 受用法身(수용법신)이 되고,

<西方의 阿彌陀佛>로 나타날 때는 妙觀察智 소유의 變化法身(변화법신)이 되고,

<北方의 不空成就佛>로 나타날 때는 成所作智 소유의 等類法身(등류법신)이 되는 것이다.

한편 이를 胎藏界曼荼羅的으로 표현하면, 四重構造(사중구조)中

<제 1重>에 해당되는 中臺八葉院(중대팔엽원)과 그것을 둘러 싼 遍知院(편지원)과 觀音院(관음원)과 金剛手院(금강수원)과 持明院(지명원) 등의 5院은 自性法身(자성법신)이 되며,

<제 2重>에 해당되는 釋迦院(석가원)과 地藏院(지장원)과 虛空藏院(허공장원)과 除蓋障院(제개장원)의 四院은 受用法身(수용법신)이 되며,

<제 3重>에 해당되는 文殊院(문수원)과 蘇悉地院(소실지원)등의 2院은 變化法身(변화법신)이 되며,

<제 4重>에 해당되는 最外院(최외원)은 等類法身(등류법신)이 되는 것이다.

또 이를 『大日經』(中臺八葉院의 五佛중심)으로 표현하면,

(중앙)의 大日如來는 自性法身이 되며, (동)寶幢佛·(남)開敷華王佛·(서)無量壽佛·(북)天鼓雷音佛 등의 四佛은 受用法身이 되며, 釋迦牟尼佛은 變化法身이 되며, 外金剛部에 속해 있는 모든 부류들은 等流法身이 되는 것이다.658)

---

658) 상세한 것은 부록: 참고 2의 <金·胎兩部 曼荼羅上의 四種法身> 참조

<秘要法門인 三摩地菩提行을 닦는 밀교행자만이 卽身成佛한다>

「此三摩地者 能達諸佛自性 悟諸佛法身 證法界體性智 成大毘盧遮那佛」
　차　삼마지　자　능달　제불　자성　오　제불　법신　증　법계체성지　　성대　비로차나불

『보리심론』은 논을 시작하자마자 그 서두에서,

「唯眞言法中卽身成佛故說三摩地 於諸敎中闕而不言」

이라 하여, '卽身成佛을 주창하는 밀교만이 三摩地法을 설하고, 삼겁성불을 주창하는 현교에서는 즉신성불을 설하지 않는다'고 단언하고 있다.

이렇듯 <삼마지행법>은 밀교만이 설하는 독특하고도 특별한 妙道의 행법으로, 그 이유는 논이 설명하고 있는 것처럼, 이 행법을 통해서만 부모로부터 받은 이 몸으로 금생에 성불할 수 있기 때문이다.

『보리심론』은 논을 마감하기에 앞서, 또 다시

「此三摩地者 能達諸佛自性 悟諸佛法身 證法界體性智 成大毘盧遮那佛」

이라 하여, 이 삼마지행법이야말로 能히 諸佛自性을 통달케 하고, 諸佛法身을 證悟케하며, 法界體性智를 증득케 하여 마침내 法身大毘盧遮那佛을 성취시키기 때문이라 역설하고 있다.

4.2.4 眞言行인 三摩地의 수승함에 대한 經證

「悉地從心生 初坐金剛座 取證無上道」
　실지　종심생　초좌　금강좌　취증　무상도

故大毘盧遮那經云 「悉地從心生」
고대　비로차나경운　　실지　종심생

如金剛頂瑜伽經說「一切義成就菩薩初坐金剛座 取證無上道。
여 금강정 유가 경 설 일체의성취보살 초 좌 금강 좌 취 증 무상 도

遂蒙諸佛授此心地 然能證果」
수 몽 제불 수 차 심지 연 능 증과
(대정장 32. 574c)

직역(直譯)

그러므로 『대비로자나경(大毘盧遮那經)』에
「실지(悉地)는 마음으로부터 생하느니라」 하였으며,

『금강정유가경(金剛頂瑜伽經)』에도
「일체의성취보살(一切義成就菩薩) 처음으로, 금강좌(金剛座)에 앉아
무상도(無上道)를 취증(取證)하고, 드디어 모든 부처의 이 심지(心地)
주심에 힘입어, 능히 과(果)를 증(證)하였노라」 설함과 같으니라.

의역(意譯)

故로 『大毘盧遮那經』에 말하기를 「悉地(證得)는 (다른 곳으로부터
오는 것이 아니라 本具의) 마음으로부터 生하는 것」이라[659] 하였으
며, 『金剛頂經』에서는 「一切義成就菩薩이 처음에 金剛座에 앉아 無
上道(五相成身觀)를 取해 증득(取證)하고, 드디어 諸佛께서 주시는 이
마음의 바탕(心地:三摩地菩提行)을 잘 받음으로서, 비로소 果를 證得
할 수 있게 되었노라」[660]고 설하고 있는 것이다.

---

659)「當知眞言果 悉離於因業 乃至身證觸 無相三摩地 眞言者當得 悉地從心生」
　　『大日經』제6 <悉地出現品> (대정장 18. 19b).
660)「一切義成就菩薩摩訶薩坐菩提場 示現受用身 證無上正等覺菩提」『金剛頂
　　經』<不空譯 3권> (대정장 18. 207c)에서 取意한 것으로 보인다.

註解・講解

<『大日經』의 教證>

「悉地從心生」
실지 종 심 생

『大日經疏』는 이에 대해,

「經云。眞言者當得。悉地從心生者。當知眞言行者。但以方便自淨其心。
若三業淸淨。當於是中自得明了。而自覺悟也」　　　(대정장 39. 699b)

라 하며, 진언행자는 方便을 통해 오직 自心의 마음을 淸淨케 해야 한
다. 만일 三業 淸淨하게 되면 응당히 이 속에서 스스로 明了함을 얻어
스스로 깨달음을 얻는(覺悟) 것이다)라 하면서,
삼마지수행이란 妙方便을 행하여 어서 三業을 淸淨케 하라 역설하고 있다.

<『金剛頂經』의 教證>

「一切義成就菩薩初坐金剛座 取證無上道」
일체의성취　　보살 초 좌 금강좌　취 증 무상도

여기서 <取證>이란 싣달타태자가 깨달음을 求하기 위해 처음에 無識身
三昧(Āsphānaka-samādhi)에 들었으나 여의치 않아 고민하고 있을 때,
一切如來로부터 無上正等正覺의 道인 五相成身觀의 가르침을 받고 그
가르침을 흘려버리지 않고 적극적으로 取함으로서 證得했음을 의미한다.
뒤에 나오는 如敎修行(가르침대로 수행하라)이란 바로 이것을 말한다.

4.3 三摩地菩提行의 수행공덕＝卽身成佛

「若心決定 如敎修行 不起于座 三摩地現前 應是成就本尊之身」
약심결정 여교 수행 불기우좌 삼마지 현전 응시 성취 본존 지신

凡 今之人 若心決定 如敎修行 不起于座 三摩地現前
범 금지인 약심결정 여교 수행 불기우좌 삼마지 현전

應是成就本尊之身。故大毘盧遮那經661) 供養次第法云
응시 성취 본존 지신 고 대 비로 차 나 경 공양 차제 법 운

「若無勢力廣增益 住法但觀菩提心。
약 무 세력 광 증익 주 법 단 관 보리심

佛說此中具萬行 滿足淸白純淨法」也。 662)
불설 차 중 구 만행 만족 청 백 순 정 법 야

(대정장 32. 574c)

직역(直譯)

무릇 지금의 사람 만일 마음을 결정하여 가르침과 같이 수행한다면,
일어나지 않고 자리에서 三摩地 現前하니, 응당 여기에서 本尊身을 성
취하게 되는 것이다.

그러므로 『大毘盧遮那經』<供養次第法>에 이르되,

「만일 勢力 널리 增益되지 않으면 오직 法에 住하여 菩提心만을 觀하
라. 그 마음속에 萬行이 갖추어져 淸淨白純淨의 法을 滿足(성취)하게
될 것이라, 佛께서 말씀하셨느니라」

---

661) 大毘盧遮那經云(高麗藏本)＝大毘盧遮那經(三十帖策子本)
662) 淸白純淨法(高麗藏本)＝淨白純淨法(三十帖策子本),「若無勢力廣饒益 住法
但觀菩提心 佛說此中具萬行 滿足請白純淨法」『大毘盧遮那經』<공양차제법>
(대정장 18. 45b~c).

의역(意譯)

무릇 지금의 사람(眞言 修行人)이 (신달타 태자처럼) 마음을 決定(發心)하여 가르침대로만 修行한다면 일어나지 않은 이 자리에서 三摩地가 現前하여 本尊身을 成就하게 되는 것이다.663)

그러므로 『大毗盧遮那經』<供養次第法>에664)

「만일 勢力 널리 增益되지 않으면 오직 法에 住하여 菩提心 만을 觀하라. (그러면) 佛께서 말씀하신 것처럼, 그 마음속에 萬行이 갖추어져 淸淨白純淨의 法을 滿足(성취)하게 될 것이니」

---

663) 三摩地菩提心이 即身成佛의 첩경이 됨을 설하고 있다.「부처님께서 말씀하셨다. '비밀주여! 내가 한량없고 수없는 劫 중에 이와 같은 波羅蜜多를 닦아 익혀서 최후의 몸에 이르러 6년간 苦行하고도 아뇩다라삼먁삼보리를 얻지 못하여 毗盧遮那가 되지 못하였다. 道場에 앉아 있을 그때에 한량없는 化佛이 마치 참깨 꼬투리처럼 虛空에 두루 가득 나타나시어 같은 목소리로 나에게 말씀하셨다. 선남자여! 어찌하여 平等한 正覺을 이루려하지 않느냐.' 나는 부처님께 사뢰었다. '저는 凡夫라서 아직 處를 구할 줄 모르옵니다. 오직 바라오니 자비로서 저에게 해설하여 주소서.' 이때에 모든 부처님이 함께 나에게 말씀하셨다. '선남자여! 잘 듣고 잘 들어라. 마땅히 너를 위하여 설하리라. 너는 지금 응당 코 끝에 맑은 月輪을 觀想해야 하느니라. 月輪 가운데에서 唵字觀을 行하라. 이렇게 觀하고 나면 後夜分에 아뇩다라삼먁삼보리를 이룰 것이니라」「佛言祕密主我於無量無數劫中。修習如是波羅蜜多。至最後身六年苦行。不得阿耨多羅三藐三菩提成毗盧遮那。坐道場時無量化佛猶如油麻遍滿虛空。諸佛同聲而告我言。善男子云何求成等正覺。我白佛言我是凡夫未知求處。唯願慈悲爲我解說。是時諸佛同告我言。善男子諦聽諦聽當爲汝說。汝今宜應當於鼻端想淨月輪。於月輪中作唵字觀。作是觀已於夜後分。得成阿耨多羅三藐三菩提」『守護國界主陀羅尼經』般若外共譯 (대정장 19. 570c)

664) 新羅의 不可思議는 이 品에 대하여 주석을 달았으니 그것이 <大日經供養次第法疏>이다. 그 속에 설해진 자세한 내용은 拙稿「唐朝의 純密盛行과 入唐新羅密敎僧들의 思想」『논문집』제 5輯, 1996년 중앙승가대학교.

4.3.1 가르침대로만 수행하면 本尊身을 성취한다

「若心決定 如敎修行 成就本尊身」
약 심 결 정   여교 수행   성취 본존신

이 말씀은 대승의 六道萬行의 波羅蜜修行을 통하여도 깨달음을 증득하지 못하였다면, 그때는 가르침대로 密敎의 妙門에 입각하여 수행하라는 뜻이다. 『諸佛境界攝眞實經』 <不空譯>에는 「만약 유가행자가 아직 悉地를 증득하지 못하였다면(未獲悉地), 마땅히 37尊의 형상을 觀해야 한다. 만약 悉地를 증득했다면 형상을 취하지 말고 위없는 大菩提心에 安立하라」665)

고 하여, 위 『供養次第法』의 「若無勢力廣增益 住法但觀菩提心」 과 비슷한 내용을 설하고 있다.

註解·講解

<淨菩提心은 成佛의 眞因이자 正法을 세우는 種子>
정보리심   성불   진인   정법   종자

「住法但觀菩提心。此中具萬行 滿足淸白純淨法也」
주 법 단 관 보리심   차 중 구 만행   만족 청 백 순 정 법 야

신라승 <不可思議>는 『供養次第法疏』에서 <보리심>을 정의하기를,

「訶(Ha=ह)字는 根源(因)이란 뜻이다. 大乘의 근원(因)은 菩提心이다. 일체법의 근원이 本不生이기 때문이다. 곧 모든 인연을 여의었기에 淨菩提心(정보리심)이라 하는 것으로, 淨菩提心 그것은 成佛의 根源(眞因)인 동시에 正法을 세우는 種子가 된다」666)

---

665)「若瑜伽行者。未獲悉地。應觀三十七尊相狀。若證悉地不取相狀。安立無上大菩提心」(대정장 18. 276c)

라 하고 있다. 『보리심론』은

「住法但觀菩提心 此中具萬行 漸足淨白純淨法也」

라 하며, 오직 법대로 보리심을 관할 것을 주문하고 있다.

그 이유로 이 보리심속에는 大悲의 萬行이 갖추어져있어 純白한 淸淨法을 만족시켜 줄 뿐만 아니라, 나아가 일체제불의 온갖 공덕이 모두 포장되어 있기 때문이라며, 그러니 어서 열심히 정진 수행하여 三界一切의 導師가 되라고 수행정진을 권장하고 있다.

<信解行證의 종교가 불교이지만, 현교와 밀교는 그 질이 다르다>
신해행증

불교는 信解行의 종교이다. 불교의 진수인 밀교도 마찬가지이다.

문제는 나를 중생으로 보느냐, 아니면 佛로 보느냐에 따라 顯敎(현교)와 密敎(밀교)가 갈라지고, 뒤이어 三劫成佛(삼겁성불)과 卽身成佛(즉신성불)의 갈림길이 생긴다는 것이다. 말하자면 같은 信解行이라도 Know How가 다르기에 이러한 차이가 생긴다는 말이다.

이러한 사실을 잘 알고 있는 『보리심론』은 「住法但觀菩提心」이라 하여, 밀교경전이 가르쳐준 그대로 나=佛이라 信解(Know)하고 일상을 佛로서 行(How)하라고 당부하고 있다. 그러면 그 자리에서 卽身(즉신)에 三摩地(삼마지)가 現前(현전)하여 本尊身(본존신)을 성취하게 된다며~,

혹시라도 業障(업장)이 두터워 성불의 시간이 늦어진다 할지라도 조급해하지 말고 菩提心, 곧 <나=佛=菩提>라는 밀교의 命題(명제)만 잊지 않고 수행한다면, 머지않아 <나=佛>로서의 大悲萬行(대비만행)이 갖추어져, 淸淨

---

666)「訶字(Ha=𑀳)是因義。所謂大乘因者卽是菩提心。以一切因本不生故。乃至離因緣故。名爲淨菩提心。淨菩提心是成佛眞因正法幢旗之種子」『大日經疏』<供養次第法疏> (대정장 39. 797c)

白純淨(청정백순정)의 法性(법성)을 성취하게 된다고 강조·당부하고 있다.

『보리심론』은 논을 마치면서 그 마지막 구절을 어떡하든 중생들을 利益하게하고 安樂하게 하겠다는 念願(념원)을 담아, 앞에서 언급한 『大日經』의 핵심법문인 <三句法門>「菩提心爲因 大悲爲根 方便爲究竟」을 축약하여, 이를「住法但觀菩提心」으로 대치하고 있는 것이다.[667]

곧 제 1句인 菩提心의 중요성, 말하자면 내 마음은 本來 淸淨無垢(청정무구)의 菩提(보리)인 佛로서, 우주의 생명에너지인 大日如來와 똑 같은 공능을 지니고 있는 것이니, 이 법(法)을 信解하고 근본(因)으로 삼고 住하라! 며, 나=佛=菩提=**界**를 강조하고 있으며,

제 2句인 大悲行의 중요성, 곧 大悲行을 뿌리(根)로 삼아 일거수일투족을 大悲者인 佛처럼 행하라! 며, 일상에서의 대비행(**界**)을 강조(具萬行)하며,

제 3句인 方便行(방편행)의 중요성, 곧 阿字觀과 月輪觀과 五相成身觀 등의 妙道(묘도)인 三麻地菩提行의 方便三行인

(成佛菩提=Aṃ=**界**→涅槃=Aḥ=**界**→方便=Āḥ=**界**)이야말로 卽身成佛의 근간이 됨을 재천명하고 있다.

---

667) 『보리심론』의 특이한 점은 <勝義菩提心>을 인증하는 서술방식에 있어 제일 먼저 인용한 「諸法無相謂虛空相」이란 구절도 『大日經』(대정장 18. 573b)이었는데, <三摩地菩提心>을 인증하는 마지막 인용구도 『大日經』「若無勢力廣饒益 住法但觀菩提心 佛說此中具萬行 滿足請白純淨法」(대정장 18. 573c)이란 점이다. 곧 처음에는 諸法의 無自性을 증명하는데 인용하였고, 마지막엔 菩提心(나=佛=菩提)과 大悲行 그리고 方便萬行(三摩地菩提行)의 강조에 인용하고 있는 것이다.

『諸佛境界攝眞實經』에는 菩提心의 중요성을 다음과 같이 설명하고 있다.

「무엇을 대보리심이라 합니까? 제불께서 말씀하시길,

무량한 지혜도 이것에 비하면 티끌과 같은 것으로, 菩提心은 삼아승지 백겁동안 정진하고 수습해서 성취한 것이기에, 일체번뇌와 과실을 멀리 여의게 하고, 허공과 같은 무량한 복덕과 지혜를 성취케 하는 것이다.

이처럼 最勝(최승)하고 뛰어난 과보를 生하는 것을 일러 위없는 大菩提心이라 하는 것으로, 마치 사람의 몸에서 心臟(심장)을 第一로 삼듯이, 大菩提心도 이와 같아서 三千世界 가운데서 으뜸이 되는 것이다.

곧 一切佛菩薩은 모두가 이 菩提心으로부터 出生하는 것이다」[668]

4.3.2 發菩提心의 공덕 (歸本卽是密嚴國土)

「菩提心能包藏一切諸佛功德法 故若修證出現 則爲一切導師
보리심 능 포장 일체 제불 공덕 법 고 약 수증 출현 즉 위 일체 도사

若歸本卽是密嚴國土 能成一切事」
약 귀본 즉시 밀엄국토 능 성 일체 사

此菩提心能包藏一切諸佛功德法。故若修證出現則爲一切導師。
차 보리심 능 포장 일체 제불 공덕 법 고 약 수증 출현 즉 위 일체 도사

若歸本則是密嚴國土 不起于座 能成一切事。[669]
약 귀본 즉시 밀엄국토 불 기 우 좌 능 성 일체 사

(대정장 32. 574c)

---

668)「云何名爲大菩提心 諸佛告言。無量智慧猶如微塵。三阿僧祇一百劫中。精進 修習之所成就。遠離一切煩惱過失。成就福智猶如虛空。能生如是最勝妙果。 卽是無上大菩提心。譬如人身心爲第一。大菩提心亦復如是。三千界中最爲第 一。以何義故名爲第一。謂一切佛及諸菩薩。從菩提心而得出生」『諸佛境界攝 眞實經』(대정장 18. 274a)
669) 一切事(高麗藏本)=一切佛事(三十帖策子本)

직역(直譯)

이 보리심은 능히 일체제불 공덕(功德)의 법을 포장(包藏)하고 있다.

그러한 연고로, 만약 수증(修證)하여 출현(出現)하면, 곧 일체의 도사(導師)가 되느니라.

만약 본래로 돌아가면, 이것이 곧 밀엄국토(密嚴國土)로서.

자리에서 일어나지도 않고 능히 일체사(一切事)가 성취케 되는 것이다.

의역(意譯)

이 菩提心은 능히 一切諸佛의 功德의 法을 包藏(포장)하고 있는 것이니, 만일 修證하여 出現시키면 곧 바로 一切導師가 되는 것이며,

만일 本處에 돌아가면 그 자리가 바로 密嚴國土670)가 되어, 자리를 뜨지 않은 그 자리에서 즉시 一切事가 성취케 되는 것이다.671)

<初發心時 便成正覺>
초발심 시 변성정각

「初發心時 便成正覺」이란 구절은 초기불전부터 부파·대승, 그리고 밀교에 이르기까지 온갖 경전에 자주 등장하는 名句中의 단골 名句이다.

처음에 발심한 그 初心 자리에서 無上正覺을 이루게 된다는 의미이다.

初心을 잊지 말아라! 는 말을 자주 사용하고 듣기도 한다.

그만큼 초(발)심이 중요하다는 뜻이다. 우리 속담에

---

670) 「當知十方淨土皆是一佛化土 一切如來悉是大日 毘盧彌陀同體異名 極樂密嚴名異一處」『五輪九字秘釋』(대정장 79. 11a). 極樂世界는 연꽃으로 莊嚴되어 있지만, 여기에서 말하는 密嚴國土는 三密 (身·口·意)로 莊嚴된 佛國淨土를 말한다.

671) 菩提心의 중요성을 강조하고 있다. 「謂菩提心者萬德之源衆行之本 是故如來先顯心相 淸淨圓滿猶如月輪 卽大菩提相也 以此心相遍有情處 諸有情類數乃無量故曰衆多 一切有情遇菩提光皆得淸淨 故云出現普淨一切衆生界也 發菩提心者應如是行 若越此者非菩提心也」『金剛頂經大瑜伽秘密心地法門義訣』<不空撰> (대정장 39. 815c)

「시작이 반이다」라는 말도 있다. 무언가 시작을 하면 이미 절반은 벌써 이루어낸 것이나 다름없다는 의미이다.

『보리심론』의 「歸本卽是密嚴國土」란 말씀은
　　　　　　귀본　즉시　　밀엄국토

(나=佛이라는 근본, 그곳으로 돌아가면 그곳이 곧 우리가 추구하는 삼밀장엄의 불세계인 것이다)

초발심(本具佛性에 대한 깨달음)의 중요성을 강조하고 있는 것이다.
　　　　　　본구　불성

곧 나=佛이라는 초발심은 한량이 없는 공덕을 지니고 있어 무엇 하나 이루지 못하는 것이 없다는 의미이다.

우리 인간들은 12달이 지나고 나면 새로운 한해가 시작된다는 의미로, 매년 새 달력을 만들어 초심의 중요성을 일깨우며 살고 있다.

지혜가 있는 영장물이라서 그런지 무언가 달라도 다르다.

스스로에게 매직을 걸어놓고, 자! 이제 또 새로운 한해가 시작되었으니 내일부터 멋지게 새로이 목표를 향해 전진하자! 면서~

비록 속아 넘어갈 줄 알고, 作心三日이 될지라도 초심을 만들어 계속 정
　　　　　　　　　　　작심삼일
진·노력하는 것이다. 「初發心時 便成正覺」「歸本卽是密嚴國土」~

<自燈明 法燈明 不放逸精進: 최후의 설법>
　자등명　법등명　불 방일 정진

아난아! 피곤하구나 ~ 나를 저 사라 쌍수 사이에, 머리를 북쪽으로 해서 눕히어 주게 나! 쉬고 싶네~

<부처님의 유계(遺誡)>인 自燈明 法燈明 (자등명 법등명)으로 잘 알려진 석존불 열반시 최후법문에 얽힌 이야기 이다.

부처님을 자리에 눕힌 아난다는 부처님께서 열반에 드실 것 같은 예감을

느끼고, 다음과 같은 질문을 던진다.

「부처님이시여! 부처님께서 열반에 드시면, 저와 그리고 우리 승가는 누구를 의지하고 또 무엇을 의지하고 살아야 합니까?」

석존은 모든 제자들을 불러 모으신 후 다음과 같은 유언을 남기시고 열반에 드신다.

「나는 지금껏 그대들에게 나(석존불)를 의지하라고 한 적이 한 번도 없었다네. 그렇지 않은가?

그와 마찬가지로 내가 열반한 후에도, 스스로의 몸과 스스로의 마음을 알고, 또 法을 알고 탐욕과 근심과 슬픔을 제거하도록 하게나.

곧 남을 의지하지 말고, 자기 자신과 法을 등불로 삼고,

모든 것은 무상한 것이니 결코 게으르지 말고

정진하면서~

'自燈明 法燈明 諸行無常 不放逸精進!'」 672)

<第五地, 난승지(難勝地)>

 세상을 살다보면 쉬운 일이 없다. 목적지를 가다보면 언덕길도 올라야 하고, 때로는 냇가도 건너야 한다. 생각지도 않은 일이 터져, 이래저래 고생해야 할 일이 한두 가지가 아니다.

山行을 할 때도 마찬가지다. 바로 눈앞에 山 정상이 보여 조금만 오르면 목적지에 도달할 것 같고, 곧 잡힐듯하면서도 좀처럼 잡히지 않는 것이기에~

 7부 내지 8부에 도달했을 때가 가장 어려운 법이다.

이때는 산에 오른 지도 제법 시간이 지나 몸이나 정신력도 지칠 때로 지쳐

---

672)「自燈明 法燈明 諸行無常 不放逸精進」『장아함경』(대정장 1. 15b)

있기 때문이다. 수학문제 푸는 것도 마찬가지이다. 터득이 될 것 같으면서도 잘 안 되는 대목이 있다. 대부분 사람들은 이 대목에서 기권을 한다.

만일 여기서 포기를 하게 되면 그땐 정말 도로 아미타불이 된다.

다시 새롭게 시작해야 하고 또 한 번 쓴맛을 보았고 포기한 적도 있어 일종의 트라우마가 생겨 새로이 시작한다 해도 더 힘들고 어렵기 때문이다.

무슨 일을 하든지 고비가 있는 법이다. 그 고비를 넘겨야 정상에 오를 수 있고, 어렵다는 수학도 재미있어져 흥미를 갖게 되고 생각지도 않게 수학시간이 기다려지고 난문제에도 도전하게 되는 것이다.

佛道修行도 마찬가지이다. 제5地의 이름을 난승지(難勝地)라 한 것도 여간해서 이겨내기 어렵다는 뜻으로 그래서 이런 이름이 붙여진 것이다.

이 고비만 넘기면 드디어 산 정상인 般若(峯)에 도착하는 것이다.

그래서 현전지(現前地)란 이름이 붙은 것이다. 마지막 고비, 이것이 난승지이다. 여기만 넘기면 중생에서 佛로, 無明에서 明으로 도약할 수 있는 것이다.

「중생으로 남느냐 人天의 스승인 佛이 되느냐? <난승지>가 문제로다」

정진하세! 정진하세! 물러남이 없는 정진, 우리도 부처님같이~

<三日修心千載寶 百年貪物一朝塵>
삼일 수심 천재 보 백년 탐물 일조 진

「百年貪物一朝塵 三日修心千載寶」

(백년동안 탐한 재물 하루아침 티끌되고, 삼일동안 닦은 마음 천만년의 보배되네)

고려조 야운선사(野雲禪師)의 초발심자경문(初發心自警文)에 나오는 구절이다.

한 20년 전 쯤 일로 기억되는데, 학인스님들 가르치러 수원 奉寧寺(봉령사) 들어가다 사찰 입구에서 본 글귀이다. 좀 길지만 살펴보자.

「어리석은 마음에 배우기까지 않는다면 교만한 마음만 더해지고,
어리석은 생각으로 닦기까지 않는다면 내다 너다 하는 아집만 늘어난다.
속에 든 것도 없어 머리속이 텅 비었으면서도 마음만 기고만장하면,
미치 굶주린 범과 같고, 아는 것도 없으면서 방탕하고 안일하면 뒤집어진 원숭이 꼬락서니와 같도다.
삿된 소리 마구니 소리는 귀가 솔깃해 귀담아 들으면서도,
성현의 가르침과 경전에는 도무지 귀 기울여 듣질 않아,
바른 길에는 도시 인연 없으니 누가 그대를 건질 것인가.
삼악도 악습에 찌들대로 찌들어 오래토록 고뇌에 얽매인 신세일 뿐이로다」

<無明苦母 般若佛母>
무명 고모 반야 불모

「般若佛母」라는 말은 많이들 사용하는데, 「無明苦母」라는 말은 잘 사용을 안 하는 것 같다.

물론 따로 따로 사용해도 상관없지만, 확실하게 강조하기 위해서는 함께 나란히 사용하는 것이 좋다.

법문을 시작하면서 이 게송을 읊으면, 모두들 어리둥절한 얼굴을 하고 나를 주시한다. 고모라고 하니 이모 고모의 고모인줄 알고 어리둥절해 하는 것이다. 이모 고모의 姑母가 아니라 고통을 낳는 어머니의 苦母라 하니 그때서야 모두들 머리를 끄떡인다.

어리둥절해하는 모습을 보는 것이 재미있기도, 또 내용 자체가 중요한 것이라 자주 사용하는 법문중의 하나이다.

부처님께서 붓다가야에서 깨달으신 법은 <12연기>라는 법문이다.

無明에서 시작하여 行↔識↔名色↔六入을 거쳐 ↔生↔老死로 이어지는 12개의 단계의 연기설로서, 그 맨 처음에 오는 것이 無明(무명)이다. 곧 고통의 제1원인이 無明이란 것임을 깨달으신 것이다. 그래서 앞에서 「無明은 苦母」라 한 것이다.

이쯤 되면 조금만 불교공부를 하신 분들은 「般若佛母」의 뜻을 곧 바로 이해하였을 것이다. 부처님을 낳는 것은 <반야지혜>라고~ 곧 부처님을 낳는 것은 반야요, 고통을 낳는 것은 無明이라는 내용이다.

한편 無明의 정의에 대한 밀교만의 독특한 해석(견해)이 등장한다. "돼지 눈에는 돼지만 보이고, 佛의 눈에는 佛만 보인다"는 말이 있듯이, 밀교는 나=佛로 보지 않고, 나=중생으로 보는 것, 그것을 無明으로 정의하고 있다. 곧 나를 중생으로 보는 것이 중생의 病으로, 이 때문에 성불을 못하는 것이라 강력히 주창하고 있는 것이다. 앞에서 누누이 설명하였고 『菩提心論』이 주창하려는 최고의 키워드이자 밀교의 출발점 또한 바로 나=佛=𑖁이며, 일상에서 佛로서의 大悲行을 행하며 사는 것, 곧 Ā=(𑖁)의 삶인 것이다.

無明苦母 般若佛母에 뒤이어 나오는 게송이 「滅盡無明 體得般若」로서, 그러니 (무명은 완전히 멸진시키고, 반야는 몸으로 체득토록 하라)는 내용이다. 여기서 또 하나 중요한 것은 깨닫되, 머리로서가 아니라 몸(體)에 즉해서, 곧 일상에서 반야와 상응하는 삶을 살아라(體得) 하는 것이다.

<淨法界眞言: 법계를 淸淨케 하는 진언>

四陀羅尼(變食眞言·施甘露水眞言·一字水輪觀眞言·乳海眞言)지송에 앞서 행해지는 淨法界眞言 <唵(oṃ) 覽(Raṃ)>은 上壇을 비롯 中壇과 下壇 등의 만다라단에서 행해지는 모든 불교의례속에서 가장 중요한 진언이다. 그 이유는 <欲建曼荼羅先誦>이란 지시사항과 <淨法界>라는 제목이 말해주듯, 唵(oṃ) 覽(Raṃ)진언은 모든 의식을 행하기 앞서 나를 비롯한 法界의 온갖 煩惱와 魔軍들을 般若火(Raṃ)로 태워 法界를 淸淨케하는 聖스런 의례이기 때문이다.

『釋門儀範』의 「三寶通請」(pp. 87~88)에는

<開壇眞言> → <建壇眞言> → (欲建曼荼羅先誦) <淨法界眞言>

「羅字色鮮白 空点以嚴之 如彼髻明珠 置之於頂上,

眞言同法界 無量重罪除 一切觸穢處 當加此字門」

「나무 사만타 붓다남(NSB), Oṃ(🙰) Raṃ(🙰)」(21번)이라 설하고 있다.

여기서 羅字(Ra: 🙰)는 불(火)를 가리킨다. 불이 작열하게 타 색이 鮮白하다는 말인데, 이 불을 般若를 상징하는 空點(ṃ=anusvara)으로 장엄하니, (Ra+ṃ)字, 곧 般若火인 Raṃ(🙰)이 되어, 마치 髻明珠(佛頭의 髻明)처럼 되었으니, 이 Raṃ字를 頂上에 두라는 의미이다.

<이때 內縛 五股杵를 結印함>. 까닭은 般若火인 Raṃ(🙰)字는 無自性인 法界와 같아서 執着에서 비롯된 무량의 重罪를 모두 제멸시키기 때문이다. 그러니 번뇌 망상 집착등 일체 더러운 곳(穢處)에는 般若火인 이 Raṃ(🙰)字를 가해 모두 태워 法界를 청정케 하라! 곧 본래의 무자성공으로 되돌려 놓아라는 내용이다.

Vaṃ(𑀯: 般若水)도 마찬가지이다. 물(水)인 Va에 般若空點(ṃ)을 장엄하면 Vaṃ, 곧 (般若水)가 되기 때문이다.

<一字水輪觀眞言>인 Oṃ Vaṃ은 이렇게 해서 만들어진 것이다.

實例: <새벽예불의 茶偈(頌)>인

「我今淸淨水 變爲甘露茶 奉獻三寶前 願垂(慈悲)哀納受」를 지송하기 전, 먼저 <一字水輪觀眞言>인 Oṃ Vaṃ을 지송하며 茶器水를 加持하는데, 이때 楊枝(버들가지)로 Oṃ하며 左로 21번, Vaṃ하며 右로 21번 물을 돌려 加持한다. <Oṃ Vaṃ>加持에 의해 甘露茶가 되었음을 의미하는 것으로, 道場結界儀式을 비롯 灌頂儀式이나 수계의식 때는 <Oṃ Vaṃ>加持에 의해 般若水가 된 이 淸淨水를 道場과 수계자들에게 뿌리는 것이다. 곧 「一灑東方結道場 二灑南方得淸凉 三灑西方具淨土 四灑北方永安康」의 <四方讚>이나 「道場淸淨無瑕穢 三寶天龍降此地 我今持誦妙眞言 願賜慈悲密加護」의 <道場讚>은 바로 이러한 의미를 가지는 讚偈인 것이다.

4.3.3 보리심을 칭송함 (讚菩提心)

「若人求佛慧 通達菩提心 父母所生身 速證大覺位」
약 인 구 불혜 통달 보리심 부모 소생 신 속증 대각위

讚菩提心曰
찬 보리심 왈

「若人求佛慧 通達菩提心 父母所生身 速證大覺位」
약 인 구 불해 통달 보리심 부모 소 생신 속 증 대각위

(대정장 32. 574c)

직역(直譯)

보리심을 찬하여 가로되,

「만약 사람 불혜(佛慧)를 구하여 보리심에 통달(通達)하면,

부모소생(父母所生)의 몸으로, 속(速)히 대각위(大覺位)를 증 하노라」

의역(意譯)

(고로) 菩提心을 찬양하여 이르되

「만일 누구든 佛의 智慧를 求하여 菩提心에 通達할 것 같으면[673],

父母所生의 몸으로 今生에서 大覺의 位를 證得하게 된다」

註解·講解

<本有菩提心에 통달하면 父母所生의 몸으로 大覺位를 증득한다>
본유   보리심   부모 소생   대각위

「若人求佛慧 通達菩提心 父母所生身 速證大覺位」
약 인 구 불 혜 통달 보리심 부모 소 생신 속 증 대각위

菩提心은 능히 一切諸佛의 功德의 法을 含藏(함장)하고 있다.

따라서 이것을 修證(수증)하여 出現시키면 곧 바로 一切導師(일체도사)가

되는 것이며, 만일 本處(본처)에 돌아가면 그 자리가 바로 密嚴國土(밀엄

국토)가 되고, 그 자리에서 즉시 一切事가 성취케 된다.

『菩提心論』은 앞서(대정장 32. 573b) 初發心에 대해,

「초발심(初發心)은 妙寶心(신기한 보배)과 같아서, 발심하면 凡夫位(범부

위)를 뛰어넘어 부처님이 행하신 바의 경지에 들어가 如來家(여래가)에

---

673)「以五相現成等正覺 (五相者所謂 通達本心 修菩提心 成金剛心 證金剛身
佛身圓滿 此則五智通達) 成佛後 以金剛三摩地 現發生三十七智 廣說曼荼羅
儀則 爲弟子受速證菩薩地佛地法」『18會指歸』<不空譯> (대정장 18. 284c)

태어나, 如來族(여래족)으로서 그 어떤 하자도 없어, 결정코 부처님과 하나도 다르지 않은 평등의 無上覺(무상각)을 얻게 된다」674)

며 菩提心을 극찬한 바 있는데, 논을 마치는 마지막에서도

「菩提心에 通達할 것 같으면 父母所生의 몸으로 속히 大覺의 位를 증득하게 된다」675)

라 하며 발보리심을 강조하면서, 『金剛壽命陀羅尼經』·『18會指歸』·『大日經』등의 密敎經軌의 말씀을 축약시켜, 논을 끝맺고 있다.676)

말하자면 보리심에 대한 정의와 그것의 공덕을 재차 강조·극찬하면서, 나=佛=菩提를 통한 信解行과 그 결과로서의 즉신성불과 現實 密嚴國土(현실 밀엄국토)를 건설할 것을 제창하며 논을 마감하고 있다.

金剛頂瑜伽中發阿耨多羅三藐三菩提心論 一卷

丙午歲677) 高麗國 大藏都監 奉勅雕造 678)(대정장 32. 574c)
　　　　　　　　대장도감　　봉칙　조조

---

674)「佛子始發生　如是妙寶心　則超凡夫位　入佛所行處　生在如來家　種族無瑕玷　與佛共平等　決成無上覺　纔生如是心　卽得入初地　志樂不可動　譬如大山王」『화엄경』<十地品中, 歡喜地> (대정장 10. 184a)

675)「以五相現成等正覺 (五相者所謂　通達本心　修菩提心　成金剛心　證金剛身　佛身圓滿　此則五智通達) 成佛後　以金剛三摩地　現發生三十七智　廣說曼荼羅儀則　爲弟子受速證菩薩地佛地法」『18會指歸』<不空譯> (대정장 18. 284c).

676)「若有修習三摩地者。現生不轉父母生身。獲五神通陵空自在」『金剛壽命陀羅尼經』 (대정장 20. 577c),「於無量佛菩薩所。成廣大供養。速得悉地現前(중략) 修行人。無時無方。不依世間禁戒。以菩提心爲先。無爲戒爲本」『18會指歸』(대정장 18. 285b~286c), 『대일경』<悉地出現品>에도「不捨於此身　逮得神境通　遊步大空位　而成身秘密」『대일경』 (대정장 18. 21a)라 하여, 今生成佛(不捨於此身而成身秘密)을 설시하고 있다.

677) 高宗 33년인 1246년(丙午年)을 가리킨다.

678) 大藏都監: 몽골 침략군에게 불타버린 부인사(符印寺) 소장의 초조대장경판을 대신하기 위해, 1236년(고종 23) 해인사대장경판 조성사업의 행정업무와 실무를 총괄할 임시적인 중앙관서로, 임시수도인 강화경(江華京: 인천광역시 강화군)에 설치되어 운영되었다. 1251년 9월 조성불사가 마무리되었으며, 출도환도(出島還都) 이후에는 개경(開京: 황해북도 개성시)으로 옮겨 운영되

跋文
발문

『菩提心論 註解(講解)』를 탈고하고 난

첫 소감은, '어! 생각보다 日本 空海스님의 이야기가 많았네~'였다.

『大日經』과 『大日經疏』의 <心續生段>을 『菩提心論』이 인용함에 따라, 이 대목에 대한 주석을 달게 되었고,

일본의 空海 또한 그의 저 『秘藏寶鑰』에서 『大日經(疏)』의 <心續生段>을 활용하여, 이를 十住心敎判으로 理論化시켰으니 자연 『大日經(疏)』와 『菩提心論』과 『秘藏寶鑰』의 상호 관계를 고찰하게 되었다.

그러다 보니 자연적으로 고찰의 내용이 길어질 수밖에 없었던 것이다. 그 뿐만이 아니다. 여기에 『菩提心論』의 최 핵심단인 <三摩地段>, 그 중에서도 가장 중요한 수행이론인 <五相成身觀>을 空海가 『秘藏寶鑰』에서 <十住心理論> 그중에서도 가장 이슈가 되는 제 7住心~제 10住心에 이르는 4개의 住心에서 이를 언급함으로 인해, 또 다시 이들의 관계를 고찰하게 된 것으로, 그래서 이래저래 길어질 수밖에 없었던 것이다.

『菩提心論 註解(講解)』의 서론에서 언급한 바 있듯,

『菩提心論』과 인연이 제일 깊은 분, 그러면서도 해택을 가장 많이 본 사람은 바로 空海였다.

그의 핵심사상인 即身成佛思想과 十住心思想을 통한 顯密敎判을 주창하기위해 그가 가장 중시하고 가장 많이 인용한 경론은 소위 二經一論이라 일컬어지는 『大日經』과 『金剛頂經』, 그리고 『菩提心論』이었기 때문이다. 곧 그는 이를 주장하기위해 무려 7개의 자작의 저서에서 그것도 무려 17번이나 『菩提心論』을 인용하고 있기 때문이다.

었다. 고려 말인 1392년 8월 무렵까지 약 156년간 존치했다.

이 또한 앞서 거론한 바 있지만, 일본 밀교종파의 필독서인 <十卷章>안에 唯一하게도 공해의 친 저서가 아닌 타인의 저작인 『菩提心論』이 끼어있는 이유이기도 하다.

그 만큼 『菩提心論』은 공해는 물론 일본밀교를 논함에 있어 없어서는 아니 되는 제1의 필독서이자 중심 논서인 것이다.
본 『菩提心論 註解(講解)』에서 空海스님의 언급이 많아지게 된 원인도 바로 여기에 있는 것이다.

두 번째 소감은 『菩提心論』이 왜 밀교의 핵심논서가 되었는지, 또 공해가 밀교행자의 필독서로 지정한 <十卷章>안에 唯一하게도 자기의 저서가 아닌 『菩提心論』을 왜 끼워 넣었는지 그 이유를 확실히 깨닫게 되었다는 점이다.
앞서 언급했지만 대승불교와 밀교의 차이점, 곧 밀교의 가장 큰 특징은 대승의 중심사상을 의궤화시켜, 이를 일상에서 실천수행케 하였다는 점이다.
곧 양부밀교경전이라 일컬어지는 『大日經』과 『金剛頂經』이 바로 이러한 경전으로, 그들이 설하는 阿字觀 五字嚴身觀과 月輪觀과 五相成身觀 등은 바로 대승사상의 의궤화를 통해 이루어진 관법으로, 밀교인들은 이들 관법을 통해 今生에 무상정등정각(阿耨多羅三藐三菩提)를 성취할 수 있다고 (信解)하며, 이를 삶속에서 실천수행하고 있다.
『菩提心論』의 정식 論名이 『金剛頂瑜伽中發阿耨多羅三藐三菩提心論』, 副題 또한 『瑜伽總持敎門說菩提心觀行修持義』이 된 것도 이 때문이다.

곧 『菩提心論』의 서두에
「밀교만이 卽身成佛을 주창하므로 三摩地菩提心을 설하고, 顯敎는 三劫成

佛을 주창하므로 결하여 설하지 않는다」고 한 것은 바로 이것을 말하는 것이며, 또 『菩提心論』이 전체를 3단으로 나눈 후, 1단에서는 行願菩提行을 2단에서는 勝義菩提行을 설하고, 마지막 3단에 <三摩地菩提行>段을 두어, 이곳에서 妙門인 밀교의 三摩地行法, 곧 卽身成佛 成就의 행법인 阿字觀 月輪觀 五相成身觀등을 설한 것도 바로 이러한 이유인 것이다. 『菩提心論』이 밀교행자들의 필독의 논서가 된 것은 바로 이러한 밀교전통을 그대로 이어받아 성립된 논서가 바로 이 논서이기 때문이다.

『菩提心論』의 키워드는 다음과 같다.

<上根上智之人>　<發菩提心>　<我今志求阿耨多羅三藐三菩提不求餘果>
상 근 상 지 지 인　　발보리심　　아 금 지 구　아뇩다라　　삼막삼보리　 불 구 여 과

<旣發如是心已 須知菩提心之行相。其行相者 三門分別>
기 발 여시 심 이 수 지 보 리 심 지 행상　 기 행상 자 삼 문 분별

<諸佛菩薩　昔在因地　發是心已　勝義行願三摩地爲戒乃至成佛無時暫忘>
제불 보살　석재인지　발시심 이　　승의 행원　삼마지 위계 내지 성불 무시 잠 망

<唯眞言法中卽身成佛故 是故說三摩地。於諸敎中　闕而不言>
유 진언 법중　즉신성불 고　시고 설 삼마지　 어 제교 중　 궐 이 불 언

<十方諸佛以勝義行願爲戒。但具此心者 能轉法輪 自他俱利>
시방제불　이 승의 행원 위계 단 구 차 심 자 능 전법륜　자타 구 리

<菩提(心)爲因 大悲爲根 方便爲究竟>
보리　 위 인 대비 위 근　방편 위 구경

이를 본 논의 핵심이 되는 <三摩地(Samādhi)菩提行>段에서 발췌하면,
삼마지　　　　　　　보리행

<云何能證無上菩提。當知。法爾應住普賢大菩提心。一切衆生本有薩埵>
운하 능 증 무상 보리　당 지　법 이 응 주 보현 대 보리심　일체 중생 본 유 살 타

<一切有情實含普賢之心 我見自心 形如月輪>
일체 유정 실 함 보현 지심 아 견 자심　형 여 월륜

<一切有情於心質中有一分淨性 如月十六分之一>
일체　유정 어 심 질 중 유 일분 정성　여 월 십육분 지 일

<阿字者 一切法本不生義> <禪智俱入金剛縛 召入如來寂靜智>
아 자 자　일체법 본불생 의　 선지 구 입 금강박　소입 여래 적정 지

<修習瑜伽觀行人　當須具修三密行　證悟五相成身觀>
수습　유가관　행인　당수구수　삼밀행　증오　오상성신관

<此五相具備　方成本尊身也>　<圓明卽普賢身　亦是普賢心　與十方諸佛同之>
차　오상구비　방성　본존신　야　원명　즉　보현신　역시　보현심　여　시방　제불　동지

<此三摩地者　能達諸佛自性　悟諸佛法身　證法界體性智>
차　삼마지　자　능달　제불　자성　오　제불　법신　증　법계체성지

<菩提心能包藏一切諸佛功德法　故若修證出現　則爲一切導師　若歸本卽是
보리심　능　포장　일체　제불　공덕　법　고　약　수증출현　즉위　일체　도사　약　귀본　즉시

密嚴國土　能成一切事> 등이다.
밀엄국토　능성일체　사

　곧 위에서 제시한 키워드에서 보듯이, 논이 특히 강조하고 있는 것은

1. (나=法身 大日如來의 分身인 金剛薩埵)의 각성(信解=戎)과
2. 諸佛法身을 證悟케하고 法界體性智를 證得케하는 三摩地菩提行의 일
　　상에서의 실천(行=戎)이다.

논의 제목인 <發阿耨多羅三藐三菩提心>, 곧 <發菩提心>이란 바로 이것을
말하는 것으로, 이 2가지의 확신 속에서 <三摩地菩提行>段에서 강조하고
있는 <月輪觀>·<阿字觀>·<五相成身觀>을 日常에서 닦는 것이다. 곧

「唯眞言法中卽身成佛故　是故說三摩地。於諸敎中　闕而不言」
유 진언 법중 즉신성불 고 시고 설 삼마지 어제교중 궐이불언

「云何能證無上菩提。當知。法爾應住普賢大菩提心。一切衆生本有薩埵」
운하 능증 무상보리 당지 법이응주 보현 대 보리심 일체 중생 본유 살 타

「菩提心能包藏一切諸佛功德法　故若修證出現　則爲一切導師」
보리심 능 포장 일체 제불 공덕 법 고 약 수증출현 즉위 일체 도사

「此三摩地者　能達諸佛自性　悟諸佛法身　證法界體性智」
차 삼마지 자 능 달 제불 자성 오 제불 법신 증 법계체성지

「一切有情實含普賢之心　我見自心　形如月輪」
일체 유정 실함 보현 지심 아 견 자심 형여 월륜

「修習瑜伽觀行人　當須具修三密行　證悟五相成身觀」
수습 유가 관행 인 당수구수 삼밀행 증오 오상 성신 관

「此五相具備 方成本尊身也」
차 오상 구비 방성 본존 신 야

이란 논의 말씀대로, 이것을 믿고 따르며(信解=卍), 일상생활속에서 <三
密瑜伽行>을 열심히 수행(行=卍)하기만 하면 되는 것이다. 그러면 그 결
과로 부모로부터 받은 이 몸으로 今生에서 卽身成佛하게 되는 것이다.
이것이 논이 제시하고 있는 핵심이자 우리에게 주는 메시지인 것이다.

\<참고문헌\> (底本·參照本·引用經疏·저서·논문)

1. 底本

『高麗藏本 菩提心論』 \<高麗大藏經\> (高麗藏 No 1369)

高宗33년(1246)再雕本. 大正新修大藏經 底本

『金剛頂瑜伽中發阿耨多羅三藐三菩提心論』

\<大正新修大藏經\> (大正藏 32. No 1665)

『三十帖策子本 菩提心論』 \<仁和寺 所藏\>

弘法大師請來. 唐 元和元年(806) 寫本

2. 參照本

三千院本 \<三千院 所藏\> 智證大師請來. 唐 大中9年(855)寫本

觀心寺本 \<觀心寺 所藏\> 中尊寺(宋版)重文. 平安朝(794~1185)末期寫本

3. 引用經疏

『長阿含經』

『雜阿含經』

『增一阿含經』

『pāli律』 \<經分別\>

『中部』 \<聖句經\>

『長部』 \<沙門果經\> (南傳藏 권 6)

『阿毘達磨大毘婆娑論』

『阿毘達磨集異門足論』

『俱舍論』

『阿毘達磨順正理論』

『異部宗輪論』

『七佛通誡』

『小品, 八千頌般若經』

『大品般若經』

『法華經』

『60 華嚴經』

『80 華嚴經』

『40 華嚴經(Gaṇḍa-vyūha)』

『大般若經』 <玄奘譯>

『摩訶般若波羅蜜經』 <鳩摩羅什譯>

『金剛般若波羅蜜經』 <鳩摩羅什譯>

『實相般若波羅蜜經』 <菩提流志譯> (대정장 8. No 240)

『中論』

『大智度論』

『大乘莊嚴經論』 <發心品>

『大方等如來藏經』 <佛陀跋陀羅譯>

『觀佛三昧海經』

『大乘法界無差別論』

『大乘入楞伽經』

『大方便佛報恩經』 <失譯>

『勝鬘經』

『寶性論』

『攝大乘論』<玄奘譯>

『觀無量壽經』

『大般涅槃經』<曇無讖譯>

『成唯識論』

『決定藏論』

『楞嚴經』

『楞伽經』

『Tibet 화엄경』(GV 4. 16)

『華嚴經傳記』<法藏> (대정장 51. No 2073),

『華嚴經疏』<澄觀撰>

『諸佛境界攝眞實經』<般若譯> (大正藏 18. No 868)

『心地觀經』<般若譯>

『大乘理趣六波羅蜜多經』<般若譯> (大正藏 9. No 261)

『修行次第 (Bhāvanākrama)』<蓮華戒(kamala-śīla)>

『大方便佛報恩經』<失譯>

『守護國界主陀羅尼經』<般若 牟尼室利 共譯>

『大日經』(대정장 18. No 848)

『大日經疏』<善無畏> (대정장 39. No 1796)

『三種悉地破地獄陀羅尼法』<善無畏譯> (대정장 18. No 905)

『金剛頂經毘盧遮那一百八尊法身契印』<善無畏・一行 共譯>

(대정장 18. No 877)

『大日經義釋』<一行>『續天台宗全書』密教 1

『大日經廣釋』<buddhaguhya> (北京 vol 77)

『廣釋菩提心論』<覺密> (대정장 32. 1664)

『金剛頂經瑜伽修習毘盧遮那三摩地法』<金剛智 譯> (대정장 18. No 877)

『金剛頂經瑜伽觀自在王如來修行法』 <金剛智譯> (대정장 19. No 932)

『金剛頂瑜伽青頸大悲王觀自在念誦儀軌』<金剛智譯>(대정장20. No 1112)

『金剛峯樓閣瑜伽瑜祇經』 <金剛智譯> (대정장 18. No 867)

『金剛頂瑜伽中略出念誦經』 <金剛智譯> (대정장 18. No 866)

『念誦結護法普通諸部』 <金剛智述> (대정장 18. No 904)

『曼殊室利千臂鉢大敎王經』 <金剛智譯> (대정장 20. No 1117)

『五秘密修行念誦儀軌』 <不空譯> (大正藏 20. No 1125)

『仁王般若陀羅尼釋』 <不空譯> (大正藏 19. No 996)

『大方廣如來藏經』 <不空譯> (大正藏 16. No 667)

『金剛頂經』 <不空譯> (2권) (大正藏 18. No 874)

『金剛頂經』 <不空譯> (3권) (大正藏 18. No 865)

『金剛頂經大瑜伽祕密心地法門義訣』 <不空撰> (大正藏 39. No 1798)

『大乘理趣六波羅蜜多經』 (大正藏 8. No 261)

『都部陀羅尼目』 <不空譯> (大正藏 18. No 903)

『佛頂尊勝陀羅尼念誦儀軌』 <不空譯> (大正藏 19. No 972)

『八大菩薩曼茶羅經』 <不空譯> (大正藏 20. No 1167)

『觀自在菩薩如意輪瑜伽』 <不空譯> (大正藏 19. No 1086)

『普賢菩薩行願讚』 <不空集> (1권) (大正藏 10. No 297)

『三十七尊出生義』 <不空譯> (大正藏 18. No 872)

『般若理趣釋』 <不空譯> (大正藏 19. No 1003)

『一切時處念誦成佛儀軌』 <不空譯> (大正藏 19. No 957)

『一字頂輪王儀軌音義』 <不空譯> (大正藏 19. No 958)

『大樂金剛薩埵修行成就儀軌』 <不空譯> (大正藏 20. No 1119)

『金剛頂~大樂金剛薩埵念誦儀軌』 <不空譯> (大正藏 20. No 1125)

『分別聖位修證法門』 <不空譯> (大正藏 18. No 870)

『三十七尊心要』 <不空譯> (大正藏 18. No 871)

『金剛頂經議決』 <不空撰> (대정장 39. No 1798)

『金剛頂瑜伽三十七六尊禮』 <不空譯> (大正藏 18. No 879)

『金剛頂經~最上乘祕密三摩地禮懺文』 <不空譯> (대정장 18. No 878)

『金剛頂經瑜伽文殊師利菩薩法』 <不空譯> (대정장 20. No 1171)

『金剛頂瑜伽降三世成就極深密門』 <不空譯> (대정장 21. No 1209)

『金剛頂超勝三界經說文殊五字眞言勝相』<不空譯> (대정장 20. No 1172)

『十八會旨歸』 <不空譯> (대정장 18. No 869)

『一字頂輪王念誦儀軌』 <不空譯> (대정장 19. No 954)

『如意寶珠轉輪秘密現身成佛金輪呪王經』 <不空譯> (대정장 19. No 961)

『寶悉地成佛陀羅尼經』 <不空譯> (대정장 19. No 962)

『華嚴經入法界品字輪瑜伽儀軌』 <不空譯> (대정장 19. No 1020)

『陀羅尼集經』 <阿地瞿多譯> (대정장 18. No 901)

『都部陀羅尼目』 <不空譯> (대정장 18. No 903)

『理趣經』 <法賢譯> (대정장 8. No 244)

『不空三藏表制集』 <圓照集> (대정장 52. No 2120)

『無畏三藏禪要』 <慧警撰> (대정장 18. No 917)

『金剛頂經』 (30卷) <施護譯> (대정장 18. No 882)

『佛說如來不思議秘密大乘經』 <法護譯> (大正藏 11. No 312)

『金剛大甘露軍拏利熾盛佛頂經』 <達磨棲那譯> (大正藏 19. No 965)

『牟梨曼茶羅呪經』 <失譯> (대정장 19. No 1007)

『宗鏡錄』 <延壽> (대정장 48. No 2016)

『빠하라다-아수라 經(Pahārādasutta, A8:19)』

『Tantra 義入註釋』 (東北 250)

『入菩提行論(入菩薩行)』=『菩提行經』 (대정장 32. No 1662)

『pāli律』<經分別> (南傳藏 1)

4. 目錄類

『續開元釋教錄』<圓照集> (大正藏 No 2156)

『貞元釋教目錄』<圓照撰> (大正藏 No 2157)

『續貞元釋教錄』<恒安集> (大正藏 No 2158)

『高麗藏再雕大藏目錄』<3권> (東國大 1976년)

『高麗國新雕大藏校正別錄』<30권> (高麗藏 No 1402)

『傳教大師全集』『眞言宗全書』(眞言宗全書刊行會)

『續天台宗全書 密教 1

『弘法大師全集』(『弘全』) 密教文化研究所

『法寶標目』<元藏>

5. 辭典類

『密教大辭典』法藏館

『眞言事典』八田幸雄 著

『佛光大辭典』(慈怡法師編)

6. 日本撰述

6-1 <空海 撰述>

「請來目錄」(大正藏 55. No 2161)

『金剛般若波羅蜜經開題』(대정장 58. No 2201)

『般若心經秘鍵』(대정장 58. No 2203)

『大日經開題』(대정장 58. No 2211)

『金剛頂經開題』(대정장 61. No 2221)

『十住心論』(대정장 77. No 2425)

『秘藏寶鑰』(대정장 77. No 2426)

『辯顯密二教論』(대정장 77. No 2427)

『卽身成佛義』(대정장 77. No 2428)

『異本卽身義』(대정장 77. No 2428)

『吽字義』(대정장 77. No 2430)

『三昧耶戒序』(대정장 78. No 2462)

「廣付法傳」<惠果阿闍梨 行狀>『弘全』권1

『秘藏記』『弘全』권2

「遍照發揮性靈集」『弘全』권3

『金剛界念誦次第』『定本 弘全』권5

『梵字悉曇字母幷釋義』(대정장 84. No 2701)

6-2 그 외

『內證佛法相承血脈譜』『傳教大師全集』권1

『入唐新求聖教目錄』<圓仁> (大正藏 55. No 2167)

『貞元遺錄(靑龍寺求法目錄)』<圓珍> (大正藏 55. No 2171)

『智證大師請來目錄』<圓珍> (大正藏 55. No 2173)

『雜文雜記』<圓珍>『智證大師全集』下

『些些疑問』<圓珍>『智證大師全集』下

『新書寫請來法門等目錄』<宗叡> (大正藏 55. No 2174)

『俱舍論法義』<快道 撰> (大正藏 64. No 2251)

『菩提心論見聞』<安超 記> (大正藏 70. No 2294)

『眞言宗教時義』<安然 作> (大正藏 75. No 2396)

『阿字觀用心口決』<實慧撰> (대정장 77. No 2432)

『五輪九字秘釋』<覺鑁> (大正藏 79. No 2514)

『大鑑淸規』<淸拙正澄撰> (대정장 81. No 2577)

『菩提心論撮義鈔』<覚眼述>『智山全書』

『菩提心論三摩地段抄』<快全>『眞言宗全書』8

7. 著書

7-1 직접적

神林隆淨『菩提心論講義』 加持世界社 1913

吉祥眞雄「菩提心論講話」『密宗學報』62-72. 1918

勝友俊教『密教の日本的展開』春秋社 1970

       - 제4章 空海の菩提心觀とその思想的源流 -

       - 제6章 十住心思想の成立過程とその背景思想 -

栂尾祥雲『現代語の十卷章と解說』高野山出版社 1975

悔堂 손규상『菩提心論』(Internet)

惠淨『密敎菩提心論』해인행 2000

北尾 隆心『菩提心論の解明』東方出判 2020

全東赫(종석)『密敎의 卽身成佛 講義』하음출판사 2021

大柴淸圓 『敎注 菩提心論』大遍照院 2021

7-2 간접적

栂尾祥雲『秘密佛敎史』

      『秘密思想硏究』(高野山大學 出版部 1935

酒井眞典『大日經の成立に關する研究』國書刊行會 1962

　　　　　『大日經廣釋全譯』(酒井眞典 著作集 2) 1987

大村西崖『密敎發達誌』『國書刊行會』1972

那須政隆　『金剛頂經講傳』日本, 大本山成田山新勝寺 1976

堀內寬仁『金剛頂經梵本』高野山大學論叢 3輯

　　　　　『初會金剛頂經の研究』　1983

勝友俊敎『弘法大師著作全集』山喜房佛書林

吉田宏哲『空海思想の形成』春秋社 1993

藤田宏達『原始淨土思想の研究』岩波書店 1970

本山　博　賴富本宏『佛敎yoga』宗敎心理出版 1978

坂野榮範『金剛頂經に関する研究』國書刊行會 1976

小野塚幾澄『空海敎學における背景思想の研究』山喜房佛書林 2000

田上太秀　『菩提心の研究』

정수일 역주.『혜초의 왕오천축국전』　학고재 2004.

北村太道 <和譯>『大日經廣釋』起心書房 2020

佐伯有清『最澄と空海交友の軌跡』吉川弘文館 1998

立川武蔵『最澄と空海,日本仏敎思想の誕生』講談社選書メチエ 1998

高木訷元 編著『空海と最澄の手紙』法蔵館 1999

8. 논문류

8-1 직접적

加藤宥雄「高麗藏本菩提心論について」『密敎研究』78. 1941

望月信亨「龍樹造と傳えられる金剛頂菩提心論」

　　　　　　　　　『佛敎經典成立史論』　法藏館 1946

酒井眞典 「菩提心論について」『密教文化』2. 1947

壁瀬灌雄 「大日經三句段の註釋的研究」『日本佛教學年報』20권. 1954

那須政隆 「菩提心の密教的形態」『印佛研』3-2. 1955

西義 雄 「菩提心展開論の系譜」-『大智度論』을 中心にして

勝又俊教 「菩提心展開論の系譜」『印佛研』9-1, 1961

賴富本宏 「菩提心覺え書き」『種智院大學密教學』10號. 1973

東武 「菩提心論の作者について」『密教學會報』13. 1974

田中千秋 「眞言密教の觀行」『密教學研究』6. 1974

眞紫弘宗 「菩提心論(강독)」『(月刊) 講座密教』1-12號. 平河出版社 1975

遠藤祐純 「弘法大師の十住心論における Āsphānaka-samādhi

『智山学報』37. 1973

「金剛頂經의 五相成身觀에 대하여」心에서 身으로

『密教學研究』7. 1975

「初會金剛頂經における金剛界について」『密教學研究』11. 1979

小野塚幾澄 「弘法大師の三摩地觀」『佛教の實踐原理』山喜房佛書, 1977

堀內寬仁 「四智四佛について」『密教文化』144. 1983

全東赫(종석) 「大日經三句, 方便爲究竟を中心に」『印佛研』33-1. 1984

渡邊新治 「菩提心について -大日經疏を中心として」(1)

『智山學報』49. 1986

「菩提心について - 大日經疏を中心として」(2)

『智山學報』50. 1987

伊藤教宣 「菩提心と菩提行」『豊山學報』30. 1985

「大日經 住心品所設の菩提心」『印佛研』35-2. 1987

「菩提心と行」『風山教學大會紀要』17. 1989

「菩提心と十住心」『印佛研』39-1. 1990

김무생　「菩提心論 著者에 관한 고찰」『密教學 論文集』威德大　1986

今井淨圓「不空門下潛眞の菩提心義について」『印佛研』35-1.　1986

　　　　「菩提心論の成立年代について」-『密教學』23.　1987

　　　　- 潛眞撰菩提心義との比較を中心として -

酒井眞典「密教における菩提心思想の展開」『佛教思想史對論』

横山昌彦「菩提心論と弘法大師の思想」『密教學會報』28.　1988

北尾隆心「菩提心論成立について, 特に思想背景について」

　　　　　　　　　　　　　　　『密教學研究』20.　1988

大澤聖寬「菩提心論理解, 空海の引用の視點」

　　　　　　　　　　　　『佛教文化學會紀要』13.　2004

　　　　「十住心思想をめぐる大疏と菩提心論の研究

　　　　　　　　　　　『大正大學研究紀要』97.　2012

全東赫(종석)「密教의 修行 -菩提心論을 中心으로-」『淨土學研究』11

佐佐木大樹「菩提心論の不讀段に關する一考察」『現代密教』27.　2016

大柴淸圓　「菩提心論扶會阿字揩寔」『印佛研』65(1).　2016

　　　　「菩提心論冒頭一段落の序文說 大廣智阿闍梨云との關聯で」

　　　　　　　　　　『高野山大學大學院研究紀要』16.　2017

　　　　「秘藏寶鑰 第八・九・十住心 校訂研究」『秘藏寶鑰の研究』

　　　　　　　　　　『高野山大學大學院研究紀要』別冊 3.　2018

　　　　「京都大原三千院門跡所藏の菩提心論,

　　　　- 智證大師請來本と大阿闍梨の誤寫說-」『天台學報』60.　2019

北川眞寬「秘藏寶鑰の譯註研究, 第八一道無爲心」

　　　　『高野山大學大學院研究紀要』別冊 3.『秘藏寶鑰の研究』2018

土居夏樹「秘藏寶鑰の譯註研究, 第九極無自性心」

　　　　『高野山大學大學院研究紀要』別冊3.『秘藏寶鑰の研究』2018

武內孝善「秘藏寶鑰の譯注研究, - 第十秘密莊嚴心 1&2 -」

『高野山大學大學院研究紀要』別冊 3.『秘藏寶鑰の研究』2018

8-2 간접적

松永有見「三種悉地破地獄儀軌研究」『密教研究』35. 1930

邢須政隆「三種悉地破地獄儀軌の研究」『印度學佛教學論集』

宮本正尊環甲論集 1955

長澤實導「瑜伽行唯識瑜伽と眞言瑜伽の對比」『智山學報』7. 1959

勝友俊教「菩提心展開論の系譜」『印佛研』9-1. 1961

高峯了州「普賢行願品解釋の問題」『華嚴論集』國書刊行會. 1976

津田眞一「金剛頂経における十六大菩薩の出生について」

『智山学報』39. 1976

「初會金剛頂經における成佛の構造」『佛の研究』春秋社 1977

松長有慶「三種悉地と破地獄」『密教文化』121. 1978

三崎良周「大日經義釋と天台義」『早大文研紀要』27. 1979

川崎信定「一切智と一切智智」『密教文化研究』13. 1981

全東赫(종석)「密教思想の新羅的展開」-大正大大學院研究論集 10. 1986

全東赫(종석)「순밀사상의 신라전래와 입당밀교승들의 사상」

『논문집』5. 中僧大 1996

乾仁志 「初會金剛頂經の基本にある如來藏思想」『密教の形成と流轉』

『高野山大學密教文化研究所紀要』別冊 2. 2001

坂野榮範「金剛頂經の梵本について」『高野山時報』1594號

9 觀法(菩提心論 所說)에 관한 것

9-1 共通

山崎泰廣「密敎觀法の思想的背景」『日本佛敎學會年報』45. 1980

9-2 阿字觀

大野俊覽「阿字觀の研究」『密敎文化』85. 1968

加藤精一「阿字本不生系譜」『佛敎と儀禮』國書刊行會. 1977

栗山秀純「阿字觀とその基本理念」『日本佛敎學會年報』45. 1980

松長有慶「阿字觀の源流」『宗敎研究』255. 1983

　　　　　「弘法大師と阿字觀」『神秘思想論集』1984

山崎泰廣「精神集中の位置と構造」密敎yogaと現代醫學の對比

　　　　　　　　　　　　　　　　　　『密敎學研究』4. 1972

　　　　　「九重阿字觀と胎藏界曼荼羅の構造」『密敎學研究』10. 1978

　　　　　「阿字觀と自律訓練法の比較研究」『密敎學研究』11. 1979

　　　　　「密敎觀法の思想的背景」『日佛年報』45. 1980

　　　　　「阿字觀法界定印　-hṛdayaとcittaと關聯として」

　　　　　　　　　　　　　　　　　　『密敎文化』140. 1982

　　　　　「兩部曼荼羅の意識構造と阿字觀」『密敎學』16·17, 1984

　　　　　『阿字觀のすすめ　密敎冥想』『善通寺敎學振興會』1991

　　　　　『大日經の如實知自心と阿字觀』『佛敎萬華』1992

　　　　　「阿字觀本尊」『密敎大系』제9권『密敎實踐』法藏館 1994

松長有慶「入我我入觀의　構造」『日佛年報』40. 1975

　　　　　「阿字觀의　源流」『宗敎研究』255. 1983

田中千秋「眞言密敎の觀行」『密敎學研究 6 1974

森田龍遷「卽身成佛の觀行」 臨川書店(復)　1984

船井辛雄・加藤修一　「超瞑想法TMの奇跡」『PHP研究所』1985

9-3　月輪觀

月海淨印「月輪觀」『密嚴教報』96-99．1893

酒井敬淳「密教觀法と自律訓練」　印佛研 17-1，1968

9-4　五相成身觀

坂野榮範「五相成身の體系的研究，- 經軌上における成立的考察 -」

『智山學報』11．1937

酒井眞典「五相成身觀西域傳譯資料について」『密教研究』85．1943

遠藤祐純「金剛頂經の五相成身觀をめぐって」『密教學研究』7．1975

「五相成身觀について」『密教學』13・14．1977

부 록

참 고 1:   阿字五轉과 五相成身觀과의 관계

阿字五轉	五相成身觀
A=**ऄ**(菩提心)	通達菩提心
Ā=**ऄ**(如來行)	修菩提心
Aṃ=**ऄ**(成菩提)	成金剛心
Aḥ=**ऄ** (證涅槃)	證金剛身
Āḥ=**ऄ**(方便具足圓滿)	佛身圓滿

참 고 2:   金·胎兩部 曼茶羅上에서의 四種法身[679]

<중생의 自心實相>

四 (五)種 法身	金剛界 曼茶羅	五方 · 五智		胎藏界 曼茶羅	四重 構造	五大	修行 過程
自性	阿閦佛			大日如來	제1重	地	發心

---

[679] 「五智所成四種法身於本有金剛界自在大三昧耶自覺本初大菩提心」『瑜祇經』 (대정장 18. 254a) 「梵本入楞伽偈頌品云。自性及受用。變化幷等流。佛德三十六。皆同自性身。幷法界身。總成三十七也」『入楞伽經』 (대정장 16. 631c) 『修證法門』 (대정장 18. 291c) 「四種法身。一自性身。二受用身。三變化身。四等流身。四種地位。一勝解行地。二普賢行願地。三大普賢地。四普遍照輝地。地前三賢爲勝解行地。從初地至十地爲普賢行願地。等覺菩薩爲大普賢地」『兩部大法相承師資付法記』 (대정장 51. 785a)

法身		東方 · 大圓鏡智		(中臺)	(5院) 中臺八葉院 遍知院 持明院 蓮華部院 金剛部院	A	A
受用 法身	寶生佛	南方 · 平等性智		四 佛 寶幢佛. 開敷華王. 無量壽佛. 天鼓雷音佛	제2重 (4院) 釋迦院 除蓋障院 虛空藏院 地藏院	水 Va	如來行 Ā
變化 法身	阿彌陀佛	西方 · 妙觀察智		釋尊佛	제3重 (2院) 文殊院 蘇悉地院	火 Ra	成菩提 Aṃ
等類 法身	不空成就 佛	北方 · 成所作智		外金剛部 所屬	제4重 (1院) 最外院	風 Ha	涅槃 Aḥ
綜合 (淨妙法身)	大日如來	中方 · 法界 體性智		(中臺) 大日如來		空 Kha	方便 Āḥ

참 고 3: 　　　　十六大菩薩의 眞言과 種字

四部	16大 菩薩名	眞言과 種子
金剛部	金剛薩陀	Oṃ vajra-sattva, āḥ
	金剛王	Oṃ vajra-rāja, jaḥ
	金剛愛	Oṃ vajra-rāga, hoḥ
	金剛喜	Oṃ vajra-sādho, saḥ
寶部	金剛寶	Oṃ vajra-ratna, oṃ
	金剛光	Oṃ vajra-teja, aṃ
	金剛幢	Oṃ vajra-ketu, trāṃ
	金剛笑	Oṃ vajra-hāsa, haḥ
蓮華部 (法部)	金剛法	Oṃ vajra-dharma, hrīḥ
	金剛理	Oṃ vajra-tīkṣṇa, dhaṃ
	金剛因	Oṃ vajra-hetu, maṃ
	金剛語	Oṃ vajra-bhāṣa, raṃ
羯磨部 (業部)	金剛業	Oṃ vajra-karma, kaṃ
	金剛護	Oṃ vajra-rakṣa, haṃ
	金剛牙	Oṃ vajra-yakṣa, hūṃ
	金剛拳	Oṃ vajra-sahrīḥdhi, baṃ

참 고 4:   금강계만다라의 오불론(五佛論)

- 수인(手印), 좌우수(左右手) 위치와 형태 -

그 역동성과 상징성 -

 금강계만다라의 궁극적 목적은 불국토를 창조하겠다는 사명감(信解)과 大悲를 실천하는 보살정신의 구현(行證)이다.

 따라서 五佛을 비롯한 금강계만다라의 전체 구성원들은 그 누구도 예외 없이 모두가 대비실천의 구현을 통해, 위로는 보리를 구하고 아래로는 중생제도를 위해 끊임없는 보살행을 실천해야 하는 것이다.

 곧 法性인 空性과 淸淨과 眞如의 구현을 위해 끝없이 정진하는 菩提心의 상승과정과, 중생을 향한 여래의 무한한 大悲를 여러 상징을 통해 표상화해 놓은 것이 금강계만다라이다.

위의 도표를 보면서 五佛이 가지는 手印(Mudrā), 곧 5佛이 취하고 있는 左手의 위치와 형태, 그리고 右手 손바닥의 위치와 향방(向方)분석을 통해, 이들이 지닌 역동성과 상징성, 그리고 그것이 우리에게 주는 메시지가 무엇인지 살펴보도록 하자.

(1) 四佛 (아축 · 보생 · 아미타 · 불공성취)의

　　　　　　　　左手의 위치와 형태에 대한 분석

㉮ 四佛 모두 언제나 육체의 중심부인 배꼽(臍)부위에

　左手를 올려놓고 있다.

㉯ 東과 西의 아축불과 아미타불은 손바닥을 편채(開)

　上向을 하고 있으며,

㉰ 南과 北의 보생불과 불공성취불은 손바닥을 편 상태에서,

　엄지를 손바닥 안에 접어(閉) 上向을 함.

(2) 四佛(아축 · 보생 · 아미타 · 불공성취)의

　　　　　　　　右手(손바닥)의 위치와 향방의 분석

㉮ 東의 아축불(降魔觸地印)은

　下位(脚位=地面)에 두고, 內向(자신)을 향하고 있으며,

㉯ 南의 보생불(與願印)은

　下位(膝位:무릎)에 두고, 前向(중생)을 향하고 있다.

㉰ 西의 아미타불(禪定印)은

　中央의 배꼽부분(臍位)에 두고, 內向(자신)을 향하고 있으며,

㉱ 北의 불공성취불(施無畏印)은

　심장부(心臟部)에 두고, 前向(중생)을 향하고 있다.

(3) 금강계-M에 있어 五色·五形·五大의 의미,

-종축(縱軸=般若軸)과 횡축(橫軸=波羅蜜軸=慈悲軸)의 상관관계 -

㉮ 반야축(般若軸: 內省)이라 불러지는 東과 西의 종축(垂直軸)은 아축불과 아미타불로서, 각각 靑色과 赤色을 지니며, 水大(圓形)와 火大(三角形)를 나타낸다. 곧

水大는 조건에 따라 액체·기체·고체등으로 변하는 유동성과 변환성을 나타내는 원소이며,

火大(太陽)는 水大와는 상극이긴하나 유동성인 水大를 활성화시키는 중간매개체로서, 순환의 근원이 될 뿐만 아니라 水大와 더불어 농경사회를 유지시키는데 없어서는 안 되는 근본원소이다.

㉯ 자비축(慈悲軸: 同情과 包攝)이라 불러지는 南과 北의 횡축(水平軸)은 보생불과 불공성취불로서, 각각 황색(黃色)과 녹색(綠色)을 지니며,

地大(四角形)와 風大(半月形)를 나타낸다.

여기서 地大는 부동성(不動性)을 나타내며,

風大는 생명수로서 수목(宇宙樹)을 상징한다.[680]

위에서 살펴 본 ㉮와 ㉯를 종합해보면,

東의 水大는 地下에, 南의 地大와 西의 火大는 地上에, 北의 風大는

---

680) 아미타불의 座臺인 孔雀에서도 설명하겠지만, 나무는 모든 생명체의 안식처로서의 역할을 한다. 우주의 호흡을 상징하는 心臟으로서 공기의 흐름의 표현인 風大를 상징하는 北方의 불공성취불은 바로 이 수목(樹木)을 상징한 것으로, 風大를 녹색(綠色)으로 표현하고 있는 것도 바로 이러한 이유 때문이다.

天空에 각각 존재하는 것으로, 地下→地上→天空의 順으로 움직이는 이들 五佛의 순환활동은 마치 東→南→西→北→中方의 순서로 右回轉 운동을 하고 있는 太陽의 움직임과도 같음을 알 수 있다.

(4) 금강계만다라에 있어 五佛의 수좌(獸座),
- 그 역동성과 상징성 -

좌대(座臺)에는 자각(自覺)과 각타(覺他), 곧 成佛을 향한 수행과정에 있어서의 추진력. 정진력. 의식의 고취 (下/地上 → 上/天上)와 佛이 지닌 지혜. 자비 등을 사방에 전파하여 중생을 제도하려는 意志(질주ㆍ신속)의 의미가 상징되어 있다.

이제 이들의 역동성과 상징성을 좀 더 자세히 살펴보도록 하자.

㉮ 東方의 아축불(阿閦佛)과 흰 코끼리(白象)

수미산 정상인 도리천(三十三天)에 거주하는 宇宙神 Indra(제석천)는 탈것(乘物)인 白象을 타고 금강저(金剛杵)를 휘두르면서, 우주(빛ㆍ구름ㆍ바람)를 다스리며 大地를 풍요롭게 한다. 여기서 제석천의 탈것인 白象은 폭풍ㆍ전광ㆍ태양과 관계를 가지며, 길상(吉祥)을 상징하는 동물이다.

㉯ 南方의 보생불(寶生佛)과 말(馬)

보생불이 타고 있는 말(馬)은 원래 태양신(Sūrya)의 탈것인 七頭馬車(日ㆍ月ㆍ火星ㆍ水星ㆍ木星ㆍ金星ㆍ土星)의 상징이다.

곧 칠두마차를 타고 태양을 東에서 西로 운반해 주면서,

우주의 질서를 유지해 준다는 의미가 깃들어 있다.

㉯ 西方의 아미타불과 공작(雀)

 우주 창조신 브라흐만의 부인(女妃)인 Sarasvateī의 상징인 공작(孔雀)
은 다산(多産)과 풍요로움 그리고 생명에너지를 나타낸다.[681]

Sarasvateī의 옆에는 공작이 그려져 있는데, 이는 공작=태양=생명수와
의 관계를 나타내고 있는 것이다. 곧 태양과 거목(巨木)은 생명의 근원을
상징하며, 공작은 다산과 풍요. 불로장생을 상징하는 것으로, 태양의 에
너지를 받아드려 생명수인 거목에 전달한다.

㉰ 北方의 不空成就佛과 금시조(金翅鳥)

 우주보전(宇宙保全)의 신인 Viṣṇu神의 탈것인 금시조(金翅鳥: Garuḍa)
는 생명의 보전과 활성화를 상징한다.

"三步에 우주를 횡단하는 Viṣṇu神"이란 말이 있듯이,

Viṣṇu神은 大日如來와 관계가 깊은 신이다.

말하자면 Viṣṇu神은 太陽을 상징화한 密敎佛 대일여래와 깊은 관계가
깊다. 대일여래가 힌두교의 최고신인 Viṣṇu神으로부터 유래되었다는 일
설은 바로 이러한 데서 비롯된 것이다.

 북방의 불공성취불은 이름 그대로 생명의 활성화(성취)를 상징한다.
Viṣṇu神의 탈것(乘物)이었던 금시조와 관계를 가지게 된 것도 바로 이런

---

681)참고로 Viṣṇu神의 女妃는 Lakṣmī이며, Śiva神의 女妃는 Pāravatī(Gaṇga)
   이다.

이유에서이다.682)

㉱ 中方의 대일여래와 사자

太陽=獅子=强力한 힘=에너지의 근원을 상징한다. 불교에서는 사자를 지혜와 보리심(발심)의 상징으로 사용하고 있다. 문수보살을 사자의 용맹에 비유하여 사자좌에 앉히거나, 금강계만다라의 중심인 중방의 대일여래를 사자좌에 앉히는 것은 바로 이 때문이다.

도표 1. 五佛이 지닌 전체상 (역동성과 상징성)

(五部 · 五方 · 五大 · 五智 · 五座 · 五色 · 五印 · 象徵)

五佛	阿閦佛	寶生佛	阿彌陀佛	不空成就佛	大日如來
五部	金剛部	寶部	蓮華部	羯磨部	佛部
五方	東方	南方	西方	北方	中方
五智	大圓鏡智	平等性智	妙觀察智	成所作智	法界體性智
五座 683) (獸座)	白象座684) (東方 Indra神)의 乘物	七頭馬座 (太陽神: sūrya神)의 乘物	孔雀座 (創造神, 브라흐만)의 女妃,	金翅鳥座: garuḍa686) (Viṣṇu神687)의 乘物)	獅子座688) (正午太陽) 萬有根源 · 强力 ·

---

682) 인도네시아의 항공회사중에는 Garuḍa란 상호를 가진 항공사가 있다. 힌두교의 최고신인 Viṣṇu神의 乘物인 金翅鳥를 말하는 것으로, 한번에 千里를 난다는 뜻에서 사용했을 것이다. 영화 아바타(Avatar)에 등장하는 새이다.

			Sarasvateī, 685)의 상징, 辯才天 多産·豊饒· 生命 에너지 象徵 地上→天空 으로 날아 오르는 새 飛上	太陽·生命力을 象徵 太陽을 향해 빛의 속도로 天空을 나는 鳥類(농물)의 王 far/fast	豊饒·破壞를 의미하는 太陽 自體를 象徵 地上의 百獸의 王 위엄
	暴風·電光· 太陽·吉祥을 象徵 地上의 動物 slow	太陽·傳播를 象徵 地上의 動物 fast			
五色 689)	靑色	黃金色	赤色 (夕陽)	綠色 (樹木)	白色
五大 (輪) (位置)	水大(輪) (地下) → 濕性·統攝	地大(輪) (地上) → 堅性·不動	火大(輪) (地上) → 煖性·變換	風大(輪) (天空) → 運動性·宇宙樹 (長養)	空大(輪) (天空) → (地下) 無碍性·循環
種字	Va	A	Ra	Ha	Kha
五形	圓形	四角形	三角形	半月形	寶珠形
五印 mudrā 690) (象徵)	降魔觸地印 成道印 內的深化 (充實) 內面化 發菩提心 戰勝 (煩惱·惡魔) 淨化·改心 (發菩提心)	與願印 外向化 寶物放出 放射·擴散 大悲·福德 衆生敎化 (聚功德)	法界(禪)定印 內的深化 (冥想) 內面化 寂靜·安定· 統一·禪定 (智慧敎化)	施無畏印 外向化 衆生敎化 五光放出 惡魔排除 (精進修行)	智拳印 (六大相剋印) 無限循環 (右廻轉) 收斂(中)→ 發散(東) 左手風大 (壽)와 右手五大 (生成要素), 물질(左)과 정신(右), 理(左)와 智(右), 女(左)와 男(右),

					소우주(左)와 대우주(右) 등의 상호결합 (융화) 절대적 合一
左手 (靜寂) 開→閉	左手: 上掌置 (臍位) (親指:펌)	左手: 上掌置 (臍位) (親指:접음)	左手: 上掌置 (臍位) (親指:펌)	左手: 上掌置 (臍位) (親指:접음)	左手:金剛拳 691) (心臟位) (頭指:펌)
右手 692) (活性) 上昇化	右掌向: 內下向 (觸地)	右掌向: 外下向 (衆生向) (臍位)	右掌向:內上向 (臍位)	右掌向:外上向 (衆生向) (心臟位)	右手:金剛拳 (心臟位)
五物 (持物)	金剛杵	寶珠	蓮華	劒	塔
自利 利他	自利 (內面化)	利他 (外向化)	自利 (內面化)	利他 (外向化)	自利利他 覺行圓滿

683) 獸座는 깨달음의 과정, 곧 의식의 上昇力과 佛이 지닌 지혜·대비·위신력 등을 四方에 전파하는 力動性 등 2가지 의미의 상징성을 지닌다. 금강계만다라의 中心인 五佛의 乘物들은 모두가 태양과 관계 깊은 동물들이다. 태양이 지닌 생명력과 위신력·강력함을 상징한다고 보면 좋을 것이다.

684) 인도에는 오래전부터 방위를 수호하는 守護神을 동물로 상징한다. 곧 東:帝釋天 indra(象)/西:水神 varuna(魚)/南:閻魔天 yama(牛)/北:財寶神 guvera(馬)등이 그것이다. 태국에는 수미산정(須彌山頂)에 살면서 우주를 지배한다는 제석천(帝釋天), 곧 三十三神을 상징하는 33개의 머리를 가진 코끼리(33頭의 象)이 전해지고 있다. 코끼리를 통해 태양·동방·제석천·수미산 등을 상징하고 있음을 알 수 있다.

685) Sarasvateī는 비파를 들고 있는 음악·변론(辯論) 등의 神인 변재천(辯才天)을 말한다. 공작은 모든 생명체에게 산소를 공급하고, 그늘과 쉼터를 제공하고, 과실을 제공하는 등 소위 우주의 생명수(生命樹)를 상징하는 동물이다. 따라서 多産·豊饒·長生·生命을 상징한다

686) 獅子를 일러 백수(百獸)의 王이라 하듯이, garuda는 Viṣṇu神의 乘物로서 鳥類들의 王이다. 한번 날면 300萬里를 난다고 한다. 마치 광속(光速)처럼 빠르고 멀리 하늘을 나는 새이다. 태양을 상징하는 동물이다.

687) 宇宙 保全의 神이다. '三步에 宇宙를 횡단하는 Viṣṇu神'이라는 말처럼, Viṣṇu神은 太陽과 관계가 깊다. 태양이 朝→晝→夜, 곧 三步로 宇宙를 횡단

하고 있음을 상징하고 있는 말이다. 후에 밀교에 들어와 Vairocana佛이 되었다.

688) 사자는 百獸의 王이다. 앞서의 동물들이 모두 태양을 상징하고 있듯이, 사자 역시 태양을 상징한다. 아니 太陽 바로 그 자체이다. 곧 東과 南을 상징하는 동물인 象과 馬가 地上의 동물이라면, 西와 北을 상징하는 孔雀과 金翅鳥는 天空을 나는 하늘의 동물이다. 빠르기도 점점 빨라진다. 어딘가의 목적지를 향하여 달리며 또 날고 있다. 다섯 동물 모두 태양을 상징한다고 했듯이, 목적지는 다름아닌 太陽이다. 中方을 상징하는 獅子는 太陽 바로 그 자체를 상징한다. 말하자면 다섯 동물 모두 태양이 지닌 神秘力과 威力등의 力動性을 상징하는 동물이라 보면 좋을 것이다.

689) 우주에너지인 śakti가 모이는 곳을 차크라(cakra)라 하는데, 일반적으로 基底部 · 臍部 · 心臟部 · 喉部 · 頭頂部 등 5부위의 차크라(cakra)를 상정하고 있다. 그런데 이들 śakti와 차크라가 만생명의 기본요소이며 활성요소인 五大 내지는 五色과 밀접한 관계를 가지고 있음이 밝혀졌다. 곧 五부위의 차크라에서 śakti가 산화(酸化)할 때 만들어 내는 모양과 색이 앞의 도표에서 살펴본 五大 내지 五色과 같기 때문이다.

690) 五佛의 손놀림인 mudrā를 말한다. 五佛들은 각각 자기 나름대로의 손놀림인 手印, 곧 印相을 지니고 있다. 이러한 印相들은 무의미의 손놀림이 아니라 아주 중요한 의미를 지니고 있다. 곧 五佛 각자각자가 지닌 特性과 우리들에게 전하고 싶은 메세지들을 이 手印(mudrā)을 통해 나타내고 있는 것이다.

691) 金剛拳이란 제5 禪定波羅蜜多와 제10 智慧波羅蜜多를 상징하는 左右의 엄지손가락(大指)을 각각 左右의 손바닥 안에 굽혀 넣고 나머지 손가락으로 감싸 쥐는 印이다. 말하자면 地大 · 水大 · 火大 · 風大와 (布施 · 持戒 · 忍辱 · 精進)波羅蜜多를 상징하는 左手의 小指로부터 頭指까지의 손가락으로 禪定波羅蜜多을 상징하는 左手의 엄지(大指)를 감싸 주먹모양을 하고, 또 地大 · 水大 · 火大 · 風大와 (般若 · 方便 · 願 · 力)波羅蜜多를 상징하는 右手의 小指로부터 頭指까지의 손가락으로 智波羅蜜多를 상징하는 右手의 엄지(大指)를 감싸 주먹모양을 한 것을 말한다. 여기서 왼손은 修行者를 의미하며, 오른손은 法身佛을 상징한다. 이 때 禪定(左手의 大指)과 智慧(右手의 大指)를 상징하는 左右의 엄지(大指)를 어디에 두느냐에 따라 의미가 달라진다.

곧 좌우의 엄지인 禪과 智를 각각 小指(地大와 理를 상징) 아래에 두는 것을 金剛理拳이라 하며, 무명지(水大와 智를 상징)아래에 두면 金剛智拳, 中指(火大와 降魔를 상징) 아래에 두면 金剛忍拳, 그리고 소지와 무명지 사이에 두면 金剛不二拳이라 한다. 이 금강권이 의미하는 것은 신체 · 언어 · 마음의 三密活動이 相應하여 合一한다는 의미로서의 실행을 상징한다. 곧 金剛拳은 小指 · 無名指 · 中指의 세 손가락으로 대지(大指;엄지손가락)를 쥐고, 두지(頭指;집게손가락)를 약간 구부려서 칼(劍身)처럼 하는 것인데, 여기서 신체 · 언어 · 마음이 각각 小指(身) · 無名指(口) · 中指(意)의 세 손가락으로 표현되고, 거기에 <엄지손가락을 쥔 것은> 身體 · 言語 · 마음, 곧 <身口意 三密活動의 統合의 의미>가 있는 것으로, 如來와 同一한 우리들의 신체 · 언어 · 마음의 세 가지 秘密의 活動이 그대로 日常生活化되고 있음을 나타낸다.

도표 2. 반야축(般若軸)과 자비축(慈悲軸)으로 본 五佛

	般若軸=(東西軸)		慈悲(波羅蜜)軸=(南北軸)		2축의 中心
五方	東方	西方	南方	北方	中方
五佛	阿閦佛	阿彌陀佛	寶生佛	不空成就佛	大日如來
五色	青色	赤色	黃色	綠色	白色
五大	水大	火大	地大	風大	空大
向性	內向的 右手印 (觸地印/禪定印)		外向的 右手印 (與願印/施無畏印)		
活動性	太陽運動 方向의 大日如來를 向한 右廻轉의 力動性				
五智	大圓鏡智	妙觀察智	平等性智	成所作智	法界體性智

한편 頭指를 <칼(劍身)모양으로 한 것은 迷妄을 잘라 없애는 智慧의 활동을
나타낸 것으로, 如來의 신체·언어·마음의 세 가지 秘密의 活動을 우리들의
신체·언어·마음의 日常의 活動에 그대로 具現시켜, 卽身成佛을 實現시키겠
다는 의지의 표현이다.
692) 오른손의 위치가 점점 심장(태양)을 향해 상승하고 있음을 알 수 있다.

(5) 금강계만다라 五佛의 종합적 분석

위에서 고찰한 (1) (2) (3) (4)의 결과를 토대로, 금강계만다라 五佛이 주는 역동성과 상징성, 그리고 그것이 주는 메시지와 의미를 종합해, 이를 분석해보면

㉮ (보생불과 불공성취불에서 보듯) 남북의 축, 곧 慈悲軸(바리밀축)은 右手의 손바닥이 중생을 향한 전향방향(前向方向)이며,

동서의 축, 곧 般若軸은 아축불과 아미타불에서 보듯,

右手의 손바닥이 자기자신을 향한 내향방향(內向方向)을 하고 있다.

㉯ 右手의 위치 또한 점점 下位<아축불(地位)→보생불(脚位)>에서 上位 <아미타불(臍位)→불공성취불(心臟位)>로 향하고 있으며, 左手는 한결 같이 배꼽부위(臍位)에 두지만, 마지막에는 심장부위까지 올라가 드디 어 지권인(智拳印)이 되어 양손이 합체가 되어짐을 볼 수 있다.

곧 양손의 움직임은 내면작용과 불법홍포가 춤(舞踊)으로 표출되어짐 을 나타내고 있다.

명상(瞑想)의 심화와 더불어 행동의 내면화가 점점 활성화되고 있음을 상징화하고 있는 것이다.

㉰ 東→南→西→北을 거쳐 中方을 향하여 움직이고 있는 五佛의 활동방 향이 태양의 움직임의 방향(東→南→西→北)과 일치함을 알 수 있다.

㉱ 금강계만다라의 중심인 5불의 탈것(獸座)들은 모두가 태양과 관계 깊 은 동물들이다.

곧 象→馬→孔雀→金翅鳥에서 보듯, 地上을 걷던 느림보 象(코끼리)가 빠르게 질주하는 馬(말)로 변하고, 드디어 땅을 박차고 일어나 공작(孔雀)으로 변하여 날기 시작하더니, 점차 가속도를 더하면서 드디어 금시조(金翅鳥)가 되어 태양을 향해 날아가, 마침내 태양 그 자체인 사자, 곧 비로차나불이 되어버림을 볼 수 있다.

바꾸어 말하면 깨달음의 도정, 곧 성불을 향한 수행과정에 있어서의 추진력·정진력·의식의 상승력과, 거기에 佛이 지닌 지혜·대비·위신력 등을 사방에 전파하는 역동성 등, 대승불교가 추구하는 이상적 인간상인 보살이 지녀야 할 상구보리(上求菩提)와 하화중생(下化衆生)이란 2가지 덕목을 모두 상징하고 있는 것이 이들 탈것(獸座)이라 보면 좋을 것이다. 곧 금강계만다라의 중심인 5불의 탈것(乘物=獸座)들은 모두가 태양과 관계 깊은 동물들로서, 태양이 지닌 생명력과 위신력. 강력함을 상징하고 있는 것이다.

곧 금강계만다라는 생명의 원천인 태양을 향한 끊임없는 운동성과 활동성, 말하자면 청정과 진여를 향해 정진하는 발보리심, 곧 보리를 향해 수행정진하는 모습인 의식의 상승과정, 그리고 중생을 향한 대비자 부처님의 연민의 무량함을 五佛의 탈것(獸座)을 통해 표상화시키고 있는 것이다.

참 고 5: 金剛界三十六尊의 加持와 功德

1) 三十六尊 聖衆의 加持와 그 功德

『修證法門』이

「法身佛은 당신의 頂上으로부터 佛頂의 法身들(36尊)을 流出(유출)하여
空中에서 法會를 이룬다. 곧 光明으로 十方을 두루 덮어 十方三世佛의
法界宮殿(법계궁전)을 衛護(위호)하여, 그 빛을 보는 자로 하여금 金剛界
如來인 毘盧遮那 遍照身(편조신)을 現證(현증)케 한다」[693]

라 설한 것처럼, 行者는 內證한 三十六尊의 無上金剛界 分智, 곧
36聖衆의 智慧의 威力과 加持에 의해 속히 毘盧遮那身을 證得케 된다.
이를 알기 쉽게 <도표>로 나타내면 다음과 같다.

도표 3.　　　三十六尊 聖衆의 加持와 그 神變(功德) [694]

　　　　　　- 36聖衆의 加持功德과 三昧耶(持物·手印) -

36聖衆	加 持 (Adhiṣṭhāna) 三十六尊名	神變(功德) Vikurvita	<手印> · (持物)

---

693)「以此三十七內證無上金剛界分智威力加持。頓證毘盧遮那之身。從無見頂
相。流出無量佛頂法身。雲集空中。以成法會。光明遍覆如塔相輪。十地滿足
莫能睹見。冥加有情。身心罪障悉令殄滅。無能知者。雖不能覺知。能息諸苦
而生善趣。從光明流出十六菩薩及八方等內外大護。展轉出光。照觸惡趣。以
成窣睹波階級。衛護諸佛窣睹波法界宮殿。成爲相輪令身。現證金剛界如來毘
盧遮那遍照之身也」『修證法門』(대정장 18. 291c)

694) 手印과 種字를 비롯 보다 상세한 것은 종석스님 저,
『밀교의 즉신성불강의』제 7장 「성신회 37존과의 三密加持神變을 통한 卽
身 成佛成就法」참조, 하음출판사 pp. 169~226

	加持身=自受用身 32尊의 灌頂名		三昧耶
四 佛	阿閦佛 金剛堅固 (自受用身) akṣobhya-buddha, hūṃ	圓滿菩提心과 金剛堅固波羅蜜을 證得케 함	<降魔觸地印> (金剛杵) 縱橫三鈷金剛杵 ————————— 蓮花
	寶生佛 (功德莊嚴聚身) ratna-saṃbhava- buddha, trāḥ	內:灌頂을 통해 菩提를 證得케 하고, 外:三界法王의 職位를 받게함	<與願印> (mani寶珠) 橫獨股杵上寶珠 ————————— 蓮花
	阿彌陀佛 (受用智 報身) lokesvara-rāja- buddha, hrīḥ	樂說辯才를 통해 모든 疑心을 끊게하여 菩提心을 證得케 함	<禪定印> (左手:金剛杵) (右手:蓮花) 縱橫金剛杵 ————————— 蓮華
	不空成就佛 (作變化身) amogha-siddhe-	諸所行에서의 利樂을 성취함 곧 중생교화를 위한	<施無畏印> (金剛劍)

	buddha, aḥ	무한한 할동	橫金剛杵上羯磨輪 ————— 蓮花
四-波羅蜜菩薩	金剛波羅蜜菩薩 轉 (第8 Ālaya識) satva-vajrī, hūṃ	大圓鏡智를 證得함 (虛空과 法界에 두루한)	<不動金剛印> 縱五股杵 ————— 蓮花
	寶波羅蜜菩薩 轉 (제7 manas識) ratna-vajrī, trāḥ	平等性智를 證得함 (衆生世間과 器世間에서)	<平等金剛印> 八輪寶珠 ——— 蓮花
	法波羅蜜菩薩 轉 (제6 意識) dharma-vajrī, hrīḥ	妙觀察智를 證得함 (陀羅尼의 解脫法으로부터)	<蓮華光明印> 縱獨股杵 ————— 蓮花
	羯磨波羅蜜菩薩 轉(前 五識) karma-vajrī, āḥ	成所作智를 증득함 (雜染 및 淸淨世界로부터)	<羯磨金剛印> 十二輪羯磨 ————— 蓮花
<16大菩薩> 金剛部-四菩薩	金剛薩埵菩薩 (Vajra) sattva, āḥ	猛利의 精進을 통해 無上菩提를 頓證함	<五股杵印> 縱橫二十輪股杵 ————— 蓮花
	金剛王菩薩 (Vajra) rāja, jaḥ	四攝法門을 받음	<金剛鉤四攝印> 縱二金剛鉤 ————— 蓮花
	金剛愛菩薩	끊어짐이 없이	<大悲箭印>

	(Vajra) rāga, hoḥ	無緣大悲가 계속됨	縱二大愛箭 ――――― 蓮花
	金剛善哉菩薩 (Vajra) sādha, saḥ	모든 善法에 대해 崇仰하고 稱讚한다.	<喜印> (兩手 金剛拳 마주봄) ―――――――― 蓮花
寶部-四菩薩	金剛寶菩薩 (Vajra) ratna, oṃ	廣大圓滿의 無染智를 증득함	<mani寶珠印> mani寶珠 ――――― 蓮花
	金剛光菩薩 (Vajra) teja, <aṃ>	모든 慧光을 證得함	<金剛光印> 日光 ――― 蓮花
	金剛幢菩薩 (Vajra) ketu, <trāṃ>	Cintamani寶幢처럼 모든 것을 滿足시킴	<金剛幢印> 日光 ――― 蓮花
	金剛笑菩薩 (Vajra) smita hāsa, <haḥ>	見聞刹那에 法樂을 얻게함	<金剛笑印> 橫金剛杵 ――――― 蓮花
法部-四菩薩	金剛法菩薩 (觀世音菩薩) (Vajra) dharma, <hrīḥ>	諸法의 無常과 本性淸淨을 證得함	<金剛正法印> 縱獨股杵 ――――― 蓮花
	金剛利菩薩 (文殊菩薩) (Vajra) tikṣṇa,	般若波羅蜜劍으로 自他의 모든 苦痛을 끊게함	<金剛智劒印> 縱金剛利劒

	<dhaṃ>		————— 蓮花
	金剛因菩薩 (Vajra) hetu, <maṃ>	모든 이에게 轉法輪을 請하게 됨	<四攝法輪印> 四攝法輪杵 ————— 蓮花
	金剛語菩薩 (Vajra) bhāṣa, <raṃ>	六十四種의 法音으로 모든 根機의 衆生에게 法益을 줌	<舌印> 舌上五股金剛杵 ————— 蓮花
羯磨部-四菩薩	金剛業菩薩 (虛空庫 菩薩) (Vajra) karma, <kaṃ>	無邊世界에서 항상 大供養을 하게 됨	<羯磨印> 縱橫羯磨 ————— 蓮花
	金剛護菩薩 (Vajra) rakṣa, <haṃ>	大誓願을 세워 生死에 들어가 衆生을 引育하여 佛法에 머물게 함	<鎧甲印> 金剛甲冑 ————— 蓮花
	金剛牙(夜叉)菩薩 (Vajra) yakṣa, <hūṃ>	天魔와 一切 外道를 무찔러 無始煩惱를 묶어버림	<牙印> 縱90도雙杵 ————— 蓮花
	金剛拳菩薩 (Vajra) saṃdhi, baṃ	日常生活속에서 三密瑜伽하여 卽身成佛을 成就함	<金剛拳印> 兩手金剛拳 마주봄 ————— 蓮花
	金剛嬉戲菩薩 (Vajra) Lāsye,	日常生活속에서 圓滿快樂 自在를 얻음	<嬉戲法樂印>

內-四供養菩薩	<hoḥ>		縱曲三股金剛杵 ————————— 蓮花
	金剛鬘菩薩 (Vajra) māle, <traṭ>	37菩提分法을 成就케함	<金剛華鬘印> 37華鬘 ——— 蓮花
	金剛歌菩薩 (Vajra) gīte, <jīḥ>	64種 微妙音聲을 얻어, 듣는 자로 하여금 解脫케 함	<金剛歌詠印> 絃樂器 (하프) ——— 蓮花
	金剛舞菩薩 (Vajra) nṛtye, <kṛt>	刹那에 分身하여 모든 세계에 나투어 衆生을 利樂케함	<舞踊羯磨印> 縱橫羯磨輪 ————— 蓮花
外-四供養菩薩	金剛焚香菩薩 (Vajra) dhūpe, <aḥ>	無碍의 智香을 얻게 됨	<香爐印> 香爐 ——— 蓮花
	金剛華菩薩 (Vajra) puṣpe, <oṃ>	煩惱의 진흙에서 妙華를 피게 됨	<妙蓮華印> 金剛花 ——— 蓮花
	金剛燈菩薩 (Vajra) loke(ālckā), <dīḥ>	五眼淸淨(點眼)을 얻어 法의 無碍自在함을 비추게 됨	<淸淨光明印> 金剛燈 ——— 蓮花
	金剛塗(香)菩薩 (Vajra) gandha, <gaḥ>	五種의 無漏法身을 證得함 (戒.定.慧.解脫.解脫知見)	<五分法身香印> 金剛塗香

		香)	————— 蓮花
四攝菩薩	金剛鉤菩薩 (Vajra) aṃkuśa, <jaḥ>	一切聖衆을 召集하는 速疾三昧를 얻게 됨	<金剛鉤印> 金剛鉤 ———— 蓮花
	金剛羂索菩薩 (Vajra) pāśa, <hūṃ>	善巧智를 얻게 됨	<金剛索印> 金剛羂索 ————— 蓮花
	金剛鎖菩薩 (Vajra) sphota, <baṃ>	佛의 堅固無染의 大悲와 解脫을 얻게 됨	<金剛鎖印> 縱金剛鎖 ————— 蓮花
	金剛鈴菩薩 (Vajra) vaśa, <hoḥ>	般若波羅蜜을 說하는 音聲을 얻어, 이 音聲을 듣는 자의 藏識(Ālaya)가운데의 모든 惡種子를 除去함.	<金剛鈴印> 金剛鈴 ———— 蓮花

<발표논문>

학술논문의 명칭	발행일	학회지 명칭	발행처
1. 大日經三句思想の一考察 　- 方便爲究竟を中心に -	1984	印佛研 (33권-1호)	日本印度學 佛教學會
2. 佛身論思想の展開 　- 『大乘莊嚴經論』を中心に -	1985	韓國佛教學세미나 (창간호)	新羅佛教 研究會
3. 密教思想の 新羅的展開 　- 華嚴·密思想を中心に -	1986	大正大 大學院 研究論集 (10호)	日本 大正大學
4. 高麗密教と元代喇嘛教との關係 　- 喇嘛教の影響を中心に -	1987	(印佛研) (35권-2호)	日本印度學 佛教學會
5. 成佛思想研究序說	1987	『朝鮮古文化論叢』	中吉功先生 喜壽記念 論文集
6. 韓國密教についての 一考察 　『釋門儀範』から見た 現代韓國佛教儀禮とその密教的性向	1987	豊山學報 (32호)	日本 豊山學會 研究所
7. 불교에 있어서의 性觀	1990	韓國臨床性學會誌 (2권-1호)	韓國 臨床性學會
8. 『梵書總持集』から見た 　高麗密教の性格	1990	大正大 綜合佛教 研究所年報 (11호)	日本 大正大學
9. 고려시대의 밀교경전 傳來 및 　雕造考	1991	佛教思想論叢	法印스님 華甲記念會
10. 『眞言集』『秘密教』로부터 　본 李朝密教	1992	論文集 (1집)	중앙승가 대학교
11. 『한국밀교사연구』	1992	大正大 博士學位論文	일본 大正大
12. 밀교의 수용과 　그것의 한국전전개 (1)	1993	論文集 (2집)	중앙승가 대학교

- 明朗과 神印宗의 開宗 -			
13. 밀교의 수용과 그것의 한국적전개 (2) - 惠通과 總持宗의 開宗 -	1995	論文集 (4집)	중앙승가 대학교
14. 唐朝의 純密盛行과 入唐신라밀교승들의 사상	1996	論文集 (5집)	중앙승가 대학교
15. 한국에서의 밀교의 수용과 전개	1998	밀교학연구 (1집)	眞覺宗 教育院
16. 密教經典의 新羅傳來考	1999	論文集 (8집)	중앙승가 대학교
17. 밀교의 수행론	2001	元曉學研究 (제5집)	元曉學會
18. 고려불교에 있어 밀교가 차지하는 위상	2001	論文集 (10집)	중앙승가 대학교
19. 진언다라니 수행에 대한 연구	2002	論文集 (11집)	중앙승가 대학교
20. 불공삼장의 밀교부흥과 오대산 문수신앙	2003	論文集 (12집)	중앙승가 대학교
21. 진언다라니 수행	2005	조계종 출판사	조계종
22. 밀교와 실천수행	2008	정토학연구	한국 정토학회
23. 불교와 실천수행	2008	대학원 연구논집 (1집)	중앙승가 대학교
24. 대승불교와 보리심	2009	대학원 연구논집 (2집)	중앙승가 대학교
25. 만다라와 심리치료	2010	대학원 연구논집 (3집)	중앙승가 대학교
26. 수륙제작법과 밀교의 삼밀유가행법	2010	삼화사 국행수륙제	삼화사
27. 즉신성불과 중생제도의 원리 로서의 삼마지와 삼밀가지신변	2011	불교사상과 문화 (3호)	중앙승가 대학교
28. 번뇌론의 실상과 그 전개	2012	불교사상과 문화	중앙승가

		(4호)	대학교
29. 진언다라니 悉曇의 형성과 전개에 관한 연구」	2014	대학원 연구논집 (7집)	중앙승가 대학교

<追伸(추신)>

대학원 강의과목으로 채택하여 30여년을 연구해 온 密敎敎學과 即身成佛修行의 정수(精髓), <『菩提心論』의 주해(註解)·강해(講解)>를 출간할 수 있게 되어 기쁘기 그지없다. 모든 것이 감사하고 감사할 뿐이다.

탈고를 며칠 앞두고 컴퓨터 앞에 앉아 내 인생 77년을 되돌아본다.

이 책이 내 인생 마지막 작품이 되겠지?

주마등처럼 이런 저런 일이 떠오른다.

철부지 7살 추운 겨울 서울역, 멋진 OK털모자를 쓰고 작은엄마와 함께 전라선기차를 타고 이리(익산)에 내려가던 모습, 10살 추운 겨울, 불에 따뜻하게 구워진 자갈돌을 두꺼운 마분지에 돌돌 말아 양손에 움켜쥐고 누나(영혜)와 함께 피아노 치러가던 모습,

"그놈 참 잘 생겼네! 대통령감이야" 동네아저씨들 말에 "얼굴만 잘 생기면 대통령감인가?" 하며 구시렁대던 동갑내기 막내 삼촌,

화장실 거울 앞에서 예쁘게 가꾸며 나를 알아가고 챙기던 사춘기 시절,

입학식 날 노랗게 차려입은 국문과 여학생에 반해 그만 첫 학기 만에 군대로 쫓겨 가야했던 좌충우돌의 Freshman 시절,

기독교 신봉자이던 내가 출가하러 해인사로 입산하던 모습,

내 인생 학교공부는 이것이 끝이구나 하며 山門에 들어선 나에게, 행자님 같은 사람은 이제부터는 부처님공부 해서 불교를 널리 홍포해야 한다며 특별히 나를 예뻐하고 사랑해 주시던 은사 導光큰스님,

하나를 구하면 언제나 두 개 이상을 주시며 나를 감동케 하시던 딸기코 일본 임제종 종정 福富雪低 큰스님 등 ~

굵직굵직한 사건부터 그 사이사이 웃고 울리던 여러 인연들과 영상들이 봄의 아지랑이처럼 뭉게뭉게 피어오른다.

모두가 오늘의 나를 있게 한 귀한 인연들이다.

그 인연들에 얽히어 만나고 헤어진 한분 한분께 두루 감사드린다.

무엇보다 나를 낳아주신 어머니(福同씨), 특별히 나를 예쁘고 멋진 인격으로 陶冶시켜준 교육열 지극하신 아버지(應洙씨),

친아들처럼 나를 예뻐하시고 사랑하시며 지성과 감성 풍부한 나로 만들어 준 본향과 같은 작은어머니(玉順씨), 정성과 사랑으로 동생들을 길러내신 형님(東伯씨)과 피로 맺은 6식구들, 인연이 다해 그만 아픈 마음만을 남기고 떠나보내야 했던 대학시절에 만난 여러 인연들,

은사 導光스님과 함께 나를 특별히 챙겨주던 宗元 明爀 宗烈스님과 본사 華嚴寺 식구들,

이국인인 나를 9년간이나 따뜻이 품어주며 불교수행의 진수를 맛보게 해준 동경 사꾸라다이(櫻臺)의 廣德禪寺와 대중들,

불교학자로서 오늘의 내가 있도록 불교학의 기초를 단단히 단련시켜 준 大正大學 그리고 小野塚·吉田 두분의 名교수님,

30여년의 온갖 추억을 만들며 나를 키워준 상아탑 중앙승가대학교,

이리저리 채찍질하며 중승대의 자존심이자 불교학자로서 연구에 몰두케 해준 전국 제방의 중승대 동문 제자들,

 나와 함께 불교공부와 공덕 베풀기에 힘써 온 30년지기 <공덕림모임> 불제자들, 참 카도릭인으로 올곧은 인격을 지닌 친구 성범, 비가 오나 눈이 오나 온갖 어려움 함께 헤치며 도량창건하며 오늘의 溫陽佛國寺를 있게 한 白蓮華 보살님과 불국사 단신도들, 30여년간 나와 고락을 함께 한 法輪스님과 圓覺寺 사부대중, 불법만나 인생의 참맛을 깨우쳐 새로운 안목과 기쁨으로 불법홍포와 중생교화에 힘쓰며 새 삶을 살고 있는 金行과 定香·妙法性·芳草華 등 30여명의 내 직계 수계제자들,

모든 분들께 감사드린다. 그대들 있음에 오늘의 내가 있기에 ~

금강정보리심론 주해(강해)

1판 1쇄 발행 2024년 1월 11일
지은이 全東赫 (然翁 宗釋 스님)
　　　　 전동혁　연옹　종석

편집 김해진　**마케팅·지원** 김혜지
펴낸곳 (주)하움출판사　**펴낸이** 문현광

이메일 haum1000@naver.com　**홈페이지** haum.kr
블로그 blog.naver.com/haum1000　**인스타** @haum1007

ISBN 979-11-6440-480-3 (93220)

좋은 책을 만들겠습니다.
하움출판사는 독자 여러분의 의견에 항상 귀 기울이고 있습니다.
파본은 구입처에서 교환해 드립니다.